JN433018

[제2판]

Leadership of BOBOS

BOBOS

보보의 리더십

이임정

도서출판 청람

하늘나라에 있는 오빠 이정구에게 이 책을 바친다

어떤 문제에 부딪히면 나는 미리 남보다 시간을

두세 곱절 더 투자할 각오를 한다.

그것이야말로 평범한 두뇌를 지닌 내가 할 수 있는 유일한 방법이다.

– 히로나카 헤이스케, 『학문의 즐거움』 중에서

머리말

무술년이 밝았다. 보보의 해가 밝았다. 개는 용맹하고 충성심이 강하며, 의로운 동물로 알려져 있다. 특히 인간의 가장 오래된, 가까운 친구이기도 하다. 근래에는 인간과 삶을 함께 한다는 의미에서 반려견이라고 불리며, 대한민국은 반려견 인구 1,000만 시대를 맞이하고 있다.

개는 공감능력이 뛰어나 인간의 감정변화에 민감하게 반응한다. 인간이 견공들에게 배울 가장 중요한 점은 사랑이다. 견공들은 하나만 본다. 그들은 오직 사랑을 주기 위해 태어난 존재로 보인다. 그들을 유기한 존재들에게조차 변함없는 애정을 갖고 다시 찾으러 올 것을 믿어 의심치 않는다. 미련하기까지 한 그들의 사랑을 통해 인간은 에너지를 얻고, 마음의 치유를 받는다. 인간이 평생을 통해 배우는 것을 그들은 태어날 때부터 이미 알고 있으며, 평생 동안 그 앎을 행하며 살아간다. 한 마디로 인간보다 낫다.

보보는 보보시리즈를 위해 나의 오빠가 직접 만들고 그린 캐릭터이다. 보보는 나의 책들 속에서 길잡이 역할을 하는 존재이기도 하고, 새로운 시각으로 학문을 바라보고 연결한다는 의미이기도 하며, 나의 첫아이, 반려견이기도 하다. 보보는 착하고 순하고 겁이 많은 아이였다. 오빠는 그 아이의 캐릭터를 만들면서 쾌활하고 당당하고 매력적인 새로운 모습으로 변신시켰다. 그건 어쩌면 내가 바라는 또는 오빠가 바라는 모습이 아니었을까 생각해본다. 보보는 오빠의 마지막 작품이 되었다. 현자들은 떠나버린 것들은 모두 아름답게 남는다고 말한다. 정말 그러하다.

리더십이라는 아름다운 학문의 길로 이끌어주신 지도교수 이한검 교수님께 감사드린다. 그분의 말씀처럼 리더십에는 삶과 경영학의 모든 것이 들어있음을 이제는 안다. 그분의 제자라는 이유만으로 거친 학계에서 단단한 갑옷을 입은 것처럼 늘 든든하고 당당할 수 있었다. 그분 앞에서는 늘 부족했던 제자를 이제는 조금쯤 칭찬해주실 수 있을까. 나는 알고 있다. 분명히 더 열심히 하라고 말씀하실 것이다. 교수님은 늘 최선을 다한다는 말로는 부족하다고 말씀하셨다. 20대에는 그 말씀을 이해할 수 없었지만 지천명이 되어가는 이제는 어렴풋이 이해할 수 있을 것 같다.

나의 선배님이자 은사님이신 장원기 교수님을 처음 뵙게 된 것은 내 나이 스무살 때였다. 열정으로 가득했지만 한없이 부족하고 미숙했던 나를 조금씩 다듬어주신 분이다. 장원기 교수님은 노벨경제학상을 받은 리처드 세일러 교수가 그의 저서 '넛지(*nudge*)'에서 제안한 것처럼 미숙한 제자가 무안해하지 않고 자연스럽게 길을 찾아가도록 도와주시는 방법을 통해 나 스스로 조금씩 올바른 길을 찾아나가 성장할 수 있도록 평생을 도와주신 스승님이시다. 감사드린다는 말로는 부족하다.

이수영 사장님은 내가 세상을 향해 아무 것도 증명할 수 없는 어린 시절부터 뵈었던 분이다. 그분은 늘 한결같으셨다. 조건 없이 믿어주고, 성장할 수 있도록 도와주셨다. 이수영 사장님께도 감사드린다.

인간은 스스로의 성장과 성숙을 통해 사회의 성장을 돕는 데 이바지한다. 내가 나 자신을 신뢰할 수 없을 때, 안개가 자욱한 미로를 헤매고 있을 때, 믿음과 지혜를 통해 많이 배우고, 깊이 있는 삶을 지향할 수 있도록 도와주신 멘토 박성수 선생님께도 감사드린다. 나 또한 방황하는 누군가를 만나면 기꺼이 길잡이가 되어줌으로써 그 가르침에 보은하고자 한다.

내 곁에는 나를 믿어주고 지원해주는 든든한 가족이 있다. 아직도 형이라고 부르는 남편, 아들 연홍이, 나의 또 다른 아이들 알폰소와 라헬, 그리고 지난해 여름 무지개다리를 건넌 모모, 그들은 내 삶의 존재이유이자 기쁨이다. 내게는 고맙다는 말로는 부족한 존재들이다. 또한 그러한 말이 필요 없는 존재들이다. 우리는 그냥 마음으로 알고 있다.

모든 것들에 감사해지는 새 봄, 새 책이 나올 수 있어서 더욱 감사하다.

2018년 새봄을 기다리며
저자 씀

차 례

CHAPTER 01 리더십의 본질 I –전통적 리더십이론

CHAPTER 02 리더십의 본질 II –새로운 리더십이론

CHAPTER 08
문제해결

CHAPTER 09
의사결정

CHAPTER 12
위기관리와 스트레스

CHAPTER 13
행복론

CHAPTER 01

보보의 리더십 *Leadership of Bobos*

리더십의 본질 I

전통적 리더십이론

1. 리더십의 정의
2. 특성이론
3. 특성이론과 행동이론의 가교
4. 행동이론
5. 상황이론(환경적응론)

CHAPTER 01

리더십의 본질 I
-전통적 리더십이론

보보의 책 내 행동방식들이 어떻게 나의 인생에 영향을 미치는가?

심각하고 당혹스러운 어둠의 질문들을 통해서 우리는 자신의 강함과 약함에 관하여 보다 분명히 깨달을 수 있다. 이러한 질문들은 우리에게 '인생의 길'에 관한 새로운 비전을 줄 수 있으며, 우리가 어떤 존재가 될 것인지에 관하여 훨씬 더 큰 내적인 자유를 발견할 수 있도록 도와준다.

'사도바울 모습의 자화상'(렘브란트, 1661)

어떤 의미에서 어둠은 우리를 내면적으로 향하게 만든다. 우리는 어둠을 바깥으로 내몰려 하거나, 우리 자신 속으로 침잠하거나, 아니면 생활의 분주한 활동들 속에 완전히 빠져 버리려고 하거나 한다. 그러나 이런 태도들보다 훨씬 더 건강하고 우리를 성숙시키는 길은 현재의 어둠에 대하여 우리의 마음을 열어젖히고, 그 어둠에 대해 귀를 기울이고 그것이 기필코 말해야만 하는 바를 경청하는 것이다. 비록 우리가 어둠을 성장주기의 일부분으로 받아들여야만 하며 그 어둠과 친숙해질 필요가 있지만 그렇다고 해서 우리가 완전히 어둠에 항복해서는 안 된다. 이것이 인간의 성숙에 있어서의 하나의 중요한 패러독스이다.

때로 이것이 극히 힘든 이유는 어둠이 우리를 향해 휘두르는 엄청난 힘을 느끼기 때문이다. 그래서 우리는 다른 사람들, 영적 지도자, 좋은 친구들, 지혜로운 사람들을 찾아가 어둠과 친숙해지면서도 동시에 건강한 거리를 유지하기 위한 균형을 잡을 수 있도록 도움을 받는 것이다. 여기서 균형을 잡는다는 것은 결코 쉽지 않으며, 어둠이 찾아올 때마다 우리는 이 과정을 처음부터 다시 배워야만 하는 것이다.

우리가 가슴 속에 어둠을 지닌 채 살아갈 때 반드시 마음에 되새겨야만 하는 진리가 두 가지 있다. 첫째는 어둠이 우리의 성숙을 위한 기회일 수 있다는 점이고, 둘째는 어둠이 사라지고 다시 빛 가운데 서게 될 날이 반드시 온다는 점이다.

– 조이스 럽의 『작은 불꽃』 중에서

1 리더십의 정의

리더십이란 무엇인가에 대한 담론은 수세기 동안 이어져 왔다. 오늘날 우리가 리더십이라고 부르는 것에 대해 명시적으로 리더십이라는 단어를 사용한 적은 없지만 사람을 이끄는 영향력에 대해 기록하고 있다. 문서로 기록된 이래 사람들은 위대한 리더를 일반인과 구분하는 리더의 개인적 특성에 대해 많은 관심을 가져왔다.

리더십은 보편적으로 사람을 이끄는 그 무엇을 의미하는 단어로 알려져 왔다. 노자는 도덕경을 통해 가장 훌륭한 지도자는 사람들에게 그 존재 정도만 알려진 지도자로서, 존재한다는 사실 자체도 알려지지 않은 지도자로서의 리더를 제시했다. 즉, '가만둠'으로서의 다스림을 의미한다. 때로는 최소한의 관리가 최고의 관리임을 의미하기도 한다. 이는 현대의 리더십에서 권한위임으로 설명될 수 있다. 추종자들을 성숙시켜서 그들이 최대한의 능력을 발휘할 수 있도록 물러서 있는 것이 최고의 리더십이라는 것이다. 소크라테스는 그리 작은 일도, 그리 쉬운 일도 아니지만, 하나만 바꿀 수 있다면 국가를 개혁할 수 있다고 말하며, 정치적 위대성과 지혜가 하나로 만나는 것을 개혁의 조건이라고 보았다. 플라톤은 신중함, 용기, 절제, 정의를 리더의 자질로 제시했다. 고대 이집트인들은 지도자와 리더십을 구분했는데 리더의 특성으로 권위, 안목, 정의를 중요시했다. 이는 사람을 판단하는 네 가지 조건인 신언서판과도 비교된다. 신언서판(身言書判)은 원래 당나라 때 관리를 선발하던 기준으로서 선비가 지녀야 할 네 가지 미덕으로서 풍채, 언변, 문장력과 판단력을 의미한다.

리더십은 이미 보편적인 단어이며 리더십에 대한 대중적 관심은 이미 트렌드로 자리 잡았다. 또한 우리는 리더십을 논하지 않고서는 개인, 조직의 성과와 생존조차 불투명한 시대에 살고 있다. 그렇다면 리더십이 무엇인가라는 정의 그 자체도 중요하지만 도대체 무엇이 이토록 많은 사람들로 하여금 리더십에 빠져들도록 하는가에 대한 탐구가 더욱 중요하다고 생각한다.

수많은 문헌들과 역사를 통해 리더십에는 변화가 수반됨을 알 수 있다. 인간은 생명을 부여받음과 동시에 죽음에 이르기까지 다양한 변화의 과정을 거친다. 이 변화에는 육체적, 심리적, 관념적 요인 등이 포함된다. 아무리 많은 학설을 동원해서 설명한다 하더라도 인간의 생은 그 자체만으로도 하나의 훌륭한 이론적 모델이 된다. 인간은 삶의 매 순간마다 자신을 한 차원 더 높은 영역으로 도약, 개선시켜야 할 의무가 있으며 자신의 발전을 통해 인류 전체의 발전을 돕는다. 그것이 사회적 동물인 인간이 가야 할 종착역이다.

그렇다면 리더십은 변화에 있어서 어떤 역할을 하게 되는가가 논점의 핵심이 될 것이다.

성경 이래 역사상 최고의 베스트셀러인 『웹스터사전』에서는 리더와 리더십을 다음과 같이 정의하고 있다.

'리더(leader)'란 "이끄는 그 무엇(something that leads)", "이끄는 사람(a person that leads)", "물고기를 덫으로 들어가도록 인도하는 무엇(something for guiding fish into a trap)" 등으로 정의된다.

많은 사람들에게 '코이(KOI)'라는 일본잉어는 무한한 잠재력을 지닌 생명체의 상징으로 여겨진다. 알려진 것처럼 코이라는 비단잉어는 일본에서 관상용으로 많이 길러진다. 코이는 어항 안에서는 불과 몇 센티미터밖에 자라지 않지만 강과 같은 넓은 환경에서는 그 크기를 90에서 120센티미터까지 성장시킬 수 있다. 그래서 잠재력의 한계가 없다는 것을 인간에게 깨우쳐주는 생명체로 그 경이로움을 인정받고 있다. 물론 관점에 따라서는 어항 안에서 작은 크기로 살아가는 것을 환경에 대한 선택이라기보다 적응으로 보기도 하지만 본서에서는 발전적 관점에서 논의하고자 한다. 그러나 모든 인간이 '코이(KOI)'와 같은 무한한 잠재력을 개발시킬 수 있는 능력을 선천적으로 갖고 태어나는 것은 아니며, 일정 수준까지 우리를 이끌어줄 수 있는 매개체를 필요로 하기도 한다. 아마도 이때 필요한 것이 '리더십'이 아닐까 한다.

'리더십(leadership)'이란 '리더의 지위(the position of a leader)', '이끄는 능력(capacity to lead)', '리더들(leaders)' 등으로 정의된다.

따라서 'lead', 'leadership' 등의 단어 속에는 '타인에게 영향을 미치는…'이라는 의미가 내포되어 있다. 수많은 논자들의 정의를 보더라도 리더십의 정의는 영향력의 사용을 포함함을 내포하고 있다. 리더십이론의 권위적 근거가 되고 있는 '*Handbook of leadership*'은 리더십을 집단구성원 사이의 상호작용으로 정의하고 있다. 스톡딜(Stogdill, 1974)의 '*Handbook of leadership*'은 대략 3,000개, 베스(Bass, 1990)의 개

정판은 6,000개 이상의 참고자료를 가지고 있다. 이 밖에도 많은 연구자료들의 결과 리더십이 조직행동과 인간관계의 영역 속에서 가장 중요하다는 것에 의견일치를 보고 있다.

즉, 리더십이란 집단구성원이 집단 속에서 다른 구성원의 능력이나 동기를 수정하고자 할 때 생겨난다는 것이다. 따라서 성공적인 리더들은 자신의 영향력을 사용하고 필요한 자원들을 동원함으로써 기존의 패러다임과 관행들을 변혁시켜서 그 집단 혹은 조직의 명시된 임무를 보다 유익하고 효과적으로 달성한다.

베스(Bass)는 “지도자란 책임과 과업의 완수에 대한 강한 동기, 목표를 추구하는 맹렬함과 끈질김, 문제해결에 대한 모험심과 창의성, 자신감, 결과에 대한 승복, 스트레스, 절망, 그리고 지체됨에 대한 인내심으로 설명된다”라고 했고, 바톨(Bartol, 1994)은 “리더십이란 조직목표를 달성하기 위해 타인에게 영향을 미치는 과정이다”라고 했으며, 하우스(House, 1999)는 “타인에게 영향을 미치고 동기를 부여하며 타인이 조직의 효과성 및 성공을 위해 공헌할 수 있도록 능력을 배양하는 개인의 능력이다”라고 제시한 바 있다.

일찍이 ‘리더십’의 개념은 ‘국가의 수반’, ‘육군사령관’, ‘우두머리’, ‘왕’, ‘군주’, ‘총독’ 등의 의미로 대부분의 사회에서 보편적으로 사용되어왔다. ‘리더십’은 상속, 임명 등에 근거한 ‘헤드십(headship)’에 반대하여 앵글로색슨이 지배하는 국가에서 우세하게 생겨난 개념이다.

리더십과 헤드십을 어떻게 구별하느냐는 그 양자의 한계성을 어디에 두느냐에 달려있다. 리더십을 아주 넓게 해석한다면 헤드십은 그 안에 포함된다. 그러나 리더십의 개념을 보다 명확히 이해하려면 단순한 관료적 상사로서의 헤드십은 배제시킬 필요가 있다. 헤드십은 공식적인 조직의 직위만을 근거로 발휘되는 반면, 리더십은 그런 직위와는 관계없이 리더 자체의 권위를 근거로 하여 이루어진다. 따라서 헤드십이 일방적이고 강제적인 성격을 갖는 데 반해, 리더십은 상호적이고 자발적인 성격을 갖는다.

그림 1-1 리더십과 헤드십의 비교

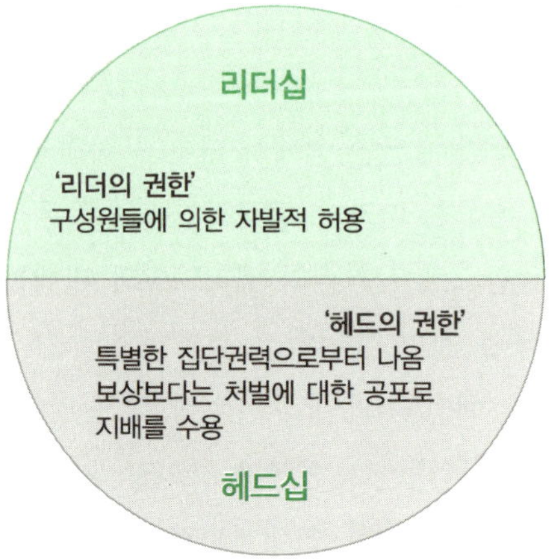

보보의 문제

리더와 관리자는 같은 뜻일까요?

리더와 관리자는 언뜻 보기에는 매우 비슷한 단어로 여겨지지만 두 단어 사이에는 확연한 차이가 존재한다.

리더가 래프팅경기의 팀장이라면 관리자는 조정경기의 조장이다. 리더는 역동적이고 변화무쌍하며, 관리자는 정적이고 현재에 초점을 맞춘다. 리더에게는 그 일을 끝까지 해내고 경쟁에서 살아남았느냐가 중요하지만 관리자에게는 얼마나 빨리 같은 답에 도달했느냐가 중요하다. 래프팅경기의 팀장은 팀원과 생사고락을 함께 하며 움직이지만 조정경기의 조장은 말만 많다.

리더십 전문가 베니스(Bennis)는 리더와 관리자에 대해서 아주 명쾌한 해답을 던졌다. 그는 리더는 변화를 유도하는 사람이고, 관리자는 현상을 유지하는 사람이라고 말했다. 또한 그는 리더와 관리자 간의 기본적 차이가 목적의식이라고 정의하고, '리더'는 올바른 일을 하는 사람, '관리자'는 일을 올바르게 하는 사람이라고 정의했다. 그리고 퓰리처상을 받은 번즈(Burns)는 리더의 역할은 제도적, 정치적, 심리적 및 기타 자원들을 움직여 상호 유익한 목적을 실현하게 하는 것이라고 말했다.

낳아 기르되 소유하지 않고, 행하되 공을 내세우지 않으며, 이끌되 지배하지 않는다. 이것이 가장 큰 덕이다.

– 노자의 『도덕경』 중에서

형님 리더십

'눈높이 리더십' 신태용 감독이 한국 축구를 위기에서 구해낼 소방수로 낙점됐다. 축구선수 신태용은 월드컵에 단 한 번도 뛰어보지 못했다. 미드필더인 그는 폭발적 스피드나 저돌적 드리블과는 거리가 먼 선수였다. 하지만 누구보다 영리했다. 뛰어난 축구 센스로 그라운드를 지배한 그는 한국 프로축구의 전설이 됐다.

신태용은 은퇴 후 지도자가 되어서도 남다른 행보를 이어갔다. '지도자 신태용'을 설명하기 위해 빼놓을 수 없는 곳이 있다. 바로 호주다. 2004시즌을 끝으로 성남을 떠나 호주 프로축구 A리그 퀸즐랜드 로어와 계약한 신태용은 2005시즌 발목 부상으로 한 경기를 뛰는 데 그쳤다. 그런 그에게 퀸즐랜드는 코치직을 제안했다. 신태용의 지도자 입문이었다.

호주에서 코치 생활을 하는 동안 그는 수평적인 리더십을 배웠다. 성남 시절 주장으로 군기반장 역할을 했던 그가 호주에서 권위의식을 내려놓게 된 것이다. 신태용은 "호주에서 코치로 있으면서 생각에 큰 변화가 있었다"며 "호주에서는 감독이 코치나 선수에게 명령하는 것이 아니라 수평적 관계에서 끊임없이 대화를 나누며 함께 팀을 만들어 갔다"고 했다.

호주의 경험은 이후 신태용의 '형님 리더십'으로 나타났다. 2009년 K리그에서 코치 경험도 없이 곧바로 성남의 지휘봉을 잡은 그는 선수들과 격의 없이 대화하고 적극적으로 소통하며 팀을 하나로 만들었다. 경기장 안의 신태용 감독은 열정적이지만 훈련장에서는 카리스마 넘치는 감독이 아닌 친근한 형과 같은 느낌으로 선수들에게 다가간다. 스무 살 넘게 차이 나는 선수들과 사우나도 함께하는 등 권위보다 소통을 중요하게 생각한다. 어린 선수들도 이런 신 감독에게 마음을 열었다. 장현수는 신태용 감독에 대해 "편안한 형이라 느낄 때가 있다"고 밝혔고, 손흥민은 "신 감독님은 아버지 같은 사람"이라고 말했으며, 많은 선수들이 신 감독은 편안한 분위기 속에서 자신감을 키울 수 있게 만들어준다고 말한 바 있다. 그는 집중력 있게 하루 한 번만 훈련했고, 강제적인 합숙문화도 없앴다. 선수들과는 수시로 안부 문자를 주고받았다. 그는 선수들의 자유로운 행동을 허용해주는 대신 그라운드 위에서 그런 자유만큼의 책임감을 갖고 뛰어달라고 주문한다. 이는 곧 좋은 성적으로 이어졌다.

선수 시절 '그라운드의 여우'로 불렸던 신 감독의 팔색조 전술도 빛을 발하고 있다. 지도자로서의 성공요인은 선수들 한 명, 한 명과 잦은 소통을 하면서 선수들의 응집력을 높였기 때문이라는 평가다. 독선적이지 않은 특유의 형님 리더십으로 지난 아시아축구연맹 챔피언스리그, FA컵, K리그에서 팀을 우승으로 이끈 바 있다.

자료 : 동아일보, 2017.7.5. ; 주간조선, 2016.2.1. ; 연합뉴스TV, 2016.8.12. (저자 재구성)

심리학자 프렌치(French)와 레이븐(Raven)은 권력이란 영향력을 행사하는 과정의 일부분이며, 타인에게 영향력을 행사하는 과정의 원천은 권력이라고 제시했다. 그들은 권력의 원천에 따라 합법적 권력, 보상적 권력, 강압적 권력, 준거적 권력, 전문적 권력 등의 다섯 가지로 구분했다. 이는 크게 지위에 부여된 권력과 개인적 권력으로 구분된다.

1) 지위에 부여된 권력

(1) 합법적 권력(legitimate power)

조직 내에서의 직위 때문에 타인에게 영향을 미치는 권력으로서 상급직위에 있는 사람이 하급직위에 있는 사람에게 갖게 되는 전통적 영향력이다.

(2) 보상적 권력(reward power)

경영자가 승진이나 승급, 임금인상 등과 같은 보상에 대한 재량권을 갖고 있기 때문에 생겨나는 권력으로서 합법적 권력을 사용하는 데 뒷받침이 된다.

(3) 강압적 권력(coercive power)

보상적 권력과 상반된 개념으로서 처벌하는 권한에서 유래되었으며 부하는 위협 때문에 권력에 따르게 된다.

2) 개인적 권력

(1) 전문적 권력(expert power)

전문적 지식이나 능력 때문에 생기는 권력으로서 직위가 낮은 사람이라도 지식, 기술, 행정, 개인적 문제 등에서 높이 평가되는 특수한 전문성을 가지고 있다면, 그 전문성에서 권력이 유래될 수 있다.

그림 1-2 ▌권력의 구분

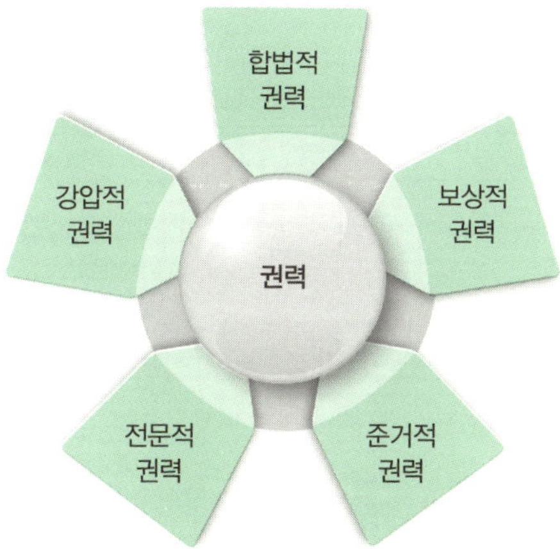

▌표 1-1 ▌리더십의 발전과정

이론	접근방법	대표적 연구
특성이론 (1940~1950)	효과적인 리더의 특징이나 특성은 존재한다.	• 마이너의 연구 • 맥클리랜드의 연구 • 버드, 스톡딜의 연구
행동이론 (1950~1960)	효과적인 리더의 행위는 존재한다.	• 아이오와대학의 연구 • 오하이오주립대학의 연구 • 미시간대학의 연구 • 블레이크-무턴의 관리격자이론
환경적응론 (1970~현재)	효과적인 리더십은 리더의 특성뿐만 아니라 환경을 이루는 상황에 의해 결정된다.	• 피들러의 환경적응론적 모형 • 하우스의 통로-목표이론 • 허시-블랜차드의 상황적응론 • 브룸-예턴-자고의 리더십의 의사결정모형 • VDL모델(Vertical Dyad Linkage model)

(2) 준거적 권력(referent power)

조직구성원이 상급자에 대해 개인적으로 호감을 느껴 상급자와 자신을 동일시하려는 경향 때문에 생겨나는 권력으로서 한 사람의 카리스마가 권력의 기반이 된다.

2 특성이론

보보는 대여섯 살 때부터 골목대장이었다. 학창시절에는 리더의 자리를 뺏기지 않았다. 무엇이 보보를 리더로 만들었을까? 무엇이 리더와 리더가 아닌 존재를 구분하는 것일까? 보보에게는 다른 견들에게는 없는 비법이 있었을까?

우선 그의 덩치는 다른 견공들과는 비교할 수 없을 정도로 위풍당당했다. 그가 나타나면 멀리서부터 그 주위에 후광이 비쳤다. 성격도, 사회성도 좋아서 견공들뿐만 아니라 많은 사람들의 사랑을 독차지했다. 혈통도, 집안도 좋아서 도무지 부족한 점을 찾아볼 수 없는 복 많은 견공이었다.

학교행사가 있는 날이면 보보네 가족들이 개떼처럼 몰려와서 행사를 도왔고, 보보 자체도 다른 견공들을 리드하는 특출한 능력을 보였다. 그는 존재하는 그 자체만으로도 카리스마가 넘쳐나는 견공이었다.

바로 이것이 특성이론의 핵심이다. 특성이론은 가장 오래된 리더십이론으로서 효율적인 리더는 비효율적인 리더와 명확하게 구별되는 몇 가지 특성과 자질을 가지고 있다는 가정에서 출발한다. 따라서 성공적인 리더들은 어떤 공통된 특성을 지니고 있는가를 집중적으로 연구하여 개념화한 이론이다.

이 이론은 제1차 세계대전 초에 미국심리학협회가 실시한 연구결과에서부터 대두되기 시작했다. 이 이론에 따르면 훌륭한 리더는 리더로서의 독특한 특성과 자질을 가지기 때문에 그가 처해 있는 상황이나 환경이 바뀌더라도 항상 리더가 될 수 있다는 것으로서, 리더가 가지고 있는 특성, 즉 자질을 대상으로 하므로 '자질론'이라고도 한다. 따라서 연구의 초점은 리더 개인의 특성 또는 자질에 둔다.

스톡딜(Stogdill, 1974)은 1949년부터 1970년(21년) 사이에 163편의 연구를 통해서 신체적 특성, 사회적 배경, 지적 능력, 개성, 과업수행요인, 사회관계요인 등을 리더와 부하, 효율적 리더와 비효율적 리더를 구분해주는 특성요인이라고 밝혔다.

그림 1-3 리더십의 특성이론

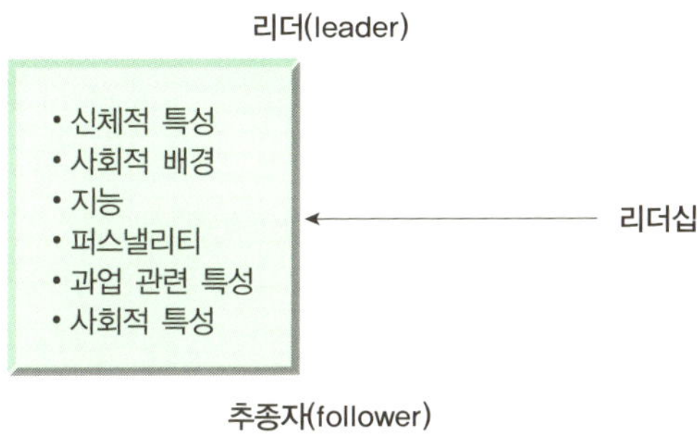

특성이론은 기본적으로 리더십능력은 타고난 것이라는 가정에서부터 시작한다. 이 관점에 의하면 어떤 종류의 사람들은 출생 시부터 리더로서의 능력을 가지고 태어난다. "그는 타고난 리더이다(He is born to be a leader)", "그녀는 천부적으로 리더십재능을 가지고 태어났다(She is a natural leader)"는 선천적인 능력을 강조하는 말이다.

그럼에도 불구하고 훌륭한 리더는 선천적으로 타고난 리더가 아니라 다른 사람들과는 구분되는 보편적인 특성을 지니고 있다는 전제하에 리더로서의 특성을 찾고자 하는 노력이 필요하다.

리더가 선천적으로 태어난 것인가 아니면 후천적으로 만들어진 것인가의 문제는 오랫동안 중요한 연구과제였다. 제2차 세계대전에서 미군은 수백 명의 평균적인 사람을 훈련시켜 훌륭한 리더로 만들었다는 연구결과로 리더도 만들어질 수 있다는 결론에 이르게 된다. 그럼에도 불구하고 특성이론은 선천설에 의존하고 있다.

과거 100년 동안 수많은 연구들이 이루어졌지만 연구의 결과는 모호하거나 불확실했다. 특성목록에 나타난 특성들의 수는 끝이 없는 것만 같다. 제닝스(Jennings, 1961)는 극단적으로 과거 50년간에 걸친 연구에서도 효율적인 리더와 그렇지 못한 리더를 식별하게 하는 특성을 확인할 수 없었다고 주장한다. 스톡딜 또한 수많은 특성요인의 장점에도 불구하고 상황적 요인을 고려하지 않을 수 없으며 상황적 요인들의 영향을 동시에 고려하지 않고 리더의 성격특성만을 따로 떼어내어 분리하기는 매우 어렵다고 토로한 바 있다. 그의 이러한 주장은 다른 관점에서의 리더십이 연구되는 단초가 되었다.

어떤 특정한 상황에서 리더가 될 수 있도록 만든 한 특성을 소유한 사람이 다른 상황에서는 리더가 되지 못하는 경우도 있다. 또한 어떤 시점에서는 리더가 되는 데 도움이 되었던 특성들이 시간의 경과 후 그렇지 않은 경우도 있다. 때문에 보편적인 일련의 특성을 확인해내는 것은 매우 어렵다.

리더십특성에 관한 연구결과는 매우 포괄적이고 광범위하기 때문에 연구결과의 의미에 대한 해석이 매우 주관적이 될 수 있다. 또한 특성이론은 특성들의 확인을 강조했을 뿐이지 구성원이나 업적에 어떤 영향을 미치는지에 대해서는 강조하지 않았다. 예를 들어, 높은 지능을 가진 리더가 그와 같은 특성을 갖지 않은 리더보다 더 좋은 성과를 만들어내는가와 같은 질문에 대한 해답을 주지 못하고 있다는 것이다.

그리고 결정적인 점은 리더의 특성이 확인되었다고 해도 그러한 특성을 갖도록 교육, 훈련시킨다는 것이 매우 어렵다는 것이다. 왜냐하면 특성이란 쉽게 변화하는 성질의 것이 아니기 때문이다.

그러나 무엇보다도 이 이론의 기본적 실패는 상황적 요인을 무시했다는 점이다. 그리고 특성요인의 측정이 너무 모호하고, 상황에 따른 중요성의 정도를 파악하기

표 1-2 리더십특성

육체적 특성	사회적 배경	지능
• 연령 • 체중 • 키 • 인상	• 교육 정도 • 기동력 • 사회적 지위 • 가정환경	• 능력 • 판단력 • 결단력 • 언변
퍼스낼리티	**과업과 관련된 특성**	**사회적 환경**
• 독립심 • 자신감 • 지배력 • 공격성	• 성취욕구 • 창의성 • 결과에 대한 관심 • 책임감	• 공감능력 • 통합력 • 협동력 • 사교성과 대인관계능력

▌표 1-3▐ 스톡딜의 연구목록

1차 연구목록	2차 연구목록
• 지능(intelligence) • 민감성(alertness) • 통찰력(insight) • 책임감(responsibility) • 솔선 · 주도성(initiation) • 지속성(persistence) • 자신감(self-confidence) • 사교성(sociability)	• 책임감 · 추진력(drive for responsibility and task completion) • 활력 · 지속성(vigor persistence in pursuit of goals) • 모험성 · 독창성(venturesomeness and originality in problem solving) • 솔선 · 주도성의 발휘(drive to exercise initiative in social situation) • 자신감 · 자기정체감(self-confidence & sense of personal identity) • 의사결정 및 활동의 결과를 수용하려는 자발성(willingness to tolerate frustration and delay) • 대인간의 스트레스 완화를 위한 준비성(readiness to absorb interpersonal stress) • 욕구불만과 지연을 참아내는 수용성(willingness to tolerate frustration and delay) • 다른 사람의 행동에 영향을 미치는 능력(ability to influence other person's behavior) • 목표를 위해 사회적 상호작용시스템을 구조화하는 역량(capacity to structure social interaction system to the purpose at hand)

어렵다는 한계를 가지고 있다. 그렇기 때문에 현장에서의 리더선발, 리더십의 활용에 실용적이지 못하다는 단점을 가지고 있다. 또한 리더와 리더가 아닌 사람을 구분함에 있어 선천적 요인을 강조한다는 것은 리더십을 타고나지 않은 사람이 리더가 아닌 위치에 머물러야 한다는 점에서 도덕적으로도 바람직하지 않다.

그럼에도 불구하고 현대에 와서 변화된 특성이론이 다시 대두되고 있는 원인은 리더의 특성이 집단구성원을 지휘하는 데 매우 중요한 역할을 담당하고 있으며, 리더의 특성과 효과적인 리더십 간의 연결은 상황적 요인으로 크게 공헌하기 때문이다.

보보의 배워다기

성공을 부르는 얼굴

영국 구직사이트 마이잡그룹(MyJobGroup)이 영국 부유층들의 사진을 연구한 결과 부유한 남성과 여성의 얼굴 특징들을 찾아냈다고 '뉴스라이트' 등 외신들이 전했다.

얼굴 생김새와 행동 사이의 연관에 대해 연구하는 전문가들이 러시아 출신 기업인 로만 아브라모비치, 인도 출신 기업인 락시미 미탈, 웨스트민스터 공작, 하이네켄 상속녀 샤를렌 드 카바오 등 영국에서 상위 10위권에 드는 부유층들의 얼굴을 조사했다.

그 결과 거부이거나 성공한 기업가인 남성의 얼굴 특징으로는 매부리코와 큰 눈, 솟은 콧방울 등이 있었으며, 부유층 여성의 특징으로는 인중이 길고, 이마가 넓으며 치켜 올라간 눈썹 등으로 나타났다.

마이잡그룹 마케팅 팀장 마크 라일리는 "사업상 성공은 많은 요인들이 좌우하는데 그 중 하나는 얼굴 특징들이 될 수 있다"며 "분석결과, 영국에서 가장 부유한 상위 10명 남성과 여성들의 얼굴에서 현저한 특징들을 찾아내 놀라웠다"고 말했다.

그는 "이 성공하는 얼굴 이미지와 당신이 일치하든 하지 않든, 성공에 가장 중요한 요소 중 하나는 적절한 시기에 적절한 일"이라고 덧붙였다.

자료 : 뉴스라이트 기사 중에서 발췌

3 특성이론과 행동이론의 가교

특성이론이 결정적인 특성목록의 범위와 한계를 규정하는 데 실패하고, 특성의 결정에서 매우 주관적인 결정을 하였다는 점, 성과와 관계가 있는 특성을 찾아보지 않고 있다는 점, 이러한 여러 가지 요인들로 인해 리더십훈련이나 개발을 위해 유용한 이론으로서의 역할을 하지 못하였다는 것 때문에 다른 관점으로서의 리더십이론에 대한 진지한 탐구가 시작되었다.

레빈(Lewin, 1939)에 의해 이루어진 아이오와대학의 연구는 행동이론의 시작으로 평가되기도 하고 특성이론과 행동이론을 잇는 가교의 개념으로 평가되기도 한다.

레빈은 게슈탈트 심리학을 연구한 독일의 심리학자로 미국으로 건너간 뒤에 사회적 분위기, 집단 의사결정, 유대인문제 등 다양한 사회적 문제들을 심리학적 차원으로 연구했다.

그는 지능과 사회적 배경이 비슷한 초등학생들을 대상으로 리더의 유형에 따라 어떤 행동을 보이는가를 연구하였다. 이 실험에서는 대학생들을 전제형(authoritarian pattern), 방임형(laissez-faire pattern), 민주형(democratic pattern)의 리더로 훈련시키고 초등학생들을 세 집단으로 나누어 마스크를 만드는 작업을 수행하도록 하였다.

연구결과 작업의 양적인 면만을 보았을 때는 전제형 리더에 배속된 집단이 가장 많은 성과를 보였으나 질적인 면을 고려하였을 때는 민주형의 리더에 배속된 집단이 작업성과와 리더에 대한 만족도가 가장 높았다. 이 연구결과를 통해 리더십이 생산성에 미치는 영향에 대한 상세한 요인을 밝혀낼 수는 없었지만 민주형 리더와 구성원들 사이에는 긍정적인 만족관계가 성립된다는 것을 밝혀냈다. 그러나 한 가지 고려할 사항은 민주형 리더가 현실적으로 가장 좋은 결과를 가져왔지만 구성원에게 자유를 주고 리더의 개입을 최소화하는 자유방임형 리더가 가장 이상적인 유형일 수 있으며 이는 구성원의 성숙을 요구한다는 점이다. 이는 후에 허시와 블랜차드의 수명주기이론에서도 증명되었고, 권한위임의 문제가 중요하게 생각되는 현대의 경영이론과도 연결된다.

표 1-4 리더의 유형

전제형	민주형	방임형
• 명령하기를 즐긴다. • 독단적이다. • 구성원의 참여를 허용하지 않는다.	• 합리적 절차를 선호한다. • 구성원의 자발적 참여를 권장한다. • 집단토의를 즐겨한다.	• 구성원에게 완전한 자유를 준다. • 리더의 개입을 최소화한다.

그림 1-4 레빈의 리더십유형

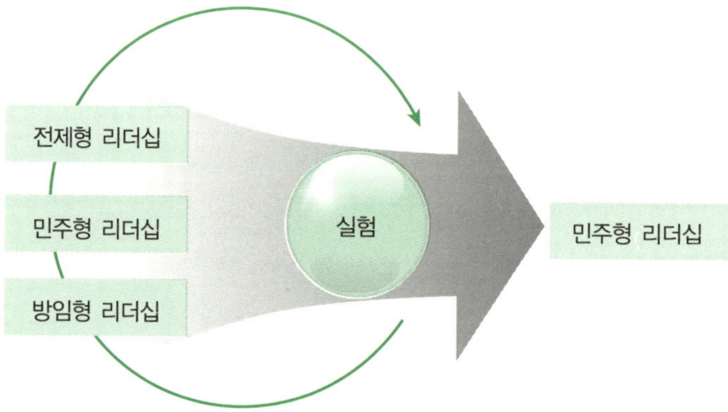

보보의 뼈다귀

누가 리더일까?

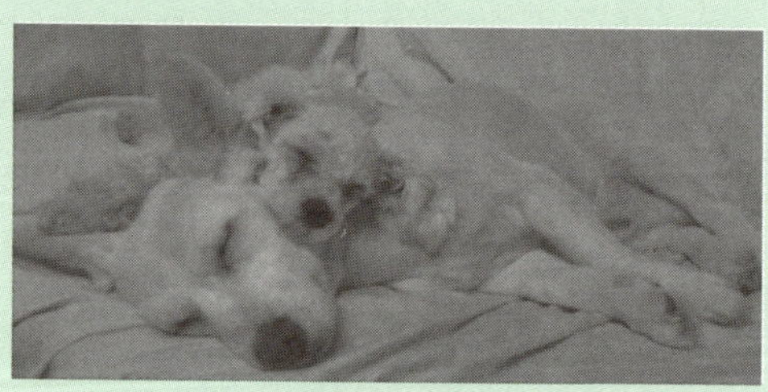

당신에게는 누가 리더로 보이는가?

위에 있는 작은 견공이 리더라고 답할 수도 있고, 아래에 있는 큰 견공이 리더라고 답할 수도 있다. 근거는 다양하다.

작은 견공이 리더라고 답하는 대다수는 위에서 누르고 있기 때문이라고 말한다. 이는 매우 위험스러운 관점이며 복종의 개념이 중요했던 과거의 리더십에 기인한다. 큰 견공이 리더라면 커다란 덩치 그 자체만으로도 리더가 될 수 있다. 이는 특성론적 관점에 기인한다. 또는 밑에서 받쳐주기 때문에 리더일 수도 있는데 이는 서번트 리더십에 기인한 것으로서 리더는 복종을 강요하거나 앞에 나서서 끌고 가는 존재가 아니라 추종자들을 조용히 밑에서 받쳐주고 그들이 잘해낼 수 있도록 격려하는 존재임을 의미한다.

4 행동이론

보보와 모모는 학교 다닐 때 같은 반 짝꿍이었다. 둘은 친했지만 그들을 좋아하는 친구들은 항상 두 패로 갈려 대립했다.

보보는 사람과 관계를 중요하게 생각하는 견공이었다. 친구들을 잘 다독거리고, 그들의 마음을 읽고, 그들의 말에 귀를 기울이며, 어려울 때 망설임 없이 도와주곤 했다. 보보를 따르는 친구들은 보보의 이런 점을 좋아했다.

모모는 보보와는 정반대였다. 모모는 무엇을 어떻게, 얼마나 잘해낼 수 있는가를 중요하게 생각하는 견공이었다. 그는 뛰어난 능력과 성실성, 추진력으로 주어진 과제를 훌륭하게 처리했다. 그래서 다른 견공들은 모모와 한 팀이 되어 뛰어난 성과를 내기를 원했다.

바로 여기에 행동이론에 대한 해답이 있다.

20세기 중반부터 리더십연구자들은 모호한 특성이론에 실망하게 되고, 관리자들의 실제 직무에 있어서의 행동과 그 결과에 더 많은 관심을 기울이게 되었다. 그들은 리더십의 특성적 요인을 조사하는 대신에 부하들의 생산, 만족감과 같은 효율성을 측정함에 있어서의 행동에 관심을 기울이기 시작했다.

특성이론과 행동이론의 차이는 적용의 관점이다.

특성이론이 근거가 있는 것이라면 리더는 기본적으로 태어나는 것이다. 그러므로 후천적 육성이 불가능하다. 또한 리더로서의 특성을 지닌 사람이 어떠한 상황에서든 항상 리더가 될 수 있다는 점은 납득하기 어렵다. 반대로 행동이론적 관점에서는 리더임을 확인해주는 특별한 행동이 있다면 리더십에 대한 학습과 훈련이 가능하다. 이는 교육과 훈련을 통해 리더의 공급이 확대될 수 있음을 의미하는 매우 흥미로운 개념이다. 행동이론적 관점에서는 리더십이 과업행동(task behavior)과 관계행동(relationship behavior), 두 가지 종류의 행동으로 이루어져 있다고 주장한다. 과업행동은 조직목표를 달성하기 위해 무엇을 어떻게 할 수 있는가에 초점을 맞추고 있고, 관계행동은 조직 내에서의 인간관계와 만족감에 초점을 맞추고 있다.

대표적인 이론으로는 오하이오주립대학의 연구, 미시간대학의 연구, 관리격자이론 등이 있다. 이들은 각기 조금씩 다른 단어를 사용하고 있지만 그 공통된 내용은 '인간'과 '과업'이다.

1) 오하이오주립대학의 연구

제2차 세계대전 이후에 개발된 리더십 조사프로그램 중에서 가장 중요한 연구 중의 하나가 바로 오하이오주립대학에서 이루어졌다. 이 연구는 리더는 어떻게 행동하는가에 초점을 맞추며, 효율적인 리더와 비효율적인 리더를 구분하는 행동에 관심을 기울이고 있으며 이를 '구조주도와 배려 리더십(initiating structure and consideration leadership)'이라고 제시했다. 이 프로그램은 두 가지 요인의 리더십이론을 개발했는데, 이는 리더는 '직무중심적'이거나 '종업원중심적'이 된다는 것이다. 이를 증명하기 위해 1,800여 개의 행동사례를 수집하고, 이를 추려 150개의 문항으로 만들었다.

오하이오주립대학은 리더의 유형을 측정하기 위해 리더행동기술 질문서(leader behavior description questionnaire : LBDQ)와 감독행동기술 질문서(supervisory behavior description questionnaire : SBDQ)를 개발했다. 세 번째 질문서로서 리더의견 질문서(leader opinion questionnaire : LOQ)가 개발되었는데 행동의 측정치로 취급되기도 하지만 리더 태도의 측정치로 보는 견해가 더 바람직하다. 최종적으로 리더행동기술 질문서-XII(LBDQ-XII)가 개발되었는데 여기에서는 구조주도와 배려의 범위를 좁히는 10개의 척도가 추가되었다. 이 질문서에 의해 리더는 구조주도적 리더와 배려적 리더로 분류된다. 이 설문지는 리더가 구조주도와 배려에 관련된 행동을 얼마나 하고 있는가를 측정한다. 두 유형의 리더는 독립적이다.

표 1-5 구조주도와 배려

구조주도(initiating structure)	배려(consideration)
• 과업행동 • 일의 조직화 • 작업상황의 구조화 • 역할 및 책임의 확정 • 작업활동의 일정계획	• 관계성행동 • 종업원과의 우호적 관계 • 존경 • 신뢰구축 • 리더와 추종자들 간의 인간관계

(1) 구조주도(initiating structure)

목표달성을 위해 구성원들의 역할과 그에 수반되는 것들을 규정하고 구조화하는 것을 의미한다. 직무, 직무관계, 목표를 조직화하는 시도, 책임의 확정 등이 포함된다.

(2) 배려(consideration)

상호신뢰, 종업원의 아이디어에 대한 존중, 그들의 감정에 대한 존중, 리더와 추종자 간의 인간관계 등에 의해 특징지어지는 직무관계성이다.

그림 1-5 | 오하이오주립대학의 리더십유형

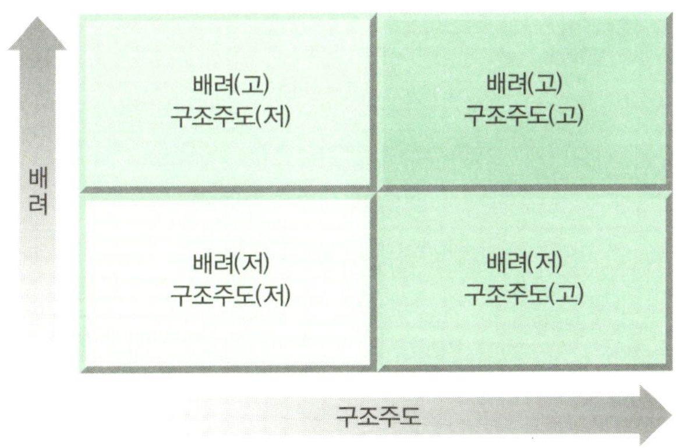

오하이오주립대학의 연구에서는 구조주도와 배려를 하나의 단일한 연속체상의 두 점으로 보지 않고, 두 개의 독립된 별개의 개념으로 보았다. 이에 따라 리더의 행동을 두 가지 차원을 별개의 축으로 하여 조합한 네 개의 범주 속에 포함시키고 있다. 때문에 구조주도행동에서는 높은 성향을 보이는 리더가 배려행동에서는 낮거나, 구조주도행동에서는 낮은 성향을 보이지만 배려행동에서는 높은 성향을 보일 수 있다. 이는 리더가 어떤 한 가지 행동유형을 보여주는 정도는 다른 유형의 행동을 보여주고 있는 정도와 관련이 없다는 의미이다.

이 연구에 의하면 높은 구조화와 높은 배려의 리더유형이 낮은 구조화 또는 낮은 배려, 혹은 모두에 해당하는 사람보다 높은 업적과 만족을 성취할 수 있다.

표 1-6 리더십행동유형 측정척도(LBDQ)

번호	설문내용
1	그는 부하들에 대해 그의 업무방침이나 요구사항을 분명하게 강조한다.
2	그는 부하들에 대하여 개인적인 호감을 나타낸다.
3	그는 부하들로 하여금 성과를 높이는 업무구상을 이끌어내도록 노력한다.
4	그는 부하들과 기쁨을 나눌 수 있는 일에 관심을 잘 갖는 편이다.
5	그는 부하들을 규정과 지시 및 감독에 의해 엄격하게 통제한다.
6	그는 부하들의 입장을 부하들의 입장에서 잘 이해해준다.
7	그는 말을 할 때 부하들이 자유롭게 질문하는 것을 허용하지 않는다.
8	그는 부하들과의 관계를 위해 그들에게 귀 기울일 시간을 할애한다.
9	그는 부하들이 잘못한 일에 대해서는 지적하고 교정하려고 한다.
10	그는 혼자 있기보다는 가능한 부하들과 함께 어울리려고 노력한다.
11	그는 부하들이 과업을 선택하게 하기보다는 그가 할당하려고 한다.
12	그는 부하들의 개인적 입장과 복지에 관심을 가지고 돌본다.
13	그는 업무를 치밀하게 계획하며 이를 기준으로 통제하며 추진한다.
14	그는 부하들에게 그의 결정과 행동의 이유를 설명해준다.
15	그는 부하의 성과를 측정하는 분명한 직무평가기준을 가지고 있다.
16	그는 어떤 문제를 결정하거나 행동하기 전에 부하들과 상의한다.
17	그는 업무가 추진되고 완료되어야 할 일정의 준수를 강조한다.
18	그는 부하들이 자신의 업무를 잘 수행하도록 후원하고 격려해준다.
19	그는 개인보다 조직을 중시하는 표준절차에 따른 업무추진을 강조한다.
20	그는 부하들을 차별하지 않고 동등하게 대우한다.
21	그는 조직에서의 관리역할의 중요성을 확실하게 알고 준수한다.
22	그는 부하들의 업무과정이 상황에 따라 변화할 수 있음을 인정한다.
23	그는 부하들에게 조직의 요구와 규정을 먼저 지킬 것을 강조한다.
24	그는 부하들이나 업무 관련자들에 대해 우호적이고 친근하게 대한다.
25	그는 부하들에게 기대하고 있는 것이 무엇인지 명확히 알려준다.
26	그는 부하들과 대화를 할 때 그들이 편한 마음을 갖도록 배려한다.
27	그는 부하들이 조직의 목표달성을 위해 최선의 노력을 다하도록 기대한다.
28	그는 부하들의 제안을 장려하고 그들의 제안을 성의 있게 다룬다.
29	그는 부하들의 업무가 목표달성을 지향하여 조정되기를 원한다.
30	그는 부하들에게 영향을 미칠 문제에 대해 부하들의 입장을 듣는다.

*홀수문항은 구조주도행동, 짝수문항은 배려행동을 기술한 것이다.

자료 : J.K. Hemphill & A.E. Coons, "Development of the Leader Behavior Description Questionnaire", in R.M. Stogdill & A.E. Coons, eds., *Leader Behavior : Its Description and Measurement*, 1957.
박유진, 『현대사회의 조직과 리더십』, 양서각, 1997.
참고 : 재인용과 일부 용어의 수정 후 사용

2) 미시간대학의 연구

오하이오주립대학의 연구와 거의 비슷한 시기에 미시간대학에서도 리더의 행동적 특성과 성과와의 관계를 연구했다. 리더의 행동이 구체적으로 성과에 어떠한 영향을 미치는지에 초점을 맞추었다.

리커트(Likert, 1947)를 중심으로 한 미시간대학의 연구팀은 관리자와 종업원들을 대상으로 강도 높은 인터뷰를 수행했다. 최초의 연구들은 보험사의 지역관리자들, 대규모 제조회사의 감독자들, 선로 보선반의 감독자들을 포함하여 다양한 리더들을 대상으로 실시되었다. 효율성의 기준으로 시간당 생산성, 직무만족, 결근율, 불량률, 손실, 종업원과 관리상의 동기부여 등을 사용했다. 연구의 초점은 리더행동, 집단과정, 집단수행 측정치 간의 관계를 파악하는 데 있었다.

그 결과를 바탕으로 해서 리더십에 대하여 두 가지 기본적인 접근방법을 활용했는데, 그것은 '생산지향형(직무중심형, job-centered style)'과 '종업원지향형(종업원중심형, employee-centered style)'으로 구분된다. 생산지향형은 통제에 의한 감독방법을 사용하였고, 종업원지향형은 구성원에게 충분히 권한을 주는 일반적 감독방법을 사용하였다.

(1) 생산지향형 리더행동(직무중심형)

생산성을 높이기 위해서 직무의 기술적, 과업적 측면을 강조하는 것을 의미한다. 이 유형은 구성원들을 지도하고 독려하여 달성가능한 목표를 설정하도록 하며, 과업달성의 수단으로 생각한다.

생산지향형 리더행동은 오하이오대학의 '구조구도'와 유사하다.

(2) 종업원지향형 리더행동(종업원중심형)

구성원들의 욕구에 개인적 관심을 가지고 구성원 간(종업원중심형)의 개인차를 받아들임으로써 대인관계를 강조하는 것을 의미한다. 구성원들을 인간으로서 배려하고, 그들의 욕구에 관심을 기울이며, 그들이 수행할 직무보다 구성원들의 복지를 더 강조하는 개념이다.

종업원지향형 리더행동은 오하이오대학의 '배려'와 유사하다.

미시간대학의 연구는 종업원지향형과 생산지향형을 하나의 연속선상에서 파악했기 때문에 한 사람의 리더가 생산지향형과 종업원지향형의 두 가지 범주에서 어느 쪽으로 향하느냐에 따라서 두 가지 행동범주의 조합이 달라진다고 가정했다. 이 연구에서는 종업원지향형 리더가 생산성과 만족도에 있어서 생산지향형 리더보다 높은 것으로 나타났다.

그림 1-6 ▌미시간대학의 리더십유형

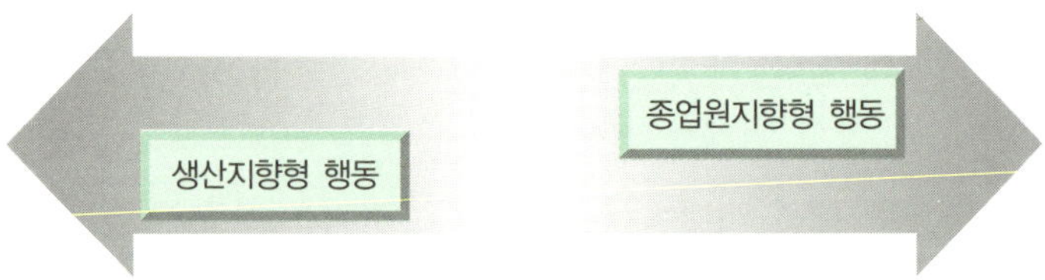

| 보보의 만화 | 일만 하니 아프다

– 네이버 웹툰 '잡다한컷' 중에서

보보의 뼈다귀

○ 과제행동과 관계행동에 관한 실험연구

인과관계를 결정하는 최선의 방법은 리더에게 특정한 행동을 사용하도록 훈련시키는 식으로 리더행동을 조작하는 실험을 실시하는 것이다. 그러나 리더십에 관한 대부분의 실험실실험의 한계는 실험들이 비현실적이어서 실험결과를 실제 조직의 종업원들에게 일반화하기 어렵다는 것이다.

실제 조직에서는 현장실험들을 실시하기 어려우며, 이들 중 극히 일부분만이 리더십행동의 효과를 연구하기 위해 사용되었다. 이 현장실험들에서 리더십행동은 통상적으로 훈련프로그램을 통해서 조작된다.

철강공장의 관리자들을 대상으로 18개월간 이루어진 연구에서 훈련을 받은 관리자들은 통제집단의 관리자들보다 배려행동을 더 많이 했으며 수행평점이 높았다. 과제지향행동의 경우에는 결과가 명확하지 않았다.

병원감독자들을 대상으로 실시한 연구에서 리더십훈련은 배려행동을 증가시켰으며, 훈련을 받은 지 2개월 후에 측정한 부하만족과 출근율은 높게 평정되었다.

일선 생산감독자를 대상으로 실시한 연구에서는 훈련이 몇 가지 관계지향행동을 증가시켰으며, 훈련을 받은 지 1년 후에 감독자의 상사가 평가한 수행평정치도 유의하게 높아졌다.

감독자를 대상으로 한 연구에서는 감독자들이 인간관계훈련의 결과로 몇 가지 관계지향행동들을 더 많이 하였으며, 훈련이 완료된 지 6개월 후에 작업자 생산성은 17%나 유의하게 증가하였다.

가구공장의 생산감독자들을 대상으로 한 연구에서는 감독자들이 칭찬을 더 많이 사용하도록 훈련을 받은 지 6개월에서 2년 후에 4개 부서 중 3개 부서에서 생산성이 향상되었다.

결론적으로 실험실과 현장에서 이루어진 실험연구들은 관계지향행동이 증가하면 통상적으로 부하만족과 생산성이 높아짐을 발견했다.

자료 : 게리 유클의 『현대조직의 리더십이론』 중에서

3) 블레이크-무턴의 관리격자이론

블레이크와 무턴(Blake & Mouton, 1964)에 의해 이루어진 관리격자이론은 오하이오주립대학의 연구를 더욱 구체화시킨 이론이다. 생산에 대한 관심과 인간에 대한 관심을 통해 조직목표달성을 추구한다.

관리격자이론은 생산에 대한 관심과 인간에 대한 관심이라는 두 가지 차원을 기초로 하여 5가지 리더십유형으로 구분하고 있다. 생산에 대한 관심은 리더가 과업달성을 위해 어떻게 노력하고 있는가를 의미하며, 인간에 대한 관심은 리더가 종업원들을 위해 어떻게 배려하고 있는가를 의미한다. 보다 더 구체적으로 두 가지 차원을 각각 9등급으로 나누어 81개의 격자를 형성하고, 이들 가운데 이론전개의 편의상 생각할 수 있는 5가지의 기본적 리더십유형을 제시했다. 두 축선은 9점 척도로 되어 있고, 각 척도상의 1은 최소한도의 관심을 나타내는 것이며, 9는 최대한도의 관심을 나타내는 것이다.

초기의 '관리격자모형'을 '리더십 그리드(leadership grid)'로 변경했다.

(1) 무관심형(1.1 볼모형 : impoverished management)

- 인간과 생산에 대해 모두 무관심한 행동유형이다.
- 자신의 직분을 유지하는 데 필요한 최소한의 노력만 한다.
- 리더가 리더십을 거의 행사하지 않는다.
- 일에 대해 소극적이다.
- 추종자들과 거의 접촉하지 않는다.
- 명확한 의견을 제시하지 않는다.

(2) 생산지향형(9.1 과업형 : authority-compliance)

- 인간에 대한 관심은 적고 생산에 대한 관심은 많은 행동유형이다.
- 리더는 과업능률에만 관심을 갖고 종업원을 기계처럼 다루는 유형이다.
- 종업원들을 업무달성의 수단으로 생각한다.
- 지시 이외의 목적으로는 의사소통을 활용하지 않는다.
- 지나치게 통제적이고, 고압적이다.

(3) 인간지향형(1.9 인기형 : country club management)

- 인간에 대한 관심은 많고 생산에 대한 관심은 적은 행동유형이다.
- 리더는 구성원의 만족과 우호적 분위기를 조성하기 위해 노력하는 유형이다.

- 종업원의 감정과 그들의 개인적, 사회적 욕구에 대해 많은 관심을 갖는다.
- 종업원들이 편안하고, 긍정적인 환경에서 일하도록 돕는다.

(4) 중용형(5.5 : middle-of-the-road-management)[1)]

- 인간과 생산에 대한 관심을 적당한 정도로 갖는 행동유형이다.
- 리더는 적당한 정도의 과업능률과 사기를 유지하고자 한다.
- 생산에 대해서도 지나친 관심을 갖지 않으며, 종업원의 욕구에도 많은 관심을 보이지 않는다.
- 업무준수사항을 강조하면서도 인간과 관련된 사항을 고려한다.

(5) 이상형(9.9 팀형 : team management)

- 인간과 생산 모두에 많은 관심을 갖는 행동유형이다.
- 리더는 성과와 종업원의 만족을 최대화시키고자 한다.
- 종업원의 참여를 촉진하기 위해 그들의 기본적 욕구를 충족시킨다.
- 종업원의 참가를 자극하고 촉진시킨다.
- 열린 마음으로 행동하되 단호하게 처리한다.
- 업무과정을 즐긴다.

블레이크와 무턴은 5가지 유형 중 조직의 목표를 달성함과 동시에 개인욕구를 충족시킬 수 있는 이상형이 가장 바람직한 유형이라 제시했다.

1) 대부분의 학자들이 중도형 또는 중용형으로 번역했는데, 중도(中道)는 불교에서 치우치지 않는 바른 도리, 양극단에 치우치지 않는 중정(中正)의 도를 의미하고, 중용(中庸)은 과하거나 부족함이 없이 떳떳하며 한쪽으로 치우침이 없는 상태나 정도를 의미하며, 지나치거나 모자람이 없이 도리에 맞는 것이 중(中)이며, 평상적이고 불변적인 것이 용(庸)이다. 또 다른 의미로는 중용은 아리스토텔레스의 덕론의 중심개념으로 이성으로 욕망을 통제하고, 지견(智見)에 의하여 과대와 과소가 중간을 정하는 것을 이르며, 재능이 보통이거나 그런 재능을 가진 사람을 일컫는 말이다.

그림 1-7 블레이크와 무턴의 관리격자모형

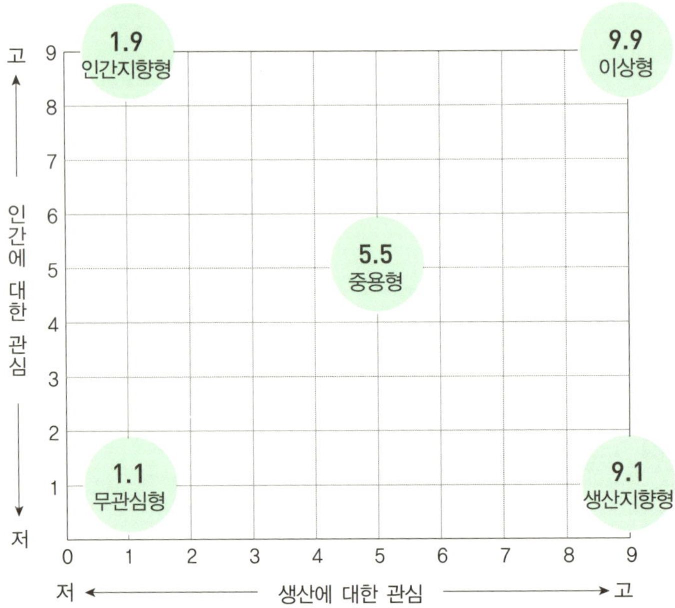

그림 1-8 온정주의적 리더[2)]

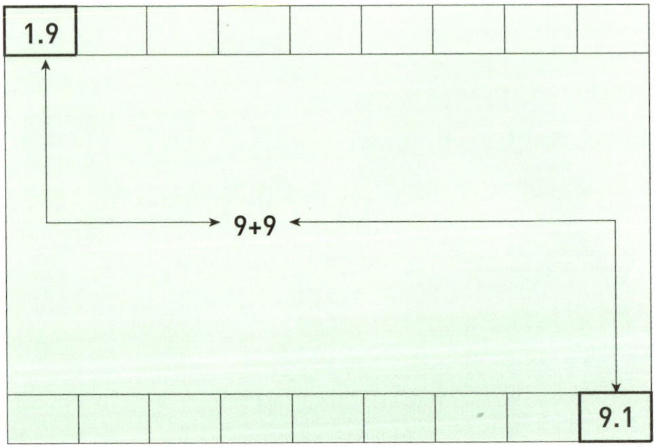

충성과 순종의 대가로 인정과 보상이 주어지고 순응하지 않으면 처벌이 주어진다.

자료 : P.G. Northouse, *Leadership*, Sage Publications, Inc., 2014 ; 김남현 역, 『리더십』, 경문사, 2011. (저자 재구성)

2) 1.9형과 9.1형을 모두 활용한다. 두 가지 유형을 통합하지 않는다. 과업과 인간이 분리된다.

보보의 문제

생산과 인간은 별개의 차원에서 이해해야 할까요?

응, 전혀 달라 =   아니, 함께 고려해 볼 문제야 = 

행동이론은 크게 과업과 인간이라는 두 가지 차원으로 대표될 수 있다. 학자에 따라서 두 문제가 독립적으로 나타날 수도 있고, 극단의 한 가지 행위만 나타날 수도 있다고 제안했다. 그렇다면 여기서 우리는 생산과 인간이라는 두 분면에 대한 포괄적 정의를 짚고 넘어갈 필요가 있다.

어의상의 개념만으로는 생산과 인간은 극과 극에 위치한 것으로 보인다. 그러나 다양한 연구들을 통해 극단적 개념들이 몰고 오는 심각한 결과들을 살펴볼 수 있었다.

산업사회 초기에는 "공급은 스스로의 수요를 창출한다"는 '세이의 법칙'에 따라 얼마나 빨리 많은 제품을 공급하느냐가 중요한 가치였다. 그래서 인간의 만족에 대한 진지한 고려 없이 붕어빵처럼 많은 물건들을 찍어냈고 그 결과 기계화된 시스템 속에서 우리와 같은 평범한 노동자에게는 심각한 정신적 문제가 생기기도 했다. 극단적으로는 돈을 벌기 위해 들어간 직장에서 도망치기도 했다. 돈보다 더 무서운 것은 끝도 없이 계속 되는 붕어빵 만들기였던 것이다. 역으로 극단적인 인간에 대한 고려도 생산의 효율성에 여러 가지 악영향을 초래했다. 우는 아이 젖 주려고 공장가동을 멈출 수는 없는 일 아닌가. 때문에 이제는 두 극단의 문제를 함께 고려해야 할 필요성이 도래했다. 우리에게는 그 연장선상에서 열린 마음으로 생산과 인간의 관계를 수용해야 할 의무가 있다.

표 1-7 | 행동이론의 정리

이론	저자	리더십의 유형	내용	참고
오하이오대학 연구	Hemphill & Coons (1957)	구조주도	• 직무에 대한 할당 • 할당된 과업의 수행 • 작업방법에 대한 지시 • 목표의 조직화	구조주도와 배려를 동시에 사용할 수 있음
		배려	• 상호신뢰 • 감정의 교류와 존중 • 종업원의 아이디어 존중	
미시간대학 연구	Likert (1961)	생산중심형	• 직무의 기술적, 과업적 측면의 강조 • 인간의 수단화	극단의 한 가지 행위만 사용할 수 있음

		종업원중심형	• 종업원의 욕구에 대한 관심 • 개인차의 수용 • 대인관계의 강조	
관리격자이론	Blake & Mouton (1964)	무관심형 (1.1 볼모형)	• 모든 분면에 대한 무관심 • 직분유지를 위한 최소한의 노력 • 리더십의 행사가 거의 없음	• X축은 ‘생산에 대한 관심’ • Y축은 ‘인간에 대한 관심’ • 9×9=81개의 유형 • 대표적으로 5개의 유형으로 제시
		생산지향형 (9.1 과업형)	• 최고의 목적은 효율성 • 인간의 기계화	
		인간지향형 (1.9 인기형)	• 종업원의 만족 • 우호적 분위기 • 즐거운 조직풍토	
		중용형(5.5)	• 과업과 사기의 균형	
		이상형 (9.9 팀형)	• 리더와 종업원들이 목표를 공유 • 성과와 만족을 동시에 최대화시킴	

보보의 **문제**

보보 vs 모모 누가 옳은가요?

개강 후 첫 번째 강의시간이다.

〈과업적 측면〉

보보 교수는 강의실에 들어와 자신을 소개하고, 출석을 부른 후 한 학기 강의계획서를 배부하였다. 간단하게 강의계획서에 소개되어 있는 내용을 설명하고, 첫 번째 과제를 내주고 수업을 끝마쳤다

〈관계적 측면〉

모모 교수는 강의실에 들어와 자신을 소개하고 강의계획서를 나눠주었다. 수업내용에 대한 소개에 앞서 학생들로 하여금 자신에 관해 이야기할 수 있는 기회를 주고 자신의 전공, 자신의 교외활동 등의 발표를 통해 수강생들끼리 친숙해질 수 있는 기회를 제공하였다.

※ 두 교수는 자신들의 행동유형에 대한 학생들의 반응에 따라 강의의 효과를 위해 자신들의 리더행동을 변화시켜 볼 것을 고려하게 될 것이다. 우리 클래스는 어떠한지 토의해 보자.

행동이론은 리더의 행동의 중요한 구성요소를 제시함으로써 리더십의 효력을 발생시키도록 하는 이론이다.

리더는 어떤 상황에서는 과업지향적이 될 필요가 있고, 다른 상황에서는 관계지향적이 되기도 한다. 역으로 본다면 어떤 종업원은 성숙도 수준이 낮아 지시행동을 사용하는 리더를 필요로 하는가 하면, 또 다른 종업원은 지원적 행동을 하는 리더를 필요로 하기도 한다. 그래서 행동이론은 리더가 자신의 행동을 두 가지 차원으로 분할해서 숙고하도록 하는 방법을 제시하고 있다.

보보의 뼈다귀

○ 칭찬은 고래도 춤추게 한다

경영관리와 리더십의 권위자인 캔 블랜차드는 전 세계적으로 리더십과 동기부여이론을 강의하고 있다.

그는 칭찬의 힘이란 칭찬이 긍정적인 힘에 더욱 집중할 수 있도록 도와준다고 주장한다. 이를 설명하기 위해 '뒤통수치기 반응'과 '고래 반응'이라는 단어를 사용했다.

'뒤통수치기 반응'이란 그냥 앉아서 일을 망칠 때까지 기다리는 것을 의미한다. 그리고 나서 잘못을 지적함으로써 자신이 훨씬 똑똑하다는 것을 보여주려 한다. 그런 식으로 일을 처리하는 상사를 '갈매기 관리자'라고 한다. '갈매기 관리자'는 직원들이 일을 잘못할 때까지 놔뒀다가 어느 순간 갑자기 나타나 소리를 지르면서 불평을 쏟아내는 유형이다. 이것이 바로 '놔뒀다 공격하기'라는 고전적 유형의 관리방식이다.

반대로 사람들이 잘한 일을 찾아내는 행동방식을 '고래 반응'이라 한다.

작가는 1976년 샌디에이고로 여행을 갔다가 씨월드 해양관에서 범고래 샴의 쇼를 보게 된다. 그리고 기존에 알고 있었던 상식에 의거하여 범고래는 무시무시한 바다의 포식자라는 사실을 알고 있었기 때문에 멋진 쇼는 불가능할 것이라고 생각하고 있었다. 그러나 상상 외로 멋진 쇼를 보았고 그 원인이 궁금해졌다. 그래서 수석 조련사를 만났고 그를 통해서 범고래와의 관계도 인간관계와 다르지 않다는 것을 알게 된다. 멋진 쇼의 비결은 상대방에 대한 긍정적인 관심과 칭찬이었던 것이다.

자료 : 캔 블랜차드의 『칭찬은 고래도 춤추게 한다』 중에서

보보의 신문

어떤 선한 의도

3년 전 쿠팡은 택배기사 1만5,000명을 계약직으로 뽑아 이 중 60%를 6개월 뒤 정규직으로 전환시키겠다고 약속했다. 정규직은 물론 계약직에게도 주 5일 근무 정시 퇴근에 3,000만 원대 연봉과 4대보험 가입 등을 제공하겠다는 획기적인 도전이었다.

쿠팡의 도전은 사회적으로 큰 찬사를 받았다. 열악한 근무조건의 대명사인 배달사원을 정규직으로 대거 채용하면서 국내 채용시장에 새로운 바람을 일으켰고 소비자로부터도 좋은 반응을 이끌어냈다. 이를 통해 2015년 6월 손정의 소프트뱅크 회장으로부터 10억 달러(1조1,000억 원)의 투자를 유치하기도 했다.

쿠팡은 초반에 비용부담을 떠안더라도 서비스가 개선돼 매출이 크게 늘어날 것으로 예상했다. 실제 쿠팡은 매출액이 2013년 478억 원에서 로켓배송 도입 이후인 2014년 3,485억 원, 2015년 1조1,337억 원, 지난해에는 1조9,159억 원을 기록하는 등 초고속 성장을 이뤄냈다.

쿠팡맨은 매출 2조 원 규모의 쿠팡을 있게 한 핵심서비스다. 대형 유통사도 택배업무는 외부회사에 맡긴다. 기존 택배회사의 기사들은 배달할 때마다 한 건당 약 800원의 수수료를 받는 낮은 처우에 시달린다. 쿠팡은 달랐다. 택배업무에 고객서비스와 속도라는 부가가치를 더해 직접 고용했고, 2014년 '로켓배송'시스템을 도입했다. "열심히 하면 연봉 4,000만 원의 정규직이 될 수 있다"는 희망으로 젊은 청년들이 몰렸다. 배송직무도 부가가치를 높여 좋은 정규직이 될 수 있다는

발상은 좋았다. 하지만 시장은 냉혹했다. 소비자는 좋은 택배서비스를 받겠다고 돈을 더 지불하려 하지 않았다. 소비자가 기꺼이 돈을 더 내겠다고 하지 않는 이상 안타깝게도 택배직무의 시장가격은 현재의 저임금에 맞춰질 수밖에 없다. 쿠팡은 온라인 최저가 경쟁에 뛰어들면서도 경쟁사 택배 인건비의 4, 5배 수준인 연간 2,000억 원을 쓴 것으로 알려져 있다. 쿠팡의 지난해 영업손실은 5,652억 원에 이른다.

회사 측의 장밋빛 약속을 기대한 쿠팡맨의 배신감은 커졌다. 배송 물량은 늘어나는데 추가 고용은 어려우니 쿠팡맨 한 사람당 업무량은 급증할 수밖에 없다. 실적부담이 커진 회사 측이 정규직 전환 약속을 지키기 어려워지니 불만은 더 커진다.

쿠팡은 지난 3년간 택배기사인 쿠팡맨을 직접 고용하며 사세를 키웠지만 그 결과 1조 2,000억 원에 달하는 누적적자에 시달리게 됐다. 쿠팡맨과 로켓배송에 따른 적자폭 역시 급격히 커졌다. 2015년 5,261억 원에 이어 지난해에도 5,652억 원의 영업손실을 냈다. 2년간 쌓인 적자만 1조 원이 넘는다. 3년 전 손정의 소프트뱅크 회장이 쿠팡에 투자한

10억 달러를 소진한 셈이다. 이에 인건비를 감당하기 어려워진 쿠팡이 정규직 전환 약속을 지키지 못한 것은 물론 비정규직을 대량으로 계약해지하거나 재계약을 하지 않은 것으로 파악됐다. 최근에는 쿠팡맨들이 청와대에 탄원서를 제출하는 일까지 벌어졌다.

업계 안팎에선 쿠팡의 존속 자체가 힘들어질 수 있다는 얘기도 돈다. 비정규직의 정규직 전환이 새 정부 일자리 창출의 최대 이슈로 부각된 가운데 재계와 정치권도 쿠팡의 사례에 주목한다.

쿠팡의 사례를 보면 경제는 '의도'의 문제가 아니란 생각이 든다. 각자의 이기심이 공공의 부(富)로 귀결되기도 하고, 선한 의도가 냉혹한 시장에 부딪혀 좌절되기도 한다. '공공부문의 비정규직 제로'와 같은 선언도 마찬가지다. 그 선한 의도는 모두가 공감한다. 단지 경제는 의도와 전혀 다른 결과를 만들 수 있다는 점이 우려를 낳는다.

자료 : 시사포커스, 2017.6.18. ; 동아일보, 2017.6.9. ; 머니S토리, 2017.6.8. (저자 재구성)

5 상황이론(환경적응론)

앞서 검토했던 접근방법은 리더의 개인적 특성에 초점을 둔 1차원적 접근방법과 과업과 인간이라는 2차원적 접근방법이었다. 그러나 특성이론과 행동이론 모두 효과적인 리더의 유형을 완전히 해명할 수는 없었다. 이에 효과적인 리더십유형은 여러 가지 상황에 따라 다르다는 환경적응론적 리더십연구로 초점을 옮겨 리더십유형을 상황과 관련시켜 3차원적으로 연구하기 시작한다.

어떤 종류의 리더와 리더십행동은 다른 어떤 것보다도 몇몇의 구성원들과 상황 속에서 더 효과적일 수 있다. 즉, 서로 다른 종류의 리더와 리더십행동이 구성원과 상황 속에서 어떻게 보다 적합할 수 있느냐를 설명하는 이론인 것이다. 즉, 상이한 상황은 상이한 유형의 리더십을 요구한다는 것이다. 전제는 리더십의 발휘는 누구나 가능하며, 리더십은 리더의 행동에서 관찰될 수 있고, 리더십은 상황 속에 존재하는 현상이라는 것이다.

상황이론에는 많은 이론들이 있지만 다양한 실증연구를 통해 이론을 뒷받침한 피들러의 상황이론과 부하의 동기부여라는 새로운 시각을 부여한 경로–목표이론, 현장에서의 실용성으로 인해 조직현장에서 많은 사랑을 받고 있는 허시와 블랜차드의 이론을 중심으로 살펴보고자 한다.

1) 피들러의 상황이론

이 모형은 특성이론과 상황이론의 결합이라고 할 수 있으며, 피들러에 의해 1967년 개발되었다.

이 모형은 효과적인 집단업적은 부하들과 상호작용하는 리더의 유형과 리더에게 영향을 미치고 통제를 가하는 상황과의 적당한 연결에 달려있다고 제안한다. 리더가 리더십의 발휘를 위해서는 상황에 대한 이해가 필수적이다. 왜냐하면 효과적인 리더십은 리더의 행동유형을 적절하게 상황과 잘 조화시키는 데 달려있기 때문이다.

표 1-8 LPC척도

1. 쾌활한 사람	8 7 6 5 4 3 2 1	쾌활하지 못한 사람
2. 친절하고 다정한 사람	8 7 6 5 4 3 2 1	불친절하고 다정하지 않은 사람
3. 거부적인 사람	1 2 3 4 5 6 7 8	수용적인 사람
4. 긴장하고 있는 사람	1 2 3 4 5 6 7 8	여유 있는 사람
5. 거리를 두는 사람	1 2 3 4 5 6 7 8	친근한 사람
6. 냉담한 사람	1 2 3 4 5 6 7 8	다정한 사람
7. 지원적인 사람	8 7 6 5 4 3 2 1	적대적인 사람
8. 따분해 하는 사람	1 2 3 4 5 6 7 8	흥미로워하는 사람
9. 싸우기 좋아하는 사람	1 2 3 4 5 6 7 8	잘 조화하는 사람
10. 우울한 사람	1 2 3 4 5 6 7 8	쾌활한 사람
11. 개방적인 사람	8 7 6 5 4 3 2 1	폐쇄적인 사람
12. 험담을 잘하는 사람	1 2 3 4 5 6 7 8	관대한 사람
13. 신뢰할 수 없는 사람	1 2 3 4 5 6 7 8	신뢰할 수 있는 사람
14. 사려 깊은 사람	8 7 6 5 4 3 2 1	사려 깊지 못한 사람
15. 심술궂고 비열한 사람	1 2 3 4 5 6 7 8	점잖고 신사적인 사람
16. 마음에 맞는 사람	8 7 6 5 4 3 2 1	마음에 맞지 않는 사람
17. 성실하지 않은 사람	1 2 3 4 5 6 7 8	성실한 사람
18. 친절한 사람	8 7 6 5 4 3 2 1	불친절한 사람

자료 : F.E. Fiedler & M.M. Chemers, *Improving Leadership Effectiveness*, John Wiley, 1982.

참고 : 1. 조직생활 속에서 함께 일하기 어려웠던 사람을 생각하고 그 사람에 대한 평가를 한다.
2. 가능한 빠른 속도로 생각나는 대로 체크한다.
3. 57점 이하는 과업지향적 리더, 64점 이상은 관계지향적 리더이다.

피들러는 LPC질문서(the least-preferred co-worker questionnaire)를 개발하여 이 도구를 통해 개인이 과업지향적(task oriented)인지 관계지향적(relationship oriented)인지를 측정했다.

그는 개인의 기본적 리더십유형은 리더십성공에 있어 중요한 요인이라고 믿었고, 그래서 그 유형을 찾고자 LPC질문서를 개발한 것이었다. 이 질문서는 18개의 대조적인 형용사를 포함한다. LPC질문서는 함께 일하기 어려웠던 동료를 생각하고 그 사람에 대한 평가를 통해 내 리더십유형을 결정하는 측정도구이기 때문에 기본적으로 투사(projection)[3]의 원리가 적용된다. 여기서 고려할 것은 나의 관계지향적 점수가 높다는 것은 싫어하는 사람에게도 나중에 이어질 관계를 고려하여 좋은 점수를 줄 수 있다는 것이고, 과업지향적 점수가 높다는 것은 싫어하는 사람에게도 나중에 이어질 업무와 관련해서 좋은 점수를 줄 수 있다는 점이다.

이 질문서를 통해서 기본적인 리더십유형을 결정한다. 이에 따라 낮은 LPC리더들은 과업지향적인 리더십을 강조하고, 높은 LPC리더들은 관계지향적인 리더십을 강조한다.

LPC질문서를 통해 개인의 기본적 리더십유형이 결정되면 리더와 상황과의 연결이 필요하게 되는데, 피들러는 세 가지 상황요인을 제시했다.

표 1-9 피들러의 세 가지 상황요인

리더와 구성원과의 관계	구성원들이 리더에 대해 갖고 있는 신뢰, 믿음, 존경의 정도
과업구조(과업의 구조화)	할당된 여러 과업이 얼마나 명확하게 정해져 있는가 하는 정도
지위권력(리더의 직위력)	리더가 고용, 해고, 훈련, 승진, 임금인상 등과 같은 권력변수에 영향을 미치는 정도

(1) 리더와 구성원과의 관계

조직의 분위기, 상호신뢰, 하위자의 충성심, 리더에 대한 존경과 호감 등을 의미한다. 과업수행 시 분위기가 긍정적이고 리더를 신뢰할 수 있다면 리더와 구성원과의 관계는 우호적인 것으로 설명될 수 있다. 반면 분위기가 부정적이고 구성원 간의 갈

3) 내가 가지고 있는 긍정적인 면 또는 부정적인 면을 타인에게 귀인시키는 것이다. 의식적으로 떠오른 사고를 나의 것이 아니라 타인의 것이라 믿는다.

등이나 마찰이 잦으면 리더와 구성원과의 관계는 비우호적인 것으로 설명된다.

(2) 과업구조

실행해야 할 과업의 내용이 명확하게 규정되어 있는지, 과업상의 절차가 알기 쉽게 정해지고 기록되어 있는지를 의미한다. 잘 구조화된 과업은 리더에게 더 많은 통제력을 주고, 그렇지 않은 과업은 리더의 통제력을 감소시킨다. 통제의 범위는 리더의 영향력 행사에 있어서 매우 중요한 개념이다.

(3) 지위권력

리더가 하위자에게 영향력을 행사할 수 있는 권한의 양을 의미한다. 여기에는 프렌치와 레이븐의 구분에 따른 합법적 권력이 포함된다. 리더가 합법적으로 부여된 지위에 의해 하위자들에 대한 채용, 승진, 급여인상 등의 권한을 가지고 있을 때 리더의 영향력은 강해진다.

다음 단계에서는 세 가지 환경변수의 관점에서 상황을 평가하게 된다. 리더와 구성원 간의 관계는 좋고 나쁨으로, 과업구조는 높고 낮음(구조화와 비구조화)으로, 지위권력은 강함과 약함으로 나타나게 된다.

그림 1-9 ▌ 피들러의 모형

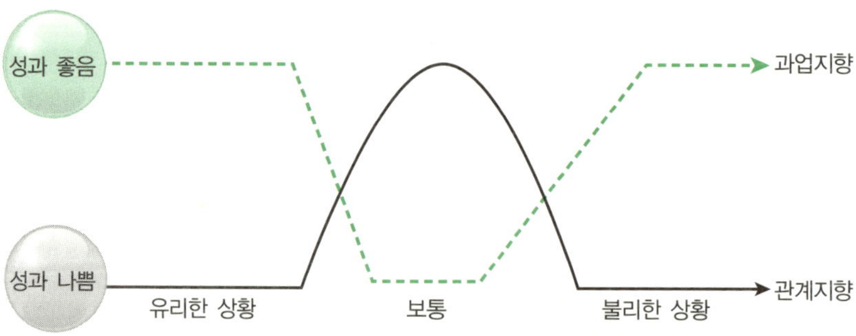

상황범주	Ⅰ	Ⅱ	Ⅲ	Ⅳ	Ⅴ	Ⅵ	Ⅶ	Ⅷ
리더-구성원관계	좋음	좋음	좋음	좋음	나쁨	나쁨	나쁨	나쁨
과업구조	높음	높음	낮음	낮음	높음	높음	낮음	낮음
지위권력	강함	약함	강함	약함	강함	약함	강함	약함

CHAPTER 02

리더십의 본질 Ⅱ

새로운 리더십이론

1. 변혁적 리더십이론
2. 카리스마적 리더십이론
3. 짐 콜린스의 5단계(Level 5) 리더십
4. 서번트 리더십

CHAPTER 02

리더십의 본질 Ⅱ
–새로운 리더십이론

보보의 책 리더십의 심리학

리더십은 어디에서 시작되는가? 변화가 시작되는 곳에서 리더십은 시작한다. 그러면 변화는 어디에서 시작되는가? 변화는 사람들 사이에서 강력한 물질적, 심리적 욕구가 싹트면서 시작된다. 리더십은 근본적으로 변화와 얽혀 있고, 변화는 욕구와 필요의 역동성과 서로 얽혀 있어서 그 시작점을 찾는다는 것은 거미줄이 어디에서 시작되었는지를 찾는 것만큼이나 자의적이다.

개인의 자유를 존중하는 계몽주의 사상가들은, 인정하거나 또는 적어도 눈감아주는 입장에서 욕구가 급증하는 것을 바라보았다. 인간이 만족할 줄 모르는 욕구를 가지고 있다는 점에서 동물과 구분된다고 여긴 흄은 인간이 그러한 욕구를 조절할 능력을 타고난 것으로 보았다. 벤담은 모든 인간이 자신의 쾌락을 극대화하기를 원하며, 하나의 욕구가 충족되면 새로운 욕구가 생겨나고 이것이 행위의 새로운 중심축이 된다고 생각했다. 자연 그대로의 욕구와 좀 더 고상한 욕구를 구분한 밀은 물질적 욕구의 충족이 지적, 도덕적 욕구라는 교화로 이어져야 한다고 생각했다.

욕구의 정글을 어떻게 파악할 것인가? 매슬로우는 다른 사람들이 오직 무질서밖에 보지 못한 곳에서 질서의 가능성을 발견했다. 그는 욕구와 필요에 순위를 매겨 일종의 위계적 단계로 이론화했다. 욕구를 연구하는 대부분의 정신분석학자들은 욕구에 대한 부정과 그에 따른 사회적 폭력에 대해 설명해왔다. 그러나 매슬로우는 욕구의 충족과 그것의 위계적 단계에서 필요가 더 높은 단계에 이르렀을 때 일어나는 사람들의 동기유발과 행위의 변화에 많은 관심을 가졌다.[1)]

흥미로운 것은 매슬로우의 자아실현에 대한 욕망과 리더십에 대한 동기유발 사이의 연결가능성이다. 자아실현이라는 동기를 유발하고 그것을 특징짓는 자질들, 말하자면 창조성, 성장과 학습능력, 유연성, 개방성 그리고 심리학자 로버트 화이트가 말했던 타인을 대하거나 환경을 다루는 능력인 '효과성' 등이 리더십의 자질과 유사하다. 그러나 중요한 차이점이 있다.

매슬로우는 자아를 실현하는 인간을 스스로 통제하고, 자주적이며, 자신의 잠재력과 잠재되어 있는 자원에 의존하는 것으로 파악한 반면, 리더십과 관련된 자아실현은 다른 사람과의 상호실현과정을 통해 추구되고, 사람보다 상위에 있는 가치와 목적에 대한 헌신에 의해 동기가 유발된다.

지도자의 자아실현의 본질은 외부지향적이다. 그는 추종자들의 욕구를 감정이입을 통해 이해

1) 매슬로우는 욕구라는 단어보다 필요라는 단어를 주로 사용했다.

하고, 그것을 하나의 가치로 정립하여 정당한 필요로 바꾼 뒤 이에 대처한다. 지도자는 추종자들이 욕구를 희망과 열정으로, 다음에는 좀 더 의미가 있는 기대로, 최종적으로는 요구로 탈바꿈시키게 도와준다. 그리고 이것은 지도자와 추종자가 함께 자아실현을 추구하는 과정에 헌신하는 것을 필요로 한다. 그들의 소속감, 자존심에 대한 욕구가 인정되고 충족되면서 효율성이 높아지고, "자신도 무엇이든지 될 수 있다"라는 자아실현에 대한 잠재력이 발동된다. 무엇보다 추종자는 스스로 결정할 수 있는, '우연을 숙명'으로 탈바꿈시키는 변화의 적극적인 행위자가 된다.

매슬로우의 개념이 가능성 있는 이유는, 그의 개념들이 리더십과 밀접하게 관련지을 수 있는 인간 변화를 명백하게 설명하고 있기 때문이다. 매슬로우의 자아실현은 개인주의 이데올로기의 좋은 예이다. 개인 내부의 신체적, 심리적 힘이 필요의 단계를 따라 더 높은 단계로 올라가는 힘을 추동시킨다.

– 제임스 맥그리거 번즈의 『역사를 바꾸는 리더십』 중에서

그림 2-1 | 리더십이론의 발전과정

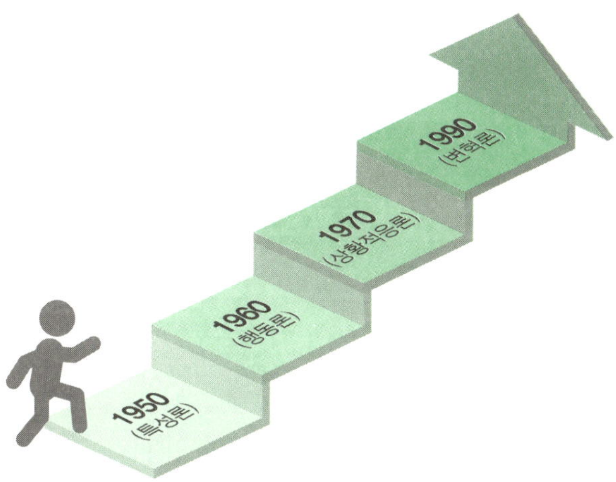

1 변혁적 리더십이론

리더가 갖추어야 하는 특성의 내용은 수십 년간의 연구를 통해 꾸준히 변화해왔다. 신장, 체구 등의 신체적 특성, 창의력, 지성, 지식 등의 능력적 특성, 자신감, 정

직성, 지배성향 등의 심리적·성격적 특성, 지구력, 환경적응력 등의 행동적 특성 등 여러 변화를 거쳤다.

과거의 특성이론은 연구방법상의 문제점들로 많은 비판을 받아왔으나, 최근 들어 방법론의 발달과 새로운 관점들의 등장으로 그 유효성이 다양한 측면에서 재조명되고 있다. 따라서 최근에 다시금 리더의 특성을 부활시키려는 움직임이 있으며, 리더의 능력을 중시하는 이론도 제시되고 있다. 이는 카리스마, 개별적 배려, 지적 자극 등을 그 요인으로 하는 변혁적 리더십(transformational leadership), 카리스마적 리더십(charismatic leadership), 대체이론(substitute for leadership), 특성론(attribution of leadership), 계시론(inspirational leadership), 카리스마의 개념 중에서 특히 비전에 강조점을 두고 있는 비전적 리더십(visionary leadership), 카리스마가 특히 조직문화와 깊은 관련성이 있음을 강조하는 문화적 리더십(cultural leadership) 등 다양하다.

이 중에서도 번즈와 베스의 변혁적 리더십이 새로운 흐름을 주도하고 있다. 변혁적 리더십이라는 단어는 다운튼(Downton, 1973)에 의해 처음으로 제시되었다. 그러나 변혁적 리더십이 중요하게 부각된 계기는 번즈(Burns)와 베스(Bass)에 의해서였다. 특히 번즈는 변혁적 리더십과 거래적 리더십을 명확하게 구분했다. 또한 정치과학자였던 번즈는 매슬로우의 욕구단계설을 토대로 그의 이론을 정립했기 때문에 높은 윤리적, 도덕적 수준을 요구하고 있다.

카리스마적 리더십은 변혁적 리더십이론의 모태가 되며, 변혁적 리더십의 중요한 일부분이다. 그러나 양자가 반드시 동의어는 아니며, 변혁적 리더십이 꼭 카리스마를 필요로 하는 것은 아니다.

한국의 이홍은 카리스마, 변혁적, 문화적, 비전적 등의 이름으로 불리고 있는 새로운 리더십개념을 카리스마적 리더십으로 명명하고 있다. 왜냐하면 카리스마의 개념 없이는 이들 리더십의 개념이 정의될 수 없기 때문이다.

새로운 리더십을 제시한 연구자들은 공통적으로 자신들이 연구한 리더십이 전통적으로 연구된 리더십과는 질적으로 큰 차이가 있음을 주장하고 있으며, 심지어 두 리더십 종류 간의 배타성까지도 논의되고 있다. 리더와 부하의 관계는 서비스에 대한 보상의 교환에 치중하는가, 아니면 리더가 추종자를 가르치고 변형하는가에 따라 전자를 '거래적 리더십(transactional leadership)', 후자를 '변혁적 리더십(transformational leadership)'이라고 명명한다.

그러나 유클(Yukl), 베스(Bass), 코터(Kotter), 홀터 & 베스(Halter & Bass) 등은 새롭게 제기된 리더십과 거래적 행위는 간단하게 이분관계를 갖는 것이 아니며 상호 배타적이 아니라고 주장한다. 큰 범주 안에서는 거래적 리더십이 변혁적 리더십을 수행하기 위한 수단이 될 수도 있다는 것이다.

변혁적 리더십은 사명감을 전달하고, 학습경험을 자극하고, 새로운 사고방식에 영감을 불어넣는다. 또한 안정적이라기보다는 변화를 추구하는 과정이다. 특히 변혁적 리더십은 리더가 변화의 필요를 알아채고, 그 변화를 잘 이끌 수 있도록 상상력을 발휘하고, 그 변화를 효과적으로 수행할 수 있는 능력이다.

변혁적 리더십은 특성론에 의존하고 있으며, 부하의 신념, 가치관, 목적 등에 영향을 미치며 부하로 하여금 거래적 리더십에서 기대한 것 이상의 업적을 달성하도록 만드는 영감적인 리더십이며, 기업을 변혁시키고 부흥시키는 핵심이다.

변혁적 리더십과 거래적 리더십의 차이는 '변혁적 리더십'이 자유, 평등, 정의 등 부하들의 높은 가치체계에 호소하여 그들의 의식을 고양시키며, 스스로 할 수 있는 힘과 권한을 부여(empowering)함으로써 자발적 참여와 조직몰입을 이끌어내는 데 반해, '거래적 리더십'은 공포, 탐욕, 시기, 증오 등과 같은 감정에 의존하여 경제적·물질적 교환관계를 통한 만족을 추구하는 데 있다.

변혁적 리더십은 안정적이라기보다는 변화를 추구하는 과정이며, 위기상황에서 보다 더 변화를 잘 이끌고 수행할 수 있는 능력이다. 그러나 위기상황뿐만 아니라 일반적인 상황에서도 추종자들에게 의미 있는 영향을 미치기도 한다. 왜냐하면 일반적 상황에서도 충분히 기능할 수 있는 카리스마와 개별적 배려, 지적 자극 등을 지니고 있기 때문이다.

변혁적 리더는 강한 자기확신을 가지고 있으며, 추종자들에게 높은 기대감을 부여하고, 확신을 주고, 개별적인 배려를 해줌으로써 추종자들을 변화시킨다.

보보의 배려다귀

영혼과 일치하는 리더십

누군가로부터 존경을 받을 때 사람들의 태도는 달라진다. 존경심은 일생에 걸쳐 만들어진다. 존경심은 결코 짧은 시간에 만들어질 수 없지만 그 가치는 헤아릴 수 없을 정도로 크다. 주위 사람들에게 이런 종류의 영향력을 행사하고 싶으면 우선 그들의 신뢰와 존경을 얻어내야 한다. 타인으로부터 존경을 얻는 길은 설득력, 친절함, 인내심, 지식, 상냥함, 자제력, 학습력, 일관성, 수용력, 성실함 등의 열 가지 지도력의 원칙을 따르고 생활화하는 것이다. 간디는 이것을 실천하고 살았다.

간디의 놀라운 점은 그가 자신의 이상과 진리개념에 충실하면서 수많은 사람들의 인격을 형성하고 설득했다는 것이다. 그는 완고하지 않았다. 그는 순간순간의 요구에 반응했다. 그리고 변화하는 환경에 자신을 맞추었다. 그러나 이런 것은 모두 부차적인 문제에 관해서였다. 굽힐 수 없는 기본적인 것들에서 그는 바윗돌처럼 굳건했다. 악하다고 생각하는 것에는 어떠한 타협도 없었다. 그는 세대를 넘어 많은 사람의 인격을 형성하였고, 더 나은 사람이 되도록 했다.

간디는 매우 성실한 사람이었다. 말, 감정, 생각과 행동을 일치시키려 한다는 것은 곧 성실성을 실천하려는 것이다. 로버트 루이스 스티븐슨은 "성실한 사람은 당황하거나 두려워하지 않는다. 폭풍우가 칠 때도 시간이 계속 흘러가듯이 그들은 그들 자신의 페이스를 유지하면서 행운이나 불행에 영향을 받지 않고 무엇인가를 계속해 나간다"라고 말했다. 간디는 이 세기가 증명하는 성실함의 대표적인 사람이다. 우리는 그의 생애를 연구하며 큰 감명을 받을 수 있고, 특별히 그의 삶의 방식을 통해 성실함에 관해 깨닫게 될 수 있다.

외형적으로 간디는 강하거나 카리스마적이지 않았다. 그는 작고 약한 모습이었다. 그는 평범한 인도 사람이 입는 인도의 전통의상을 입었다. 그는 정치적인 지위도, 엄청난 부도 가지고 있지 않았다. 그러나 많은 사람들이 그의 연설을 기다렸다.

간디는 의사당 홀의 전면으로 나아가 연단 앞에 서서 의원들을 상대로 연설을 시작했다. 그는 인도인들의 어려운 상황을 묘사하면서 열정적으로 연설을 했다. 그는 영국 제도의 불합리성과 인도 자치의 필요성에 대해 설명했다. 이것이 그가 일생을 헌신한 이유였다. 그는 부드럽지만 뜨거운 어조로 영국이 인도를 떠날 것을 촉구했다. 청중 중에는 간디의 연설에 크게 감동한 사람도 많았다. 그는 휴머니즘의 차원에서 이야기하기 시작했다. 자유가 없다면 어떻게 될 것인가?

간디는 노예상태에 처해 있는 조국의 고통과 노예상태의 추악함에 대해서는 자세히 말하지 않았다. 왜냐하면 그는 노예상태를 벗어나도록 자신을 끌어줄 희망이 있었기 때문이었다. 그는 자신과 인도인들을 위한 가능성을 전개해 나가기 시작했다. 간디는 거의 두 시간을 계속해서 연설했다. 그가 연설을 마치는 순간 의사당 홀에서 어떤 변화가 나타났다. 의사당에 있는 사람들은 간디를 수감시키려던 사람들이었다. 그들은 인도 국민들을 굴복시키고 억압하기 위한 법안을 통과시킨 사람들이었다. 그러나 그들 모두는 순간적으로 하나가 되어 일제히 간디에게 기립박수를 보내기 시작했다.

간디가 생각하는 것, 느끼는 것, 말하는 것, 행동하는 것, 그것들은 모두 일치되어 있었다. 그의 삶에는 합일성이 있었다. 그의 삶 속에는 힘이 있었다. 성실함의 의미는 '말을 실천에 옮기는 것(Walking the talk)' 그 이상이다. 그것은 말한 바를 실천하는 것뿐만 아니라 말과 행동이 스스로의 삶의 가치와 일치됨을 의미한다.

간디는 다음과 같이 말했다.

"나는 평범한 사람 이상이 되기를 원하지 않는다. 나의 능력은 사람들의 평균치보다 조금 못하다. 나는 환상을 좇는 사람이 아니다. 나는 당신들과 같이 늘 무엇인가를 이루기 위해 투쟁하는 삶을 살고 있다. 이런 면에서 나는 내가 실용적인 이상주의자라고 주장하고 싶다. 이것은 내가 한 발을 땅에다 굳건히 딛고서 어떤 좋은 것을 얻기 위해 노력한다는 것을 의미한다."

간디는 국가가 망하는 조건 일곱 가지를 제시하여 경계할 것을 당부했다. 그것은 원칙 없는 정치, 도덕 없는 상업, 노동 없는 부, 인간 없는 과학, 양심 없는 쾌락, 희생 없는 신앙, 그리고 인격 없는 교육이 국가를 망하게 한다는 것이다.

자료 : 파스칼 앨런 나자렛의 『간디의 위대한 리더십』 중에서 (저자 재구성)

1) 변혁적 리더십의 구성요인

(1) 카리스마(charisma, 이상적 영향력(idealized influence))

카리스마는 은사(gift)라는 뜻을 지닌 라틴어에서 유래되었다. 성경과 교회에서는 종교적 의미로 은총의 선물(gift of grace) 또는 성신(holy spirit)이라는 뜻으로 사용되었다. 리더의 초자연적 능력, 신성한 속성, 리더의 개성적 자질 등을 의미한다.

카리스마는 구성원들의 미래에 대한 비전을 제공하고, 자부심을 심어주고, 존경과 신뢰를 얻는 것이다. 이때의 비전이란 조직이 추구하려는 공유된 가치를 대변하는 이상을 의미하며 비대면적인 방법보다는 연설이나 비공식적인 대화를 통해서 핵심을 전달하는 것이 보다 효율적이다.

(2) 영감적 동기부여(inspirational motivation)

카리스마 내부에 존재하는 하위요인이다. 카리스마는 영감을 불러일으키지만 영감은 카리스마 없이는 생겨날 수 없다

(3) 개별적 배려(individualized consideration)

오하이오대학의 배려의 개념과 유사하다. 리더가 자신의 영역 속에 있는 구성원들에게 개별적인 관심을 보여줌으로써 구성원들의 자기존중감과 자아정체성을 높일 수 있도록 도움을 주고, 우호적이고 친밀한 관계를 통해 결과적으로 리더가 카리스마적 속성을 보유할 수 있도록 돕고, 구성원들로 하여금 리더를 변혁적 인물로 지각하게 만드는 데 일조를 하며, 리더가 제시하는 비전에 더 가까이 다가갈 수 있도록 돕는다.

(4) 지적 자극(intellectual stimulation)

리더에 대한 강한 복종이나 신뢰에 의해 특징지어지는 카리스마와는 달리, 구성원의 자율성을 보장하고 그들의 의존성향을 제거하는 속성을 지니고 있다. 그들은 구성원들이 변혁적이고 새로운 시도에 도전하도록 고무하며, 스스로 문제해결책을 찾도록 격려하고 자극한다.

카리스마, 개별적 배려, 지적 자극 모두가 궁극적으로 부하의 행동을 조직성과에 연결시킴을 목적으로 하고 있다. 그러나 '카리스마'와 '개별적 배려'가 리더에 대한 구성원들의 자아개념, 인식전환에 초점을 두는 반면에, 지적 자극'은 인식전환을 통한 부하들의 직접적 행동변화에 더욱 중요성을 두고 있다.

변혁적 리더십이 강한 사명감, 리더와 부하 간의 신뢰감, 존중감을 통한 인격적 관계를 중시하는 데 반해, 거래적 리더십은 공식적, 제도적인 규칙, 보상, 규제 및 처벌 등에 근간을 두고 있다. 또한 거래적 리더십은 개인이 가치 있는 어떤 것을 교환

할 목적으로 다른 사람과의 협약에 있어서 주도권을 취할 때 발생한다.

일반적으로 리더와 구성원들 간의 암묵적 교환을 한정하고 있는 기존의 전통적 이론은 모두가 거래적 리더십에 속한다고 볼 수 있다. 베스에 의하면 거래적 리더십은 피들러의 상황이론, 하우스의 통로–목표이론, 리커트의 미시간대학의 연구 등과 유사하거나 동일한 내용을 담고 있다. 왜냐하면 거래적 리더십은 리더가 보상이나 처벌을 활용하여 구성원들이 자신의 직무요구를 충족시키도록 동기부여시키는 형태의 리더십이기 때문이다. 중요한 것은 부하들의 이해관계 충족여부에 따라 그들의 동기부여가 결정된다는 것이다.

그림 2–2 ▌ 변혁적 리더십

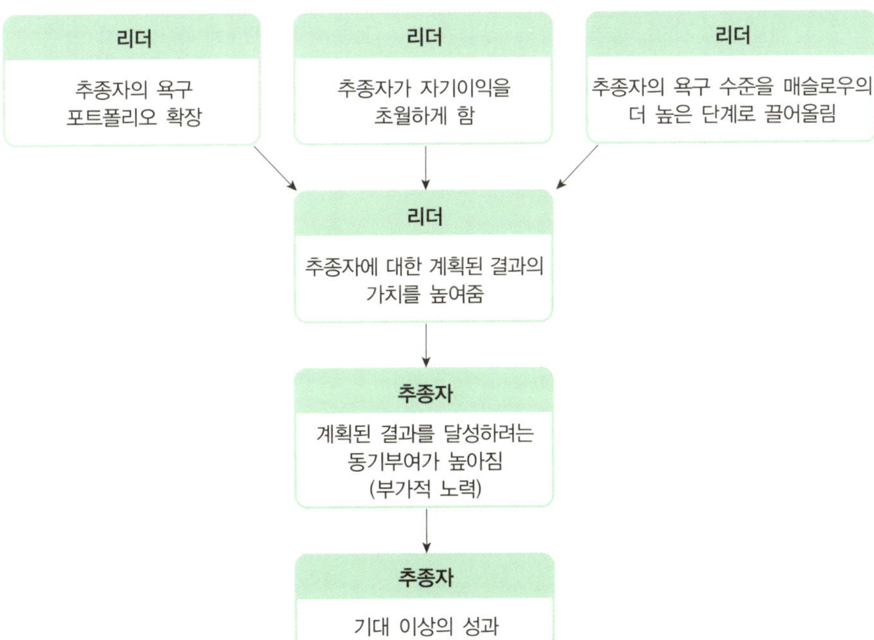

자료 : B.M. Bass, *Leadership and Performance Beyond Expectations*, Free Press, 1985, p.23. (저자 재구성)

2) 거래적 리더십의 구성요인

(1) 보상(contingent reward)

리더가 부하들의 업적 수준과 만족에 관계된 보상을 하는 것을 의미한다. 이는 부하들의 업적과 만족 모두와 관계된다.

(2) 예외관리(management-by-exception)

적극적 개념으로서의 예외관리는 기대된 성과기준에 부합되지 않은 과오, 예외, 편차에 대해 경고함으로써 적극적인 수정조치를 취하는 것이다. 이는 일반적으로 부하들의 성과와 직무만족에 부정적 영향을 미치고 있는 것으로 나타났다.

소극적 개념으로서의 예외관리는 가능한 한 문제가 뚜렷하게 돌출되지 않을 경우 어떤 행동도 취하지 않는 개념이다. 이는 중재의 성향이 있다.

그림 2-3 ▌ 거래적 리더십

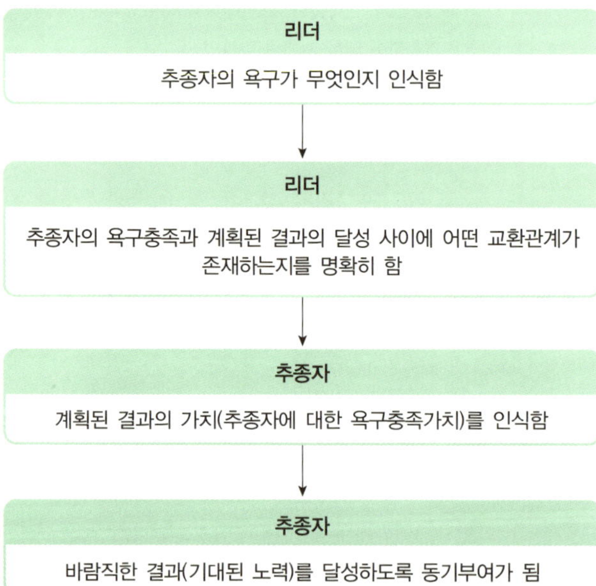

자료 : B.M. Bass, *Leadership and Performance Beyond Expectations,* Free Press, 1985, p.23. (저자 재구성)

(3) 자유방임(laissez-faire)

이는 일종의 무간섭이고 방임이며, 부하들에게 책임을 위임하는 것을 의미한다. 리더십의 부재가 있을 수 있다.

많은 연구들이 변혁적 리더십이 거래적 리더십보다 훨씬 더 효과적이었음을 증명해주고 있다. 그러나 간과할 수 없는 중요한 사실은 언제나 어떤 상황에서나 적합한 유일최선의 방법은 존재하지 않는다는 것이다. 리더십분야에서 타의 추종을 불허하는 코터(Kotter)[2]는 변혁적 리더십과 거래적 리더십, 양자 모두를 적절하게 사용할 줄 알아야 훌륭한 리더가 될 수 있다고 주장한다. 또한 내들러와 터쉬맨(Nadler & Tushman)은 거래적 행위 없이는 변혁적 리더십의 효과를 극대화할 수 없다고 하면서 양자 간의 밀접한 관계를 강조하고 있다. 이들의 주장은 변혁적 리더란 부하의 높은 차원의 욕구를 자극하여 거래적 리더십의 영향력을 통합하고 증대시켜 높은 성과를 얻는 리더의 행동이며, 변혁적 리더십과 거래적 리더십은 상호보완적인 관계에 놓여 있다는 것이다.

표 2-1 변혁적 리더십과 거래적 리더십의 차이

	변혁적 리더	거래적 리더
현상	본질적으로 현상에 반대하거나 현상을 변화시키려고 노력한다.	본질적으로 현상과 맞추거나 현상을 유지하려고 노력한다.
목표지향성	이상화된 목표는 항상 현상과 크게 다르다.	목표가 현상에 크게 어긋나지 않는다.
시간에 대한 견해	장기전망을 가지고 있다.	단기전망을 가지고 있다.
동기부여	보다 높은 단계의 개인적 목표(자아실현)를 추구하도록 고무시킴으로써 부하들을 동기부여한다.	즉각적이고 유형적인 보상을 얻도록 부하들을 동기부여한다.
행동표준화	부하들로 하여금 혁신과 실험을 하도록 격려한다.	부하들이 규칙과 관습을 따르는 것을 좋아한다.
문제해결	문제를 제기한다. 함께 문제를 해결하거나 부하 스스로 문제해결을 하도록 격려한다.	부하들의 문제를 해결해주거나 해답이 있는 곳을 알려준다.

자료 : D.D. White & D.A. Bednar, *Organizational Behavior,* Allyn & Bacon, 1991, p.409.

2) John Kotter : 하버드대학 역사상 최연소 종신 정교수가 되었다.

특히 유클(Yukl)은 거래적 리더십의 중심개념인 교환행위는 반드시 유형적 이익에만 국한되는 것은 아니며, 변혁적 리더십에서의 '의미에 대한 몰입'도 리더와 하위자 간의 상호작용에서 발생된 교환물, 즉 거래적 결과라고 주장한다. 또한 변혁적 리더에 의해 제시된 비전 속에는 분명히 미래에 대한 유형적 이익이 하위자에게 약속되어 있다는 것이다. 이런 주장 등에 근거해서 유클(Yukl, 1989), 베스(Bass, 1985), 홀터 & 베스(Halter & Bass, 1988), 코터(Kotter, 1990) 등은 변혁적 리더십과 거래적 리더십은 간단하게 이분적 분리관계를 갖는 것이 아니며, 상호배타적이 아니라고 주장하고 있다.

그림 2-4 ▌ 변혁적 리더십의 추가적인 효과

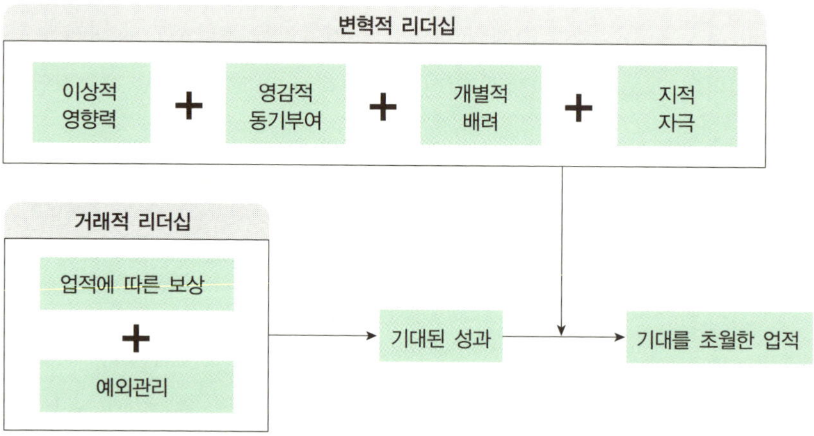

자료 : B.M. Bass and B.J. Avolio, "The Implications of Transactional and Transforma- tional Leadership for Individual, Team and Organizational Development", *Research in Organizational Change and Development,* 4, pp.231–271, 1990.

3) 변혁적 리더십의 두 가지 관점

변혁적 리더십의 초기연구는 대부분 정치적 리더에 대한 기술적 연구로부터 시작되었다. 번즈는 그의 저서 『리더십』(1978)에서 두 유형의 정치적 리더십인 거래적 리더십과 변혁적 리더십을 정의하였다.

거래적 리더십은 부하의 개인적 이익에 호소함으로써 부하를 동기부여시킨다. 즉,

거래적 리더십은 한 사람이 가치 있는 어떤 것을 교환할 목적으로 다른 사람과의 접촉을 시작할 때 일어난다. 리더는 과업노력에 대한 대가로 임금, 지위 등을 거래한다. 물론 거래적 리더십도 가치를 포함하긴 하지만 그 가치는 명예, 공정성, 상호관계와 같은 거래과정과 관련된 가치를 말한다.

변혁적 리더십은 부하의 도덕적 가치에 호소함으로써 윤리적 쟁점에 대한 인식을 높이며 조직을 개혁할 활력과 자원을 동원한다. 따라서 변혁적 리더십은 리더와 부하 간에 높은 윤리의식, 동기부여, 목표의식 등을 불러일으키는 과정이다. 그러므로 변혁적 리더는 부하에게 복종 이상의 것을 요구하며, 여기에는 부하의 신념, 욕구, 가치에 있어서의 변화가 포함된다.

번즈의 변혁적 리더십은 그 근거를 매슬로우의 욕구단계설에 두고 있으며, 매슬로우의 욕구단계적 측면에서 본다면 부하들이 높은 수준의 욕구를 추구하도록 자극하여 '일상적인 자아'에서 '보다 나은 자아'로 상승하도록 한다. 또한 변혁적 리더는 부하를 개개인으로 보기보다는 전체인으로 보고, 부하와 공유할 수 있는 목표를 추구하며 변화한다.

베스는 변혁적 리더십의 전개에 있어서 그 출발점을 번즈의 이론으로 보고 있다. 베스는 거래적 리더십을 리더가 그에게 부응하는 부하들에게 보상을 한다는 교환관계로 보았다. 이런 관점의 문제점은 기대 이상의 업적을 불러일으키는 데는 보통 실패한다는 것이다. 반대로 변혁적 리더들은 기대 이상의 업적을 쌓도록 부하들을 동기부여시킨다.

오늘날 광범위하게 연구되고 있는 베스의 이론은 번즈의 이론에 근거하고 있으나 차이점은 존재한다.

첫째, 번즈는 변혁적 리더십과 거래적 리더십을 연속선상의 양 끝에 위치한 두 가지 유형의 리더십으로 지각했다. 그러나 베스는 두 유형의 리더십을 명확히 구분하지만, 상호배타적인 것으로 보지 않았으며, 같은 리더일지라도 다른 상황과 다른 시간에는 두 가지 유형의 리더십을 모두 사용할 수 있다고 생각했다.

둘째, 번즈는 거래적 리더십을 순종에 대한 보상으로 보았다. 그러나 베스는 보다 넓은 측면에서 거래적 리더십을 정의하고 있다.

셋째 번즈는 변혁적 리더를 긍정적이고 윤리적인 가치와 고차원적 욕구에 호소할 수 있는 계몽적인 리더로 한정하였으나, 베스는 변혁적 리더십은 그 영향이 추종자에게 유익하든 그렇지 않든 간에 추종자의 동기부여를 활성화하고 추종자의 몰입을 증가시키는 리더십이며, 안정, 생존, 경제적 욕구 등과 같은 저차원적 욕구에 호소하는 리더도 변혁적 리더로서 배제하지 않았다. 그러나 부정적 방식을 사용하는 리더십을 구분하기 위해 유사 변혁적 리더십(pseudo transformational leadership)이라는 용어를 제시하기도 했다.

도덕적 규범 안의 리더만이 변혁적 리더일까요?

보보의 문제

응, 도덕적 리더가 진짜 변혁적 리더야 = 

관점에 따라 변화를 유도시키면 변혁적 리더로 볼 수 있어 = 

변혁적 리더십과 거래적 리더십을 극단의 두 개념으로 인식하는 것은 바람직하지 않다. 보보는 이 문제를 통해 어떤 한 학자의 주장이 옳다는 것에 동의하기보다는 보다 넓은 시각으로 접근하기를 바라고 있다.

번즈의 관점에서 본다면 히틀러나 무솔리니 등은 변혁적 리더가 될 수 없다. 왜냐하면 그의 이론 자체가 차원 높은 윤리의식에 근거하고 있기 때문이다. 그러나 베스의 관점에서 본다면 동기부여를 활성화시키고, 몰입을 증가시켜서 어떤 변화를 유도해냈다면 그는 바로 변혁적 리더이다.

보보의 책 죽음 앞에서의 카리스마

역경이 밀어닥칠 때에는 능력보다 매력이 더 큰 카리스마 넘치는 리더가 앞으로 나설 가능성이 크다고 사회학자 막스 베버가 경고했다. 그들은 특별히 호소력을 지니는 급진적인 구제책을 내놓는데, 그 대책이 지지자들을 강력하게 사로잡는 이유는 그것이 우리를 실패로 몰아넣었던 그것과는 180도 다른 전략이기 때문이다. 이 분석이 옳다. 정의상으로 보아도 위기란 그때까지 내려오던 대처 메커니즘이나 자원으로는 해결이 불가능하기 때문이다. 그 결과, 우리가 위협을 느낄 때면 진기한 해결책을 지닌 카리스마 넘치는 리더들이 뜨거운 환영을 받는다.

심리학자 셸던 솔로몬과 그의 동료들은 실험을 통해서 아주 흥미로운 사실을 하나 발견해냈다. 실험에 참여한 사람들이 자신의 죽음에 대한 가능성을 자각하고 있을 때 카리스마 넘치는 리더를 더 사랑하게 된다는 것이다. 솔로몬과 동료들은 열일곱 살에서 쉰여섯 살 사이인 학생 참여자 190명에게 세 명의 후보, 즉 카리스마가 넘치거나 과업지향적이거나 상호관계를 중요시하는 리더의 가상 선거운동 연설문을 읽어달라고 주문했다. 그전에 일부 학생들에게는 자신의 죽음에 대해, 다른 사람들에게는 곧 닥쳐올 시험에 대해 곰곰이 생각해달라는 요구사항이 주어졌다. 그러고 나서 연구원들은 참여자들에게 각 후보자에 대한 등급을 매기고 자신이 뽑을 것 같은 인물을 선택해달라고 부탁했다.

그 결과 닥쳐오는 시험을 생각해달라고 주문받은 참여자들 사이에서는 과업지향적이거나 상호관계를 중요시하는 후보자가 카리스마 넘치는 후보자보다 높은 점수를 얻었다. 그러나 자신의 죽음을 생각해달라는 주문을 받은 참여자 무리에서는 카리스마 넘치는 후보자에 대한 선호도가 급격히 높았던 반면, 인간의 상호관계를 강조하는 후보자에 대한 지지도는 상대적으로 줄어든 것으로 나타났다. 즉, 실험실이라는 조건하에서 자신의 죽음을 떠올린 학생들에게는 카리스마 넘치는 리더가 호소력을 지니는 것으로 나타났다. 이 실험을 통해 알 수 있는 것은 위기에 처하면 존재론적인 고민이 작동하며, 그것이 카리스마 넘치는 리더에 대한 선호도를 크게 높여준다는 사실이다.

– 진 립먼–블루먼의 『부도덕한 카리스마의 매혹』 중에서

2 카리스마적 리더십이론

카리스마(charisma)의 어원은 '선물(gift)'이란 의미를 지닌 라틴어로서 성경과 교회에서는 종교적 의미로 은총의 선물(gift of grace), 성신(holy spirit)이라는 뜻으로 사용되어 왔다. 이는 '하늘이 부여한 재능'이라는 의미를 지니며, 한 개인이 지닌 비범한 자질, 능력 등이 여기에 해당된다.

오늘날 언급되는 카리스마적 리더십이론의 많은 부분이 베버의 제안에 영향을 받았다. 베버는 1920년대 후반에 카리스마적 리더십에 대한 이론을 세웠고, 1947년 그의 저서가 번역된 후 사회학자와 정치과학자들의 관심이 되었다. 초기에는 사회학과 정치학분야의 관심을 끄는 데 그쳤으나 1980년대 이후 미국의 기업들이 외국기업들과의 경쟁에서 생존하기 위해 조직변환의 관점에서 카리스마적 리더의 필요성을 인

식하면서 경영학분야에서의 본격적 연구가 시작되었다.

베버에 의하면 사회적으로 커다란 위기가 발생할 때, 리더가 추종자들의 마음을 사로잡아서 비전을 믿게 할 수 있을 때, 비전이 달성가능하게 보이도록 하는 몇 가지 성공을 추종자들이 경험할 때, 추종자들이 리더를 비범한 존재로 지각하게 될 때 카리스마가 나타난다.

카리스마적 리더십에 대한 심리학적 연구는 프로이트의 초기연구 중 하나인 한 개인이 다른 개체에게 영향을 미칠 수 있는 히스테리와 성격을 가지고 있다는 것에서 시작되었다. 특히 한 방면에 대한 매우 깊은 감정적 집착이 일어날 때에 대한 연구와 관련된다. 히스테리적 징후의 근본은 타인에 대한 개인의 무의식적 사랑으로서 사랑은 그 대상에 대한 환상에서 이상화로 발전할 수 있는데, 그런 과정에서 대상과 강한 감정적 유대감을 갖게 되며, 이러한 유대감을 리더의 카리스마적 특성과 연결시킨 것이다.

카리스마라는 용어는 학자마다 각기 다르게 정의되고 있지만 그들의 주장을 종합해 보면 어느 정도의 공통점이 발견된다. 즉, 카리스마란 리더의 특성과 행동에 대한 추종자들의 지각에 의해 결정되며 추종자들의 지각은 리더십이 발휘되는 상황과 추종자들 개인의 욕구 및 전체의 욕구에 의해 영향을 받는다는 것이다. 때문에 카리스마적 리더십은 리더 또는 리더의 개인적 자질에만 근거하기보다는 리더의 속성과 필요, 신념, 가치, 추종자들의 지각 간 상호작용에 근거한다. 따라서 리더의 카리스마를 유효하게 하기 위해서는 리더와 추종자들이 반드시 기본적 신념과 가치를 공유해야만 한다.

표 2-2 카리스마를 유효하게 하기 위한 세 가지 요인

리더의 특성	부하의 특성	상황의 특성
• 비전 • 과장하는 능력 • 이미지와 신뢰의 형성 • 개인화된 리더십	• 리더와 비전에의 일체감 • 높은 감정 수준 • 리더에 대한 복종의 의지 • 자격인정에 대한 느낌	• 위기 • 과업의 상호의존성

자료 : R.J. House et als., "Personality and Charisma in the U.S. Presidency : A Psychological Theory of Leader Effectiveness", *ASQ*, Vol.36, 1991.

○ 히스테리(Hysterie)란 무엇일까?

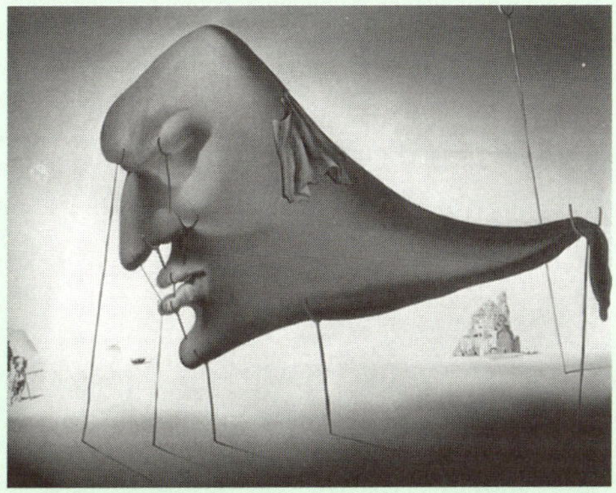

살바도르 달리 'Sleep'

히스테리성 증세는 히포크라테스와 그 학파가 기재하였고, 여성에게서 많이 볼 수 있으며, 자궁에 병인이 있다고 생각된 데서 자궁이라는 뜻을 가진 그리스어 hystera를 따서 이름 지어졌다. 중세에는 마법이나 마귀에 의한 것이라고도 하였으나, 19세기 말부터 샤르코, 자네, 블로일러, 프로이트 등의 연구에 의해 오늘날의 히스테리개념이 확립되었다.

프로이트의 정신분석은 히스테리연구에서 시작하여, 히스테리를 비롯하여 신경증 일반에서의 심적 갈등의 역할을 중요시하고 있다. 히스테리적 메커니즘은 특정한 미성숙된 성격을 가진 사람에게서 일어나기 쉽다고 알려져 있는데 반드시 그것에 국한되는 것만은 아니다. 크레치머는 "모든 사람은 많든 적든 히스테리적이다"라는 유명한 말을 남기기도 했다.

히스테리는 정상성이 무엇이냐에 따라 그 정상범주에 넣을 수 없는 모든 것을 포함한다. 다시 말해 일상언어에서 히스테리적이라고 불리는 것은 분노의 발작, 과대공포, 예상 불가능, 허위성, 비지속성, 피상성, 변덕스러움 등을 말한다. 그리고 어떤 형태로든 행동의 관습적인 합의와 예상가능성에 대한 거부를 표현하는 개념들을 뜻한다.

히스테리라는 단어가 정신질환 또는 이상성격의 한 유형으로 사용되는 경우에는 자기중심적이고, 항상 타인의 이목이 집중되는 것을 바라고, 감정의 기복이 심한 성격, 또는 현시성인 병적 성격을 가리키는 일이 많으며, 대상에 대한 강한 집착을 의미하기도 한다.

자료 : 크리스티나 폰 브라운, 『히스테리』, 여이연, 2003 ; 네이버 지식iN

1) 베버의 카리스마이론

베버에 의하면 "카리스마는 사람에게 초인간적이거나 혹은 비범한 능력이 부여된 특별한 성격적 특성"이다. 카리스마는 소수의 사람들에게만 천부적으로 부여된 특성이며, 이러한 카리스마의 보유로 인해 리더로서 받아들여지게 된다. 즉, 카리스마적 리더십은 하위자에 의한 지각이며, 리더가 다른 사람들이 갖지 못한 천부적인 특성을 지니고 있다고 하위자들이 지각할 때 카리스마적 리더십을 발휘하게 된다. 베버의 정의에 따르면 니체가 주장했던 초인의 개념과 카리스마적 인물이 어느 정도 비슷하다고 볼 수 있다. 범인은 다른 사람들의 기대에 순응하지만 초인은 다른 사람들의 기대를 초월할 수 있으며, 새로운 가치관과 목표를 창조함으로써 미래를 만들어 가는 사람이며 매우 자기중심적이고 자아도취적인 사람이다. 그가 제시했던 카리스마적 인물이란 다른 사람들에게 개의치 않고 자기자신에 대해서만 관심을 가지며 물질적 이득보다는 새로운 아이디어를 제시하는 일 그 자체를 좋아하고 추진하는 신비스런 금욕주의자였다. 베버는 성격적 특성으로서 카리스마를 강조하였지만 카리스마가 유효하기 위해서는 하위자들의 역할이 매우 중요하다고 인정했다.

카리스마의 개념은 그리스어의 '선물(gift)'에서 유래한 '신이 부여한 은총의 선물'이라는 신학적 개념이었으나, 베버는 카리스마를 권한의 이념 중 하나로 보았다. 특정인이 갖는 권력(power)이 정당하다고 다른 사람들에 의해 인정되면 그의 권력은 권한(authority)이 된다. 그는 법적인 권한의 기반을 세 가지로 구분하여 카리스마적 리더십의 근거를 찾고 있다.

① 합리성을 기반으로 한 권한(authority based on rational grounds)

② 전통을 기반으로 한 권한(authority based on traditional grounds)

③ 카리스마를 기반으로 한 권한(authority based on charismatic grounds)

합리성을 기반으로 한 권한, 즉 합법적 권한은 베버가 규정한 가장 기본적인 권한이며 이것을 그의 이념형으로 삼았다. 사람들이 특정한 규칙이나 규율을 합법적이라고 생각하고 받아들일 때 발생할 수 있다. 합법적인 권한이 존재하기 때문에 관료제가 확산될 수 있으며, 대부분 대규모조직에서 관료제성을 찾아보려 하는 것이 공통현상이며 그 개념의 기원은 베버에게 있다.

베버는 당시 수적으로 급격하게 증가했던 노동자에 대해 많은 관심을 가졌다. 그러나 베버가 노동자들에게 관심을 가진 이유는 노동자들의 계급투쟁에 대한 지지나 자본주의를 붕괴시키기 위한 노동자들의 투쟁을 지지해서가 아니라 노동자들에게 인간적인 삶의 보장을 가능하게 해줄 수 있는 기존정치의 개혁 때문이었고, 이런 개혁을 통해 독일의 민족적 통합을 이룰 수 있을 것으로 믿었기 때문이다.

베버가 살던 시대는 농업중심의 농촌사회에서 고도 산업화의 도시중심사회로 전환되어 가는 과도기적 단계에 놓여 있었다. 이런 과도기에는 사회 전 영역이 산업화에 따르는 새로운 합리화를 요청하게 되고, 이를 정립시키기 위한 연구도 필요해졌다. 베버는 이런 요구에 맞춰 그의 역할을 충실하게 수행했다고 볼 수 있다.

합법적 권한을 기반으로 한 관료제는 역사적으로 볼 때, 절대군주제의 잔인성과 자의성, 편파성, 일방성에 반대하는 시민계급의 투쟁의 산물이라고도 할 수 있다. 시민들은 군주와 관료의 횡포와 억압으로부터 탈피하여 보다 안정적이고 명문화된 규범에 의한 지배를 선호하게 되었다. 정치사상가들은 국가에 대한 개념을 수정하였다. 즉, "짐이 곧 국가이다"라는 식의 절대군주제 시기의 국가개념을 국민의 일반의지의 반영이라는 공유개념으로 대치한 것이다. 그러므로 지배자는 국민과의 계약에 의해 국민을 지배하는 존재로 파악된다. 이러한 계약관계는 법에 의해 유지되며, 모든 권위는 법으로부터 출발한다는 인식이다.

과학적 관리론과 관료제가 모두 조직의 합리적 모델을 추구한 것이지만, 베버는 개인의 동기나 인간관계를 배제하고 공식조직구조를 대상으로 관료제성을 찾으려 하였으며, 테일러는 조직구성원을 단순한 경제적 동기에 의해 행동하는 생산도구로 보는 데 차이점이 있다. 그러나 관료제는 조직구조가 기계적이고 경직성을 띠어 비인격적인 행동패턴을 형성하게 되며, 베버 자신도 이런 관료제적 성격이 비인간적 사회를 만들어낸다는 점을 인식하여 인간을 '쇠울타리(iron cage)'에 가두어 놓는다고 보았다. 즉, 지나치게 경직성을 띠게 되면 인간은 도구로서 사용되며 영혼 없는 관료가 되기도 한다.

전통을 기반으로 한 권한, 즉 전통적 권한은 과거로부터 전해 내려오는 전통이나 관례들을 따르고 그것을 부여받은 사람에게 복종할 때 생겨날 수 있는 종류의 권한이다. 이는 획득된다기보다는 조상으로부터 물려받는 경우가 대부분이다. 군주제도나 씨족사회에서의 장자에 의한 권리승계 등의 지도체계 등도 이에 포함된다. 한국을 비롯한 장자계승권을 가지고 있었던 과거의 많은 나라들의 경우가 여기에 속한다. 전통적인 권한은 연장자를 대우하고 그들의 말을 무조건 따르는 유교적 성격을 지닌 권한이다. 현대에 와서 그 비합리성 때문에 다른 권한들과 비교해 볼 때 상대적으로 덜 부각되고 있으나 아직까지도 한국사회에서는 큰 영향을 미치는 권한의 유형이다.

전통적 권한에 의하면 관직은 지배자의 개인적 재산의 일부로 간주되기 때문에 지배자의 명령은 법과 행정을 초월하며, 관료와 지배자의 관계는 신분상 엄격한 충성, 복종의 차별적 관계이다. 또한 직무의 분업이 이루어지지 않고, 사인주의가 지배하는 사회이기 때문에 관료에게 전문적 지식이 필요치 않다.

마지막으로 카리스마를 기반으로 한 권한, 즉 카리스마적 권한은 외부적 요소에 의해 생겨나는 다른 두 권한의 유형과는 다르게 한 개인이 특별한 그 무엇을 지니고 있기 때문에 생겨나는 종류의 권한이다. 특별한 그 무엇에는 한 개인의 모범적인 성격, 예외적인 신성, 영웅적 자질 등이 포함되며, 이 속성들에 대한 헌신으로 이어진다. 때문에 카리스마적 권한을 지닌 사람은 신비스럽고, 자아도취적이며, 사람들을 끌어들이는 흡인력을 지닌 사람으로 보인다.

베버는 사람들이 특정한 인물이 지니고 있는 특별한 속성을 목격하고 그 사람에게는 초자연적, 초인적 능력이 있다고 인정할 때 카리스마가 발현된다고 보았다. 따라서 카리스마적 권한을 지닌 사람은 기존의 확고한 관행에 도전하고 비전을 제시해 줄 수 있는 획기적인 혁신책을 지니고 있어서 위기상황에서 비롯되는 집단구성원들의 불안과 동요를 가라앉힐 수 있는 해결책과 직접적인 관련이 있기 때문에 집단구성원들에게 수용된다.

그러나 카리스마적 리더와 추종자들과의 관계는 감정적인 측면에 초점을 맞추고 있기 때문에 근본적으로 불안정하다고 보았으며, 카리스마적 리더의 효과를 지속시키기 위해서는 일정 기간이 지난 후에는 제도화된 유형으로 변화시킬 필요가 있다고 보았다. 이러한 과정을 '카리스마의 관례화'라고 부른다. 그러나 콩거와 카눙고는 카리스마적 특성을 보유하고 있는 리더로 인정받는 리더가 추종자들에게 영향을 줄 때 그들의 지위보다는 개인적 권력을 사용하며, 만약 그들이 개인적인 카리스마가 아닌 관리자로서 행동한다면 그들의 카리스마는 그 효과를 상실할 것이라고 주장하고 있기도 하다.

베버는 카리스마적 리더가 이끄는 집단의 추종자들 중 몇몇은 그들의 리더에 준하는 카리스마를 갖게 된다고 주장했다. 이들은 종교집단 내의 계층처럼 카리스마적 리더를 정점으로 나름대로의 질서를 가지게 되며 이를 '카리스마 집단(charismatic community)'이라고 칭하고 있다. 이런 관점은 카리스마를 한 개인의 속성으로 보는 베버의 또 다른 관점과 대치되는 관점이어서 주목된다.

베버가 제안한 카리스마의 속성은 다음과 같다.

첫째, 카리스마적 리더는 대대적인 변화를 필요로 하는 위기나 추종자들이 현재의 상태에 불만을 느낄 때 등장할 가능성이 높다.

카리스마적 리더는 기존의 틀을 파괴하고 새로운 목표를 제시함으로써 현재 상황에서 비롯되는 조직의 동요와 불안정상태를 해소시킬 수 있다. 이것이 조직과 구성원들로부터 카리스마적 리더가 수용될 수 있는 극적인 조건이다. 따라서 만약 지도자가 카리스마적 자질을 부여받았다는 증거를 장기간 상실하면 그는 수용의 조건을 상실하게 된다.

둘째, 카리스마는 가치중립적이다.

이는 카리스마의 결과가 긍정적일 수도 있고 부정적일 수도 있다는 의미이다. 간디, 알렉산더 등과 마찬가지로 히틀러, 무솔리니 등도 카리스마적 리더의 범주에 포함된다. 이는 베스의 관점과 일치한다. 번즈는 리더십의 과정과 도덕적 가치를 중요시하고 있기 때문에 카리스마의 부정적인 면에 대해서는 인정하지 않았다.

셋째, 순수한 형태의 카리스마는 최초의 과정에서만 존재할 수 있다.

카리스마는 언제나 안정된 모습으로 남아있을 수는 없다. 그것은 전통화(세습)되든지, 합법화되든지, 아니면 양자의 혼합에 의해서 유지된다.

표 2-3 카리스마적 리더가 내재적 에너지와 자기확신을 투사하는 방법들

1. 인기인을 동일시한다.
2. 자극적이고 구술적인 언어를 사용한다.
3. 적절한 비구술적 언어를 사용한다.
4. 부하의 수준에서 그들과 관계를 맺지만 리더의 수준과 목표로 이동시킨다.
5. 독립적이지만 고립되지는 않게 관계를 유지한다.
6. 그들 자신의 신념에 충실하지만 논쟁적이거나 적대적인 행동을 하지는 않는다.

자료 : D.D. White & D.A. Bednar, *Organizational Behavior,* Allyn & Bacon, 1991, p.410.

보보의 뼈다귀

○ 인간에게는 리더를 맹목적으로 추종하는 본능이 있다

역사를 살펴보면 개인적인 욕망에 눈이 멀어 파괴적인 영향을 끼친 리더들을 수없이 발견할 수 있다. 이렇게 카리스마에는 우리가 마땅히 경계해야 할 어두운 면이 있는 것이다.

카리스마는 어떤 사람을 잠재적인 리더로 간주하느냐, 마느냐에 따라 상당히 중요한 역할을 수행한다. 깊은 인상을 남기는 사람들에게는 특별한 자질이 보인다. 이렇게 인상적인 자질 가운데에는 전문적인 분야에 대한 역량과 관계된 것도 있지만 준수한 외모, 키, 화법, 특별한 분위기 같은 것들도 포함된다.

〈포춘〉지 선정 500대 기업의 CEO 중 약 85%가 평균 이상의 신장에 비교적 준수한 외모를 가진 남성인 것으로 조사되었다. 사람들이 리더를 선정할 때는 "리더답다"는 것에 대한 사회적 기준이 커다란 영향을 미친다.

리더를 선정하는 일에는 사람들 속에 잠재되어 있는 무의식적인 본능이 작용한다. 사람들은 리더에게서 방향성과 본보기, 안정감, 감정적 동일화를 엿보고 싶어 한다. 이런 욕구에는 강력한 힘이 있다.

카리스마라는 개념은 사람들이 왜 지금과 같은 방식으로 리더를 선택하는지를 설명해준다. 우선 이것은 리더와 자신을 동일화하고 싶어 하는 욕구와 관련이 있다. 사람들은 자기와 비슷하다고 느껴지는 사람을 따르거나 그 사람에게 영향을 받는 경향이 있다.

그러나 사람들은 리더가 자신과 완전히 동일하기를 원치 않는다. 리더가 자기보다 똑똑하고 뛰어난 능력과 통찰력을 갖췄으며, 누구보다도 섬세하기를 바란다. 자신과 비슷한 동시에 자기보다 나은 누군가를 원하는 것이다. 요컨대 사람들은 자신이 존경할 수 있는 인물이면서도 동일시할 수 있는 리더에게 끌리는 것이다.

자료 : 잭 웰치의『결단의 기술』중에서

2) 콩거와 카눙고의 카리스마적 리더십이론

콩거와 카눙고는 귀인현상(attributional phenomenon)을 기반으로 한 카리스마적 리더십이론을 제안했다. 즉, 추종자들은 자신들이 관찰한 리더의 행동, 기술, 상황요소에 따라 특정한 카리스마적 특성을 리더에게 귀인시킨다는 것이다.

추종자들이 리더에게 카리스마를 귀인할 가능성은 리더가 제시한 비전을 그들이 수용할 가능성이 있을 때 높아진다. 이때 비전은 현재의 상황에서 벗어날 수 있는 이상적인 목표여야 하며, 리더는 비전을 성취하기 위해 보편적 범위를 벗어난 특별한 방법으로 움직여야 한다. 리더는 통상 비전을 성취하기 위해 지위보다는 개인적 권력을 사용하며, 그들이 보편적 관리자와 마찬가지로 행동한다면 카리스마의 효과는 떨어지거나 상실된다. 이는 카리스마가 관례화된다면 카리스마적 리더가 받고 있는 경외심이 어느 정도는 소멸된다는 것을 의미한다.

카리스마적 리더는 대대적인 변화를 필요로 하는 위기나 추종자들이 현재 상태에 불만을 느끼고 있을 때 등장할 가능성이 높다. 이 부분에 대한 해석은 모호한데, 이는 실질적 위기가 카리스마의 출현을 촉진시킨다고 볼 수도 있고, 위기가 카리스마적 행동을 촉진시킨다고 볼 수도 있다는 것을 의미한다. 또한 리더는 이전에 존재하지 않았던 위기상황을 조장시킴으로써 자신의 특출한 능력을 과시할 수도 있다.

자신에 대한 확신을 가지고 있는 리더는 그렇지 못한 리더보다 카리스마적 리더로 인식될 가능성이 높다. 만약 혁신적인 전략이 성공을 거두었더라도 리더가 자신감을 전달하지 못할 경우에 그것은 리더의 뛰어난 능력 때문이라기보다는 행운으로 돌려지게 된다. 따라서 리더가 지니고 있는 자신감과 열정의 파급효과는 매우 중요한 요인으로 작용한다. 이를 통해 추종자들은 리더가 목표달성으로 향하는 수단을 잘 알고 있다고 믿게 되며, 목표를 성취하기 위해 더욱 열심히 노력하게 된다.

카리스마적 리더와 비카리스마적 리더의 행동특성은 다음과 같다.

첫째, 카리스마적 리더는 본질적으로 현상에 반대하고 그것을 변화시키기 위해 노력하지만 비카리스마적 리더는 현상에 동의하고 그것을 유지시키기 위해 노력한다. 그러므로 카리스마적 리더는 진정한 '리더'에 가깝고, 비카리스마적 리더는 고전적인 '관리자'에 가깝다.

둘째, 카리스마적 리더의 이상화된 목표의식은 안정을 가져다줄 수 있는 현재 상황으로부터 많이 벗어나 있으며, 비카리스마적 리더의 목표는 현상으로부터 많이 어긋나지 않는다.

셋째, 비카리스마적 리더의 공유할 수 있는 비전은 그들에게 호감을 가지도록 만들 뿐이지만, 카리스마적 리더의 공유된 비전, 이상화된 목표의식은 호감을 넘어서서 그들을 모방하고 동일시할 가치가 있는 존경할만한 인물로 만든다. 사람들은 동일시가 강할 때 조직의 구성원이 되는 것에 대한 자부심을 가진다.

넷째, 카리스마적 리더는 현상을 변화시키기 위해 높은 요구를 하지만, 비카리스마적 리더는 현상을 유지시키기 위한 요구에 머물러 있다.

다섯째, 카리스마적 리더는 비카리스마적 리더가 보유하고 있지 못한 미래의 목표의식과 동기부여에 대한 강하고 명확한 표현을 지속적으로 한다.

여섯째, 비카리스마적 리더가 보유한 권력의 기반은 전문적 지식이나 보상에 기초한 지위에 대한 힘이지만, 카리스마적 리더가 보유한 권력의 기반은 전문적 지식과 보상을 넘어선 존경과 경외심을 기반으로 한 힘에 근거한다.

일곱째, 비카리스마적 리더는 현상의 유지와 관점의 공유를 위해 대중의 주의를 끌고 명령하지만, 카리스마적 리더는 급진적 변화를 공유하기 위해 대중을 변화시킨다.

이런 맥락에서 조직을 현상태에서 바람직한 미래의 상태로 변화시키는 카리스마적 리더십의 과정을 네 단계로 규명할 수 있다.

첫 번째 단계에서는 리더는 환경을 끊임없이 평가하고, 미래에 대한 비전을 적용하고 공식화한다. 이 단계에서 리더의 목표는 확립된다.

두 번째 단계에서는 리더는 수단이 필요하다면 무엇이든지 활용하면서 부하들과 비전을 공유한다.

세 번째 단계에서는 기대 이상의 과업을 수행하고, 위험을 감수하고, 전문적인 숙달을 이루어낸다. 이 단계에서는 신뢰와 위임이 중요한 요인으로 작용한다.

네 번째 단계에서는 카리스마적 리더는 역할모델과 동인으로서 봉사한다. 리더는 추종자들에게 목표달성에 대한 믿음과 열정을 심어주기 위해 정서적 지원을 아끼지 않는다.

그림 2-5 ▌카리스마적 리더십의 단계

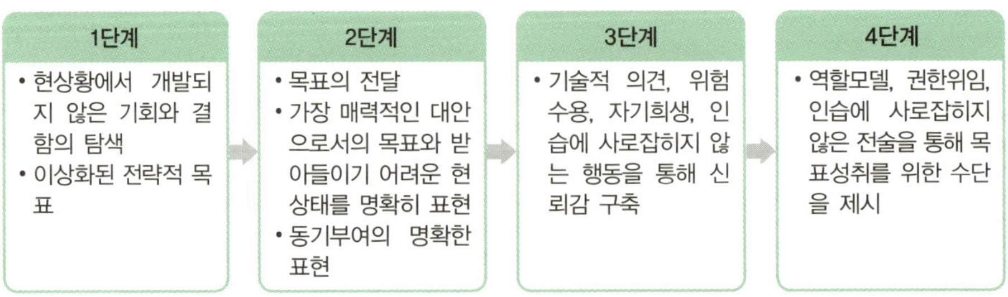

자료 : Alan Bryman, *Charismatic Leadership in Organizations,* SAGE Publications, 1992, p.105.

3) 카리스마적 리더의 특성

카리스마적 리더들의 부모들은 계층, 인종, 종교, 교육 정도, 출신지역 등에 있어서 서로 신분이 상이한 부부인 경우가 많았고, 사회적, 심리적으로 지배집단이 아닌 주변집단에 속해 있는 경우가 많았다. 이런 배경에서 성장한 카리스마적 리더들은 그 덕분에 사회의 다양한 집단이나 계층과의 복수적 동일시가 가능하였고, 어느 한 계층에 고정되지 않을 수 있었던 것으로 보인다.

카리스마적 리더들이 공통적으로 보여주는 특징들이 무엇인가에 대해서는 단언할 수 없지만 보편적으로 자부심, 침착성, 관대함, 개방성, 정직성, 타인에 대한 세심한 배려 등의 특성을 보여주는 것으로 보인다.

카리스마적 리더는 비언어적으로 자신의 감정을 표출하는 능력이 뛰어나며 보편적으로 표현력이 풍부하다고 인정받는 사람들은 다른 사람들을 감동시키고 사로잡기 위해 비언어적 수단을 효과적으로 활용한다.

윌너(Willner)에 의하면 카리스마적 리더는 매우 활기차고 넘치는 생명력을 보유하고 있으며, 두뇌가 비상하고, 경제적 문제에 거의 관심이 없으며, 타인으로 하여금 예외적인 헌신을 할 수 있도록 만드는 능력이 있고, 비상하게 사람을 끌어당기는 흡인력과 신체적인 특징을 가지고 있다.

린드홈(Lindholm)은 많은 사람들을 죽음으로 몰아넣었던 사이비종교 교주들을 분석하여 그들의 카리스마 형성에 작용했던 요인으로서 '최면적 눈빛'을 제시했다. 또한 윌너는 쿠바의 카스트로의 눈빛을 '강렬한 최면력'을 가진 눈으로 평가했다. 히틀러는 모계혈통에 의해 회색빛이 어린 푸른 눈동자를 가지고 있었으며, 자신의 왜소한 몸집을 보완하기 위해 강렬한 눈빛을 활용했다. 그는 부관과 함께 눈동자를 쏘아보는 연습을 되풀이하면서 강렬한 눈빛을 만들었다고 전해지고 있다. 이처럼 여러 연구에서 카리스마적 리더의 눈빛은 현저한 빈도로 언급되고 있다.

또한 카리스마적 리더들은 특별한 소통능력을 지니고 있다. 비전을 의사소통하는 방법으로서 간디, 만델라, 테레사 수녀 등은 조용하고 부드러운 목소리를 지니고 있었으며, 케네디, 루즈벨트, 웰치 등은 남자다운 웅변술을 지니고 있었다. 이들을 통해 공통적으로 발견되는 것은 카리스마적 리더들은 일반적으로 매력적인 목소리를 지니고 있어야 한다는 것이며 청중들에게 다가가기 위해서는 그들의 언어를 조정할 수 있는 능력을 보유하고 있어야 한다는 것이다. 킹 목사의 연설은 도덕성을 함축하고 있는 이념적 목표를 분명하고 쉽게 대변한 대표적인 웅변으로 잘 알려져 있으며, 식민지배로부터 아프리카 최초로 독립을 이루어낸 가나의 엔크루마(Nkrumah)도 깊고 은은한 목소리로 청중을 사로잡았던 것으로 유명하다.

그림 2-6 | 카리스마의 속성

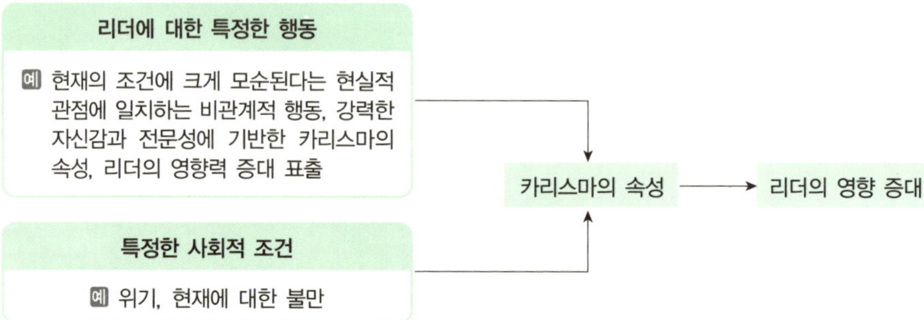

자료 : J. Greenberg & R.A. Baron, *Behavior in Organizations : Understanding and Managing the Human Side of Work,* Allyn and Bacon, 1993, p.383.

지금까지 언급된 카리스마적 리더십의 공통적 특성은 자신감, 비전, 비전을 분명히 할 수 있는 능력, 비전에 대한 강력한 확신, 평범하지 않은 행동, 변혁주체, 환경에의 감수성, 의사소통의 주체, 활력과 행동지향성 등이라 할 수 있다.

하우스에 의하면 이러한 특성들의 직접적인 결과로서 추종자들에게 몇 가지의 효과가 나타나게 된다.

첫째, 리더의 이념에 대해 추종자가 신뢰를 갖게 된다.

둘째, 리더의 신념과 추종자의 신념이 서로 유사해진다.

셋째, 추종자는 리더를 받아들이고 그에게 호감을 표현한다.

넷째, 리더와 추종자는 일체감을 갖게 된다.

다섯째, 추종자는 리더의 목표추구에 정서적으로 동참하게 된다.

여섯째, 리더는 추종자로 하여금 높은 목표를 설정하게 하고 목표성취과정에서 추종자들이 자신감을 갖도록 만든다.

이러한 특성과 효과 때문에 카리스마적 리더는 상대적으로 편안한 상황보다는 어려운 상황에서 출현할 가능성이 높아진다.

○ 카리스마에는 전염성이 있다

부하들이 카리스마적 리더들에게 열렬하게 개인적 동일시를 하는 현상은 퇴행, 전이, 투사와 같은 심리역동과정에 의해 설명될 수 있다.

퇴행은 어릴 적 감정과 행동으로 되돌아가는 것과 관계되며, 전이는 과거에 내게 중요한 사람에 대해 가졌던 감정이 현재의 어떤 사람에게 이전될 때 일어난다. 또한 투사는 바람직한 감정과 동기를 다른 어떤 사람에게 귀인함으로써 죄책감을 느끼는 일에 대한 비난을 다른 사람에게 전가하는 것에 관계된다. 투사는 무의식적 자각인 불쾌감을 없애는 하나의 방법이며, 뒤에 언급하게 되는 융의 그림자의 내용이기도 하다.

정신분석적 설명에 의하면 공포, 죄의식, 소외로 괴로워하는 부하들은 자신의 정체성을 초인적인 리더의 정체성에 융합함으로써 활력부여와 초월의 감정을 경험할 수 있다.

예를 들어, 어린 시절 부모로부터 충분한 사랑을 받지 못하고 일관된 애정표현을 받지 못해서 자아정체성이 건강하게 확립되지 못한 사람은 심각한 정서적 위기를 지니고 있다. 이런 사람은 자신이 동일시할만한 이상적 인물이 될 수 있는 집단의 카리스마적 리더에게 강한 정서적 애착과 의존성을 보이게 된다.

또한 카리스마에 대한 귀인은 죄의식, 공포, 소외의 감정을 느끼는 사람들과 리더의 정서적 호소의 토대가 될 신념과 환상을 공유하는 사람들에게서 이루어질 가능성이 높다.

예를 들어, 제1차 세계대전 후 심각한 경제적 불황과 전쟁으로 인한 패배의식, 수치감 등이 결합되어 히틀러가 등장하게 되고 모든 원인을 유태인에게 귀인시켰던 것이 대표적 사례이다.

자료 : 게리 유클의 『현대조직의 리더십이론』 중에서 (저자 재구성)

실리콘밸리 CEO의 특성, 극과 극

글로벌 IT기업 CEO 중 테슬라를 이끄는 일론 머스크가 가장 신중한 캐릭터를 가진 것으로 나타났다.

미국 'CNBC'는 29일 직업분석업체 페이사(Paysa)가 IBM 왓슨 컴퓨터를 활용해 글로벌 IT기업 11인의 연설문, 에세이, 저서, 인터뷰 녹취록 등을 분석한 결과, 이같이 나타났다고 밝혔다. 페이사는 2,500개 이상

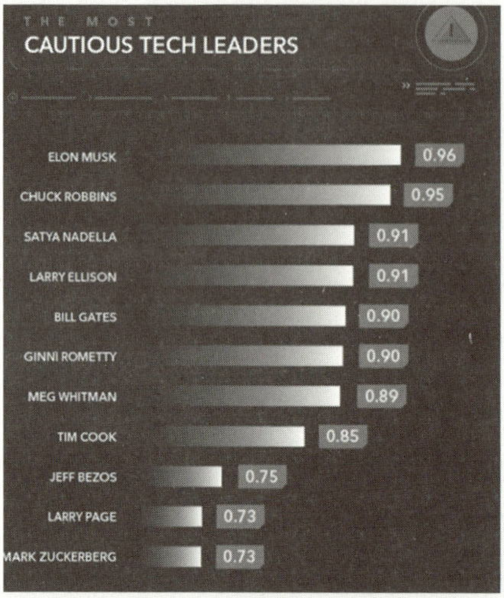

의 단어를 분석해 CEO들의 신중함의 정도를 측정했다.

IBM 왓슨의 성격분석 개발도구(API)는 가장 덜 신중한 쪽(0.0점)부터 가장 신중한 쪽(1.0점)까지 점수를 매겨 이같이 순위를 매겼다. 이에 따르면 일론 머스크는 0.96점을 받아 가장 신중한 CEO로 뽑혔다. 그 다음은 0.95점을 받은 시스코 CEO 척 로빈스가 이름을 올렸다.

이어 마이크로소프트(MS)의 사티아 나델라, 오라클의 래리 엘리슨이 0.91점으로 뒤를 이었다. 그 뒤는 MS 창업자 빌 게이츠, IBM 여성 CEO 버지니아 로메티(이상 0.90점), 휴렛팩커드(HP)의 맥 휘트먼(0.89점), 애플의 팀 쿡(0.85점), 아마존 CEO 제프 베조스(0.75점) 순이었다.

반면 가장 덜 신중한 CEO로는 페이스북의 마크 저커버그와 알파벳의 래리 페이지가 0.73점으로 이름을 올렸다. 페이사는 "개인적 특성을 통찰하는 지표는 개인이 어떤 글을 쓰느냐에 기초해 추출할 수 있다"고 말했다.

'CNBC'는 "실리콘밸리 CEO들의 특성을 분석할 때 신중함은 첫 손에 꼽히는 덕목이 아니다. 하지만 테크 리더들 사이에서는 중요하게 여겨지는 자질의 하나다"라며 "스페이스X 프로젝트를 진행하면서 기발한 아이디어를 많이 제안한 머스크가 가장 신중한 CEO로 꼽힌 건 의외"라고 말했다.

자료 : 월요신문, 2017.6.30.

4) 변혁적 리더십과 카리스마적 리더십이론의 비교

카리스마적 리더십이론은 변혁적 리더십이론의 모태가 되며, 변혁적 리더십의 중요한 일부분이다. 그러나 양자가 반드시 동의어는 아니며, 변혁적 리더십이 꼭 카리스마를 필요로 하는 것은 아니다.

베스의 강력한 부인에도 불구하고 많은 학자들이 카리스마적 리더십과 변혁적 리더십을 유사한 이론으로 취급하고 있다. 선행연구들을 보더라도 변혁적 리더십의 세 가지 요인인 카리스마, 개별적 배려, 지적 자극 중에서 카리스마의 효과가 단연 지배적인 것으로 나타나고 있다.

그러나 카리스마적 리더십과 변혁적 리더십을 동일시하고 있는 것은 카리스마의 지배적 효과가 밝혀지고는 있지만 논란의 여지가 있다. 카리스마, 변혁적, 문화적, 비전적 등의 이름으로 불리는 새로운 리더십의 개념을 카리스마적 리더십으로 명명하고 있는 이유는 카리스마의 개념 없이는 변혁적, 문화적, 비전적 리더십 등이 정의될 수 없기 때문이다.

두 가지 리더십의 개념을 구태여 차별화한다면 변혁적 리더십에서는 카리스마를 여러 행위들 중 하나로 취급하고 있다는 점을 들 수 있다. 카리스마적 리더십은 리더의 행위뿐만 아니라 특성까지도 리더십의 형성에 도움이 되는 것으로 주장하고 있는 반면에, 변혁적 리더십에서는 주로 행위에 초점을 맞추고 있다. 또한 카리스마적 리더들은 조직이 아니라 자신에 대한 충성을 추구할 가능성이 변혁적 리더보다 더 큰 것으로 평가되고 있다. 극단적으로 리더 자신에 대한 충성이 강조될 경우에는 추종자들이 조직의 목표와는 구별되는 리더만의 목표를 추구함으로써 조직에 해를 끼칠 수도 있다.

트라이스와 바이어(Trice & Beyer)는 카리스마적 리더는 일반적으로 새로운 조직을 창조하고 그에 따라 새로운 조직문화를 만들어 가며, 변혁적 리더는 현존하는 조직과 조직문화의 변화에 초점을 두고 있다고 주장하고 있다. 또한 카리스마적 리더는 공통의 대의명분을 내세워 추종자들을 유인하고 결집시켜 목표를 달성해 나간다는 점에서 사회운동의 지도자와 같은 이미지를 갖는 반면, 변혁적 리더는 기존의 조직문화를 변화시켜 새로운 문화를 바꾸어 나감으로써 그처럼 선동적인 분위기를 조장하지는 않는다고 했다. 그러나 그들의 주장은 조직의 내부 구성원들도 카리스마적 리더로 성장하는 사례를 어렵지 않게 발견할 수 있다는 측면에서 받아들이기 힘들다.

하우스(House) 등에 의해 이루어진 다문화권에서의 리더십연구에 의하면 여러 문화권에서 카리스마적·변혁적 리더십에 공헌하는 보편적인 속성은 '용기를 북돋우는(encouraging)', '긍정적인(positive)', '동기를 부여하는(motivational)', '역동적인(dynamic)', '통찰력이 있는(foresight)', '우수한(excellence oriented)', '단호한(decisive)', '지적인(intelligent)', '확신을 주는 사람(confidence builder)' 등이다.

이론 구성에서 다소 차이가 있다고 하더라도 이 두 이론들은 조직의 변화를 추구한다는 점에서는 유사하다. 또한 여러 연구들에서 카리스마의 효과가 다른 어떤 행위들보다도 크게 나타나고 있는 점으로 보아 이론의 효용 차원에서는 큰 차이가 없는 것으로 보이며 상호교환적으로 사용해도 무방하리라고 본다.

카리스마적 리더십이론의 경우 초기에는 리더와 하위자 간의 강한 정서적 유대관계를 바탕으로 이루어지는 리더십과정을 설명하는 데 초점이 맞추어졌으나 최근에 제시된 카리스마적 리더십이론 등은 카리스마적 리더십이 그 개념을 확장시킴으로써 변혁적 리더십이 주장하는 내용과 수렴점을 찾아가고 있다.

보보의 뼈다귀

○ 젊은 CEO의 특성

최고경영자직이 X세대로 채워지면서 경영스타일에도 변화가 일고 있다.

베이비붐 세대가 은퇴하고 1965~80년 사이에 출생한 X세대가 그 자리를 대신하게 됐다. 최근 50세 미만의 젊은 CEO를 임명한 기업으로는 맥도날드, 할리데이비슨, 마이크로소프트, 21세기 폭스사 등이 있다.

경영전문가들에 따르면 비교적 젊은 X세대 CEO들은 공통된 특성을 갖고 있다. 어릴 때부터 PC를 사용한 첫 세대인 만큼 베이비붐 세대보다는 기술에 좀 더 해박하다. 젊은 직원들의 지지를 얻고 그들을 보유하기 위해 들이는 시간도 더 많으며, 2025년경이면 노동력의 75%를 차지할 것으로 전망되는 밀레니엄 세대(1980~95년에 태어난 세대)에게 어필할 만한 제품과 서비스를 개발하기 위해서도 더 고심한다. 또한 이전 세대보다 리스크 감수성향도 더 높고 갑작스러운 변화에도 더 빨리 대응한다.

X세대 CEO들에게 인재관리는 매우 중요한 문제다. 현대 경제가 서비스와 지식근로자에 크게 의존하는 한편, 이직률이 높아지면서 기업 충성심은 사라지고 있기 때문이다. '퓨처스텝'이 전 세계 CEO 1,092명을 상대로 실시한 설문조사에 따르면, 요즘에는 높은 연봉이나 빠른 승진보다 기업문화가 어필할 수 있어야 인재를 뽑기가 유리하다. 또한 밀레니엄 세대는 고용주에 대해 기대하는 바가 다르다. 근무 장소와 시간에 구애받길 싫어하고 마음이 끌리는 회사에서 일하고 싶어 한다.

일부 젊은 세대 CEO들은 의사결정을 신속하게 해주는 평면적 조직구조를 선호한다. 물론 나이 든 세대 CEO 중에도 이런 조직구조를 선호하는 사람이 있지만, 새로운 세대 CEO 사이에서 이런 관행이 급속히 확산되고 있는 건 사실이다. 보다 평면화된 조직구조는 CEO가 직원들과 더 자주 접할 수 있게 만들어준다.

자료 : 오픈업비즈

보보의 뼈다귀

목소리는 모든 것이다

소통은 인간관계와 사회생활을 성립시키는 매우 기초적인 조건이다. 이것이 원활하게 이루어지지 않게 되면 개인으로서는 사회적 적응에 부정적 원인이 되며, 사회적으로는 조직운영에 중대한 장애가 될 수 있다. 소통의 원론적인 의미는 언어나 몸짓 등을 매개수단으로 한 정신적, 심리적 전달 교류라고 표현되며 어원은 "관계를 가지다", "공통분모를 가지다"이다. 즉, 소통은 넓은 의미로 무엇인가와 관계를 가지는 것을 뜻하며, 좁은 의미로는 정보나 신호의 전달을 뜻한다.

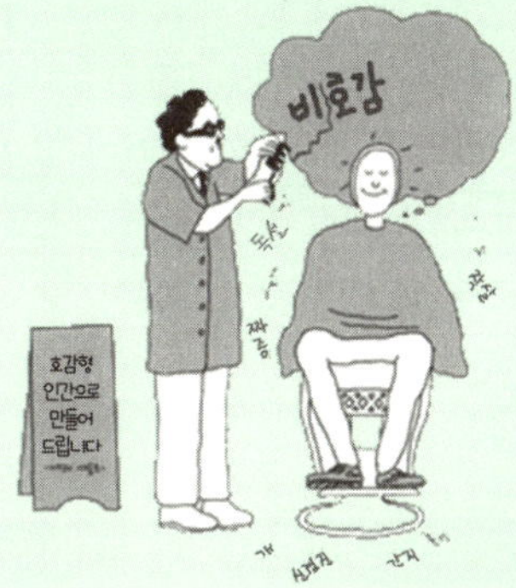

그림 : 위즈덤하우스

소통과 관련하여 가장 대중적으로 인용되는 '메라비언의 법칙(The Law of Mehrabian)'은 심리학자 앨버트 메라비언이 1971년 그의 저서 '*Silent message*'를 통해 제안했다. 한 사람이 상대방에게 메지지를 전달함에 있어서 언어는 7%를 담당하고, 나머지 93%는 비언어적인 영역으로서 청각이 38%, 시각이 55%를 차지한다는 것이다. 즉, 목소리가 차지하는 비중은 38%, 다음으로 표정 35%, 태도 20%가 영향을 미치고 대화의 내용은 겨우 7%에 불과하다는 것이다.

이는 대화를 통한 소통을 할 때 말의 내용보다는 직접적으로 관계가 없는 요소들이 93%나 차지함을 뜻하며 소통이 단순히 말 혹은 대화만을 의미하는 것이 아니라 신체 모든 요소들에 의해 직접적인 영향력하에 있음을 이야기하고 있다. 만약 전화로 메시지를 전달할 때는 목소리의 중요성이 82%까지 상승한다.

일반적으로 사람이 대화를 나눌 때의 목소리 음역은 100~4,000Hz, 보통 남자의 목소리는 100~150Hz 정도인데 100Hz는 1초에 성대가 100번 진동한다는 뜻이다. 소리가 높아질수록 주파수가 높아지는데, 높은 주파수일수록 파장이 짧아서 또렷하게 들려고 대신 전달거리는 짧다. 주파수가 낮은 중저음의 목소리는 반대로 안정감과 지적인 느낌을 주는 반면에 아주 낮은 저주파수의 음은 두려움과 경외감을 느끼게 한다.

대화의 현장에서 많은 사람들이 놓치고 있는 것, 바로 말투다. 말의 내용과 말의 형식은 학교에서, 가정에서 잘 배우고 있지만 말투에 대해서는 그동안 간과해왔다. 그러나 말의 내용과 형식보다 관계를 결정짓는 힘은 말투에 있다. 인간의 마음은 이상하게도 사소한 말투의 차이에도 큰 영향을 받는다. 아주 작은 말투의 차이로 상대방의 부탁을 기꺼이 들어주기도 하고, 왠지 모르게 반발하고 싶어지기도 한다. 말투 하나만 가다듬어도 인생이 바뀐다. 말투만 바꿔도 막혔던 말문이 트이고, 원하는 것을 얻으며, 사람 사이의 분위기가 달라진다. 성공하는 사람들, 존경받는 사람들, 알고 보니 말투부터 달랐다. 말투는 인간관계를 구축하는 데 빼놓을 수 없는 중요한 역할을 한다.

말의 내용은 곧 '뜻'이다. 말의 형식은 곧 '행동'이다. 말의 뜻과 행동이 적절하게 조화를 이루어야 성공적인 대화를 할 수 있다. 말의 뜻과 행동이 하나의 목표를 향해 함께 할 때만이 대화는 아름다운 결과를 얻을 수 있다.

'말의 뜻'과 '말의 행동' 사이의 거리를 줄이는 노력을 하면 된다. 말의 내용도, 말의 형식도 아닌 제3의 영역에 있으면서 내용과 형식 사이의 거리를 줄일 수 있는 '말투'가 바로 그 해결책이다. 비호감에서 벗어나 호감형 이미지로 기억되고 싶다면 말투에 그 답이 있다는 것을 기억하자.

자료 : 김범준의 『모든 관계는 말투에서 시작된다』, 한국경제TV, 조선일보 (저자 재구성)

다중요인 리더십 설문지(MLQ Form 6S)(multifactor leadership questionnaire)				
1. 나는 다른 사람들이 내 주위에 있는 것을 기분 좋게 느끼도록 한다.	1	2	3	4
2. 나는 우리가 무엇을 할 수 있고 또 무엇을 해야 하는지를 몇 마디 짧은 말로 명확하게 표현한다.	1	2	3	4
3. 나는 다른 사람들이 지금까지 해오던 문제들을 새로운 방식으로 생각하고 새로운 시각으로 보도록 하고 있다.	1	2	3	4
4. 나는 다른 사람들이 자신을 스스로 개발해 가도록 돕는다.	1	2	3	4
5. 나는 다른 사람들이 자신의 업무성과에 따른 보상을 받기 위해 무엇을 해야 하는지를 말해준다.	1	2	3	4
6. 나는 다른 사람들이 합의된 업적기준을 충족시켰을 때 만족해한다.	1	2	3	4
7. 나는 다른 사람들이 항상 같은 방식으로 계속 일하도록 하는 것에 만족하고 있다.	1	2	3	4
8. 다른 사람들은 나를 완전히 신뢰하고 있다.	1	2	3	4
9. 나는 우리가 할 수 있는 가능성에 대해 호소력 있고 감동적인 표현을 하고 있다.	1	2	3	4
10. 나는 다른 사람들에게 복잡하고 어려운 문제를 새로운 시각으로 보는 방법을 제공한다.	1	2	3	4
11. 나는 다른 사람들로 하여금 자신들이 하고 있는 일에 대해 내가 어떻게 생각하고 있는지를 알도록 한다.	1	2	3	4
12. 나는 다른 사람들이 그들의 목표에 도달했을 때 그 목표달성을 인정해 주고 보상을 제공한다.	1	2	3	4
13. 일들이 잘 되어 가고 있는 한, 나는 어떤 것도 바꾸려고 시도하지 않는다.	1	2	3	4
14. 다른 사람들이 무엇을 하려고 하든 나는 좋다.	1	2	3	4
15. 다른 사람들은 나와 함께 하고 있는 것을 자랑스럽게 생각한다.	1	2	3	4
16. 나는 다른 사람들이 자신의 일에서 의미를 찾도록 돕는다.	1	2	3	4
17. 나는 다른 사람들로 하여금 자신이 이전에 전혀 의문을 갖지 않았던 일들에 대해 새로운 시각에서 다시금 생각하도록 한다.	1	2	3	4

18. 나는 소외당하고 있는 듯한 사람들에게 개인적인 관심을 보인다.	1	2	3	4
19. 나는 사람들이 그들의 업적에 따라 보상을 받고 있는가에 대해 주의를 기울인다.	1	2	3	4
20. 나는 다른 사람들에게 그들이 자신의 일을 수행하기 위해 알아야 할 규칙들을 말해준다.	1	2	3	4
21. 나는 다른 사람들에게 꼭 필요한 것만을 요구한다.	1	2	3	4

이 설문지는 귀하의 리더십 스타일에 대해 기술하고 있습니다. 21개 문항들이 제시되어 있습니다. 각각의 문항들이 귀하에게 해당되는 빈도를 평가해 보십시오. 다른 사람들이라는 말은 귀하의 부하나 고객 혹은 집단구성원들을 의미합니다.

0=전혀 그렇지 않다　1=이따금씩 그렇게 한다　2=때때로 그렇게 한다
3=꽤 자주 그렇게 한다　4=항상은 아니지만 빈번하게 그렇게 한다

〈채점요령〉

각 요인에 대한 귀하의 점수는 설문지상의 세 가지 문항들의 점수를 합산함으로써 결정된다.

		합계	
이상적 영향력	(항목 1, 8, 15)	______	요인 1
영감적 동기부여	(항목 2, 9, 16)	______	요인 2
지적 자극	(항목 3, 10, 17)	______	요인 3
개별적 배려	(항목 4, 11, 18)	______	요인 4
업적에 따른 보상	(항목 5, 12, 19)	______	요인 5
예외관리	(항목 6, 13, 20)	______	요인 6
자유방임적 리더십	(항목 7, 14, 21)	______	요인 7

점수범위 : 높음=9~12, 중간=5~8, 낮음=0~4

자료 : P.G. Northouse, *Leadership*, Sage Publications, Inc., 2004 ; 김남현 역, 『리더십』, 경문사, 2011. (재인용)

3 짐 콜린스의 5단계(Level 5) 리더십

짐 콜린스(Jim Collins)는 『좋은 기업을 넘어 위대한 기업으로(*Good to Great*)』라는 저서에서 '좋은 것(good)'은 '위대한 것(great)'의 적이라고 말하면서 '단계 5의 리더십'을 제안했다. 또한 좋은 것이 크고 위대한 것의 적이라는 것은 단지 비즈니스만의 문제가 아니라 인간의 문제라고도 주장했다.

그는 1965년에서 1995년 사이에 '포춘(Fortune) 500'에 등장한 기업들 중에서 '좋

은 회사에서 위대한 회사'로 도약한 기업들 11개를 찾아냈다.

애벗, 서킷 시티, 패니 마이, 질레트, 킴벌리 클라크, 크로거, 뉴커, 필립 모리스, 피트니 보즈, 월그린즈, 웰즈 파고 등이 위대한 기업으로 선정된 조직들이다.

그는 1965년에서 1995년까지 '포춘 500'에 선정된 1,435개의 기업을 대상으로 치밀한 재무분석 끝에 11개 기업을 찾아냈는데, 선정기준은 전환점 이후 15년간 시장의 최소 3배에 달하는 누적수익률을 보인 기업들이었다. 그들은 일정 시점 이후에 비교기업군들과 확연한 차이를 보이며 성장했다.

전환점 이후에 애벗은 시장의 3.98배, 서킷 시티는 18.50배, 패니 마이는 7.56배, 질레트는 7.39배, 킴벌리 클라크는 3.42배, 크로거는 4.17배, 뉴커는 5.16배, 필립 모리스는 7.06배, 피트니 보즈는 7.16배, 월 그린즈는 7.34배, 웰즈 파고는 3.99배의 수익을 달성했다.

전환시점에 그 기업들에게는 무슨 일이 있었던 것일까?

물음표박스를 전환시점으로 본다면 물음표박스 안에 11개 기업을 대표하는 몇 가지 특징들이 발견된다.

첫째, 11개 기업들은 대체적으로 외부의 저명 CEO를 영입하는 것에 대해 부정적인 인식을 지니고 있었다. 한 기업을 제외하고는 모두 내부승진에 의한 인사였다.

둘째, 11개 기업의 CEO들은 고액보수를 위해 일하지 않았다. 그들은 해야 할 일, 더 나은 미래를 위해 일했다.

셋째, 그들은 해야 하는 것과 하지 말아야 하는 일을 명확히 구분하여 부적절한 낭비요소를 원천적으로 제거했다.

넷째, 규모가 크다는 것이 항상 옳은 것이 아니라는 점을 인식하고 내실 있게 움직였다.

다섯째, 그들은 모두 조용하게 움직였으며 블루오션의 중요성을 인식하고 있었다.

앞서 언급한 특징들을 정리해 보면 11개 기업들이 보유한 가장 커다란 특징은 그들이 특별한 리더를 보유하고 있다는 것이다. 그들 기업들은 전환시점에서 늘 화성에서 온 것과 같은 '특별한 리더'를 보유하고 있었는데 그들이 바로 '단계 5의 리더'[3]이다.

20세기 후반부터 각광을 받아온 '변혁적 리더', '카리스마적 리더' 등은 '단계 5의 리더'와 비교했을 때 치명적 약점을 가지고 있다. 크라이슬러를 기사회생시킨 리 아이아코카(Lee Iacocca)와 같은 인물은 표류하고 있는 조직에 분명 필요한 인물이다.

그림 2-7 | 5단계의 계층구조

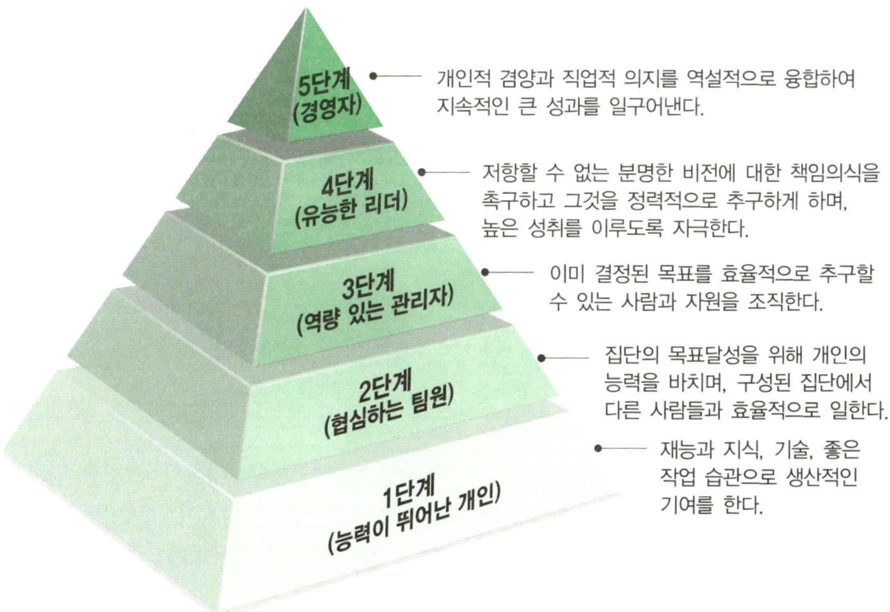

자료 : 짐 콜린스의 『좋은 기업을 넘어… 위대한 기업으로』 중에서

3) 창문과 거울효과 : 단계 5의 리더들은 일이 잘 풀릴 때는 창문 밖을 내다보면서 자신 외의 요인들에 찬사를 돌린다. 반면 일이 잘 풀리지 않을 때는 거울을 들여다보며 자신에게 책임을 돌린다.

그러나 그들이 제대로 된 후계자를 양성하지 않고 조직을 떠나버렸을 때 그 조직은 다시 흔들리기 시작한다는 문제점이 있다.

'단계 5의 리더'들은 공통적으로 개인적 겸양과 직업적 의지의 융합을 효과적으로 보여주었다. 그들은 자신의 개인적 욕구를 털어내고 기업을 향한 보다 큰 목표를 세웠다. 그들에게 개인으로서의 이기심이 없는 것은 아니지만 누구보다도 강한 야심을 자신이 아니라 조직으로 향하게 했다는 것이 일반 리더들과의 차이점이다. 뒤에 후술하는 매슬로우의 자기실현인이 여기에 해당된다.

그러나 권력욕을 추구하게 하는 야망, 적개심 등은 '단계 5의 리더십'에서 요구하는 '겸양'과 상충되는 개념이기 때문에 단계 5의 리더가 조직에 등장하는 경우는 매우 드물다.

단계 5의 리더들이 자주 사용하는 단어와 표현들

- 조용한
- 자신을 낮추는
- 겸손한
- 조심스러운
- 수줍어 하는
- 정중한
- 부드러운
- 나서기 싫어하는
- 말수가 적은
- 자신에 관한 기사를 믿지 않는

보보의 한 말씀

지혜란 원칙에 대한 꾸준한 일관성, 즉 그 사람의 성실성에서 나온다. 성실은 겸손과 용기에서 비롯된다. 겸손이란 만물을 통치하는 원칙이 존재한다는 사실을 인정하는 마음가짐이기 때문이다. 우주를 다스리는 것은 절대자이지 내가 아니라는 마음, 그것이 리더가 가져야 할 지혜의 첫걸음이다.

– 스티븐 코비

아마존, 혁신의 리더십

2011년 10월 스티브 잡스가 사망했다. 전 세계 IT기업들은 애플의 향후 행보와 함께 과연 누가 '제2의 스티브 잡스'가 될 것인가에 주목했다. 이때 언론과 IT업계에서 가장 많이 거론된 인물이 바로 제프 베조스, 아마존 CEO이다. 그는 한 번도 혁신을 멈춘 적이 없는 미래지향형 기업인이다.

제프 베조스는 1994년 아버지에게 30만 달러를 투자받아 시애틀의 자신의 집 차고에서 전자상거래업체인 아마존을 창업했다. 그리고 1997년 5월, 주당 18달러 공모가로 나스닥 상장에 성공했다. 현재 아마존은 매출 약 1,600억 달러, 시가총액 4,600억 달러, 주가 1,000달러를 넘어선 세계 최강의 전자상거래 업체가 되었다. 현재 그가 보유하고 있는 아마존의 주식자산총액은 무려 859억 달러로 현재 빌 게이츠에 이어 세계에서 두 번째 갑부이다. 그는 창업 이후 불과 20년 만에 아마존의 가치를 1,000배나 키워냈다. 아마존의 가치는 비단 이러한 수치에서 나오지 않는다. 아마존의 미래 전략과 다양한 사업 포트폴리오는 한마디로 '도전의 역사'이고 그 동력은 제프 베조스의 리더십에서 나온다.

처음 서적 판매부터 시작한 아마존은 CD, DVD를 비롯해 장난감, 보석 등으로 판매영역을 확장했고 이후 영화, 애니메이션, 게임 등 콘텐츠 판매회사로 자리매김했다. 그 다음 아마존의 도전은 '독서의 방법을 바꾸는 법'이었다. 그것은 전자책 킨들의 탄생을 가능하게 했고, 킨들은 독자의 아날로그 독서 취향을 감안한 맞춤형 태블릿으로 진화했다. 킨들은 단순한 독서용 태블릿에서 발전해 이제 애플의 아이패드에 이어 미국 내 시장 점유율 2위를 달리고 있는 강력한 무기가 되었다.

아마존의 도전은 계속되었다. 이른바 '아마존 웹 서비스(Amazon Web Service : AWS)'라 불리는 '서버 대여'를 통해 아마존은 전 세계 서버공유시장을 장악하면서 IT업계의 새로운 패러다임을 만들어냈다.

"인터넷으로 책을 판다"는 시도는 신선했지만 성공가능성을 쉽게 점칠 수 없었다. 아무도 가지 않은 길이기 때문이었다. 제프 베조스는 고객의 주문이 들어올 때면 벨이 울리도록 했다. 처음에는 가끔씩 울리던 벨소리가 몇 개월 후 시끄러워서 일을 못할 정도로 울려댔다. 성공이었다. 그의 사업은 세상의 주목을 받기 시작했다. 1996년 아마존닷컴은 〈월스트리트저널〉 1면 특집의 주인공이 되었다. 그러나 아마존은 이익이 나지 않았다. 오히려 적자였다. 하지만 이는 베조스의 선택이었다. 그는 당장 몇 푼의 이익보다는 장기적 성장과 시장확대에 무게중심을 두었다. 아마존이 취급하는 물품들이 늘어나기 시작했다. CD, DVD를 비롯해 각종 소프트웨어, 의류 등으로 확장되었다.

아마존닷컴의 매출은 큰 폭으로 늘어났다. 물론 적자였다. 하지만 제프 베조스가 선택한 사이버상거래라는 독특한 비즈니스는 미래 성장전망에서 높은 평점을 받았다. 사람들은 그것이야말로 '벤처정신'이라고 평가했다. 1999년 〈타임〉지는 제프 베조스를 '사이버상거래의 왕'으로 부르며 올해의 인물로 선정했다.

제프 베조스의 사업적 안목은 전자상거래와 킨들에서 멈추지 않았다. 그는 또 다시 새로운 시장을 개척하고자 했다. 그 결과물이 바로 클라우드시장 형성과 인공지능분야의 도전이었다. 제프 베조스는 증설된 서버가 항상 100% 가동되지 않는다는 것을 깨달았다. 그는 서버증설이 어려운, 혹은 부담스러운 기업에게 서버를 빌려주는 장사를 하겠다는 생각을 했다. '아마존 웹 서비스(Amazon Web Service : AWS)'를 시작한 제프 베조스의 안목은 탁월했다. 전 세계 유수의 기업은 물론 스타트업기업들이 아마존의 서버를 이용하기 시작했다. 클릭 몇 번으로 '우리의 서버'를 확장, 보유할 수 있다는 새로운 사업개념의 승리였다. 아마존의 이 서비스는 현재 전 세계시장의 40%를 장악하고 있다. 2위는 MS이고, 3위는 구글이다.

제프 베조스의 리더십은 다방면에서 그 위력을 발휘했다. 그의 모태인 아마존은 한때 물건을 팔면 팔수록 적자를 보는 구조로 미국 금융사들의 경고장을 받았지만 제프 베조스는 이에 굴하지 않았다. 그는 이익을 적게 보는 구조를 확장의 계기로 받아들였고 이내 '킨들 언리미티드 서비스', '아마존 프라임 서비스'와 같은 시장친화, 소비자친화형의 상품을 내놓으면서 시장지배력을 더욱 확장해 나갔다. 월 9.99달러만 내면 수십만 권의 전자책을 무제한 구독할 수 있는 서비스, 연 99달러를 내면 무료 배송, 다양한 콘텐츠 및 200만 곡 이상의 음악감상을 할 수 있는 서비스는 제프 베조스만의 결단력과 리더십의 산물인 것이다. 이 결과 2016년 아마존은 약 8,000만 명의 회원을 확보해 충성도 강한 시장을 형성했다. 이것은 이른바 제프 베조스의 '박리다매전략'을 가능하게 했다.

제프 베조스는 탁월한 경영자이며, IT의 개척자이다. 그의 회의에는 이른바 '피자 두 판'의 원칙이 있다. 회의 자체를 싫어하는 제프 베조스이지만 회의가 꼭 필요할 때면 피자 두 판을 시킨다. 그것은 피자 두 판을 먹을 만큼의 인원만 참석하라는 뜻이다. 이러한 면 역시 효율과 집중을 강조하는 그의 리더십의 일면이다.

제프 베조스의 이메일(jeff@amazon.com)은 공개되어 있다. 그는 스스로 세심하고 꼼꼼한 경영자라고 자부한다. 그러면서도 "자신의 선택에 후회하지 않고, 혁신을 원한다면 실패할 준비를 하라"고 주장한다. 그가 제시하는 리더로서의 덕목은 '신중한 선택, 과감한 도전, 성공을 위한 인내 그리고 얻어진 결과를 다시 미래를 위해 투자하는 전략'이다. 이것이 바로 제프 베조스의 아마존이 20년 만에 세계 전자상거래시장을 석권한 비결이다.

아마존 리더십원칙(Leadership Principles)

❶ 고객에 대한 집착(Customer Obsession)
❷ 주인의식(Ownership)
❸ 발명하고, 단순화하라(Invent and Simplify)
❹ 정확하고 많이 옳아야 한다(Are right, A lot)
❺ 최고를 채용하고 육성한다(Hire and Develop The Best)
❻ 최고 수준 추구(Insist on the Highest Standards)
❼ 크게 생각하라(Think Big)
❽ 신속하게 판단하고 행동하라(Bias for Action)
❾ 근면, 검소(Frugality)
❿ 자기계발(Learn and Be Curious)

자료 : 매일경제, 2017.7.4.

4 서번트 리더십

서번트 리더십(servant-leadership)이라는 단어는 하인(servant)과 리더(leader)라는 역설적인 두 단어가 합쳐져서 만들어진 단어이다. 지금까지 우리에게 알려진, 우리가 알고 있는 리더는 어떤 방식으로든 우리의 위에 서 있었다. 그러나 서번트 리더십은 진정한 리더가 되려면 추종자들의 밑에서 그들을 섬겨야 됨을 가르쳐주고 있다.

이전까지의 리더십의 개념은 모두 위에서 아래를 향했다. 리더십의 개념이 영향력을 행사한다는 의미를 내포하고 있으므로 더 많은 영향력을 행사하기 위해서는 위로부터 아래로 이어지는 수직적인 개념이 효과적이었던 시대가 있었다. 그러나 상황은 변했고, 급변하는 환경에 따라 조직구조도 수직적인 개념에서 수평적인 네트워크형 조직구조로 변화하고 있다. 따라서 리더도 이제는 추종자들을 섬기고, 그들을 도우며, 공동체적인 개념을 형성해야만 한다는 것이 서번트 리더십의 초점이다.

서번트 리더십을 처음 제안한 사람은 로버트 그린리프(Greenleaf)이다. 그는 서번트와 리더에 대하여 두 가지 명제를 던진다.

① 이 두 가지 상반된 역할이 모든 사람들에게 통합될 수 있을까?

② 만약 그것이 가능하다면 현실에서도 그런 사람이 생산적으로 생활할 수 있을까?

그린리프가 이 새로운 리더십에 대한 이론을 정립할 수 있도록 아이디어를 제공해준 것은 헤르만 헤세의 『동방으로의 여행』이란 소설이다.

이 소설의 기본적 주제는 간단하다. 동방국가를 찾아 여행을 떠나는 순례자들에 대한 이야기이다. 주인공 레오는 순례자 집단의 서번트, 즉 하인으로서 그들과 함께 여행을 떠난다.

레오는 여행길에서 순례자들의 하찮은 일을 도맡아 하고, 그들의 영혼을 위로하고, 그들의 불평을 들어주고 격려해주는 역할을 한다. 그는 헌신적으로 봉사하면서 여행에 차질이 없도록 격려해준다.

그러던 어느 날 레오가 갑자기 사라졌다. 순례자들은 레오를 서번트로 생각했기 때문에 존재감을 거의 느끼지 못했었다. 그러나 레오가 사라진 직후부터 순례자 집단은 큰 혼란에 빠지게 된다. 그들은 이리저리 방향을 잃고 헤매게 된다. 그들은 레오 없이는 아무 일도 할 수 없는 존재들이었던 것이다.

그러던 중 순례자 중 한 사람이 어느 교단의 후원으로 레오를 찾아 나선다. 그는 몇 년을 찾아 헤맨 끝에 레오를 찾아냈다. 그리고 레오와 함께 교단으로 간다. 그는 그 교단에서 레오가 실제로는 교단의 책임자이자 정신적 지도자라는 것을 알게 된다.

그린리프는 이 소설을 통해서 서번트 리더십을 구상했고, 진정으로 위대한 리더가 되기 위해서는 우선 서번트가 되어야 한다고 생각했다. 그는 리더라는 자리가 서번트의 천성을 가지고 있는 사람에게 일시적으로 주어지는 것이라고 생각했다. 언제든 리더의 자리에서 물러날 수는 있지만 서번트의 천성은 사라지지 않는다는 것이다.

수직적인 피라미드형 조직구조가 수평적인 조직구조로 바뀌고 있다. 계층의 개념보다는 하는 일의 역할이 더 중요하게 부각되는 시대가 되었다. 그렇기 때문에 오늘날 모든 리더십은 '권한위임'을 중요하게 생각한다. 허시와 블랜차드는 그런 의미에서 통찰력 있는 학자들이다. 그들이 수명주기이론에서 제안하는 것은 부하들이 심리적, 기술적으로 성숙된다면 리더의 권한을 줄여나가 그들이 더 잘할 수 있도록 만들어주자는 것이다. 가장 성숙한 리더십은 권한을 추종자들에게 위임한다.

표 2-4 | 서번트 리더십의 5-Point Star 모형

I	Inspire(영감 : 다른 사람들에게 영감과 감화를 줌)
S	Support(지원 : 정서적, 물질적, 정신적 지원)
T	Training(훈련 : 기술, 핵심역량, 업무수행방법, 질적 서비스 등을 훈련)
A	Acknowledge(인정 : 개인과 팀의 노력과 결과를 인정)
R	Reward(보상 : 유형의 보상과 기쁨, 자긍심, 팀정신과 같은 무형의 보상)

자료 : 김성국의 『조직과 인간행동』 중에서

보보의 한 말씀

너희 중에 누구든지 크게 되고 싶은 사람은 타인을 섬기는 사람이 되어야 하고 으뜸이 되고 싶은 사람은 모든 사람의 종이 되어야 한다.

– 마가복음 10:44–45

보보의 베껴다기

○ 재미로 보는 컬러리더십

컬러	리더십	키워드 (접근방식)	영어표현	컬러리더십이 돋보이는 경영환경
빨간색 리더	서번트 리더십	사랑 (affilliative)	People come first	복잡한 갈등이나 대립을 해소하고 싶다.
주황색 리더	브랜드 리더십	창의 (creative)	Think different, act different	차별화된 경쟁력을 만들고 싶다.
노란색 리더	사이드 리더십	예방 (democratic)	What do you think?	의견수립을 통해서 공감대를 확립하고 싶다.
초록색 리더	파워 리더십	성실 (pacesetting)	Do as I do, now	팀으로부터 즉각적인 결과를 만들고 싶다.
파란색 리더	슈퍼 리더십	지식 (delegating)	Do it yourself	권한위임을 통해서 책임을 명확히 하고 싶다.
남색 리더	비전 리더십	비전 (authoritative)	Come with me	새로운 비전이나 방향 설정이 요구되는 환경이다.
보라색 리더	변혁적 리더십	용기 (coaching)	Try this	업무능력을 개선하여 장기적인 경쟁력을 만들고 싶다.

자료 : 신완선의 『컬러리더십』 중에서

보보의 신문

이제 리더는 머슴이다

리더십을 하나의 학문분야로 인식해 이론적 토대를 마련한 건 20세기 이후의 일이다. 근대 이후 펼쳐진 세계에서 인간의 생산활동과 직결된 경제, 산업활동에 대한 궁금증이 늘었고 그로 인해 조직을 어떻게 이끌어 나갈 것인지 등을 살피기 위해 경영의 틀에서 주로 접근했다.

그러나 과거 농경사회의 마을공동체가 외부환경과의 교류가 적은 자급자족체제였다곤 해도 인류 태초 이래 일정한 무리를 갖춘 집단생활이 꾸준히 이어졌던 만큼, 올바른 리더나 자질에 관한 소요는 과거부터 현재까지 꾸준히 이어져 왔다.

과거 리더십이론의 경우 역사적 위인이나 성공적인 리더의 공통적인 특성을 뽑는 데 중점을 뒀다. 우수한 리더가 되기 위해 필요한 능력이 어떤지를 묻고 따졌다. 중국 당나라에서 시작돼 조선시대까지 퍼진 신언서판(身言書判)은 관리등용의 기준으로 작용했다. 그보다 앞서 중국 『손자병법』에서는 지략·신의 등 장수로서 필요한 다섯 가지를 꼽았으며 플라톤 역시 지적 열망이나 용맹과 같이 지도자가 갖춰야 할 여섯 가지 덕목을 제시하기도 했다.

이후 20세기 중반 들어 리더십에 관한 이론적 연구가 본격화하면서 리더 개인에만 초점을 맞춘 게 아니라 조직구성원의 심리나 행동에 영향을 미치는 리더의 행위를 규명하는 데 주력하기도 했다. 이후 민주주의가 보편화되고 지식정보사회로 탈바꿈한 20세기 후반 들어서는 구성원의 잠재적인 능력을 발휘케 하고 시대변화에 발맞춰 조직을 혁신하는 능력을 강조하는 리더가 각광받았다. 리더의 도덕적 품성이나 자기희생을 강조하는 등 리더의 자질을 규명하는 분야의 연구도 활발하다.

리더십연구로 정평한 미국 오하이오주립대의 스톡딜 교수는 리더를 일컬어 적극적으로 참여하고 능력을 발휘해 집단의 구성원이 목표를 달성하는 데 최선을 다하도록 만드는 것이라고 정의했다. 그는 효과적인 리더의 자질이 따로 있으나 발휘되는 상황에 따라 효과가 다른 만큼 그러한 특성이 상황적 요구에 적합하게 발휘될 때 비로소 리더로 인정받을 수 있다고 봤다.

미국 창조적 리더십센터의 리처드 휴스는 리더십에 대해 특정한 지위나 직위를 갖고 있다고 해서 주어지는 게 아니라 리더와 조직 내 구성원 간의 상호작용의 결과로 일어나는 과정의 한 종류로 보기도 했다. 이밖에 부하직원의 행동을 유도하는 과정이나 조직원 간 업무나 작업을 조율하는 행위, 같은 목표를 갖게 하고 그들에게 영향력을 미치는 과정이나 여건을 만들어주는 일환으로 보는 시각도 있다.

리더(leader)라는 말이 함축하듯 앞에서 이끌어 나간다는 인상이 강하다. 독일의 사회학자 막스 베버가 소개한 카리스마라는 개념이 20세기 이후 리더십과 쉽게 연결지점을 찾은 것도 그래서다. 비폭력을 옹호하면서 시민항쟁의 역할모델이 된 마하트마 간디나 인권운동가로 대중을 휘어잡은 명연설을 한 마틴 루터 킹 주니어 역시 카리스마적 리더로 꼽힌다.

하지만 이 역시 만고불변의 진리는 아니다. 현대 리더십이론을 집대성한 미국 웨스턴 미시건대의 피터 노스하우스 명예교수는 서번트 리더십(servant leadership)을 그 예로 들었다. 그는 "누구를 섬긴다는 리더십은 역설이며 기존 상식에 반하는 접근법"이라며 "리더는 다른 사람의 행동에 영향을 미치는 사람이고 섬기는 사람은 하인처럼 주인을 위해 봉사하는 사람으로 인식되기 때문"이라고 설명했다.

자료 : 아시아경제, 2017.6.22.

보보의 책 그리린리프의 꿈

그린리프의 서번트 리더십은 오랫동안 논란이 되어왔던 리더십의 문제점, 즉 리더가 과업을 달성하면서 동시에 인간관계를 잘 유지하는 것이 가능한지에 대하여 하나의 방향을 제시해주었다. 서번트 리더십은 사람의 문제를 야기시키지 않으면서 효율적으로 목표를 달성해 갈 수 있는 길을 제시하였으며, 조직의 업무성과와 구성원들의 목표를 모두 관심 있게 바라보았다. 그는 조직에서 목표와 목표의 수행자는 별개가 아니라 바로 하나이며, 그것은 서비스정신과 결합되어 나타난다고 보았다.

어떤 조직이든 진정한 리더는 가장 먼저 다른 사람을 도우려는 동기와 열정을 깊이 가져야 한다. 그린리프의 꿈은 바로 리더가 구성원들에게 봉사함으로써 구성원들이 스스로 자신의 욕구를 해결하고, 이들이 보다 자유롭고 정신적으로 건강해지며, 보다 자율적인 의사결정을 내릴 수 있는 능력을 키워가는 것이었다. 그는 한 걸음 더 나아가 리더로부터 이러한 서비스를 받은 구성원들이 다시 서번트 리더로서 그러한 행위를 반복하는 서비스조직을 꿈꾸었다. 다른 사람들을 이끄는 리더십은 곧 다른 사람들이 성공하고 성장할 수 있도록 하는 서비스행위이자 지원활동을 의미한다.

– 이관응의 『신뢰경영과 서번트 리더십』 중에서

보보의 한 말씀

희망만으로 잘 살 수 없지만, 희망 없이는 인생을 살 가치가 없다. 그러니 당신, 그리고 당신은 그들에게 희망을 주어야 한다.

– 하비 밀크

CHAPTER

03

보보의 리더십 *Leadership of Bobos*

동기부여와 리더십

1. 동기부여의 개념
2. 동기부여이론

CHAPTER

03

동기부여와 리더십

보보의 책 행복의 원인

로댕의 '칼레의 시민들'

메트로도로스는 우리들 속에 있는 행복의 원인은, 외부에서 발생하는 행복의 원인보다 더 크다고 했다. 인간의 행복, 인간의 모든 생활방식에 있어서 중요한 것은 인간 자신 속에 존재하고 거기서 일어나는 것이다. 바로 여기에 마음의 유쾌함과 불쾌함이 직접적으로 깃들어 있다. 왜냐하면 마음의 유쾌함과 불쾌함은 어쨌든 인간이 느끼고, 욕망하고, 생각하는 작용들의 결과이기 때문이다. 이에 반해서 외부에 있는 모든 것들은 누가 뭐래도 간접적으로 마음의 유쾌함이나 불쾌함에 영향을 미치는 것들에 지나지 않는다. 그렇기 때문에 같은 외부적인 추이나 사정에 의해서 촉발되는 현상도 모두 제각각 다르며, 같은 상황에 처했더라도 살아가는 세계는 저마다 다른 것이다. 왜냐하면 인간이 직접적으로 영향을 받는 것은 자신이 품고 있는 관념이나 감정, 자신이 행하는 의사활동과 같은 것들뿐이며 외계의 사물은 단지 이러한 관념과 감정, 의사활동을 불러일으키는 동기로 각자에게 영향을 미치는 데 불과하기 때문이다. 각자가 살아가는 세계는 무엇보다도 먼저 세계에 대한 저마다의 견해에 의해 좌우되며, 생각의 차이에 따라서 달라진다. 생각에 따라서 세계는 빈약하고 무미건조하고 하찮은 것이 되기도 하며, 풍성하고 재미있고 깊은 맛을 가진 것이 되기도 한다. 타인의 생애에 일어난 통쾌한 사건을 부러워하는 사람이 있는데 그런 사람들은 오히려 타인이 통쾌한 사건을 묘사할 수 있을 만큼의 중요성을 그 사건에서 발견해낸 파악능력을 부러워해야 할 것이다. 틀림없이 총명한 사람에게는 그렇게도 통쾌해 보이는 일이 우둔하고 평범한 사람이 보기에는 재미있지도 않은 일상적인 장면으로만 보일 것이기 때문이다.

인간의 정신적 능력의 한계에 따라서 고상한 향락의 능력이 영원히 한정되어 있다. 정신적인

> 능력의 한계가 좁으면 그 인간을 위해서 외부에서 아무리 보살펴주어도 인간으로서는 평범한, 절반은 동물적인 행복과 즐거움 정도 이상으로는 끌어올릴 수 없다. 내면적인 부를 가지고 있다면 운명에 대해서는 그다지 커다란 요구를 하지 않는다. 명민하고 정확하며 투철한 지성이나, 중용을 지키는 온화한 의사나 성품이나, 심지어는 한 점 부끄러움이 없는 양심과 같은 것은 지위나 부로 대신할 수 없는 아름다운 요소이다. 한 인간의 자기자신으로서의 모습, 홀로 남아도 끝까지 따라다니며 그 누구에게 받을 수도 없으며 빼앗기지도 않는 것이야말로 그 인간이 혹시 소유하게 될지도 모를 그 어떠한 것, 타인의 눈에 비친 자신의 모습보다도 본인에게는 가장 본질적인 것이다.
>
> – 쇼펜하우어의 『인생론』 중에서

1 동기부여의 개념

인간이 왜 일을 해야만 하는가에 대한 질문은 인간이 무엇을 위해 어떻게 살아가야 하는가에 대한 질문이다. 물질적으로 주어지는 것들은 인간의 삶을 보다 편리하게 만들어주기 위한 전제조건이 되기는 하지만 일정한 수준을 넘어서면 더 이상의 풍요로움을 주지 못한다. 때문에 소유로서의 풍요로움이 인간을 움직이는 데는 한계가 있다. 그러므로 소유로서의 욕구에서 시작하여 한 단계 상승하는 더 높은 차원의 욕구로서 인간의 동기를 설명할 필요가 있다.

경쟁이 치열해지면 질수록 기업의 경쟁우위를 확보하는 것은 아날로그적인 역량인 사람, 즉 '인재'이다. 이 인재들이 전략을 성공적으로 실현시키기 위해서 그들에게 필요한 것은 적절한 '스킬(skill)'이다. 그러나 스킬의 획득과 그 안정적 발휘는 '동기부여(motivation)'가 전제가 되어야만 한다. 왜냐하면 인간에게는 일정한 외부적 압력이 있고 그 압력을 해소하기 위해 어떤 행위를 하지만 그것은 흐르는 강물처럼 이동하기 때문이다. 내부적으로 솟아오르는 그 무엇이 없이는 끊임없이 움직일 수 없다.

리더십에 있어서 동기부여의 중요성이 언급되는 이유는 리더십의 주요 명제가 타인에게 영향력을 행사하여 그들을 움직이고 변화시키는 것이기 때문이다. 처음에는 변화의 초점이 외부적 관점과 요소로 인해 생겨날 수 있지만 장기적인 관점에서 본다면 내부적으로 끊임없이 생겨나는 요인이 없다면 영향력 유지란 현실적으로 어려운 일이 된다.

보보가 처음 '아이러브보보스'를 시작할 때만 해도 그렇게 큰 성공을 거두리라곤 생각지 못했다. 그러나 생각보다 사업이 번창해서 많은 돈을 벌었다. 그렇다면 왜 보보는 그 일을 선택해서 해야 했을까? 우선은 돈을 벌기 위해서였다. 그 이후에 어떤 변화가 일어났든 간에 처음 시작은 경제적 이유였다. 바로 여기에 동기부여에 대한 시작이 있다.

수많은 행동과학자들은 인간은 어떤 동인에 의해 동기부여되고, 그것을 충족시키려고 노력한다고 주장했다. 처음에는 그것이 경제적인 이유였을 것이고, 그러한 기본적인 것이 충족되다 보니까 사회적으로 사람들과 어울리고 싶고, 인정받고 싶고, 더 나은 일을 성취하고 싶고, 일상적인 자아에서 더 나은 자아로 상승하고 싶은 욕구가 생겨났을 것이다.

동기부여(Motivation)는 '움직인다(to move)'는 의미를 지닌 라틴어의 'movere'에서 유래했다. 따라서 동기부여는 무엇인가를 움직이는 과정을 포함하는 개념이다.

그림 3-1 | 동기부여의 메커니즘

자료 : D. Hellriegel & Slocum, *Organizational Behavior,* Thomson South-Western, 2007. (저자 재구성)

동기부여를 한마디로 정의하면 '욕구를 만족시키려는 행동을 이끄는 내부적인 과정'이라고 할 수 있다. 다시 말해서 사람들이 행동을 하는 이유는 자신의 욕구 혹은 원하는 바를 충족시키려 하기 때문이다.

예를 들어, 물탱크(사람)에 충분한 물(동기)이 차게 되면 용수철보다 수압의 힘이 더 크게 작용하여 밸브가 열리고 물이 흐르게 된다(행동). 하지만 어떤 특정 자극에 의해 물이 흐르는 경우도 있다.

따라서 동기부여는 개인 및 조직의 목적을 달성하기 위해 자신과 타인을 움직이는 과정이며, 사람들의 행동을 일으키고 유지하는 영향력이다. 그리고 이러한 행동이 단순한 행동이 아닌 목표지향적인 행동과 관련되므로 일반적으로 동기가 부여된 종업원은 그렇지 않은 종업원보다 훌륭한 업무성과를 위해서 더욱 노력할 것이다. 이때 목표는 종업원이 지닌 욕구나 기업이 달성하고자 하는 목적인 생산성을 의미한다.

동기부여의 가장 기본적 요소는 인간의 욕구이다.

동기부여이론은 욕구와 관련해서 어떤 요인이 동기부여를 시키는가 또는 어떠한 과정을 거쳐서 동기부여가 이루어지는가를 설명하고자 하는 두 가지로 구분된다. 전자가 내용이론(content theory), 후자가 과정이론(process theory)에 해당한다. 본서에서는 내용이론을 중심으로 서술하고자 한다.

표 3-1 동기부여이론의 구분

내용이론	과정이론
• 매슬로우의 욕구단계설 • 알더퍼의 ERG이론 • 허즈버그의 이요인이론 • 맥클리랜드의 성취욕구이론	• 브룸의 기대이론 • 포터와 로울러의 기대이론 • 애덤스의 공정성이론

보보의 한 말씀

행복추구와 이윤추구는 상호배타적이지 않다. — 빌 오브라이언

보보의 뼈다귀

○ 인간은 빵만으로 사는 것이 아니라 어떤 의미로 산다

인간의 정상적인 감성을 잃어버린, 인간의 한계를 뛰어넘는 죽음의 수용소에서 죽음과 같은 노동을 마치고 돌아오면서도 저녁나절의 석양을 보고 그 아름다움에 감탄하는 수용소의 사람들, 자기에게 주어진 빵 한 조각을 안 먹으면 죽을지도 모르는 상황에서 노동력을 상실하여 빵을 배급받을 수 없는 환자를 위해 자기의 빵 반 조각을 계속 나누어주고도 더 힘이 나는 것을 발견한 프랭클이라는 위대한 심리학자가 있다.

그는 말한다.

우리가 삶에 걸고 있는 기대는 진실로 문제되지 않는다. 그러나 보다 중요한 것은 삶이 우리들에게 걸고 있는 기대이다.

이 세상에서 내가 두려워하는 한 가지 사실은 내가 겪어야 하는 괴로움이 헛되다는 것, 오직 그것뿐이다. 이 말은 강제수용소에서 최후의 내적 자유는 상실할 수 없다는 사실을 행동으로써, 고통과 죽음으로써 증언을 해준 순교자들을 알게 된 이후 빈번하게 나의 마음속에 떠오르곤 하였다. 그러니까 그들이 받은 고통은 보람찬 것이었고, 그들이 고통을 참고 견뎌낸 방법은 순수한 내적인 성취라고 말할 수 있을 것이다. 이와 같이 빼앗길 수 없는 심령적 자유야말로 삶을 의미 있고 목적이 있는 것으로 만드는 것이다.

자료 : 빅터 프랭클의 『죽음의 수용소에서』 중에서

보보의 한 말씀

"살아갈 이유를 알고 있는 사람은 그 어떠한 상황에서도 견뎌낼 수 있다."

– 니체

보보의 책 자유의지에 대한 고대 철학자들의 관점

소크라테스는 인간의 의지를 선을 추구하는 힘으로 여겼으며, 그 힘에 의해서 사회적 질서가 탄생한다고 생각했다. 플라톤도 윤리적 숙고에서 출발했으며, 일상의 삶에서 도덕을 실현할 수 있다고 했다. 플라톤은 자유의지를 주장한 대표적 인물로서 인간의 책임의식을 강조한다. 아리스토텔레스도 윤리적 행동을 인간의 특별한 행동으로 간주했고, 인간이 '자의식'을 가진 존재라는 것에서 직접 끌어낼 수 있다고 여겼다. 도덕적 판단은 항상 자유의지와 연관이 있으며, 행동의 자유는 덕의 전제조건이다.

– 프란츠 부케티츠의 『자유의지, 그 환상의 진화』 중에서

2 동기부여이론

1) 욕구단계설(욕구계층설, need hierarchy theory)

개인이 지닌 욕구와 동기부여의 이론으로 가장 널리 알려진 것은 매슬로우의 욕구단계설이다. 매슬로우(Maslow)는 인간에게 동기를 부여할 수 있는 욕구가 계층을 형성하고 있는 것으로 파악하였으며, 다양한 욕구들이 피라미드와 같은 위계를 형성한다고 보았다. 그는 그 중 삶에서 가장 많은 것을 얻는 것처럼 보이는 사람들,[1] 즉 가장 충분히 기능하고, 가장 건강하며, 가장 잘 적응하는 사람들의 특성에 특별한 관심을 가졌다. 그는 그들이 어떻게 그렇게 완벽할 수 있고, 잘 적응할 수 있는가를 이해하는 데 대부분의 시간을 바쳤다.

매슬로우가 다른 심리학자들과 분명하게 구별되는 점은 빛과 어둠, 선과 악, 높이와 깊이 등 인간 본성의 이중성에 직면하여 이것을 이해하고자 많은 노력을 했다는 것이다. 매슬로우는 제2차 세계대전을 겪으면서 전쟁으로 인한 고통에 의해 심각하게 동요되었기 때문에 인간이 전쟁, 편견, 증오보다 나은 어떤 것을 할 역량이 있다는 것을 입증하는 데 그의 생을 헌신하기로 맹세했고 이것은 평생의 연구로 이어져 '욕구단계설'이 탄생하게 된다.

욕구단계설은 1943년에 소개되었으며, 인간에게 동기를 부여하려면 단계별로 상승하는 인간의 욕구를 제대로 이해하고 있어야 한다는 것이다. 인간의 욕구는 낮은 단계의 욕구로부터 시작하여 그것이 충족됨에 따라서 차츰 상위단계로 올라간다. 이러한 매슬로우의 이론은 브랜다이스대학에 재직할 당시에 집필한 『인간의 동기와 성격(*Motivation and Personality*)』이라는 책에서 소개되었는데 인간의 다양한 욕구들이 피라미드와 같은 그림으로 묘사되는 위계를 형성한다고 보았다. 이를 그림으로 나타내면 다음과 같다.

---

1) '자기실현인' : 가장 충분히 기능하고, 가장 건강하고, 가장 잘 적응하는 사람들을 말한다.

그림 3-2 | 매슬로우의 욕구단계설

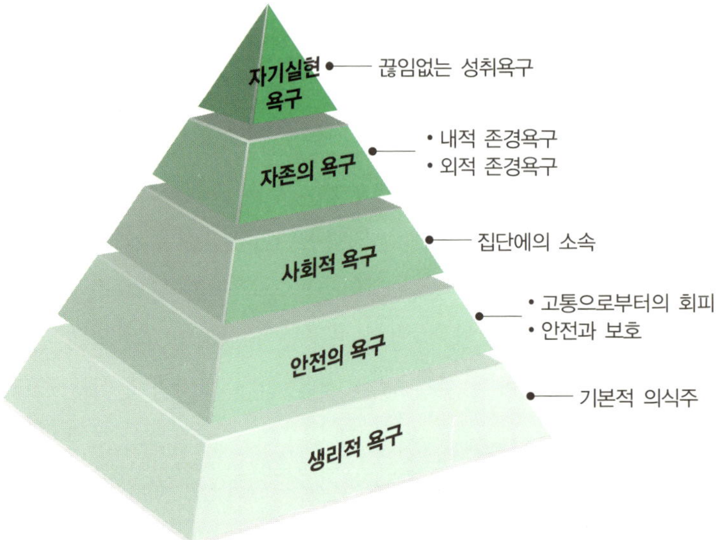

매슬로우는 인간의 내부에는 단계를 이루는 다섯 가지 욕구가 존재한다고 주장한다. 이러한 논리에는 다음과 같은 몇 가지의 가정이 존재한다.

- 인간은 만족할 수 없는 욕구를 가지고 있다.
- 인간행동은 만족하지 못한 욕구를 채우는 것을 목표로 한다.
- 인간욕구는 기본욕구(생리적 욕구, 안전·안정욕구)에서부터 상위욕구(사회적 욕구, 자존의 욕구, 자기실현욕구)까지 5단계로 이루어지며, 기본적인 욕구가 채워져야 상위욕구를 채우려 한다. 동기력의 강도는 피라미드의 윗단계로 한 단계씩 이동함에 따라 약해진다.
- 만족된 욕구는 더 이상 동기부여요인이 될 수 없다.

(1) 생리적 욕구(physiological needs)

의, 식, 주, 수면, 성생활 등과 같은 인간의 생명을 유지, 보존하기 위한 가장 기본적인 욕구이다.

(2) 안전 · 안정의 욕구(safety needs)

신체적, 감정적 위험으로부터 보호되고 안전해지기를 바라는 욕구이다.

(3) 사회적 욕구(social needs)

'사랑의 욕구'라고도 하며, 집단을 만들고 싶다거나 동료들로부터 받아들여지고 싶다는 욕구이다.

(4) 자존의 욕구(esteem needs)

인간은 어디에 속하려는 욕구가 어느 정도 만족되면 어느 집단구성원 이상의 것이 되기를 원한다. 이는 내적으로 자존을 성취하려는 욕구(내적 존경욕구) 및 타인으로부터 인정을 받고, 지위를 확보하려는 욕구(외적 존경욕구)이다.

(5) 자기실현의 욕구(self-actualization needs)

욕구 수준의 최정상에 위치하며, 인간이 바라는 최종적인 욕망으로, 자기가 지니고 있는 잠재적인 능력을 최대한 발휘하여 성취감을 충족시키고자 하는 욕구이다.

결코 충분히 충족될 수 없이 연속되는 욕구이다.

저차원(생리적, 안전과 안정)의 욕구일수록 매우 기본적이고 동물성이 강하기 때문에 강력하다. 고차원(사회적, 자존, 자기실현)의 욕구일수록 덜 동물적이고 더 인간적이기 때문에 미묘하고 요구가 덜하다.

자존의 욕구는 자기평가를 포함하고 있다. 이는 타인으로부터 인정받고 싶은 욕구를 포함하기 때문에 수용은 평가적이지 않을 수도 있지만 인정은 평가적이다. 따라서 내가 가지고 있는 어떤 요인 때문에 인정받고 존중받는다고 생각되기 때문에 인정에 대한 욕구는 더 세밀하다.

자존감을 유지하기 위해서는 두 가지 조건이 요구된다.

첫째, 사건은 반드시 내가 있을 때 일어나야 한다. 사건이 나의 통제에서 벗어나면 그 사건은 나와 관련이 없기 때문이다.

둘째, 그 사건은 반드시 좋거나 나쁜 의미를 지녀야 하고, 그럼으로써 자존에 대한 잠정적 의미를 갖게 된다.

자기실현은 인간의 동기 중 가장 고상한 유형이다. 자기실현은 자신의 유지나 고양을 촉진하는 특성을 가지고 있다. 자기실현을 통해 인간은 더 자율적이고 자족적이 되며, 삶은 더 확장되고 풍부하며 창조적이 된다. 자기실현은 인간 내부에서 일치성, 온전성, 통합성을 증진시키고 분열이나 불일치를 최소화한다.

보보의 뼈다귀

○ 매슬로우 이야기

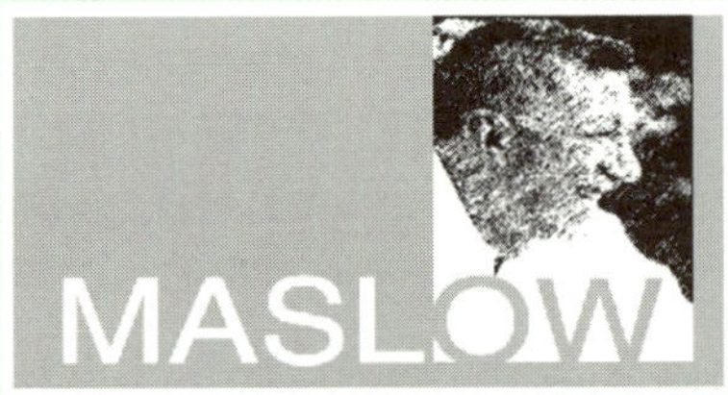

매슬로우는 오로지 인간경험의 긍정적 측면에만 연구의 초점을 맞추었다. 그는 어떻게 해서 일부 사람들이 삶에서 탁월한 성취를 이루고 다른 사람들이 실패한 분야에서 성공을 거둘 수 있었는지에 관심을 가졌다. 그는 성장과 인간 잠재력 실현이라는 이슈에 관심을 가졌다. 이러한 관심은 그의 생애의 사건들에 의해 영향을 받은 것이었다.

매슬로우는 1908년 러시아계 유태인 이민자의 일곱 아이들 중 맏이로 브루클린에서 태어났다. 그의 가정생활은 인간적 성장을 촉진시킬만한 것이 못 되었다. 그의 아버지는 그를 경멸하였으며 심지어는 드러내놓고 그의 외모를 조롱하기까지 했다. 또한 어머니는 잔인하고, 무식하고, 적대적이고, 자신의 아이들에게 거의 정신착란을 일으킬 정도로 사랑을 주지 않았던 인물로 기억하고 있다.

후에 매슬로우는 성격의 긍정적인 면에 관한 그의 초점이 어머니가 그를 다룬 방식의 직접적인 결과라고 말했다. 즉, 그의 어머니가 저질렀던 일들과 그녀가 보인 특성들에 대한 '반동형성'이었다. 그래서 고난으로 시작된 인생으로부터, 인간경험에서 가장 고상하고 좋은 것을 이해하려고 하는 결심이 나왔다.

매슬로우는 제2차 세계대전 동안 관심을 인간에게로 옮겼다. 1930년대와 40년대의 뉴욕은 나치 독일에서 탈출한 가장 지적인 유럽인들이 모이는 장소였다. 매슬로우는 전쟁으로 인한 고통과 고뇌에 의해 심각하게 동요되었기 때문에 인간이 전쟁, 편견, 증오보다 나은 어떤 것을 할 역량이 있다는 것을 입증하는 데 그의 생을 헌신하기로 맹세했다. 그는 자기실현의 과정을 연구함으로써, 바로 그렇게 살기 시작했다.

자료 : 카버 & 셰이어(C.S. Carver & M.F. Scheier)의 『성격심리학』 중에서

빈빈의 한 말씀

마음은 우주에서 일어나는 진동 차원의 사건 전체를 교향곡으로 기록하는 홀로그램이다. 어떤 마음이든 우주에서 일어나는 사건을 모조리 재현할 수 있다. 마음에는 장벽이 없다.

– 신학자 샘 킨

매슬로우는 낮은 동기(생리적, 안정, 사회적, 자존)를 결핍동기(deficiency-based motives)라 하고, 높은 수준의 동기(자기실현)를 성장동기(growth-based motives)라 지칭했다. 낮은 동기는 부족하기 때문에, 즉 결핍 때문에 생겨난다. 이는 유쾌하지 않은 상태를 벗어난다는 의미 이상은 없다. 그러나 높은 동기는 인간이 더 많은 것을 할 수 있으며 그 무한한 잠재력을 실현시키는 성장에 대한 욕구이다. 성장욕구는 정의, 선, 미, 질서, 조화, 완전, 자기충족 등과 같은 타고난 가치에 대한 욕구로 인간의 체험을 확장하고 삶을 풍요롭게 하는 것이다.

그림 3-3 | 욕구의 성격

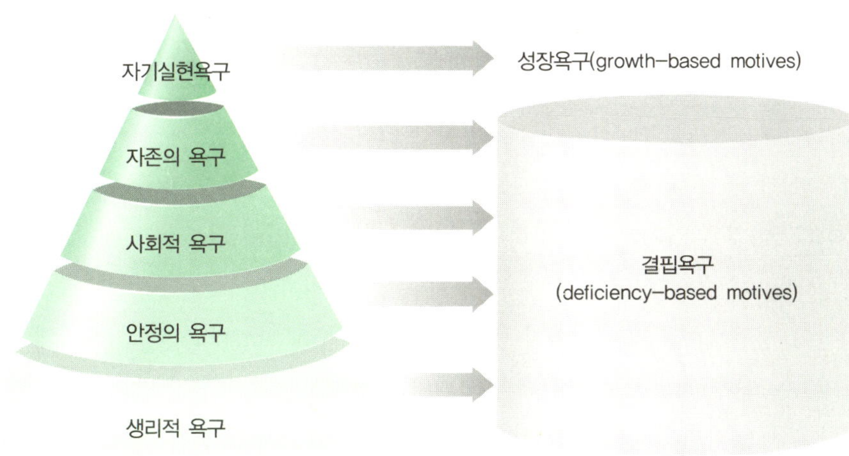

표 3-2 성장가치목록

전체성	일체성, 하나가 되는 경향, 상호연관성, 단순함, 조직, 구조, 이분법의 초월, 질서
완전성	필수, 의로움, 당연함, 필연성, 적합성, 정의, 완전, 당위성
완성	종료, 최종, 정의, 실현, 종결과 완결, 운명, 죽음
정의	공평함, 질서정연함, 합법성, 당위성
생동감	과정, 죽지 않음, 자발성, 자기조절, 완전한 기능
풍부함	분화, 복잡성, 복잡한 관련성
단순성	정직, 솔직, 본질, 추상적, 주된 구조
아름다움	의로움, 형식, 생동감, 단순함, 풍부함, 전체성, 완전성, 완성, 독특함, 정직
선함	의로움, 바람직함, 당위성, 정의, 자비, 정직
독특성	특이성, 개인성, 비교할 수 없음, 새로움
애쓰지 않음	편안함, 긴장, 경쟁 또는 어려움의 결여, 우아함, 완전하고 아름다운 기능
놀이	재미, 기쁨, 즐거움, 쾌활함, 유머, 풍부함, 애쓰지 않음
진실, 정직, 실체	솔직, 단순성, 풍부함, 당위성, 아름다움, 순수하고 깨끗하고 때 묻지 않은, 완전성, 본질
자체로 충분함	자율성, 독립성, 자기자신이 되기 위해서 다른 사람을 필요로 하지 않음, 스스로 결정함, 환경의 초월, 분리, 자기자신의 원칙에 따른 삶

자료 : A. Maslow, *Toward a Psychology of Being*, John Wiley & Sons, Inc., 1968.

인간은 태어날 때부터 성장가치를 가지고 태어난다. 매슬로우에 의하면 가장 높은 가치는 인간성 그 자체 내에 존재하며 발견되는 것이다. 내적 본성은 선과 악보다 우선한다. 이것은 가치가 초자연적인 신 또는 인간성 외의 다른 원천에서 비롯되었다는 오래된 관습적 신념과는 매우 대립되는 개념이다.

인간이 성장가치를 충족시키지 못하면 메타병리(metapathology)에 빠지게 된다. 메타병리는 인간의 성장가치 충족의 실패와 관련해서 자기성장이 방해되는 것을 의미한다. 즉, 메타병리는 자기실현인들이 자신의 잠재력을 표현하고, 사용하고 충족시키는 것을 방해한다.

상위욕구에 초점을 맞추기 전에 반드시 더 낮은 하위욕구를 다룰 필요가 있는데 여기에는 두 가지 이유가 있다.

첫째, 만약 보보가 더 높은 수준의 욕구를 만족시키려고 노력하는 동안 더 낮은 수준의 욕구 하나가 발달하기 시작하면, 이 낮은 수준의 욕구는 보보로 하여금 높은 수준의 욕구에서 멀어지게 만든다. 때문에 보보는 더 기본적인 하위욕구에 관련된 일을 하도록 강요받게 된다.

둘째, 일련의 욕구들은 위로 이동하고 있다. 낮은 수준의 욕구로부터 자유로워져야 상위욕구로의 이동이 고려된다.

매슬로우는 자기실현이 명확히 일어났던 순간에도 초점을 맞추었는데 이를 언급하기 위해 '절정경험(peak experience)'이라는 용어를 제시했다. 절정경험과 관련된 감정은 경외감, 경이로움, 황홀의 감정이다. 절정경험은 자아와 환경의 일치를 의미한다. 그것은 '내적 필요성'과 '외적 필요성' 또는 '내가 원하는 것'과 '내가 안 하면 안 되는 것' 사이의 조화를 의미하기도 한다. 절정경험은 수동적인 방식으로 나타날 수도 있고, 어떤 종류의 행위에 종사할 때 나타나기도 한다. 통계적으로는 여가시간보다 일하는 시간에 절정경험을 더 많이 한다는 보고가 있다. 절정경험의 경지에 이른 사람은 자유롭고 행복한 마음으로 자신의 운명을 흔쾌히 받아들인다. 그는 자신의 운명을 자기의 의지대로 선택한다. 이는 니체의 "우리가 하지 않으면 안 되는 일을 사랑할 줄 알 때 삶의 질이 높아진다"는 말처럼 자기행동의 주인의식을 가지려는 자세이다.

표 3-3 자기실현인들의 특성

자기를 실현하는 사람들은…
• 현실을 지각하는 데 있어서 효율적이고 정확하다.
• 그들 자신과 타인, 자연을 수용한다.
• 사고와 정서가 자발적이고, 인위적이기보다는 자연스럽다.
• 문제중심적이고, 영원한 철학적 질문에 관심이 있다.
• 욕구충족에 있어서 독립적이고 자율적이다.
• 일상적인 사건에 대해 끊임없이 감사한다.
• 시공을 초월한 자연과의 일체감인 '광대한 감정'을 종종 경험한다.
• 모든 인류와 자신을 동일시한다. 민주적이고 타인을 존중한다.
• 오직 소수의 사람과 깊은 결속을 유지한다.
• 일이 진행되는 과정 자체에 감사한다.
• 철학적이고 사색적이며 적의 없는 유머감각을 갖는다.
• 어린이와 같이 신선한 독창성과 창의성이 있다.
• 그들이 살고 있는 문화로부터 내적 분리를 유지한다.
• 충분히 강하고 독립적이며, 때로는 변덕스럽고 냉혹하게 보이는 자신의 내적 비전에 의해 인도된다.

자료 : Charles S. Carver & Michael F. Scheier, *Perspectives on Personality*, Allyn & Bacon, 2004.

표 3-4 절정경험과 몰입

절정경험	몰입
1. 대상을 전체, 즉 완전한 개체로 보고 그 대상에게만 모든 주의를 기울임 2. 세상을 있는 그대로 지각함 3. 자아를 초월하고, 망각하고, 제거함 4. 자기중심적이기보다는 대상중심적 5. 절정경험은 그 자체로서 본질적 가치를 지닌 순간 6. 시간과 공간에 대한 방향감각이 없어짐 7. 존재 전체는 중립적이거나 선함 8. 능동적 과정 9. 경이, 경외, 존경, 겸손, 수용과 같은 정서적 반응을 보임 10. 구체성을 포기하지 않은 채 추상화할 수 있는 능력과 추상성을 포기하지 않고 구체화할 수 있는 능력 11. 이분법, 양극화, 갈등을 하나로 융합하거나 초월하거나 해소 12. 절정상태에 있는 사람은 신과 같음. 일상적으로 보잘 것 없어 보이는 세상이나 사람들조차 완전하게 사랑으로 기꺼이 수용함	1. 명확한 목표가 있을 때, 자신이 하고 있는 일에 대한 분명한 피드백이 있을 때 일어남 2. 주어진 상황에서 행동을 위한 기회와 행동할 개인의 능력 간의 균형은 몰입을 가능하게 함 3. 행동과 자각의 효율적 결합은 몰입경험을 야기함 4. 과업에 대한 집중을 할 때 몰입경험을 할 수 있음 5. 개인이 잠재적 통제력을 가질 때 일어남 6. 자기의식의 상실, 자기경계의 초월, 성장느낌 및 어떤 보다 큰 실체에 소속된 느낌을 가질 때 일어남 7. 몰입경험의 요인은 시간이 빨리 지나간 것 같은 시간감각의 왜곡 8. 몰입경험은 자동목적적이 됨

자료 : A. Maslow, *Toward a Psychology of Being*, John Wiley & Sons, Inc., 1968.
노안영 · 강영신, 『성격심리학』, 학지사, 2002. (저자 재구성)

이와 비슷한 개념으로서 칙센트미하이(Czikszentmihalyi)는 '몰입(flow)'[2]이라는 용어를 사용했다. 그는 "누구에게나 한 번 쯤은 외적 조건들에 의해 압도되지 않고, 우리의 행동을 스스로 조절할 수 있으며, 내 운명은 내가 주인인 듯한 느낌이 드는 순간들이 있는데 이때 우리의 기분은 마냥 고양되고, 행복감을 맛볼 수 있으며 더 나아가 본인이 지향하고 싶은 삶의 이정표가 될 수 있다"라고 말했다.

절정경험은 어떤 활동에 열중해서 그 활동이 그 사람이 되는 것처럼 보이기도 한다. 중요한 것은 행해지는 무엇이 아니라 그것이 일어나는 방식이다. 무엇엔가 완전

2) 삶이 고조되는 순간에 물 흐르듯 행동이 자연스럽게 이루어지는 느낌을 의미한다. 즉, 의식이 경험으로 꽉 차 있는, 각각의 경험이 조화를 이루는 상태를 말한다. 일상생활에서 좀처럼 맛보기 어려운 경험이지만 그 순간에는 느끼는 것, 바라는 것, 생각하는 것이 하나로 어우러진다.

히 몰두할 수 있다면 그것은 절정경험이 된다.

매슬로우의 욕구단계설은 경영자들로 하여금 인간욕구에 대한 체계적인 인식을 최초로 갖게 해준 이론이었다. 또한 종업원들의 하위욕구를 어느 정도 충족시켜준 이후에도 동기부여효과를 지속적으로 얻기 위해서는 상위욕구를 충족시켜줄 수 있는 조직분위기가 조성되어야 한다는 중요성을 일깨워준 이론이었다. 또한 인간의 성격이 어떻게 되어야 하는가라는 물음에 대한 답을 제공하였다. 인간은 시를 읽고, 음악을 듣고, 사랑에 빠지며, 때로는 절정경험을 체험하고 스스로를 실현하려 한다. 손에 잡히지 않는 이런 현상들이 존재한다는 것, 이 현상들이 인간다운 삶의 핵심적 측면이라는 것을 일깨워준 이론이기도 하다.

보보의 뼈다귀

○ 남편을 파는 백화점이 문을 열다

남편감을 파는 백화점이 새로 문을 열었다. 이 백화점에 가면 마음대로 남편감을 골라 살 수 있었다. 5층으로 되어 있는 백화점에는 층이 올라갈수록 점점 더 고급스러운 상품을 진열해 놓았다.

단 규정이 하나 있었는데, 일단 어떤 층의 문을 열고 들어가면 더 이상은 올라가지 못하고 그곳에서 남편을 선택해야 했다.

두 여자가 꿈에 그리던 남편을 사려고 백화점을 찾았다. 백화점 1층에 당도하니 안내문이 하나 걸려 있었다.

"이곳에는 직업이 있고 아이들을 좋아하는 남자들이 진열되어 있습니다."

그러나 여자들은 만족하지 못하고 다음 층으로 올라갔다.

2층에도 안내문이 있었다.

"이곳에는 돈을 잘 벌고, 아이들을 좋아하며, 아주 잘 생긴 남자들이 진열되어 있습니다."

그러나 두 여자는 만족하지 못하고 위로 한 층을 더 올라갔다.

3층에 걸린 안내문.

"이곳에는 돈을 잘 벌고, 아이들을 좋아하며, 아주 잘 생겼고 집안일을 잘 도와주는 남자들이 진열되어 있습니다."

"우와!"

여자들이 외쳤다. 그러나 그들은 계속해서 올라갔다. 4층에는 다음과 같이 적혀 있었다.

"이곳에는 돈을 잘 벌며, 아이들을 좋아하고, 아주 잘 생겼고, 집안일을 잘 도와줄 뿐 아니라 아주 로맨틱한 남자들이 진열되어 있습니다."

"맙소사!"

두 여자는 경악했다.

"4층이 이 정도라면 위층에서 우리를 기다리고 있는 남자들은 어떨지 상상조차 안 돼!"

두 여자는 서둘러 5층으로 올라갔는데, 5층의 안내문은 다음과 같았다.

"5층은 비어 있습니다. 이곳은 사람들이란 결코 만족이란 것을 모르는 존재임을 확인시켜 주는 증거로만 사용됩니다."

자료 : 롤프 브레드니히의『위트상식사전』중에서

보보의 뼈다귀

당신의 약속에 내가 속아서
만족하게 된다면,
내가 그 상태를 즐거워하게 된다면
내 목숨이 끝나도 좋다.
내가 만약 "이제 그만, 바로 내가 원하던 것이야"라고 말한다면
사슬을 꺼내 나를 영원히 데려가도 좋다.

자료 : 괴테의『파우스트』중에서

모모의 가치는 어떻게 이동하고 있을까요?

보보의 문제

모모는 며칠 전까지만 해도 따뜻한 집에서 주인의 아낌없는 사랑을 받으며 왕자님처럼 살던 견공이었다. 그러나 2017년 12월 27일 모모의 일곱 번째 생일을 맞아 온 가족이 월드컵공원으로 나들이를 가던 날부터 비극은 시작되었다.

윤기어린 블랙 미니핀 '알폰소'를 본 순간 모모의 광기는 시작되었다. 엄마의 애타는 부름을 뒤로 하고 알폰소를 미친 듯이 쫓아간 모모…. 알폰소는 그녀의 엄마 손에 이끌려 사라져 버리고, 모모 또한 수많은 인파 속에서 주인을 잃어버리고 말았다.

그리고 경찰의 손에 이끌려 가게 된 곳은 '유기견 집단수용소'였다. 안락한 집과 사랑하는 가족들이 있던 모모에게는 꿈에서도 상상하지 못할 끔찍한 곳이었다. 이런 곳에서 어떻게 여린 강아지들이 살아나갈까 싶은 비참함도 들었다.

그렇게 시작된 수용소에서의 삶은 그 전까지 모모를 규정하던 모든 가치를 부정당하고 견공으로서의 기본적인 권리조차 무시되는 극한의 시간들이었다. 매일 구더기가 들끓는 잠자리에 들며 사시사철 덩치 큰 광견들의 폭력에 시달려야 했다. 그러나 모모는 뜻하지 않게 닥쳐오는 죽음 앞에서도 초연한 모습을 보였다. 허기를 채우기에도 턱없이 부족한 양의 사료를 먹는데 어떤 견공들은 그 사료까지도 다른 견공들을 위해 양보하고 있었다. 모모는 한때 어떻게 그런 행동이 가능할까에 대해 생각하기도 했다.

모모는 1년여간의 수용소 생활에서 자신과 더불어 다양한 견들의 삶과 죽음을 관찰해 나갔다. 결국 모모는 수용소와 같이 개인의 힘으로 어쩔 수 없는 상황에서도 견공은 "주어진 환경에 대한 자신의 태도를 선택할 수 있다"는 진실을 깨달았다.

모모를 비롯한 견공들의 머릿속을 잠식하기 시작한 의문들이 있다.

"난 누구인가?", "나는 왜 태어났고 살아가는 의미는 무엇일까?", "난 의미 있게 살고 있는 걸까?", "과연 이 세상에서 쓸모 있게 사는 존재들이 얼마나 될까?", "하지만 존재의 가치를 쓸모로 따질 수 있을까?", "그렇다면 가치의 기준은 무엇일까?", "기준이 있기나 할까?", "사랑 또한 현실세계에 있는 걸까?"

모모는 이렇게 결론 내리고 있다.

질문을 멈추고, 머릿속에 그럴듯한 의미를 채워 넣으며 만족하지도 말고, 하루하루의 일상에서 삶이 요구하는 바를 묵묵히 해나가야 한다고 말한다. 자신을 한없이 초라하게 만들고 보잘 것 없이 느껴지는 일이라도 피하지 않고 묵묵히 해낼 때 그것은 다른 무엇으로도 대체할 수 없는 절대적인 가치를 지니게 된다는 것이다. 도저히 어쩔 수 없는 상황에서는 그것을 받아들이는 일이 오히려 살아갈 날들에 대한 긍정적 태도와 의지를 갖게 하기도 한다. 이런 존재의 의지가 계속될 때 결국 삶을 바꿀 수 있는 장기적이고 실질적인 힘이 되는 것이라고 말이다.

결국 모모는 애타게 그리던 엄마를 만나 따뜻한 집으로 다시 돌아가게 되었다. 그러나 모모의 삶은 이제부터가 시작이다.

※ 매슬로우의 욕구단계설의 관점에서 모모의 가치이동을 생각해 보자.

※ 모모처럼 저차원의 욕구와 고차원의 욕구가 상충될 때 어떻게 해결하는 것이 옳은지 생각해 보자.

욕구는 모든 나라에서 같은 의미로 작용할까요?

보보의 **문제**

응, 욕구는 일관적인 개념이야 = 

아니, 욕구의 위계는 달라질 수 있어 = 

매슬로우가 제안했던 욕구의 위계는 미국문화권에 치중한 개념이었다. 매슬로우는 미국의 가난한 이민자가정에서 일곱 아이들 중 맏이로 태어났다. 매슬로우의 어머니는 매우 무식하고 잔인한 인물로 종종 묘사된다. 매슬로우는 자신이 가지고 있는 성격의 긍정적인 면에 관한 초점은 어머니의 훈육방식의 결과라고 말했다. 어머니의 적대적이고 일관되지 않은 특성들에 대한 반동형성이었던 것이다. 그는 불행했던 어린 시절의 경험으로 인해 인간의 가장 고상하고 좋은 점을 이해하려고 결심했다. 그의 이런 결심을 뒷받침한 또 하나의 계기는 그 시절의 미국이 나치 독일에서 탈출한 지적인 유럽인들의 집합장소였다는 데 있다. 매슬로우는 그들이 어떻게 그런 매혹적인 삶의 방식에 도달했는지 이해하기 위해 연구했고, 인간은 더 나은 어떤 것을 할 수 있는 역량이 있다는 것을 증명하기 위해 그의 생을 헌신했고, 그의 연구를 통해 그렇게 살기 시작했다.

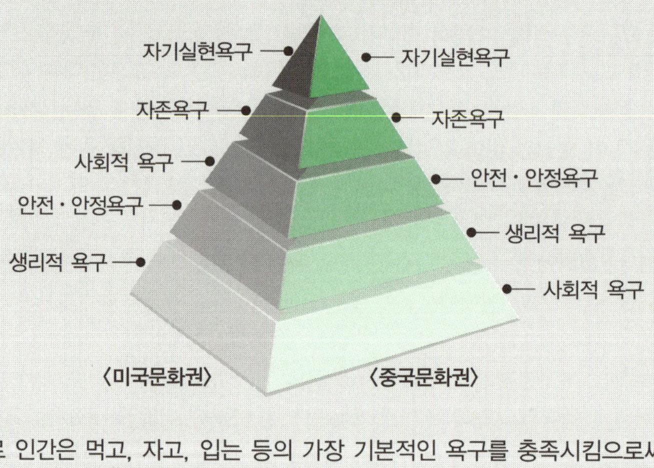

일반적으로 인간은 먹고, 자고, 입는 등의 가장 기본적인 욕구를 충족시킴으로써 더 상위의 욕구로 이동하지만 문화권에 따라서는 욕구의 위계가 뒤바뀌기도 한다. 이는 여러 학자들에 의한 다문화권의 연구에서 입증되었다.

그림 3-4 | 욕구단계설에 의한 인간존재의 해석

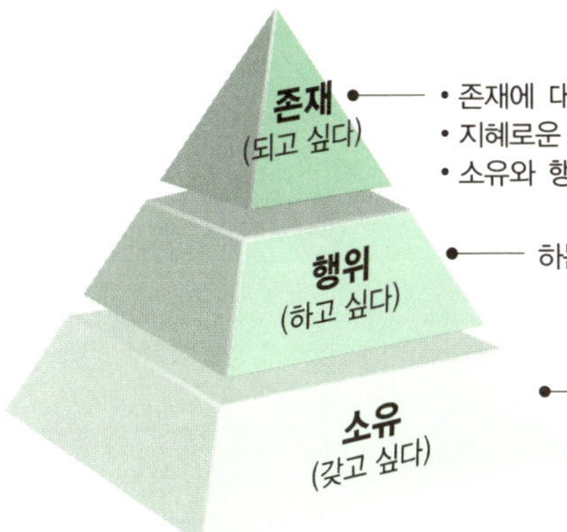

※ 인간은 '본연의 상태로 존재'할 때 순수, 본질, 힘, 신비함을 느낀다.
강한 존재감은 이런 상태를 동반하는 것이다.

2) 허즈버그의 이요인이론 (동기유발-위생요인이론, two factor theory)

1923년생인 허즈버그는 제2차 세계대전에 참전했다가 종전 이후 다차우 유태인 강제수용소에서 근무했는데 그곳에서의 생활은 그에게 강한 인상을 심어주었다. 미국으로 돌아온 허즈버그는 피츠버그대학에서 수학한 후 자신의 전공인 임상심리학을 살려 미국 보건국에서 근무했다.

그는 매슬로우, 맥그리거 등과 함께 1950년대의 인간관계론 학파의 일원이다. 그의 저술 중 가장 큰 주목과 평가를 받은 것은 1968년 〈하버드 비즈니스 리뷰〉에 실린 논문이었다. "종업원에 대한 동기부여방법(One More Time : How do You Motivate Employees?)"이란 제목의 이 논문은 재인쇄되어 100만 부 이상 팔려 리뷰에 게재된 논문으로서는 가장 큰 인기를 끌었다.

이요인이론은 매슬로우의 문제점을 극복하기 위해 그의 연장선상에서 전개된 이론으로서 인간에게는 전혀 이질적인 두 가지 욕구가 동시에 존재한다는 개념이다.

허즈버그의 관심사는 "인간이 일에서 무엇을 찾는가"였다. 그는 이에 대한 해답을 구약성경에서 찾았다. 인간이 일을 통한 잠재력의 발휘에서 만족을 얻는 것은 아브라함으로 상징되는 인간존재적 측면이며, 일을 둘러싼 환경조건에서 오는 고통으로 불만을 느끼는 것은 아담으로 상징되는 동물적 측면이라고 보았다.

표 3-5 | 욕구의 구분

아담적 욕구	아브라함적 욕구
• 위생요인 · 불만족요인	• 동기유발요인 · 만족요인
• 불쾌한 것을 회피하려는 욕구	• 계속적인 정신적 성장을 통해 잠재능력을 현실화하고자 하는 욕구

그림 3-5 | 이요인이론의 구조

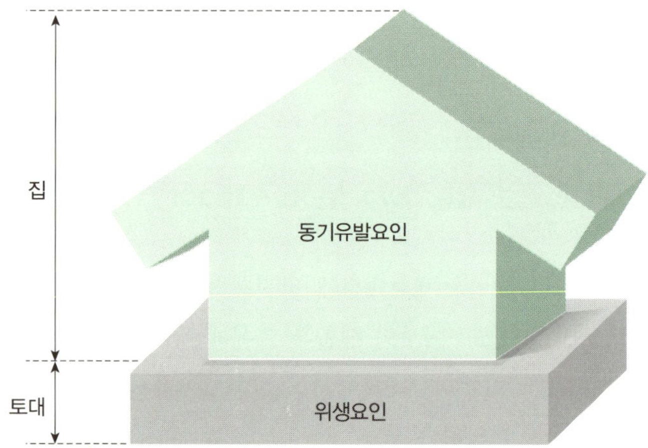

허즈버그는 아담과 아브라함이라는 인간성을 설정하고 인간에게는 불쾌감을 회피하려는 욕구와 정신적으로 성장하여 자기를 실현하려는 욕구가 있으며, 이들 두 욕구는 전혀 다른 요소에 의해 충족된다고 제안했다.

허즈버그와 그의 동료들은 피츠버그 산업지역의 11개 기업체의 종사자들을 대상으로 직무태도에 관한 연구를 시작하였다. 이 연구는 하위감독자, 직업여성, 농업분야관리자, 관리직에서 사직한 사람들, 병원보수유지 및 인사관리담당자, 생산감독자, 간호원, 주방장, 군무원, 엔지니어, 과학자, 주부, 교사, 기술자, 여성컴퓨터기술자, 회계사 등을 대상으로 하였다. 12회에 걸친 연구에서 허즈버그 등은 종업원들이 직

○ 아담과 아브라함

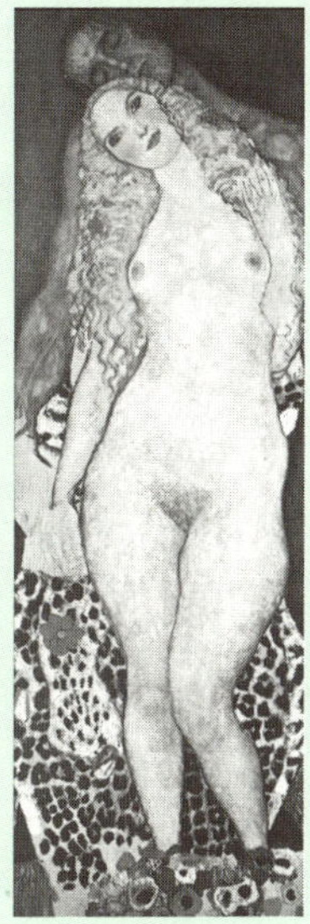
클림트의 '아담과 이브'

아담은 '구약성서', '창세기'에서 천지창조 이야기에 나오는 신이 만든 최초의 인간의 이름이다. 아담이라 이름 붙여진 것은 신이 인간을 흙(헤브라이어로는 아다마)으로 만들었기 때문이다. 또 헤브라이어로 아담은 동시에 인간 일반을 뜻하는 말로도 사용된다. 하와는 남자인 아담의 갈비뼈로 만들어진 인류 최초의 여자이다. 아담과 하와가 뱀의 유혹을 받아 신이 금한 '선악을 알게 하는 나무'의 열매를 먹었기 때문에 신은 이 두 사람을 에덴동산에서 추방했다. 이것이 실낙원의 이야기이다. '구약성서'를 정전으로 하는 그리스도교에서는 이 이야기에서 인류 최초의 죄와 타락을 본다. 그리고 이 아담의 죄를 뒤의 모든 인간이 태어나면서 지고 있다고 생각하는 것이 이른바 원죄사상이다. 아담은 최초의 인간일 뿐만 아니라 인간의 본질을 나타내는 전형으로도 해석되어왔다.

아브라함은 이스라엘인의 시조이다. 그는 신의 명령과 약속에 따라서 바빌로니아에서 북시리아를 지나 팔레스타인으로 이주한 유목민족의 우두머리이다. 정착 뒤에도 선주민, 이웃의 여러 나라와 마찰을 일으켰는데 최종적으로는 항상 약속의 신을 믿고 평화를 얻게 된다. 그리스도교에서는 신의 약속만을 신뢰하는 나그네와 같은 아브라함의 모습에서 신앙인의 모범을 찾으려고 한다.

자료 : 엠파스 백과사전

무수행 중 즐거웠던 경험, 불쾌했던 사건 등을 회상하도록 한 다음 면접을 통해 왜 그런 감정을 느끼게 되었는지와 만족이 그들의 성과에 어떤 영향을 미치는지를 조사했다.

그는 ① 성취, ② 인정, ③ 일 자체, ④ 책임, ⑤ 승진, ⑥ 사회의 정책, ⑦ 감독기법, ⑧ 급여, ⑨ 대인관계, ⑩ 작업조건 등 10개의 요인을 제시하고 "어떤 경우에 기분이 매우 좋아졌는가?"와 "어떤 경우에 기분이 가장 나빴는가?"라는 질문을 던졌다. 이들 요인을 성향별로 분석한 결과 좋아하는 성향이 강한 것은 ①~⑤였고, 싫어하는 성향이 강한 것은 ⑥~⑩으로 나타났다.

조사대상자 1,685명의 샘플로부터 유추된 직무불만족과 직무만족을 일으키는 요인을 분석했다. 이들 중 직무만족에 기여하는 요인이 81%가 동기유발요인이었고, 직무불만족에 기여하는 요인의 69%가 위생요인이었다. 즉, 직무에 불만을 느낄 때에는 주로 직무의 환경(environment)이 문제가 되었고, 직무에 관해 만족을 느낄 때는 주로 직무의 내용(work itself)이 관련되었음을 발견하였다.

허즈버그가 '위생'이란 말을 쓴 것은 의학적인 면에서 그것들이 지닌 예방적 의미와 환경적 의미 때문이다. 즉, 위생요인이란 사람들의 직무에 대한 불만족을 미리 예방할 수 있는 환경적 조건이란 뜻이다. 이런 의미에서 위생요인을 '불만족요인'이라고도 부른다.

반면 동기유발요인은 사람들로 하여금 보다 나은 만족과 성과를 가져오게끔 동기를 부여하는 데 효과적이기 때문에 '만족요인'이라고도 부른다.

아담적 욕구의 충족은 단지 불만족의 감소만을 가져올 뿐이지 만족에는 영향을 미치지 못하는 반면, 아브라함적 욕구는 충족되지 못한다 하더라도 불만은 없고 충족되면 만족에 적극적인 영향을 준다. 즉, 만족의 반대는 불만이 아니라 무만족, 불만의 반대는 만족이 아니라 무불만인 것이다. 즉, 기존의 '만족과 불만족'이 연속선

보보의 한 말씀

다음에 회의에 들어가면 볼펜으로 낙서하는 대신 발언자들의 생각 기저에 깔려있는 인간행동에 대한 가정들을 적어보라. 어떤 것들은 명백히 드러난다. 대부분 함축적이긴 하지만 상당히 쉽게 유추해낼 수 있을 것이다. – 맥그리거

그림 3-6 | 동기유발요인과 위생요인

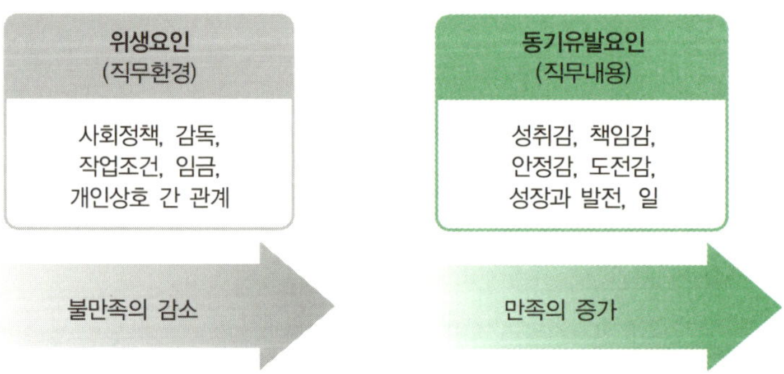

(continuum)의 개념이라는 점을 부정하면서 '만족'과 '불만족'은 서로 독립적 개념이라는 새로운 시각을 제시했다.

허즈버그의 이론은 어떤 일의 결과가 가져다주는 인간의 모든 욕구의 충족여부가 그 일에 대한 만족 또는 불만족을 가져오며, 만족하면 할수록 그 일에 대한 동기부여가 커지고, 불만족하면 할수록 동기부여가 작아진다는 전통적 견해와는 달리, 두 종류의 욕구 중 아브라함적 욕구의 충족만이 동기부여와 관련되어 있다는 점에서 많은 관심을 모았다. 이는 불만의 해소에만 관심을 가졌던 전통적 경영방식과는 전혀 다른 획기적 개념인 것이다. 또한 불만의 원인이 거의 제거된 선진공업국, 우량기업의 경영풍토에 혁명적 변화를 가져다주기도 했다.

현대의 기업에서는 위생요인은 상당히 충족되어 있다. 관리자에게 있어 보다 중요한 것은 동기부여요인에 주목하고 정신적 성장 내지 자기실현욕구를 충족시킬 수

그림 3-7 | 직무태도에 영향을 미치는 요인

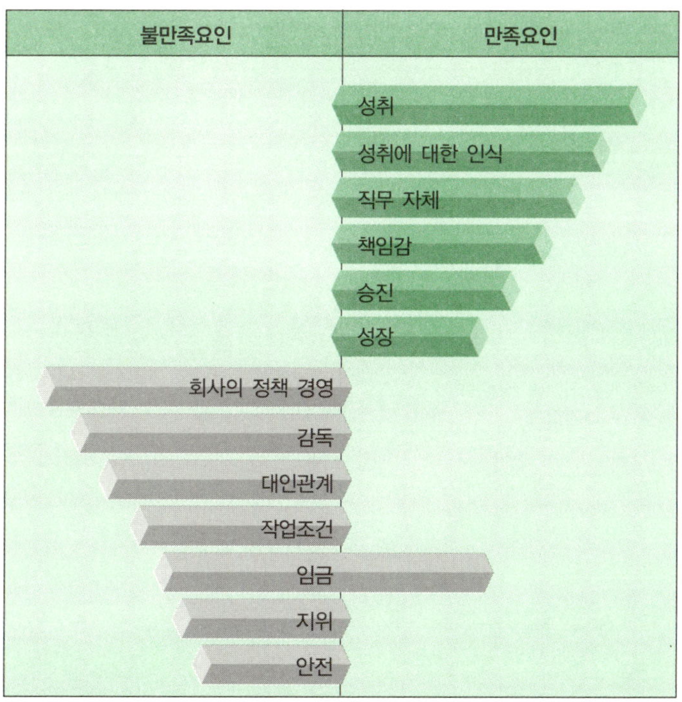

자료 : F. Herzberg, "One More Time : How do You Motivate Employees?", *HBR,* 1968.

있는 기회를 제공하는 것이다. 이 점에 대해 허즈버그는 단순한 수평적 직무확대가 아니라 새로운 고도의 업무, 창의력의 발휘, 자주적인 계획 및 통제관리를 내용으로 하는 수직적인 직무충실화를 제안한다.

그림 3-8 전통이론과 허즈버그이론의 비교

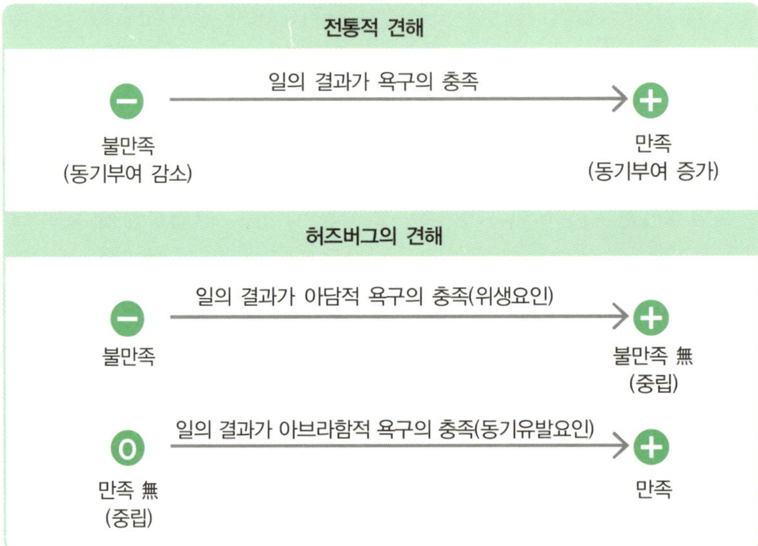

그림 3-9 직무설계의 발전과정

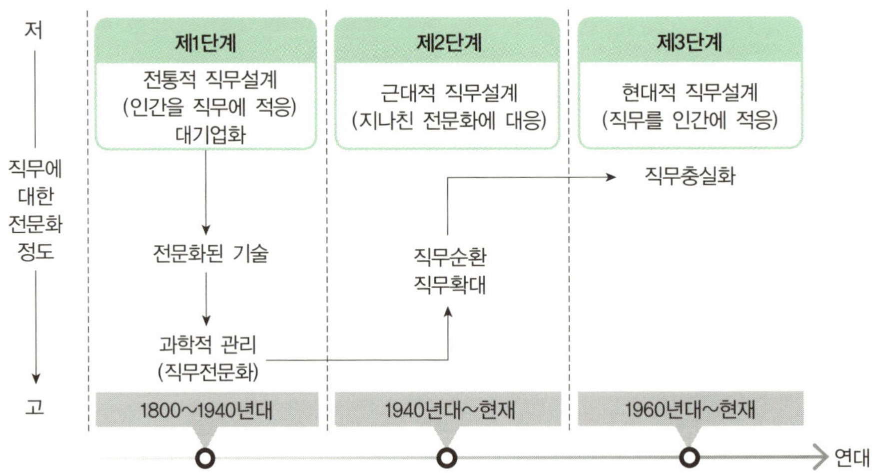

표 3-6 허즈버그의 직무충실화방법의 기본원리

원리	관련된 동기
1. 책임을 지고 있는 동안에는 외적 통제를 제거한다.	책임, 개인적 성취
2. 작업에 대한 개인의 책임을 증가시킨다.	책임, 인정
3. 작업의 기준화, 구분 및 영역화 등을 배제함으로써 개인에게 완전하고 자연스러운 작업단위를 그대로 제공한다.	책임, 성취, 인정
4. 직무활동과 관련해서 권위와 자유를 부여한다.	책임, 성취, 인정
5. 상사에게 보고하기 위해서가 아니라 자신이 활용할 수 있도록 주기적 기록이나 보고서를 작성한다.	내적 인정
6. 전에는 다루어 보지 않은 새롭고 보다 어려운 과제를 소개한다.	성장, 학습
7. 개인마다 전문가가 될 수 있도록 특수하거나 전문화된 과제를 부과한다.	책임, 성장, 발전

보보의 책 돈, 착하게 벌 수는 없을까?

홀푸드마켓의 CEO 존 매키는 경제학이나 경영학을 정식으로 공부한 적이 없다. 책을 통해 자본주의의 선순환 가능성을 접했고, 최악의 순간을 체험하면서 확신을 하게 되었다.

그는 하이에크, 미제스, 프리드먼 등 자유주의 사상가들의 책을 읽으면서 자본주의와 기업이 비록 완벽하지는 않지만 본질적으로 선하고 윤리적이라는 깨달음을 얻었다. 그리고 그 깨달음을 직접 확인해 보기로 마음먹었다. 건강에 좋은 식품을 공급하면서 경제적 여유를 누리고, 무엇보다 그 두 가지 목표를 즐겁게 성취할 수 있으면 좋겠다는 바람으로 직접 창업에 나섰다. 1978년 창고를 개조하여 친구와 함께 45,000달러의 자본금으로 세이퍼웨이라는 자연식품 판매점을 열었다. 그리고 2년 뒤 같은 업종의 다른 점포와 합쳐 홀푸드마켓으로 이름을 변경했다.

1981년 5월, 텍사스주 오스틴에 70년 만에 최악의 홍수가 덮쳤다. 13명이 목숨을 잃었고, 이 지역에서 자리를 잡아가던 홀푸드마켓도 물에 잠기고 말았다. 피해액은 40만 달러에 달했고, 여유자금이나 보험도 없었다. 모든 것이 끝났다고 생각했을 때 양동이와 물걸레를 든 작업복 차림의 사람들이 나타나기 시작했다. 고객과 이웃이 하나둘 찾아와 함께 복구작업에 나섰다. 공급업자들은 그에게 외상으로 납품을 약속했고, 투자자들도 추가로 자금을 제공했다. 홍수에 사라질 뻔했던 홀푸드마켓은 고객, 이웃, 직원, 공급자, 투자자의 도움으로 단 28일 만에 기적적으로 살아났다. 이 일 이후 사업을 대하는 그의 관점이 완전히 바뀌었다. 사업이 어느 누군가 이득을 챙기면 다른 누군가는 손해를 봐야 하는 제로섬게임이 아니라 기업의 모든 이해당사자가 서로 챙겨주고 헌신하며 밀접한 관계를 맺을 수 있는 위대한 작업이라는 확신을 가졌다. 그리고 그것을 실천하는 기업을 만들어 자신의 신념이 옳았음을 증명하고 있다.

– 존 매키의 『돈 착하게 벌 수는 없는가』 중에서

보보의 신문

홀푸드마켓과 아마존의 결혼

세계적인 전자상거래기업 아마존(Amazon)이 미국 최대 유기농 식품 체인 홀푸드마켓(Whole Foods Market)을 인수했다. 온라인 만물상으로 활약하며 몸집을 불려온 '공룡'이 발표한 다소 의외인 선택이 미국 유통가를 뒤흔들고 있다. 이를 두고 오프라인에서 강력한 유통망을 가지고 있으면서 최근 온라인 전장에 뛰어든 월마트(Walmart)와의 경쟁 구도가 점입가경이라는 해설이 지배적이다.

인수대상이 된 홀푸드마켓은 유기농업으로 재배된 무첨가식품(홀푸드, Whole food)을 판매하는 슈퍼마켓이다. 1978년부터 CEO였던 존 매키가 키워 놓은 홀푸드마켓은 아마존에 137억 달러(15조 5,600억 원)에 팔렸다.

홀푸드마켓은 '착한 기업'으로도 유명하다. 존 매키의 경영철학이 이를 잘 보여준다. 그는 "사람은 먹지 않고 살 수 없다. 기업은 이익을 내지 않고 살아남을 수 없다. 하지만 대부분의 사람은 먹기 위해 살지 않는다. 기업도 이익을 내기 위해서만 존재해선 안 된다"라고 말한 바 있다.

홀푸드마켓은 직원들의 행복감과 성취감에도 신경을 쏟는데, 스톡옵션의 93%를 직원 몫으로 돌리는가 하면, 팀단위로 직원을 채용하고, 이민자나 소수민족의 채용 비율도 높은 것으로 알려져 있다. 즉, 공생 없는, 이익추구만을 위한 기업활동은 의미가 없다는 것이다.

존 매키는 2007년 "이제 나는 충분히 부유해졌다"고 선언하며 매년 '1달러 연봉'을 받기 시작하기도 했다. 동시에 보너스나 무상주식 인센티브도 모두 포기했다. 2010년부터 2017년 1월까지는 "공정한 의사결정을 위해서"라며 월터 롭(Walter Robb)을 영입해 '공동 CEO'제도를 실험적으로 도입하기도 했다.

이처럼 직원이 행복한 직장이었던 홀푸드마켓이 다시 기로에 섰다는 보도도 나온다. 아마존과의 인수합병 이후 아마존이 도입했던 '무인계산대'의 여파가 홀푸드에까지 미칠 수 있다는 전망 때문인데 실제로 아마존이 시애틀에 오픈한 오프라인 매장 '아마존고(Amazon Go)'에는 계산대 직원이 없다. 이 같은 연장선상에서 미국 경제전문매체 〈블룸버그〉는 내부 소식통을 인용해 홀푸드를 인수한 아마존이 최소 수천 명 규모의 인력 구조조정을 단행할 것이라고 보도했지만 아마존 대변인은 이에 대해 "일자리 감소라는 계획은 없다"며 정면 반박했다.

홀푸드마켓은 아마존과 인수합병으로 어떤 모습으로 변화하게 될까?

외신들은 여러 각도에서 이를 전망하고 있다. 일단 홀푸드마켓은 현재 브랜드를 유지하면서 아마존 내 독립 사업부로 운영되며, 존 매키 CEO를 비롯한 기존 경영진도 유임될 예정이다. 전국 450여 개 홀푸드마켓 매장이 아마존 물품의 반품과 픽업 장소가 될 것이라는 전망도 나온다. 홀푸드 매장이 빠른 배송을 위한 물류기지로서 기능하게 될 것이라는 것이다. 하지만 일각에서는 데이터 전문가들을 중심으로 아마존이 이번 인수로 '진짜 얻은 것'은 수백 개의 매장이 아니라 40여 년간 쌓아온 '고객 정보(customer data)'라는 해석도 나온다.

존 매키는 인수가 발표되고 난 후 직원들을 대상으로 진행된 연설에서 비전을 밝혔다. 그는 "홀푸드는 아마존으로부터 많은 도움을 받을 것"이라면서 "회원 충성도 프로그램이나 비용절감 노력 부문에서 아마존이 진행하고 있는 혁신에 도움을 받아 홀푸드도 진화하게 될 것이다"라고 말했다.

자료 : 헤럴드경제, 2017.6.28. (저자 재구성)

3) 알더퍼의 ERG이론(ERG theory)

ERG이론은 매슬로우의 욕구단계설이 직면한 문제점들을 극복하고자 실증적인 연구를 기반으로 하여 제시한 수정이론이다. 그는 보다 현실적으로 인간의 욕구체계를 구분하고 욕구충족의 과정을 제시했다. 때문에 욕구에 우선순위가 있는 것은 아니다. 충족되지 않은 욕구는 그 열망이 커지고, 욕구가 충족되면 상위의 단계로 이동하기도 하고, 때로는 하위욕구에 대한 열망이 증대되기도 한다.

알더퍼는 인간의 욕구를 생존욕구, 대인관계욕구, 성장욕구 등 3가지로 구분했는데, 내용은 매슬로우가 제시했던 5단계의 욕구와 크게 다르지 않다.

(1) 생존욕구(E : existence needs)

배고픔, 목마름, 주거 등과 같은 모든 형태의 생리적, 물질적 욕구이다. 임금이나 쾌적한 물리적 작업조건에 대한 욕구이며, 매슬로우의 생리적 욕구, 안전욕구에 해당한다.

(2) 대인관계욕구(R : relatedness needs)

조직 내에서 타인과의 대인관계와 관련된 모든 욕구이다. 매슬로우의 사회적 욕구와 유사하다.

(3) 성장욕구(G : growth needs)

창조적, 개인적 성장을 위한 개인의 노력과 관련된 모든 욕구이다. 자기능력을 극대로 이용할 수 있을 뿐 아니라 새로운 능력개발을 필요로 하는 일에 종사함으로써 얻을 수 있다.

매슬로우의 자기실현욕구, 자존의 욕구에 해당한다.

기본적으로 매슬로우가 제시했던 내용과 개념에서 크게 벗어나지 않는 ERG이론은 몇 가지 가정에 근거하고 있다.

- 각 단계의 욕구가 충족되지 않을수록 그에 대한 바람이 커진다.
- 하위욕구가 충족되면 상위욕구에 대한 바람이 커진다.
- 상위욕구가 충족되지 않을수록 하위욕구에 대한 바람이 커진다.
- 성장욕구가 충족될수록 이에 대한 바람은 더욱 커진다.
- 매슬로우와는 다르게 한 가지 이상의 욕구가 동시에 작용할 수 있다.

알더퍼의 이론이 매슬로우의 이론과 극단적으로 다른 점은 '좌절과 퇴행(frustration-regression)의 요소'이다. 이는 고차원의 욕구가 충족되지 않을 때, 그보다 낮은 저차원 욕구의 중요성이 커지는 상황을 의미한다. 매슬로우의 이론에서는 충족된 욕구는 더 이상의 동인이 되지 못했던 것과는 상반된다. 매슬로우는 하위의 욕구가 만족될수록 더 높은 고차원의 욕구로 진행해 간다는 전제를 지니고 있는 데 반해 알더퍼는 고차원의 욕구가 충족되지 않거나 좌절될 경우에는 그보다 낮은 저차원의 중요성이 커질 수도 있다고 제안하고 있다. 예를 들자면 성장욕구가 충족되지 않을수록 생존욕구에 대한 바람이 커질 수도 있다는 것이다.

그림 3-10 ▌ 좌절-퇴행요소

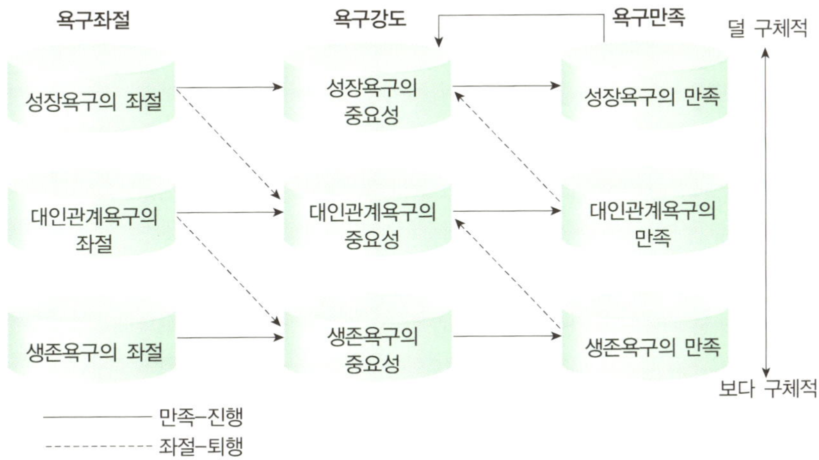

자료 : F.J. Landy & D.A. Trumbo, *Psychology of Work Behavior*, Dorsey Press, 1976.

그림 3-11 ▌ 매슬로우와 알더퍼이론의 비교

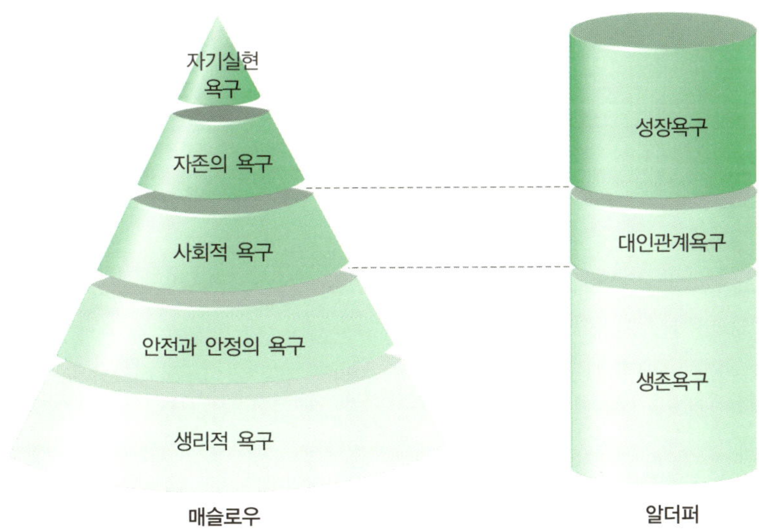

보보의 신문

10년 뒤 유망직업… 드론 조종사

향후 10년 미래 유망 신산업의 인력전망 (단위 : 천명, %)

구분		2015 (실적)	구조혁신			현상유지		
			2020	2025	향후 10년 연평균 증가율 (%)	2020	2025	향후 10년 연평균 증가율 (%)
주력 산업 유망 분야	미래형 자동차	7.5	16.8	52.8	21.5	13.6	27.7	13.9
	친환경 선박	1.0	3.3	12.0	28.6	2.7	9.9	26.2
	첨단신소재	16.3	22.1	31.2	6.7	21.8	26.7	5.0
	OLED	11.9	15.4	19.4	5.0	14.6	17.5	4.0
	시스템 반도체	24.9	38.6	53.1	7.9	35.7	47.2	6.6
	IoT가전	26.8	33.6	45.3	5.4	32.1	40.4	4.2
	로봇	16.6	46.1	83.9	17.6	42.0	60.4	13.8
유망 신산업	에너지신산업	13.6	35.5	67.8	17.4	30.1	46.7	13.1
	고급소비재	74.2	115.1	136.5	6.3	113.9	120.3	4.9
	바이오헬스	6.6	14.1	33.9	17.8	12.7	24.4	14.0
	항공드론	0.4	1.5	3.5	23.8	1.2	2.1	17.4
	AR · VR	2.8	19.9	45.4	32.2	14.8	29.3	26.6
합계		202.7	361.9	584.8	11.2	335.2	452.6	8.4

지금 고등학생이 대학을 졸업하고 직장을 구할 때쯤이면 미래형 자동차나 드론, 로봇 등 신성장산업에서 취업의 문이 활짝 열릴 전망이다.

한국산업기술진흥원과 산업연구원은 계량모형, 정성적 분석, 정책목표 등을 고려해 12대 신산업의 인력 수요를 예측한 결과, 적어도 45만3천 명, 많게는 58만5천 명의 인력이 필요할 것으로 추산됐다고 밝혔다.

12대 신산업은 미래형 자동차, 친환경 선박, 첨단신소재, 유기발광다이오드(OLED), 시스템반도체, 사물인터넷(IoT) 가전, 로봇, 에너지 신산업, 고급소비재, 바이오헬스, 항공드론, 증강현실(AR) · 가상현실(VR)을 말한다.

최소인원은 우리나라가 산업환경 변화에 적극적으로 대응하지 못하고 현재상태를 유지할 경우, 최대 인원은 구조혁신이 성공적으로 이뤄져 신산업 생산이 증가할 경우를 가정했다.

구조혁신에 성공한다면 유망산업 인력은 연평균 11.2% 늘어나, 제조업 전체 취업자의 연평균 증가율 1.3%를 크게 웃돌 것으로 전망했다.

전체 제조업 대비 신산업 취업자 비중은 2015년 4.5%에서 2025년 11.5%로 확대된다.

업종별로 보면 패션, 화장품 등 고급소비재 취업자가 가장 많은 13만7천 명으로 추정됐고, 로봇 8만4천 명, 에너지신산업 6만8천 명, 시스템반도체와 미래형 자동차 각 5만3천 명 등이 뒤를 이었다.

10년 뒤 인력 수요가 가장 많이 늘어날 것으로 보이는 산업은 AR · VR(연평균 32.2%)이었다. 친환경 선박(28.6%), 항공드론(23.8%), 미래형 자동차(21.5%)에서도 취업자가 크게 늘 것으로 예상했다.

자료 : 연합뉴스, 2017.2.2.

욜로(YOLO), 나의 인생은 한 번뿐

성인이 된 후 취업 관문에서 생애 첫 좌절을 겪은 이들이 이를 극복해 나가는 과정 속에서 만들어낸 문화는 웃프다. 취업, 연애와 결혼 그 뒤를 잇는 출산까지를 포기하는 불확실한 미래의 반사현상으로 일어난 문화가 '욜로'다. 한 번뿐인 인생, 나를 위해 사는 '욜로' 라이프는 긴 좌절의 터널을 지나고 있는 이들의 구미를 당길 수밖에 없다. 욜로열풍은 라이프스타일부터 방송문화계까지 우리의 일상으로 파고들었다.

'욜로'(YOLO)는 'You Only Live Once'의 약자로 한 번뿐인 인생, 현재의 행복을 즐기자는 뜻이 담긴 용어다. 욜로라는 용어는 미국의 래퍼 드레이크가 2011년 발표한 곡 '더 모토(The Motto)'에 "You only live once: that's the motto nigga, YOLO"라는 가사를 쓰면서 관심을 받았고 유행어처럼 번졌다. 여기에 미국의 버락 오바마 전 대통령이 건강보험 개혁안 '오바마 케어' 홍보영상에서 "YOLO, man"이라고 말하면서 대중적 관심도가 급증했다. 결국 지난해엔 옥스퍼드사전에 신조어로 등재됐다.

욜로가 국내에서 제대로 조명받은 것은 '꽃보다 청춘'에서다. 당시 류준열은 아프리카를 혼자 여행하는 여행객에게 멋있다며 극찬을 보냈고 그 여성은 류준열의 핸드폰에 '욜로'라는 단어를 남겼다. 이 용어는 김난도 교수와 소비트렌드분석센터가 저술한 소비 트렌드를 분석한 책 『트렌드 코리아 2017』에서 올해의 키워드로 꼽히기도 했다.

욜로문화가 생겨나게 된 원인으로는 불확실한 미래를 꼽을 수 있다. 『트렌드코리아 2017』 출간기념회에서 김난도 교수는 한국 경제를 "엔진이 고장 난 조각배"로 비유하며 "불안한 미래에 투자하기보다는 현재에 집중하게 되는 것은 필연적 결과"라고 전했다.

올해 신한은행이 발표한 『2017 보통사람 금융생활 보고서-추가 이슈분석』에 따르면 20대 3명 중 1명은 학자금 대출로 첫 대출을 시작하는 것으로 알려졌다. 극심한 취업난을 겪고 취업을 하면 대출 상환금이 기다리고 있다. 지난해 신용회복위원회가 발표한 '2016년도 3분기 신용회복 지원 실적'에 따르면 20대 개인 워크아웃 신청자가 지난 분기에 비해 8.8% 증가했고 해마다 신청자수도 늘어나고 있다. 암담한 현실 속에서 밝은 미래를 그려내는 것도 어려운 상황이다. 그러다 보니 미래를 준비하기보다는 지금을 즐기는 욜로 라이프에 집중하는 형국이다.

욜로 라이프를 실천하고 소비하는 욜로족이 늘어나면서 이와 연관되는 신조어도 생겼다. SNS를 중심으로 등장한 '시발비용'은 스트레스를 받지 않았다면 쓰지 않았을 비용을 의미하며 '홧김비용'으로 불리기도 한다. '탕진잼'은 탕진과 재미의 합성어로 현재의 행복을 위해 과소비를 하는 것을 뜻한다. 현재를 즐기는 욜로 라이프가 소비로 직결됐을 때를 여실히 보여준다.

욜로 열풍이 소비로 연결되는 현상에 대해서는 "과거에 힐링도 지금 삶을 탈출하고 위로받고자 하는 것을 말했다. 아무래도 하도 불황이고 하다 보니 기업에서도 이를 상품 서비스로 팔려고 연결된 것 같다. 욜로라는 게 특별한 체험에 방점이 있는 것이지 소비적 측면에서의 욜로 라이프는 여러 상황에서, 시장 자본주의가 강하다 보니 만들어진 것"이라고 지적했다.

자료 : 헤럴드경제, 2017.6.15. (저자 재구성)

보보의 한 말씀

인간의 타자의 욕망을 욕망한다. – 자크 라캉

4) 맥클리랜드의 성취욕구이론 (three-needs theory; achievement motivation theory)

하버드대학의 심리학자인 맥클리랜드(McClelland)는 기존까지의 욕구이론과는 다른 새로운 제안을 했다. 그는 인간욕구의 상위 측면만을 그 대상으로 하였는데, 인간행동의 대부분이 여기에서 기인하고 사회의 발전도 이들 욕구에 의한 것이라고 주장했다.

그는 "동기란 선호하는 경험과 목표를 둘러싸고 조직화되어 있는, 감정적 색채가 배어 있는 인지의 군집이다"라고 정의했다. 즉, 동기는 생각과 열중하고 있는 무엇으로 나타난다. 이 생각들은 '원하거나' 또는 '원치 않는' 목표와 관계된다. 따라서 그것들은 감정적인 색조를 띤다. 이는 최종적으로 행동으로 나타난다.

예를 들어, 지금 보보는 배가 너무 고픈 상태이다. 보보는 머릿속으로 피자, 떡볶이, 라면, 샌드위치 등등 많은 음식들을 상상하면서 위안을 삼고 있을 것이다. 이때 이들 음식에 대한 욕구는 신체조직에서 발생한다. 그러나 그것은 배고픔이라는 동기화상태를 유발한다. 음식에 대한 욕구와 다르게 배고픔은 직접적으로 경험된다. 이는 심리적인 선입견을 만들고 다시 배고픔을 줄여주는 행동으로 유도한다. 욕구는 직접적으로 감각되지 않은 신체적 상태이며, 동기는 주관적으로 경험하는 것이다.

대부분의 전통적인 경제이론이 경제발전을 촉진하거나 저해하는 요인을 생산성, GNP 등과 같은 경제적 요인에서 찾고자 한 데 반해서, 일부 경제학자와 사회학자는 이를 인간의 심리적, 사회적 요인과 같은 경제외적인 요인에서 찾고자 했다. 맥클리랜드는 『성취하는 사회(*The Achieving Society*, 1961)』에서 경제발전에 중요한 심리적 요인을 찾고자 노력하여 이를 '성취욕구'로 결론지었다. 즉, 개인, 기업, 국가에 부족한 것은 자원이나 자본 등의 경제적 외부여건이나 능력, 지식, 기술이 아니라 강력한 성취동기라는 것이다.

맥클리랜드는 성취욕구란 인간이 인간다울 수 있도록 만드는 가장 바람직한 욕구라 전제하고 성취에 대한 상념이 클수록 성취동기가 높아지고 그에 따라 높은 성취가 가능하여 기업과 개인의 성장과 발전에 이르게 된다고 주장했다.

성취욕구에 의해 행동하는 사람들의 특성들은 경제발전에 있어 중추적 역할을 담당하는 기업가적 행동모형과 매우 유사하다. 성취욕구에 의해 움직이는 사람들은 적당한 모험을 하며, 업무과정의 진행사항에 대해 정보를 즉각적으로 피드백받기를 원하고, 경제적 보상보다는 내적인 만족을 얻을 수 있는 일을 찾아서 하며, 매우 과업지향적이다.

그의 성취이론은 종업원을 어떤 특정한 방법으로 행동하도록 하는 세 가지의 욕구를 분명히 하였는데, 이 중 두 가지 이상에 의해 동기부여되기도 하지만 많은 사람들은 이 중 어느 하나의 욕구가 다른 것들보다 우세하고, 그에 의해 동기부여된다고 주장했다.

맥클리랜드는 이들 욕구는 타고나는 것이 아니라 환경과의 상호작용과 경험을 통해서 후천적으로 학습되는 것이라고 주장했으며, 이 때문에 '후천적 욕구이론(acquired need theory)', '세 욕구이론(three-needs theory)'이라고도 한다.

그림 3-12 ▌베버의 사상과 맥클리랜드의 사상

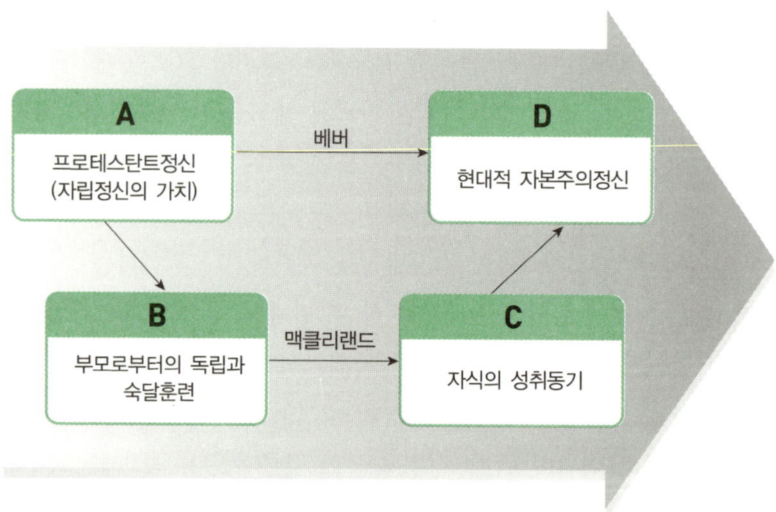

자료 : D.C. McClelland, *The Achieving Society,* Van Nostrand Rinehold, 1961. (저자 재구성)

(1) 성취욕(need for achievement)

성공을 위해 강력한 노력을 하고, 독립적이고 복잡한 과업을 달성하고자 하는 욕망이다. 목표지향적이고 책임감이 강하다.

(2) 권력욕(need for power)

타인에게 영향을 미치거나, 통제하고, 경쟁하고, 권한을 실현하고자 하는 욕망이다. 타인을 자기가 바라는 대로 행동하도록 하려는 경향이 있다.

(3) 친화욕(need for affiliation)

타인과 우호적인 관계를 형성하고 갈등을 회피하려고 하는 욕망이다. 친절하고 동정심이 많다.

성취욕이 높은 사람이 그렇지 않은 사람에 비해 성취와 관련된 상황을 대할 때 몇 가지 방식에서 차이가 나타난다.

예를 들어 보자. 보보는 성취욕이 아주 높은 상태이고, 모모는 성취욕이 매우 낮은 상태이다. 이들에게 과제가 주어졌을 때 그들은 어떤 과제를 선택하게 될까?

모모처럼 성취욕구가 낮은 이들은 아주 쉽거나 아주 어려운 과제를 선호한다. 쉬운 과제를 선택하는 것은 납득하기 어렵지 않지만 어려운 과제를 선택하는 것은 쉽게 이해되지 않는 상황이다. 여기에는 인간의 방어기제가 숨어있다. 이런 선택을 하게 되면 설사 실패를 한다 하더라도 과제의 난이도 때문이지 모모의 능력 때문이 아니라는 자기합리화가 가능하다.

보보처럼 성취욕구가 높은 이들은 중간 정도로 어려운 과제를 선호하는 경향이 있는데 이것도 합리적으로는 이해가 쉽지 않다. 그들은 자신의 능력을 고려해서 도전적이지만 현실적인 직업적 목표를 택하는 것으로 보고되고 있다. 이들은 아주 어렵거나 아주 쉬운 과제보다 적절하게 어려운 과제에서 더욱 열심히 일한다. 왜냐하면 이런 과제들은 능력에 대한 정보를 가장 많이 제공하기 때문이다. 앞서 언급한 것처럼 성취욕구에 의해 행동하는 사람들은 정보를 즉각적으로 피드백받기를 원한다. 즉, 일의 결과를 빨리 알고 싶어 한다.

맥클리랜드는 1925년에서 1950년까지 세계의 23개 문화를 살펴보고, 1925년의 성취심상(achievement imagery)과 1925년부터 1950년까지의 경제성장 사이에 긍정적인 상관관계가 있음을 발견했다. 역사의 두 시점에서 경제성장의 두 가지 측정치를 얻었다. 연구를 통해 성취동기화는 경제적 성공을 예측했다. 그러나 성취욕구가 불리하게 작용하는 상황도 있다. 고위직이나 정치가들은 개인적 성취를 위한 기회를 가질 수 없다. 그들에게 부여된 과제는 타인을 움직이는 것이며, 이는 전적으로 다른 욕구에 근거한다. 만약 이런 상황에서 너무 많은 것을 하려고 시도한다면 오히려 전체적 수행은 더 나빠질 수 있다. 이에 대한 근거로 스팽글러와 하우스는 미국 대통령들에 대한 연구에서 개인의 성취욕구는 효과적 업무수행과 역으로 관련됨을 발견했다.

맥클리랜드의 성취욕구이론을 매슬로우의 욕구단계설과 비교해 보면 성취욕구와 권력욕구는 욕구단계설의 자존 및 자기실현욕구와 일맥상통하며 사회적 욕구는 친화욕구와 비슷하다고 할 수 있다.

맥클리랜드의 성취욕구이론은 세 가지 욕구의 분류에 따라서 종업원을 알맞은 직무에 배치함으로써 활용도를 높일 수 있다. 권력욕이 강한 사람은 타인의 권력이 미치는 직무에 배치하는 것보다는 자기가 타인에 행동을 통제하는 직무에 배치하는 것이 동기부여에 바람직하다. 선행연구를 통해 미국 역대 대통령들 중에서 권력동기가 높은 사람들이 권력동기가 낮은 사람들에 비해 보다 더 효율적이었다는 것이 입증되었다. 친화욕이 강한 사람은 독립적으로 직무를 수행하는 곳에 배치하는 것보다는 다른 사람과 밀접한 관계를 유지할 수 있는 직무에 배치하는 것이 바람직하고, 성취욕이 강한 사람은 도전할 가치가 없거나 우연에 의해서 목표를 달성할 수 있는 직무보다는 개인에게 많은 책임과 권한이 주어지는 도전적인 직무에 배치하는 것이 바람직하다.

여기서 한 가지 주의할 점은 책임감이 있는 사람들에게 권력욕구는 우선권에 대한 성실한 추구로 나타난다. 이런 경우 권력은 사회적으로 수용되는 방식으로 표현된다. 반면 책임감이 낮은 사람들의 경우 권력욕구가 타인에게 나쁜 영향을 끼치는 방식으로 표현될 수 있는데 여기에는 공격성, 성적 착취, 알코올남용이나 약물남용 등이 포함된다. 책임감이 없이 높은 권력욕구를 가진 남자들이 권력과 관련된 성공경험을 하거나 상상할 때 테스토스테론 수준이 증가함이 발견되었다.

연구의 참여자들은 그들의 능력을 잘 진단해주는 문항과 그렇지 않다고 알려진 문항들을 선택하게 된다. 참여자들은 성취동기 수준에서 네 집단으로 나뉘는데, 아주 낮은 수준에서부터 매우 높은 수준까지 횡으로 배열되어 있다. 성취동기가 높아질수록 진단가가 높은 문항에 대한 선호가 크게 높아짐을 알 수 있다.

그림 3-13 | 성취동기 수준

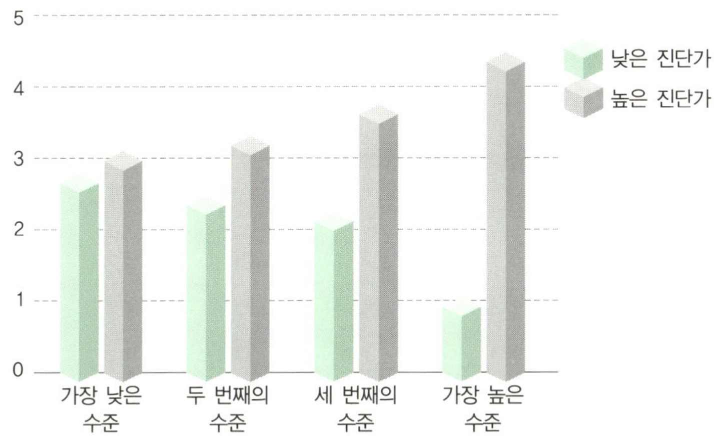

자료 : C.S. Carver & M.F. Scheier, *Perspectives on Personality*, Allyn & Bacon, 2004.

그림 3-14 | 욕구이론의 비교

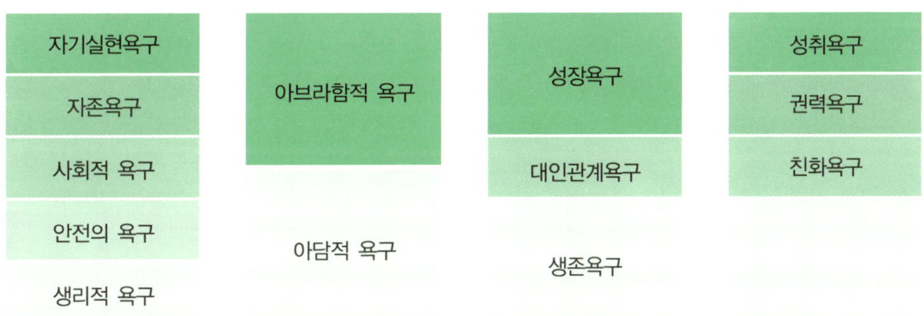

보보의 한 말씀

오늘이라는 날은 두 번 다시 오지 않는다는 사실을 잊지 말라. – 단테

보보의 책 오늘

우리들의 인생은 실로 기묘하다. 어린 아이들은 이 다음에 내가 크면이라고 말한다. 어느 정도 자란 소년은 어른이 되면이라고 말한다. 그리고 어른이 되면 이제 결혼만 하면이라고 말한다. 그리고 다음에는 은퇴하게 되면이라는 말을 꺼낸다. 그러다가 은퇴할 무렵이 되면 그는 지나간 자신의 모습을 되돌아본다. 차가운 바람이 그의 곁을 스쳐갈 것이다. 그동안 자신의 현재를 잘 보지 않았다는 것을 느끼는 순간 모든 것이 보이지 않게 된다. 인생이란 그날 그때를 이어 살아가는 것이다라고 뉘우칠 때는 이미 늦은 것이다.

디트로이트의 에드워드 에반스는 가난한 집에서 태어나 신문배달원에서 잡화상 점원이 되고 그 뒤 도서관 조수가 되어 일곱 명의 가족을 부양해야 했다. 월급은 턱없이 적었지만 일을 그만 둘 수는 없었다.

8년 후, 그는 가까스로 독립할 기회를 얻었다. 55달러의 빚을 자본으로 연수입 2만2천 달러로 사업이 번창했는데 운 나쁘게도 그때 불경기가 닥쳤다. 그는 친구를 위해 어음보증을 서준 적이 있었는데 그 친구가 파산하고 말았고, 그의 전 재산을 맡겨둔 은행이 도산했다.

그는 거리에서 정신을 잃고 쓰러져 자리에 누웠다. 그는 날로 쇠약해져 갔다. 의사는 앞으로 2주일을 넘기기 어렵다고 했다. 그는 눈앞이 캄캄해진 상태로 유언장을 썼고, 병상에서 죽음을 기다렸다. 아무리 발버둥 쳐도 소용없어 체념을 하고 마음을 진정시킨 후 오랜만에 깊은 잠을 청했다. 이승의 괴로움이 끝나는 순간 갓난아이처럼 깊은 잠을 잘 수 있었다.

그렇게 잠을 자고 난 뒤 이상한 일이 일어났다. 지독했던 피로감이 사라지기 시작했고, 식욕이 치솟으면서 체중도 늘어갔다. 2~3주 뒤에는 지팡이를 짚고 걷게 되었고, 6주 후에는 일을 할 수 있게 되었다.

그 뒤 그는 1년에 2만 달러가량 벌고 있으면서도 자진해서 주급 30달러짜리의 일을 맡았다. 자동차를 배에 실을 때 차바퀴 뒤에 놓는 받침대를 파는 일이었다. 그는 삶을 완전히 깨달았고 더 이상 고민할 필요가 없었다. 과거를 후회하지 않고, 앞날을 두려워하지도 않게 되었다. 그는 모든 시간, 에너지, 정열을 받침대 파는 일에 집중할 수 있었다.

그때부터 에반스는 눈부시게 성장해 수 년 후에는 에반스 프로덕트 컴퍼니의 사장이 되었다. 에반스 프로덕트 컴퍼니는 오래 전에 뉴욕 증권거래소에 상장되었다. 그는 1945년에 세상을 떠났는데, 그 당시 미국에서 가장 혁신적인 사업가 중의 한 사람이었다. 그린란드에는 그의 이름을 딴 에반스 필드라는 비행장이 있다. 그가 걱정이 쓸데없는 짓임을 깨닫지 못했다면, 오늘에 충실하게 사는 법을 배우지 못했다면, 사업과 인생에서 그가 거둔 짜릿한 승리를 맛보지 못했을 것이다. 그의 성공은 그가 오늘에 산다는 것을 체득한 때문이다.

이상한 나라의 엘리스에 나오는 화이트 퀸은 엘리스에게 말했다.

"규칙은 어제도 잼을 발랐고, 내일도 잼을 바르는데, 오늘만 잼을 바르지 않는 것이다." 대부분의 사람들이 이와 같다. 지금 당장 오늘의 잼을 갖고 있는 빵에 두텁게 바르는 대신 어제의 잼 때문에 속을 썩이고 내일의 잼 때문에 걱정한다.

– 데일 카네기의 『불가능은 없다』 중에서

표 3-7 욕구이론의 비교

구분	가설	장점	단점
욕구 단계설	• 동기부여는 우세한 순위에 따라 배열된 욕구에 의존 • 욕구의 충족은 고차원의 욕구의 이동으로 이어짐	이해하기 쉬움	• 개인차보다는 유사성에 초점을 두는 경향 • 광범위한 실증적 지원의 부족
ERG 이론	• 욕구단계설의 5가지 욕구를 일반적 3가지 욕구로 구분	실증적 지원	• 개인차보다는 유사성에 초점을 두는 경향
2요인 이론	• 과업의 본성과 관련된 어떤 요인들은 동기유발요인으로 분류 • 작업환경과 관련된 어떤 요인들은 동기유발요인이 안 됨	• 논리적 • 실천하기 쉬움	• 더 많은 조사와 검증이 필요 • 개인차를 부정하고 극소화함 • 모든 삶이 유사하다고 가정 • 실증적 지원의 불일치
성취욕구 이론	• 하나 이상의 욕구가 행동의 우열에 주된 영향을 줌	• 이해하기 쉬움 • 과거행동을 설명하는 데 사용됨	• 개인의 욕구를 정확히 식별하기 어려움 • 변하지 않는 동인을 지나치게 강조

자료 : D.D. White & D.A. Bednar, *Organizational Behavior,* Allyn & Bacon, 1991.

○ 스티브 잡스가 남긴 말

저는 오늘 세 가지 이야기를 하고자 합니다.

첫 번째는 인생의 전환점에 관한 이야기입니다.

전 리드 칼리지에 입학한 지 6개월 만에 자퇴했습니다. 평범한 노동자였던 양부모님이 힘들게 모아뒀던 돈이 모두 제 학비로 들어갔는데, 대학 공부가 그만한 가치가 없다는 생각을 했습니다. 내가 진정으로 인생에서 원하는 게 무엇인지, 그리고 대학교육이 그것에 얼마나 어떻게 도움이 될지 판단할 수 없었습니다. 그래서 모든 것이 다 잘 될 거라 믿고 자퇴를 결심했습니다.

지금 뒤돌아보면 참으로 힘든 순간이었지만, 제 인생 최고의 결정 중 하나였던 것 같습니다. 자퇴를 하고 서체 수업을 청강했습니다. 그때 저는 세리프와 산세리프체를 배웠는데, 서로 다른 문자끼리 결합될 때 다양한 형태의 자간으로 만들어지는 굉장히 멋진 글씨체였습니다. 과학적인 방식으로는 따라 하기 힘든 아름답고, 유서 깊고, 예술적인 것이었고, 전 그것에 흠뻑 빠졌습니다. 사실, 이때만 해도 이런 것이 제 인생에 어떤 도움이 될지는 상상도 못했습니다. 그러나 10년 후 매킨토시를 처음 구상할 때, 그것들은 고스란히 빛을 발했습니다. 매킨토시는 아마도 아름다운 서체를 가진 최초의 컴퓨터가 아니었나 생각합니다.

물론 그 순간들이 내 인생의 전환점이라는 것을 알아챌 수 없었지만 10년이 지난 지금에서야 모든 것이 분명하게 보입니다. 지금 여러분은 미래를 알 수 없습니다. 다만 현재와 과거의 사건들만을 연관시켜 볼 수 있을 뿐입니다. 그러므로 여러분들은 현재의 순간들이 미래에 어떤 식으로든지 연결된다는 걸 알아야만 합니다.

여러분들은 자신의 배짱, 운명, 인생, 카르마 등 무엇이든지 간에 그 무엇에 믿음을 가져야만 합니다. 이런 믿음이 저를 실망시킨 적은 없습니다. 언제나 제 인생의 고비 때마다 힘이 되어줬습니다.

두 번째는 사랑과 상실입니다.

저는 운 좋게도 인생에서 정말 하고 싶은 일을 일찍 발견했습니다. 제가 20살 때, 부모님의 차고에서 스티브 워즈니악과 함께 애플의 역사가 시작됐습니다. 제 나이 29살, 최고의 작품인 매킨토시를 출시했습니다. 그러나 이듬해 저는 해고당했습니다. 당시, 애플이 점점 성장하면서, 저는 저와 잘 맞는 유능한 경영자를 데려와야겠다고 생각했고, 처음 1년은 그런대로 잘 돌아갔지만 언젠가부터 우리의 비전은 서로 어긋나기 시작했고, 결국 우리 둘의 사이도 어긋나기 시작했습니다. 저는 30살에 공공연하게 쫓겨나야만 했습니다. 저는 인생의 초점을 잃어버렸고, 뭐라 말할 수 없는 참담한 심정이었습니다. 저는 공공의 실패작으로 전락했고, 실리콘밸리에서 도망치고 싶었습니다. 그러나 제 마음속에는 뭔가가 천천히 다시 일어나기 시작했습니다. 전 여전히 제가 하던 일을 사랑했고, 애플에서 겪었던 일들조차도 그런 마음들을 꺾지 못했습니다. 전 해고당했지만, 여전히 일에 대한 사랑은 식지 않았습니다. 그래서 전 다시 시작하기로 결심했습니다. 당시에는 몰랐지만, 애플에서 해고당한 것은 제 인생 최고의 사건임을 깨닫게 됐습니다. 그 사건으로 인해 저는 성공이란 중압감에서 벗어나 초심자의 마음으로 돌아가 자유를 만끽하며, 제 인생 최고의 창의력을 발휘하는 시기로 살 수 있었습니다. 이후 5년 동안 저는 '넥스트', '픽사', 그리고 지금 제 아내가 되어준 그녀와 사랑에 빠져버렸습니다.

세기의 사건으로 평가되는 애플의 넥스트 인수와 함께 저는 애플로 복귀했고, 넥스트 시절 개발했던 기술들은 애플의 르네상스의 중추적인 역할을 하고 있습니다. 애플에서 해고당하지 않았다면, 이런 엄청난 일들을 겪을 수 없었을 것입니다.

때로 세상이 당신을 속일지라도, 결코 믿음을 잃지 마십시오. 전 반드시 인생에서 해야 할 일이 있었기에, 반드시 이겨낸다고 확신했습니다. 당신이 사랑하는 일을 찾아보십시오. 사랑하는 사람이 내게 먼저 다가오지 않듯, 일도 마찬가지입니다. 노동은 인생의 대부분을 차지합니다. 그런 거대한 시간 속에서 진정한 기쁨을 누릴 수 있는 방법은 스스로가 위대한 일을 한다고 자부하는 것입니다. 자신의 일을 위대하다고 자부할 수 있을 때는, 사랑하는 일을 하고 있는 그 순간뿐입니다. 지금도 찾지 못했거나, 잘 모르겠다 해도 주저앉지 말고 포기하지 마십시오. 전심을 다하면 반드시 찾을 수 있습니다. 그러니 그것들을 찾아낼 때까지 포기하지 마십시오. 현실에 주저앉지 마십시오.

세 번째는 죽음에 관한 것입니다.

17살 때, 이런 문구를 읽은 적이 있습니다. 하루하루를 인생의 마지막 날처럼 산다면, 언젠가는 바른 길에 서 있을 것이다. 이 글에 감명 받은 저는 그 후 50살이 되도록 거울을 보면서 자신에게 묻곤 했습니다. 오늘이 내 인생의 마지막 날이라면, 지금 하려고 하는 일을 할 것인가? 아니오라는 답이 계속 나온다면, 다른 것을 해야 한다는 걸 깨달았습니다.

인생의 중요한 순간마다 "곧 죽을지도 모른다"는 사실을 명심하는 것은 중요한 도구가 됩니다. 외부의 기대, 각종 자부심과 자만심, 수치스러움과 실패에 대한 두려움들은 '죽음' 앞에서는 모두 밑으로 가라앉고, 오직 진실만 남기 때문입니다. 죽음을 생각하는 것은 무엇을 잃을지도 모른다는 두려움에서 벗어나는 최고의 길입니다. 여러분들이 지금 모두 잃어버린 상태라면, 더 이상 잃을 것도 없기에 본능에 충실할 수밖에 없습니다.

아무도 죽길 원하지 않습니다. 천국에 가고 싶다는 사람들조차도 당장은 죽음을 원하지 않습니다. 우리 모두는 언젠가는 다 죽을 것입니다. 아무도 피할 수 없는 삶이 만든 최고의 작품은 죽음입니다.

죽음이란 삶의 또 다른 모습입니다. 죽음은 새로운 것이 헌 것을 대체할 수 있도록 만들어줍니다. 지금의 여러분들은 '새로움'이란 자리에 서 있습니다. 그러나 언젠가는 여러분들도 새로운 세대들에게 그 자리를 물려줘야 할 것입니다.

저는 이제 새로운 시작을 앞둔 여러분들이 여러분의 분야에서 이런 방법으로 가길 원합니다.

Stay Hungry, Stay Foolish.

자료 : 스티브 잡스의 '스탠포드대학교 졸업축사' 중에서

성취욕구 측정설문지								
		결코 아니다	거의 아니다	약간 아니다	때때로 그렇다	보통 그렇다	거의 항상 그렇다	항상 그렇다
1	나에게 할당된 직무가 어려울 때, 최선을 다해 일한다.							
2	나에게 기회가 주어질 때, 나는 혼자가 아닌 집단으로 일하려 한다.							
3	나는 집단 내에서 리더로서의 활동적인 역할을 추구한다.							
4	나는 내 주위 사람들에게 영향력을 행사하고자 한다.							
5	나는 작업 중 과거의 성과를 향상시키려고 매우 노력한다.							
6	나는 작업 중에 다른 사람들의 감정에 많은 관심을 기울인다.							
7	나는 다른 사람들의 행동을 체계화하고 지시한다.							
8	나는 작업 중 주위의 사건들에 많은 통제를 하려고 한다.							
9	나는 적당한 위험을 무릅쓰고, 출세하기 위해 자진하여 어려움에 기꺼이 부딪힌다.							
10	나는 다른 사람들과 공동작업을 하는 것을 좋아한다.							
11	나는 집단에서 일할 때 지휘를 하려고 애쓴다.							
12	나는 주어진 직무 외에도 기꺼이 업무를 찾아서 수행하려고 노력한다.							
13	나는 다른 사람들에게 반대의견을 공개적으로 표현하지 않는다.							
14	나는 공동작업자들보다 업무수행을 더 잘 하려고 노력한다.							
15	나는 작업과 무관한 사건들에 대해 내 주위의 사람들과 대화한다.							

성취욕구	친화욕구	권력욕구
1 (　　)	2 (　　)	3 (　　)
5 (　　)	6 (　　)	4 (　　)
9 (　　)	10 (　　)	7 (　　)
12 (　　)	13 (　　)	8 (　　)
14 (　　)	15 (　　)	11 (　　)
합계 (　　)	합계 (　　)	합계 (　　)

자료 : R.M. Steers & D.N. Branstein, "A Behaviorally-Based Measure of Manifest needs in Work Settings", *Journal of Vocational Behavior*, 9, 1976.

보보의 책 리더는 옳은 대답 대신 옳은 질문을 해야 한다

직원들을 동기부여하는 일은 효과가 없다. 그들은 언제나 이미 동기부여되어 있기 때문이다. 동기부여의 딜레마는 동기부여가 효과가 없는데도 불구하고 리더가 이에 대해 책임감을 느끼면서 발생한다. 사람들이 어떤 행동을 한다는 것은 이미 사람들이 그 행동을 하도록 동기부여가 되어 있다는 사실이다. 즉, 사람들은 언제나 동기부여가 되어 있다. 그러므로 동기부여가 되었는가 아닌가를 묻는 것은 그 자체가 이미 잘못된 질문이다. 우리는 그들이 "왜 그 행동을 하도록 동기부여되었는가?"라고 물어야 한다.

사람들이 어떤 행동을 하도록 이끄는 에너지는 저마다 그 특성이 다르다. 인간을 동기부여하는 어떤 요인들은 자신과 타인에게 행복감을 가져다주지만 유감스럽게도 그렇지 못한 요인도 많다.

어떤 일을 하도록 선택하게 만드는 동기부여는 그 일을 하게 만드는 동기부여와 다르다. 가치, 목표, 사랑, 기쁨, 열정 등에서 생겨나는 동기부여는 자존심, 권력, 지위, 외부적 보상에 대한 욕구 등에서 오는 동기부여와 다르다. 더 나은 사람이 되고자 하는 경쟁심에서 오는, 당신이 얼마나 발전하고 배웠으며 성취했는지 판단할 수 있는 동기부여는 다른 사람을 이기거나 남에게 잘 보이기 위해서, 또는 다른 사람의 호의를 얻으려는 경쟁심에서 발생하는 동기부여와 다르다. 동기부여의 진실은 이렇다. 인간은 배움을 통해 성장을 추구하고, 일을 즐기기를 원한다. 또 생산적인 사람이 되기를 기대하고, 누군가에게 긍정적으로 기여하기를 바라며, 오래 지속되는 인간관계를 지향한다. 이는 외부의 어떤 동기부여요인이 작용한 결과가 아니라 바로 인간의 본성 때문이다.

사람들을 동기부여하는 일이 효과가 없는 중요한 이유 중 하나는 우리가 "동기부여란 사람이 가지고 있거나 가지고 있지 않은 어떤 것"이라고 아주 단순하게 가정하기 때문이다. 이 때문에 사람들에게 더 많이 동기부여를 하면 목표를 달성하고 성공에 이를 가능성이 더 커지리라 결론 내리게 된다. 동기부여가 많을수록 더 좋다는 사고방식은 너무 순진하고 어리석다. 마치 우리에게 얼마나 많은 친구가 있는지가 중요한 게 아니라 어떤 친구가 있는지가 진정한 문제인 것과 마찬가지다.

동기부여에 대해 전통적인 사고방식을 지닌 사람들은 이렇게 묻는다. 이 사람은 동기부여가 되었나? 얼마나 많이 동기부여가 되었나? 이런 질문으로는 오직 흑과 백, 예 또는 아니요 식의 단순한 이분법적 답변밖에 얻어내지 못한다. 이런 답변에서는 동기부여의 본질을 파악하기 위한 심도 있는 통찰을 얻어내기 어렵다.

하지만 "그 사람이 왜 동기부여가 되었는가?"라고 질문을 던진다면, 동기부여의 다양한 스펙트럼을 제시하는 답변을 끌어낼 수 있다. 그리고 각각의 동기부여 형태가 사람들에게 궁극적으로 어떤 결과를 가져다주는지 이해한다면, 동기부여 과학을 활용해 직원들을 긍정적 동기부여의 세계로 훌륭하게 인도할 수 있을 것이다.

긍정적 동기

부정적 동기

– 수잔 파울러의 『최고의 리더는 사람에 집중한다』 중에서 (저자 재구성)

보보의 한 말씀

어둠을 두려워하는 아이는 쉽게 용서할 수 있다.
생의 진정한 비극은 어른이 빛을 두려워할 때이다.

– 플라톤

CHAPTER 04

커뮤니케이션과 TA

CHAPTER 04

커뮤니케이션과 TA

보보의 리더십 *Leadership of Bobos*

보보의 비벼다귀

○ 그들이 인기 있는 이유

우리는 한 사람을 평가하는 데 얼마나 심사숙고하는가?

참가자들에게 강한 인상의 얼굴을 40밀리초[1] 동안 보여줬다. 굉장히 짧은 시간이다. 순간적으로 나타났다 사라지는 것이다. 얼굴이 나타난 바로 직후에 추상적인 그림으로 바꾼다. 앞에 본 얼굴이 강했는지, 보통이었는지, 순응적이었는지 판단을 내리면 되며, 직감에 따라 판단하라고 했다. 이성적으로 판단할 시간은 없지만 실험결과는 놀라웠다. 인상을 판단하는 정확도가 90%나 되었던 것이다. 연구에 따라 차이가 있지만 확실한 것은 첫인상을 판단하는 데 10초가 넘지 않는다. 어떻게 이렇게 짧은 시간 동안 한 사람을 판단할 수 있는 것일까?

첫인상의 가장 중요한 정보는 시각을 통해 들어온다. 여기에는 두 가지 경로가 있는데 하나는 이성을 조절하는 대뇌피질을 거치는 경우이고, 다른 하나는 대뇌피질을 거치지 않고 바로 정서를 관장하는 편도체로 전달되는 경우이다. 대뇌피질을 거치지 않았다는 것은 의식적으로 생각하기 전에 무의식적으로 순식간에 느낄 수 있다는 것인데, 첫인상은 이런 경로를 통해 형성되는 것이다.

한 번 결정된 인상을 바꾸는 데 일반적으로 40시간이나 걸린다고 한다. 그만큼 첫인상은 매력을 결정짓는 데 매우 결정적인 요소이다. 인류는 생존을 위해, 짧은 시간 안에 낯선 장소와 낯선 사람에 대해 판단하도록 뇌회로를 진화시켜왔다. 인류는 평화로운 시기보다 그렇지 못한 시기가 훨씬 길었다. 낯선 것에 대해 빨리 판단을 내려서 그 다음 조치를 빠르게 취할 수 있는 사람이 그렇지 못한 사람보다 생존할 확률이 높기 때문에 인간은 순식간에 첫인상을 결정하고, 그 초기정보에 따라 움직이도록 프로그래밍이 됐

1) 밀리초(millisecond, ms) : 1,000분의 1초

다. 이 생존 프로그램을 심리학적인 용어로 이야기하면 초두효과(primacy effect)와 맥락효과(context effect)이다. 초두효과란 뇌의 정보처리과정에서 초기정보가 그 후에 들어온 정보보다 훨씬 중요하게 여겨지는 것이고, 맥락효과는 처음 제시된 정보가 나중에 들어온 정보의 처리지침이 되고 전반적인 맥락을 제공하는 것이다.

생존을 위해서가 아니더라도 첫인상이 그 사람의 매력을 판단하는 데 지대한 영향을 끼치는 이유는 또 있다. 인간의 뇌는 처음에 각인된 정보가 기준이 되어 전체적인 판단을 내리는데, 이것을 닻 내리기 효과(anchoring effect)라고 한다. 다시 말해, 첫인상이 앞으로 그 사람을 판단하는 데 계속해서 영향을 준다는 것이다. 인간의 뇌는 수많은 정보를 효과적으로 처리하기 위해 정보를 단순화하여 저장하려고 하는 경향이 있는데, 첫인상에 대한 기억은 일종의 키워드가 되는 셈이다.

자료 : SBS 스페셜 제작팀의 『매력 DNA 그들이 인기 있는 이유』 중에서

1 의사소통의 개념

의사소통은 사람과 사람을 연결시켜주는 역할을 한다. 그런 의미에서 볼 때 의사소통이란 관계를 형성하고 유지시키는 어떤 종류의 활동이다. 또한 모든 기능을 가능하게 하는 수단이기도 하다.

'communication'이란 어휘는 영어의 'common'을 의미하는 라틴어의 'communis'에서 유래되었으며 이 때문에 송신자는 수신자와의 공통성(commonness)을 형성하려 한다. 때문에 의사소통이란 한 사람의 머리에서 다른 사람의 머리로 느낌을 포함한 생각을 옮기는 과정이라고 볼 수 있다.

의사소통이 경영의 핵심이 되는 이유는 계획화를 통해서 시작되는 경영의 기능들이 의사소통을 통해서만 실현될 수 있기 때문이다. 즉, 관리자와 하위자의 관계를 연결시켜주는 중추신경의 역할을 한다고 볼 수 있다. 때문에 루탄스는 성공적인 경영자는 48%를 의사소통에 할애한다고 했으며, 블레이크는 관리자들의 60% 이상이 조직의 효과에 있어서 주된 장애요인이 의사소통이라고 언급했다.

표 4-1 | 의사소통의 개념

도슨(D.P. Dawson)	의사소통은 한 사람의 머리에서 다른 사람의 머리로 느낌을 포함한 생각을 옮기는 과정이다.
도날드슨(L. Donaldson)	의사소통은 효과적인 수단을 통한 정보와 이해의 상호교환이다.
로빈스(S.P. Robbins)	의사소통은 의미의 전달이고 이해이다.

보보는 아이러브보보스라는 사료기업을 경영하면서 모모와 또또와 많은 관계를 형성했다.

모모에게는 구체적인 작업의 지시를 위해서 "…를 해라. …는 이런 절차에 의해 이루어진다." 등을 전달했다. 그런 소통을 통해서 구체적인 작업의 내용도 이해시키고, 정보도 전달할 수 있었으며, 왜 아이러브보보스는 돈을 벌어야 하는가 등에 대한 목적에 대해서도 설명할 수 있었다. 이것이 바로 하향식 의사소통에 해당한다.

때로는 모모와 또또도 보보에게 하고 싶은 말이 있었다. 그들은 열심히 일했지만 가끔은 보보에게 불만도 있었고, 보보가 정해놓은 일의 절차가 마음에 들지 않을 때도 있었다. 그래서 새로운 아이디어도 제안하고, 그들의 느낌도 이야기했다. 바로 이것이 상향식 의사소통이다.

모모와 또또는 서로 다른 일을 맡고 있는 동료였다. 그들은 때로는 좋은 사료란 어떤 것인가에 관한 정보도 공유해야 했고, 제때 사료공급이 되지 않을 때 문제를 어떻게 해결해야 하는지에 대한 것도 논의해야 했으며, 때로는 작은 문제가 생겨나 갈등의 소지가 있을 때 원활한 소통이 필요하기도 했다. 바로 이것이 수평식 의사소통이다.

위의 내용을 정리해 볼 때 의사소통은 움직이는 과정이며, 의미를 교환하는 과정이다. 송신자가 전달하고자 하는 메시지가 암호의 형태로 어떤 경로를 통해 수신자에게 보내지면 수신자는 암호화된 메시지를 해독하여 송신자가 보낸 의미를 이해하는 모형을 따르게 된다. 이때 '의미(정보, 메시지, 아이디어)'는 수신자에게 의도하는 바대로 전달되지 않으면 무의미하게 되기 때문에, 의사소통은 송신자가 전달하는 바의 것이라기보다는 수신자가 이해하는 바의 것으로 볼 수 있다.

그림 4-1 의사소통의 모형

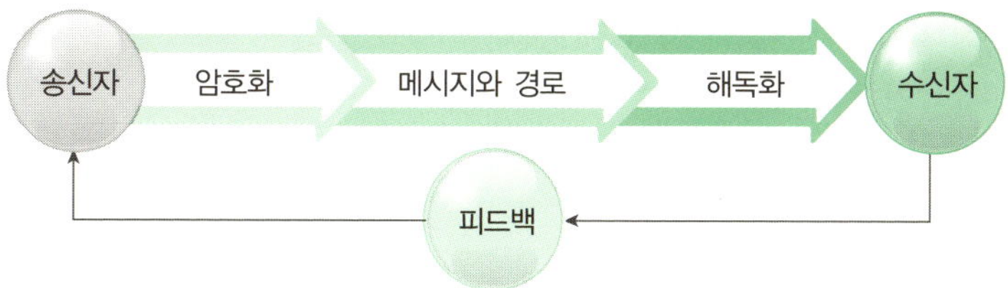

2 의사소통의 유형

1) 공식적인 의사소통

(1) 하향식 의사소통

대부분의 경우에 명령과 메시지가 지시의 형태로 상급자로부터 하급자에 이르는 의사소통의 유형이다.

주로 구체적인 직무상의 지시를 위해서, 작업내용을 이해시키기 위해서, 작업에 대한 정보를 제공하기 위해서, 부하들의 업적에 대한 피드백을 하기 위해서, 조직의 목적을 이해시키기 위해서 이용된다.

고전론자들이 많이 이용하며, 전제적인 분위기를 조성하기 때문에 사기를 저하시킬 수 있다. 또한 정보가 계층을 통해 하향하면서 많은 양이 손실되고 왜곡될 수 있다는 문제점을 가지고 있다.

(2) 상향식 의사소통

대부분의 경우에 하위자로부터 상급자에게 보고의 형태로 이루어지게 된다.

주로 새로운 아이디어의 제안을 위해서, 하위자들의 느낌을 피드백하기 위해서, 정보를 얻기 위해서, 문제해결을 위한 도움을 얻기 위해서, 상급자의 지시를 명확히 이해하기 위해서 활용된다.

인간관계론자들로부터 강조되기 시작했으며, 하향식 의사소통과는 반대로 의사소통이 수축되는 경향이 있다.

(3) 수평식 의사소통

동일 계층의 사람들 사이에서 이루어지는 상호작용적 의사소통이며, 비공식적 의사소통의 주된 과제가 된다.

주로 부서 내의 문제를 해결하거나, 부서 간의 협조가 필요할 때, 지원을 위해서, 동료를 인간적으로 이해하고 가까워지기 위해서, 라인부서에 대한 스태프부서의 조언의 형태로 이루어진다.

정보를 공유하게 하는 주된 방법이며, 다양한 문제의 해결을 유도하고, 곡해나 왜곡으로부터 생길 수 있는 각종 갈등을 예방하고 해결한다.

(4) 사선식 의사소통

서로 다른 계층에 있는 사람들 사이에서 우회하면서 일어나는 의사소통의 유형이다. 통상 어느 한편 또는 양편에게 정보나 협조를 제공하려는 목적에서 일어나며, 다른 방향의 의사소통으로는 효과적일 수 없는 상황에서 유효하다.

그림 4-2 | 의사소통의 유형과 흐름

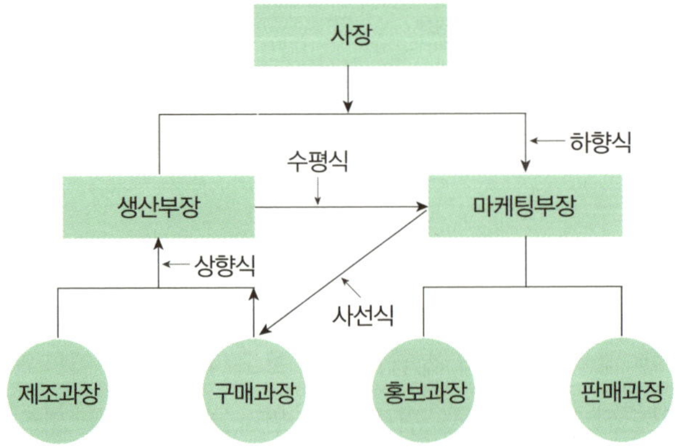

보보의 뼈다귀

디자인은 이야기이다

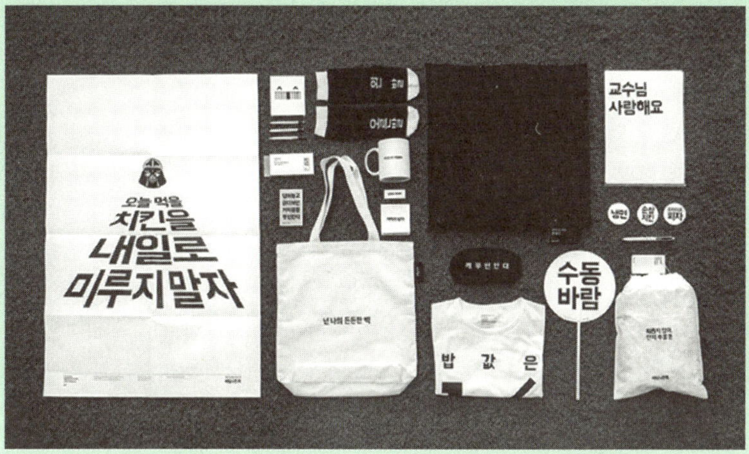

세계 최대 숙박공유업체 '에어비앤비', 'SNS 핀터레스트', '배달의 민족' 등 세 기업의 공통점은 창업가가 디자이너 출신이라는 점이다. 바야흐로 디자인 르네상스의 시대이다. 과거 제품과 서비스의 외형 정도로만 여겨졌던 디자인이 최근 사업의 핵심경쟁력으로 떠오르면서 기업들은 디자인 역량을 키우는 데 주력하고 있다.

미국의 SNS업체 핀터레스트(Pinterest)의 사명은 물건을 고정할 때 쓰는 '핀(pin)'과 '관심사'란 뜻의 영어 '인터레스트(interest)'를 합성한 것으로, 이 기업은 메모판에 좋아하는 사진을 모아 붙이듯 내 관심사의 이미지들을 모아 내 계정에 올려놓는 SNS 서비스를 제공한다. 미경제전문지 〈비즈니스 인사이더〉가 선정한 '데카콘(기업가치 100억 달러 이상의 비상장기업)' 기업 8곳 중 한 곳이다. 핀터레스트의 성공비결은 홈페이지의 첫 화면이다. 핀터레스트는 게시물을 연대기식으로 나열하는 페이스북, 트위터와 달리 이미지를 주제별 '큐레이션' 방식으로 보여준다. 사용자가 따로 클릭해 들어가지 않아도 첫 화면에서 원하는 게시물을 바로 볼 수 있고, 사진을 올릴 때 별도의 글을 쓸 필요도 없다. 덕분에 간편함을 추구하는 젊은 사용자의 마음을 사로잡으며 '글로벌 4대 SNS'로 올라섰다.

핀터레스트의 직관적인 디자인은 공동창업자 이반 샤프의 손끝에서 탄생했으며, 제품 기획부터 최종 디자인까지 제품개발의 전 과정에 관여하며 디자이너의 본 역할, 즉 사람의 마음을 사는 일을 하고 있다.

디자이너 출신 창업가의 또 다른 강점은 '보여주기' 능력이다. 디자이너는 업종의 특성상 언어에 의지하지 않는다. 시각화에 익숙한 디자이너 창업가들은 브랜드 이미지를 구축하거나 마케팅, 홍보활동을 하는 데에도 뛰어난 능력을 보인다.

배달의 민족은 음식배달앱시장의 선발주자가 아니다. 그럼에도 불구하고 'B급 감성'을 앞세워 고객의 '머리'가 아닌 '가슴'을 울리는 브랜드를 만들었다. '우리가 어떤 민족입니까', '복날은 간다' 등은 이런 브랜드전략에서 나온 결과물이다. 도발적이면서도 주 고객층의 선호를 정확히 저격한 브랜딩전략 덕분에 배달의 민족은 경쟁에서 불리한 업계 후발주자에서 1위 배달앱으로 올라설 수 있었다.

에어비앤비는 창업 8년 만에 기업가치 300억 달러(33조 6,000억 원)를 달성하며 세계 유명 호텔 체인들과 어깨를 겨눌 정도로 성공했다. 사업 초기 경영난에 처해있을 때 숫자에 둔감한 디자이너 출신인 덕에 낮은 매출에 흔들리지 않았고, 에어비앤비의 핵심가치인 고객의 경험에 집중할 수 있었다. 기업문화에서도 직원의 창의성과 자유로운 소통, 부서를 뛰어넘는 협업문화를 장려한 것은 성장의 비결이었다. 에어비앤비는 미경영전문지 〈포브스〉가 선정한 '가장 일하기 좋은 직장' 1위에 선정되기도 했다.

산업디자인계의 거물인 디자이너 입스 베하는 '디자이너는 훌륭한 기업가'라는 이야기를 자주 한다. 디자이너는 고객을 감동시킬 줄 알고, 시장의 트렌드를 포착할 줄 알고, 동시에 다각적 측면에서 문제를 해결하는 '특별한 능력'을 갖춘 사람이기 때문이다.

자료 : 비즈업, 2017.6.8.

그림 4-3 | 의사소통에 있어서 과거 경험의 일치된 암호

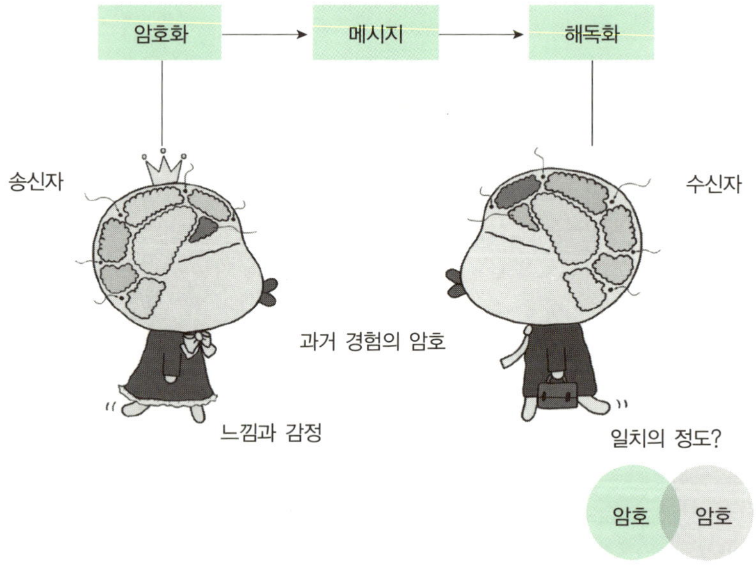

자료 : J.B. Lau & M. Jelinek, *Behavior in Organization*, Irwin, 1984. (저자 재구성)
그림자료 : 네이버 블로그

변변의 한 말씀

삶이 나에게 그저 존재하기를 바라는 대로 내 자신을 맡길 때 나는 가장 강한 존재가 된다. 삶에 '맞서' 저항할 때가 아니라 삶과 '함께' 나아갈 때 가장 강한 존재인 것이다.

– 아니타 무르자니

2) 비공식적인 의사소통

비공식적인 의사소통은 공식적인 경로의 외부에 존재하면서 조직 내부의 권한계층에 집착하지 않는 의사소통을 의미한다. 공식적인 의사소통이 조직에 속한 사람에 관련된 것이라면 비공식적인 의사소통은 개인적인 것에 관련된다. 주된 경로는 사람과 사람 사이의 인간관계적 측면이다.

비공식적인 의사소통은 어떤 일정한 방향으로 흐르는 것이 아니고, 한 방향에 한정되지도 않는다. 즉, 어느 곳에서도 시작될 수 있고 어느 곳에서도 끝날 수 있다. 비공식적인 사교집단에 의해 만들어지며, 포도넝쿨(grapevine)이라 불린다. 그 흐름이 여러 방향으로 한없이 뻗어나가는 양상을 보이기 때문이 붙여진 이름이다.

그림 4–4 ▌공식적 의사소통과 비공식적 의사소통

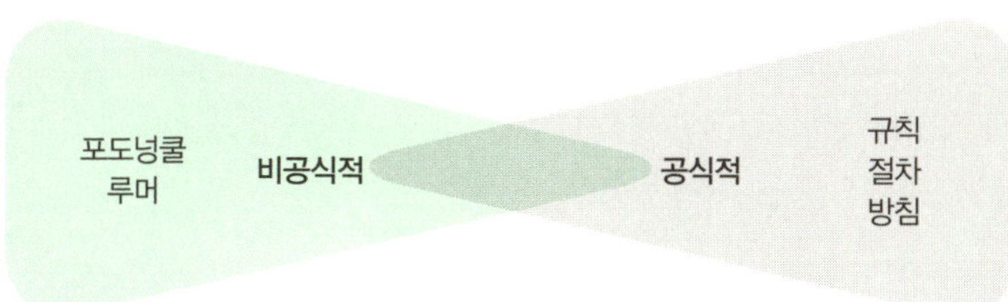

관리자가 통제할 수 없으며, 대다수의 종업원들이 포도넝쿨이 조직 내에서 일어나는 일들에 대한 주된 정보원이고, 때때로 공식적 경로를 통해서 전달되는 메시지보다 더 많은 영향을 미치기도 한다. 정보가 중요할수록 더 빠르게 전달되며, 전달의 모형은 문서적, 비언어적인 것보다는 구두적인 것이 많다. 또한 수신자는 한 사람이 아니라 여러 사람일 경우가 많다.

포도넝쿨은 직무를 수행하면서 관련된 정보를 얻기 위해 활용되기도 하고, 구성원 개개인의 관심과 이익을 반영하기도 한다. 정보의 상당량은 흐름의 과정에서 왜곡되는 경우가 많고, 주로 조직이 불안정한 시기에 더 의존하게 되는 의사소통의 유형이다.

표 4-2 포도넝쿨의 유형

실오라기형 (single strand)	한 사람이 다른 사람에게, 그 사람은 다시 다른 사람에게 경로를 따라 정보를 전달하는 유형
수다쟁이형 (gossip)	직무에 관련되지 않지만, 흥미 있는 정보를 갖고 있는 사람이 많은 사람들에게 전달하는 유형
무작위형 (probability)	재미는 있지만 중요하지 않은 정보를 가진 사람이 닥치는 대로 정보를 전달하고, 정보를 전달받은 사람도 그런 방식으로 전파시키는 유형
덩어리형 (cluster)	정보를 갖고 있는 사람이 몇몇 사람을 선택해서 정보를 전달하는 유형

그림 4-5 포도넝쿨의 유형

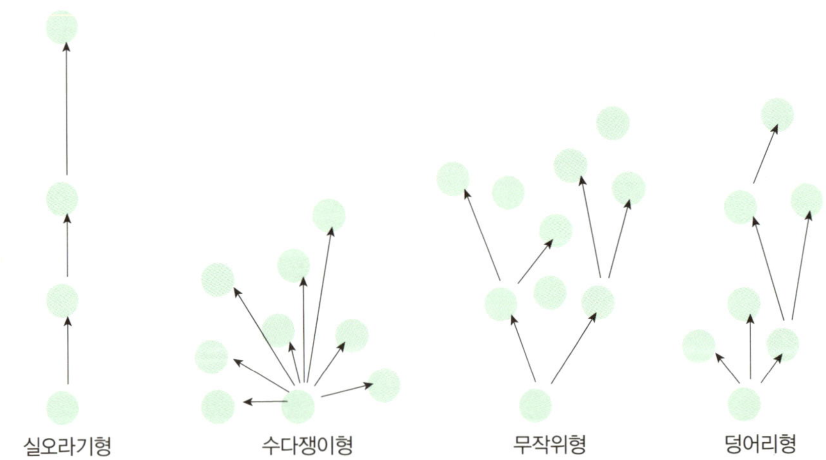

3 의사소통의 수단

1) 언어적인 수단

(1) 구두적인 수단

구두적인 의사소통은 내가 의도하는 바를 상대방에게 빠르게 전달하고 빠르게 피드백받을 수 있다는 장점이 있다. 그러나 메시지가 전달되는 과정에서 왜곡될 여지가 크다는 단점이 있으며, 많은 사람들에게 메시지가 전달되어야 할 경우에는 각자 해석이 달라지므로 더욱 왜곡이 심해진다.

주로 대면적 대화, 연설, 전화를 통한 대화, 포도넝쿨, 회의 등을 통해 이루어진다.

- 어조가 높으면 적대감을, 낮으면 만족감을 일으킨다.
- 소리의 양이 크면 강조된다.
- 너무 빠르거나 느리지 않은 적정 속도가 요구된다.

(2) 문서적인 수단

문서적인 수단은 인적인 것과 비인적인 수단으로 구분되며, 인적인 것에는 서신, 메모, 보고서, e-mail 등이 있고, 비인적인 것에는 회사소식, 포스터, 게시물, 간행물 등이 있다.

구두적인 수단과는 달리 기록으로 자료가 남겨지기 때문에 매우 정확하며, 많은 대중에게 전달할 수 있다는 장점을 지니고 있지만, 상대적으로 피드백이 늦고 많은 시간이 소요된다는 단점을 가지고 있다.

○ 구글의 상향식 평가 설문조사(UFS)

1. 나의 상사는 내가 성과를 개선하는 데 도움이 되는 실행가능한 피드백을 제공한다.
2. 나의 상사는 개입하지 않아도 되는 문제까지 시시콜콜 지나치게 간섭하지 않는다.
3. 나의 상사는 나를 하나의 인격체로 대하며 배려한다.
4. 나의 상사는 팀원들이 팀에 우선적으로 중요한 일에 집중하도록 한다.
5. 나의 상사는 자신의 상사 및 고위 경영진에게서 얻은 정보를 적절하게 나와 공유한다.
6. 나의 상사는 지난 6개월간 경력개발과 관련해 나와 의미 있는 대화를 나눈 적이 있다.
7. 나의 상사는 팀원들과 소통하면서 팀의 목표를 명확하게 제시한다.
8. 나의 상사는 나를 효과적으로 관리하는 데 필요한 직무전문성을 가지고 있다.
9. 나는 나의 상사를 다른 직원들에게 추천할 것이다.

자료 : 라즐로 복의 『구글의 아침은 자유가 시작된다』 중에서

2) 비언어적인 수단

비언어적인 수단은 언어적인 정보를 사용하지 않는 모든 것을 포함한다. 얼굴표정, 육체언어, 말의 억양 등이 이에 해당한다. 프로이트는 "보는 눈을 가졌고 듣는 귀를 가진 사람은 인간이 비밀을 유지할 수 없다는 것을 확신할 것이다. 만일 그의 입술이 조용하면, 그의 손가락 끝으로 말하고 모든 기공을 통하여 누설하는 배반을 한다"고 말한 바 있다.

비언어적인 수단은 애매하기 때문에 언어적인 수단을 수반하지 않으면 곡해가 일어날 수 있고, 의사소통의 효과가 감소될 수 있다. 또한 각 나라별, 문화별 차이가 크기 때문에 각기 다른 문화에 대한 이해가 요구된다. 언어적인 수단을 수반하지 않으며 의미를 알 수 없는 경우가 있고, 그 결과 의사소통의 효과를 감소시키기 때문에 대부분의 경우에 언어적 수단에 대해 보조적으로 사용하는 것이 바람직하다. 언어적인 수단과 일치하지 않는 방식으로 행해지면 정보를 받아들이는 수신자는 혼란에 빠지게 되고 왜곡이나 장애가 일어날 수 있다.

국가별 보디랭귀지

United States	Germany	Greece	France	Japan
It's fine	You lunatic	An obscene symbol for a body orifice	Zero or worthless	Money, especially change

그림자료 : MK POST

7가지 감정에 따라 변하는 목소리

감정의 변화는 목소리에도 그대로 드러난다. 감정에 따라 목소리가 어떻게 달라지는지 살펴보자.

- **슬픔** : 목소리의 톤이 평소보다 낮아지고 말하는 속도 또한 느려진다.
- **놀람** : 목소리 톤과 목소리 크기도 높아지고 말의 속도도 빨라진다.
- **두려움** : 목소리의 크기는 낮아지지만 톤은 높아지고 말하는 속도도 빨라진다.
- **분노** : 톤이 높아지고 목소리의 크기가 커진다. 말의 속도 역시 빨라진다. 분노가 최고조에 달하는 순간에는 톤이 낮아지고 말하는 속도도 느려진다.
- **혐오** : 목소리의 톤, 크기는 낮아지고, 속도는 느려진다.
- **행복** : 목소리의 톤, 크기, 말하는 속도가 모두 빨라진다.
- **경멸** : 목소리의 톤, 크기, 말의 속도가 모두 낮아진다.

자료 : 토니야 레이맨의 『왜 그녀는 다리를 꼬았을까』 중에서

그림 4-6 의사소통의 비언어적인 수단의 예

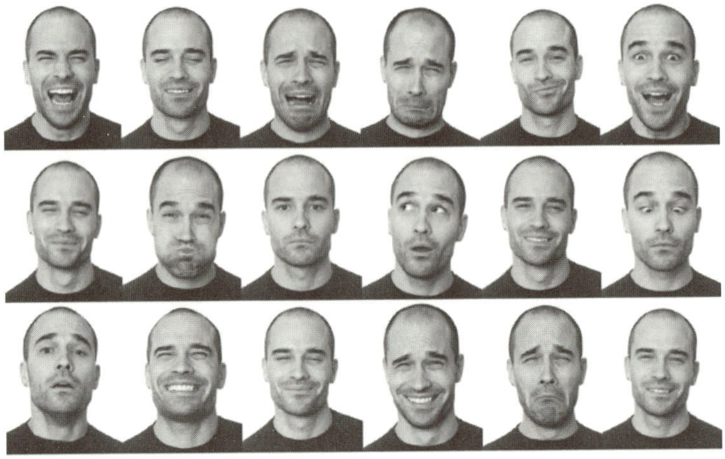

그림자료 : 브런치 by 조혜경

보보의 뼈다귀

○ 몸은 알고 있다

오바마 신드롬을 낳으며 미국 역사상 최초의 흑인 대통령으로 재임했던 오바마는 퇴임 이후에도 많은 사랑을 받고 있다. '미국 최초의 흑인 대통령', '400년 역사의 새로운 장을 여는 대통령', '미국의 오랜 관습을 깬 놀라운 변화', '한 흑인 소년의 꿈과 희망의 기적' 등 그의 앞에 따라붙는 수식어는 셀 수 없이 많다. 그만큼 그는 거대한 나라 미국, 아니 세계를 뒤흔든 사람이다.

스타의 거리로 유명한 할리우드 하이랜드 거리에는 오바마 분장을 하거나 오바마 마스크를 쓴 관광객들이 많다. 사람들은 자신이 좋아하는 배우의 밀납인형 앞에 줄을 서 기다렸다가 사진을 찍기도 하는데, 오바마 대통령의 밀납인형 앞에는 많은 사람들이 몰려있었다. 한 나라의 대통령이 이렇게 대중에게 친숙하게 자리 잡고 있다는 것은 미국 역사상 케네디 대통령 이후 처음이다. 미국 내에서는 오바마를 '검은 케네디'

라고 부르기도 한다.

무엇이 사람들의 마음을 건드렸을까? 남녀노소, 인종을 초월하여 사람들을 사로잡을 수 있었던 오바마의 비결은 뭘까? 세계적인 비즈니스 컨설턴트인 브라이언 트레이시는 이것을 '사람을 끌어당기는 매력'으로 설명한다. 그는 몇 년간의 연구를 통해 그 사람이 얼마나 매력적인가가 성공의 열쇠라는 것을 알게 되었다고 말한다. 즉, 사람들에게 영향을 미치고 싶고, 설득력을 갖고 싶다면 매력적인 사람이 되라는 것이다. 사람들에게 마지막으로 남겨야 하는 것은 미소이며, 심각한 사람은 부정적 영향을 미치고, 웃는 사람은 긍정적 영향을 미친다.

오바마의 연설을 보면 사람을 빨아들이는 오바마 대통령의 비밀이 '몸짓언어'라는 것을 알게 된다. 오바마의 표정과 손놀림 등을 유심히 살펴보면 여러 명의 청중이 아닌 바로 나 자신 하나만을 앞에 두고 말하는 것 같은 착각을 불러일으킨다. 그의 말과 눈빛이 오로지 나 한 사람만을 향하고 있다고 믿게 만드는 것이다. 그리고 손과 팔을 사용하는 동작이 크고 바깥 방향으로 뻗어서 마치 앞에 있는 사람을 열린 마음으로 환영하는 듯한 모습으로 보인다. 오바마 대통령의 연설장면을 보면 손동작이 바깥으로 향해 있다. 그리고 그에게는 사람들을 한순간에 사로잡을 수 있는 또 다른 몸의 표현이 있는데, 바로 미소이다. 진지한 표정 뒤에 이어지는 환한 미소는 마치 보는 사람들을 무장해제시키는 듯하다. 오바마 대통령의 미소는 카리스마 있는 미소이다. 이는 전체 얼굴을 이용한 미소로서 눈을 깜빡여 눈과 입이 같이 웃으며 얼굴 전반이 환해진다. 이런 미소는 그가 말하고자 하는 것을 효과적으로 전달하는 좋은 방법이다.

오바마는 연설 중에 손가락질을 하거나 위에서 아래를 내려다보는 듯한 표정을 짓지 않는다. 거만하지 않으면서도 비굴하지 않고 자신감 있는 태도는 미국의 모든 계층을 아우른 오바마의 인기비결이었다.

오바마의 모든 것, 즉 좋은 신체와 잘 생긴 얼굴, 긍정적이고 자신감 넘치는 모습은 모두 영향을 미친다. 자신감은 카리스마를 형성하고 매력을 발산하게 한다. 사람들은 타인의 자신감 정도에 많은 영향을 받는다. 오바마에게는 자신감과 패기 넘치는 태도, 상대방을 존중하고 자신을 낮추는 겸손함, 진실함이 전해지는 말 등 내면에서 우러나오는 매력이 있다. 이 모든 것은 몸짓언어로 더욱 풍부해지고 매력을 폭발시킨다.

자료 : SBS 스페셜 제작팀의 『매력 DNA 그들이 인기 있는 이유』 중에서 (저자 재구성)

4 의사소통의 과정

1) 송신자

상대방에게 메시지를 보내는 사람으로서 원천(source), 착상자, 아이디어화 등으로 불린다. 송신자에 의해서 의사소통이 시작되며, 송신자가 생각하는 의미를 언어적 상징에 의해 암호화해서 전달하게 되므로 '암호를 만드는 사람(encoder)'이라고도 한다.

그림 4-7 의사소통의 과정

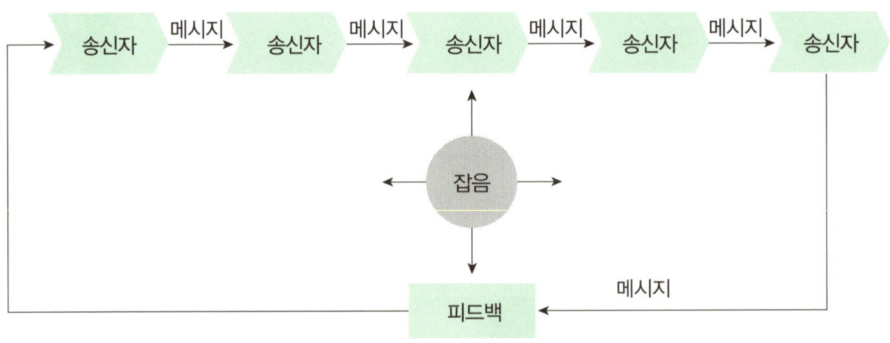

2) 암호화

의사소통은 송신자가 수신자와 무언가를 공유하는 순간에서 비롯되며, 이때의 무엇이 메시지가 되고, 암호화되어 전달된다. 암호화는 메시지의 내용을 글, 말, 제스처 등의 형태로 바꾸는 과정이다.

3) 메시지

송신자가 전달하고자 하는 상징적인 형태를 의미한다.

4) 매체 및 경로

메시지가 결정되고 암호화가 선택되면, 이것은 어떤 경로를 통해 수신자에게 전달된다. 대면적 대화, 전화를 통한 대화, 회의 등의 구두적인 것과 차트, 메모 등의 문서적인 것, 보조적으로 사용되는 비언어적인 것 등이 포함된다.

5) 해독

송신자가 보낸 메시지를 수신자가 암호를 풀어 해석하는 과정을 의미한다. 수신자의 해독이 송신자가 의도한 바에 가까울수록 더욱 효과적인 의사소통이 된다.

6) 수신자

송신자가 보낸 메시지를 수신하고 해독하는 사람으로서 해독자(decoder)라 한다. 쌍방적 의사소통의 경우에는 최초의 송신자가 다시 수신자가 되어 해독자가 되기도 한다.

7) 피드백

송신자의 의도대로 메시지가 전달되었는가를 확인하는 과정이다. 수신자의 반응을 송신자에게 다시 되돌려 전달한다. 이 과정에서 수신자가 송신자가 되고, 최초의 송신자가 수신자가 되어 과정이 역으로 흐르게 된다.

8) 잡음

의사소통과정에서 의도한 메시지를 방해하고 왜곡시킬 수 있는 모든 종류의 요소를 의미한다. 의사소통의 전 단계에서 일어날 수 있다.

○ 의사소통은 '닭과 달걀'의 과정이다

의사소통을 직선적인 인과관계에 의한 개념으로 생각하기 때문에 원인과 결과, 자극과 반응, 작용과 반작용, 송신과 수신, 시작과 끝을 찾게 된다. 이때 피드백은 대체적으로 작용에 대한 반작용으로 받아들여진다.

의사소통에서 닭과 달걀의 과정이란 의사소통의 요소들을 모아 순서대로 단위별로 체계화하는 것을 의미한다. 이때 체계화의 개념은 누가 그것을 하느냐에 달려 있다. 보보가 의사소통의 원인적 요소라고 생각한 것이 결과가 될 수도 있다. 보보가 의사소통의 시작이라고 생각한 부분이 모모가 시작부분이라고 선택한 부분과 전혀 일치하지 않을 수 있다.

예를 들어, 모모라는 사원을 근접관리하기를 좋아하는 주임 보보를 생각해 보자. 보보는 모모에게 긍지가 부족하고 부주의하기 때문에 자신이 근접관리를 하지 않으면 실수가 잦아서 작업에 대한 감독이 필수적이라고 이야기한다. 그러나 과장인 또또에 의하면 사원 모모의 부주의함은 보보의 엄격한 감독 때문이다. 누구나 나를 쳐다보고 있다고 생각하면 긴장이 되지 않겠는가.

모모에게 이 상황에 대해 물으면 전혀 다른 이야기를 듣게 되는데 이것은 상황 자체가 다르기 때문이 아니라 의사소통의 요소들에 대한 순서 짓기가 각각 다르기 때문이다. 모모로서는 보보가 하루 종일 뒤에서 감시하는 것이 자신을 신경질 나게 하며, 보보가 뒤에서 기다리는 것은 실수하는 것이며, 모모로서는 자발성을 발휘할 수 없기 때문에 일에 대한 긍지를 느끼지 못한다고 말할 것이다. 즉, 모모는 보보의 행동을 원인으로 보는 것이다.

결론적으로 보보는 모모가 부주의해서 더 깐깐해지고, 모모는 보보가 꼬장꼬장하기 때문에 더 부주의해진다.

5 대인 의사소통의 모델

1) 황소의 눈 이론(the bull's eye theory)

'황소의 눈 이론'은 의사소통이 표적에 화살을 쏘는 것과 같은 일방적인 행동으로 이루어져 있다는 견해에 기반하고 있다.

"보보, 너는 네 자신의 생각에 빠져 있다", "모모, 네 귀는 닫혀 있다", "또또, 너는 네 일만 중요하게 생각한다" 등 모든 활동은 누군가에게 무엇인가를 하는 일방적인 행동에 집중되어 있다.

여기서 의사소통을 얼마나 잘 해내느냐는 주체가 얼마나 화살을 잘 쏘는가, 과녁을 잘 만드느냐에 달려 있다. 따라서 송신자와 송신자의 암호화기술이 강조된다. 송신자가 메시지를 어떻게 구조화하는가, 어떻게 체계화하여 만들어내는가가 의사소통의 성패를 좌우한다.

이 관점에서 본다면 송신자는 자기가 주장하고자 하는 단어에 큰 의미를 부여하고 있으므로 그가 그 의미를 제대로 파악하고 있다면 원하는 바의 의미가 수신자에게 전달될 수 있다. 이와 같은 관점에서는 전달하고자 하는 단어가 무엇을 의미하는지 모를 경우에만 곡해가 발생한다. 즉, 표적에 똑바로 쏘지 못했기 때문에 화살이 약간 빗나간다는 것이다.

2) 핑퐁이론(the ping-pong theory)

핑퐁이론은 의사소통을 탁구에서 공을 주고받는 것에 비유한 개념이다. 즉, 보보가 무언가를 말하고 모모가 그것에 대해 답하는 것이다. 이 과정에서 보보는 또 말하고 모모는 또 반복한다. 모모가 제공하고 보보가 무언가 반응을 보이게 된다. 보보와 모모는 서로 바꾸어가며 송신자와 수신자가 된다.

이 관점은 '황소의 눈 이론(표적이론)'보다 의사소통의 복잡성에 대해 훨씬 더 많은 정보를 제공한다. 그러나 의사소통과정을 보보가 말하고 모모가 대답하는 원인과 결과의 과정으로 취급함으로써 여전히 단순화된 개념에 지나지 않는다.

핑퐁이론의 약점은 의사소통이 주고받는 것, 자극과 반응, 작용과 반작용으로 명확히 나누어지지 않는다는 것이다.

3) 나선이론(the spiral theory)

나선이론은 송신자와 수신자 사이의 단순한 상호작용 이상의 것을 설명한다. 대인 의사소통은 송신자가 동시에 수신자가 되고, 수신자는 동시에 송신자가 되는 체계일 때 가장 바람직하다.

이 관점에서는 서로가 원인이자 결과이고, 자극이자 반응이며, 송신자이자 수신자이다. 보보가 보보 자신의 의사소통 행위의 산물인 것처럼, 보보가 자신의 모습을 어떻게 보느냐는 다른 사람들이 보보를 어떻게 보느냐에 대한 보보의 생각(다른 사람의 인식), 의사소통에 대한 경험이라는 산물이다.

나선이론은 송신자의 행동이나 그 후에 일어나는 수신자의 반작용보다는 그들 상호반응의 동시성을 특징으로 한다. 그러므로 누가 과정을 시작했는가는 별 의미가 없다. 이 과정에는 구체적인 시작과 끝이 없기 때문이다. 나선이론에서는 그저 의사소통이란 어디에선가 와서 어디론가 진행되는 개념이다.

보보의 한 말씀

남의 단점은 덮어두고, 완고함은 잘 타일러라. — 채근담

보보의 뼈다귀

○ 누구나 지옥귀가 될 수 있다

'지옥귀'라는 것은 다른 사람의 비밀 등과 같은 정보를 재빨리 입수해서 아는 것을 뜻하지만, 심리학에서는 이를 '선택적 주의'라고 부른다. 인간은 많은 정보 속에서 필요한 정보나 흥미가 있는 정보에 집중적으로 주의를 기울일 수 있는 능력을 갖고 있다. 즉, 우리는 누구나 자신에 관한 화제나 어떤 특정 사건에 관해서는 '지옥귀'가 될 수 있는

것이다.

많은 사람들이 모인 곳에서 대화를 하고 있을 때 다른 소리는 들리지 않아도 자신에 관한 이야기는 귀에 잘 들린 경험이 있는가? 이는 '칵테일파티효과'라고 한다. 일단 자신에 관한 화제에 주의가 기울여지면 그때까지 대화를 하고 있던 상대방의 이야기는 더 이상 귀로 들어오지 않게 된다.

이는 인간이 한 번에 처리할 수 있는 정보의 양에 한계가 있기 때문이다. 따라서 어느 한쪽에 집중하게 되면 여타의 다른 정보는 처리할 수 없게 되는 것이다. 이를 '한계용량설'이라고 한다.

자료 : 후카호리 모토후미의 『하룻밤에 읽는 심리학』 중에서

○ '올드보이'의 주장

"내가 웃으려고 노력하면 세상은 나와 같이 웃어줄 것이다. 하지만 만약 세상을 향해 울게 된다면 나 혼자만 울게 될 것이다."

자료 : 영화 '올드보이' 중에서

6 조하리창

조셉 루프트(Joseph Luft)와 해리 잉그햄(Harry Ingham)에 의해 제안된 개념으로서 그들의 이름 알파벳을 조합하여 조하리창(Johari Window)이라고 부른다.

그들은 인간의 내면세계를 자신에게 알려졌는가와 타인에게 알려졌는가의 두 가지 차원, 즉 자기개방(self-disclosure)과 피드백(feedback)의 두 분면으로 나누어 네 가지 영역으로 제안하였다. 이때 자기개방은 자기노출이라고도 하며 자신에 대한 개

방 정도를 의미하고, 자신의 사고, 감정, 욕구 등에 대해 타인이 알도록 하는 것이다. 반면 피드백은 타인으로부터의 반응 정도를 의미한다. 피드백이 많을수록 의사소통은 바람직하게 된다.

인간의 내면세계는 개방영역(open), 숨기는 영역(hidden), 스스로 알지 못하는 영역(blind), 미지의 영역(unknown) 등으로 구분된다. 이 영역들은 스스로가 "자신에 대하여 얼마나 알고 있는가"와 "타인에게 자신을 얼마나 나타내는가"의 두 가지 요소에 의해 결정된다. 조하리창을 통해 자기 스스로를 이해하고, 그 이해의 바탕 위에 사람들과 교류하는 정도를 알 수 있다. 때문에 조하리창은 의사거래분석(transactional analysis)과 연결된다.

1) 개방영역(open)

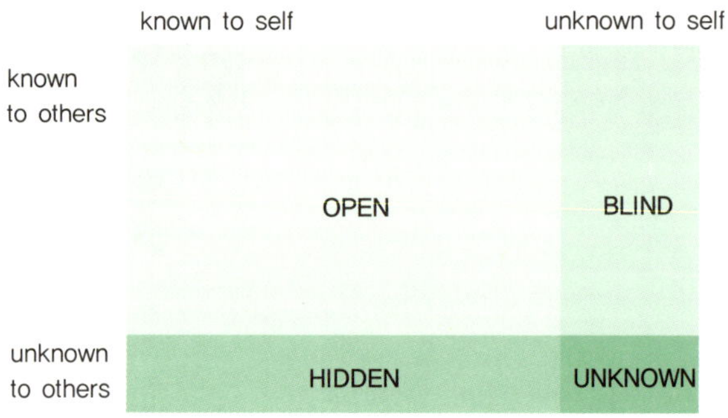

자기 스스로도 잘 알고 있고, 다른 사람에게도 숨길 필요가 없는 영역을 의미한다. 공공영역이라고도 하며 이 영역이 클수록 효과적인 의사소통이 가능하다. 다른 사람들과 관계를 발전시켜 나갈수록 개방영역이 넓어진다.

예를 들어, 모모는 겉으로 보기에는 냉정하고 사리분별이 확실한 것 같은 외강내유의 성격이다. 흔히들 이런 성격은 타인들로부터 상처를 받지 않기 위해 방어기제로서 자신의 방어막을 높이 쌓는 유형이다. 그러나 일단 가까워지면 자신의 간도 내어줄 수 있는 성격이 이 유형이다. 모모는 보보와 가까워질수록 자신을 둘러싸고 있던 방어막을 낮추고 많은 부분을 숨김없이 드러내 보였다. 그래서 보보와 절친한 친구로 깊은 우정을 나눌 수 있었다. 바로 이것이 개방영역을 넓혀가는 사례이다.

2) 숨기는 영역(hidden)

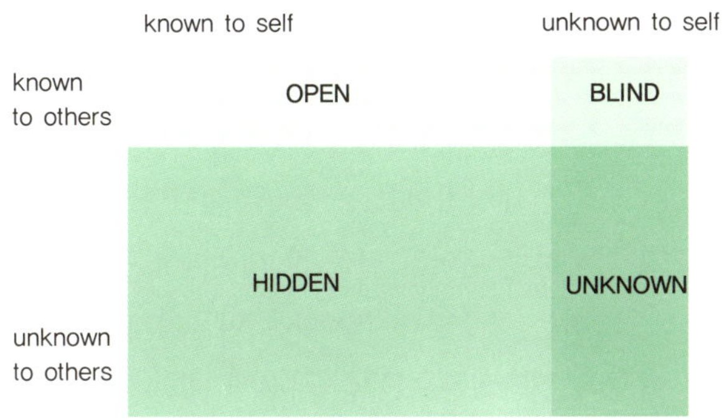

이 영역은 타인은 자신에게 잘 알려지고 있으나 자신은 타인에게 잘 알려지지 않은 영역으로 사적 유형이라고도 한다. 이는 자신에 대해서 타인에게 보여주기를 꺼리는 감정이나 정보를 보유하고 있는 영역이다. 타인에게 보여줌으로써 두려움을 느끼거나, 부끄럽고 부족하다고 생각하는 부분이다. 내향형의 성격에게 이 영역은 상당히 큰 부분을 차지할 수 있다. 그러나 모모의 경우처럼 깊고 친밀한 관계를 발전시켜 나가면 숨기는 영역(hidden)은 점점 줄어들고 개방영역(open)이 점차 넓어진다.

3) 스스로 알지 못하는 영역(blind)

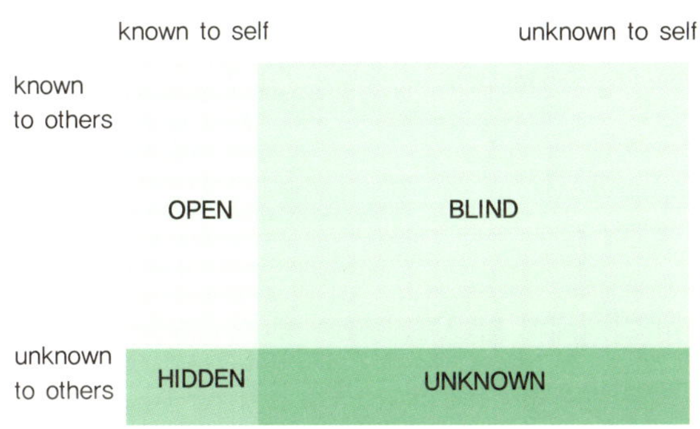

이 영역은 자신은 타인에게 잘 알려지고 있으나 타인은 자신에게 잘 알려지지 않은 영역이다. 즉, 다른 사람에게는 잘 알려져 있지만 정작 자신은 잘 모르는 영역이다.

프랑스의 생리학자 카렐(A. Carrel)이 "인간, 그것은 미지의 것이다"라고 말했듯이 인간은 자신의 약점을 잘 모르는 존재이다. 미국 제일의 잔인한 갱단두목이었던 알 카포네는 "나는 내 생애의 황금기를 전부 사회를 위해 바쳤다. 그런데 내가 얻은 것은 차가운 세간의 시선과 비난, 그리고 범죄자라는 낙인뿐이었다"라고 말하며 자기자신을 비난하지 않았으며, 스스로를 인정받지 못한 독지가, 오해받는 자선가로 생각했다.

예를 들어, 보보는 자신이 내성적이고 능력이 부족하다고 스스로 평가하지만 다른 이들에게는 성실하고 묵묵하게 주어진 일을 잘 해낸다고 평가받는다. 모모는 자신의 외모가 출중하다고 생각하는 공주병과지만 다른 이들에게는 그저 평범한 견공에 불과하다. 똑똑하고 매사에 빈틈없는 이들은 자신에 대한 프라이드가 상당히 높지만 역으로 이는 다른 이들에게 거만하고 냉정하다는 인상을 줄 수도 있다.

위의 모모의 사례처럼 다른 이들과의 긍정적인 상호관계가 발전할수록 이 영역은 점차 줄어들 수 있다. 또한 스스로 보지 못하는 긍정적인 면이나 부정적인 면들을 오히려 상대방은 더 잘 알아볼 수 있기 때문에 도움이 될 수도 있다.

4) 미지의 영역(unknown)

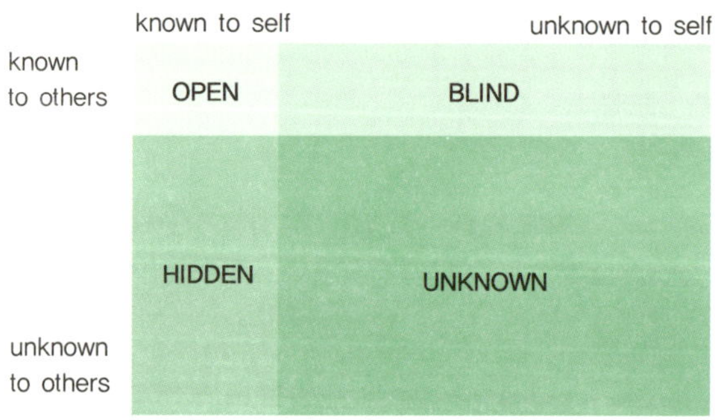

이 영역은 자신이 타인에게 알려지지 않을 뿐 아니라 타인이 자신을 잘 알고 있지도 못하는 영역으로 미발견된 자아 또는 무의식적 자아라고도 한다. 이는 나도 모르

고 타인도 모르는 영역이다. 예를 들면, 억압(repression)[2]에 의해서 잠재되어 있는 과거의 기억일 수도 있고, 무의식중으로 가지고 있는 고정관념이나 편견일 수도 있다. 융(Jung)이 제시했던 그림자(shadow)[3]의 개념에 해당될 수도 있다.

이 영역에 감추어져 있던 부분들이 수면으로 떠오르면서 자신을 더 잘 이해하고 알아가게 되기도 하고, 역으로 억압되어 있던 몰랐던 부분들로 인해 상처받을 수도 있다.

조셉 루프트(Joseph Luft)는 대인관계가 원만하지 못한 것은 미지의 영역(unknown)이 큰 경우로서 그 부분이 커지면 커질수록 상대방에 대한 정확한 판단이 흐려지며, 상대방의 현실적 기대를 정확하게 파악하지 못하기 때문에 상호 간의 기대충족이 결여되고, 신뢰수준이 감소되어 갈등이 증가하게 되며, 그 결과 대인관계가 원만하게 유지되지 못한다고 주장했다.

이 영역도 긍정적인 상호관계를 발전시켜 나가면 교류에 의해 좁혀질 수 있다. 타인에 의해 바라본 시각으로 인한 피드백은 스스로 생각해내지 못했던 부분들에 대하여 뒤돌아보게끔 하는 하나의 계기가 될 수 있기 때문이다.

5) 자기개방(self-disclosure)영역의 확대

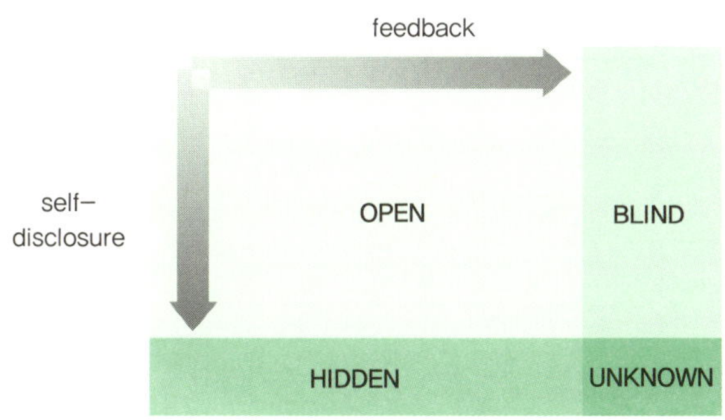

---

2) 프로이트의 정신분석의 기초개념 : 자신이 받아들이기 어려운 사고, 관념, 감정, 충동, 기억 등을 의식에서 배제하여 무의식의 세계로 쫓아버리는 자아행동. 방어기제의 기반을 이루는 것이 바로 억압의 개념이다.

3) 한 사람의 인격의 반영이라고도 할 수 있다. 프로이트의 이드(id)와 유사한 개념으로, 인간의 부정적 측면을 가리킨다. 인간의 동물적인 사악한 면, 부도덕성과 공격성, 잔인성 등의 원형이 그림자에 해당한다. 인간의 원죄라는 개념을 형성시킨 근원이다. 스트레스 상황이나 심리적, 육체적 피로도가 극에 달했을 때 나타나기 쉽다.

대부분의 사람들은 자기개방(자기노출)을 하기 싫어하고 자신을 폐쇄(non-disclosure)시키는 경향이 있다. 그러나 인간의 마음은 낙하산과 같아서 펼쳐지지 않으면 쓸 수가 없다. 풀머(R.M. Fulmer)는 자신의 태도를 바꿈으로써 성공이 가능해진다고 주장했다. 풀머는 건강하고 행복한 사람은 다른 사람들과 가까이 지내는 일을 두려워하지 않으며, 다른 사람들로부터 기꺼이 배우려고 하고, 바꿀 수 없는 상황이라면 수용할 수 있으며, 상황판단을 능률적으로 한다고 했다.

자신을 솔직하게 드러내면 약점을 노출시키게 되고, 이로 인해 역으로 공격을 받을 수 있고, 이는 두려움으로 이어진다. 때문에 관계가 발전되지 않은 상황에서 자기개방을 하기는 어려운 일이며, 충분히 성숙되지 못한 관계에서 자기개방을 하게 되면 오히려 상대방으로 하여금 거부감을 일으키게 하기 쉽다.

일본의 유명작가인 나쓰메 소세키(夏目漱石)는 『초침(草枕)』에서 "지적(知的)으로 움직이면 모가 나고, 정(情)으로 노 저으면 떠내려 가고, 의(意)로 밀고 나가면 뜻대로 안 되어 숨 막힌다. 이럭저럭 세상은 살기 어렵다"고 표현하면서 인간관계의 어려움을 묘사했다.

긍정적인 자기개방이란 타인들이 자신이 생각하고 느끼며 원하는 바를 알게 하는 과정이므로 건강한 상호관계를 구축하는 데 결정적인 도움을 준다. 건설적인 자기개방을 통해서 의사소통을 원만하게 할 수 있으며, 대인관계에서 오는 스트레스를 줄여줄 수 있고, 적절한 자기지각(self-awareness)을 통해 올바른 의사결정을 할 수 있다.

보보의 한 말씀

용기는 비판에 맞서 그것을 뛰어넘는 것이며, 자기자신을 믿고 스스로 내린 결과를 받아들이는 것이다.

– 웨인 다이어

보너의 시

자신의 활시위를 당겨라

우리는 모두
보이지 않는 방식으로
자신의 두려움과 연결되어 있어,
우리는 모두
꼭두각시이자
꼭두각시를 부리는 사람들,
기대의 희생자들,
명주실이
팔과 다리를
정신없이 흔들어대면
각자 두려움의 음악에 맞춰
춤을 추지.
그 바위 아래
그 나무 뒤에
우리가 통제하지 못하는
어느 곳, 그 모든 곳에
숨고 흉내 내는
어린 아이처럼
몸을 웅크린 채.
자신의 활시위를 당겨라.
내면으로, 생명의 박동 속으로 나아가라.
자신의 활시위를 끊어라.
미지의 것에 손을 내밀어라.
어둠 속을 걸어라.
대기를 품으며
그대의 양팔을 벌려라.
그리고, 양팔을
치솟아 오르는
날개로 만들어라.

– 게일 스퍼니어 롤링스

7 자기주장성 훈련

사회심리학자 맥두걸(W. McDougall)은 인간행동의 대부분을 본능의 발현으로 이해했다. 그는 도주(flight), 거절(repulsion), 호기심(curiosity), 투쟁(pugnacity), 자기비하(self-abasement), 자기주장(self-assertion), 친성(parentals) 등 일곱 가지의 기본적 본능을 제시했다.

그는 인간본능은 특정 사물을 지각하게 하고 관심을 표시하게 하며 이 사물에 대해 어떤 특정한 방식으로 행동하게 하는 타고난 정신적 성질이라고 했다. 또한 이는 맹목적이라기보다는 목표지향적인 것이라고 생각했다.

자기주장성이란 적절한 방법으로 어떤 사람이 원하는 것을 요청하는 동안 감정과 사고를 표현하는 과정이다. 즉, 자기주장성은 타인의 권리를 침해하지 않으면서도 효과적으로 자신의 의견을 전달할 수 있는 능력이다. 자기주장성 훈련을 통해 타인의 감정을 상하게 하지 않으면서도 더불어 자신의 권리도 침해당하지 않을 수 있는 효과적인 방법을 습득할 수 있다.

자기주장성 훈련을 통해서 사람들은 근심상황을 생산적 방법으로 다루는 법을 배우게 된다. 참가자들은 감정을 표현하고, 호의를 요청하고, 칭찬을 주고받고, 행동의 변화를 요청하고, 납득할 수 없는 요청을 거절하는 법을 배운다. 건강한 사람들은 다른 이들의 정당성을 침해하지 않고 자신의 정당성을 주장할 때 자기주장적인 행동을 한다.

때문에 수많은 조직에서 그들의 종업원들을 자기주장성을 습득할 수 있도록 훈련시킨다. 세계적으로 유명한 포드, 월트 디즈니, 트랜스 월드 에어라인, 미국정부 등에서도 도입하였다.

자기주장성을 설명하기 위한 각 행동들은 해리스(Harris)의 생활자세(life position)[4)]

4) 생활자세(life position)란 인생의 초기, 유아기에 이루어진 결단으로서 인생에 대처하는 기본적인 자세와 반응을 의미한다. 자기긍정-타인긍정(I'm Ok-You're OK), 자기부정-타인긍정(I'm not OK-You're OK), 자기긍정-타인부정(I'm OK-You're not OK), 자기부정-타인부정(I'm not OK-You're not OK)으로 구성된다.

와 연결해서 생각해 볼 수 있다.

보보의 책 당당하게 거절할 때 나를 보호할 수 있다

"당신은 참 어리석군요! 더 잘하지 못하겠거든 내일부터 회사에 나오지 마세요!"

상사는 내게 소리를 질렀다. 그의 얼굴이 붉으락푸르락해졌고 목에는 굵은 핏줄이 돋았다. 그는 소지 잘 지르기로 유명했다. 그의 비서였던 나는 가장 손쉬운 타깃이 되었다. 나는 속상하고 화가 났고, 무엇보다도 자존심이 상했다.

문제를 해결하기 위한 새로운 행동양식을 스스로 선택하기 전까지는 매번 같은 상황이 되풀이 될 것이라는 것을 깨달았다. 내 처지를 깨닫자 이제 변화해야 할 때라는 감이 왔다. 한 권의 책이 내가 그런 결단을 내릴 수 있도록 도와주었다. 매뉴얼 스미스의 『아니오라고 말할 땐 죄책감을 느껴요』라는 책이었다. 책에는 여러 가지 질문들이 있었는데 그 가운데는 "사람들이 당신을 마음대로 다루는가?"라는 질문도 있었다. 내 대답은 "그렇다"였다. 그건 분명히 좋지 않은 일이었고 나는 간절히 도움을 바라고 있었다.

책에 나오는 '주장해야 할 권리헌장'은 타인들과의 사이에 건강한 경계선을 마련하기 위해 꼭 필요한 것들이었다. 그 가운데는 온갖 이유와 핑계로 자신의 행동을 정당화하지 않을 권리, 마음을 바꿀 권리, "모릅니다"라고 말할 권리, 심지어 실수할 권리 등이 포함되어 있었다. 작가는 "우리에겐 죄책감을 느끼지 않고 아니오라고 말할 권리가 있습니다"라는 문장으로 리스트를 매듭지었다.

나는 그 책을 통해 다른 사람들을 기쁘게 하기 이전에 어떻게 하면 나를 기쁘게 할 수 있을지에 대해 배웠다. 내 행복을 가장 먼저 선택할 권리가 있고, '아니오'라고 말할 수 있고, 왜 '아니오'라고 말했는지 설명하지 않을 권리도 있다는 것을 배웠다. 이 책은 가장 먼저 챙겨야 할 사람이 나 자신이라고 말하며, 모두를 기쁘게 한다는 것은 불가능하며 실패할 수밖에 없다는 것을 가르쳐주었다.

나는 그 책을 통해 배운 대로 실천하기 시작했고, 나를 존중하고 타인을 존중하면서 다른 이들에게 존중받기 시작했다. 그 책은 구름 낀 고속도로에서 어디로 가야할지 몰라 방황하고 있던 내게 기어를 어떻게 조작해야 하는지, 어떻게 왼쪽으로 방향을 틀어야 하는지 가르쳐주고 성공으로 향한 고속도로를 달려가게 해주었다. 이제 나는 내 마음이 내킬 때 '예'라고 말하고, '아니오'라고 말해야 할 때 주저하지 않고 '아니오'라고 말할 수 있다.

– 잭 캔필드의 『내 인생을 바꾼 한 권의 책』 중에서 (저자 재구성)

보보의 한 말씀

예의 바른 거절이 무례한 승낙보다 낫다. – 프랑스 속담

1) 수동적 행동

수동적 행동을 하는 사람은 "나는 옳지 않다(I'm not OK)"는 생활자세(life position) 속에 존재한다. 때문에 자기부정과 자기희생을 수반한다. 의사거래분석에서 다루게 되는 자아상태 중 '자연스런 어린이'와 '양육적인 어버이'의 자아상태로부터 나오는 행동이다.

수동적 행동을 하는 사람은 많은 스트레스를 받으며 종종 고통에 빠지게 된다. 따라서 자기개념이 없으며, 행복하지 않고, 때때로 공포에 근거해서 결정을 내린다. 그들이 사용하는 비언어적 의사소통은 자신감 없이 눈을 내리깔거나, 조용한 음성, 도와달라는 수동적인 태도 등이다.

사람들은 수동적 행동을 하는 사람들을 이용하려는 경향이 있으며, 많은 사회학자들의 연구에 의하면 남자들은 여자들의 업무를 방해하고, 그녀들의 아이디어를 무시하며, 많은 여성들이 이를 관대하게 수용하는 태도를 보인다. 이는 개인과 조직 모두에게 비생산적인 행동이다.

2) 공격적 행동

공격적 행동을 하는 사람은 "나는 옳지 않다(I'm not OK)"는 생활자세 속에 존재하지만 다른 사람들을 통제하는 과정에서 "나는 옳다(I'm OK)"는 방향으로 변화한다. 공격적 행동은 '적응적인 어린이'와 '비판적인 어버이'의 자아상태로부터 나온다.

그들은 매우 경쟁적이고 지는 것을 싫어하기 때문에 자기가치를 향상시키기 위해 승리하여야 하며, 다른 사람들의 정당성을 침해하는 경향이 있다.

공격적 행동을 하는 사람들은 종종 요구하고, 거칠게 행동하고, 무례하고, 저돌적인 양상을 보인다. 그들은 자기확신이 강한 듯 보이지만 표면적으로 나타나는 행동들은 종종 자기개념이 빈약한 결과이다.

공격적인 행동에 맞부딪힐 때, 대부분의 사람들은 그러한 행동에 응수하거나, 움츠러들거나, 굴복한다. 즉, 그들과의 접촉을 아예 피하거나 싸움에 대비하게 된다. 그들이 사용하는 비언어적인 의사소통은 차가움을 의미하는 날카로운 눈빛과 찌푸린 표정, 높은 톤의 큰 목소리, 빠른 제스처, 협박하는 듯한 자세 등이다.

조직생활 속에서 어떤 부류의 여성들은 공격적이 되는데, 이는 남성중심의 조직생활에서 살아남고 경쟁하기 위해서 필요한 행동이라고 느끼기 때문이다. 이 행동도 개인이나 조직에게 모두 해로울 수 있다.

3) 수동적-공격적 행동

수동적-공격적 행동을 사용하는 사람들은 세 가지 중요한 방법을 활용한다.

첫째, 이 유형의 인간은 산발적으로 두 가지 유형의 행동을 하게 된다. 예를 들어, 관리자는 부하에게는 매우 공격적이지만 상사에게는 수동적이다. 또는 어느 순간에는 수동적이었던 사람이 다음 날에는 공격적이 되기도 한다. 이러한 유형의 사람은 무엇을 기대하는지 예측할 수 없기 때문에 함께 일하기 매우 힘든 상대가 된다.

둘째, 수동적인 행동을 하고 바로 공격적인 행동을 한다. 예를 들어, 어떤 직원이 마지못해 어떠한 일에 동의하고 나서 문을 쾅 하고 소리 나게 닫거나, 일처리 직후 처음 만난 사람에게 고함을 지르는 경우가 여기에 해당된다.

셋째, 수동적 행동은 하지만 속으로는 적개심을 쌓는 경우가 여기에 해당된다. 수동적 행동이 반복적으로 쌓이면 공격적인 행동으로 나타나게 된다.

4) 자기주장적 행동

자기주장적 행동은 “나는 옳다-너도 옳다(I’m OK, You’re OK)”라는 생활자세에 근거하며, ‘어른’의 자아상태로부터 나온다.

자기주장적 행동을 하는 사람들은 긍정적인 자기개념을 가지고 있기 때문에 공격적인 행동을 하지 않으면서도 자신의 감정과 사고를 자유롭게 표현하고, 요청할 수 있다. 이 유형의 사람은 타인의 정당성을 침해하지 않으면서도 자신의 정당성을 주장할 수 있다. 때문에 다른 사람들을 위협하지도 않고, 통제하지도 않는다. 그들은 자신감이 있고, 친숙하게 행동하며, 정직하고 긍정적인 자기이미지를 만들어 나가기 때문에 다른 사람들로부터 존경을 받는다.

그들이 사용하는 비언어적인 의사소통은 밝고 즐거운 음성, 확고한 태도, 똑바른 자세, 미소, 따뜻하게 눈을 맞추는 것과 같은 긍정적이고 대면적인 표현을 수반한다.

자기주장적 행동은 '승-승(win-win)'상황을 창조하지만 유념해야 할 것은 수동적이고, 공격적인 행동이 적절한 상황도 분명 존재한다는 것이다.

그림 4-8 자기주장성의 단계

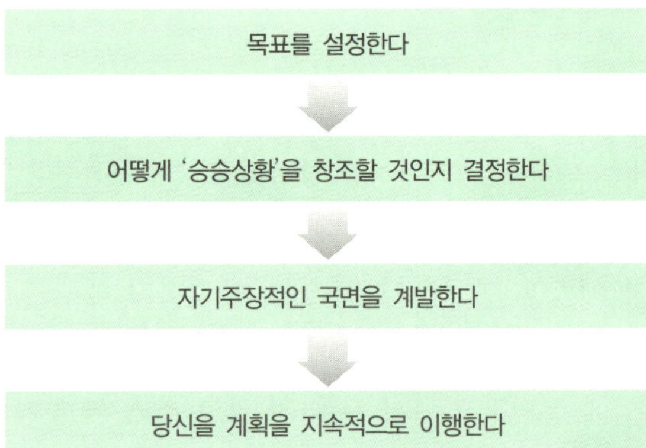

표 4-3 수동적, 공격적, 자기주장적 국면

수동적 국면
수동적 인간은 그들의 입장을 일관되게 유지하지 못하고 제한적인 표현을 사용한다. • 난 모르겠어요. • 상관없습니다. • 미안해요. • 단지 나의 의견이에요. • 당신을 괴롭히고 싶지 않아요. 하지만…. • 그것은 정말 중요하지 않아요. 하지만….
공격적 국면
공격적 인간은 다른 이들의 정당성을 침해하면서 그들의 입장을 요구한다. • 당신은 필요 없어. • 당신의 의견은 옳지 않아. • 당신은 무엇을 말하는지 모르고 있어. • 당신은 잘못했어. • 당신은…해야만 해.

자기주장적 국면
자기주장적 인간은 그들의 입장을 일관되게 유지하고, 타인의 정당성을 침해하지 않는다. • 이해하지 못하겠습니다. • 난 지금 무엇을 원합니다. • 난 지금 무엇을 필요로 합니다. • 나는…하고 싶어요. • 아니오, 난 더 이상 할 수 없을 것 같아요. • 당신이 더 이상 그런 유머를 사용하지 않았으면 더 좋겠어요. • 나의 의견은…. • 당신이…를 알기 원한다고 생각했어요.

8 스트로크

스트로크(stroke)를 직역하면 "쓰다듬다"라는 뜻을 지니고 있다. 이는 사람이 몸짓, 눈짓, 표정, 감정, 언어 등 자신의 반응을 상대방에게 알리는 존재인지의 기본단위로 사용된다.

스트로크는 단순히 스킨십의 의미뿐만 아니라 신체적 접촉으로부터 윙크, 말하기, 타인에 대한 인정 등의 정신적 스트로크까지 매우 광범위한 개념으로서 타인의 존재를 인정하기 위한 작용이나 행위를 가리키는 것이다.

길거리에서 우연히 만난 지인과 "안녕하세요?" 등과 같은 인사를 교환하는 것도 스트로크의 교환에 해당된다. 스트로크는 이처럼 긍정적인 개념만 존재하는 것이 아니라 부정적인 것도 동시에 존재한다. '스트로크' 개선훈련을 통해서 보다 나은 대인관계를 활성화시킬 수 있고, 개선방향을 도모할 수 있다.

유아기에 부모로부터 받는 접촉 등의 신체적 스트로크의 욕구는 성장한 뒤에는 칭찬 등의 정신적 스트로크의 욕구로 이행하게 된다. 프로이트는 유아기에 경험한 부모와의 정서적 관계가 성격발달에 지대한 영향을 미친다고 했다. 또한 신체적 접촉 시에 나오는 옥시토신이란 호르몬은 성인이 되어 대인관계를 원활하게 해주는 역할을 하기 때문에 이 시기에 이루어지는 부모와 아이와의 교감은 매우 중요하다.

표 4-4 스트로크의 종류

스트로크	신체적	정신적	조건부	무조건
존재인지	• 접촉에 의한 스트로크 • 직접적 스트로크	• 언어에 의한 스트로크 • 간접적 스트로크	행위나 태도에 대한 스트로크	• 존재나 인격에 대한 스트로크
긍정적 스트로크	• 손을 다정하게 잡아준다. • 등을 두드린다. • 머리를 쓰다듬는다.	• 칭찬의 말을 듣는다. • 상장 등을 받는다.	• "그 일을 도와줘서 고마워" • "좋은 일을 해서 자랑스럽다"	• "자네와 같은 부하를 데리고 있는 것이 행운이네" • "난 널 사랑해"
부정적 스트로크	• 발로 걷어찬다. • 손바닥으로 때린다. • 꼬집는다.	• 야단을 맞는다. • 상대를 얕잡아본다. • 무서운 눈으로 쳐다본다.	• "너 때문에 망쳤어" • "공부 안 하면 혼나"	• "난 네가 미워 죽겠어" • "사표 내" • "이혼하자"

"애인이 바나나를 맛있게 먹는 것을 지켜 본 침팬지의 뇌를 MRI로 찍어서 분석해 보았더니 옥시토신 호르몬이 나왔다."

이것은 미국 의학잡지에 실린 기사다. 옥시토신은 엔도르핀처럼 사랑, 신뢰, 기쁨의 호르몬이다. 임산부의 젖 분비 때 옥시토신이 과다분비되고, 사랑할 때도 생성되는데 이 호르몬은 수줍음을 극복하여 대인관계를 원만하게 해주고, 불안을 해소하는 신비한 호르몬이다. 인간관계 속에서 이루어지는 따뜻한 말 한 마디, 가벼운 신체접촉 시에도 옥시토신은 생성된다.

인간에게 스트로크의 욕구가 있다는 것은 자신의 존재를 인정받기 위한 욕구가 내재되어 있다는 것을 증명해준다. 매슬로우(Maslow)는 이를 '자존의 욕구'라 표현했다.

인간은 때로 스트로크를 주고받는 행위 자체에 지쳐서 타인과 접촉하지 않으려는 양상을 보이기도 하지만, 반면 스트로크가 부족하면 기아에 허덕이는 것처럼 '생리적 욕구'가 부족해 스트로크 기아(stroke hunger)상태에 빠지게 된다. 특히 꼭 인간관계가 이루어져야만 하는 상대에게서 부정적 스트로크를 받게 되면 무리를 해서라도 스트로크를 받기 위한 수단으로서 부정적 행동을 하기도 하는데 이것이 반복적으로 이루어지면 심리게임이 된다.

사람은 받은 스트로크의 종류와 그 정도에 따라 사람됨이 정해진다. 이는 유사이키안 경영(eupsychian management)을 주장했던 매슬로우(Maslow)가 기업에서 필요한 것은 종업원의 기술적 숙달이 아니라 그들의 심리적 성숙을 도와 훌륭한 사회인으로 양성해야 한다고 말했던 것과도 연결된다. 프로이트(Freud)의 결정론처럼 인생의 초반에 부모와 자식의 접촉을 통해 이루어지는 결과도 스트로크의 양과 질에 따라 좌우된다.

벌벌의 한 말씀

만일 자신의 참 모습과 직면하는 용기만 있다면 자신의 결점을 알고 개선하여 성공할 수 있다. 또 과거의 실패 중에서 이익을 만들어낼 수도 있다. 즉, 자신의 약점만 알고 있으면 우리들은 어디에서나 배울 수 있다. 그것에 비해 자신을 분석하지 않고 얼렁뚱땅하려고 하거나 핑계거리만을 생각한다면 누구든 자신을 성장시킬 수 없다.

– 나폴레온 힐

9 의사거래분석

의사거래분석(TA : Transactional Analysis)은 교류분석이라고도 하며 인간의 퍼스낼리티 속에 행동을 자극하고 조정하고 통제하는 세 가지 원천, 원초아(id), 자아(ego), 초자아(super-ego)[5]가 있다고 제안한 프로이트의 이론을 기반으로 하여 1957년 미국의 정신과 의사인 에릭 번(Eric Bern)에 의해 개발되었다. 이는 인간의 교류나 행동에 관한 이론이자 거기에 기반하여 실시하는 치료요법이기도 하다. 오늘날에는 정신요법보다 교육훈련 프로그램으로 더 널리 활용되고 있다.

5) 원초아(id) : 인간의 성격 중에서 생물학적이고 본능적인 요소를 지칭하는 것이다.
자아(ego) : 외부 현실과 초자아의 제한 속에서 원초아의 욕구를 표현하고 만족시키는 정신기제를 의미한다.
초자아(super-ego) : 프로이트의 성격구조에서 마지막으로 발달하는 체계로서 사회규범과 기준이 내면화된 것을 말한다.

의사거래분석은 개인치료에 사용되기도 하고, 특히 집단치료에 적합한 상호역동적인 심리치료이다. 이는 성격의 인지적, 합리적, 행동적인 면을 모두 강조하며 내담자가 새로운 결정을 내리고 삶의 과정을 바꿀 수 있도록 하기 위한 적극적인 치료법이다.

주요개념들은 부모(parent), 어른(adult), 어린이(child), 결정(decision), 재결정(redecision), 게임(game), 극본(script), 라켓(racket), 스트로크(strokes), 할인(discounting), 우표수집(stamps) 등이다. 또한 세 가지로 구분되는 행동 형태인 부모, 어른, 어린이 자아상태로 설명된다.

의사거래분석은 모든 사람은 서로 다른 자아상태(ego state)를 가지고 있으며, 이는 어버이, 어른, 어린이로 구성된다고 제안하고 있다. 사람들은 세 가지 자아상태로 인격을 이루고 이 인격은 행동의 원천이 된다. 그렇기 때문에 이들 중 어느 하나의 입장에서 다른 이들과 의사소통을 하게 된다. 그러므로 이는 역할을 의미하기보다는 심리적인 실체를 의미한다.

에릭 번은 "비록 그 위치에서 절정에 달했던 초기의 경험이 지워지지 않는다 해도 초기의 결정이 변화될 수 있다고 믿는다. 일단 결정된 것도 다시 결정될 수 있다"고 말하면서, 인간은 언제나 새로운 결정을 내릴 수 있으며 과거에 구속되지 않는다고 주장했다. 그러나 인간이 선택할 수 있는 능력은 갖고 있으나 자율적인 존재가 되기에 필요한 자각을 얻는 사람은 많지 않다고 보았다.

표 4-5 의사거래분석의 목적

1. 선택의 자유, 마음대로 바꾸는 자유, 다시 일어나는 반응과 새로운 자극을 도모하기 위함
2. 개인이 부모로부터 친근감을 가지면서 독립하는 것
3. 실패자에서 성공한 사람으로 변화하는 것
4. 어린이, 어른, 어버이 자아상태의 사이를 자유롭게 왕래하는 것
5. 어린이로부터 왕자나 공주가 되는 것
6. 개인의 잠재력 성장과 향상
7. 원활한 의사소통

의사거래분석의 목적 중 '어린이로부터 왕자나 공주가 되는 것'이라는 개념은 쉽게 이해되지 않을 수도 있다. 한국적 문화에서는 왕자병과 공주병이라는 신조어 때문에

긍정적인 개념으로 인식되지 않기 때문이다. 그래서 이해가 쉽도록 하기 위해 신학자이자 경영학자이며 심리학자인 안셀름 그륀이 쓴 글귀를 통해 설명하고자 한다.

> "우리 안에는 신적 품위가 존재하고, 그것은 이 세상에 속한 것이 아니기 때문에 이 세상의 어떤 힘도 우리로부터 이것을 빼앗아 갈 수 없다. 죽음 직전과 같은 완전히 무력한 상황에서도 우리의 왕과 같은 품위는 어느 누구도 빼앗아 갈 수가 없다."

> "인간은 육화된 하느님의 말씀이다. 그래서 우리 각자가 지닌 과제는 자신에게 주어진 하느님의 유일한 말씀이 드러나도록 하는 것이다. 유일성은 내가 가치 있다고 생각하고 자랑하려는 온갖 종류의 장점들과는 무관하다. 유일성은 하느님께서 나를 만드셨다는 사실로 성립된다."

본서에서는 안셀름 그륀[6]이 제안했던 신적 품위의 의미를 한 가지 종교에 고착시키고 싶지는 않다. 여기서 왕자나 공주라는 단어를 이해함에 있어 신적 품위는 오히려 파울로 코엘료[7]가 자신의 저서에서 여러 번 언급했던 우리 안의 내적 신성이라고 보는 것이 무방할 것이다. 그러한 내적 신성을 발견하고 이끌어내자는 의미 정도로 해석하고자 한다.

의사거래분석의 목적은 사람을 진단하는 것이 목적이 아니라 교육을 받은 사람이 자신의 특징을 이해하고 자기의 장점을 살리기 위한 자료를 제공하는 것이 목적이다.

---

6) 성 베네딕도 수도회 사제로 성 오틸리엔과 로마 성 안셀모대학에서 철학과 신학을 전공하고, 논문 '구원의 십자가를 통해'로 신학박사 학위를 받았다. 이후 뉘른베르크에서 경영학을 공부했다. 수도승 전통의 원류를 심도 있게 구명하여 이를 칼 구스타프 융의 분석심리학과 비교하는 작업에 몰두하였다.

7) 브라질 출신의 소설가로 『연금술사』, 『베로니카 죽기로 결심하다』, 『브리다』, 『11분』, 『프로토벨로의 마녀』, 『순례자』 등 수많은 소설을 출간했다. 그의 소설은 일관되게 내면의 빛과 마음의 순례를 그 주제로 하고 있다.

보보의 책 나르시시즘, 정말로 나에 관한 것

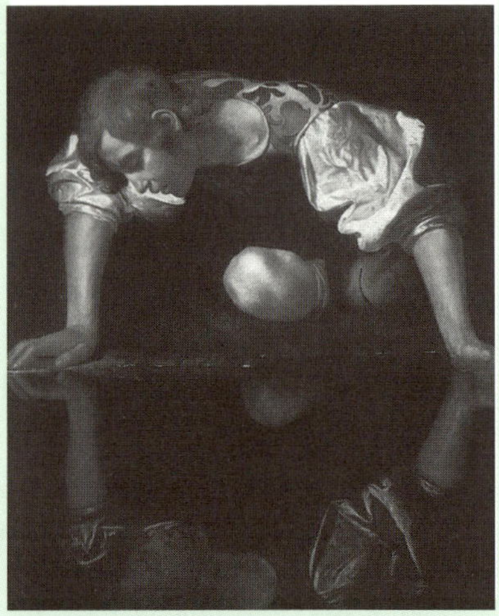
카라바조의 '나르키소스'

나르시시즘과 이타주의는 정반대 편에 서있는 것이다. 완벽하게 이타주의적인 사람은 거의 없으며, 우리 대부분은 어느 정도 나르시시즘에 빠져있다. 물론 지나친 나르시시즘은 병리학적으로 문제가 된다. 나르시시즘과 이타주의 사이의 균형은 우리의 감정적인 건강, 특히 자기 자신의 가치평가에 달려있다.

로마의 시인 오비디우스는 나르시스라는 말의 유래를 실화를 통해 들려주었다.

나르키소스는 강의 신 케피소스와 님프 리리오페 사이에서 태어난 아들이다. 그가 열여섯 살이 되었을 무렵, 그의 황홀한 미모를 몰라보는 사람은 없었다. 그는 자신에게 몰려드는 남녀 구애자들을 경멸하며 뿌리쳤다. 자부심이 너무 드높았기 때문이다. 님프 에코는 사랑에 빠져 속절없어 하고 있었지만, 그에게 말도 붙여보지 못하고 우물쭈물하고 있었다. 결국 나르키소스는 그녀를 거절했다. 슬픔에 무너진 그녀는 목소리로만 남게 되었다. 그녀와 마찬가지로 퇴짜를 맞은 한 청년이 나르키소스가 평생 그 자신만을 사랑하며 살아가게 해달라고 신께 기도를 올렸다. 여신 네메시스는 나르키소스가 헬리콘산에 갔다가 목이 말라 한 샘에 멈추게 하는 것으로 그의 기도를 들어주었다. 물에 비친 자신의 모습을 본 나르키소스는 그 이미지와 바로 사랑에 빠져 버렸다. 그는 물 위에 자신이 반사된 모습을 끌어안을 수 없었다. 그 자리에서 자신을 떼어낼 수 없었던 그는 그곳에서 굶어죽었다. 그러나 시신은 남지 않고, 그 자리에 꽃 한 송이만 피어났다.

〈나르시시즘적인 사람들의 특징〉

- 다른 사람들과의 커뮤니케이션에서 눈에 드러날 정도로 자기에게만 집중하는 모습을 보인다.
- 관계를 만들고 유지하는 데 어려워한다.
- 상황파악을 잘하지 못한다.
- 감정이입능력이 부족하다.
- 다른 사람들이 보는 방식으로 자기자신을 보는 데 서툴다.
- 모욕받는 것을 상상하는 것만으로도 극도로 민감하게 반응한다.
- 죄의식 때문에 느끼는 수치심에 쉽게 무너진다.

– 칼 알브레히트의 『S.P.A.C.E. 호감의 법칙』 중에서

번번의 한 말씀

나는 힘센 강자도 아니고 두뇌가 뛰어난 천재도 아닙니다.
그저 날마다 새롭게 변했을 뿐입니다. 그것이 나의 성공 비결입니다.
변화를 뜻하는 Chan(g)e의 g를 c로 바꿔보십시오.
Chan(c)e, 기회가 됩니다.

– 빌 게이츠

1) 어버이 자아상태

어버이는 어린이의 행동에 모델을 제공한다. 어린 시절의 부모 또는 이에 대체되는 '큰 사람(big people)'에 대한 관찰에서 연유된다. 5세 전후의 아이들은 양육자의 말이나 행동을 무비판적으로 받아들여 내면화시킨다. 당시의 자신은 왜소했고, 의존적이었으므로 그들은 언제나 옳았다는 기억 때문에 이 상태에 있는 사람은 어버이처럼 생각하고 행동하려는 경향이 있다.

(1) 비판적 어버이(CP : Critical Parent)

부모의 윤리, 도덕, 가치판단 등의 기준이 내면화된 자아상태로서 엄격한 아버지처럼 행동하는 경우에 해당된다. "해라", "하지 말아라"는 표현을 많이 사용한다.

(2) 양육적 어버이(NP : Nurturing Parent)

자애스럽고 친절하게 자녀를 돌보는 말이나 행동이 내면화된 자아로서 보호적, 동정적, 배려적 성격이 강하다. 따뜻한 어머니처럼 행동하는 경우가 여기에 해당되며 타인의 고통을 자신의 고통으로 여기는 면을 지니고 있다.

참가형, 자유방임형 관리자의 경우 지원적, 관계적 성향이 많으므로 이 유형이 많다.

보보의 책 신은 모든 곳에 있을 수 없기에 어머니를 만들었다

클림트의 '여자의 세 시기(The three ages of woman)'

우리 몸에는 디옥시리보 핵산(DNA)이라는 우아한 문자에 새겨진 메시지가 흐른다. 사슬, 사다리, 생명의 흐름, 어떤 메타포로 부르건, 이것은 죽은 자의 메시지를 아직 태어나지 않은 사람에게 전달한다. 그 메시지가 전하는 것은 무엇인가? 그 사슬에 나는 무어라고 쓰고 싶은가?

그저 이렇게 쓰고 싶다. 사람을 사랑한다는 것은 힘겨운 일이다. 만일 사랑이, 그 속에서 혹은 그 자체로 생명이 흐르는 중심이 아니라면, 단테가 말한 것처럼 사랑이 별을 움직이지 않았더라면, 우리가 어찌 그 무게를 감당할 수 있겠는가? 사랑은 모든 것을 견디게 한다. 하느님의 역사가 대부분 그렇듯, 사랑도 양날의 검이다. 우리 안에는 사랑의 씨앗이 심어져 있다. 사랑의 시작은 본능적인 일이겠지만 결국은 선택이다. 자유의지를 가진 피조물에게는 그럴 수밖에 없다. 사랑은 계속해서 선택하며 살아야 하는 우리 삶의 일부다.

사랑이라는 어머니의 특별한 메시지를 세포에 담고 있을 아직 태어나지 않은 아기들과, 우리 어머니가 성령처럼 품고 있던 모든 아이들에게, 어머니가 실천하며 살았던 가장 진실한 말을 전한다. 그 힘든 일을 받아들여 축복되게 하고, 별을 움직여라.

– 버지니아 스템 오언스의 『어머니를 돌보며』 중에서

그림 4-9 ▌ 어버이(the Parent)

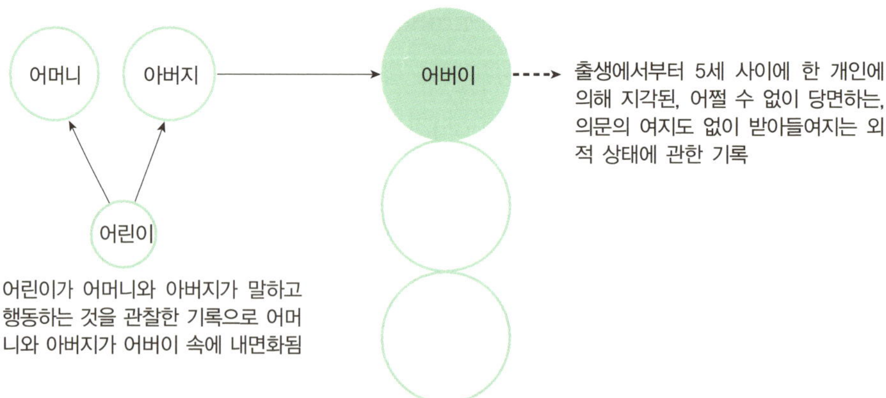

자료 : 이한검, 『인간행동론』, 형설출판사, 2001. (저자 재구성)

2) 어린이 자아상태

5세 전후에 경험했던 상황들, 부모와의 관계에서 형성된 감정 등이 내면화된 것으로서 이 자아상태의 사람은 어린 시절의 기억을 갖고 그때처럼 생각하고 행동한다.

(1) 자연스런 어린이(FC : Free Child)

내면에서 일어나는 것들을 자연스럽게 그대로 나타내며 호기심이 많고, 즐겁고, 재미있고, 상상력이 많은 행동패턴을 보여준다.

(2) 적응적인 어린이(AC : Adapted Child)

부모나 사회적 권위로부터 관심을 얻기 위해 그들의 요구에 부응하려는 성향이다. 순응적, 소극적, 의존적, 반항적인 특징을 지닌다. 이 자아상태의 사람은 화내고, 공포를 느끼고, 근심하고, 부정적이고, 노여워하는 양상을 보인다.

직원들이 감정적이 될 수 있으므로 관리자는 이 행동유형은 피하는 것이 좋다.

그림 4-10 ▌ 어린이(the Child)

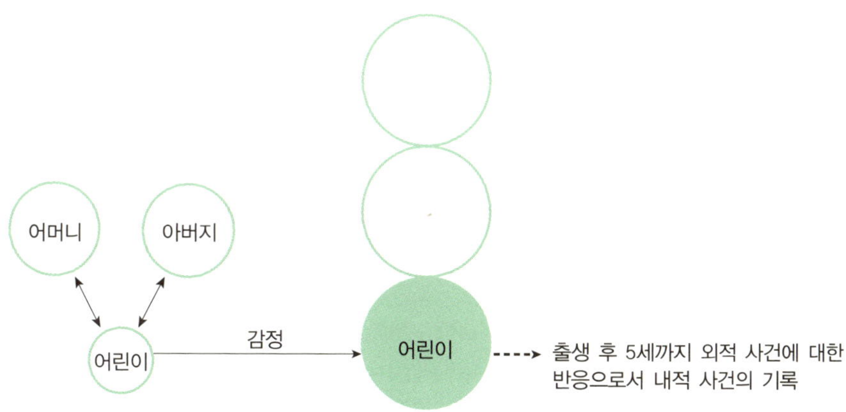

자료 : 이한검, 『인간행동론』, 형설출판사, 2001. (저자 재구성)

3) 어른 자아상태

현실을 객관적으로 다루는 상태이며, 논리적 사고와 합리적 행동을 한다. 이 자아상태의 사람은 감정이 아닌 사실에 입각하여 행동하기를 좋아한다. 사려 깊고, 비감정적인 행동을 보여주며, 이는 나이와 관계되는 것이 아니라 교육과 경험에 관련된다. 객관적, 합리적, 분석적, 지성적, 논리적 경향이 강하다.

그림 4-11 ▌어른(the Adult)

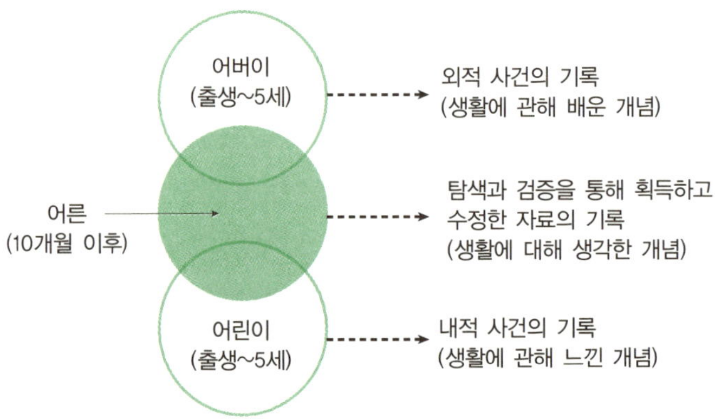

자료 : 이한검, 『인간행동론』, 형설출판사, 2001. (저자 재구성)

보보의 책 메아리

그리스 신화에 나오는 요정 에코는 메아리라는 말의 기원이다. 오드리산의 요정들과 놀기를 좋아하는 제우스는 올림포스산을 내려와 자주 지상을 방문하는데, 마침내 제우스의 아내 헤라가 이를 의심하고 요정들과 노는 제우스를 잡으러 내려온다. 제우스는 아내 헤라의 주의를 분산시키기 위해 아름다운 목소리를 가진 에코로 하여금 헤라에게 재미있는 이야기를 길게 해서 자신이 하는 일에 시선을 주지 못하도록 했다. 마침내 속임수라는 것을 알아챈 헤라는 화가 나 에코의 아름다운 목소리를 빼앗고 남의 말만 바보같이 반복하도록 하는 벌을 내렸다. 그때부터 에코는 메아리처럼 남의 목소리만 되풀이할 수밖에 없었다. 에코는 아름다운 사냥꾼 청년 나르키소스를 만나 사랑에 빠지지만, 독선적으로 자기주장만을 하는 나르키소스에게 사랑한다는 자신의 속말은 하지 못하고 단지 그의 말만 반복해 결국 사랑을 잃어버리고 죽음에 이르게 된다.

존 윌리엄 워터하우스의 '에코와 나르키소스'

에코 요정에 관한 신화는 커뮤니케이션에 관한 이야기이다. 남의 상황을 고려하지 않고 자기 주장만을 강제하는 유형이 나르키소스라면, 자기만의 독창적인 이야기는 하지 못하고 남의 말만 복제하는 유형이 에코다. 왜곡된 의사소통 사회에 사는 우리는 또 다른 나르키소스이고 또 다른 에코일 뿐이다.

– 임영호의 『커뮤니케이션을 공부하는 당신을 위하여』 중에서

벌벌의 한 말씀

최선을 다하되 결과에 상관없이 너 자신을 괴롭히지 말라. – 알렉상드르 졸리앙

▌표 4-6▐ 세 가지 자아상태

어버이 자아상태 (Parent ego state)	ⓟ	CP	비판적 어버이 (critical parent : CP)
		NP	양육적 어버이 (nurturing parent : NP)
어른 자아상태 (Adult ego state)	Ⓐ		
어린이 자아상태 (Child ego state)	ⓒ	FC	자연스런 어린이 (free child : FC)
		AC	적응적인 어린이 (adapted child : AC)

| 표 4-7 | 자아상태의 해석

높으면	자아상태	낮으면
1. 양심적, 권위적, 책임감, 정의감, 선악감, 도덕관, 이상추구 2. 편견에 의한 평가 3. 자기주장 강요 4. 경청하지 않는다. 5. 상대방은 겉으로는 납득하는 척 하지만 위축해서 자기주장을 하지 않다가 어느 시기에 반발하게 된다.	CP	1. 관용적 vs 소신 없음 2. 일관된 생활태도를 유지하지 못한다. 3. 적당주의자
1. 모성적 풍성함 2. 양육적, 보호적, 지지적, 헤아려주기, 돌보아주기, 동정, 거절 못함 3. 과보호의 결과 버릇이 없어도 묵인하게 된다. 4. 너무 간섭을 하면 참견이 많아진다. 5. 위의 것들이 누적되면 의타심을 심어주게 된다. 따라서 어린이나 부하의 자주성, 자율성을 빼앗아 버리게 된다.	NP	1. 쌀쌀하고 불안감을 준다. 2. 상대방은 위축된다. 3. 높은 경우 여러 가지 심신증상이 나오므로 아이들이나 직원들에게는 이것이 중요한 의미로 작용된다.
1. 합리적, 이성적, 능률적, 객관적 2. 냉정, 신중, 사무적 3. 현실지향적 4. 상대방에 대해 감정적이 되기보다는 성인으로서 타이르는 태도를 보인다. 5. 상대방도 상대적으로 안정되고 사실추구적, 정보수집지향적이 된다. 6. 너무 높으면 물질만능, 무감정, 자기중심적이 된다.	A	1. 사실에 의거한 정확한 판단이나 지시가 부족하다. 2. 심리적으로 불안정
1. 자발적, 적극적, 상상적, 직감적, 공상을 좋아한다. 2. 희로애락의 감정을 솔직히 표현한다. 3. 상쾌한 생활감 4. 상대방은 당신과 함께 지내는 것을 즐긴다. 5. 인생을 즐기는 태도를 당신으로부터 이어받을 수 있다.	FC	1. 정신적으로 위축되어 있다. 2. 활력이 적은 인간이 될 가능성이 높다. 3. 자기자신을 억압하고 있기 때문에 불안한 심리로 다른 사람에게 나쁜 영향을 줄 수 있다.

1. 순응, 타협, 감정억압 2. 무리해서라도 상대방의 기대에 따르기 위해 자신을 희생한다. 3. 타인의 눈이나 말에 신경을 쓰게 된다. 4. 걱정이 많고 불안감이 많으므로 아이들이나 직원도 신경질적인 감정을 갖는 겁내는 태도를 보인다. 5. 때로는 상대방이 하라는 대로 행동하여 결과적으로 상대방이 제멋대로가 되기도 한다.	AC	1. 독선적인 면이 강하게 나타난다. 2. FC가 높고 AC가 극단적으로 낮을 때는 자기중심이 되어 "제멋대로다"라는 비판을 받을 수 있다. 3. 인간관계가 원활하게 풀리지 않는다.

자아상태를 활성화시키는 행동 – CP

- 약속을 지킨다.
- 주어진 업무는 확실히 해낸다.
- 책임을 갖고 행동한다.
- 목표를 갖는다.
- 결정된 일은 완수한다.
- 자신을 신뢰한다.
- 공사를 구분하여 행동한다.
- 자신에게 엄격한 기준을 적용한다.
- 바람직하지 않은 행위에 주의를 준다.
- 동작을 시원스럽게 한다.
- 사물의 옳고 그름을 명확히 한다.
- 흑백을 명확히 한다.

자아상태를 활성화시키는 행동 – NP

- 어린이와 하위자에게 상냥하게 말한다.
- 격려의 말을 해준다.
- 상대방 입장에서 생각한다.
- 상대방의 장점을 파악하려고 노력한다.
- 용기를 북돋아준다.

- 어린이에게 스킨십을 한다.
- 봉사활동을 한다.
- 사람에게 편견을 갖지 않는다.
- 관대한 애정을 갖는다.
- 친절한 마음가짐으로 행동한다.
- 상대의 이야기를 친근감 있게 듣는다.
- 모성적인 풍부함을 갖는다.
- 타인이 도움을 요청하면 기분 좋게 받아들인다.
- 자녀와 타인을 잘 보살펴준다.

■ 자아상태를 활성화시키는 행동 – A

- 감정을 통제하며 냉정하게 대화한다.
- 확실한 예산 안에서 행동한다.
- 사물을 명확히 판단하도록 한다.
- 주위상태에 주의를 기울인다.
- 객관적으로 생각한다.
- 무엇이든 계획을 세워 행동한다.
- 가능성을 추정하도록 한다.
- 사실에 따라 생각하는 습관을 갖는다.
- 찬성과 반대, 양쪽의 의견을 묻는다.
- 감정적이 되지 않도록 한다.
- 5W1H를 묻는다(who, when, where, what, why, how).
- 사물을 공평하게 본다.

■ 자아상태를 활성화시키는 행동 – FC

- 마음에 여운을 갖는다.
- 예술에 심취하며 풍요로운 마음을 갖는다.
- 대자연을 접하고 느낀다.

- 많은 사람들로부터 다양한 이야기를 듣는다.
- 최선을 다할 수 있는 일을 갖는다.
- 자질구레한 일에 구애받지 않는다.
- 사물에 대한 강한 호기심을 갖는다.
- 생각을 하면 곧바로 행동에 옮긴다.
- 적극적으로 행동한다.
- 마음 내키는 대로 하고 싶은 일을 한다.
- 태도, 감정을 그대로 나타낸다.
- 명랑하고 원만한 대인관계를 유지한다.
- 언제나 생기발랄하게 행동한다.
- 자신의 의견을 적극적으로 피력한다.
- 낙관적으로 생각하고 행동한다.

자아상태를 활성화시키는 행동 – AC

- 타인의 이야기에 귀를 기울인다.
- 자신의 기분을 조절한다.
- 적당히 자신을 억제한다.
- 항상 주위를 배려한다.
- 타인의 눈을 생각한다.
- 상대의 의견을 순수하게 들어준다.
- 풍파를 일으키는 일은 하지 않는다.
- 세부적인 일까지 신경을 쓴다.
- 타인이 정한 사항에 따른다.
- 불만이 있더라도 얼굴에 나타내지 않는다.
- 불쾌한 감정을 웃는 얼굴로 숨긴다.
- 주위를 의식하고 체면을 차린다.

보보의 뼈다귀

○ 왜 스트레스받는 남자는 입을 다물까?

남자는 머릿속에서 말을 한다. 그는 두뇌에 언어 담당영역이 따로 없기 때문에, 이렇게 하는 것이 그의 적성에 맞는다. 그래서 문제가 발생하면 남자는 혼자서 생각하는 데 비해, 여자는 다른 사람에게 그 문제를 말해버린다.

로댕의 '생각하는 사람'

바로 이런 이유로 압박이나 스트레스를 받는 남자는 입 다물고 말을 하지 않는 것이다. 그는 자신의 우뇌를 이용하여 문제를 해결하거나 해결안을 찾으려고 애쓴다. 그는 남의 말을 듣거나 자신이 말을 하려고 할 때에는 좌뇌의 사용을 중지한다. 이렇게 볼 때, 남자의 두뇌는 '한 번에 한 가지씩'만 할 수 있다. 그는 문제를 풀고, 남의 말을 듣고, 자신의 말을 하는, 그러한 동시다발, 다중트랙의 행동이 불가능하다. 남자는 그런 문제를 듣고 앉아 있기보다는 곧바로 행동으로 돌입해야 한다고 생각한다.

남자는 조용히 혼자 있으면서 벽난로의 불빛만 들여다보고 싶어 한다. 자신의 힘으로 해결안이나 답안을 만들어낼 때까지 입을 다문다. 그는 현안에 대해서 그 누구와도 얘기하고 싶어 하지 않는다. 그는 남을 찾아가서 상담하는 것을 자신의 허약함을 대문짝만하게 드러내는 짓이라고 생각한다.

로댕의 유명한 조각 '생각하는 사람'은 자신의 문제를 깊이 숙고하는 남자를 상징한다. 그는 자신의 바위에 혼자 앉아서 해결안을 생각해야 하기 때문에 혼자 있고 싶어 한다. 여기서의 키워드는 '혼자서'이다. 아무도 그와 함께 바위 위에 올라가서는 안 된다. 가장 친한 친구라도 이 경우에는 사절이다. 사실, 그의 남자 친구들은 그런 경우 함께 올라가서 사색하겠다고 나서지도 않는다. 하지만 여자는 그와 함께 바위 위로 올라가서 위안을 해주고 싶어 한다.

자료 : 앨런 피즈와 바바라 피즈의 『말을 듣지 않는 남자, 지도를 읽지 못하는 여자』 중에서

보보의 뼈다귀

○ 왜 스트레스받는 여자는 말을 하려 할까?

스트레스상황이나 압력상황에 놓이면 여자는 언어기능이 활발하게 작동되어 말을 하기 시작한다. 때로는 거의 쉬지 않고 말을 해버린다. 따라서 여자는 열이 받거나 스트레스를 느끼면 들어줄 사람을 찾아 나서고 그 사람을 앞에 놓고 한없이 이야기한다. 친구들을 상대로 몇 시간에 걸쳐 문제점을 말하는가 하면 구체적인 사항을 낱낱이 말해준다. 그러고도 부족하여 또 다른 사람을 상대로 같은 말을 재탕한다. 그녀는 현재의 문제, 과거의 문제, 장래의 문제, 밑도 끝도 없는 문제들을 쉴 새 없이 말한다. 이렇게 말하는 그녀는 분명 해결안을 찾으려는 게 아니다. 그렇게 말하는 과정 그 자체가 하나의 위안이요 격려인 것이다. 그녀의 말은 뼈대가 없고 여러 가지 주제를 동시다발, 다중트랙으로 말하는 것이기 때문에 결론을 내리기가 곤란한 것이다.

그녀가 생각나는 대로 막 말하는 것을 듣고 있는 남자는 저런 많은 문제를 나보고 해결해 달라고 하는 것이로구나 하고 생각한다. 바꾸어 말하면, 남자는 그런 문제를 듣고 앉아 있기보다는 곧바로 행동으로 돌입해야 한다고 생각한다.

그런데 이 상황에서 정말 요점이 되는 사항은, 실은 요점이 없다는 점이다. 남자가 이 상황에서 배울 수 있는 가장 좋은 교훈은 그저 들어주기만 해도 도움이 된다는 것이다. 가끔 "흐음" 소리를 내거나 머리를 끄덕거리면서 말이다. 하지만 해결안은 제시하지 말아야 한다.

자료 : 앨런 피즈와 바바라 피즈의 『말을 듣지 않는 남자, 지도를 읽지 못하는 여자』 중에서

10 거래의 유형

1) 상호보완적 의사거래

특정한 자아상태로부터 송신한 메시지가 다른 사람의 특정한 자아상태로부터 예측했던 반응을 얻을 때 일어난다.

유형 1

〈유형의 정리〉

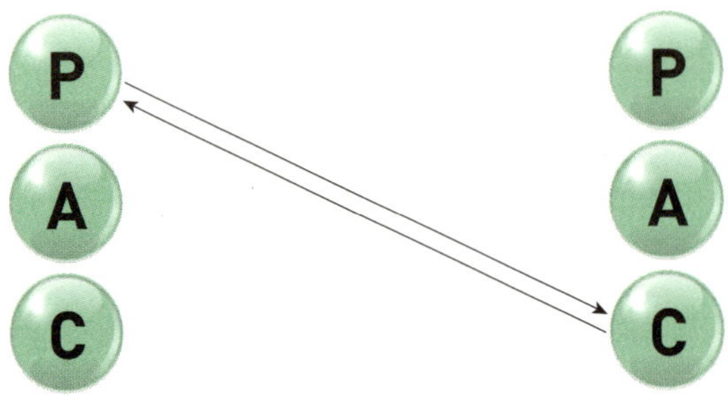

또 다른 예는 직무를 끝마치기를 원하는 관리자가 종업원이 그 일을 하기를 기대하는 경우이다. 상사는 어른 대 어른의 수준으로 행동한다.

유형 2

〈유형의 정리〉

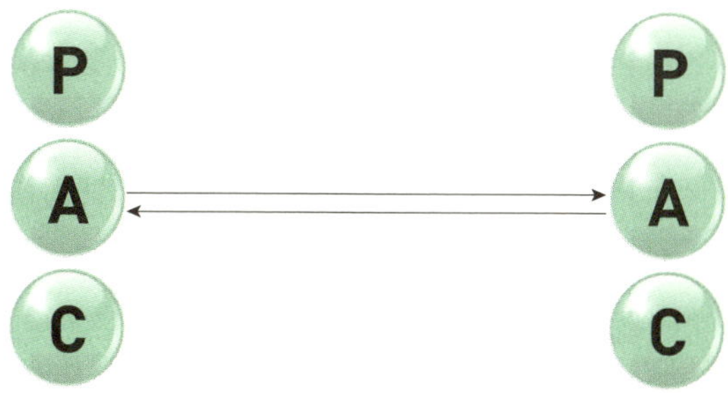

소모적인 논쟁을 일으키지 않고도 효과적인 의사소통의 결과를 산출하며, 인간관계와 직무성과에 도움을 준다. 하위자가 어른으로 질문하면 관리자는 어른으로 대답하고, 하위자가 어린이 자아상태를 취하면 관리자는 어버이로 반응한다.

2) 상호교차적 의사거래

관리자가 올바른 자아상태를 선택하지 못했을 때 일어나고, 결과적으로 대인 간의 문제를 일으킨다. 즉, 적당하지 않거나 기대하지 않은 반응이 있을 때 일어난다.

■ 유형 1

〈유형의 정리〉

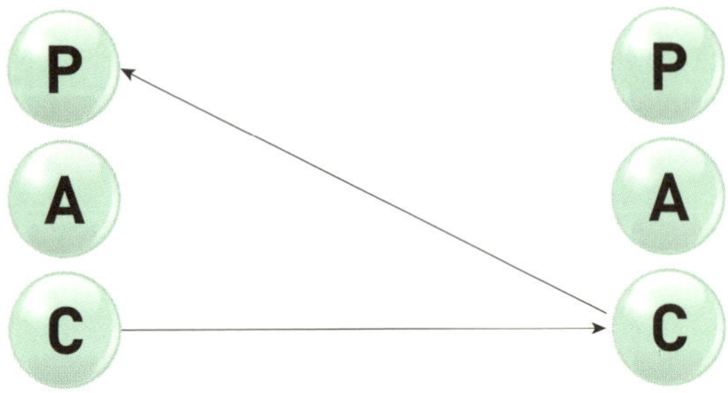

■ 유형 2

〈유형의 정리〉

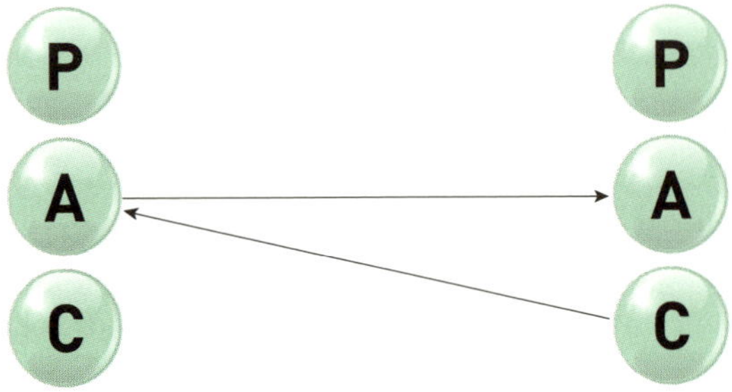

이 유형은 관계에 놀라움과 실망감을 안겨주고, 감정을 상하게 하며, 종종 논쟁으로 끝을 맺어 인간관계를 망치거나 단절시킨다.

3) 비노출적 의사거래

메시지가 어떤 것을 전달하고 있는데, 그것이 의미하는 바가 따로 숨겨져 있을 때 일어난다.

■ **유형 1**

〈유형의 정리〉

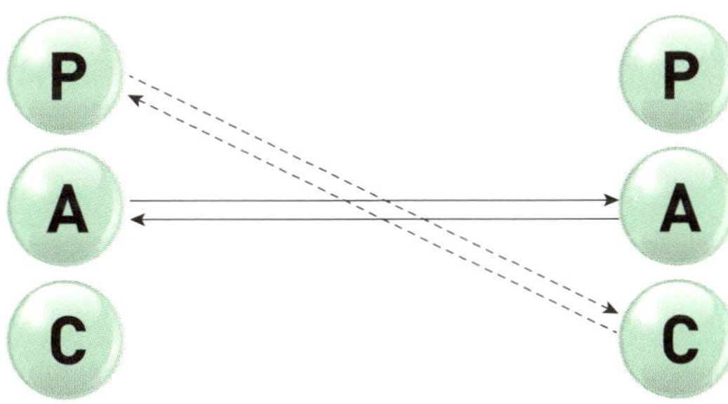

이 유형은 시간을 소모적으로 낭비시키고, 인간관계를 단절하는 원인이 된다. 그러므로 원활한 의사소통과 인간관계를 지속시키기 위해서는 숨겨져 있는 의미를 찾아내는 노력이 필요하다.

그림 4-12 일어나기 쉬운 의사거래의 종류

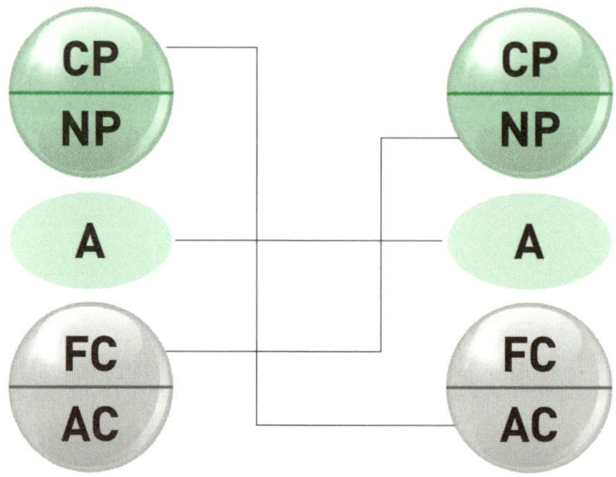

보보의 시

내 손은 하루 종일 바빴지
그래서 네가 함께 하자고 부탁한 작은 놀이들을
함께 할 만큼 시간이 많지 않았다
너와 함께 보낼 시간이 내겐 많지 않았어

난 네 옷들을 빨아야 했고, 바느질도 하고, 요리도
해야 했지
네가 그림책을 가져와 함께 읽자고 할 때마다
난 말했다
"조금 있다가 하자, 얘야."

밤마다 난 너에게 이불을 끌어당겨 주고
네 기도를 들은 다음 불을 꺼주었다
그리고 발끝으로 걸어 조용히 문을 닫고 나왔지
난 언제나 좀 더 네 곁에 있고 싶었다

인생이 짧고 세월이 쏜살같이 흘러갔기 때문에
한 어린 소년은 너무도 빨리 가버렸지
그 아인 더 이상 내 곁에 있지 않으며
자신의 소중한 비밀을 내게 털어 놓지도 않는다

그림책들은 치워져 있고
이젠 함께 할 놀이들도 없지
잘 자라는 입맞춤도 없고, 기도를 들을 수도 없다
그 모든 것들은 이제 세월 속에 묻혀 버렸다

한때는 늘 바빴던 내 두 손은
이제 아무 것도 할 일이 없다
하루하루가 너무도 길고
시간을 보낼만한 일도 많지 않지
다시 그때로 돌아가 네가 함께 놀아 달라던
그 작은 놀이들을 할 수만 있다면

– 류시화의 『지금 알고 있는 걸 그때도 알았더라면』 중에서

자아상태설문지

각 질문의 빈칸에 점수를 기입하고, 세로로 합산을 하면 총 5개의 점수가 나오게 되는데 CP, NP, A, FC, AC의 순서이다.

그렇다(2점) 보통이다(1점) 아니다(0점)

1	자기의 손익을 생각하고 행동하는 편이다.					
2	자신을 자유롭게 행동하는 사람이라고 생각한다.					
3	남의 말을 가로막고 자기의 생각을 말하는 일이 있다.					
4	생각하고 있는 바를 말하지 못하는 성질이다.					
5	다른 사람을 엄하게 비판하는 편이다.					
6	다른 사람에 대해 헤아려주는 바가 강하다.					
7	상대방의 좋은 점을 잘 알아차리는 편이다.					
8	대화 중에 감정적이 되는 일이 적다.					
9	호기심이 강한 편이다.					
10	시간이나 금전에 대한 약속을 소홀히 하는 것을 싫어한다.					
11	사람들로부터 좋은 인상을 받고 싶어한다.					
12	남이 부탁하면 거절 못 하는 편이다.					
13	양보심이 많으며 앞으로 나서지 않는 편이다.					
14	사회의 규칙, 윤리, 도덕 등을 중시한다.					
15	사물을 분석적으로 깊게 생각한 다음에 결정한다.					
16	싫은 일은 이유를 붙여 뒤로 미루는 경향이 있다.					
17	아이들이나 남의 일을 돌보아주는 것을 좋아한다.					
18	자기의 생각을 주장하기보다 타협하는 일이 많다.					
19	감정보다는 이성적인 편이다.					
20	예절이나 규범에 까다로운 편이다.					
21	의견이 서로 다를 때는 양쪽 의견을 모두 듣고 결정한다.					
22	오락, 음식 등을 만족할 때까지 찾는 편이다.					
23	책임감을 남에게 강하게 요구한다.					
24	남에 대해 융통성 있는 편이다.					

25	불만이 있더라도 참는 편이다.					
26	남의 안색이나 말에 신경을 쓰게 된다.					
27	"해야 한다. 하지 않으면 안 된다"는 말을 자주 쓴다.					
28	말하고자 하는 것을 서슴없이 말해 버리는 편이다.					
29	작은 잘못이라도 흐지부지 지나치지 않는 편이다.					
30	남의 기대에 어긋나지 않도록 노력을 많이 한다.					
31	자기감정을 억누르는 편이다.					
32	원하는 것을 손에 넣지 않으면 못 배기는 편이다.					
33	무슨 일이나 사실에 입각해서 판단한다.					
34	"야, 멋있다. 와" 등 감탄사를 자주 쓴다.					
35	자신이 없고 열등감을 느낄 때가 많다.					
36	여러 가지 책을 많이 읽는 편이다.					
37	농담을 잘하는 편이다.					
38	화내는 일이 많은 편이다.					
39	좋다, 나쁘다를 분명하게 말한다.					
40	앞으로의 일을 냉정하게 생각하고 행동한다.					
41	잘 모르는 것은 질문이나 상의해서 처리한다.					
42	아이들이나 부하의 잘못에 대해 관대하다.					
43	상대방의 말에 귀를 기울여 공감하는 편이다.					
44	아이들이나 부하를 엄격히 교육시킨다.					
45	흥에 취하면 도가 지나치는 행동을 할 때가 있다.					
46	길을 물으면 친절히 가르쳐준다.					
47	감정이 풍부하고 눈물이 많은 편이다.					
48	친구나 가족들에게 무엇이든 사주는 것을 좋아한다.					
49	몸이 좋지 않을 때는 자중해서 무리를 피한다.					
50	동정심이 많다고 생각한다.					

보보의 문제

자아상태 진단에 따른 마음그림표를 작성해 보고 나의 문제에 대해 토의해 보자.

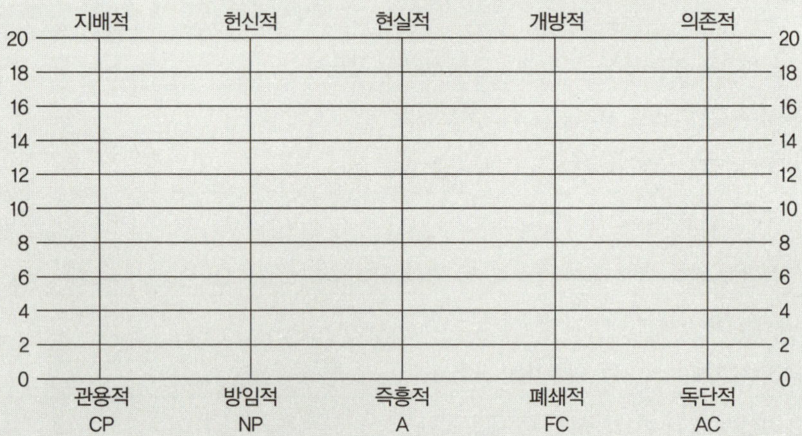

자신의 모습을 개선한다는 것은 마음그림표에서 말하는 P, A, C 간의 에너지 배분을 바꾼다는 의미가 된다.

다음과 같은 점을 배려하여 계획을 세운다.

1. 현재의 모습을 확인한다.
2. 바람직한 모습을 명확히 한다.
3. 높은 것은 낮추고 낮은 부위는 높이도록 한다.
4. 저항을 감안하여 특히 낮은 곳을 높이도록 한다.

〈이상적인 유형〉

- NP를 정점으로 해서 AC로 내려가는 언덕형
- 타인을 위해 행동하고(NP)
- 적절히 명랑하고, 자신을 적절히 표현하고(FC)
- 친절하고 돌보기도 잘하나(NP)
- 자신을 희생하면서까지 하지는 않는다(AC).
- 상대를 설득해서 협력을 촉진한다(A).

이러한 유형은 타인과의 사이에 따뜻한 교류를 형성하는 유형이다. 즉, 자신감이 있고, 좋은 인간관계를 유지하는 유형이다. 겉으로 보이는 성격은 온화하지만 마음은 강건한 외유내강형이다.

보보의 뼈다귀

○ 사람들은 왜 자신의 정보를 누설하는가?

인간의 관심이 어디 있다고 생각하는가?

공공선, 우주, 조국, 원대한 이상…. 모두 틀렸다. 인간 최대의 관심사는 바로 자기자신이다. 바넘효과[8]가 통할 수 있는 이유는 자신에 대한 인간의 지나친 관심 때문이다.

새해가 되면 몹시 바쁜 사람들이 있다. 신년운수를 보러 가는 많은 사람들 때문에 이러한 호황은 계속된다. 점술가는 그저 그런 이야기를 했을 뿐인데 "용하다", "내 상황을 어쩜 딱 맞추나" 등으로 감탄하는 것이 대표적인 바넘효과에 속한다. 바넘효과의 가장 큰 수혜자는 혈액형별 인간의 분류이다. 세상의 모든 B형 남자는 나쁜 놈인가? 대한민국에 몹시 억울한 B형 남자들이 많다. 혈액형에 대한 연구는 모두 O형 인간들이 했을 것이라는 원망이 나올 법도 하다.

바넘효과를 역으로 해석해 보면 인간은 대화를 통해 자신의 정보를 누설한다는 것을 쉽게 알 수 있다. 언어적인 표현이 아니더라도 비언어적인 표현을 통해 자신의 정보를 상대방에게 누설함으로써 자신에 대한 해석이 가능하도록 무의식적으로 돕고 있는 것이다. 여기서 우리가 배울 점은 무엇일까? 상대방이 나에 대한 해석이 가능하다면 역으로 나도 상대방에 대해서 해석할 수 있다는 것이다. 대화를 성공적으로 이끄는 사람은 상대방을 자신의 분위기로 끌어들임으로써 상대방이 자발적으로 자신의 정보를 제공하도록 만든다. 이것은 성공적인 화술의 필수요건이다.

보보의 한 말씀

신경제의 시대에 지속가능한 경쟁력의 유일한 원천이 될 수 있는 것은 당신이 만들어내는 충성스러운 유대관계일 것이다. 인적자본이란 다른 자산들과는 달리 시간이 지나도 감가상각이 되지 않는다. 좋은 와인처럼 해가 갈수록 더욱 가치가 높아지는 것이다.

– 프레드 라이켈트(베인앤드컴퍼니의 경영 컨설턴트)

---

8) 모든 사람들이 갖고 있는 보편적 특징을 마치 자신만의 특징이라고 여기는 현상을 의미한다. 19세기 말 곡예단에서 사람들의 성격과 특징을 조사하는 일을 하던 바넘에게서 유래하였기에 '바넘효과'라 부른다. 1940년대 말 심리학자 포러가 성격진단실험을 통해 처음으로 증명하였기 때문에 '포러효과'라고도 부른다.

CHAPTER 05

성격과 MBTI

1. 성격
2. MBTI
3. 성격 5요인 모델

CHAPTER 05

성격과 MBTI

보보의 뼈다귀

○ 사이코패스

'사이코패스(psychopath)'에 관해 저술한 최초의 임상전문가는 19세기 초의 프랑스인 정신과의사 필리프 피넬(Philippe Pinel)이다. 그는 철저하게 잔혹하고 자제력이 결여된 행동패턴을 '정신착란 증세 없는 정신이상'이라고 정의하면서 '일반인이 저지르는 범죄'와 구분했다. 독일의 슈나이더 박사는 발정, 광신, 자기현시, 의지결여, 폭발적 성격, 무기력 등 10가지 특징을 사이코패스에 속하는 인격유형으로 규정했다.

에드바르트 뭉크의 '절규'(1893)

사이코패스들은 외형상 타인에게 매력적이거나 착실한 평범한 사람으로 인식되는 경우가 많다. 타인에게 친근하고 외향적이며 호감이 가고, 종종 좋은 교육을 받고 아는 것이 많으며 사회적 상호작용을 잘하는 듯이 보인다. 그러나 이들은 자신의 이욕을 위해서는 극단적인 범죄까지도 아무런 거리낌 없이 행할 수 있는 사람들이다.

자료 : 로버즈 헤어의 『진단명 사이코패스』; 서지형의 『속마음을 들킨 위대한 예술가들』

표 5-1 사이코패스 진단지

PCL-R(Psychopathy Checklist-Revised)	
1	말 잘하는 것을 매력적이라고 생각한다.
2	자기의 가치에 대해 자랑하고 다닌다.
3	거짓말을 입에 달고 산다.
4	속임수를 경멸하거나 극단적으로 싫어한다.
5	범죄를 저질러도 양심의 가책을 느끼지 않는다.
6	감동적인 것을 봐도 감동인지 모른다.
7	매사에 냉담하고 남이 말하는 것에 공감하지 않는다.
8	책임감이 없거나 부족하다.
9	일상생활에서 많은 정신적 자극이 필요하고 지루함이 많다.
10	기생충처럼 남에게 빌붙어 산다.
11	나쁜 행동을 자제할 능력이 부족하다.
12	영유아기 때 잔인한 짓을 많이 했다.
13	현실성이 부족한 목표를 길게 끌며, 그것을 할 수 있다고 믿는다.
14	매사에 충동적이다.
15	무책임하다.
16	소년비행을 경험했다.
17	약속을 잘 깬다.
18	아무데서나 성적인 행동을 서슴지 않는다.
19	많고 짧은 연애를 한다.
20	범죄적인 재능을 타고 났거나 재능을 범죄에 이용하려고 한다.

※ 브리티시 컬럼비아대학의 로버트 헤어가 창안하였다. 3점 척도(0, 1, 2)이며, 20문항 40점 만점이다. 이 설문지는 자기보고식 설문형태가 아니라 전문가에 의한 관찰, 인터뷰, 생활기록조사 등을 통해 점수가 기록된다.

1 성격

1) 성격의 개념

성격(personality)은 한 개인의 특별하고 일관된 패턴을 의미하며 이는 한 개인의 일관성이나 연속성에 대한 욕망이다. 인간은 타인이 일관된 방식으로 행위를 하게 되면 그 사람이 동일한 사람이라는 느낌을 받는다. 또한 한 인간에 대한 예측가능성을 높이기 때문에 인간에 대한 구분이 가능하다. 성격은 '꿰뚫어 말함(to speak through)'을 의미하는 라틴어의 합성어 'persona'1)에서 유래되었다. 고대 로마의 배우들은 극중의 역할을 수행하기 위해 가면을 사용하였는데, '페르조나'는 불어로 '가면'이란 의미를 가지고 있다.

따라서 성격이란 개인의 행동을 일관성 있게 만들며, 다른 사람들과는 다르도록 만드는 안정적이고 내적인 요인들이라 정의할 수 있다.

성격에 관하여 정리할 때 필수적인 사안은 개인차(individual differences)와 개인 내

그림 5-1 | 성격(personality)의 빙산모형

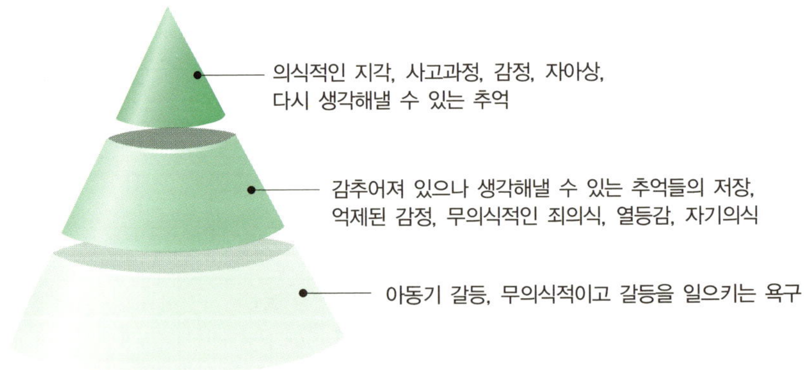

자료 : J.C. Williams, *Human Behavior in Organizations*, South-Western Public, 1978.

1) 융(Jung)은 집단무의식의 구조적 요소를 의미하는 '원형(archetypes)' 중 하나로서 페르조나(persona)를 제시하고 있다. 페르조나는 개인의 진정한 자기가 아니라 타인에게 좋은 인상을 주거나 자신을 은폐시키는 역할을 한다.

기능(intrapersonal functioning)이다. 인간은 모두 서로 다르다. 인간과 인간의 차이는 인간을 요약하는 특징을 만들어낸다. 여기서 개인 내 기능은 올포트(Allport)가 체계의 '역동적 조직'이라고 불렀던 과정이다. 이는 한 개인의 내부에서 발생하는 일련의 과정을 의미한다. 즉, 인간의 행동을 이끄는 내부에서 진행되는 과정이다. 다른 상황에서 다른 방식의 행동을 이끌어내더라도 한 인간에게는 동일한 과정이 관여되어 있다.

성격에 대한 일곱 가지 관점은 성향적(dispositional), 생물학적(biological), 정신분석적(psychoanalytic), 신정신분석적(neoanalytic), 학습적(learning), 현상학적(phenomenological), 인지적 자기조절(cognitive self-regulation) 등이 있다. 성향적 관점은 다양한 상황에서 안정된 성향을 지니고 있다는 점에 기초하고 있다. 생물학적 관점은 성격이 유전에 기초한다고 제안한다. 정신분석학적 관점은 인간성이란 내부에서 경쟁하고 갈등하는 내적 압력들의 집합이라고 제안한다. 신정신분석학적 관점은 정신분석학적 관점의 변형으로 자아와 자아의 발달, 사회적 관계의 중요성을 강조한다. 학습적 관점은 행동변화는 경험의 체계적인 결과라고 주장한다. 현상학적 관점은 개인의 경험이 중요하고 인간은 자유의지를 통해 자기완성으로 향한다고 제안한다. 인지적 자기조절 관점은 인지적 과정이 성격의 기초가 되며, 목표를 설정하고 그 목표를 향한 진전을 확인하는 자기조절 체계라고 본다.

심리학자들과 일반인들이 정의하는 성격의 차이점은 무엇에 초점을 두는가에 있다. 일반인들은 특정한 사람의 성격, 즉 '보보'의 성격에 초점을 맞추는 경향이 있으나 심리학자들은 추상화된 성격(일반적 성격)에 초점을 맞추는 경향이 있다.

표 5-2 성격의 정의

- 성격은 개별 조각들의 단순한 축적이 아니다. 조직이다.
- 성격은 수동적인 존재가 아니다. 능동적이며 일종의 과정이다.
- 성격은 심리적 개념이다. 그러나 물질적 신체와도 연결되어 있다.
- 성격은 원인적 힘이다. 세상과 어떻게 관계를 맺는가를 결정하도록 도와준다.
- 성격은 재현과 일관성을 특징으로 하는 양상으로 드러난다.
- 성격은 한 가지 방식이 아니라 다양한 방식의 행동, 사고, 감정으로 드러난다.

자료 : G.W. Allport, *Pattern and Growth in Personality*, Oxford, England : Holt, Reinhart & Winston, 1961. (저자 수정)

보보의 삐딱다리

가면 속의 나

앙소르[2]의 '가면에 둘러싸인 앙소르'

사람들이 가면을 썼다가 벗으면 좀 전의 밋밋하던 그 사람은 사라지고 가면의 사람으로 완전히 바뀌어 있는 듯 느껴졌다. 사람들 마음속에는 온갖 얼굴들이 살고 있다가 어느 순간 두드러져 나온다. 가면이 실제 얼굴보다 더 진실한 모습일 수 있다. 가면은 인간의 내면 깊숙이 감추어진 본성을 밖으로 드러내주기 때문이다.

– 오스카 와일드

2) 성격의 형성요인

성격이 어떻게 결정되고 규정되는가에 대한 질문은 오랫동안의 연구과제였다. 어떤 학자들은 선천설을 주장하고, 또 다른 학자들은 후천설을 주장하기도 한다. 서로 비슷한 환경에서 자랐음에도 불구하고 매우 다른 성격을 나타내는 경우가 있으며, 서로 다른 환경에서 자란 일란성 쌍둥이가 몸짓, 태도, 말하는 속도, 어조, 습관 등에 있어서 많은 유사점을 보이기도 한다. 어쨌든 성격은 공통적으로 어떤 사람에 대한 일관성(consistency)과 연속성(continuity)의 개념을 포함하고 있다.

성격이라는 단어를 사용하는 이유는 다음과 같다.

첫째, 한 사람 내부의 일관성이나 연속성에 관한 느낌을 전달하고 싶기 때문이다.

둘째, 그 사람이 생각하거나 느끼고 있는 것이 본인 내부에서 유래한다는 느낌을 전달하고 싶어서이다.

인간은 타인의 행동을 예측하고 이해하려고 할 때에도 앞서 기술한 두 가지 개념을 결합해서 사용한다. 행동에 대한 예측은 심리학자들뿐만 아니라 일반인들에게도

2) 벨기에 오스텐트 출생으로 '가면과 해골의 화가'로 유명하다.

그림 5-2 성격의 결정요인

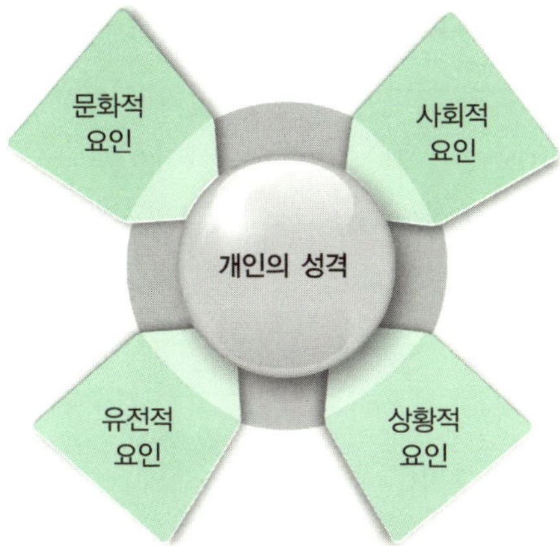

매우 중요한 의미를 지닌다.

프로이트(Freud)는 유아기의 습관과 발달에 의해 개인의 전 생애가 필연적인 인과율에 의해 지배된다고 주장한다. 반면 융(Jung)은 현재가 과거에 의해 영향을 받을 뿐만 아니라 미래에 대한 목적의식에 의해서도 영향을 받는다고 주장한다. 이처럼 인과율과 목적론에 의해 동시에 영향을 받는다는 원리를 '동시성의 원리(principle of synchronicity)'라고 부른다. 또한 융은 유전적 소인도 중요한 역할을 한다고 하며, 인간은 생물학적 본능뿐만 아니라 선조의 경험까지도 유전으로 물려받았다고 주장한다.

인간의 뇌의 신경세포는 갓난아기 때가 가장 많고, 그 뒤로는 1초에 하나씩 줄어든다. 사람의 기억은 한정되어 있으며, 그렇게 볼 때 살아가면서 경험하는 모든 일들이 언제까지나 머릿속에 남아 있게 되는 불편함을 방지할 수 있다. 그러나 특이하게도 뇌 속에서 정보선택과 기억을 담당하는 해마(Hippocampus)의 신경세포는 노력에 따라 늘어나기도 한다.

달라이 라마는 인간의 뇌는 놀라운 적응력이 있어서 계속 변화하고 새로운 생각과 경험에 따라 자기의 배선을 바꾼다고 했다. 새로운 정보를 학습하면 신경의 역할에 변화가 생기고 이렇게 변화된 신경은 전기신호를 더욱 쉽게 전달할 수 있다. 과학자들은 뇌가 선천적으로 갖고 있는 이러한 변화의 능력을 적응성이라 부른다. 이 관점에 의하면 생각을 통해서 새로운 사고방식을 연습하면 신경세포를 재구성할 수 있고 뇌가 움직이는 방식을 바꿀 수 있다. 즉, 학습과정을 통해 마음의 부정적 상태를 긍정적 상태로 변화시킬 수 있다는 것이다. 따라서 행복에 이르는 긍정적 성격으로의 실현가능성이 매우 높다고 볼 수 있는 것이다.3) 이는 NLP(Neuro Linguistic Programming)4)와도 연결된다. 사람들이 어떻게 생각하는가가 그들이 어떻게 경험하는가에 결정적인 차이를 만들어낸다.

보보의 배려다기

남자와 여자의 차이

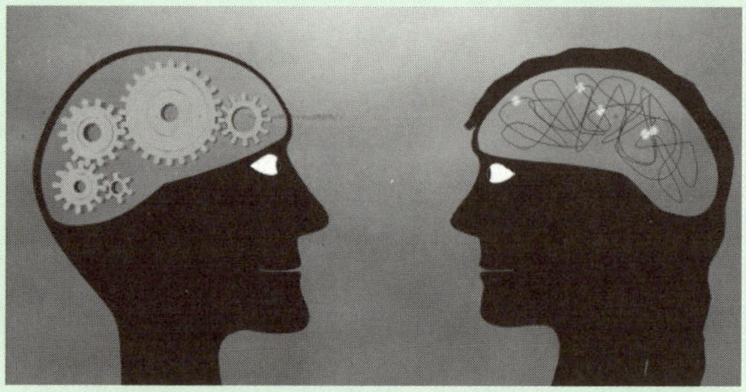

이스라엘 텔아이브대학교 연구진이 남녀 1,400명 이상의 뇌를 자기공명영상(MRI)으로 촬영한 결과 남성과 여성의 뇌구조에는 별다른 차이가 없다는 결론이 나왔다. 일반적으로 여성은 언어를 사용하는 능력이나 타인과 공감하는 능력이 뛰어나고, 남성은 문제를 이성적으로 해결하는 능력이 뛰어나다고 알려져왔다. 여성의 경우에는 언어기능을 담당하는 좌뇌나 기억을 저장하고 감정을 조절하는 해마가 발달되었고, 남성의 경우에는 공간적 사고력을 담당하는 우뇌가 더 발달된 것으로 알려졌다. 그러나 이번 연구에서 남녀 참가자의 뇌에 있는 조직의 두께와 부피를 측정해 본 결과 참가자의 6%만을 제외하고는 모든 조직의 크기가 비슷한 것으로 확인됐다. 즉, 여성의 두뇌나 남성의 두뇌라는 실체는 존재하지 않는다는 것이다. 단지 6%만이 어느 한쪽 성별에 치우친 특성을 보였다. 이번 연구결과는 인간의 뇌는 어느 한쪽 성별의 범주에 속하지 않는다는 사실을 알려준다. 다프나 조엘 교수는 인간은 모두 하나하나의 모자이크라고 말한다. 어떤 사람이 어느 면에서는 남성적이고, 또 다른 면에서는 여성적인 특성을 보이는 것은 이 때문이다.

자료 : 인디펜던트
그림자료 : 게티이미지뱅크

3) 달라이 라마, 『달라이 라마의 행복론』, 김영사, 2001.

4) 세계적 의학최면술사인 밀턴 에릭슨 박사의 최면기술, 수학도였던 리차드 밴들러와 존 그린더의 모델링기술의 결합을 통해 만들어진 'Modeling Human Excellence 기법'이다.

보보의 책 변화하는 자아

환경과 경험이 인간의 뇌를 바꾼다. 때문에 현재 우리의 모습은 우리가 살고 있는 환경과 쌓아 온 경험에 의해 만들어진 것이다.

신경과학자 리처드 데이비슨은 이 발견이 바로 '불교와 만날 수 있는 지점'이라고 말한다. 뉴런 생성이 가능하다는 개념, 즉 뇌는 변화할 수 있고 또 지속적으로 새로워진다는 함의는 서양종교에서 제시하는 영혼과 자아개념에 익숙한 사람들에게만이 아니라 과학계에도 큰 도전이 된다.

한쪽에는 연속성과 불변의 개념 그리고 상대적으로 고정된 자아개념이 존재하고, 다른 한쪽에는 뇌가 지속적으로 변화하며 세포는 죽고 또다시 생성된다는 생각이 존재한다. 뇌가 변하고 뉴런이 새롭게 생성되는데도 어떻게 자아가 동일성을 유지할 수 있는가 하는 문제는 불교의 경우 무아론(無我論)의 교리로 해결할 수 있다.

비록 의식이 자아 또는 영혼의 개념에 가깝다고 하지만, 새로운 감각이 의식에 도달하고 이에 따라 새로운 생각이 일어나서 전체의식의 일부분이 되어가기 때문에 미묘한 변화는 계속해서 일어난다. 불교에서는 자아라는 개념을 벗어 던져버리는 것이 집착으로부터 자유로워지는 지름길이라고 믿는다. 우리는 욕망하고 그 때문에 괴로워하며 다시 그로 인해 고통의 고리에서 벗어나지 못하기 때문이다. 그렇기에 무아에 대한 깨달음을 얻게 되면 개인적 고통을 끊는 길을 향해 한걸음 다가서게 된다.

게이지는 우리의 뇌가 일생 동안 갖게 될 모든 뉴런을 가지고 태어난다는 생각과, 뉴런을 생성하는 것은 우리 인간이 긴 진화의 과정에서 잃어버린 재능이라는 도그마를 무너뜨렸다.

성인의 뇌는 지속적으로 기존의 뇌에 뉴런을 추가해 나간다. 이런 과정이 있기 때문에 우리는 무언가를 기억할 수 있고, 이 세계가 새로움과 신기함에 가득 차 있다는 느낌을 받는다. 그러나 '새로운 뉴런'이라는 개념은 뇌가소성을 설명하는 한 가지 기본적인 요소일 뿐이다. 우리의 뇌는 더욱 놀라운 가능성을 향해 열려 있다.

– 샤론 베글리의 『달라이라마, 마음이 뇌에게 묻다』 중에서

3) 성격의 유형

보보의 배려다기 ○ 성격의 진단

제1차 세계대전 중에 우드워드(R.S. Woodworth)가 미군에 입대하려는 사람들 중에서 정서적으로 불안정한 사람을 가려내기 위해 만든 PDS(Personal Data Sheet)가 최초로 고안된 성격검사이다. 그 후 125문항으로 만들어진 Bernreuter Personality Inventory(1931)

가 최초의 다인성검사이다. 1940년대 초에는 지금까지 가장 폭넓게 사용되는 미네소타 다인성검사(MMPI : Minnesota Multiphasic Personality Inventory)가 개발되었다. 1950년대에는 정신병적인 기질을 가진 사람이 아닌 정상인을 위한 캘리포니아 인성검사(CPI : California Psychological Inventory)와 에드워드의 개인선호도검사(EPPS : Edward Personal Preference Schedule) 등이 개발되었다.

1921년에는 가장 오래 되고 널리 알려진 투사적 기법인 로르샤흐(Rorschach) 잉크반점검사가 개발되어 1920~30년대 유럽과 북미지역을 중심으로 주목받았으며, 1930년대 말에는 또 다른 유형의 투사적 검사인 TAT(Thematic Apperception Test)가 개발되었다. 또한 1961년에는 정신병 환자의 반응과 정상인의 반응을 비교할 수 있는 홀츠만(Horltzman) 잉크반점검사가 개발되었다.

자료 : 한국교육과정평가원

보보의 뼈다귀

새가 알에서 나오려고 싸운다.
알은 곧 세계이다.
태어나려고 하는 자는 하나의 세계를 파괴해야만 한다.
그 새는 신을 향해 날아간다.
그 신의 이름은 아브락사스이다.

자료 : 헤르만 헤세의 『데미안』 중에서

보보의 한 말씀

성격이 지나치게 볼록하거나 오목한 렌즈 같아서 삶의 현실적인 지평에서 적절한 초점거리를 찾아내지 못하는 이들이 있다. 이런 사람에게는 천부적인 재능도 아무 소용이 없다.

– 랄프 왈도 에머슨

(1) 한국의 사상의학

이제마의 사상[5]의학은 유학에 대한 깊은 이해와 조예가 사상적 배경이 되었고, 사상체질을 발견함에 있어 그의 독특한 체질과 지병이 동기가 되었다. 자신의 성격이나 몸의 상태가 다른 사람들과 많이 다르다는 것을 깨달았다. 이로서 사상과 실제가 결합함으로써 사상체질의학이라고 하는 실증적인 의학이 탄생한 것이다. 그는 인간의 인체조직과 생리현상을 바탕으로 인간의 형질을 네 가지로 나누어 다스려야 한다고 제안하고 있다.

한국에서는 기질적 특성을 언급할 때 자주 대두되는 것이 사상의학이다. 사상의학은 사람과 사람 간의 차이를 관찰하고 인간의 심리적 유형을 파악하여 심성의 차이로 인한 적성, 대인관계 등 사회적 활동이 달라지는 것에 기초하고 있다. 인간의 사상체질은 우주와 자연의 이치가 불변하는 것처럼 변화하지 않는다. 왜냐하면 인간과 자연과 우주의 이치가 일치하기 때문이다. 그러므로 우리는 자연과 우주의 이치를 통하여 인간의 체질을 알 수 있고 인간의 체질을 통하여 그 사람의 타고난 성격을 알 수 있다.

이제마[6]는 동의수세보원에서 이를 태양인(太陽人), 태음인(太陰人), 소양인(少陽人), 소음인(少陰人)으로 나누었다.

① 태양인(太陽人)

태양인에 해당하는 사람은 극소수에 불과하다.

---

5) 사상이란 말은 주역(周易)에서 따왔다. 주역에 나타나는 음양의 네 종류가 바로 사상이다. 음양은 오행으로 작용하는데 木, 火, 土, 金, 水 가운데 土는 부동의 체(體)로써 겉으로 드러나지 않으므로 존재가 드러나는 네 가지 존재범주가 곧 사상이다. 사상은 금, 목, 수, 화(金, 木, 水, 火) 또는 태양(太陽), 소양(少陽), 태음(太陰), 소음(少陰)으로 구분된다. 사상이란 인간 본래성에 있어서는 인의예지(仁, 義, 禮, 智)의 사덕(四德)으로 주체화된다.

6) 조선 말기의 한의학자로 자는 무평(務平), 호는 동무(東武), 본관은 전주(全州)이며 함흥(咸興) 출신이다. 어려서부터 의약에 능통했으며, 무인이 되기를 원해 군사관계 서적도 많이 읽었다. 1893년부터 사상의서의 저술을 시작하여 이듬해 『동의수세보원(東醫壽世保元, 2권)』을 끝냈다. 그 뒤 고향에 돌아가 일생을 의학연구와 제자들을 가르치는 데 보냈다. 그는 『주역(周易)』의 태극설에 의한 태양(太陽)·소양(少陽)·태음(太陰)·소음(少陰)의 사상(四象)을 인체에 적용하여 기질과 성격의 차이에 따라 사람의 체질을 4가지로 나누고 그에 적합한 치료방법을 제시한 사상의학(四象醫學)을 정립했다. 이것은 종래의 한방의학의 전통을 깨뜨리고 임상학적 치료방법을 제시한 점에 의의가 있다.

이들은 급진적이고 영웅심이 많아서 주도적 지도자로서의 카리스마를 발휘하지만 때로는 자기주장이 너무 강해 다른 사람을 무시하거나 상처를 주기도 한다.

그들의 강점은 추진력과 창의력이기 때문에 새로운 일을 개척하는 것에 대한 두려움이나 거부감이 없다. 그러나 빠른 선택과 실행은 때로는 실수로 이어지기도 하며, 감정조절이 어려워 분노의 폭발로 이어지기도 한다.

② 태음인(太陰人)

태음인에 속하는 사람은 비교적 비만이 많은 편이다.

스트레스 상황하에서 쉽게 무력감을 느끼고 타인에 대한 의존도가 높다. 따라서 리더로서는 자기통제가 낮은 성향을 보이지만 갈등을 싫어하기 때문에 따뜻한 상사라는 평가를 받기도 한다.

이들은 팀의 결속을 중요하게 생각하며 사람과 사람과의 관계성을 중요하게 생각한다. 따라서 팀원 간의 결속력이 필요한 집단에 태음인을 넣으면 좋은 결과를 가져올 수 있다.

그러나 태음인들은 변화를 싫어하기 때문에 새로운 일의 시작에는 더딘 편이며, 이들 중 전문가로 인정받는 사람이 많은 이유는 한 분야에 집중하며 변화를 시도하지 않는 성향 때문이다.

③ 소양인(少陽人)

소양인은 사교형의 성향을 지닌 사람이다.

이들 중에는 외향성을 지닌 사람이 많으며, 정서적 관계에 민감하다. 타인을 신뢰하고 배려하며, 커뮤니케이션기술이 뛰어나다. 이들이 리더가 되면 뛰어난 언변과 설득력으로 많은 사람들이 따른다. 이들은 인간관계에서 탁월한 능력을 발휘하므로 협상분야의 최고 전문가가 될 수 있다.

네 가지 체질 중에 가장 이타적 성향이기는 하지만 규칙적인 활동의 수행이나 성실감은 낮은 편이다.

보보의 뼈다귀

○ 그림으로 보는 사상체질

태양인　　소양인　　태음인　　소음인

태양인은 매번 어떤 일을 얻으려고 하나 얻지 못하여 분하고 화나는 마음이 항시 가슴속에 스며있다. 태음인은 항상 크게 일을 하려고 하는 마음이 존재함으로써 겁나고 무서운 마음이 가슴속에 항상 스며있다. 소양인은 크게 일을 얻어 보려고 하나 얻지 못하여 항시 근심하고 염려하는 마음이 가슴속에 스며있다. 소음인은 매번 하고자 하는 바가 있는데 몸의 문제가 있어 즐거움만 좋아하는 마음이 가슴속에 스며있다. – 이제마

④ 소음인(少陰人)

소음인은 진지하지만 심리적 불안을 자주 느끼는 성향을 지니고 있다.

내성적이며 의심이 많고, 원리원칙을 중요하게 생각하고 자신에 대한 기대치가 높아 일의 결과에 대해 쉽게 만족하지 못한다.

다른 체질보다 철저한 계획과 준비를 거치기 때문에 완벽하다는 평가를 많이 받는다. 때문에 자신의 기준과 타인의 것이 맞지 않을 때 타협이 이루어지기 어렵기도 하다.

네 가지 체질 중 가장 정서적으로 예민하다. 학자들 중에 소음인 체질이 많으며, 이들은 학업수행 정도가 뛰어나지만 완벽주의 때문에 건강을 돌보지 않아 문제가 되는 경우가 많다.

표 5-3 재미로 보는 사상체질과 성격

사상체질	성향	특성	이미지와 의미	성격
태양인	담즙질 (choleric)	• 적극적 • 남성적 • 용감한	• 'choleric'이란 단어는 불의 성격 • 흥분성의 의미	외향성과 사고형의 조합
소양인	다혈질 (sanguine)	• 추진력이 강한 • 마무리가 서툰 • 타인을 돕는 • 칭찬을 좋아하는	• 'san-guine'의 어원은 피(blood)와 맥락이 닿아있음 • 정열성을 의미	외향성과 감정형의 조합
태음인	점액질 (phlegmatic)	• 조심성이 많은 • 고요한 • 움직이지 않는 • 보수적인	느리고 무감정한 (slow & apathetic)	내향성과 사고형의 조합
소음인	우울질 (melancholic)	• 내성적인 • 침착한 • 이성적인 • 불안정한	슬픔(sadness)의 이미지	내향성과 감정형의 조합

(2) 히포크라테스의 정의

히포크라테스(Hippocrates)는 최초로 성향의 관점에서 인간성격을 기술하려고 시도했다. 그 후 18세기에 칸트가 히포크라테스의 네 가지 기질을 감정과 활동성의 차원에서 재정의하였다. 우울한 사람은 연약한 감정, 다혈질은 강한 감정을 가진 것으로 보았으며, 점액질은 미약한 활동성을 보이고, 담즙질은 강한 활동성을 가지고 있다고 제안했다.

히포크라테스는 기원전 약 400년경에는 사람들을 네 가지 집단으로 나눌 수 있다고 생각했다. 성격에 대한 히포크라테스의 정의는 후에 갈렌(Galen, 기원후 약 150년경)에 의해 확장되었다.

히포크라테스, 갈렌, 칸트의 관점과 현대학자들의 관점은 유형과 특질로 구분될 수 있다. 유형은 한 개인특성을 분리된 범주로 분류하는 것이고, 특질은 한 개인이 연속되는 차원에서 정도의 차이를 보이는 것이다.

히포크라테스에 의한 유형구분은 다음과 같다.

첫째, 담즙질(choleric)의 유형이다. 이 유형은 화를 잘 내는 성향을 지니고 있다.

표 5-4 개인의 성격과 기질에 따른 색채선호(soul color)

기질	성격	선호색
다혈질	• 장기간 작업에서의 훌륭한 제안자이다. • 문제를 얕잡아 보는 경향이 있다.	노란색(공기요소와 결합)
우울질	• 세부적인 것에 관심이 있다. • 계획의 실천에 능하다. • 슬픔에 쉽게 빠져든다.	푸른색(물요소와 연관)
담즙질	• 화를 잘 낸다. • 생각보다 행동이 앞선다.	빨간색(불요소와 연관)
점액질	• 무기력 또는 침착하다. • 앞으로 생길 일을 끝없이 기다린다.	초록색(땅요소와 연관)

자료 : 배은우의 『색깔로 나를 바꾼다』 중에서

둘째, 우울질(melancholic)의 유형이다. 이 유형은 침울한 성향을 지니고 있다.

셋째, 다혈질(sanguine)의 유형이다. 이 유형은 낙천적인 성향을 지니고 있다.

넷째, 점액질(phlegmatic)의 유형이다. 이 유형은 침착한 성향을 지니고 있다.

아이젠크(H. Eysenck)는 히포크라테스와 갈렌에 의해 확인된 네 가지 유형을 확장하여 두 개의 차원으로부터 분류된 네 가지 범주의 조합으로 구성되었을 것이라고 제안했다.

그는 두 개의 특성을 '내향성-외향성(introversion-extraversion)'과 '정서적 안정성(emotionality-stability)'이라 구분했다. 외향성 차원은 사교성(sociability), 흥분을 갈망함(craving excitement), 쾌활함(liveliness), 활동성(activeness), 지배성(dominance)의 경향성과 관련이 있으며 이런 것들이 외향적인 사람을 특징짓는다. 그리고 신경증의 차원, 즉 정서적 불안정성은 사람이 쉽게, 자주 혼란에 빠지거나 고통을 받는 것, 불안하고 변덕스러운 것과 관련된다. 반대 극단인 정서적 안정성은 안정적이고, 조용하고, 침착한 것과 관련된다. 정서적 불안정성, 즉 신경증 수준이 높은 것은 침울함, 불안감, 우울감으로 반영된다.[7]

아이젠크는 기본적 유형을 측정하기 위해 EPQ(Eysenk Personality Questionnaire)를 개발하였다.

7) C.S. Carver & M.F. Scheier, *Perspectives on Personality*, Allyn & Bacon, 2004.

표 5-5 EPQ의 해당 문항의 사례

외향성
1. 당신은 사람들과 어울리는 것을 좋아합니까?
2. 당신은 외출하는 것을 좋아합니까?
3. 당신은 자신을 낙천적인 사람이라고 생각합니까?
신경증
1. 기분의 변화가 자주 일어납니까?
2. 짜증이 자주 납니까?
3. 초조한 기분을 자주 느낍니까?

자료 : H.J. Eysenck, S.B.G. Eysenck, *Manual of the Eysenck Personality Questionnaire*, San Diego : Edits, 1975.

선행연구들을 통해서 긍정적 감정에 빠지는 성향의 원인으로 입증된 것은 외향성, 교육, 직장, 적극적인 사회참여, 긍정적인 사건, 만족스러운 여가활동 등이다. 부정적 감정에 빠지는 성향의 원인으로 입증된 것은 신경증적 성격, 감정에 좌우되는 성격, 낮은 사회적 지위, 좋지 않은 건강, 낮은 자부심, 스트레스를 주는 사건 등이다. 그러나 최근 래니(M.O. Laney)는 그녀의 저서 '*Introvert Advantage : How to Thrive in an Extrovert World*'에서 외향적인 사람과 내향적인 사람의 비율은 3:1이며, 외향적인 사람들을 기준으로 해서 만들어진 세상에서 살고 있는 내향적인 사람들은 삶을 표현하고 관리하는 방식이 다를 뿐이지 내향성이 외향성에 비해 결코 열등한 개념은 아니라고 주장한 바 있다.

미국 국립보건연구원의 폴 코스타는 장기간의 연구를 통해 발표한 보고서에서 외향성 지수가 높은 사람은 17년 뒤에 실시한 행복평가에서 높은 점수를 받았다고 말했다. 외향적인 사람들이 더 행복한 이유는 여러 가지로 설명될 수 있으나 그들은 주위 사람들의 반응을 선택적으로 받아들이기 때문이라고 주장했다. 내향적인 사람들에 비해 외향적인 사람들은 타인의 긍정적인 반응에 더 민감하고, 부정적인 반응에는 덜 민감하다는 것이다. 또한 사회심리학자인 마이어(D. Myers)는 자신의 저서 '*The Pursuit of Happiness*'에서 자부심, 낙천성, 외향성이라는 세 가지 특질을 가지고 있느냐 없느냐의 여부에 따라 행복이 결정된다고 말했다. 그러나 래니는 이 주장도 반박하고 있다.

외향성을 지지하는 사람들이 진행하는 연구에는 중요한 허점이 하나 있다. 참가자들에게 "나는 타인들과 함께 있는 것을 좋아한다", "나는 같이 있기 재미있는 사람이다"와 같은 문항에 '예'와 '아니오'의 둘 중 한 가지로만 대답하게 한다는 점이 바로 그것이다. 그녀가 주장하는 내향적인 사람들의 행복에 대한 기준은 외향적인 사람과는 많이 다르다. 마치 화성과 금성에서 온 남녀처럼 말이다. 내향적인 사람들의 행복에 대한 기준은 "나는 나 자신을 잘 안다", "나는 있는 그대로의 내 모습에 익숙하다", "나는 자유롭게 내 길을 간다" 등과 같은 것이다. 그런데 외향성 위주의 설문지에는 이런 내용이 하나도 없다는 것이다. 수적으로 우월한 외향적인 사람들로부터 내향적인 사람들은 매일 다른 사람들처럼 행동하라는 엄청난 압력을 받기 때문에 외향적인 사람들에 비해 불행해 보이는 것일 뿐이다. 마이어스와 브릭스(Myers-Briggs)의 성격유형지표인 MBTI에 의한 16가지 유형들처럼 외향성과 내향성은 그저 개인 간의 독특한 차이일 뿐이다.

그렇다면 외향성과 행복이 완전한 상관관계에 있지 않다면 행복한 사람이 반드시 외향적일 필요는 없으며, 행복하고 내향적인 사람도 있을 수 있다. 이러한 부분에 초점을 맞춘 결과 행복한 사람은 외향성 이외의 행복과 관련된 성격특성 중 신경증적 성향이 거의 없었다.

심리학자들은 얼마나 자주 불안이나 우울한 기분을 느끼느냐는 등의 설문을 통해 신경증적 성향을 측정한다. 베일러대학과 미주리대학의 크리스티나 드네브와 해리스 쿠퍼는 행복과 신경증적 성향의 관계를 조사한 74건의 연구결과를 분석하여, 신경증적 성향이 강한 사람일수록 행복도가 낮다고 보고했다. 신경증적 성향을 가진 사람이 불행한 이유는 그들이 우울해지기 쉽고, 불안해하고, 스트레스에 민감하여 감정상태가 대체로 부정적이기 때문이다.

유머감각에 대한 연구에서 개인별로 유머를 상황에 대처하는 수단으로 얼마나 많이 활용하는가는 일관된 차이를 보였다. 뛰어난 유머감각을 가진 사람은 행복지수가 높고, 우울과 내향성지수는 낮았다. 그 이유 중의 하나는 유머가 사교생활을 하는데 도움을 주고 사회적 유대를 강화하기 때문인 것으로 보인다. 유머감각은 사물을 재미있게 바라볼 수 있는 능력이기도 하기 때문에 일종의 낙천주의로 작용한다. 유머는 서로 다른 두 가지 관점을 동시에 가질 수 있는 데서 나온다.

보보의 책 생각과 성격

"사람의 성품과 기질은 마음속에 품고 있는 생각에 따라 결정된다"는 격언은, 사람이란 존재 전체를 설명할 뿐만 아니라 삶의 모든 조건과 환경에도 적용되는 넓은 뜻을 가진 말이다. 사람은 문자 그대로 자신의 생각 그 자체이며, 자신의 생각들을 모두 합한 것이 곧 성격이다.

식물은 씨앗에서 싹을 틔워 자라며 씨앗이 없으면 생겨날 수 없듯이, 우리의 모든 행위는 생각이라는 보이지 않는 씨앗에서 생겨나며, 생각 없이는 밖으로 드러나는 행동도 없다. 이 원리는 의도적인 행동뿐 아니라 '무의식적'이고 '우발적'인 행동에도 똑같이 적용된다.

행동은 생각의 꽃이며, 기쁨과 고통은 그 열매이다. 그러므로 사람은 자신의 마음밭에 뿌리고 가꾼 생각의 씨앗에 따라 달콤한 열매와 쓰디쓴 열매를 거두어들인다.

– 제임스 알렌의 『생각의 법칙』 중에서

보보의 한 말씀

착한 마음은 불운을 이겨낸다. – 스페인 속담

보보의 베개다귀 ○ 글루미 선데이

자살교향곡으로 유명한 '글루미 선데이(Gloomy Sunday)'는 1933년 레조 세레스가 작곡한 실연의 아픔을 담은 곡이다. 원제목은 'Szomoru Aasarnap'이다. 이 노래가 방송된 후 헝가리에서만 8주 만에 187명이 자살했다. 프랑스 파리에서 열린 레이 벤츄라 오케스트라 콘서트에서는 이 곡을 연주하던 도중 드럼 연주자가 권총으로 자살했고, 결국 연주자 모두가 자살하는 사건이 발생하기도 했다. 코코 샤넬은 이 노래에서 영감을 얻어 '피치 블랙–죽음의 화장품'을 출시하기도 했다. 레조 세레스도 1968년 자살했다. 사상 초유의 사태로 원본음반은 파기되었고 노래는 금지되었다.

'글루미 선데이' 악보

그들은 글루미 선데이 때문에 자살한 것일까?

곡은 애잔하고 아름답다. 비가 올 때 커피 한 잔과 어울리는 곡이다. 이 곡을 듣고 죽고 싶어질 것 같지는 않다. 그렇다면 무엇이 원인이었을까?

당시의 시대상에 주목할 필요가 있다.

제2차 세계대전 전후의 시대적 배경은 암울하고 희망이 없었다. 특히 헝가리는 경제적으로도 매우 힘든 시기였다. 고학력의 젊은이들조차 일자리를 구할 수 없었고, 노인빈곤율은 매우 높았다. 경제적 빈곤의 심화와 사회안전망 부족이 기저에 깔려있었던 것이다. 헝가리와 지금 한국의 사회구조는 비슷하다. 따라서 자살을 개인적인 문제가 아니라 사회시스템적으로 접근해야 한다는 주장이 제기되는 것이다.

그림 5-3 | 아이젠크의 성격특성

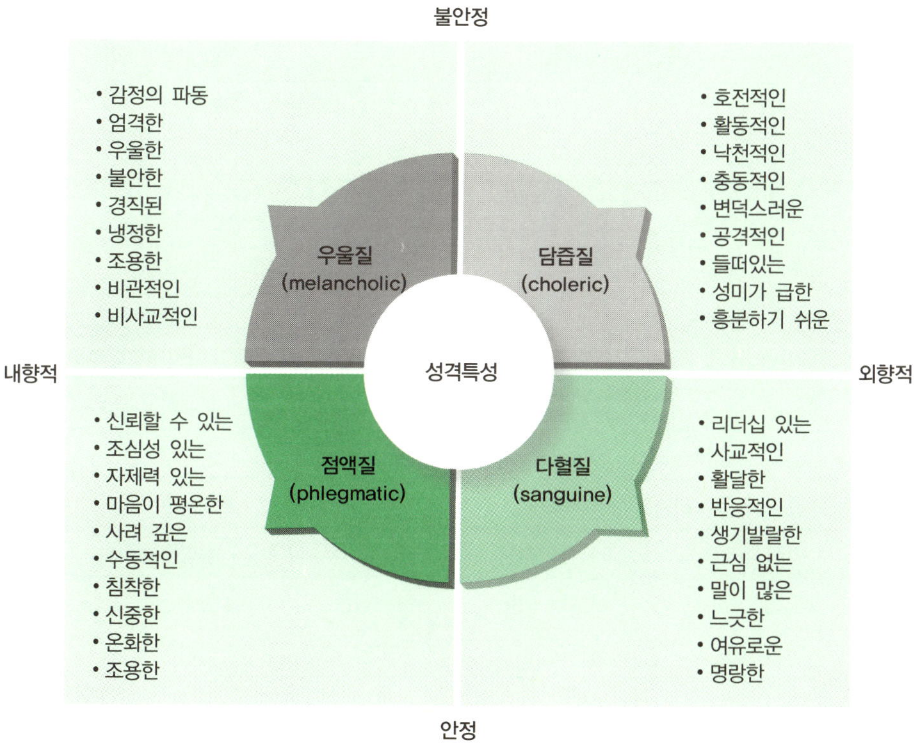

벌벌의 한 말씀

철학, 시, 예술에 능한 사람은 모두 멜랑콜리하다.

– 아리스토텔레스

○ 히포크라테스의 기질테스트

	다혈질	담즙질	우울질	점액질
1	생동감 있는	모험적인	분석적인	융통성 있는
2	쾌활한	설득력이 있는	끈기 있는	평온한
3	사교적인	의지가 강한	희생적인	순응하는
4	매력적인	경쟁심이 있는	이해심이 많은	감정을 억제하는
5	참신한	능력이 비상한	존중하는	삼가는
6	신나는	독자적인	민감한	수용하는
7	장려하는	긍정적인	계획하는	참을성이 있는
8	충동적인	확신하는	계획을 따르는	과묵한
9	낙천적인	솔직한	질서 있는	포용력 있는
10	재담이 있는	주관이 뚜렷한	신실한	응답하는
11	즐거운	겁이 없는	섬세한	외교적인
12	명랑한	자신감 있는	문화적인	안정된
13	고무하는	독립적인	이상적인	거슬리지 않는
14	표현하는	단호한	몰두하는	정색하고 농담하는
15	쉽게 어울리는	행동하는	음악을 좋아하는	중재하는
16	말하기 좋아하는	성취하는	사려 깊은	관대한
17	열정적인	책임을 지는	충성스러운	경청하는
18	무대형의	지도력 있는	조직적인	만족한
19	인기 있는	생산적인	완벽을 추구하는	편안한
20	활기 있는	담대한	예의바른	중도적인
합계				

※ 수를 합해 합계란에 표시한다.
가장 많은 수가 주된 기질이고, 다음으로 많은 것이 부기질이다.

보보의 배껴다귀

○ 열등기능이 나를 괴롭혀요!

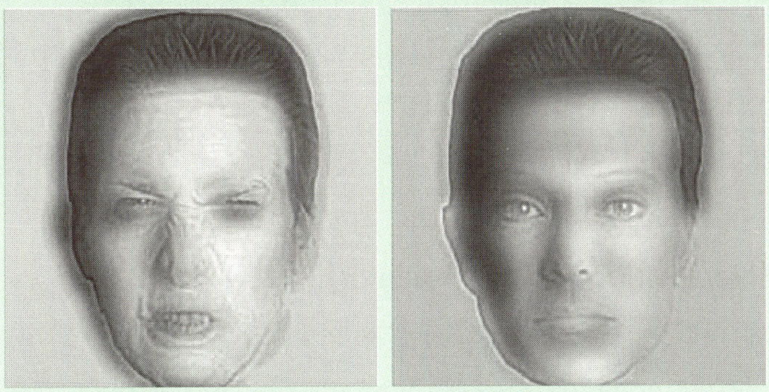

'화난 박사와 미소 씨(Dr. Angry and Mr. Smile)'라는 착시작품
2~3m 뒤로 물러나 작품을 보면 상반된 표정으로 인식된다.

우리 모두는 어느 날 아주 낯선 누군가를 내 안에서 경험하게 된다. 이 이상하고 낯선 열등기능은 '지킬 박사와 하이드'처럼 우리를 놀라고 당혹스럽게 한다.

우리들 자신이나 다른 사람들에게서 여느 때와는 다른 그 무엇인가를 발견하게 될 때 때로는 즐겁고, 때로는 기쁘고, 때로는 두렵고, 때로는 언짢고, 때로는 당황스러울 것이다.

갑작스럽게 찾아오는 이 손님은 우리가 가지고 있는 성격 중 의식적으로 드러나지 않는 부분으로서 스트레스, 피로, 질병 등의 특수한 상황에서 극적으로 출현하게 될 가능성이 많다. 우리는 이 나답지 않은 특성들을 이해하고 통제함으로써 개인적인 깨달음과 성장의 기회를 얻을 수 있다.

위 사진은 '화난 박사와 미소 씨(Dr. Angry and Mr. Smile)'라는 착시작품이다.

친절한 지킬 박사와 무시무시한 괴물 하이드가 공존하는 로버트 스티븐슨의 원작처럼 이 착시작품은 어떤 사물이라도 관점에 따라 전혀 다른 느낌을 줄 수 있다는 평범한 진리를 다시 깨우쳐준다.

MIT의 오드 올리바(Aude Oliva) 박사와 글래스고대학의 필리페 샤이킨스(Philippe Schyns) 박사의 연구결과를 바탕으로 만들어진 이 작품의 왼쪽에는 무섭게 찡그린 사람(Dr. Angry)의 얼굴이, 오른쪽에는 편안한 인상을 한 사람(Mr. Smile)의 얼굴이 그려져 있다.

그러나 사진을 2~3미터 뒤로 물러서서 감상하면 '화난 박사'의 얼굴은 편안한 인상으로 '미소 씨'의 얼굴은 화난 인상으로 뒤바뀌어 보인다.

이 신기한 현상은 인간의 눈이 가까운 대상은 미세한(fine) 부분을, 먼 대상은 대략적인(coarse) 부분을 받아들이는 원리를 이용했다. 즉, 화난 박사의 얼굴의 미세한 부분은 화가 난 표정을 구성하지만 대략적인 부분은 편안한 인상으로 보이도록 구성되어 있을 뿐이다.

자료 : 국민일보 ; 한국심리검사연구소

보보의 한 말씀

우리에게 '다르다는 것'은 언제나 낯설고 받아들이기 어려운 것으로 보인다. 그러나 만약 이런 감정이 우리 안에 스며들어 고민하도록 우리 자신에게 허용한다면, 우리는 이 작은 자각으로 인해 더 풍요로운 사람이 될 것이다.

– 융(Jung)의 『변화의 문명』 중에서

(3) MBTI(Myers–Briggs Type Indicator) 성격유형

성격유형에 대한 개념은 스위스의 정신과 의사이자 심리학자인 칼 융(Jung)과 두 명의 미국인 캐서린 브릭스(K. Briggs)와 이사벨 브릭스 마이어스(I. Myers)에 의해 개발되었다. 융(Jung)은 사람을 지배하는 정신기능과 그들이 선호하는 태도를 이해하게 되면 행동도 예측가능하다는 것을 깨달았다.

1921년 융(Jung)의 성격이론은 '*Psychological Types*'[8]라는 책으로 출간되었다. 1923년 이 책을 읽은 캐서린은 그의 모델을 통해 성격유형에 대한 연구를 시작했으며 그녀의 딸인 이사벨에게도 관심을 갖도록 유도했다. 두 모녀는 융(Jung)이 만든 유형의 이론적 토대를 기초로 하여 MBTI(Myers–Briggs Type Indicator)[9]를 만들었다. 이는 네 가지의 선호도와 열여섯 가지의 성격유형으로 이루어져 있다. MBTI는 일종의 성격유형 선호지표이며 개인의 성격을 진단하는 자료로 대중적으로 활용되고 있다. 한국에서는 문화적 차이를 고려한 번역과정과 엄격한 표준화과정을 거쳐서 한국판 MBTI를 개발하여 1990년부터 사용하고 있다.

유형발달은 일생동안 이루어지는 과정이다. 네 가지 기능 중에서 출생할 때부터 선호하는 두 가지의 기능을 최대한 발달시키고(출생→청년기), 상대적으로 관심이 적은 나머지 두 기능도 어느 정도 활용할 수 있는 상태로 발전시킨다(중년기 이후→조화).

8) 융(Jung)의 심리유형론은 프로이트(Freud)와의 견해차이 때문에 갈등하던 경험을 바탕으로 사람들이 어떻게 다른가 하는 회의가 계기가 되어 이론으로 발전하게 되었다.

9) www.mbti.co.kr(한국MBTI연구소)
www,kapt.or.kr(한국심리유형학회)
www.kpti.com(한국심리검사연구소)

융(Jung)의 심리유형론은 인간의 행동이 다양성으로 예측할 수 없는 것 같아 보여도, 그 안에는 아주 질서정연하고 일관된 성향이 존재한다는 가정에서 출발하였다. 심리유형론은 4가지 구도로 되어 있으며, 에너지를 사용하고, 정보를 수집하고, 결론에 도달하고, 외부세계와 관계를 맺는 것에 대한 상반되는 방식을 포함하고 있다. 개인이 행동의 다양성을 보이는 것은 인식(perceiving)하는 방식과 판단(judging)하는 방식이 다르기 때문이다. 인식이란 사물, 사람, 사건, 생각에 대해서 깨닫게 되는 기능이 포함된다. 판단에는 이미 인식한 것과 관련지어서 결론을 내리는 기능이 포함된다.

융이 제안한 정신적 기능의 구성요소는 사고, 감정, 감각, 직관이다. 이는 정신의 반대원리에 따라 합리적 차원(사고-감정)과 비합리적 차원(감각-직관)으로 구분된다.

두 가지 인식방법 중의 하나는 감각(sensing)으로 이는 오감을 통해 사물을 직접적으로 인식하는 것이다. 또 다른 하나인 직관(intuition)은 간접적이고 무의식적인 방식으로 인식하는 것이다. 그러므로 직관에는 외부로부터의 인식에 무의식이 첨가된다.

판단의 방식 중 하나인 사고(thinking)는 논리적 방식에 의해 객관적인 판단을 하는 것이다. 또 다른 하나인 감정(feeling)은 감지하는 것이다. 감정도 합리적 방식이며 개인적이고 주관적인 가치를 사물에 적용해서 판단을 내리는 방식이다.

그림 5-4 | 융(Jung)의 심리유형론

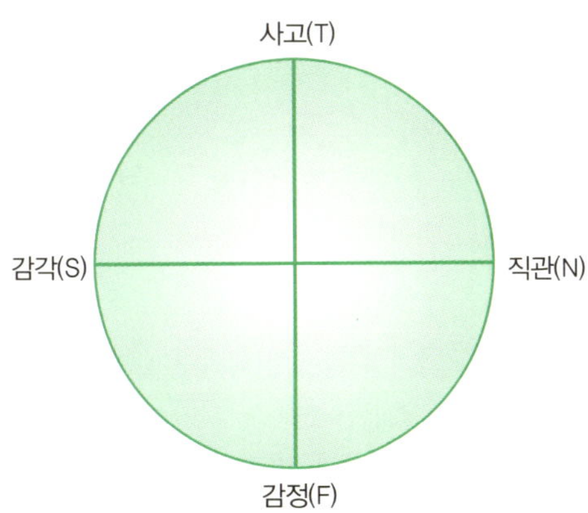

인식과 판단을 사용함에 있어서 또 하나 주의를 기울여야 하는 것은 인간이 외부세계와 내부세계에 보이는 관심이다. 융은 이것은 외향성(extraversion)과 내향성(introversion)으로 설명했다. 외향성을 지닌 사람들은 타인과 외부세계에 많은 관심을 가지며, 내향성을 지닌 사람들은 자신의 생각을 인식하고 판단하는 데 집중한다.

융(Jung)의 관점은 에너지를 한 방향으로 사용하는 것은 인간을 편협하게 만들고, 균형을 잃게 만들고, 삶을 서투르게 다루도록 만들기 때문에 에너지 사용의 균형을 강조한다.

보보의 뼈다귀

○ 원형

융은 조상으로부터 물려받은 정신적 소인이며 집단무의식을 구성하고 있는 것을 원형이라 보았다. 원형은 인간이 갖는 보편적, 집단적, 선험적인 심상들이며 성격의 주요한 구성요소이다.

1) 페르조나(persona)

페르조나는 사회에서 요구하는 반응들에 대해서 바깥으로 보이는 외부적 모습이다. 인간은 페르조나를 통해 자신이 원하는 좋은 인상을 줄 수도 있고, 원하지 않는 모습을 은폐시킬 수도 있다.

2) 아니마와 아니무스(anima & animus)

남성의 내부에 있는 여성성을 아니마라 하고, 여성의 내부에 있는 남성성을 아니무스라 한다. 남성성의 속성은 이성(logos)이고, 여성성의 속성은 사랑(eros)이다. 온전한 인간이 되기 위해서는 남자는 여성성을, 여성은 남성성을 개발해야만 한다.

3) 그림자(shadow)

인간의 억압되고 추악한 측면이다. 원초적이며 동물적인 원형이다.

그림자에는 부정적 의미만 존재하는 것이 아니라 이것을 잘 활용하면 창조성과 생명력의 원천이 되기도 한다.

4) 자기(the Self)

융은 모든 인간의 삶이 자기가 되기 위한 과정이라고 보았다. 모든 정신체계가 충분히 발달해야만 나타난다. 인생의 가장 결정적 변화의 시기인 중년기에 나타난다. 개인은 자기실현을 통해 자신에 대한 정확한 지각과 미래의 목표의식을 확인할 수 있다.

아니마와 아니무스

아니마(Anima)-마음(Seele)	아니무스(Animus)-혼(Geist)
• 가정 • 감정 • 생명의 잉태 • 죽음의 포용	• 사회적 지위 • 권위와 법 • 명예 • 학문 • 사상과 철학

아니마의 딜레마

오늘날에도 베아트리체의 영향력은 결코 줄어들지 않았다.

모든 남성은 이중적인 아니마를 갖고 있다. 남성은 생리적으로 여성에 대한 두 개의 비전을 가지고 있으며, 둘 사이의 딜레마를 어떻게 처리하느냐에 따라 남성의 고결함이 결정된다.

첫 번째 비전은 여성을 천상의 존재로 보는 것이다. 베아트리체처럼 남성에게 미지의 세계를 열어 보여주고는 말없이 떠나간다. 베아트리체는 남성의 삶에서 이른 시기에 등장하는데, 남성은 그녀를 다시 만날 수 있을 만큼 강해질 때까지 멀리 하려 한다.

또 다른 비전은 재미있고 성적인 매력이 넘치는 완벽한 배우자감인 세속적 여성상이다. 이런 여성은 어두운 면—한 마리 용, 암컷, 창녀—을 포함하여 인간적인 속성을 모두 가지고 있다. 모든 남성은 여성에 대한 어두운 기대와 밝은 기대 사이에서 혼란을 겪고 있다.

그리고 모든 여성은 남성이 이 두 가지 비전 사이에서 방황하고 있다는 것을 경험을 통해 알고 있다.

자료 : 로버트 존슨의 『내면의 황금』 중에서

두 명의 베아트리체

귀도 레니의 '베아트리체 첸치'

프란체스코 첸치는 아내와 아들들을 학대하였으며, 딸인 베아트리체와는 근친상간을 벌이는 패륜을 저질렀다. 베아트리체 그리고 그녀를 동정했던 계모와 친오빠, 이복남동생은 프란체스코에게 복수하고 말겠다고 결심, 그를 죽이기 위한 음모를 계획하였다. 1598년 9월 9일, 두 명의 하인이 베아트리체 일당을 도와 프란체스코에게 독약을 먹였지만 죽지 않았다. 그러자 베아트리체와 그녀의 형제, 계모는 망치로 프란체스코를 쳐 죽인 다음 실족사한 것으로 위장하려고 높은 난간에서 시체를 떨어뜨렸다. 그렇지만 결국 음모가 밝혀졌고, 첸치 가문의 가담자 전원이 체포되었으며, 유죄로 인정되어 사형판결을 받았다. 베아트리체의 시신은 산 피에트로 인 몬토리오 성당에 매장되었다. 이 일로 로마 사람들은 베아트리체를 오만한 귀족 계급에 대한 저항의 상징으로 삼았다.

프랑스의 작가 스탕달은 1817년 이탈리아의 피렌체를 방문하여 귀도 레니의 '베아트리체 첸치'의 초상을 감상하다가 무릎에 힘이 빠지고 심장이 빠르게 뛰는 것을 수차례 경험했다. 여기에서 유래하여 아름다운 그림 같은 뛰어난 예술 작품을 감상하면서 심장이 빨리 뛰고, 의식 혼란, 어지럼증, 심하면 환각을 경험하는 현상을 스탕달 증후군(Stendhal syndrome)이라 한다.

또 하나의 베아트리체는 이탈리아의 시인 단테의 영원한 연인이다. 단테는 아홉 살 때 피렌체 귀족의 딸 베아트리체를 만나 첫눈에 반한다. 9년 뒤인 열여덟 살 때 다시 베아트리체를 만난 단테는 몇 해 동안 온갖 열정을 쏟아 사랑한다. 그러나 운명의 여신은 단테의 소망을 들어주지 않는다. 베아트리체는 다른 사람과 결혼했다가 스물네 살의 젊은 나이로 죽는다. 단테는 베아트리체를 잊지 못해 10여 년 동안이나 타락한 생활을 한다. 방랑생활을 하면서 필생의 대작 '신곡'을 구상하고 1307년(42세)에 집필을 시작, 13년에 걸쳐 완성한 뒤 바로 숨을 거둔다.

『신곡』의 '지옥편'은 첫사랑을 잃은 뒤 타락한 생활을 한 자신의 모습이, '연옥편'은 영혼이 갱생하는 고통스런 과정이 반영되어 있다. 연옥을 빠져 나온 단테는 '천국편'에서 자신의 젊은 시절 연인이면서 우상이었던 베아트리체를 만나 그녀의 안내로 천국을 유람한다.

2 MBTI

1) MBTI의 4가지 선호경향

MBTI는 일상생활에서 유용하게 활용할 수 있는 성격지표이므로 정신질환자들에게는 적용이 부적합하다. 또한 최근 극심한 심리적 불안상태나 생활의 변화를 겪은 사람들, 문항해독능력이 적절하지 않은 사람들은 그 대상이 될 수 없다.

MBTI에는 4가지 선호경향이 있으며, 여기에는 주기능, 부기능, 3차 기능, 열등기능이 포함된다.

(1) 주기능(dominant function)

네 가지 기능 중 심리적 에너지가 가장 많이 사용되는 기능이다. 그러므로 가장 의식적인 기능이 된다. 보편적으로 내가 잘 알고 통제할 수 있는 기능이기 때문에 많이 사용하고 사용을 통해 즐거움과 유익을 얻게 된다.

(2) 부기능(auxiliary function)

주기능에 이어서 두 번째로 많이 사용하는 기능이다. 부기능은 주기능을 보완하고 균형을 잡아주는 역할을 하게 된다. 그러나 주기능만큼 의식적이거나 통제가능하지는 않다.

(3) 3차 기능(tertiary function)

3차 기능은 부기능의 반대에 위치한다. 그리고 무의식적이어서 사용이 어렵고, 불편함을 느끼며 종종 만족스럽지 못한 느낌을 받는다.

(4) 열등기능(inferior function)

의식적인 에너지가 가장 적은 부분이며 본질적으로 무의식적이다. 보통 주기능이 사용되는 동안 잠복되어 있는 경우가 많다. 열등기능은 개인의 성격에 있어 균형을 잡아주는 특별한 역할을 한다.

그림 5-5 성격유형의 영역

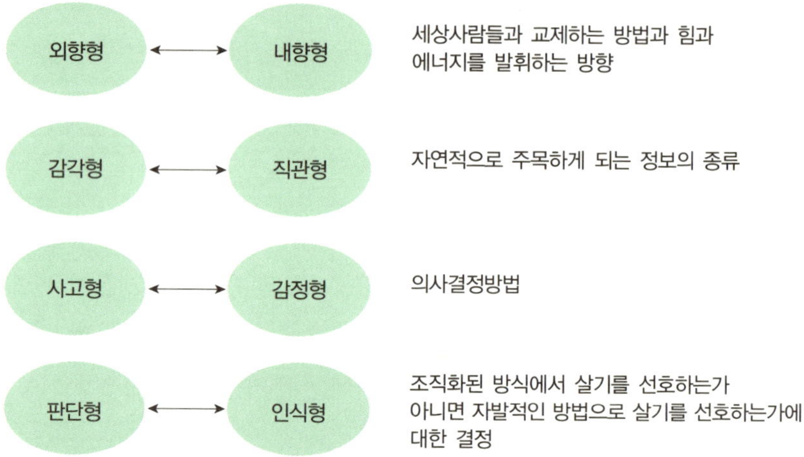

자료 : P.D. Tieger & B.B. Tieger, *Do What You Are*, Little, Brown and Company, 2001. (저자 재구성)

표 5-6 MBTI의 네 가지 선호지표

지표	선호경향	주요활동
외향–내향	에너지의 방향은 어느쪽인가?	주의초점
감각–직관	무엇을 인식하는가?	인식기능
사고–감정	어떻게 결정하는가?	판단기능
판단–인식	채택하는 생활양식은 무엇인가?	생활양식

자료 : P.D. Tieger & B.B. Tieger, *Do What You Are*, Little, Brown and Company, 2001.

2) MBTI의 주요내용

(1) 내향형과 외향형

- 내향형(I : Introversion)
  - 사색을 즐겨하며 혼자 있는 것을 선호한다.
  - 낯선 모임에 가면 매우 불편해진다.
  - 깊이 있는 인간관계를 선호하므로 소수의 친구들과 사이좋게 지낸다.
  - 혼자 시간을 보내거나 책읽기를 좋아한다.
  - 묻기 전에 먼저 이야기하지 않는다.

- 조용하고 신중하기 때문에 자유로운 의사소통이 힘들다.
- 자기만의 공간과 시간을 소중하게 생각한다.
- 생각한 후에 행동한다.

■ 외향형(E : Extraversion)

- 사람들과 어울리는 것을 좋아한다.
- 낯선 사람과도 쉽게 친해진다.
- 폭넓은 대인관계를 선호한다.
- 말을 많이 하고 적극적으로 행동한다.
- 여러 사람들과 동시에 대화가 가능하다.
- 사교적이고 활동적이다.
- 혼자 있기보다는 다른 사람들과 어울리는 것을 좋아한다.
- 내 기분이 바깥으로 잘 드러난다.
- 행동한 후에 사고하고 반성한다.

(2) 감각형과 직관형

■ 감각형(S : Sensing)

- 오감(五感)에 의존한다.
- 구체적이고 정확한 표현을 즐겨한다.
- 꼼꼼한 편이다.
- 일상적인 일이 편하다.
- 현재에 초점을 맞춘다.
- 실제의 경험을 중요시한다.
- 구체적이고 세밀한 조각을 잘 본다.
- 실제적인 문제를 선호한다.
- 숲보다는 나무를 보는 경향이 있다.

보보의 문제

대리석을 보고 감각형인 보보와 직관형인 모모는 어떻게 행동할까요?

여기에 네모반듯한 대리석이 하나 있다. 가로 90cm, 세로 70cm, 높이 60cm입니다. 대리석은 아무런 흠 하나 없이 매끈하다.

감각형인 보보와 직관형인 모모는 대리석을 보고 고민에 빠졌다. 도대체 이 대리석으로 무엇을 할 수 있을까?

※ 감각형은 현실적이고 세밀하며, 직관형은 창의력이 뛰어나고 전체적인 그림을 본다는 점에 초점을 맞추고 생각해 보자.

보보의 뼈다귀

○ 사고의 비약적 패턴을 보여주는 어린 왕자

“내 그림이 무섭지 않아요?”

“모자가 뭐가 무섭다는 거니?”

내 그림은 모자가 아니라 코끼리를 소화시키는 보아구렁이였다.

어른들은 언제나 설명을 해주어야만 한다.

“양 한 마리를 그려줘”

……

“이건 상자야. 네가 원하는 양은 그 안에 있어.”

“이게 바로 내가 원하던 거야!”

자료 : 생텍쥐페리의 『어린 왕자』 중에서

■ 직관형(N : iNtuition)

- 육감(六感)에 의존한다.
- 이야기를 잘 지어낸다.
- 무엇을 어디에 두었는지 잘 기억하지 못한다.
- 창의력과 상상력이 풍부하다.
- 엉뚱한 행동을 자주 하며, 호기심이 많다.
- 미래에 초점을 맞춘다.
- 가능성을 추구한다.
- 전체적 관련성을 잘 본다.
- 비유적인 암시를 선호한다.
- 나무보다는 숲을 보는 경향이 있다.

(3) 감정형과 사고형

■ 감정형(F : Feeling)

- 감정이 풍부하고 정이 많다.
- 어려운 사람을 보면 마음이 아프다.
- 부드러운 성격이라는 말을 자주 듣는다.
- 쉽게 결정을 못 내릴 때가 많다.
- 관계를 중요시한다.
- 마음으로 결정한다.
- 나에게 주는 의미가 중요하다.
- 관심의 주제는 사람이다.
- 상황에 따른다.

■ 사고형(T : Thinking)

- 관계보다는 원칙이 중요하다.
- '왜'라는 질문이 많다.
- 인내력이 강하다.

- 궁금한 것을 참지 못한다.
- 한 번 결정한 일은 꾸준히 밀고 나간다.
- 머리로 결정한다.
- 규범과 기준이 중요하다.
- 관심의 주제는 사실(진실)이다.
- 논리에 따른다.

(4) 판단형과 인식형

■ 판단형(J : Judging)

- 체계적이다.
- 해야 될 일을 끝내놓고 다른 일을 한다.
- 의견표현이 분명하다.
- 돌발적인 상황을 좋아하지 않는다.
- 규칙적인 생활과 계획을 선호한다.
- 명확한 한계와 범주를 선호한다.
- 계획에 맞춘다.
- 분명한 목적의식이 있다.
- 삶을 통제하는 것을 좋아한다.

■ 인식형(P : Perceiving)

- 자율적이다.
- 그때그때 계획 없이 일을 처리한다.
- 새로운 상황에 잘 적응한다.
- 마음에 따라 행동하는 것을 좋아한다.
- 주변이 어수선해도 개의치 않는다.
- 뜻밖의 일을 즐긴다.
- 마감까지 일을 미룬다.
- 유연성 있는 생활양식을 선호한다.

• 개방을 유지하는 것에서 편안함을 느낀다.

그림 5-6 MBTI의 유형

ISTJ 세상의 소금형	ISFJ 임금 뒷편의 권력형	INFJ 예언자형	INTJ 과학자형
ISTP 백과사전형	ISFP 성인군자형	INFP 잔다르크형	INTP 아이디어 뱅크형
ESTP 수완 좋은 활동가형	ESFP 사교적인 유형	ENFP 스파크형	ENTP 발명가형
ESTJ 사업가형	ESFJ 친선도모형	ENFJ 언변능숙형	ENTJ 지도자형

강한 여자의 딜레마

융은 일생 동안 많은 사람들을 분석했고, 이 과정에서 계속해서 특정한 현상을 목격했다. 그리고 이 현상들을 체계화하려고 노력했으며 각 현상에 명칭을 부여했다. 융이 설명한 여러 현상들 가운데 가장 중요한 것은 인간정신의 양성성이다. 융은 여성들의 꿈속에는 남성이, 남성의 꿈속에는 여성이 등장하며, 이 인물들은 아주 특별한 성격을 띠고 있다고 주장했다. 융은 이런 신비로운 꿈속 인물들이 특정 시대, 특정 문화 속에서 남성이나 여성으로 살아가면서 꿈꾸는 사람의 인생을 보충해주는 심리적 내용을 구현하고 있다고 생각했다.

생물학적으로 보면 인간의 성은 분명하게 정해져 있지만 인간의 정신은 그렇지가 못하다. 인간의 정신에는 반대되는 성의 일부가 담겨 있다. 이런 반대되는 성의 일부를 인식하고 그것을 일상생활이나 일상행동에 편입시키는 것은, 한 인간의 인격발달에서 아주 중요한 과정이다.

여성의 정신 속에 남성적 요소가 들어 있듯이, 남성의 정신 속에도 여성적 요소가 숨어 있다. 융은 여성의 정신 속에 들어 있는 남성적 요소를 '아니무스(Animus)'라 불렀고, 반대로 남성의 정신 속에 들어 있는 여성적 요소를 '아니마(Anima)'라 불렀다. 전 세계에서 통용되는 이 남성상과 여성상에게 그는 '원형(archetype)'이라는 이름을 붙여주었다. 그러므로 융의 '원형'이란 전 인류가 소유하고 있는 인간정신의 구성요소를 가리킨다고 할 수 있다.

원형은 유전된 인간의 기질을 일컫기도 한다. 동물의 세계에도 이와 유사한 것이 있지만 그것은 본능이고, 인간에게는 동물과 달리 의식이 있다. 때문에 인간에게서는 본능적 태도가 행위로만 나타나지 않는다. 내면의 상이나 꿈, 신화, 동화, 예술작품 등은 인간의 본능적 태도를 표현하는 형태인 것이다. 융의 이론이 흥미로운 점은 세계 어디에서나 원형을 찾아볼 수 있다는 사실이다. 우리는 전 세계 모든 문화권의 인간과 원형을 공유하고 있다. 인간은 특정한 원형이 등장함으로써 특정한 정서가 나타나며, 그리하여 아주 특수한 행동을 하기 위한 준비를 갖추게 된다.

– 마야 스토르히의 『강한 여자의 낭만적 딜레마』 중에서

보보의 뼈다귀

○ 사랑이란

'사랑'이라는 말의 정의는 그 정의를 내리는 사람에 따라 다르다. 그렇지만 하나로 정의하자면 이러하다. 사랑이란 "좋아하는 사람이 스스로를 위해 선택한 일이라면 무엇이나, 그것이 자신의 마음에 들건 안 들건 허용할 줄 아는 능력과 의지"이다.

그 정의는 실천하기 그다지 어렵지 않게 보일 수도 있지만, 몸소 그 정의를 택할 수 있는 사람은 좀처럼 보기 드물다는 게 엄연한 현실이다. 어떻게 하면 기대에 어긋나서는 안 된다는 단서를 달지 않고 상대방이 택한 것을 허락해줄 수 있는 경지에 이를 수 있을까?

그것은 매우 간단하다. 자기사랑을 통해서이다. 스스로를 중요하고 소중하며 아름답다고 느끼는 것이다. 일단 자기자신이 얼마나 멋진 사람인지 인식하기만 하면 다른 사람으로 하여금 나의 지시를 그대로 따르게 만들면서 내 가치를 강조할 필요가 없어진다. 나 자신에게 확신이 서면 다른 사람들이 나와 같아지기를 바라지도, 그것을 필요로 하지도 않는다. 나는 독특하다. 또한 상대방도 독특하다. 그런데 사랑하는 사람들이 나에게 순응하게 되면 그들 나름의 독특함을 잃게 된다. 내가 그들을 좋아했던 이유는 그들에게 남다른 구석이 있었기 때문이다.

나 스스로를 소중하지 않거나 사랑받지 못하는 사람 취급을 하면 다른 이들에게 사랑을 베푼다는 것이 불가능해진다. 내가 가치가 없는데 어떻게 남들에게 사랑을 베풀 수 있겠는가? 그런 내 사랑이 얼마만큼의 가치가 있을까? 사랑은 주고받는 것이다. 내가 가치 없는 사람이라면 내 사랑도 별 볼 일 없을 수밖에 없다. 사랑하는 일, 그리고 사랑을 주고받는 모든 일은 사랑을 듬뿍 받는 자아와 함께 출발한다.

자료 : 웨인 다이어의 『행복한 이기주의자』 중에서

3 성격 5요인 모델

성격 5요인(five factor) 모델은 다양한 성격이론들을 근거로 하여 만들어진 여러 가지 성격검사의 결과들을 통합해서 만들어졌으며 오늘날 개인의 성격을 가장 잘 설명할 수 있는 이론으로 분류되고 있다. '빅파이브'라고 부르기도 한다. 5요인 모델의 5가지 요인은 모두 특성(trait)이다.

성격은 행동을 형성하므로 개인행동을 이해하기 위해서는 성격을 이해하는 것이 도움이 된다. 성격의 초기연구는 개인행동을 설명할 수 있는 요소를 찾고자 했다. 알포트는 핵심특성, 중심특성, 이차적 특성으로 구분하였고, 캐텔은 언어에는 모든 인간특징을 묘사하는 단어들이 반영되어 있다고 가정했다. 그는 이런 생각을 기반으로 4,500개의 특성용어들의 묶음 중에서 동의어를 제거하고 171개 특성으로 줄인 후,

표 5-7 캐텔의 성격 16개 차원

내성적	vs	사교적
구체적으로 생각하는	vs	추상적으로 생각하는
반응적인	vs	정서적으로 안정된
공손한	vs	지배적인
진지한	vs	생기발랄한
편법적인	vs	규칙지향적인
수줍은	vs	사회적으로 대담한
실용적인	vs	감수성이 풍부한
신뢰하는	vs	경계심이 많은
실제적인	vs	상상력이 풍부한
솔직한	vs	개인정보를 감추는
자기확신적인	vs	걱정하는
보수적인	vs	변화에 개방적인
집단 의존적인	vs	자족적인
무질서를 견디는	vs	완벽주의적인
편안한	vs	긴장된

결과적으로 16개의 차원으로 정리했다. 성격 5요인 모델은 캐텔의 35개 요인목록을 토대로 해서 발전되었다. 초기에는 외향성(extraversion), 친화성(agreeableness), 신뢰성(dependability), 정서적 안정성(emotional stability), 문화(culture) 등 5가지 요인이 제시되었다. 후에 이것은 외향성(extraversion), 신경성(neuroticism), 개방성(openness to experience), 친화성(agreeableness), 성실성(conscientiousness)을 구성요인으로 하는 지금의 5요인 모델로 발전했다. 다양한 연구를 통해 5요인은 언어와 문화의 경계를 뛰어넘어 공통적이라는 점이 증명되었다.

1) 성실성

한 개인의 신뢰의 정도를 측정하는 지표이다. 성실성은 충동 통제와 관련된다. 성실성이 높은 사람은 책임감이 높고 열심히 일한다. 또한 신중한 성격을 지니고 있고, 구체적인 계획을 통해 일을 전개한다. 때문에 이런 속성은 타인으로 하여금 신뢰하고, 의존할만하고, 일관성이 있다는 평가를 받는다. 반대로 성실성이 낮은 사람은 충동을 억제하는 데 어려움이 있다.

비교적 환경이 안정적이고 예측가능할 때는 높은 성실성이 생존에 우세하다. 그러나 예측이 불가능하고 가변적인 상황, 유연성이 필요한 상황에서는 높은 성실성이 오히려 불리하게 작용한다. 또한 전두엽은 성실성 통제 메커니즘에 중요하고, 사이코패스나 폭력적 성향을 지닌 사람들의 전두엽의 활성화 정도가 일반적인 사람들과는 다르게 작용한다.

2) 외향성

외향성(extraversion)과 내향성(introversion)은 심리학자 융(Jung)에 의해 1921년 최초로 사용되었다. 외향성과 내향성은 세상에 대한 태도, 사람들과 교제하는 방법, 에너지를 발휘하는 방향과 관련된다.

외향성은 사람이 관계 속에서 편안함을 느끼는가 그렇지 않은가를 평가하는 지표이다. 높은 외향성을 지닌 사람은 만남을 즐거워하는 성향을 지니고 있다. 그들은 활기차고, 사람들과 어울리는 것을 즐기고, 관심의 대상이 되고 싶어 한다. 외향성이 높은 사람은 내향성이 높은 사람보다 더 빨리 친구를 사귀는 것으로 나타났다. 때문에 종종 행복감과 관련된 척도로 사용되기도 하는 오류를 범하기도 한다. 외향성 수치가 낮다는 것은 그저 사람들과 많이 어울리지 않는 것뿐일 수도 있다. 그리고 내향성은 성실성과 높은 관련성을 가지기 때문에 내향적인 사람은 환경의 조건에 상관없이 언제나 더 꾸준한 삶을 살기도 한다.

○ 외향성의 보상

연구대상자들은 과거에 경험한 끔찍하거나 멋진 경험을 몇 분간 글로 적었다. 그리고 그 경험에 대해 글쓰기 전과 후에 각각 자신의 기분을 표현했다. 그리고는 이들의 외향성 수치를 가지고 멋진 경험을 글로 쓴 후 이들의 기분이 얼마나 좋아질지 예측했다. 후속연구에서는 연구대상자들에게 즐거운 영화, 무서운 영화, 슬픈 영화, 혐오스러운 영화장면들을 보여주었다. 그리고 외향성 수치를 가지고 즐거운 영화를 본 후 그들의 기분이 얼마나 좋아질지 예측했다. 그 결과 외향성 수치가 높은 사람의 기분은 많이 좋아졌지만, 외향성 수치가 낮은 사람의 기분은 조금 좋아진 데 그쳤다. 이 실험에서는 외향성 수치를 가지고 부정적인 영화를 본 후의 감정반응은 예측하지 않았다. 따라서 외향성 수치로 일반적인 감정반응에 대해 예측할 수는 없다. 외향성 수치는 보상이 있거나 즐거운 자극에 대한 감정반응의 경우에만 예측력을 갖는다.

자료 : 대니얼 네틀의 『성격의 탄생』 중에서

3) 신경성

신경성은 정서적 불안정성을 평가하는 지표이다. 한 인간이 느낄 수 있는 심리적 고통, 부적절한 충동, 부적응적인 대처방안을 평가한다. 즉, 신경성은 부정적인 감정과 관련이 있는 척도이다. 신경증적 성향이 높은 사람은 과도하게 걱정이 많고, 예민하고, 불안도가 높으며, 우울하고, 까다롭다. 정서적 안정성과 반대되는 개념이다. 때문에 보편적인 상황에서 높은 신경성을 지닌 사람이 그렇지 않은 사람보다 일상에서 부딪히는 어려움에 더 큰 영향을 받는다. 부정적인 감정이라는 것은 생존을 위한 진화의 과정에서 그것을 피하고 삶을 잘 영위하기 위해 인류가 만들어낸 하나의 설계도이다. 그러므로 위협에서 인간을 안전하게 보호해주면서도 과도하게 민감하게 반응한다. 그러나 삶의 대부분의 걱정은 실체가 없는 것이며, 이런 민감도로 인해 예술적인 성향이 잘 발휘되기도 한다. 아리스토텔레스는 시, 철학, 예술에 능한 사람은 모두 멜랑콜리하다고 말한 바 있다. 그리고 신경증적인 성향이 높은 사람은 자존감이 낮아서, 객관적이고 사회적인 평가와 상관없이 늘 성실히 임한다. 때로는 불안과 초조와 같은 부정적인 감정 때문에 일에 매달리기도 한다. 그래서 역설적이게도 신경성으로 인하여 높은 성취를 달성할 때가 많다. 한 가지 염려스러운 것은 신경성이 우울증으로 연결되는 것은 아니지만 신경성과 우울증은 높은 관련이 있다는 점을 인정하지 않을 수 없다는 것이다. 신경성 수치가 낮은 사람은 때로는 비도덕적인 행동을 하기도 하는데, 이는 친화성과 성실성이 함께 낮아야 가능하므로 일반적인 경우는 아니다.

4) 개방성

개방성은 새로운 것에 호기심을 가지고 오픈하는 정도를 측정하는 지표이다. 대개의 경우 높은 개방성은 호기심과 창의성과 관련이 있다. 많은 사례에 따르면 개방성은 독창적이고, 예술적인 능력과 관련이 있다. 개방성이 높은 사람은 서로 다른 영역에서 광범위한 연상이 가능하다. 이는 창조성과도 연결된다. 사물을 전혀 새로운 방식으로 볼 수 있는 시각을 제공하기 때문이다. 때문에 개방성이 높은 사람은 인습과 동떨어져서 다양한 시도를 하는 빈도가 높다. 예술은 광범위한 연상을 바탕으로 독특한 표현을 할 수 있는 수단이다. 반대로 낮은 개방성은 보수성과 관련이 있다.

5) 친화성

친화성은 타인을 존중하는 성향을 측정하는 지표이다. 높은 친화성을 지닌 사람은 관대하고, 배려심이 많고, 이타적이고, 온화하다. 인간은 타인의 마음을 읽고 공감하는 쪽으로 진화되어왔다. 친화성이 높은 사람은 다른 사람의 마음을 읽는 데 더 많은 관심을 가진다. 이들은 사람들을 잘 신뢰하고, 더 많이 돕고, 따뜻하고, 갈등을 일으키지 않으며, 쉽게 용서한다. 반대로 친화성이 낮은 사람은 타인을 신뢰하지 못하고, 좋은 인간관계를 맺지 못하며, 적대적인 경우가 많았다. 친화성이 낮은 사람의 극단적인 사례는 사이코패스와 소시오패스이다. 그들은 자기중심적이고, 공감능력이 부족하고, 죄책감이 없고, 정직하지 못하고, 타인을 수단적 존재로만 인식하고, 공격적이고, 비도덕적이다. 친화성, 성실성, 신경성이 모두 낮은 경우에만 사이코패스적인 행동이 나온다. 그리고 흥미로운 것은 좋은 인간관계적인 측면에서는 높은 친화성이 유리하지만, 개인적인 성공의 측면으로 본다면 친화성이 높을수록 높은 자리로 올라가는 데 불리하다.

표 5-8 5대 성격특성

성격특성	수치가 높은 사람	수치가 낮은 사람
외향성	사람들과 잘 어울리며 열정적임	사람들과 어울리지 않고 조용함
신경성	스트레스를 잘 받고 걱정을 많이 함	감정적으로 안정됨
성실성	체계적이며 자발적임	충동적이며 부주의함
친화성	잘 믿고 감정이입을 잘 함	비협조적이고 적대적임
개방성	창조적이고 독창적임	실용적이고 보수적임

자료 : 대니얼 네틀의 『성격의 탄생』

보보의 한 말씀

우리는 사교적인 사람들에게 자연히 끌리기 마련이다. 폐쇄적인 성격이거나 낯을 가리는 사람들보다는 말을 붙이기가 쉽기 때문이다. 물론 탁월한 대화능력으로 상대를 편안하게 해준다고 해서 깊이 있는 관계로 발전하는 것은 아니다. 그러나 근접성과 마찬가지로 붙임성은 깊이 있는 관계로 발전할 잠재성에 불을 붙여준다.

– 칼린 플로라

보보의 책 친절하라

우리는 어떤 경우에도 모두에게 친절해야 한다. 사람들은 일이 잘 되어가는 동안에는 부드럽지만 누군가 조금이라도 반대하거나 반박하면 순간적으로 흥분한다. 그것은 더 이상 몸에 밴 친절이 아니다.

우리를 모욕하는 사람들에게 대답할 때라도 부드럽게 말하도록 노력해야 한다. 친절한 말 한 마디는 모든 분노의 불꽃을 끄는 데 충분하다. 그리고 분노를 느낄 때는 내 생각이 모두 옳다고 여기기 때문에 침묵을 지키는 편이 더 낫다. 분노가 가라앉고 나면 얼마나 많은 실수를 저질렀는지 알게 된다.

잘못을 저질렀을 때 자기자신에게도 친절해야 한다. 잘못을 저지른 후에 자기자신에게 화가 나는 것은 겸손이 아니라 구별하기 어려운 또 다른 교만이다. 인간은 약하고 불쌍한 존재에 지나지 않는다. 잘못을 저지른 후에 자신에게 화가 나는 것은 그 잘못 자체보다 더 나쁜 것이고, 다른 많은 잘못을 저지르는 원인이 된다.

– 성 알폰소 마리아 데 리구오리의 『사랑의 기쁨』 중에서

보보의 신문

선호하는 커피로 성격을 알 수 있다

미국 캘리포니아대(LA 소재) 심리학 교수이자 임상심리학자인 라마니 더바술라 박사는 그의 저서에서 "좋아하는 커피에 따라 성격이 드러난다"고 주장했다. 그는 커피 애호가 1,000명의 행동과 습관을 관찰하고, 그들의 성격을 내향적, 외향적, 완벽주의, 우호적, 강한 관찰력, 예민함 등 7가지 유형으로 분류했다.

그 결과 이들 관찰대상자들이 선호하는 커피의 종류와, 그들의 성격유형에는 일정한 관계가 있는 것으로 나타났다. 다음은 선호하는 커피 종류에 따른 사람들의 대체적인 성격유형이다.

▲ 에스프레소

모든 커피 종류의 기본이 되는 커피콩의 추출물인 에스프레소, 진하고 쓴맛이 강한 에스프레소를 좋아하는 당신은 도전적이며 리더십이 강하며 뭐든지 열심히 한다. 눈치가 빨라 자신이 원하는 걸 얻으려면, 어떻게 해야 하는지 잘 알고 있다. 그러나 감정 기복이 심하고 자기중심적이다.

▲ 아메리카노

아메리카노는 에스프레소 샷과 물을 섞은

것으로, 농도가 연해 에스프레소보다는 맛이 덜 쓰다. 깔끔한 맛의 아메리카노를 좋아하는 당신은 이성적인 편이다. 고집이 세고 직설적이며 다혈질인 편이지만 뜻밖에 조용한 면도 있다. 복잡하고 화려한 것보다는, 단순하고 간결한 것을 추구하는 미니멀리즘(minimalism)주의자다.

▲ 라떼

라떼는 에스프레소 샷에 우유를 넣어 부드러운 커피 맛을 낸다. 라떼를 즐겨 먹는다면, 의사결정 시 우유부단한 면이 있고 뭐든지 중립적일 수 있다. 그만큼 배려심이 강해, 주변 사람들을 편하고 즐겁게 해주는 등 남을 잘 챙기지만 정작 자신에겐 소홀한 편이다.

▲ 카푸치노

우유를 섞은 에스프레소에 우유 거품을 얹어 만든 커피로, 라떼보다 진한 맛이 난다. 카푸치노를 좋아하는 당신은 솔직하고 집착이 심하며 권위적이다. 상상력과 창의력이 뛰어난 재미있는 사람으로 친구를 굉장히 잘 사귀지만, 반대로 단조로운 친구들에게는 쉽게 질린다.

▲ 프라푸치노

커피와 우유, 크림 등을 얼음과 함께 갈아 만든 음료인 프라푸치노를 즐겨 먹는 당신은 매사에 에너지가 넘치고 활발하다. 일단 뭐든 해보고 보는 등 모험심이 강하고 용감한 편이다. 유행에 민감하여 트렌드를 빠르게 좇는다.

▲ 인스턴트 커피

설탕과 크림이 듬뿍 들어간 인스턴트 커피를 좋아하는 당신은 항상 여유롭고 긍정적인 마음가짐을 갖고 있다. 하지만 매사에 느릿느릿하고 태평해 일을 미루는 습관이 있고, 계획을 세우지 않고 "될 대로 되라"는 식이 많다.

▲ 두유 · 디카페인 커피

건강에 좋은 두유나 디카페인 커피를 선호하는 당신은 세심하고 꼼꼼한 완벽주의자일 가능성이 크다. 자기중심적이며 이기적이란 소리를 많이 들으며 자의식이 강한 편이다.

자료 : 조선일보, 2017.7.4.

보보의 뼈다구

○ 재미로 보는 네 가지 신경전달물질에 의한 성격분류

1. 도파민 성격
   - 세계 인구의 17%가 여기에 속한다.
   - 의지가 강하고 이성적이며 스트레스에 잘 대처한다.
   - 단어 넣기 같은 지적 활동과 테니스, 수영 같은 경쟁적인 운동을 좋아한다.
   - 너무 과하면 충동적이 되기 쉽다.
   - 중독, 비만, 파킨슨병에 걸릴 확률이 높다.
   - 극도의 도파민 결핍은 심각한 우울증, 주의력 상실, 만성피로, 비만 등을 유발한다.
   - 의사, 건축가, 과학자, 사령관, 발명가, 공학자들이 대부분 여기에 속한다.

2. 아세틸콜린 성격

- 세계 인구의 17%가 여기에 속한다.
- 빨리 생각하고, 창의적이며 새로운 것에 도전하는 성격이다.
- 사교적이고 혁신적이며 직관적이다.
- 너무 과하면 다른 사람에게 자신의 모든 것을 주려고 한다.
- 더 심하면 자기학대에 빠질 수 있다.
- 관절염, 골다공증, 동맥경화에 걸릴 수 있으며, 결핍되면 치매나 기억력 상실을 유발할 수 있다.
- 명상, 요가지도자, 종교 리더, 예술가, 작가, 배우 등이 여기에 속한다.

3. 가바 성격
- 세계 인구의 50%가 여기에 속한다.
- 일관적이고 사교적인 성격을 가지고 있으며 신뢰할 수 있는 사람이다.
- 정확성, 실용성, 객관성과 자신감이 있다.
- 너무 과하면 다른 사람의 사랑과 보살핌을 받는 데 온 힘을 쏟는다.
- 타인의 판단만을 중요하게 생각하고 따르게 될 수도 있다.
- 만성통증, 발작, 고혈압이 생길 수 있으며, 발한, 불안, 입 건조, 근육약화와 긴장, 기억력 감퇴, 만성중독 등을 유발할 수 있다.
- 행정관, 회계사, 경비원, 신문기자, 버스운전사, 주부 등이 여기에 속한다.

4. 세로토닌 성격
- 세계 인구의 17%가 여기에 속한다.
- 여러 활동에 참가하는 것을 좋아하고 변화를 좋아한다.
- 긍정적이고 태평스러운 성격이다.
- 파티, 컴퓨터 게임, 도박, 사냥, 스카이다이빙 등을 좋아한다.
- 너무 과하면 굉장히 불안해하며, 집중을 못하고 우유부단해지고 수면장애, 과식증, 거식증, 성중독에 걸릴 수 있다.
- 결핍되면 행복감이 결여되고 불행을 많이 느낀다.
- 트럭운전사, 미용사, 바텐더, 조종사, 운동선수나 탐정이 여기에 속한다.

자료 : KBS 특별기획 다큐멘터리 『마음』 중에서

보보의 한 말씀

안으로부터 보는 관점을 갖는다는 건 내 내면의 안내자를 온전히 신뢰할 수 있다는 뜻이다. 내가 행복하면 우주도 행복하다. 내가 나를 사랑하면 다른 이들도 전부 나를 사랑하게 된다. 내가 평화로우면 모든 창조물이 평화롭다.

– 아니타 무르자니

CHAPTER 06

셀프리더십

1. 나 자신을 위한 리더십
2. 리더와 관리자
3. 셀프리더십의 기원
4. 셀프리더십

CHAPTER 06

셀프리더십

보보의 뼈다귀

○ 끊임없는 노력

자신을 발전시키려는 사람은 몇 번이나 과거의 방식으로 되돌아가면서도 결국은 노력을 계속한다.

뒷걸음질보다는 앞으로 나아가는 정도가 항상 더 크다.

그리하여 내면적 삶의 진보를 원하는 사람은 결국 성공하게 된다

자료 : 톨스토이의 『살아갈 날들을 위한 공부』 중에서

고흐의 '구두 한 켤레'

1 나 자신을 위한 리더십

우리는 앞장에서 리더십에 대한 내용을 살펴보았다. 다양한 학자들의 정의에도 불구하고 리더십의 정의는 결국 '영향력'이라는 한 단어로 소구된다. 지금까지의 리더십은 한 개인이 다수의 사람들에게 영향력을 행사하는 과정에 초점을 두고 있다. 그러나 본장에서는 그 영향력의 초점을 내부로 돌려 보고자 한다.

21세기를 전후한 전 세계적인 혼란 속에서 우리는 기업의 생존과 성장이 특별한 시스템이 아니라 아날로그적인 인간의 역량에 달려있다는 것을 알게 되었다. 수많은 학자들의 연구 속에서 그들이 일관되게 주장하고 있는 것은 외적, 내적 영향력에 대

한 엄청난 파급효과이다.

외적, 내적 환경이 안정적인 상황하에서 탁월한 성과를 달성하는 기업이나 개인은 많다. 그러나 불안정적인 여러 가지 요소들이 도출되었을 때 개인뿐만 아니라 조직도 총체적으로 흔들리게 마련이며 그 난관을 극복해 나가는 것은 전적으로 조직구성원의 역량에 달려 있다.

저자는 선행연구들을 통해 세계 일류기업이 되기 위한 조건은 기업환경의 변화에 유연하게 적응하면서 꾸준한 성과를 낼 수 있는 조직역량에 있다고 저술했다. 더불어 일류기업의 핵심역량은 특별한 제도나 시스템에 있는 것이 아니라 바로 탁월한 경영자의 리더십에 있다고도 했다. 이제 리더십은 대중을 위한 것뿐만이 아닌 나 자신을 위한 것이기도 하다.

나 자신을 위한 '특별한' 리더십의 조건은 변화의 요소를 나 자신으로부터 이끌어내는 것이다. '특별한' 리더십을 보유한 개인은 겸양과 직업적 의지를 역설적으로 융합하여 지속적인 큰 성과를 일구어내는 사람이다.

따라서 본장은 내적, 외적인 안정이나 불안정의 상황 속에서 효과적으로 자기자신을 이끌어 나갈 수 있는, 더 나아가 조직을 이끌어 나간 개인들이 가지고 있는 특별함에 초점을 맞추고자 한다.

프로이트는 "아주 다양한 인간도 똑같이 배고픈 환경에 처하게 하면, 개인적 차별성은 흐려지고 똑같이 요란한 충동의 표현을 나타낼 것이다"라고 주장한 바 있다. 이는 많은 지식적 기반을 지닌 엘리트들이나 그 역의 사람들을 한곳에 모아 놓고 생리적 욕구를 제한하여 '굶주림'이라는 일정한 상황을 제시할 때 그들이 한결같이 욕구에 대한 결핍으로 동물적인 행동을 하게 될 것이라는 의미이다. 반면 프랭클은 수용소에서의 경험을 통해 '그러한 상황' 속에서도 태도를 결정하는 것은 인간의 의지라고 역설했다. 그는 수용소에서의 경험을 토대로 하여 로고테라피(logotherapy)라는 개념을 제시했으며, 이는 자유의지(freedom of will), 의미를 찾으려는 의지(will to meaning), 삶의 의지(meaning of life)로 정리된다. 최악의 상황에서도 그것을 자신과 분리시켜서 볼 수 있는 능력은 오로지 인간만이 가지고 있는 능력이라는 것이다.

본장에서는 인간이 지닌 자유의지라는 능력을 높이 평가하고, 내적인 영향력의 행사에 있어서 그 기반이 되는 자기효능감이라는 요인과 셀프리더십을 통해 스스로를 변화시켜 나가는 방법에 대해 살펴보고자 한다.

보보의 책 쓸모없음의 쓸모

전체를 못 보기에 편견이 생기고, 미세한 것을 모르기에 오해가 생기는 법이다. 쓸모가 없다는 생각도 전체를 다 보지 못하는 인간의 단편적인 시각에 불과하다.

나무는 한철의 푸름만으로 빛깔을 논할 수 없다. 한 그루의 나무에는 봄날의 생동도 있고, 가을의 조락도 있으며, 겨울의 침잠도 있다. 겨울을 알지 못하는 여름매미가 삼 년 동안이나 때를 기다리는 큰 새를 비웃을 수는 없다.

그대에게 지금 옹이 지고 배배 틀린 나무가 있는가. 그것은 희귀한 관상목일지도 모른다. 짐수레도 못 끄는 말이 있는가. 그것은 전장을 누빌 천리마일지도 모른다. 날개를 접고 잠자는 새가 있는가. 그것은 황혼에 날개를 펴는 올빼미일지도 모른다. 하릴없이 세월을 낚는 사람이 있는가. 그는 아직 때를 만나지 못한 천하의 대기(大器)일지도 모른다.

그대의 인생에서 쓸모없는 것들이 무엇인가. 그대가 버리고 싶은 것들 중에는 보배가 감춰져 있을지도 모른다. 쓸모가 없는 것들은 단지 쓸모가 다를 따름이다. 쓸모를 찾기 전까지는 그 어떤 것도 쓸모가 없다.

– 김태관의 『보이는 것만이 인생의 전부는 아니다』 중에서

2 리더와 관리자

리더십을 이해함에 있어서 리더십과 관리의 차이를 이해하는 것은 매우 중요한 요소이다. 관리의 기본적 기능은 계획(planing), 조직(organizing), 지휘(leading), 통제(controlling) 등이다. 여기서 지휘는 관리자의 업무에 있어서 매우 중요한 부분이다. 폭넓게는 리더십도 계획, 조직, 지휘, 통제 등을 다룬다. 그러나 리더십은 변화, 영감, 동기부여, 영향력 등과 좀 더 밀접한 관련이 있다.

표 6-1 리더와 관리자

리더	관리자
• 비전이 있는	• 합리적인
• 열정적인	• 업무선호적인
• 창조적인	• 완고한
• 영감을 불러일으키는	• 명령하는
• 혁신적인	• 분석적인
• 용기를 북돋우는	• 구조화된
• 상상력 있는	• 신중한
• 실험적인	• 권위적인
• 독립적인	• 안정적인
• 정보공유	• 정보를 집중하는
• 신뢰	• 조심스러운
• 따뜻하고 인간적인	• 차가운
• 겸손한	• 거의 허락하지 않음
• 창조자	• 실현자
• 코치로서, 상담자로서, 스승으로서 행동함	• 보스로서 행동함
• 옳은 일을 함	• 일을 옳게 함

자료 : G. Capowski, "Anatomy of a Leader : Where Are the Leaders of Tomorrow?", *Management Review, March*, 1994.

베니스는 리더와 관리자를 구분함에 있어 리더는 변화를 유도하는 사람, 관리자는 현상을 유지하는 사람이라고 정의한 바 있다. 이를 다른 말로 표현하면 관리자는 주어진 일을 올바르게 하는 사람이고, 리더는 올바른 일을 찾아내서 할 수 있는 사람이다. 스티븐 코비[1)]는 조정경기와 래프팅경기의 예를 들어 조정경기의 조장은 관리자에 래프팅경기의 팀장은 리더에 가깝다고 제안했다.

래프팅경기의 팀장은 목표를 명확하게 인식하는 사람이다. 그는 변화무쌍한 환경을 헤쳐나가 팀원들이 목적지에 무사히 도달하도록 돕는다. 이 과정 속에서 팀원들을 격려하고 고무시키는 역할도 하지만 그 자신도 낙오되지 않도록 최선을 다한다. 그는 팀원들과 한배를 탄 선장과 같다.

번즈는 리더의 역할은 제도적, 정치적, 심리적 자원들을 움직여서 상호유익한 목

1) 세계적으로 존경받는 리더십 권위자이자 조직 컨설턴트, 저술가이다. 그의 저서 『성공하는 사람들의 7가지 습관』은 전 세계에서 38개 국어로 번역되어 1,500만 부 이상 판매되었으며, '20세기에 가장 큰 영향을 끼친 비즈니스 서적'의 하나로 선정되었다.

적을 실현하게 하는 것이라고 했다. 그러므로 성공한 조직의 리더들은 영향력의 행사를 통해 변화를 이끌어내고 조직의 목표를 보다 효율적으로 달성한다. 셀프리더십은 같은 개념을 제안하되 리더 개인들이 자신의 삶을 영위하는 데 있어서도 동일한 가치에 주의를 기울여야 한다는 것이다.

셀프리더십에서 제안하고자 하는 리더십의 의미는 코비가 제안한 래프팅경기의 팀장이 행사하는 리더십의 유형과 유사하다. 그는 스스로를 격려하면서 내적 성장을 일구어내고, 그 힘으로 팀원들을 움직이고 변화시킨다.

그런 의미에서 셀프리더십은 나 한 개인이 변화함으로써 조직을 변화시킬 수 있는 근본적인 힘이다.

보보의 책 성공하는 사람의 습관

삶의 속도가 빛의 속도로 변화하고 있지만 한 가지 사실은 변하지 않았고, 앞으로도 변하지 않을 것이다. 우리가 의존할 수 있는 단 한 가지는 영원불변하고 보편적인 원칙들이 있다는 사실이다. 그 원칙들은 변하지 않는다. 어느 시대, 어느 곳에도 적용된다. 중력과 같은 자연법칙이 물체의 낙하를 지배하듯이 공정함, 정직, 존중, 비전, 책임, 주도성과 같은 원칙들은 우리의 삶을 지배한다. 건물 끝에서 떨어지는 중력이라는 원칙이 틀림없이 작용한다.

그것이 내가 낙관적 태도를 갖는 이유이다. 나는 불변의 원칙을 믿기 때문에 낙관적이다. 그 원칙을 지키며 살면 틀림없이 좋은 결과가 있을 것이기 때문이다. 건물 위에서 떨어뜨리면 떨어지는 물체와 달리 우리는 뛰어내릴지 말지 선택할 수 있다. 우리는 비인격적 힘에 의해 떠밀리는 무의식적인 존재가 아니다. 우리는 인간으로서 태어날 때부터 양심, 상상력, 자기인식, 독립의지와 같은 능력을 부여받았다. 우리는 옳고 그름을 구분할 수 있다. 자신을 객관적으로 보고 자신의 행동을 평가할 수 있다. 상상력을 품고, 과거의 기억에 발목 잡히지 않고, 만들고 싶은 미래에 대한 비전을 갖고 살 수 있다. 이러한 타고난 능력을 사용하면 할수록 우리의 선택의 자유는 커진다. 우리는 원칙이 효과가 있게 혹은 효과가 없게 만들도록 선택할 수 있다. 나는 선택할 수 있는 그런 능력을 가진 것이 기쁘다. 변화 속에서 살기 위해서는 변하지 않는 원칙이 필요하다.

7가지 습관은 자기자신에게 위대함을 찾고 거기에 맞게 삶을 살도록 도와준다. 사람들은 직관적으로 7가지 습관에 내재되어 있는 원칙의 힘을 느낀다. 그들은 지름길이 아닌 올바른 길을 원한다. 세상의 위선 속에서 자기자신을 잃어버린 사람들은 자신의 운명에 대한 결정권을 다시 찾아오고 싶어 한다. 7가지 습관은 사람들에게 그들의 삶을 되찾아주고, 선택할 수 있는 힘을 되찾아준다. 사람들은 내면 깊숙이 품고 있는 목적을 발견한다. 자신의 미래를 창조하고 조정할 수 있는 도구를 얻는다.

> **습관 1.** 자신의 삶을 주도하라(Be proactive).
> **습관 2.** 끝을 생각하며 시작하라(Begin with the end in mind).
> **습관 3.** 소중한 것을 먼저 하라(Put first things first).
> **습관 4.** 승-승을 생각하라(Think win-win).
> **습관 5.** 먼저 이해하고 다음에 이해시켜라(Seek first to understand, Then to be understand).
> **습관 6.** 시너지를 내라(Synergize).
> **습관 7.** 끊임없이 쇄신하라(Sharpen the saw).
>
> – 스티븐 코비의 『성공하는 사람들의 7가지 습관』 중에서

빈빈의 한 말씀

> 대인관계 커뮤니케이션에서는 겸손과 공손이 중요하다. – 스티븐 코비

3 셀프리더십의 기원

리더십이 '타인에게 영향력을 행사하는 과정'이라면, 셀프리더십은 '자기자신에게 영향력을 행사하는 과정'이다. 이 두 개의 정의를 놓고 볼 때 "인간이란 존재는 무엇이며, 무엇을 하고 살아가야 하는가"라는 존재론적 질문에 있어 리더십이 매우 중요한 영향을 미친다는 것을 알 수 있다. 리더십이나 셀프리더십 양자에 있어 영향력을 행사하는 대상은 단지 한 순간의 일회적인 사건이 아니라 연속적인 전체의 과정이므로 '영향력'이란 매우 광범위한 의미로 작용한다.

셀프리더십은 영향력의 행사에 있어 외부적으로 리더십을 보던 관점을 내부적 프로세스로 돌린 것이다. 그러므로 셀프리더십을 이해하기 위해서는 리더십의 과정이 외적인 프로세스가 아니라 내적인 프로세스임을 깨닫는 것이 중요하다. 스스로에게 영향력을 행사한다는 정의가 거창하게 들릴 수도 있지만 나 자신을 바꿔 나의 한계

를 뛰어넘도록 만드는 마법과 같은 과정이 바로 셀프리더십이다. 그렇기 때문에 선천적 재능, 좋은 두뇌, 전문적 기술 등과 같은 여타의 요소들보다 스스로를 성장시킬 수 있는 범위가 매우 넓고 깊다.

셀프리더십은 일반적으로 심리학의 두 분야에 그 바탕을 두고 있다. 사회적 인지이론과 내재적 동기부여이론이 그것이다.

그림 6-1 ▌외적 리더십, 참여적 리더십, 셀프리더십의 비교

외적 리더십

참여적 리더십

셀프리더십

사회적 인지이론은 인간의 행동과 그 적용이 사회에 영향을 주고, 사회로부터도 영향을 주고받는다는 개념이다. 그렇게 볼 때 인도의 수행자들이나 고대 철학자들이 일찍이 주장했던 개념들과도 크게 다르지 않다.

인간은 존재하는 그 자체만으로도 세상을 변화시킨다. 매슬로우의 욕구단계설에 의하면 인간은 일정한 욕구위계에 의해 움직인다. 우리는 생리적 욕구에 의해 먹고, 자고, 숨을 쉬는 등의 기본적 행위를 한다. 이런 기본적 행위조차도 변화를 초래한다. 우리는 사회 속에서 집단의 구성원이 되고자 하는 욕구를 지니고 있는데, 나 자신이 원하든 원치 않든 내 존재 자체가 타인에게 위협이 될 수도 있고, 그들의 적대감을 불러일으킬 수도 있고, 사랑을 불러일으킬 수도 있다. 그렇기 때문에 우리가 살고 있는 세상 안의 모든 요소는 끊임없이 서로 영향을 주고받는다.

특히 사회적 인지이론에서 중요한 것은 인간이 자기 스스로에 대한 믿음을 가지는 것과 더 나은 사람이 되고자 하는 스스로의 잠재성에 대한 지각이다.

내재적 동기부여이론은 인간 내부에 존재하는 보상의 힘에 대한 개념이다. 이는 동기부여 편에 자세히 기술되어 있다. 일찍이 공자는 "네가 좋아하는 직업을 찾아라. 그러면 네 생에서 일하는 날이 없을 것이니라"라고 말한 바 있다. 또한 노만 빈센트 필[2]은 "좋아하니까 하게 되는 그런 일을 하라, 그러면 성공은 저절로 따른다"고 했다. 그리고 천재는 열심히 일하는 사람을 이길 수 없고, 열심히 일하는 사람은 즐겨서 하는 사람을 이길 수 없다는 말이 있다.

앞서 언급한 격언들을 살펴볼 때 인간이 자신이 하는 일을 놀이처럼 즐겁게 할 수만 있다면 그것은 이미 일이라는 개념을 넘어섰다는 것을 알 수 있다. 내게 주어진 일을 성공적으로 수행할 수 있는 가장 좋은 방법은 내재적 보상을 생각해 보고 가장 즐거운 방법으로 일을 하는 것이다.

---

2) '긍정적인 사고'의 창시자로 저명한 저술가이자 '만인의 성직자'로 불리는 전 세계적인 연설가이다. 60년간 목사로 일하면서 절망에 빠진 이들에게 성공적인 삶을 살아갈 방법을 제시해왔다.

○ 왜 때때로 NO라고 말하는 것이 필요한가

assert는 "강력히 주장하다", assert oneself는 "자기의 권리를 주장하다, 자기를 내세우다, 주제넘게 나서다"는 뜻이다. 사필귀정(事必歸正)이라는 속담은 "Justice will assert itself"로 표현할 수 있다. assert의 형용사형인 assertive는 "자기주장이 강한, 자신감 넘치는"이란 뜻인데, aggressive(공격적인)보다는 약한 뜻이다.

논리를 펴는 데 있어서는 '공격적'이지 말아야 한다. 서구의 언어 훈련 코스를 담당하는 전문가들은 'not aggressive but assertive'하라고 강조한다. 우리들의 언어 습관에서는 이 둘의 차이점을 부각시키지 않아 우리말로 딱 떨어지는 번역이 쉽지 않다. 'assertive'란 '자기주장적'인 것을 의미하는 반면 'aggressive'는 '공격적'이란 뜻이다. 좀 더 설명하면 'assertive'란 자신의 의견, 감정, 요구를 객관적 용어로 표현하고 상대방의 행위가 자신에게 어떤 영향을 미쳤다고 해석, 비난하는 것을 자제하는 것을 의미한다. 'aggressive'란 다른 사람의 자아개념이나 그들의 입장, 의견에 적대적인 반응을 보이는 행위다.

assertiveness(자기주장)는 소극적인 사람에게 자신감을 길러주는 훈련, 즉 assertiveness training(적극성 훈련) 등의 형식으로 심리상담이나 자기계발의 주요메뉴다. 이는 자기 욕구와 생각을 표현할 때 감정을 섞어서 화를 내지 않고, 무조건 참지도 않고, 적절하게, 품위 있게, 상대를 배려하면서도 자기주장을 하는 연습이다.

수 비숍(Sue Bishop)의 『자기주장의 기술(*Develop Your Assertiveness*)』은 겸손하지만 당당하게, 은밀하지만 강하게 나를 표현하는 방법을 내세우며 'No'라고 말할 때 죄책감을 느끼는 사람에게 필요한 자기주장기술을 소개한 책이다.

적극적으로 자기주장을 하기로 마음먹는다면, 다른 사람이 당신의 인생을 좌지우지하게 내버려두지 않게 된다. 당신이 요구한 것을 얻게 될지 혹은 필요한 것을 달성하게 될지의 여부는 상관이 없다. 중요한 점은 모든 상황과 자신의 감정과 스트레스 수위와 자아상에 대해서 통제권을 가진 사람이 바로 당신이라는 점을 안다는 것이다.

argumentativeness(논쟁성)는 assertiveness의 하위개념이지만, 언어적 공격성(verbal aggressiveness)에 더 가까운 개념이다. 다만 논쟁적 성향은 이슈에 대한 타인의 입장을 공격하는 것이고, 언어적 공격성은 이슈에 대한 타인의 입장 대신에, 또는 그것에 추가하여, 타인의 자아개념(self-concept)을 공격하는 것이라는 점에서 차이가 있다.

미국 사회에서 assertiveness는 1970년대부터 『당신의 완벽한 권리(*Your Perfect Right: A Guide to Assertive Behavior*)』, 『NO라고 말할 때 죄책감을 느끼는 사람들(*When I Say No, I Feel Guilty: How To Cope Using the Skills of Systematic Assertiveness Therapy*)』

등과 같은 책들이 출간되면서 인기를 끌었다.

assertiveness는 오늘날 미국에서 사회적 능력의 척도이거나 대인 커뮤니케이션(interpersonal communication)능력의 지표로 간주되며, 자기주장적 행동은 자기주장적이지 않은 행동보다 유능하고 매력적으로 인식된다. 그러나 모든 문화권에서 다 그런 건 아니다. 한국이나 일본 등과 같은 동양권에서 자기주장적 행동은 부적절하거나 싸가지 없는 행동으로 인식될 수 있다. 미국에서조차 assertiveness를 빙자해 역겨운 짓을 하는 사람들이 있다는 비판이 나오고 있다.

자료 : 다음백과

뱁의 한 말씀

올바른 것을 흠모하는 법을 배워라. 인생의 기쁨은 거기에 있다. – 새커리

1) 사회적 인지이론

반두라에 의해 제안된 사회적 인지이론 중에서 셀프리더십을 이해하는 데 특히 중요한 관점은 상호결정론과 자기효능감이다.

그는 인간의 행동은 인지, 환경, 행동요인을 수반하는 상호결정론에 기인한다고 제안하고 있다. 이는 행동에 인지적 요소를 추가하여 인간행동의 원인을 단지 하나의 요소에 귀인시켰던 다른 학자들과는 구분되는 관점이다. 그는 인간행동이 단순한 내적인 요인이나 환경적 요인에 의해서 형성되는 것이 아니라 내적 과정과 환경적 영향 간의 복잡한 상호작용의 결과로서 일어난다고 생각했다.

자연은 진공상태를 싫어한다. 인간은 진공 속에 존재할 수 없다. 우리 주변에서 진공에 가장 가까운 것은 백열전구의 내부이다. 전구가 깨지면 자연은 그 진공의 공간에 공기를 채울 것이다. 이처럼 인간은 여러 환경적 조건 속에서 살 수밖에 없는 존재이다. 그러므로 환경에 대한 진지한 고려가 이루어져야만 한다. 인간의 행동은 환경적 조건에 의해 제약될 수밖에 없으며 만약 사람들이 상황적 조건에 상관없이 동일하게 행동한다면 그것은 자신의 주변 세계에 대해 매우 무관심하거나, 둔감하거

그림 6-2 반두라의 상호결정론 모델

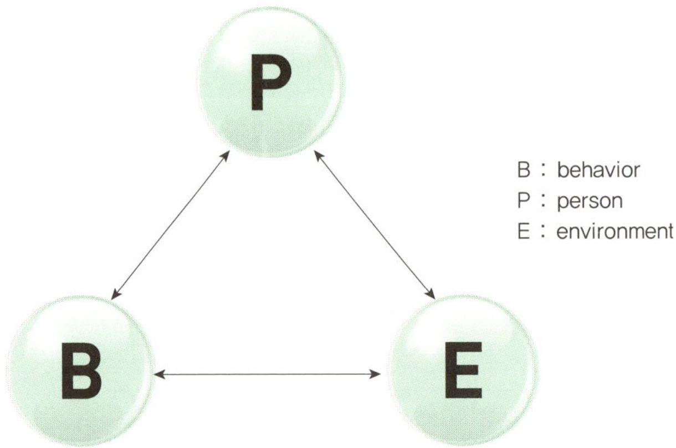

나, 상황에 구애됨이 없이 동일하게 행동함으로써 자신의 행위에 대한 개인적, 사회적 영향을 무시하는 것이다. 일반적으로 인간은 일상적인 상호작용에서 인간이 직면하는 상황을 분석하고, 어떤 행동을 선택할 것인지 생각하며, 그 행위를 성공적으로 수행할 능력이 있는지 판단하고, 그런 다음에 행동이 산출하게 될 결과를 추정한다. 또한 행동의 실제적 원인으로서 인지의 역할이 매우 중요하다고 강조했다. 반두라는 학습에서뿐만 아니라 인간적 삶의 영위를 위해서도 인지가 매우 중요한 역할을 한다고 생각했다. 인간이 인지적 능력을 보유함으로써 진화과정에서도 유리했고, 다른 동물들과는 다른 삶을 살 수 있다고 생각했다. 인간은 인지적으로 생성된 동기를 통해 스스로를 자극하고, 선견을 통한 기대에 의해 행위를 안내하며, 예기된 행위결과가 생겨나기를 기대할 뿐만 아니라 스스로 목표를 정하여 가치 있는 미래가 실현되도록 자신의 행위의 진행을 계획한다.

반두라는 개인이 환경에 어떤 영향을 미칠 수 있다는 믿음인 자기효능감이 성공, 문제해결, 적응을 위해 필요한 중요한 심리적 변인이라고 주장하였다. 다른 요소들로는 행동의 수행과 지속성을 결정하는 데 한계가 있기 때문이다.

자기효능감이란 바람직한 결과를 가져오는 행동을 성공적으로 수행할 수 있다는 한 개인의 믿음을 가리킨다. 즉, 개인의 어떤 행동이나 활동을 성공적으로 수행할 수 있다는 자신의 능력에 대한 확신이자 개인의 신념을 의미한다. 이는 외부적인 판단이 필요 없는 전적으로 주관적인 개념이고 믿음이다. 때문에 인간이 느끼고, 생각하고, 동기화하고, 행동하는 전 과정에 영향을 미친다. 이는 인간의 사고와 행위를 관장하는 데 있어 핵심적으로 작용한다.

반두라는 자기효능감을 "목표를 달성하는 데 필요한 행동과정을 조직하고 실행할 수 있는 자기능력에 대한 신념"이라고 정의했다. 즉, 자기효능감(self-efficacy)은 다양하고 폭넓은 상황에서 효과적으로 일을 수행할 수 있다고 믿는 자신의 관점에 대한 믿음이다. 그것은 특별한 업무를 수행할 수 있는 능력이 있다는 확신이다. 자기효능감이 높은 사람은 그들의 업무에서 보다 많은 확신을 가지고 있으며, 그들의 기능을 효율적으로 잘 수행할 수 있도록 돕는다.

자신이 하는 일에 대해서 자기효능감이 높다는 것의 의미는 그들이 특별한 일을 할 수 있는 능력이 있다는 것을 뜻한다. 그러나 이에 반해 자기효능감이 낮은 사람들은 그들에게 주어진 일에 대해 자신감이 떨어지고, 결과적으로 좋지 못한 결과를 낳는다. 그러므로 높은 자기효능감을 보유하고 있다는 것은 그가 강하게 동기부여되었다는 증거이기도 하다.

어떤 사람들에게는 동기부여가 부족하기도 한데 그 원인 중의 하나는 그들이 맡은 일에서 종종 좋지 않은 결과를 얻었고, 그 결과는 곧바로 자신감 부족으로 연결되기 때문이다. 그러므로 자기효능감은 한 사람의 능력에 대한 확신을 설명해줄 수 있다. 이는 주어진 범위 안에서 특별한 일을 성공적으로 수행하는 데 필요한 지각적 과정이고 자원이다. 먼저 수행했던 일에 대한 성공과 업적은 자기효능감의 가장 중요한 결정요인이다. 그들의 효능감에 대해서 긍정적인 믿음을 가지고 있는 사람은 더 어려운 일을 시도하는 것을 주저하지 않으며 다양한 상황에 직면했을 때 상대적으로 두려움을 적게 갖는다.

자기효능감(self-efficacy)은 자기존중감(self-esteem)과는 다르다.

매슬로우에 의해 제안된 자기존중감은 타인으로부터의 관점을 포함한다. 즉, 스스로도 존중할 수 있어야 하고, 다른 사람들로부터도 존중받아야 한다. 그러므로 타인에 의한 평가가 중요한 요인이 된다. 높은 자기존중감을 지닌 사람은 그들에 대해 긍정적인 감정을 가진다. 그러나 낮은 자기존중감을 가진 사람은 자신에 대해 부정적인 관점을 가지고 있다.

그러므로 자기존중감은 그들의 가치에 대한 개인적이고 보편적인 감정이다. 이는

그림 6-3 | 매슬로우와 반두라의 비교

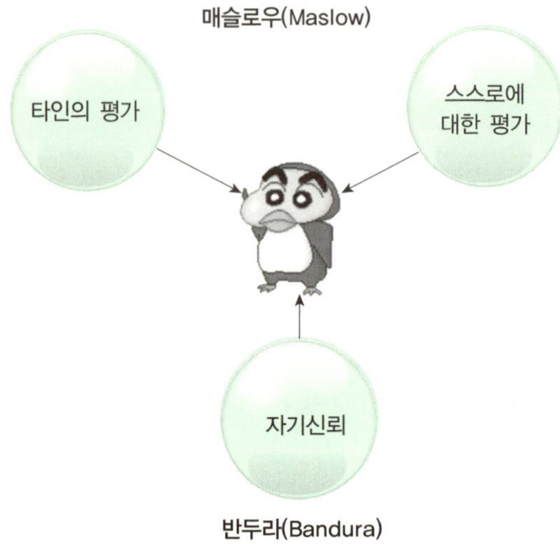

자신의 가치에 대한 판단을 포함하며 여기에는 타인의 관점이 포함되어 있다. 그러나 자기효능감은 자신이 어떠한 일을 잘 해낼 수 있을 것이라는 자기자신에 대한 주관적인 신념이다. 때문에 타인의 평가가 중요하지 않다.

대부분의 사람들은 자기확신이 없는 상태에서는 행동하지 않는다. 그러므로 스스로에 대한 무한한 믿음인 자기효능감은 인간행동에 대한 예측을 가능하게 해준다. 그리고 이는 인간의 행동, 동기, 사고에 대한 핵심적 역할을 설명해주고 있다.

표 6-2 | 자기효능감의 네 가지 원천

성취경험	성공이나 실패에 대한 과거의 경험
대리경험	타인의 성공이나 실패에 대한 관찰
언어적 설득	타인 의견의 경청
감정적 인식	불안, 어려움, 스트레스

반두라는 자기효능감의 판단에 영향을 미치는 요인을 네 가지로 분류하였다.

① 능력의 지표로 작용하는 성공경험, ② 타인과의 성취를 비교하거나 유능감의 전달을 통해 자기효능감을 변화시키는 대리경험(모델링), ③ 어떤 능력을 갖고 있다는 언어적 설득과 사회적 영향, ④ 사람들이 자신의 능력, 힘, 기능장애에 대한 취약

성을 부분적으로 판단하는 심리적, 정서적 상태인 감정적 인식 등이 그것이다.

첫 번째 성공경험을 살펴보자. 보보는 대학교에 입학하기 위해 간절히 소망하고 그 목표를 위해 밤낮으로 공부했다. 지난 수년 동안 보보에게는 친구도, 애인도, 개인생활도 없었다. 오직 대학합격에만 매달렸다. 만약 보보가 합격통지서를 받았다면 원하던 목표를 달성한 것이고, 그 달성을 통해 자기효능감이 형성될 것이다. 그러나 만약 대학입학에 실패하였다면 스스로에 대한 믿음도 깨지고 자기효능감은 매우 약화되었을 것이다. 특히 자기효능감이 강하게 형성되어 스스로에 대한 흔들리지 않는 굳건한 믿음이 형성되기 전에 실패하였다면 약화 정도는 더욱 강화될 것이다. 따라서 강한 자기효능감을 형성하기 위해서는 지속적인 노력을 통해 성공의 경험을 늘려 나가야 한다. 반두라는 성공경험이 대리경험이나 인지적 시뮬레이션, 언어적 교수 등에만 의존하는 방식보다 훨씬 더 강하고 일반화된 자기효능감을 낳는다고 주장했다.

두 번째는 대리경험이다. 사람들은 모델링을 통해, 사회적인 비교와 평가를 통해 자기효능감을 평가하게 된다. 모모는 사회초년생으로 사진 찍기가 취미이다. 스스로 공부하고 연습하여 사진을 찍기 시작했지만 혼자서 기술을 향상시키는 데 있어 한계를 느끼고 비슷한 사람들끼리 모여서 함께 작업하고 연구하는 동호회에 가입했다. 일주일에 한 번씩 모임을 갖는 동호회를 통해 기술이 놀랄 만큼 향상됨을 느끼게 되었다. 모모의 경우 자신과 비슷한 능력을 가지고 있는 집단에 소속됨으로써 자신이 그 이상을 해낼 수 있는 능력을 갖고 있다고 스스로를 설득할 수 있는 가능성이 더 높아졌고, 그것이 일정한 결과로 나타났다고 볼 수 있다. 그러므로 자기효능감을 높이기 위해서는 자신보다 능력이 부족하지 않은 능력이 비슷한 모델을 제시하는 것이 중요하다. 모델링의 효과는 모모처럼 자신의 능력을 평가할 경험을 거의 갖고 있지 않은 경우에 더욱 크다.

세 번째는 언어적 설득이다. 언어적인 설득을 통해 자신이 어떠한 일을 성취할 수 있는 능력을 갖고 있다는 신념이 더욱 강화된다. 또또는 전공 관련 자격증을 따려고 오랜 기간 공부했지만 여러 번 떨어졌다. 또또의 자존심은 바닥으로 추락했고, 자신이 과연 그 일을 해낼 수 있을까라는 의구심도 생기기 시작했다. 또또가 스스로에 대한 의심으로 괴로워할 때 친구들은 또또가 해낼 수 있다고, 충분히 그럴만한 능력이 있다고 용기를 북돋워주었다. 언어적인 설득은 스스로에 대한 의구심이 들 때,

어려운 난관에 봉착하여 흔들릴 때 자기효능감을 유지할 수 있도록 돕는 역할을 한다.

네 번째는 감정적인 인식이다. 기분이 좋은 상태는 똑같은 일을 해냄에 있어서 더 유능하고 자신감 있게 할 수 있도록 돕는 중요한 요건이다. 자기자신에 대한 긍정적인 인식은 자기효능감을 증가시키고, 이는 곧 좋은 결과로 이어진다. 그런데 여기서 중요한 것은 실제 그 자체보다는 어떻게 인식하고 해석하는가의 문제이다. 인간은 스스로에 대한 긍정적인 인식을 통해 생각과 느낌, 행동, 의식과 무의식에 영향을 미쳐 변화를 경험할 수 있게 된다. 이를 통해 개인적 불안과 갈등을 해소하고, 성격을 개조하고, 영향력을 개발할 수 있다. 1910년에 에밀 쿠에라는 프랑스 약제사는 일종의 '자기암시'로서 '자조기법'을 개발했다. 쿠에는 "나는 날마다 모든 면에서 점점 좋아지고 있다"는 유명한 말을 남긴 사람이다. 쿠에의 자조기법도 같은 맥락으로 이해할 수 있다.

○ 자기효능감과 자기존중감

자기효능감은 어떠한 일을 성공적으로 수행할 수 있다는 개인의 신념이다. 따라서 개인은 자신의 행동능력에 대해 강한 믿음을 가지고 있고 이를 통해 효과적으로 업무를 수행할 수 있다. 여기서 중요한 것은 믿음이 맹목적이라는 것이다. 스스로에 대한 믿음은 가치판단을 포함하지 않는다.

반면 자기존중감은 스스로에 대한 가치판단을 포함하고 있다. 이는 타인으로부터 인정받고 싶은 욕구, 자기 스스로 판단해도 인정할만한 내적 존경의 욕구를 포함하고 있다. 그러므로 외부로부터의 인식과 판단을 포함한 개념이다.

자기효능감은 수행과는 별도로 발달되며, 개인의 행동에 있어서 예측근거가 되기도 한다. 그리므로 인간의 사고, 동기, 행동을 관장하는 데 있어서 핵심적 역할을 한다.

보보의 한 말씀

인간은 자신의 삶에 영향을 미치는 일에 통제력을 발휘하고자 한다. – 앨버트 반두라

○ 최상주의자 측정법

다음의 질문에 대해 1(전적으로 동의하지 않음)에서 7(전적으로 동의함) 사이의 숫자를 쓰시오.

질문	점수
설령 그 순간에 가능하지 않은 것이라도 선택을 할 때마다 모든 가능성을 다 염두에 둔다.	
지금의 일에 만족한다고 하더라도 더 나은 기회를 찾는 것이 나를 위해 바람직하다.	
자동차에서 라디오를 들을 때 지금 듣고 있는 방송이 마음에 드는 편이어도 더 좋은 방송이 없는지 채널을 돌려 본다.	
TV를 볼 때 보고 싶은 프로그램이 있어도 혹시 더 좋은 프로그램이 없는지 채널을 다 돌려 본다.	
완벽한 관계를 위해 많은 사람을 사귀어 보아야 하니까 인간관계는 옷과 같다.	
친구에게 줄 선물을 고르기가 어렵다고 느끼는 편이다.	
영화를 선택하는 일은 정말 어렵다. 무엇이 가장 재미있을까 항상 고민한다.	
쇼핑을 하러 가서 가장 마음에 드는 옷을 고르기가 힘들다.	
가장 좋아하는 영화, 가장 좋아하는 가수, 가장 좋아하는 운동선수, 가장 좋아하는 소설 등 좋아하는 것의 우선순위를 정한다.	
친구에게 보내는 문자도 쓰기 어렵다. 제대로 쓰기가 매우 어렵기 때문이다. 그래서 여러 번 고쳐 쓰곤 한다.	
무슨 일을 하든 스스로에게 최고의 기준을 정한다.	
절대로 차선책을 택하지 않는다.	
현재의 삶과 완전히 다른 삶을 동경하는 편이다.	

※ 숫자를 모두 더하시오.
40점 이하 : 만족주의자
50점 : 평균적인 사람
60점 이상 : 최상주의자

자료 : L. Hoggard, 'How To Be Happy', Optomen Television Ltd., 2005. (저자 재구성)

보보의 배꼽다구!

○ 벨튼기법

미국 테네시주 멤피스 출신의 교사인 에메트 벨튼은 학생들에게 자신에 대한 긍정적인 문장 50개를 처음에는 속으로, 나중에는 소리 내어 읽으라고 요구했다. 50개의 문장은 "형편이 점점 좋아지고 있다", "내 삶은 점점 나아지고 있다"는 두 가지 유형으로 분류할 수 있었다.

이런 문장을 읽으면 효과는 일시적이었지만 기분이 좋아지는 것으로 나타났다. 그 과정이 반복될 때마다 어김없이 나타났다. 그래서 이 방식은 '벨튼기법'으로 불리게 되었고, 오늘날 많은 심리치료사들이 널리 이용하고 있다.

벨튼기법은 오랜 세월에 걸쳐 다듬어졌다. 예를 들면, 문장이 50개에서 12개로 대폭 줄어들었다. 문장 하나하나에 더 오랫동안 정신을 집중하는 것이 더 이롭다고 생각되기 때문이다. 또한 각자는 자기가 갖고 싶은 기분과 어울리는 상황에 있는 자신을 상상해 보라는 요구를 받는다. 예를 들면, 평화롭고 고요한 느낌을 갖고 싶으면 조용한 바닷가에 앉아 있는 자신을 시각화해 본다.

긍정적인 효과를 얻을 가능성을 극대화하기 위해서는 적당한 시간을 골라야 한다. 하루 일을 끝내고 긴장이 차츰 풀리고 있을 때가 적당하다.

자료 : 데이비드 나이어스의 『행복을 위한 전략』 중에서

보보의 한 말씀

우리는 우리가 원하는 대로가 아니라 할 수 있는 대로 산다. – 그리스 속담

4 셀프리더십

셀프리더십에 관한 기존연구들은 셀프리더십의 선행변수로서 슈퍼리더십에 주로 관심을 두어왔다. 슈퍼리더십(super-leadership)은 1989년 만츠와 심스(Manz & Sims)에 의해 처음 알려졌다. '슈퍼'는 리더 자신뿐만 아니라 다른 사람들의 잠재능

력과 최선의 노력을 이끌어내는 것을 의미한다. 그러므로 슈퍼리더란 추종자들이 스스로를 주도해 나갈 수 있도록 리드하는 사람을, 슈퍼리더십이란 리더가 다른 사람들이 스스로 자신들을 주도해 나가게 만드는 리더십(leading others to lead themselves)을 뜻한다. 슈퍼리더는 다른 사람들의 성공에 의해 그 효과를 측정할 수 있으며, 권한위임(empowerment)을 통해 자율성을 부여하고 스스로 성장하여 새로운 리더가 될 수 있도록 돕는다. 슈퍼리더가 되기 위한 전제조건은 스스로 유능한 셀프리더가 되는 것이다. 즉, 슈퍼리더십의 핵심은 셀프리더십이다.

슈퍼리더는 다른 사람들의 내부에 잠재된 셀프리더십을 이끌어내는 것이며, 이는 어떤 종류의 철학이 아니라 행동이나 실천으로서 추종자들의 셀프리더십을 개발하는 것이다. 모범보이기(modeling), 자기목표설정(self-goal set), 개인적인 내적 보상의 제공으로 셀프리더십을 개발할 수 있다. 추종자들이 셀프리더십을 발휘할 수 있도록 자극하고, 지원하는 것이 슈퍼리더가 하는 일이다.

셀프리더십은 광범위하게는 자기관리(self-management)에 포함되는 개념으로서 자기 스스로에게 영향력을 행사하기 위해 개인이 사용하는 사고방식, 감정, 행동 등에 초점을 맞춘 새로운 리더십이다. 즉, 자율권(individual empowerment)을 가지고 스스로 하는 일에 대한 책임을 지는 특별한 행동과정이다.

셀프리더십은 사회적 인지이론에서 영향을 받았으며 개인이 스스로 유능감을 지각하고, 업무과정에서 일어나는 사건들을 통제할 수 있다는 자기결정성이라는 두 가지 요소에 의해 향상된다.

허시와 블랜차드의 수명주기이론을 보더라도 추종자의 성숙도 수준의 가장 높은 범주에서는 리더는 권한을 위임하고 그들에게 통제권을 넘기며, 그들이 주체적으로 업무를 수행할 수 있도록 독려한다. 가장 높은 수준의 리더는 과업적 행동과 관계적 행동에 대한 관여를 최소한으로 축소하고, 추종자들이 스스로 해낼 수 있는 환경을 조성한다. 셀프리더십 또한 리더에 대한 의존보다는 스스로에 대한 통제와 내적인 동기부여를 통해 자신의 삶에 총체적인 책임을 지게 되는 과정이다.

셀프리더십(self-leadership)은 만츠에 의해 최초로 사용되었다. 셀프리더십은 스스로 자기자신에게 영향을 미치기 위해, 즉 자기의 영향력을 행사하기 위해 사용되는 모든 행위와 인지를 포함하는 개념이다. 만츠와 심스는 셀프리더십을 리더십 대체물(substitutes for leadership)의 개념 중 하나인 자기관리(self-management)와 비교하면서 자기관리보다는 한 단계 더 높은 자기규제방식이라고 설명하고 있다. 자기관리의 개념이 동기이론에 가까운 것으로 보이지만 리더십을 부분적으로 대체할 수 있는 것으로 보아 리더십이론으로 분류하고 있다. 즉, 셀프리더십은 자기관리보다 한 단계 더 높은 수준의 자기규제(self-regulation)로서 자기관리가 일을 어떻게 수행할 것인가에 초점을 두는 데 비해, 개인 스스로가 자신을 관리하고, 자기관찰(self-observation), 목표설정(goal-setting), 자기강화(self-reinforcement)와 자기방향설정(self-direction)의 수립, 업무에 있어서의 자연보상(natural reward), 건설적 사고 패턴(constructive thought pattern)으로의 유도 등의 개념이 이에 포함된다.

셀프리더십은 지시, 명령, 통제, 보상, 처벌 등에 의해 발휘되는 전통적인 리더십과는 달리, 스스로 목표를 성취하지 못했을 경우에 스스로에 대해 자기비판을 하는 등의 개념으로서 자율성을 강조한다. 이와 같이 셀프리더십은 조직구성원들의 자기관리 역량과 내적인 동기부여에 초점을 두고 있기 때문에, 전통적인 리더십보다 조직구성원의 업무에 대한 열정과 창의성을 높이고 자발적인 능력 발휘를 촉진시킴으로써 조직의 유효성을 증대시키는 데 더 효과적이다.

미국 텍사스대학의 일부 대학생들과 델의 노동자집단을 비교분석한 결과 셀프리더십이 직무성과에 긍정적인 영향력을 행사하는 것으로 나타났다. 연구에서 활용한 요인은 셀프리더십, 심리적 강화, 건강, 업무성과 등이었다.

표 6-3 ▌전통적 리더와 슈퍼리더

전통적 리더	슈퍼리더
• 목표를 강조한다. • 팀을 감독하고 정보를 제공한다. • 해결방안을 제시한다. • 문제를 일일이 들추어내어 말한다. • 영향력을 행사한다. • 대화에 자부심을 갖는다.	• 자기강화를 격려한다. • 자기관찰 및 평가, 자기기대, 자기목표 설정을 격려한다. • 실제 수행 전에 미리 연습하는 것을 격려한다. • 자기비판을 격려한다.

자료 : C.C. Manz & H.P. Sims, "Superleadership : Beyond the myth of heroic leadership", *Organizational Dynamics*, 1991.

만츠와 심스는 셀프리더십에서 세 가지 기본적 명제를 제안하고 있다.

첫째, 누구나 어느 정도는 셀프리더십을 발휘하고 있다.

둘째, 효과적인 셀프리더십은 학습을 통해 얻어진다.

셋째, 셀프리더십은 경영자, 관리자, 종업원 모두에게 해당된다.

‖ 표 6-4 ‖ 셀프리더십전략

구분	전략	내용
행동전략	자기목표설정	과업에 대한 자신만의 목표를 설정한다.
	단서관리	바람직한 과업행동의 향상을 위해 상황 속에서 단서를 발견하고 변화시킨다.
	자기연습	과업수행에 앞서 물리적, 정신적인 연습을 한다.
	자기관찰	과업수행 시 초점이 되는 자신의 행동을 관찰하고 유용한 정보를 수집한다.
	자기보상	만족할만한 과업을 수행했을 때 스스로 가치 있다고 생각되는 보상을 자신에게 제공한다.
	자기처벌	만족할 만큼 과업을 수행하지 못했을 경우, 스스로 처벌을 가한다.
내적 보상전략	자율적 과업재설계	스스로 과업을 재설계함으로써 내적인 보상 수준을 높인다. 내적 보상은 유능감, 자기통제감, 목적의식, 의미감을 가져다주는 업무에서 초래된다.
	환경여건의 재설계	내적 보상의 증진을 위해 과업환경을 재설계하거나 작업시간과 장소를 변경한다.
인지적 전략	건설적 사고패턴	이상적인 신념, 긍정적인 정신적 심상, 셀프토크를 통해서 건설적인 사고패턴과 습관을 체화시킨다.

자료 : C.C. Manz & H.P. Sims, *The New SuperLeadership,* Berrett-Koehler Publishers, 2001. (저자 수정)

보보의 뼈다귀

○ 나를 사랑하는 마음

스피노자의 말대로 자긍심은 '자기자신과 자기의 활동능력을 고찰하는 데서 생기는 기쁨'이다. 명시적으로 말하진 않았지만, 되돌아 본 자신의 모습이 긍정적일 때에만 우리는 기쁨을 느끼는 법이다. 자신이 얼마나 매력적인지, 그리고 자신이 얼마나 아름다운지 확인할 때, 다른 누구라도 기쁨을 느끼기 마련이다. 자긍심은 얼마나 매력적인 감정인가. 길거리를 걸을 때도 우리의 걸음걸이는 레드카펫을 걷는 배우처럼 당당하고 아름다울 것이고, 낯선 사람과 대화할 때도 우리의 말과 행동은 거칠 것 없는 아우라를 뿜을 것이다. 그러나 평범한 사람들로서는 자기자신이 진정으로 가치 있는 존재라는 걸 자각하고, 그래서 자긍심이라는 감정에 사로잡히는 놀라운 경험을 하게 되는 경우는 그리 흔치 않다. 우리는 대개의 경우 모종의 피해의식에 사로잡혀 위축되어 있기 때문이다.

자료 : 강신주의 『감정수업』 중에서

보보의 한 말씀

자긍심이란 인간이 자기자신과 자기의 활동능력을 고찰하는 데서 생기는 기쁨이다.

– 스피노자

1) 건설적 행동을 위한 전략

어떤 과제가 주어졌을 때 기꺼이 과제를 수행할만한 동기가 생겨나지 않는 경우, 스스로를 더욱 채찍질하여 움직이도록 해야 하는 경우에는 건설적 행동을 위한 전략이 매우 유용하다.

(1) 자기목표설정

전통적 관리방식에서는 모든 목표는 탑다운방식이었다. 조직의 두뇌에 해당되는 상위계층에서 일방적으로 만들어진 목표는 하위계층으로 전달되었고, 실제 작업자들의 동기나 관심여부와는 상관없이 목표수행을 위해 노력해야만 했다. 그러다 보니 효과적인 목표달성에는 많은 무리가 따랐다. 이를 극복하기 위해 MBO(Management by Objective)[3)]가 생겨나기도 했다. MBO는 조직의 상위계층과 실제작업자가 함께 목표를 설정하여 그 달성도를 높여나가는 데 초점을 두고 있지만, 셀프리더십에서의 자기목표설정은 좀 더 구체적이며, 인간이 스스로를 통제하고, 책임감을 발휘하여 더 나은 업무를 수행할 수 있다는 Y론적 인간관, 아브라함적 인간관에 근거하고 있다.

3) 1954년 드러커가 『경영의 실제』에서 처음 언급한 개념으로 개인이 설정하는 목표를 기본으로 자기관리를 통한 자기평가방법이다. 목표의 타당성을 위해서는 specific(구체적이고), measurable(측정가능한), achievable(달성가능한), realistic(현실적인), time-related(상황적 고려)인 목표가 필요하다.

셀프리더십을 수행하기 위해 개인은 자신이 달성하고자 하는 목표를 점검하고 목표를 설정한다. 그리고 목표들의 우선순위를 결정하여 엄격한 자기지시를 단행한다. 여기서 중요한 것은 리더십의 효과를 높이기 위해서는 현실적인 목표점검이 필요하다는 것이다.

(2) 단서에 의한 관리

단서에 의한 관리는 바람직한 행동을 조장하기 위해 환경을 유리하게 활용하는 것을 의미한다. 물리적 환경 속의 단서들을 원하는 방식으로 재배열하고, 바람직하지 못한 행동을 조장하는 단서들을 제거시키며, 바람직한 행동을 조장할 수 있는 단서들로 대체시킨다.

보보의 경우 이달 말까지 중요한 보고서를 작성해야 한다. 그런데 직장에서는 밀린 업무를 처리해야 하고, 퇴근한 후에는 아이들에게 시달려야 한다. 가족들이 모두 잠든 후 보고서 작성을 시도하기도 했지만 체력적인 무리가 따랐다. 그래서 잠시 동안 도서관에 가서 아무에게도 방해받지 않고 조용하게 생각하고, 보고서 작성을 무사히 끝마칠 수 있었다.

모모는 다이어트 중이다. 적어도 지금보다 7kg은 감량해야만 하는 목표를 가지고 있다. 그런데 이상한 것은 다이어트를 시작하면서부터 먹는 것에 대한 참을 수 없는 욕구가 생겨났다는 것이다. 모모는 먹고 싶은 것의 목록을 만들어 노래로 부르기 시작했다. "초콜릿, 치킨, 떡볶이, 피자…. 모두가 여기 있네." 그리고 주변에 있는 패스트푸드를 모두 없애버리고, 다이어트에 도움이 되는 건강식품만을 구입해서 눈에 띄는 곳에 구비해 놓았다.

(3) 자기연습

자기연습은 과업을 수행함에 앞서 중요하다고 생각되는 부분을 미리 생각하고 연습하는 것이다. 수행에 앞선 연습은 기술적 숙달과 더불어 자신감을 향상시키기 때문에 기대보다 높은 성과를 이루어내는 지름길이다.

또또는 내일 리더십 엔지니어링 수업시간에 셀프 프레젠테이션을 할 예정이다. 정해진 3분 동안 자유로운 형식으로 자신을 가장 잘 나타낼 수 있는 방법으로 스스로를 소개해야 한다. 3분이라는 짧은 시간 동안 자신의 모든 것을 잘 표현할 수 있을지, 혹시 시간을 초과하지는 않을지, 준비한 것을 제대로 발표할 수는 있을지 등에 대해 염려하고 초조해했다. 그래서 3분 동안의 발표내용을 미리 암기하고, 녹음을 통해 자신의 발표내용과 태도를 미리 점검했다. 그러고 나니 내일 있을 발표에 조금이나마 자신감이 붙었다.

(4) 자기관찰

자기관찰은 업무과정보다는 그 이후의 결과에 초점이 있다. 업무수행과정에서 구체적으로 자신이 어떠한 행동을 했는지, 그 행동을 통해 업무가 효율적으로 이루어졌는지, 다른 사람들의 반응은 어떠했는지 등에 대한 정보를 수집하여 이후의 효율적인 행동을 위한 지침으로 삼을 수 있다.

보보는 매주 열리는 아이디어회의에서 자신의 의견을 효과적으로 전달하는 데 어려움을 겪어왔다. 준비한 내용은 좋은데 그것을 전달하는 과정에 있어서 소통의 문제가 있음을 스스로 시인하고 있다. 그래서 지난주부터는 다양한 소통방식을 통해 의견을 전달하고, 자신의 의견이 어떻게 받아들여지는지 면밀하게 관찰했다. 그리고 피드백을 통해 부족한 부분을 교정하기 시작했다.

(5) 자기보상

전통적인 리더십에서는 리더와 추종자 사이에 암묵적으로 주고받을 수 있는 그 무엇인가에 의해 리더십이 발휘된다고 믿는다. 특히나 외형적 보상은 추종자들에게 매우 매력적인 유인이다.

셀프리더십에서는 외부로부터 주어지는 보상의 중요성을 과소평가하는 것은 아니지만 내적인 보상에 훨씬 더 큰 가중치를 부여하고 있다. 자기보상은 개인을 움직이는 가장 강력한 동인이다. 자신이 설정한 목표를 달성했을 때 스스로에게 칭찬을 하고, 자신이 가치 있다고 생각하는 방식으로 보상을 해준다면 과업의 수행이 훨씬 수월해진다. 역으로 자기보상은 과업의 완수 전까지 불필요한 것들을 자제하는 방식으로 활용될 수 있다.

자기보상은 얼마 전 대한민국을 강타했던 마시멜로 이야기를 떠올리게 한다.

1970년 미국 스탠포드대학교의 월터 미셸 박사는 4~5세의 어린 아이들을 대상으로 마시멜로실험을 실시했다. 실험자는 아이들의 책상에 마시멜로를 올려놓고 15분 뒤에 돌아올 것이라고 했다. 원한다면 언제든지 마시멜로를 먹을 수 있지만 돌아올 때까지 먹지 않고 기다리면 더 많은 마시멜로를 먹을 수 있다고 말했다. 이 실험은 자기통제력에 관한 것이었다. 마시멜로를 통해 측정된 자기통제력의 차이에 따라 성장한 후에 성취도, 자아성장, 사회적 지위 등에 많은 차이를 보였다. 마시멜로의 유혹을 견디어낸 사람이 성공할 가능성이 훨씬 높은 이유는 당장 보이는 눈앞의 욕구보다 더 많은 것들을 성취하기 위해 인내했기 때문이다.

보보는 이번 학기에 장학금을 타기 위해 밤잠을 설쳐가며 공부하고 있다. 친구도, 애인도, 여가시간도…. 모두 다 반납하고 오직 장학금만을 위해 스스로를 시험하고 있다. 도서관을 나와 하늘에 빛나는 별들을 바라볼 때면 젊음이 아름답다라는 말이 무색해지기도 했다. "이번 시험만 끝나면 그동안 못해 보았던 것들을 모두 해야지"라고 스스로를 위로하면서 힘든 경주를 이어갔다. 그리고 시험이 끝나던 날 자신이 좋아하는 영화를 보기 위해 극장으로 갔다. 보보의 취미는 영화감상이었기 때문에 3편을 연달아 보았다. 보보에게는 영화감상이 자기보상이었던 셈이다.

보보의 뼈다귀

○ 아인슈타인의 터닝포인트

아인슈타인은 어렸을 때 노는 것을 좋아하는 아이였다. 온종일 놀기만 하는 아인슈타인을 보며 어머니가 몇 번이나 꾸지람을 했지만 아무 소용이 없었다. 열여섯 살이었던 어느 날 아버지는 강으로 낚시를 가기 위해 짐을 꾸리고 있는 아인슈타인을 방으로 불렀다. 그날의 이야기는 훗날 아인슈타인의 인생을 송두리째 바꾸어 놓았다.

"아버지가 말이다. 어제 옆집 잭 아저씨하고 아랫동네 대저택의 굴뚝을 청소하러 갔단다. 그런데 그 집 굴뚝은 꼭대기로 올라가려면 반드시 굴뚝 안에 있는 사다리를 통해야만 했어. 잭 아저씨가 먼저 올라가고 내가 나중에 올라갔지. 우리는 손잡이를 잡고 조심스럽게 한 칸 한 칸 꼭대기까지 올라갔단다. 청소를 마치고 다시 그 사다리를 타고 내려왔고 말이야. 그런데 내려와 보니 잭 아저씨는 얼굴과 온몸이 검은 재투성이였는데 내 몸에는 조금도 재가 묻어있지 않았단다."

"정말요?"

아인슈타인은 흥미를 느끼며 더 바짝 다가가 앉았다. 아버지는 그런 아인슈타인을 보며 미소를 지으며 말했다.

"그런데 재미있는 것은, 그때 나는 잭 아저씨를 보고 내 얼굴도 재투성이일 거라고 생각했지. 그래서 강변에 가서 몇 번이나 얼굴을 씻었는지 모른단다. 그런데 잭 아저씨는 나를 보고 자신도 깨끗하다고 생각을 한 거야. 그래서 함께 강변에 와서 얼굴에 몇 번 물만 묻히고 말더구나. 우리가 거리에 나타났을 때 사람들이 잭 아저씨를 보고 배꼽 빠지게 웃었다는 것, 안 봐도 상상이 가지 않니?"

아인슈타인도 잭 아저씨의 이야기에 웃음을 참을 수가 없었다. 같이 웃던 아버지는 아인슈타인의 웃음이 그치기를 기다려 말했다.

"그러니 얘야, 이 세상에 너의 거울이 되어줄 사람은 아무도 없단다. 오직 자신만이 스스로의 거울이 될 수 있어. 다른 사람을 거울로 삼는다면 바보도 자신을 천재라고 오해할 수 있단다."

자료 : 왕샹둥의 『심리학의 즐거움』 중에서

보보의 한 말씀

무엇보다 우선 자신에게 진실하게 대하라. 그러면 밤이 지나 낮이 오듯 어느 누구에게도 거짓으로 대하지 못하리라.

– 셰익스피어

(6) 자기처벌

셀프리더십에서 자기보상만큼 중요한 것이 자기처벌이다. 이는 스스로 의도하지 않았던 부정적인 방식으로 행동했을 경우 자기처벌을 가하는 방식이다. 자기처벌은 부적절한 방식에 대해 경종을 울리고 변화를 야기하기 위해 효율적인 방법이다. 자기처벌을 통해 스스로를 교정하고 건설적인 피드백을 통해 바람직한 변화를 유도할 수 있다.

모모는 적어도 하루 세 시간씩 글을 쓰기로 했다. 왜냐하면 모모의 꿈은 작가이기 때문이다. 학교생활을 병행하면서 매일 꼬박 세 시간씩 글을 쓴다는 것은 지나치게 의욕이 앞선 불가능한 다짐 같기도 했다. 그러나 스스로에 대한 약속을 지키기 위해 매일 글을 쓰고 또 썼다. 그러던 어느 날 학과의 행사에 참석하기 위해 하루의 글쓰기를 빠뜨리고 말았다. 하루 정도는 그냥 넘어갈 수도 있었지만 모모는 자신과의 약속을 깨뜨리고 싶지 않아 삼일 동안 하루 한 시간씩 글을 더 써서 모자란 시간을 채우기로 했다.

보보의 시

존 윌리엄스 워터하우스의 '율리시스와 사이렌'

네가 이타카로 가는 길을 나설 때,
기도하라, 그 길이 모험과 배움으로
가득한 오랜 여정이 되기를,
라이스트리곤과 키클롭스, 포세이돈의
진노를 두려워마라.
네 생각이 고결하고
네 육신과 정신에 숭엄한 감동이 깃들면
그들은 네 길을 가로막지 못하리니.
네가 그들을 영혼에 들이지 않고
네 영혼이 그들을 앞세우지 않으면
라이스트리곤과 키클롭스와 사나운 포세이돈
그 무엇과도 마주치지 않으리.
기도하라, 네 길이 오랜 여정이 되기를.
크나큰 즐거움과 크나큰 기쁨을 안고
미지의 항구로 들어설 때까지,
네가 맞이할 여름날의 아침은 수없이 많으니.
주머니 사정이 허락하는 최대한,
이집트의 여러 도시들을 찾아가
현자들에게 배우고 또 배우라.
언제나 이타카를 마음에 두라.
네 목표는 그곳에 이르는 것이니.
그러나 서두르지는 마라.
비록 네 갈 길이 오래더라도
늙어져서 그 섬에 이르는 것이 더 나으니.
길 위에서 너는 이미 풍요로워졌으니
이타카가 너를 풍요롭게 해주길 기대하지 마라.
이타카는 너에게 아름다운 여행을 선사했고
이타카가 없었다면 네 여정은 시작되지도 않았으니
이제 이타카는 너에게 줄 것이 하나도 없구나.
설령 그 땅이 불모지라 해도, 이타카는
너를 속인 적이 없고, 길 위에서 너는 현자가 되었으니
마침내 이타카의 가르침을 이해하리라.

– 콘스탄티노스 카바피의 '이타카' 중에서

보보의 신문

뇌는 변화할 수 있을까?

우리들은 평상시 뇌를 심장이나 간, 신장처럼 생물학적 기관으로 무의식적으로 생각하고 있지는 않을까. 심장이나 간, 신장은 문제가 있으면 이식을 한다. 이제는 인공심장을 장착하기도 한다. 하나의 장기로 바라보기 때문이다. 하지만 과거에도 그렇게 생각했을까?

고대 이집트인들은 내세에 영혼이 잠들 육체가 있어야 한다는 믿음으로 미라를 만들었다. 영화에서 보면 미라를 만들 때 모든 내장을 꺼내어 없애지만 심장만은 절대 제거하지 않았다. 뇌는 어떻게 했을까? 코를 통해 쇠꼬챙이나 빨대로 흡착해 제거해버린다. 왜냐하면 이집트인들은 심장을 감정과 사고, 의지와 마음가짐을 좌우하는 생명의 근원이라 믿었기 때문이다. 뇌는 관심의 대상이 아니었다.

신체기관을 바꾸는 것과 뇌를 바꾸는 것은 완전히 다른 문제이다. 인체에서 유일하게 정신활동을 담당하는 기관인 '뇌'를 바꾸면 사람이 바뀌는 문제가 일어나기 때문이다. '마음' 작용의 본질이 심장에서 뇌로 바뀐 것은 인류과학의 위대한 산물이다.

물론 몸이 없는 마음의 작용은 어불성설이다. 뇌는 외부로부터 정보를 입력받아, 처리해서, 출력하는 이른바 정보처리기관이기 때문이다. 끊임없는 외부자극을 통한 상호작용의 결과로 마음의 기제, 즉 뇌는 변화한다. 신체적 움직임, 감정의 어우러짐, 인지사고 영역의 변화로 마음이 발달한다. 뇌는 생물학적 기관이 아니라 내가 움직이고, 감정을 주고받으며, 학습하고 경험하는 내 인생의 투영인 셈이다.

지구상에 존재하는 생명체 중 인간의 뇌만큼 복잡한 구조와 기능을 가진 존재는 없으며, 태어난 이후 이토록 많은 뇌의 변화를 가져오는 존재 역시 단연코 없다. 집중과 몰입, 과거와 미래를 넘나드는 상상, "나는 누구인가"로 대표되는 내면탐색 또한 인간의 고등정신능력이다.

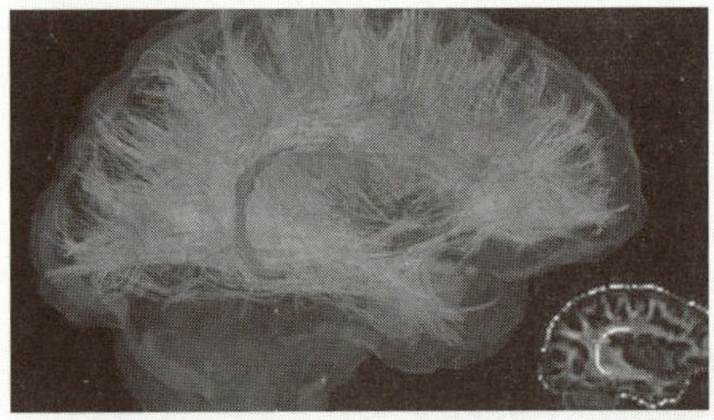

인간의 뇌는 지구상 그 어떤 생명체보다 "뇌는 변화한다"라는 기제가 뜻하는 '뇌가소성(neuro-plasticity)'의 원리가 오랫동안, 지속적으로 적용되는 존재이다. 인간 뇌의 신경망의 커다란 장점은 훈련과 경험을 가지면 매우 능숙해지는 구조를 갖고 있다는 점이다. 시작은 어렵지만, 반복적 입력이 들어가면 숙련된 학습구조를 가지는 셈이다.

또한 뇌를 가진 다른 척추동물들은 시간이 흘러도 주변 환경에 큰 변화를 가져오진 않지만, 인간은 머릿속에 떠올린 상상을 현실로 이루어내는 창조적 능력으로 인하여 시간의 흐름 자체가 환경에 지대한 영향을 미치게 된다. 그렇다면 이러한 변화가 마냥 좋기만 한 걸까?

시간의 흐름이 움직임만 느리게 만드는 것은 아니다. "아, 저 사람 너무 경직되어 있어", "고리타분해", "사고틀이 강해"라는 얘기를 종종 접하게 된다. 신경망의 강화와 패턴화는 생각과 사고의 유연함 등 '의식'이란 측면에서 보면 자칫하면 하나의 '고착화'를 의미할 수도 있다. 시간이 지날수록 사고의 유연성이 떨어지고, 새로운 것에 대한 호기심이 덜해지는 것을 단순히 느려지는 뇌발달 속도와 노화의 탓으로만 돌릴 수는 없을 것이다.

그냥 살아가는 데 익숙해지면 안 된다. 삶의 무료함을 느끼고 현재에 안주할 때, 언제나 같은 눈으로 세상을 바라볼 때, 나의 가슴을 설레게 만드는 무언가가 없는 삶이라 뇌가 인식할 때, 바로 그 순간 뇌세포는 소멸되어 가고 우리의 뇌기능은 약해져 간다. 가장 중요한 것은 결국 우리의 마음가짐이다

자료 : 브레인미디어, 2017.6.19.
그림자료 : 연합뉴스

2) 내적 보상전략

셀프리더십이 다른 리더십과 구별되는 중요한 초점은 스스로 일 그 자체에서 나오는 자연적인 보상을 즐기고 활용하는 데 있다. 일 그 자체를 통해서 즐거움을 얻는다는 사실 그 하나만으로도 충분한 동기부여가 된다. 내적인 보상은 외부로부터 오는 것이 아니라 내부적인 과정이다. 이렇게 볼 때 내적인 보상이라는 개념은 매슬로우의 자기실현인들과 유사하다.

자기를 실현하는 사람들의 지각은 이해관계, 소망, 욕구를 가지고 있지 않고 이기적이지 않으며 초연하다. 이런 지각은 자기중심적이기보다는 대상중심적이다. 절정경험은 그 자체로서 타당하고 정당하며 목적지향적이다. 그 자체가 수단이 아닌 목적이 되는 것이다. 자기실현인들은 더 나은 숭고한 그 무엇을 위해 움직인다. 그들은 외부로부터가 아닌 그 자체의 순간을 통해 만족감이라는 보상을 받는다.

나에게 있어 그 자체로 즐거운 일, 내적인 보상은 어떤 개념일까요?

보보의 문제

나의 인생에서 가장 좋았던 경험을 떠올려 보자.
사랑하는 사람과 보냈던 시간이었을까?
좋은 음악을 듣고 가슴이 뭉클해졌던 시간이었을까?
감동적인 책을 보고 눈물을 흘렸던 순간이었을까?

그것이 무엇이든 시간과 공간을 잊어버릴 만큼 황홀했던 순간들, 대단히 행복했던 순간들을 나열해 보자.

그 순간에 나는 어떤 느낌을 받았는지, 다른 순간과 비교해서 나는 어떤 사람이 되었는지 생각하고 토의하며, 다른 사람들과는 어떻게 다른 방식으로 세상을 지각하는지 논의해 보자.

매사추세츠 보건교육후생성의 연구에 의하면 "나는 내 일을 사랑한다"라고 말할 때 심장질환의 위험이 현저하게 감소되었다. 연구의 참가자들에게는 단순한 두 개의 질문이 주어졌다.

"당신은 행복합니까?"

"당신은 당신의 일을 사랑합니까?"

긍정적인 응답을 한 사람들은 심장병에 걸릴 위험이 감소하는 것으로 나타났다. 이 연구를 통해서도 내가 가치 있다고 믿고, 일을 즐거운 놀이로 만듦으로서 내재적 보상이 향상되고 결과적으로 업무성과와 건강이 좋아진다는 것을 알 수 있다.

내재적 보상을 향상시키는 것은 유능감(feeling of competence), 자기통제감(feeling of self-control), 목적의식(feelings of purpose)이다.

일반적으로 내재적 보상을 불러일으키는 업무들은 스스로를 유능하다고 생각하게 만드는 경향이 있다. 왜냐하면 우리는 스스로 잘할 수 있는 일을 더 선호하고, 하면 할수록 숙달되고, 좋아하는 그 과정을 진정으로 즐길 수 있기 때문이다.

보보는 음식 만드는 일을 무척 좋아한다. 스스로를 신의 영감에 의해 요리하는 사람으로 자부하고 있다. 보보가 요리를 만들게 된 계기는 단순했다. 대학에 들어와서 고향을 떠나 자취생활을 하면서 친구들과 함께 시간을 보낼 때가 많았는데, 그들에게 야식을 만들어주고 이렇게 맛있는 음식은 처음이라는 극찬을 받았다. 보보는 자신에게 다른 사람을 즐겁게 해줄 수 있는 능력이 있다는 것이 경이로웠고, 그 후로 음식을 만드는 일을 즐기게 되었다. 보보는 음식을 만드는 작업을 통해 새로운 자아를 발견하고, 자신감을 얻을 수 있었다.

리더십을 언급할 때 영향력이란 단어를 제외하고는 리더십을 온전히 설명할 수 없다. 무엇보다 가장 중요한 것은 나 자신에 대한 영향력이다. 우리 모두는 스스로에게 영향력을 행사하고, 나 자신의 운명의 통제자가 되고 싶어 한다. 성인이 된 이후에는 부모의 간섭과 주도보다는 스스로 심사숙고하고 결정을 내리길 원한다.

과업수행이나 취미활동을 할 경우 스스로 그 방법을 선택하고 수행할 수 있다면 긍정적인 자기통제감을 얻을 수 있다. 그러나 외부로부터 그 선택권을 강요받게 된다면 무력해지고 일의 추진력도 떨어지게 된다.

영국의 한 의학잡지에서는 흥미로운 연구를 했다. 단순 파일링 분류업무에만 종사하는 종업원들이 훨씬 더 많은 책임감을 가져야 하는 고위관리자보다 심장질환을 50% 정도 더 많이 갖고 있다는 결과가 나왔다. 이는 기존에 우리가 가지고 있던 상식을 뒤엎는 결과이다. 우리는 보편적으로 사회적으로 중요하다고 평가받는 일을 하는 사람들이 더 많은 스트레스와 격무에 시달린다는 고정관념을 가지고 있다. 그러나 이 연구에서는 단순업무를 수행하는 사람들은 작업에 대한 통제감을 전혀 갖지 못하기 때문에 그것이 강한 스트레스로 이어졌다고 보고하고 있다. 그만큼 자신의 업무에 대한 통제권을 획득한다는 것은 중요한 일이다.

강한 내부통제지향을 가지는 내부통제자들은 자신의 삶에서 일어나는 사건들이 우연이나 외부적인 힘에 의해서라기보다는 자기자신의 행동에 의해서 결정된다고 믿는다. 반대로 강한 외부통제지향을 가지는 외부통제자들은 여러 가지 사건들이 우연이나 운에 의해 결정되며 자신의 삶을 개선하기 위해 할 수 있는 일은 거의 없다고 믿는다.

내부통제자들은 자신이 운명의 통제자라고 믿기 때문에 자신의 행동과 과업수행에 더 많은 책임을 지며 목표달성방식에 대해서도 적극적으로 계획을 세운다. 그들은 문제를 발견하고 해결할 때 더 많은 주도성을 발휘하고, 자신의 능력에 자신감을 가지며, 더 유연하고 잘 적응하며 혁신적이다.

밀러는 97개 기업의 최고경영자들을 대상으로 연구를 실시하여 내부통제자들이 수익성과 매출성장률과 같은 객관적 기준에서 외부통제자들보다 더 효과적이라는 것을 발견했다.

○ 나는 내 삶의 주인이다

자신의 삶에 대한 통제력을 갖고 있는 사람들은 허둥대지 않고 그럭저럭 시간에 대어 도착합니다. 그들은 조금도 당황하지 않고 일을 처리합니다.

반면 그렇지 못한 사람들은 삶의 압력에 끊임없이 시달리며 항상 조금 늦게, 그리고 준비가 좀 덜 된 상태로 자리를 옮깁니다.

자료 : 에크낫 이스워런의 『마음의 속도를 늦추어라』 중에서

목적을 알게 되면 삶의 과정이 확실해진다. 왜냐하면 목적은 인간이 해야 할 일은 무엇인지, 하지 말아야 할 일은 무엇인지를 명확하게 알려주는 수단이기도 하기 때문이다. 그러므로 목적은 그 자체로 하나의 삶의 기준이 된다. 올바른 목적을 통해 우리가 하는 일을 더 의미 있고, 가치 있게 느끼게 된다.

매슬로우는 진정으로 자기실현의 목적을 살려야 한다고 했으며, 프랭클은 "지금까지 많은 사람들이 살아갈 수단은 갖고 있지만 존재의 의미는 갖고 있지 않다"고 하면서 목적의 중요성을 지적하고 있다. 올바른 목적을 추구하는 길은 잠재력을 향상시키는 지름길이며, 궁극적으로는 셀프리더가 되는 길이다.

보보의 문제

내재적 보상을 향상시키는 행동들을 생각해 보자.

유능감을 주는 행동	자기통제감을 주는 행동	목적의식을 주는 행동

보보의 뼈다귀

ㅇ 나는 '나'답게 살아야 한다

마음의 평화를 얻으려면
음악가는 음악을 해야 하고
화가는 그림을 그려야 하고
시인을 글을 써야 한다.
그가 되어야 할 어떤 것이 있다면
그는 그렇게 되어야 한다.

– 매슬로우

(1) 자율적 과업재설계

자신이 하고 있는 과업을 재설계함으로써 내적인 보상 수준을 높일 수 있다. 내적 보상은 유능감, 자기통제감, 목적의식을 가져다줄 수 있는 일을 통해 발생하고 강화된다.

일 자체를 즐기기 위해서는 일 속에 내가 즐길 수 있는 요소들을 투입하여 구축하는 방법이 바람직하다. 일의 내용 속에 자신이 좋아하는 방식들을 투입하여 일 자체를 내가 원하는 방식으로 정의할 수도 있고, 일 자체의 성격을 변화시킬 수도 있다.

보보는 공부할 때 능률이 오르지 않아 매우 걱정스러웠다. 초조감에 계속해서 시계만 확인하고, 그럴수록 능률은 더욱 떨어졌다. 자신의 초조감의 원인을 곰곰이 생각해 보고 잔잔한 음악을 들으며 공부하는 것이 좋겠다는 생각을 하게 되었다. 조용한 선율은 보보의 신경을 안정시키고 공부 그 자체에만 전념할 수 있도록 해주었다.

(2) 환경여건의 재설계

때로는 과업환경을 바꾸는 것만으로도 능률을 증가시킬 수 있다. 반복되는 일상의 업무에서 탈피하기 위해 환경적 요인을 변화시키고, 작업시간이나 장소를 변경한다면 새로운 마음으로 업무에 임할 수 있다.

보보네 팀은 일주일에 한 번씩 회의를 한다. 조그마한 회의실에서 딱딱한 의자에 앉아 회의를 하려니 답답하고, 매번 번뜩이는 아이디어를 창출한다는 것도 어려웠다. 그래서 과감하게 옥상공원으로 올라가 회의를 하기로 했다. 점심시간에 맞추어 도시락을 먹으면서 아이디어를 교환했다. 신선한 공기와 식사를 겸한 담소는 자연스럽게 좋은 아이디어의 창출로 이어졌다.

보보의 뼈다귀

○ 구글은 창의적 놀이터

구글의 앞마당에는 『구글스토리』라는 책에 언급된 티라노사우루스의 화석이 전시되어있다. 사내에는 직원들이 언제든 즐길 수 있도록 다양한 종류의 잡지와 서적들, 그리고 체스와 같은 게임들, 당구대, 비디오게임 등이 어디든 비치되어 있다.

직원들을 위해 충분한 만큼의 자전거가 모든 건물에 준비되어 있다. 직원들은 점심을 먹고 아무 자전거나 골라 타고 구글 캠퍼스 밖을 떠나 산책을 할 수 있다.

구글의 회의실

직원들이 근무하는 2층에는 3~4명이 한 셀을 이뤄 이글루와 텐트 같이 독특한 인테리어를 한 방에서 업무를 보는 진풍경을 볼 수 있다. 구글의 사무실은 직원들의 창의성을 높이려는 기발한 장치들로 가득 차 있다. 직원들은 아래층에 갈 때 소방관 봉이나 미끄럼틀을 타고 죽 내려간다. 이동수단에 계단이나 엘리베이터만 있다는 편견을 버리란 뜻이다. 소형 회의실에는 스위스풍의 오두막집인 샬레와 빨강, 파랑 등 원색의 이글루 등을 놓아 다른 지역의 문화를 적극 도입하도록 유도하고, 실제로 그 속에 들어가 놀이하는 것처럼 회의를 진행하기도 한다. 도서실에는 해먹을 닮은 의자를 공중에 달아서 직원들이 즐거운 마음으로 책을 읽게 한다. 수면실 벽면에는 물고기들이 노니는 수족관을 설치해 직원들이 자면서도 상상을 계속하도록 자극한다.

대부분 컴퓨터공학을 전공한 구글 직원 중에는 음악·미술·문학 등을 복수전공한 사람이 유난히 많다. 각종 기념일마다 다채롭게 변형되는 로고인 '구글 두들(Google Doodle)'을 만들어 유명해진 웹마스터 데니스 황도 미술을 전공하고 부전공으로 컴퓨터공학을 공부했다. 한 분야에서 무언가를 뽑아내 다른 분야에 적용할 때 독특한 해결책이 종종 나오는데 그 점에서 예술은 가장 값지면서도 수준 높은 결과물을 내놓는다.

하루 업무시간의 20%를 핵심업무와 관련 없는 일에 쓸 수 있게 하는 '20% 시간 프로젝트'는 구글 직원들이 예술적 열정을 발휘하는 데 큰 도움이 된다.

자료 : 조선일보 ; 티스토리 (저자 재구성)

그림 6-4 ▎내적 보상전략과 직무충실화

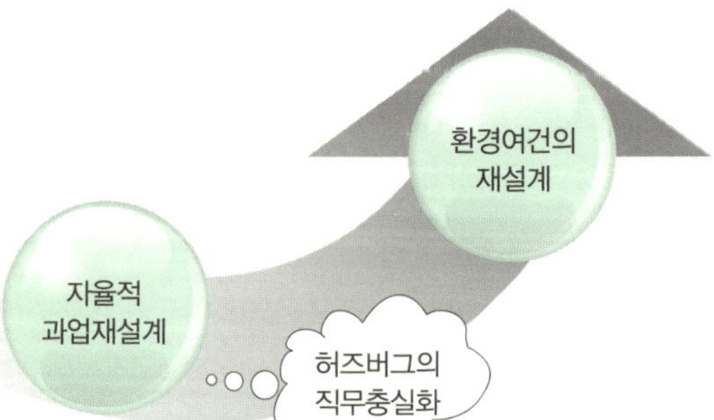

보보의 뼈다귀

○ 직무충실화

자율적 과업재설계는 직무설계기법의 하나인 직무충실화(job enrichment)와 비교해 볼 수 있다. 두 개의 개념은 매우 유사한 공통점을 가지고 있다.

직무충실화는 허즈버그가 아브라함적 욕구를 충족시키기 위한 대안으로 제시한 바 있다. 허즈버그에 의하면 근본적인 동기화 대책을 세우려면 직무상의 위생요인(작업환경)이 아니라 직무동기를 유발하는 동기유발요인(직무내용)을 통한 대책이 수립되어야 한다. 이 동기유발요인들은 대체로 직무 자체의 성질에 의해서 결정되는 것이므로 작업자의 욕구와 조화되도록 직무 자체의 성질을 변화시켜야 할 필요가 있다. 성숙한 종업원에게 중요한 것은 육체적 능력이 아니라 정신적 능력이므로 의미 없는 과업요소의 추가는 능률을 떨어뜨릴 뿐이라는 것이다.

직무충실화는 전통적인 직무설계방법과는 달리 직무성과가 직무수행에 따른 경제적 보상보다는 개인의 심리적 만족에 달려있다는 전제하에 직무수행내용과 환경을 재설계하는 방법이다. 즉, 다양한 작업내용이 포함되고, 보다 높은 수준의 지식과 기술을 요구하고, 자신의 성과를 직접 계획, 지휘, 통제할 수 있는 자주성과 책임을 보다 많이 부여하고, 개인적 성장과 의미 있는 작업경험에 대한 기회를 제공할 수 있게끔 직무의 내용을 재편성하는 것이다.

3) 인지적 전략

사고패턴을 긍정적으로 변화시키는 것이 인지적 전략의 핵심이다. 인지적 전략은 건설적으로 사고패턴을 관리하는 것이며 어려운 과제수행에 있어 자신감을 가지고 헤쳐나갈 수 있도록 도와준다.

평상시에 성공적으로 업무수행을 했던 사람이 난관에 부딪혀 적절한 대처를 하지 못하는 것은 비합리적인 신념 때문이다. 건설적인 사고패턴을 가지고 있는 사람은 성공과 실패라는 이분법적인 사고를 탈피하고, 업무수행의 과정에서 그 의미를 찾는다. 또한 실패의 과정에 대한 숙고 후에 긍정적인 피드백을 수용할 수 있다. 셀프리더십의 가장 중요한 요소는 자기 스스로에 대한 믿음이므로 나 스스로에 대한 긍정적인 신념은 성공의 가능성을 증대시켜준다.

어려운 과제의 수행에 앞선 정신적 심상도 성공의 가능성을 높여준다. 과제 수행을 하기 전에 머릿속으로 긍정적인 과정을 상상해 본다. 상상적 경험을 통해 일어날 수 있는 실패의 가능성과 실망감을 줄이고 성공적으로 수행했을 때의 만족을 미리 경험해 본다. 즉, 마음속에 긍정적인 심상을 이미지화함으로써 자신감을 형성하는 것이다.

보보의 한 말씀

처음에 그 생각은 그리 명확한 것이 아니었다. 명확한 계획이라기보다는 차라리 단순한 소망에 가까웠다. 그러나 내가 그것을 마음속에 새기고 내 마음을 온통 차지하도록 만들자, 마침내 내가 그 아이디어를 움직이는 대신 그 아이디어가 나를 움직이게 했다.

– 나폴레온 힐

보보의 책 행운의 여신은 눈이 멀었다?

인생의 가장 큰 위업은 대체로 단순하고 평범한 수단과 자질로써 달성된다. 평범한 일상생활 가운데에서도 관심을 가지고 필요를 느끼며 의무를 다하면 최상의 경험을 얻을 기회가 풍부하다. 진정한 일꾼은 많은 사람이 왕래해 잘 다져진 길을 택해야 노력의 결실을 풍부하게 거두고 자기 발전을 꾀할 수 있다. 예전이나 지금이나 꿋꿋이 근면하게 일할 때 번영에 이르는 길에 들어설 수 있다. 끈기와 성실한 마음으로 일하는 사람이 성공하게 마련이다.

흔히 행운의 여신은 눈이 멀었다고 불평하지만, 인간만큼 눈이 멀지는 않았다. 실생활을 자세히 살펴보면 바람과 파도가 유능한 항해사의 편이듯 행운의 여신은 근면한 사람 곁에 서 있다. 아무리 높은 이치를 탐구하는 경우라도 가장 쓸모 있는 자질은 상식, 주의, 전념, 끈기와 같이 평범한 자질이다. 천재적인 재능이 필요한 것이 아니다. 위대한 사람은 천재적인 능력을 그다지 신뢰하지 않는다. 아무리 위대한 사람이라도 평범한 사람과 마찬가지로 슬기롭게 처신하고 끊임없이 노력해야 성공을 거둔다. 천재성이란 '증진된 상식'이라고 정의하는 사람도 있다. 천재성은 노력하는 능력이고, 자기자신의 불을 지피는 힘이며, 인내심이다.

– 새무얼 스마일즈의 『자조론』 중에서

긍정적인 자기대화를 통해 부정적이고 비판적인 사고를 예방할 수 있다. 긍정적 자기대화를 통해 어려운 상황을 충분히 헤쳐나갈 수 있는 기회로 해석할 수 있으며 이분법적으로 자신을 비판하게 되는 오류를 감소시킬 수 있다. 업무의 전체적인 과정과 맥락을 이해하여 긍정적인 부분에 대해서는 칭찬을 아끼지 않고, 실패에 대한 결론과 책임을 함부로 귀인시키지 않는다. 부정적인 언어보다는 "잘했어. 다음번에는 더 잘할 거야. 다음엔 어떤 방식으로 하는 것이 더 좋은 결과를 가져올 수 있을까?" 등과 같은 건설적인 대화를 습관적으로 연습하고 활용한다.

보보의 문제

얘는 왜 울고 있을까?
그림을 보고 떠오르는 생각들을 서로 이야기해 보자.

우는 여자 아이는 환경과 내가 그 환경을 느끼는 방법 사이의 관계를 보여준다.

이 아이는 지금 친구한테 사탕을 빼앗긴 것이 억울할 수도 있고, 엄마한테 혼났을 수도 있고, 갑자기 넘어진 것이 너무 서러워 울고 있을 수도 있다.

중요한 것은 실제 일어났던 사건이 아니라 그 사건을 통해 내가 지각하는 것이다. 그 지각을 통해 나의 기분에 변화가 일어난다. 만약 지금 여자 아이가 몹시 슬프다면 그것은 사건 그 자체 때문이 아니라 그 사건에 대한 아이의 해석 때문이다.

내 정서적인 상태가 매우 우울하거나 안정적이지 못할 때 떠오르는 생각은 비논리적이고, 왜곡되어 있을 가능성이 많다. 여기서 말하고자 하는 것은 주어진 환경 그 자체가 중요한 것이 아니기 때문에 스스로 그 환경에 대한 올바르고 긍정적인 해석을 할 수 있는 자기대화가 필요하다는 것이다. 왜냐하면 생각이 그 사람을 지배하기 때문이다.

보보의 베껴다기

셀프토크

셀프토크는 머턴이 제시했던 자기충족적 예언이다. 이는 로젠탈과 자콥슨이 제시했던 피그말리온효과와 같다. 반두라도 같은 개념으로서 사람들 간에 차이가 나는 인지적 요소들 중의 하나로 기대라는 개념을 제시하기도 했다. 피그말리온효과는 긍정적이든 부정적이든 대상에 대한 기대가 그 대상의 행동으로 실현되는 현상을 의미한다. 이는 우리 자신에게도 적용될 수 있다. 우리의 무의식은 진짜와 가짜를 구별할 수 없기 때문에 자신에게 무심코 하는 말들이 무의식에 저장되고 이것은 우리의 삶에 커다란 영향을 미치기 때문이다. 초기 인간관계론의 호손실험에서 나타난 호손효과도 유사한 결과를 보인다.

장 레옹 제롬의 '피그말리온(Pygmalion)' 4)

보보의 책 세상을 다르게 바라볼 수 있는 사람

'바로크(baroque)'는 '바로코(barrocco)'라는 포르투갈어에서 파생되었다. 바로크의 뜻은 불규칙한 모양의 진주를 의미하며, 오늘날에는 다분히 중립적인 의미로 사용된다. 그러나 당시에 이 단어는 매우 부정적인 의미를 내포했다. 고고학자인 요한 빙켈만은 "이것은 학자들의 머리를 악의 수증기로 감염시키고, 그들의 피를 열병의 감정으로 들끓게 만드는 무시무시한 전염병이다"라고 했다. 독일의 메이에르 용어사전은 "바로크적 표현이란 어리석고 괴상한, 우울하고 이상한 감정을 설명하는 수단이다. 심지어 이런 감정은 이해할 수 없는 미친 상태로 발전하기도 한다"라고 표현하고 있다. 오늘날에도 사람들은 바로크라는 단어를 무언가 과장되고 현란하다는 뜻으로 받아들인다.

원래 바로크 회화는 '매너리즘'에 대한 반작용, 또는 그것으로부터의 후회현상으로 형성되었

4) 피그말리온은 이상적인 여자를 상아로 조각했다. 그는 자신의 조각상을 사랑하게 되었고, 미의 여신 아프로디테에게 조각상을 인간으로 만들어달라고 간절히 기도했다. 조각상은 인간이 되었고, 그는 그 여인과 결혼했다.

카라치의 '피에타'

다. 당시의 로마는 미술계의 중심이었고, 라파엘로와 미켈란젤로로 대변되는 르네상스 회화는 절정에 달해 있었으며, 고대미술의 특징을 완전하게 회복한 상태였다. 젊은 예술가들은 순례하듯이 로마를 찾아와 미켈란젤로의 회화기법을 터득하고 그의 방식(manner)대로 그림을 그릴 수 있기를 기대했다. '매너리즘'이라는 단어, 이탈리아어로는 '마니에라(maniera)'라는 단어가 생긴 것은 이렇듯 당시의 많은 화가들이 미켈란젤로의 화풍을 모방하는 경향을 가리키기 위해서였다. 그러나 르네상스 미술과 바로크 미술 사이의 중간 시이에는 매너리즘이라는 단어가 상당히 부정적인 의미를 함축하게 되었다. 젊은 화가들의 그림이 무언가 짜 맞추고 과장되고 감정이 과잉된 분위기로 점차 변질되었기 때문이다. 이런 현상은 결국 무수한 '매너리스트' 화가들이 출연하는 계기가 되었다.

이런 상황에서 매너리즘의 과장된 양식이 지나치다고 느낀 화가들이 등장했다. 그들은 당시의 회화가 너무 자연스럽지 못하고, 고전적인 성격을 상실한 양식이라고 생각했다. 안니발레 카라치는 매너리즘의 과오가 저질러지기 이전의 이상미를 반추함으로써 매너리즘을 극복했고, 미술에 편안한 분위기를 다시 등장시켰다. 이 양식은 때로 감상적일 정도로 풍부한 감정을 담고 있다. 카라바조는 매너리즘이 너무 멀리 나갔다고 생각했고, 가장 자연스러운 표정의 사람들을 설득력 있게 묘사하기 원했다. 또한 빛과 그림자를 이용해 새롭고 독특한 방식으로 주제를 강조했다.

그들은 유럽 전역의 회화에 영향을 끼친 토대를 마련했고, 그들이 추구했던 양식은 나라마다 제각기 다른 방식으로 전개되고 있다. 그러나 국가적인 차이에도 불구하고 바로크 회화의 다양한 성격은 하나의 공통점을 보여주는데, 그것은 바로 극적인 감정의 표현과 역동적인 동작, 업적이 발산하는 빛이다.

– 플로리안 하이네의 『거꾸로 그린 그림』 중에서

보보의 한 말씀

행복하도다. 홀로 행복하도다.
오늘을 자신의 것이라고 할 수 있는 사람.
굳센 마음으로 이렇게 말할 수 있는 사람.
"내일이여 최악을 행하라. 나는 오늘을 살 것이니."

– 기원전 30년 로마시인 호라티우스

자기효능감 설문지

〈보기〉
1 = 매우 그렇지 않다 2 = 대체로 그렇지 않다 3 = 그저 그렇다 4 = 대체로 그렇다 5 = 매우 그렇다

굵은 글씨로 된 문제는 도치문항입니다.
이런 문항은 5→1, 4→2, 3=3, 2→4, 1→5로 바꾸어 채점하십시오.

※각 영역의 점수가 높으면 높을수록 자기효능감 기대가 높다는 것을 의미합니다.

〈일반적 자기효능감〉 도치문항(2, 4, 5, 6, 10, 11, 12, 14, 16, 17)

____ 1. 나는 계획을 세울 때, 그런 계획을 완수할 수 있다고 믿는다.
____ **2. 나의 한 가지 문제는 해야 할 때 바로 일을 착수할 수 없는 것이다.**
____ 3. 나는 첫 번에 일을 잘못하더라도, 잘할 수 있을 때까지 계속 시도한다.
____ **4. 나는 나를 위한 중요한 목표를 설정하고서 거의 완수하지 못한다.**
____ **5. 나는 어떤 일들을 완수하기도 전에 포기한다.**
____ **6. 나는 어려운 일에 직면하기를 피한다.**
____ 7. 어떤 일이 너무 복잡하게 보이면, 나는 그 일을 시도조차 하지 않는다.
____ 8. 나는 할 일이 유쾌하지 않을 때조차 일을 마칠 때까지 포기하지 않는다.
____ 9. 나는 어떤 일을 하기로 마음먹으면 곧바로 실행한다.
____ **10. 나는 새로운 어떤 일을 배우려고 시도해서, 처음에 성공하지 못하면 곧바로 포기한다.**
____ **11. 나는 예기치 않는 문제가 발생했을 때 그 일을 잘 처리하지 못한다.**
____ **12. 나는 새로운 어떤 일이 감당하기에 어렵게 보이면 그 일을 배우려고 하지 않는다.**
____ 13. 실패는 나로 하여금 더욱 열심히 노력하도록 채찍질할 뿐이다.
____ **14. 나는 어떤 일을 수행할 나의 능력에 불안감을 느낀다.**
____ 15. 나는 나 자신을 신뢰한다.
____ **16. 나는 쉽게 포기한다.**
____ **17. 나는 살아가면서 부딪힐 대부분의 문제들을 처리하지 못할 것 같다.**

〈사회적 자기효능감〉 도치문항(1, 3, 5)

____ **1. 나는 새로운 친구를 사귀는 것이 어렵다.**
____ 2. 나는 내가 만나고자 하는 누군가를 보면, 그 사람이 내게 오기를 기다리는 것보다 내가 그에게 간다.
____ **3. 나는 친구로 만들기에 매우 까다로운 흥미가 가는 누군가를 만나면, 곧바로 그 사람을 친구로 사귀려는 것을 포기할 것이다.**
____ 4. 나는 처음에 호감이 가지 않는 누군가를 친구로 사귀려고 할 때조차 쉽게 포기하지 않는다.
____ **5. 나는 사교적 모임에서 적절하게 대처하지 못한다.**
____ 6. 나는 나의 사교능력을 통해 친구들을 사귀었다.

자료 : M. Sherer, J.E. Maddux, B. Mercandante, S. Prentice-Dunn, B. Jacobs, & R.W. Rogers, "The Self-Efficacy Scale : Construction and validation", *Psychological Reports,* 51, 1982.
노안영·강영신, 성격심리학, 학지사, 2002. (수정하여 재인용)

CHAPTER

07

갈등과 리더십

CHAPTER 07

갈등과 리더십

보보의 리더십 *Leadership of Bobos*

보보의 뼈다귀

○ 노골적인 파괴

상식적으로 진행되는 이야기에서 벗어나 노골적으로 스스럼없는 분위기를 조장해 상대의 주의를 끄는 방법을 '패턴 인터럽션'이라고 한다. 아무리 말재주가 뛰어난 사람도 가끔 컨디션이 엉망이거나 너무 긴장하면 이야기를 하다가 교착상태에 빠지거나 맥락을 놓칠 수 있다. 이때 이런 분위기를 그대로 내버려둔다면 일생일대의 기회를 놓칠 수도 있다. 이럴 때 패턴 인터럽션을 이용하면 상대가 가벼운 혼란상태에 빠지면서 당신이 이끄는 대로 무조건 끌려올 확률이 높아진다. 이것은 빙판길에서 미끄러질 때 옆 사람의 팔을 붙잡게 되는 것과 같은 심리이다. 그 순간에는 상대가 좋은 사람인지 나쁜 사람인지 판단할 겨를이 없다.

미국의 레이건 대통령이 소련의 고르바초프 소기장과 정상회담을 가졌을 때 서로 자국의 입장만 주장하느라 회담은 결국 교착상태에 빠지고 말았다. 그때 레이건 대통령은 자리에서 벌떡 일어나 고르바초프 서기장에게 악수를 청했다.

"처음 뵙겠습니다. 로널드 레이건이라고 합니다. 그냥 편하게 론이라고 불러주십시오."

레이건의 느닷없는 행동은 "이쯤에서 그만하고 처음부터 다시 시작합시다"라는 뜻을 도발적이고 재치 있게 전달한 것이다. 다행히 레이건의 '패턴 인터럽션' 덕분에 험악했던 회담 분위기는 봄눈 녹듯 풀어졌고, 그의 엉뚱한 행동은 결국 성공적인 회담의 마침표를 찍게 했다.

타인의 머릿속에 당신의 고유한 색깔을 심어주는 방법, 그것은 이토록 도발적인 패턴 인터럽션 하나로 가능해질 수 있다.

자료 : 이시이 히로유키의 『콜드리딩』 중에서

1 갈등의 개념

인간의 역사는 갈등의 역사이다. 갈등이 없는 삶은 없고, 갈등이 없는 관계는 없으며, 갈등이 없는 조직은 없다. 그러므로 갈등은 자연스러운 것이며, 갈등이 없다는 것은 그 자체만으로도 비정상적이다.

갈등은 상호작용이기 때문에 이해나 목표가 상충하는 둘 이상의 당사자가 있어야 성립되며, 또한 그들이 그것의 존재를 인식할 때 존재한다. 한정된 자원을 할당받으려는 당사자들이 더 많은 자원을 차지하기 위해서 상대방을 방해하거나, 당사자들 간의 질시와 반목의 발생, 어느 한쪽이 다른 쪽의 목표달성을 방해하는 상황에서 갈등은 형성된다. 듀스는 인간의 역사를 갈등의 역사라 했고, 몬디는 인간의 생각을 가장 많이 지배하는 문제가 갈등이라고 한 바 있다.

일반적으로 갈등이란 단어는 일반적으로 부정적인 이미지를 연상하게 하며 대립, 충돌, 단절, 긴장, 불안, 반대 등의 단어들과 연상되어 떠오른다. 그러나 인간사회에 갈등이 전혀 존재하지 않을 수는 없다. 갈등이 전혀 없다는 것은 오히려 비정상적인 조직의 상황일 수 있다. 현대 조직의 대부분의 경영자들은 주어진 시간의 20% 이상을 갈등관리에 투자하고 있다.

갈등(conflict)의 어원을 동양문화권과 서양문화권의 관점에서 고찰해 보자.

갈등(葛藤)의 갈(葛)은 덩굴식물인 칡이고 등(藤)은 등나무 덩굴이다. 칡과 등은 서로 반대로 칡은 오른쪽으로, 등은 왼쪽으로 감아 올라가며 자라는 성질 때문에 서로 조르고 얽히고설켜 풀 수 없는 상태가 된다. 따라서 갈등이란 칡과 등나무가 서로 복잡하게 뒤얽혀 있는 것을 형상화한 단어이다. 그런 의미에서 볼 때 인간관계 속에서 복잡하게 얽혀 있어 풀기 어려운 상태나 인간의 내면에 존재하는 상충되는 심리적 상태를 나타낸다. 따라서 갈등상태에 놓이게 되면 모두가 제대로 살지 못하기 때문에 공존이 어렵고, 사람들이 화합하지 못하고 반복하고 시기하고 배척하는 현상을 나타낸다.

서양에서는 갈등(conflict)을 라틴어 'conflictus'의 과거분사인 'comfligere'에서 유래된 것으로 본다. 이는 'com(together)+fligere(to strike)'라는 의미를 지니고 있다.

즉, 서로 때리거나 부딪치는 상황을 형상화한 것이다. 그런 관점에서 볼 때 갈등은 밖으로 드러난 상황으로서 싸움이나 전쟁과 같은 물리적 충돌과 개인이나 집단 간의 대립을 나타낸다고 볼 수 있다.

그림 7-1 갈등의 본성

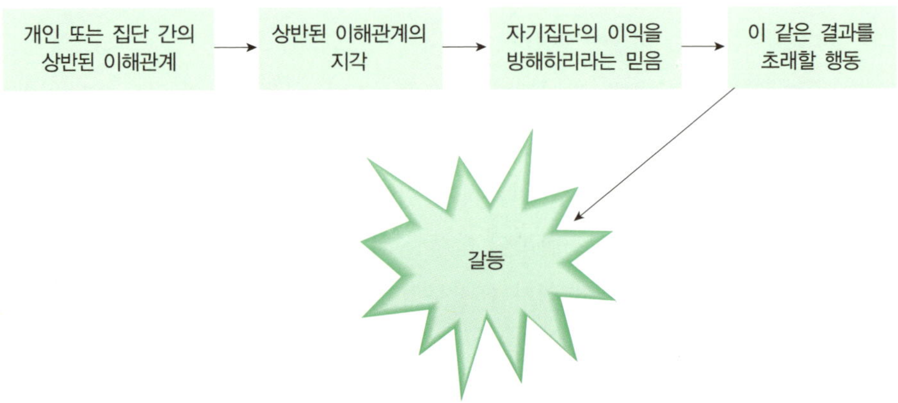

자료 : 이한검, 『인간행동론』, 형설출판사, 2001. (저자 수정)

표 7-1 갈등의 개념 정의

정의	학자
두 사람 이상 당사자 간의 대립 또는 적대적인 상호작용이다.	R.M. Hodgetts
둘 이상의 개인, 집단 또는 조직 간의 불일치이다.	R.W. Griffin
개인 또는 집단의 지각된 욕구가 좌절될 것이라고 생각할 때 초래되는 행동이다.	L.W. Rue
개인, 팀, 부서 또는 조직의 내부나 사이에서 양립할 수 없는 목적, 사고 또는 감정의 불일치에서 야기되는 대립현상이다.	D. Hellriegel J.W. Slocum
개인 간 또는 집단 간에서 일어날 수 있는 대립의 과정이다.	J.A. Wagner
한편이 다른 편을 방해하거나 좌절시키는 목적적인 방해행동이다.	D.H. Holt
사람들 사이의 또는 그들 간의 적대감이나 반응행동이다.	R.W. Mondy
한 개인이나 집단이 자신의 이익에 불일치하는 어떤 행동을 했거나 하려고 할 것이라고 지각할 때 시작하는 하나의 과정이다.	J. Greenberg
불일치에 처한 두 사람 이상의 당사자 간에 존재하는 현상이다.	R.N. Lussier
두 적대적인 편이 양립할 수 없는 관심이나 목적을 갖고 있을 때 일어난다.	R.L. Hughes

서양문화에서는 밖으로 드러나는 갈등을 합리적으로 풀어가는 것을 갈등해결이라고 생각하는 반면, 동양에서는 내적 갈등을 푸는 것이 외적 갈등을 푸는 전제조건이라는 인식이 팽배하다. 그러므로 갈등해결의 전제조건은 개인의 내적 심성을 기르고 덕을 쌓는 것이다.

2 갈등의 양상

인간은 보편적으로 갈등에 대해 부정적인 인식을 지니고 있다. 이처럼 갈등에 대해 부정적인 인식을 가지고 있는 이유는 보편적으로 높은 갈등 수준의 조직보다 낮거나 보통 수준의 갈등을 지니고 있는 조직이 효율적이라고 생각하기 때문이다. 대부분의 갈등은 보편적으로 부정적인 시각에 초점을 맞추고 있기 때문에 역기능적인 면을 강조하는 관점이 우세하다. 그러나 스트레스가 인간진화와 함께 더불어 발전해온 원동력인 것처럼 갈등 또한 인간의 변화와 발전을 위해서 필연적으로 요구되는 에너지원이기도 하다. 그렇게 볼 때 갈등을 역기능적인 면으로 이해한다면 조직 간, 조직 내, 개인 간, 개인 내의 분열과 혼란을 초래하는 위험인자라 볼 수도 있지만, 반면 순기능적인 요소도 내재되어 있음을 인식하고 갈등에 접근하는 관점이 필요하다.

때로는 이 순기능적인 갈등이 사회와 제도를 효과적으로 발전시켜 나가도록 돕는 메커니즘이 될 수도 있다. 갈등의 순기능적인 면을 강조하는 관점에서 본다면 인간사회에서 갈등이 일어나는 것은 지극히 자연스러운 현상이며 갈등의 존재여부 없이는 변화와 발전이 거의 불가능하다고 본다. 다만 여기서 중요한 점은 이 복잡한 에너지를 어떻게 다루느냐에 따라서 그 결과가 달라진다는 것이다.

구성원들의 갈등을 통해 의사결정과정이 다양해지고, 그 과정 속에서 양질의 아이디어들이 산출될 수 있으며, 창의성을 촉진하고, 진지한 자기평가와 긴장완화를 통해 결과적으로 조직의 변화를 불러일으킬 수 있다. 또한 갈등은 양극적인 집단사고를 예방하는 측면도 있다.

역기능적 갈등은 구성원들의 불만을 야기하고, 그들의 유대감을 약하게 만들어서 조직을 파괴시킨다. 구성원들의 갈등이 증가됨으로써 의사소통과정에 문제가 생기고 이는 의사소통의 질을 낮추거나 시간을 지체하는 요인으로 작용하기도 한다. 또한 구성원들의 갈등은 때로는 조직구성원으로서의 정체성을 흔들고, 조직의 목표 자체를 외면하게 만들어 조직의 생존 자체를 위협할 수도 있다.

마르크스의 갈등이론은 구조적 문제를 풀어가기 위해 체제부정적이고 혁명적인 해결방식을 선호한다. 하지만 이에 대한 폐단을 지적한 사회학자들은 갈등에너지의 폭력적 전환을 예방하고 평화적 해결방법을 지향하는 사회적인 합의 도출에 초점을 맞춘다. 이는 갈등이 사회체계가 발전하는 데 촉매제 역할을 한다고 보는 입장이기 때문에 갈등에는 통합을 이끌어낼 수 있는 무한한 에너지가 존재한다고 인식한다.

예를 들어, 보보는 자신이 하고 싶은 일을 할 수 있는 매력적인 직업과 사회적으로 인정받고 많은 보수를 받을 수 있는 실제적인 직업 가운데에서 한 가지를 선택해야만 하는 상황에 놓여있다. 이런 경우 어떤 이유로든 마음에 드는 두 가지 상황 사이에서 겪는 갈등은 보보에게 큰 고통이 되지 않는다. 이런 경우에 갈등을 해결하는 일은 그다지 불편한 일이 아니다.

또 다른 예로 모모는 지금 하고 있는 일이 몹시 불만족스럽다. 직장에서 자신의 자리를 제대로 인정받지 못하는 것처럼 느껴지고, 보수도 충분하지 않으며, 여가시간을 마음대로 사용할 수도 없다. 그러면서도 자신의 능력을 마음껏 발휘할 수 있는 곳이라고도 생각하지 않기 때문에 당장이라도 이 직장을 그만두는 것이 좋겠다는 생각이 하루에도 열두 번씩 든다. 그러나 문제는 이 직장을 그만두면 당장 모모에게는 적절한 대안이 없다는 것이다. 자기실현의 욕구보다는 우선 실직의 두려움이 모모를 지배하는 사고가 된다. 이런 경우 필요와 불안 사이에서 모모는 방황하게 된다. 모모의 경우처럼 두려움을 수반하는 갈등은 쉽게 해결되지 않으며 오히려 그 사람을 무기력하고 불안하게 만든다. 따라서 이에 대한 적응은 실제 문제를 해결하기보다는 불안을 줄이는 방향으로 이루어질 수 있다.

보보와 모모의 경우처럼 갈등의 원인이 명확한 경우라면 그래도 나은 상황이다. 그러나 많은 갈등상황은 당사자가 고통이 생기는 원인을 정확하게 밝힐 수 없다는 면에서 무의식적인 경우가 많다. 두려움과 적대감 같은 강한 충동들은 바람직하지 않다고 가르치는 문화 때문에 그러한 충동들이 갈등으로 이어질 때 인간은 불안을 느끼게 된다. 그러나 그 불안의 원인을 스스로 알지 못하기 때문에 문제에 대해 합리적인 사고를 하기가 더욱 어렵게 되며, 이때 무의식적으로 방어기제를 발동하기도 한다.

질레트 등(P. Gillette et als.)은 갈등이 없는 조직이나 사람을 찾아볼 수 없기 때문에 갈등은 비정상적인 것이 아니라 오히려 갈등이 없는 것이 비정상이라고 말했다. 로빈스(S. Robbins)는 "건설적 갈등은 가치 있고 필요하다. 갈등이 없다면 새로운 도전이 없고, 그곳에는 자극이 없다. 조직은 오로지 무관심해지고 정체될 것이다"라고 말하면서 갈등의 중요성을 역설했다. 갈등의 순기능적인 면, 긍정적인 측면은 여러 연구결과에서 지지되고 있다. 21세기의 경영자들은 갈등관리를 동기유발, 의사소통, 의사결정, 경영계획 등과 함께 중요한 맥락으로 이해하고 있다. 크라이트너(R. Kreitner), 그린버그(J. Greenberg), 스티어스(R.M. Steers), 로빈스(S. Robbins) 등은 오늘날 조직 내 대부분의 경영관리자들은 그들에게 주어진 시간의 20% 이상을 갈등관리에 바치고 있다고 주장했다. 이는 갈등관리가 조직에서 얼마나 중요한 위치를 차지하는지 입증해주는 데이터이다.

표 7-2 순기능적 갈등과 역기능적 갈등의 결과

순기능적 갈등의 결과	역기능적 갈등의 결과
• 문제를 수면 위로 드러내어 표면화시킨다. • 상대방에 대한 이해를 증진시킨다. • 변화와 변혁을 촉진한다. • 더 바람직한 의사결정을 하게 한다. • 조직에 대한 충성심을 고취시킨다. • 조직에 대한 몰입을 증대시킨다. • 응집력을 증대시킨다. • 긴장을 해소시킨다.	• 지각의 왜곡을 가져온다. • 상호 간의 의사소통을 감소시킨다. • 부정적인 고정관념이 생겨난다. • 구성원에게 좌절감을 가져다준다. • 불신과 의심의 분위기가 조성된다. • 개인적 이익에 집중하게 한다. • 조직 내 저항을 증대시킨다. • 이직률이 높아진다.

보보의 삐딱다리

구글이 갈등을 다루는 방법

세계인들의 꿈의 직장인 구글에서 회의 시 가장 경계하는 것이 바로 '모두의 동의'이다. 회의를 하는 이유는 회사가 나아가야 할 '최선의 방향'을 결정하기 위함인데, 그러기 위해서는 무조건적으로 갈등이 필요하다. 최선의 아이디어란 모든 선택의 방향을 놓고 공개적으로 다듬는 과정, 즉 갈등을 거치지 않고서는 절대로 얻을 수 없기 때문이다. 이런 갈등이 존재하려면 반드시 반대의견이 있어야 하며, 다양한 의견들을 놓고 논쟁하는 개방적 분위기가 있어야 한다.

그래서 회의 때 가장 눈여겨봐야 할 사람이 바로 '말이 없는 사람'이다. 회의 때 말이 없는 사람은 크게 두 종류가 있는데, 하나는 다른 의견을 갖고 있으면서도 두려움이나 수줍음 때문에 말을 하지 못하는 사람이다. 이 유형의 사람은 자기가 갖고 있는 반대의견을 자유롭게 표현할 수 있는 분위기를 만들어주면 된다. 두 번째 유형은 정말 말이 없는 사람이다. 이런 사람은 회의에 참석시키지 말아야 한다. 구글에서는 이런 사람을 '버블헤드 인형'이라고 부른다. 버블헤드 인형은 미국 MLB에서 TV중계로 인해 경기장의 관중이 감소되는 것을 우려해 경기장을 찾는 관중들에게 나눠주기 시작한 인형으로 큰 머리를 계속 끄덕이는 것이 특징이라 '별 생각 없이 기계적으로 고개만 끄덕이는 사람'을 일컫는 말이다. 구글에서도 그런 사람을 버블헤드 인형이라고 표현한다.

회의실에 들어왔다면 반드시 생각을 해야 하고, 그 생각의 결론이 '불만과 반대'여도 반드시 그 자리에서 말해야 한다. 회의실 안에서의 갈등은 방해가 아니라, 최선을 위한 필수조건이다. 회의란 단지 동의하는 사람을 찾기 위한 것이 아니기 때문이다.

자료 : 에릭 슈미트의 『구글은 어떻게 일하는가』 중에서

보보의 한 말씀

모두가 같은 생각을 한다면 누군가는 아무 생각이 없다는 것이다. – 조지 패튼

스톡홀름 증후군

실제 '스톡홀름 사건(1973)'

스톡홀름 신드롬을 다룬 영화 '인타임'

스톡홀름 증후군(Stockholm syndrome)은 인질이 범인에게 동조하고 감화되는 비이성적인 심리현상이다. 인질이 아니더라도 일부 매 맞는 아내, 학대받는 아이들도 이와 비슷한 심리상태를 나타낸다. 반대로 리마 증후군은 범인이 인질에게 동화되어 동정심을 가지며 공격적인 태도를 거두는 심리현상이다. 1996년 12월 페루 리마에서 발생한 인질 사건에서 유래됐다.

사람들은 극도로 심각한 상황에 처하게 되면 갈등을 느끼게 되고, 이를 어떻게 방어하고 해소할지 결정하는 과정에서 정상적인 상황이라면 이해할 수 없는 행동을 하기도 한다. 일종의 방어기제라고 볼 수도 있다.

스톡홀름 신드롬은 1973년 8월 23일부터 8월 28일까지 스톡홀름의 노르말름스토리(Norrmalmstorg)의 크레디트반켄(Kreditbanken)은행에서 은행직원을 인질로 잡았던 노르말름스토리 사건에서 이름을 따왔다. 인질들은 범인들과 정서적으로 가까워졌고, 6일 동안 인질로 잡혔다가 풀려났을 때에는 인질범들을 옹호하는 발언도 했다. 인질들은 구출된 이후에도 범인들에게 불리한 발언을 하지 않는 것은 물론 범인들이 자신들을 경찰에게서 보호해주었다는 믿기 어려운 주장까지 했다. 범죄학자이자 심리학자인 닐스 베예로가 뉴스 방송 중에 이 현상을 설명하면서 처음으로 '스톡홀름 증후군'이라는 용어를 사용했다.

또 하나의 유명한 사례는 미국의 언론 재벌 허스트 가문의 큰 딸 패티 허스트 사건이다. 패티 허스트는 19세이던 1974년 2월 급진적 좌파 도시 게릴라 공생해방군(Symbionese Liberation Army)에 납치되었으나, 납치범에게 감화되어 2개월 뒤 공생해방군의 샌프란시스코 은행 습격에 적극적으로 가담했다. 패티 허스트가 1975년 9월에 체포되었을 때, 변호사들은 패티 허스트가 스톡홀름 증후군 때문에 범죄에 가담했다고 주장했으나 받아들여지지 않았다. 1979년 2월에 지미 카터 대통령이 형량을 줄여주었고, 2001년 1월에는 빌 클린턴 대통령에게 사면을 받았다.

또 다른 사례는 엘리자베스 스마트 사건이다. 엘리자베스 스마트라는 소녀는 정신이 상자에게 납치되어 2002년부터 2003년까지 성적 학대를 당하고 부인 행세를 하도록 강요당했다. 스마트는 유타주 솔트레이크시에서 여러 달 동안 범인과 노숙을 했는데, 이 기간 동안 신체적 구속이 전혀 없는 상태였는데도 도망가지 않고 계속 범인과 같이 생활해왔다.

FBI에 따르면 FBI 데이터베이스에 조사된 92%의 인질들은 스톡홀름 증후군의 징후를 전혀 보이지 않는다고 한다.

3 갈등의 역사

갈등에 관한 초기연구는 과학적 관리를 주장했던 테일러(F.W. Taylor)[1]의 연구에서 시작되었다. 그는 갈등이란 결국에는 관리자의 권위를 위협하는 요인이 되기 때문에 갈등은 되도록 피해야 하고, 만약 갈등상황이 전개되면 이를 즉시 해결해야만 한다고 주장했다.

전통적 관점에 서 있는 학자들은 조직을 폐쇄시스템으로 생각하기 때문에 갈등을 부정적인 요인으로 본다. 때문에 갈등은 조직의 효과를 위해서 반드시 없애야 한다는 관점에 서 있다.

초기 인간관계학파에 속하는 학자들도 고전론자들처럼 갈등을 바람직하지 못하고 부정적인 것으로 인식한다. 그들은 갈등이 불건전하고 조직효과에 부정적이며, 파괴적인 속성을 가지고 있다고 주장한다. 따라서 효과적인 조직이 되려면 협동적이고 평화적인 환경이 조성되어야 하기 때문에 갈등을 제거하거나 예방해야만 하는 것으로 본다.

1) '경영학의 아버지', '산업심리학의 아버지'로 알려져 있으며, 과업관리, 성과급제 등 작업방식의 개선을 통해 효율성을 높이고자 했다.

현대적인 관점에 서 있는 학자들은 갈등이 언제나 부정적인 것만은 아니며 현실적으로 피할 수 없는, 자연적이며 현실적인, 때로는 바람직한 결과를 가져올 수도 있는 것이라고 정의하고 있다. 갈등은 언제나 역기능적인 것이 아니라 기능적이고, 긍정적이며, 건설적이기도 하기 때문에 조직효과에 유익할 수도 있다는 것이다. 그러므로 갈등을 바람직한 수준으로 유지하는 관리행동이 훨씬 더 바람직하다고 제안한다.

표 7-3 갈등에 관한 관점

전통적 갈등론	현대적 갈등론
• 갈등은 피할 수 있다. • 갈등은 문제가 있는 구성원에 의해 야기된다. • 갈등해결에는 권한의 법률적 형식이 강조된다. • 갈등에 따른 희생자가 있다.	• 갈등은 불가피한 것이다. • 갈등은 구조적 요인에 의해 야기된다. • 갈등은 변혁의 속성이다. • 최소한의 갈등은 바람직하다.

4 갈등의 원인

1) 개인의 심리적 원인

(1) 개인의 본능

프로이트는 인간의 본능을 성격의 기본요소로 보았다. 본능은 정신작용에서 언제나 방향을 제시한다. 본능은 일종의 에너지로서 이 에너지는 신체적 욕구와 정신적 소망을 연결시키는 가교역할을 한다. 그는 인간의 본능을 삶의 본능(life instincts)과 죽음의 본능(death instincts)으로 구분했다.

본능은 이드에 자리 잡고 있다. 본능은 정신에너지의 총량이기 때문에 이드는 정신에너지의 가장 밑바탕을 이루는 저장창고라고 할 수 있다. 자아와 초자아를 만들기 위해서는 이 밑바탕의 저장창고에서 에너지를 뽑아내야 한다.

프로이트의 본능구분은 그의 저서 『쾌락 원칙을 넘어서』(1920)에서 제안되어 그의 마지막까지 끊임없이 재확인된 개념이다. 그러나 그가 제시했던 개념 중 가장 논란이 많은 개념으로 남아있다.

삶의 본능은 식욕, 성욕 등과 같은 인간생존을 위한 생물학적 욕구이다. 프로이트가 삶의 본능과 관련하여 가장 중요하게 생각했던 것은 성(sex)과 관련된다. 여기에는 남녀 간의 성욕의 의미를 넘어서 인간에게 쾌락을 주는 모든 사고와 행위가 포함된다. 삶의 본능은 에로스라고도 불리며, 이는 생존과 재생산과 쾌감을 다루는 일련의 추동들이다. 이는 성, 배고픔, 고통의 회피 등을 다루는 삶의 본능이다. 삶의 본능에 의해 생성된 에너지는 리비도라고 알려져 있다.

삶의 본능은 생명체의 통일성을 유지하고, 보다 포괄적인 통일성을 구성하려고 한다. 즉, 인체는 자기통일성과 존재를 유지하려고 한다. 프로이트의 삶의 본능이 무엇인지 가장 잘 파악할 수 있는 것은 죽음의 본능과의 대립이다. 삶의 본능은 에로스로 최고의 안정상태인 죽음을 저지하기 위해 종족을 번식하는 삶을 추구한다. 삶의 본능은 보다 분화되고, 보다 조직화된 형태를 만들어 유지하고, 인체와 환경 사이 에너지의 수준 차이를 지속시키고 증가시키는 것이다.

프로이트는 마지막으로 『정신분석학 개요』(1938)에서 삶의 본능에 숨어 있는 원칙은 결합의 원칙이라고 주장했다. 반대로 죽음의 본능의 목적은 관계를 깨뜨리는 것, 사물을 파괴하는 것이다.

죽음의 본능은 타나토스(thanatos)라고도 불리며, 프로이트는 모든 생명체의 목표는 죽음이며, 모든 인간은 죽음에 대한 무의식적 소망을 가지고 있다고 생각했다. 그는 인간이 무의식적으로 그들이 나온 무생물의 상태로 돌아가기를 바란다고 생각했다. 그러나 대개의 경우 죽음의 본능은 삶의 본능에 의해 억제된다.

죽음의 본능은 생명체의 통일성 파괴와 긴장의 철저한 균등화, 절대적인 휴식상태로 가정되는 회귀를 지향한다. 죽음의 본능이 외부로 향하게 되면 파괴욕구, 장악욕구, 권력의지로 표현된다. 공격성이 자기자신에게로 향하게 되면 자신을 죽이고자 하는 소망이 생겨난다. 죽음의 본능은 모든 본능 중에서 가장 근본적인 것, 이전상태로의 회귀와 관련이 있다. 최후에는 에너지의 수준 차이가 없는 상태로 되돌아가려고 하는 것이다. 죽음의 본능은 영원한 안정, 유기체의 종말을 추구한다.

그는 기본적 충동 중 어느 하나를 심리영역 중의 하나로 한정할 수 없으며, 그것들은 어디서든지 발견될 수 있다고 하면서 갈등의 양태를 기술할 때는 삶의 충동과 죽음의 충동의 대립이 작용하지 않는 것처럼 주장하기도 했다. 죽음의 충동의 작용을 순수한 상태로 엿볼 수 있는 것은 삶의 충동과 분리될 때이다.

멜라니 클라인 학파는 죽음의 충동과 삶의 충동의 이원론을 지지하면서 인간존재가 시작될 때부터 죽음의 충동은 중요한 역할을 했다고 주장했다. 왜냐하면 그것은 외부대상을 향해 있을 뿐 아니라 인체 내에 작용하여 붕괴되고 사멸된다는 불안을 가져오기 때문이다. 죽음의 본능의 목표는 집합을 해체하고 사물을 파괴하는 것이다.

그림 7-2 ▌원초아와 자아

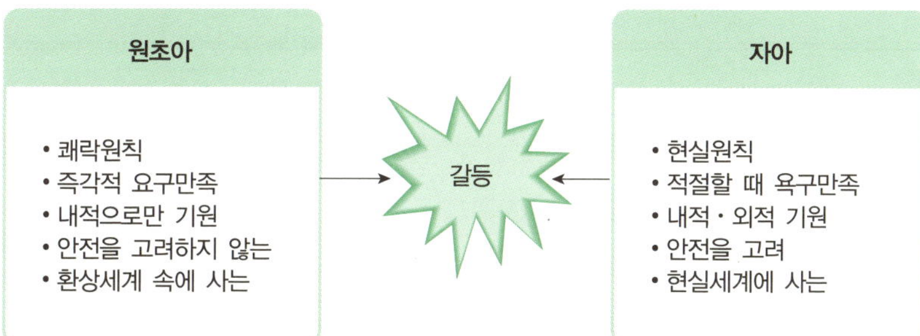

자료 : C.S. Carver & M.F. Scheier, *Perspectives on Personality*, Allyn & Bacon, 2004. (저자 수정)

○ 프로이트의 정신세계

1) 원초아(id)

태어날 때부터 존재하는 유일한 것이다. 원초아는 라틴어로 '그것'을 의미한다. 인간 정신의 밑바닥에 있는 동물적이고 본능적인 요소이며, 쾌락원칙에 따라 움직이는 일차적 정신과정이다. 성격의 유전된 측면, 본능적인 측면, 원시적인 측면 모두를 포함한다.

원초아는 쾌락원칙을 따르는데, 쾌락원칙이란 욕구는 즉각적으로 만족되어야만 하는 것으로 보기 때문에 이는 즉각적이고 본능적인 욕구충족을 목적으로 한다. 원초아는 심상과 현실을 구분할 수 없기 때문에 소망의 세계 안에 있다.

2) 자아(ego)

우리가 흔히 '나'라고 지칭할 때의 심리 주체이며, 현실원칙에 따라 움직이는 이차적 정신과정이며, 현실원칙에 따라서 움직인다. 이는 내적인 욕구, 충동, 외적 세계를 모두 고려하는 것이다. 외적 세계에 대한 고려는 행동하기 전에 관련된 위험을 고려하게 만든다. 쾌락원칙은 내적 긴장의 압력을 고려하고, 현실원칙은 외적인 제약을 고려한다. 자아는 끊임없이 원초아와 초자아 사이의 힘을 중재한다.

자아는 그 자신의 에너지는 갖고 있지 않으며 원초아로부터 에너지를 공급받기 전까지는 존재한다고 할 수 없다. 또한 자아는 도덕적 양심을 가지고 있지 않다.

3) 초자아(super ego)

초자아는 라틴어로 '나의 위에 있는 사람'이라는 의미이다. 부모와 사회적 가치들을 형상화한 것이다. 옳고 그른 것에 대한 개인성격의 심판관과 같은 부분이며, 사회도덕규칙의 내면화된 표상이자 선악을 구분하는 개인의 양심이다. 완벽을 추구한다.

원초아와 초자아의 공통점은 비이성적으로 작용하면서 현실을 왜곡한다는 점이다.

초자아는 자아가 사물을 보다 높은 차원의 도덕성을 가지고 보도록 강요하고, 원초아는 본능적 욕구가 바라는 방향으로 보도록 요구한다. 때문에 초자아가 발달하면 자아는 힘든 길을 가야만 한다.

월트 디즈니의 만화 '판타지아'의 등장인물 중 하나인 마술사는 초자아에, 마술사의 제자인 미키 마우스는 자아에 해당된다고 볼 수 있다.

프로이트의 충동

프로이트가 그의 초기 글을 쓸 당시 중산층 사회는 인간이 합리적으로 자기를 통제하고, 문명화된, 거의 완벽에 가까운 고상한 상태에 이른 것으로 보았다. 독선적이고 자기만족적인 사회였다. 인간의 성욕은 공식적으로는 거의 인정되지 않았고, 공개적으로 토론되지 않았다. 이 조용한 사회에 프로이트는 문화적 폭탄을 던졌다. 사람을 합리적 존재로 보는 대신 사람들이 그들이 의식하지도 못하는 힘에 의해 움직여진다고 주장했다. 사람들은 신과 같은 존재가 아니라 원시적 동물이다. 사람들은 지적인 존재가 아니라 유아기에조차 주로 성적, 공격적 충동들에 의해 움직인다.

프로이트는 인간 그 자신에 대한 감탄이 세 가지 외상적 충격을 겪었다고 보았다. 첫째는 지구가 우주의 중심이 아니라는 코페르니쿠스의 발견이었고, 두 번째는 인간이 다른 동물과 마찬가지로 동물로서 진화되었다는 다윈의 주장이었다. 세 번째는 사람들은 무의식적이고 통제할 수 없는 힘에 좌우된다는 프로이트 자신의 주장이었다. 게다가 제1차 세계대전의 공포는 문명의 허식이 그 당시 대부분의 사람들이 가정했던 것보다 훨씬 빈약했음을 결과적으로 보여주었다.

자료 : C.S. Carver & M.F. Scheier, *Perspectives on Personality*, Allyn & Bacon, 2004.

(2) 방어기제

성격 속의 많은 과정은 불안과 관련되어 있다. 불안이라는 심리상태는 자아에게 이상이 생겼다는 것을 알려주는 일종의 신호체계이다. 자아는 현실적인 문제해결방법을 통해 위험을 극복하려고 하지만 이것이 뜻대로 안 될 경우에는 현실을 부인하고 왜곡시킴으로써 불안을 감소시키려 한다. 즉, 인간은 일종의 방어기제를 통해서 불안을 피하거나 벗어나려고 한다. 방어기제는 갈등에서 비롯된 불안으로부터 스스로를 보호하기 위한 일종의 장치인 셈이다.

프로이트는 1915년 메타심리학에 관한 글에서 방어기제의 의미 중 하나를 자기자신으로의 선회, 억압, 역전을 방어적으로 사용하는 것을 내포한다고 제시했다. 방어기제는 방어가 구체적으로 쓰이는 여러 가지 형태의 작용이며, 갈등의 정도에 따라 지배적인 기제가 다르게 된다.

방어의 기본적인 기제는 억압(repression)이다. 억압에는 다른 방어기제와는 다른 특수성이 존재하는데, 이러한 지적은 방어기제 중에서 가장 유효하고 위험한 것이기 때문이 아니라 억압이 바로 무의식을 구성하기 때문이다. 개인이 무엇인가를 의식 바깥으로 밀어내고자 할 때 억압은 의식적으로 사용된다. 그러나 억압의 대부분은 무의식적인 부분에 초점을 맞춘다.

방어기제는 대체적으로 무의식적으로 작동되며, 현실을 부정하거나 왜곡시킨다. 방어기제의 순기능적인 면은 인간을 보호한다는 점이지만 지나치게 사용될 때는 병리적이 될 수도 있다.

① 내입(introjection)

주체가 환상을 통해 대상이나 그 대상에 내재한 특질을 바깥에서 안으로 들여오는 것이다. 외부세계의 가능한 한 많은 부분을 자아 속으로 들여와 그것을 무의식적 환상의 대상으로 만듦으로써 문제를 해결하려고 한다.

페렌치가 그의 저서 『내입과 전이』(1909)에서 제시했으며, 투사와는 대칭적인 개념이다. 동일시와도 밀접한 관련이 있다.

② 반전(reversal into the opposite)

능동성에서 수동성으로 이행하는 중에 충동의 목표가 반대로 바뀌는 과정을 말한다. 프로이트는 능동성에서 수동성으로의 반전과 함께 내용의 반전, 즉 사랑이 증오로 바뀌는 것을 검토하였다. 그러나 여기서는 반전이 기술적인 차원에서만 가치가 있는 것처럼 보인다. 왜냐하면 사랑과 증오는 동일한 충동의 서로 다른 운명으로 볼 수 없기 때문이다.

③ 자기자신으로의 선회(turning round upon the subject's own self)

충동이 독립된 대상을 주체 자신으로 대체하는 과정을 말한다. 반전과 관련이 있다.

④ 억압(repression)

자아는 자신에게 위협이 되는 내용들을 의식하지 않으려 하거나 의식 바깥으로 밀어내려고 노력한다. 억압은 고통을 피하기 위한 적극적 노력이지만 기본적으로 고통의 원인에 대한 무의식적인 부정이다.

⑤ 투사(projection)

내가 가지고 있는 부정적인 면들을 다른 사람을 통해 보고, 원인을 그 사람에게 귀인시키는 것이다. "나는 너를 미워한다"는 생각이 "당신은 나를 미워해"라는 생각으로 바뀌게 되는 것이다. 자신이 받아들이기 어려운 충동들을 다른 사람에게 돌림으로써 불안이 감소한다. 투사는 자신의 인식을 숨기는 방법을 제공한다. 역으로 긍정적인 투사는 내가 가진 좋은 요소들을 타인을 통해서 인식하는 것이다. 사랑이 영원하지 않은 이유는 일정 기간 이후 상대방에 대한 투사를 거두어들이기 때문이다.

⑥ 부정(denial)

위협적인 사건이나 상황을 받아들이기 거부하는 것이다. 자신에게 기억되고 있는 어두운 면들, 위협이 되는 사건들, 외상적인 과거의 사건들을 의식적으로 받아들일 수 없어 부정하는 것이다. 부정은 고통이나 불안에서 인간을 구해낸다. 인간이 성숙해지면서, 자아가 현실을 정확히 평가하게 되면서부터는 부정이 어려워진다. 많은 면에서 억압과 유사하다.

⑦ 반동형성(reaction formation)

자기자신이 수용할 수 없는 충동을 정반대로 적극적으로 표현하는 것이다. 여기에는 부정적인 반동형성만 존재하는 것은 아니다. 내가 수용하지 못하고 이해하지 못했던 부정적인 면들과는 정반대의 긍정적인 성격특질을 형성하는 것도 반동형성의 예가 된다.

⑧ 합리화(rationalization)

내가 한 행동에 대해서 객관적으로 합리적인 상황은 아닐지라도 적당한 핑계를 통해 그 행동을 자신과 사회가 받아들일 수 있도록 재해석, 재구성하는 것이다.

⑨ 승화(sublimation)

현실적으로는 건강하게 수용될 수 없는 충동이 사회적으로 건강하게 수용될 수 있는 충동으로 대체되는 것이다. 충동을 수용될만한 형태로 전환하여 표현한다. 다른 기제들과 비교했을 때 성숙을 반영하는 것이다.

⑩ 퇴행(regression)

현실적으로는 받아들일 수 없는 위협에 직면해서 그러한 현실을 부정할 수 있는 이전의 단계로 되돌아가는 것이다. 사회적 책임, 불안, 초조, 긴장 등이 상대적으로 적었던 이전의 발달단계로 돌아감으로써 위협을 회피할 수 있다. 대부분 상징적으로 나타난다.

⑪ 동일시(identification)

어떤 주체가 다른 사람의 모습이나 특성을 동화시켜서 그 사람을 모델로 자신을 변화시키는 심리적인 과정이다. 다른 사람과 잘 동일시하는 사람은 그 사람을 닮게 된다. 인격은 일련의 동일시에 의해 구성되고 분화된다. 흔히 좌절감과 불안이 그 원인이 된다.

보보의 베껴다기

○ 억압은 많은 에너지를 소모한다

억압은 과거로부터 마음의 상처를 받은 일이나 그와 관련된 일에 대해서는 기억을 하지 못하도록 작용한다. 이때 기억은 그 자체로는 무해하지만 그것을 기억함으로써 원래의 상처받은 생각이 떠오를 위험성이 있다. 위험한 생각 그 자체도 억압을 받게 된다. 지각이든 기억이든 생각이든 모든 억압은 불안을 없애는 데 목적이 있다. 이때 억압의 작용은 외적·내적 위협이 자아를 공략하고 있다는 사실 자체를 부인하거나 왜곡하는 형태로 나타난다.

위협에 대처하는 방법으로서 억압에만 의존하는 사람들은 매사에 자기억압적인 태도를 취한다. 바깥세상과의 접촉은 극히 제한되어 있고, 평소에도 긴장되고 딱딱하며 소심해서 세상과는 담을 쌓고 있는 것처럼 보인다. 이들은 자신의 마음 깊숙이 억압을 해야 하는 일 때문에 에너지를 많이 소모하며, 외계나 다른 사람과 즐겁고 생산적인 상호관계를 맺기가 어려워지게 된다.

때로 억압이 심하게 되면 신체 일부의 정상적인 기능마저 장애를 일으키는 수가 있다. 억압의 방어기제 때문에 관절염, 천식, 위궤양 등의 여러 가지 신체증상이 발생하기도 하는데, 이런 정신현상 때문에 신체증상을 일으키는 경우를 정신신체증이라고 부른다.

억압은 위협하는 원천이 사라지면 자연히 없어지는데, 이는 억압이 이미 필요 없게 된 탓이다. 그렇지만 억압의 제거가 자연히 이루어지는 것은 아니다. 여기에는 당사자가 위험이 없다는 사실을 확인하는 절차가 남아 있기 때문이다. 자아가 보다 합리적이고 충분한 해결방법으로 무장하고 위협을 잘 처리할 수 있게 되면 억압은 더 이상 필요치 않게 되고, 억압에 사용되던 에너지를 소모할 필요가 없게 되어 보다 생산적인 일에 투자할 수 있다.

자료 : 캘빈 홀의 『프로이트 심리학』 중에서

보보의 책 우리는 왜 불안할까

우리가 현재의 모습이 아닌 다른 모습일 수도 있다는 느낌은 불안과 울화의 원천이다. 우리가 매일 마주치는 수많은 불평등을 고려할 때 질투의 가장 두드러진 특징은 우리가 모두를 질투하지는 않는다는 사실이다. 엄청난 축복을 누리며 살아도 전혀 마음이 쓰이지 않는 사람들이 있는가 하면, 우리보다 약간 더 나을 뿐인데도 끔찍한 괴로움에 시달리게 만드는 사람들도 있다. 우리는 우리 자신이 같다고 느끼는 사람들만 질투한다. 우리의 준거집단에 속한 사람들만 선망한다는 것이다. 가장 견디기 힘든 성공은 가까운 친구들의 성공이다.

질투심을 유발하는 것은 우리와 다른 사람들 사이의 커다란 불균형이 아니라 오히려 근접상태다. 불균형이 심하면 관계가 형성되지 않으며, 그 결과 우리에게서 먼 것과 우리 자신을 비교하지 않게 되거나 그런 비교의 결과로부터 영향을 받지 않게 된다. 우리가 동등하다고 여겨 우리 자신과 비교하는 사람이 늘어날수록 질투할 사람들도 늘어난다.

– 알랭 드 보통의 『불안』 중에서

보보의 한 말씀

어느 한쪽에는 우월하면서 동시에 다른 한쪽에는 열등하지 않은 천사는 없다. 마찬가지로 인간에서부터 가장 천한 벌레에 이르기까지 어떤 피조물에게는 우월하고 다른 피조물에게는 열등하지 않은 피조물도 없다.

– 15세기 법학자 존 포티스큐

(3) 학습

학습은 유형화된 행동과 실천을 통해 지식, 능력, 태도를 얻는 활동이며, 경험을 통해서 얻을 수 있는 행동변화를 의미한다. 때로는 인간행동이 사회적으로 학습되고, 이러한 외적 변인들에 의해 형성된 부정적 특질들은 갈등의 원인이 되기도 한다. 로터는 "행동은 진공상태에서만 발생하지는 않으며 외적·내적 환경의 여러 측면에서 끊임없이 반응한다"라고 언급한 바 있다.

인간의 학습에 대한 연구는 파블로프(Pavlov)의 개를 대상으로 한 실험에서 비롯되었고, 손다이크(Thorndike)와 스키너(Skinner) 등의 행동과학자들에 의해 계승되고 발전되었다.

고전적 조건화는 파블로프의 개와 종소리에 관계에 대한 실험에서 처음으로 제시되었다. 개는 먹이(무조건적 자극)를 보면 반사적인 행동으로 침을 흘렸고(무조건적 반응), 개에게 먹이를 줄 때마다 종을 쳤는데(조건적 자극), 나중에는 종소리만 듣고도 침을 흘렸다(조건적 반응). 이처럼 무조건적인 자극과 조건적인 자극을 짝지어 학습에 의한 행동을 유도해내는 과정을 '고전적 조건화'라고 한다.

고전적 조건화는 수동적인 것이며 인간은 개처럼 단순하지 않다는 비판에 파블로프의 연구는 다른 방식으로 발전했다. 왓슨은 학습과정에서 외부로부터의 보상(reward)을 강조했고, 손다이크는 조건적 자극의 반복만으로는 학습효과가 나타날 수 없고, 결과로부터 얻어지는 만족의 여부에 따라 학습효과가 결정된다는 '효과의 법칙(law of effect)'에 기반을 둔 강화이론을 주장했다.

고전적 조건화의 문제점 때문에 등장한 것이 조작적 조건화이며, 이는 스키너의 동물실험에서 시작되었다. 그는 학습은 단순히 자극에 대한 조건적 반응에 의해 이루어지는 것이 아니라 반응행동으로부터 바람직한 효과를 조작시키는 데 따라 이루어진다고 주장했다. 즉, 반응행동은 어떤 결과를 조작시키려는 데서 나타나며, 보상이나 처벌 등의 조작적 요인을 강조한다.

스키너는 학습과정을 외적인 변인에 의해 설명한 학자였으나 인간을 동물과 같이 외적인 변인에 의해 움직이는 존재로 보았다는 부분에 대해서는 마찬가지로 비판의 여지가 있다.

스키너의 기본적 가정은 인간이 하는 행동의 여부에 따라 보상을 받거나 처벌을 받는다는 것이다. 즉, 행동은 결과에 의해 조성되고 유지된다는 것이다. 때문에 스키너는 인간에 대해 기계론적 관점을 취한다. 그는 개개인의 차이성에 관심을 두지 않았고, 인간행동의 보편적 법칙을 발견하는 데 주력했다.

이런 주장을 뒷받침하기 위해 그가 활용한 연구대상은 동물이었다. 보편적인 법칙을 발견하기 위해서는 통제가 쉽고 행동이 단순한 동물이 적합하다고 생각했기 때문이다.

반응과 그것으로 인한 결과 간에 확립될 수 있는 관계를 강화 또는 처벌의 수반성이라고 한다. 수반성은 A라는 일이 B라는 일이 일어나면 야기될 것이라는 규칙이다. 자극은 행동이 일어날 수 있는 환경적 사건이며, 행동은 그 자체를 의미하고, 결과는 행동에 뒤따르는 환경적 자극이다.

주어진 행동을 잘했을 때 보상으로 칭찬을 하거나, 신체적인 친밀감을 표시하거나,

음식이나 용돈을 주는 것과 같은 행위는 행동을 증가시키는 정적 강화에 해당된다. 반대로 신체적인 처벌을 가한다든가, 언어적으로 야단을 치는 것과 같은 행위는 정적 처벌에 해당된다. 부적 강화나 부적 처벌은 보다 소극적인 개념으로서 고통을 가져다 주는 결과를 제거한다거나 즐거움을 주는 것을 일시적으로 제거시키는 것이다.

그림 7-3 파블로프의 원리

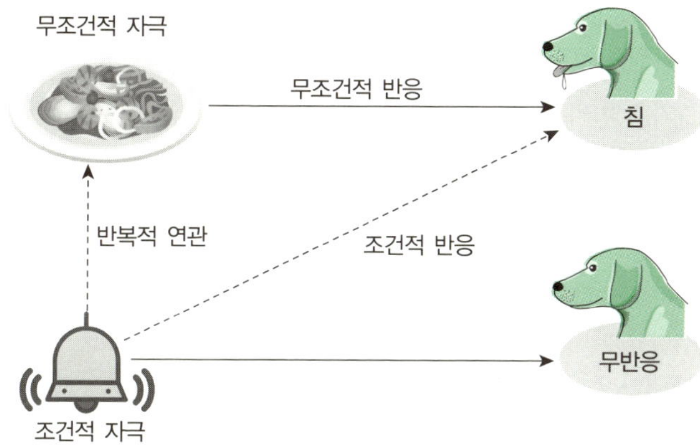

그림 7-4 스키너의 원리

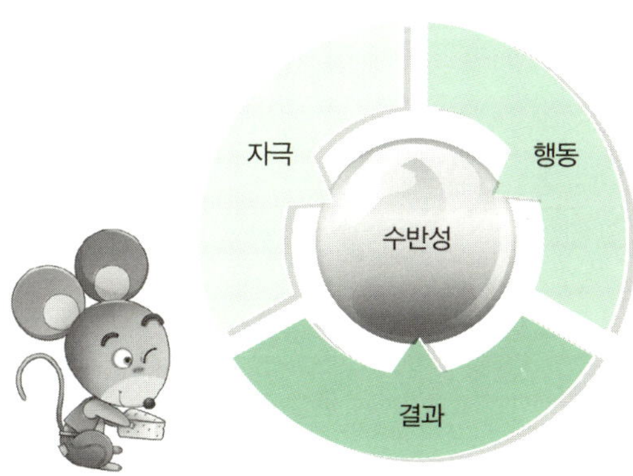

밀그램의 실험

실험참가자들은 '기억에 대한 연구'에 참여할 자원자를 모집한다는 광고에 흥미를 느껴 실험에 참가했다. 연구의 목적은 학습과 기억에 있어서의 징계효과에 대한 것이었다.

자원자 중에서 한 사람은 학습자의 역할을 맡게 되며 그는 수많은 단어들 중에서 서로 관계가 깊은 두 단어의 쌍을 기억하는 것이다. 또 다른 지원자는 선생의 역할을 맡게 되는데 그의 임무는 학습자의 단어에 대한 기억력을 테스트하여 그가 실수할 때마다 전기충격을 가하는 것이었다.

실험이 진행되는 동안 학습자가 틀린 답을 말할 때마다 전기충격의 강도는 15볼트씩 높아졌다. 학습자가 전기충격이 너무 강해서 더 이상 참을 수 없다고 하면서 소리를 질렀다. 학습자의 거부에도 불구하고 실험은 계속되었다. 선생은 학습자의 애원과 반항에도 불구하고 300볼트까지 전기충격의 강도를 높였다.

이 실험은 밀그램이란 심리학자에 의해 행해졌으며, 학습자에게 실제 전기충격이 전달된 것은 아니었다. 학습자는 전기충격을 가장한 밀그램의 실험조교였다.

이 실험의 진정한 목적은 "보통의 평범한 사람에게 합법적인 명령을 내린다면 얼마만큼의 고통을 무고한 다른 사람에게 부과할까?"였다.

실험에 참여한 사람들이 공격적인 성향이 강한 남자들이었거나 전기충격의 영향에 대해 자세히 이해하지 못하고 있다거나 비도덕적인 성향의 사람들이었던 것은 아니었다. 그러나 그들은 실험복을 차려입은 연구자들의 권위와 명령에 맹목적으로 따랐다는 데 문제가 있다.

밀그램이 이 실험을 하게 된 동기는 나치가 지배하던 당시 독일인이 어떻게 그 많은 무고한 유태인의 생명을 죽일 수 있었는지를 이해하기 위해서였다.

자료 : 로버트 치알디니의 『설득의 심리학』 중에서

보보의 시

나는 신에게 나를 강하게 만들어 달라고 부탁했다. 내가 원하는 모든 걸 이룰 수 있도록.
하지만 신은 나를 약하게 만들었다. 겸손해지는 법을 배우도록.

나는 신에게 건강을 부탁했다. 더 큰 일을 할 수 있도록.
하지만 신은 내게 허약함을 주었다. 더 의미 있는 일을 하도록.

나는 부자가 되게 해달라고 부탁했다. 행복할 수 있도록.
하지만 난 가난을 선물받았다. 지혜로운 사람이 되도록.

나는 재능을 달라고 부탁했다. 그래서 사람들의 찬사를 받을 수 있도록.
하지만 난 열등감을 선물받았다. 신의 필요성을 느끼도록.

나는 신에게 모든 것을 부탁했다. 삶을 누릴 수 있도록.
하지만 신은 내게 삶을 선물했다. 모든 것을 누릴 수 있도록.

나는 내가 부탁한 것을 하나도 받지 못했지만
내게 필요한 모든 것을 선물받았다.
나는 작은 존재임에도 불구하고
신은 내 무언의 기도를 다 들어주셨다.

모든 사람들 중에서
나는 가장 축복받은 자이다.

– 작자 미상

2) 구조적 원인

(1) 목표

거시적 관점에서 조직의 목표는 '이윤추구'라는 하나로 결집된다. 그러나 조직을 구성하고 있는 다양한 하위조직이 존재하고, 이들은 다양한 이해관계 속에서 역할을 조정한다. 그렇게 때문에 전략적 목표, 전술적 목표, 운영적 목표는 그 내용과 기능에 있어서 매우 상이한 경우가 많다.

예를 들어, 생산관리부서는 어떻게 하면 좀 더 많은 제품들을 저비용으로 생산할 수 있을까가 중요한 관심사다. 그러나 마케팅부서로서는 제품의 적극적인 홍보와 판매를 위해 일정한 부대비용이 필요하다. 그러다 보니 두 부서 간에는 목표의 효율적 달성을 위한 갈등이 생겨날 수밖에 없는 것이다.

(2) 자원의 배분

전략은 기업이 나아가야 할 방향을 제시하는 나침반과 같다. 챈들러는 "전략이란 기업의 장기적 목표의 결정과 그 목표를 달성하기 위한 행동을 결정하고 경영자원을 배분하는 것이다"라고 정의하면서 경쟁우위를 선점하기 위한 방법으로서 자원배분의 중요성을 역설했다.

기업의 최고경영층에 있어서 적절한 자원배분을 하는 일은 목표달성을 위해 가장 중요한 과정이다. 그러나 자원이라는 것은 한정되어 있기 때문에 각 단위부서에 자원을 배분하려는 과정에서는 필연적으로 갈등이 형성될 수밖에 없다. 조직 내에서 한 집단에 대한 자원배분은 다른 집단의 손실의 대가로 이루어지므로 갈등이 빚어지게 되는 것이다. 이런 경우 자원 자체의 규모를 늘리는 것이 갈등을 해결하는 한 가지 방편이 될 수도 있다.

(3) 인센티브

테일러는 과학적 관리를 통해 성과급제를 제안했다. 산업사회 초기에는 기업의 가장 커다란 문제점이 태업이며, 태업은 일과 경제적 성과가 연결되지 않기 때문에 발생한다고 생각했기 때문이다. 후에 간트는 테일러의 개념을 확장하여 차별적 성과급제를 제안했다. 이는 일정한 임률을 보장하고, 그 이상에 대해서 인센티브를 주는 개념이다. 오늘날 한국식 연봉제와 비슷한 개념이다.

일과 경제적 성과가 연결되어야 하는 것은 틀림없다. 그러나 때로는 이러한 요인이 지나친 경쟁을 조장하기도 하고, 경쟁에서 밀린 조직원들의 사기는 떨어질 수밖에 없다.

〈포춘〉지 선정 미국의 기업들 중 절반 이상이 팀별로 인센티브를 제공한다는 연구결과가 있다. 이는 개인별로 성과를 지급할 때 팀원들 사이에서도 경쟁원리가 작용하여 정보의 폐쇄가 이루어질 수 있다는 염려 때문이다.

(4) 리더십의 과대나 부재

개인의 리더십유형에 의해서도 갈등이 조장될 수 있다. 전통적인 관리방식은 전제적 유형이었다. 테일러의 과학적 관리가 지배하던 산업사회의 초기에는 똑같은 물건은 빠르게 많이 생산하는 것이 중요했기 때문에 '머리'에 해당되는 중요한 일은 상위계층에서 모두 처리했다. 즉, '머리'와 '행동'의 분리가 이루어졌던 시기였다. 이런 시기에는 한 사람의 관리자에게 권력이 집중되는 전제형이 바람직할 수 있다.

상급자가 권한을 사용하여 집단갈등을 해소하는 방법은 가장 오래되고 흔히 쓰이는 방법이다. 보통 하위집단들은 갈등해소를 목적으로 하는 위로부터의 힘의 사용에 복종하게 된다. 그러나 힘에 의한 갈등해소는 갈등의 원인에 대해서가 아니라 결과에 초점을 두기 때문에 집단 간 갈등의 여지는 남아 있게 되며, 갈등의 재발가능성도 높다.

현대의 기업경영에서는 구성원들 간의 빈번하고 편안한 의사소통, 그 속에서 이루어지는 창조적인 아이디어, 상호배려 등이 중요한 요소이기 때문에 다양한 리더십유형이 요구된다.

5 갈등관리와 조직성과

기존의 갈등관리는 갈등의 역기능적인 면을 강조하여 '갈등의 해소'에 역점을 두었으나 오늘날에는 '갈등의 자극'을 포함하는 개념으로 확장되어 가고 있다. 이는 갈등이 지나치게 많아 바람직하지 못한 갈등을 해소하고 감소시키는 일과 함께 너무 과소한 갈등과 건전한 경쟁심리를 부추기는 건설적인 갈등을 자극하고 증대시키는 일까지 포함한다.

갈등이 조직을 분열시키고 있다거나, 생산적인 노력보다 갈등에 더 많은 시간을 소요하게 된다거나, 갈등이 조직목적보다 집단의 내적인 목적에 초점을 두고 있는 상황에서는 갈등을 해소하는 관리가 바람직하다. 반면 조직구성원이 현재의 상태에 지나치게 만족하여 정체되고 있다거나, 집단 간의 동의가 너무 쉽게 이루어지거나, 창의성이나 도전정신이 부족하거나, 적정한 경쟁을 유도하기 위해 변화와 변혁이 요구될 때는 갈등을 자극하는 관리가 바람직하다고 볼 수 있다.

갈등관리는 조직, 사회, 개인 간의 갈등을 효과적으로 조율하고 소모적인 분쟁상황이 발생하지 않도록 통제하고 관리하는 접근방식이다. 갈등관리의 궁극적 목표는 갈등이 무절제하게 표출되는 것을 방지하고 조직, 사회, 개인의 효율성을 극대화하는 것이다.

어느 수준을 갈등이 지나치게 많거나 적은 수준으로 판단해야 하는지의 기준이 명확하지 않기 때문에 갈등의 측정방법도 하나의 과제이다. 넬슨(R.E. Nelson)은 조직현장에서 얻은 다음 다섯 가지 양상이 조직업적을 손상시키는 현상임을 생각할 때 이러한 조건들이 성립되면 적정 수준의 갈등에 문제가 있다고 생각해 볼 필요가 있다고 주장했다.

첫째, 내부적인 불일치로 일어나게 되는 잦은 이직
둘째, 외부의 위협에 대한 지나친 무관심
셋째, 미래의 변혁을 어떻게 수행할 것인지에 대한 불일치 또는 무능력
넷째, 내부수행능력의 부족으로 인한 외부인사의 잦은 개입
다섯째, 내부의 반대세력의 출현

갈등의 수준이 지나치게 높으면 역기능적, 비생산적, 파괴적인 갈등양상으로 치달을 수 있으므로 이를 해소하고 줄여서 적정 수준이 되도록 유도하는 것이 바람직하다. 반대로 갈등 수준이 지나치게 낮으면 이 또한 역기능적, 비생산적, 비변혁적인 갈등양상으로 전개되기 때문에 적당한 긴장감과 자극을 주어 적정 수준으로 유도하는 것이 바람직한 조직생활을 위한 해법이다.

그림 7-5 | 갈등과 조직유효성

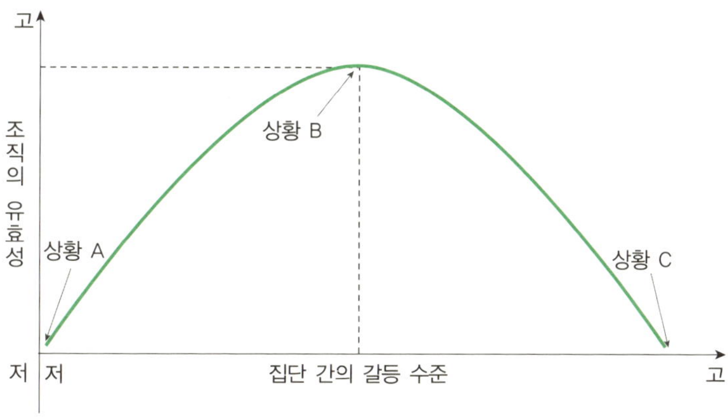

택배는 지옥알바?

현행법상 택배기사들은 노동자가 아닌 개인사업자로, 계약해지를 당해도 구제가 쉽지 않다. 택배기사들은 4대보험 등 근로기준법이 규정하고 있는 기본적인 법적 보호에서도 벗어나 있다. 날마다 아침 7시부터 밤 10시까지 근로기준법 기준인 40시간보다 두 배 넘게 일하면서도, 법정근로자가 아닌 탓에 점심시간도 따로 주어지지 않는다. 일하다 다쳤을 때를 대비한 산재보험 가입률도 저조할 뿐 아니라, 가입할 수 있다는 사실조차 모르는 경우가 허다하다. 제대로 된 계약서 없이 주먹구구식으로 일하는가 하면, 원인을 알 수 없는 물건 파손이나 분실도 대부분 배송기사가 책임져야 한다. 택배기사들의 삶은 갈수록 고단해지는 데 반해, 택배회사의 매출은 최근 5년 동안 94% 급증할 만큼 크게 성장했다. 근로자로서의 기본권을 인정받지 못한 채 사각지대에 놓여 있는 택배기사들을 위한 대책 마련이 시급하다.

자료 : MBC 뉴스

보보의 신문

위기 속 기회를 잡아라

대형 오픈마켓과 맞서겠다고 벼르던 주요 소셜커머스업체들이 이제는 생존마저 걱정해야 하는 처지에 놓여있다. 그러나 국내 토종 소셜커머스업체 위메프는 이 같은 상황 속에서도 꿋꿋이 '최저가'전략을 고집하고 있다. '계획된 적자'를 감내하고라도 매출증가를 통해 시장 파이를 키우겠다는 의도로 볼 수 있다. 놀라운 점은 이 같은 전략이 시장에서 먹히고 있다는 것이다.

초창기 가격위주 경쟁이 전개됐던 소셜커머스시장은 시간이 흐르면서 점차 '큐레이션2)' 경쟁으로 변하기 시작했다. 가격이 아닌, 지금껏 보지 못한 새로운 상품과 서비스로 경쟁에 나선 것이다. 경쟁사가 선보이지 않은 참신한 시도를 하는 것이 업체들의 당면 목표가 됐고, 이런 경쟁은 궁극적으로 소비자 선택의 폭을 넓게 만들어주었다.

하지만 이는 결국 소셜커머스업계의 패착이 되고 말았다. 견고한 기존 오픈마켓의 벽을 뛰어넘기 위해 시도한 차별화전략이 성공의 실마리를 찾지 못했다. 특히 '최저가', '총알 배송', '홍보마케팅 강화' 같은 돈이 많이 드는 시도가 소셜커머스업계의 '자본잠식'이라는 심각한 문제를 야기했다.

그럼에도 업체들은 지금껏 해왔던 전략을 끝까지 고수하려 하고 있다. 하지만 적어도 지금까지는 무언가 변화를 찾았다는 기미를 발견하기 어렵다. 그 이유는 이 상황을 일종의 성장통으로 여기고 있기 때문이다. 그들이 추구하는 오픈마켓으로 도약하기 위해 불가피하게 겪어야 하는, 그래서 감내해야 하는 문제로 여기고 있다는 것이다. 소셜커머스업계에서는 이를 '계획된 적자'라고 말한다. 지금 당장은 적자를 보더라도 소셜커머스시장을 오픈마켓 수준으로 성장시키는 것이 그들이 궁극적인 목표다. 다시 말해 시장의 파이를 키워야 경쟁할 수 있다는 것이다. 그래서 적자와는 상관없이 우선 거래량을 늘리고 소비자를 끌어 모으는 일에 집중하고 있다.

유통시장은 이 같은 변화의 흐름 속에서 소셜커머스시장의 한 축을 담당하고 있는 위메프에 주목하고 있다. 그 이유는 단순하면서도 꽤 핵심적이다. 무리한 시도보다는 '최저가'라는 키워드 하나에 오롯이 집중하고 있기 때문이다. 오픈마켓으로의 진화를 노리는 경쟁사와 달리, 위메프는 오픈마켓을 지향하되, '소셜커머스'의 본질은 오히려 더 강

2) 큐레이션(curation)은 미술관, 박물관 등에 전시되는 작품을 기획하고 설명해주는 '큐레이터(curator)'에서 파생한 신조어로서 큐레이터처럼 인터넷에서 원하는 콘텐츠를 수집해 공유하고 가치를 부여해 다른 사람이 소비할 수 있도록 도와주는 서비스다. 개방성과 참여성 등을 이유로 위키피디어에 빗대 '위키미디어'라고 부르기도 한다.

조하고 있다. 그 결과 다양한 문제로 부침이 심했던 경쟁사와는 달리, 별다른 잡음 없이 사업이 순항을 하고 있다.

위메프는 매달 '위메프 OO데이' 행사를 진행하고 있다. 예컨대 지난 6월 6일 하루 동안 진행된 '위메프 66데이'에서는 매 시 정각마다 특정 상품을 66원, 666원, 1,666원, 2,666원, 6,666원 등에 판매했다. 판매 상품은 눈을 의심케 한다. 제주도 렌트카 상품권, 뮤지컬 관람권, 최고급 화장품을 비롯해 심지어 세탁기까지 당시 판매 리스트에 포함됐다.

이른바 '로켓배송'으로 돌풍을 일으킨 쿠팡의 '쿠팡맨' 배송서비스가 등장한 이후, 업계에선 때 아닌 '배송전쟁'이 벌어졌다. 하지만 잘 알려졌다시피 최근 쿠팡맨 부당 처우 관련 문제가 불거졌다. 이를 의식한 쿠팡 측은 궁여지책으로 쿠팡맨 배송업무량 축소 등을 약속하며 '쿠팡맨 달래기'에 나서고 있다.

그러나 위메프는 쿠팡맨 사태로 배송전쟁이 다소 잠잠해지는 국면에서 오히려 '무료배송 강화'라는 승부수를 던졌다. 우선 가격 제한을 풀어 1만 원 미만의 상품도 무료배송이 가능하도록 개선했다. 약 9,000여 개에 이르는 원더배송 상품의 가격대를 고려하면, 사실상 위메프 직매입 제품의 배송료는 '0원'이 됐다고 할 수 있다.

그뿐만이 아니다. 배송의 질도 한층 높아졌다. 위메프에 따르면 원더배송의 빠른 배송 혜택인 '내일도착'서비스의 경우, 지난 6월기준 96%의 달성률을 기록하고 있다. 이는 기존 위메프 물류센터의 안정된 운영과 위탁 물류배송업체와의 긴밀한 협조가 있었기에 가능한 일이었다.

위메프는 세탁이나 세차 같은 생활밀착형 서비스분야에서는 지역 기반 상품도 내놓고 있다. 대다수 업체들이 지역 기반의 서비스를 축소하거나 아예 없애고 있는 상황에서 위메프는 오히려 확대전략을 쓰고 있다. 이는 오픈마켓으로서의 진화는 계속 시도하되, '소셜커머스'라는 정체성의 본질은 지키겠다는 위메프의 사업 비전으로 해석할 수 있다.

자료 : 포춘코리아, 2017.7. ; 서울경제, 2017.7.11.

6 갈등의 모형

1) 잠재적 단계

잠재적 갈등단계에서는 갈등의 요인들이 다수 존재하지만 아직까지는 갈등으로 표출되지는 않는다. 그러나 언제라도 수면 위로 떠올라 갈등을 일으킬 수 있는 원인이 잠재하고 있는 단계이다.

기본적으로 거론되었던 희소자원에 대한 문제, 부서별 목표차이, 개인별 관점차이, 경쟁 등이 기본적인 요인으로 거론된다.

예를 들어, 이제는 세계적인 다국적기업으로 성장한 사료기업 아이러브보보스를 책임지고 있는 보보의 입장에서는 적극적인 시장침투가 어려운 상황을 뚫고나갈 해법이라고 생각한다. 그렇기 때문에 무리를 해서라도 경쟁기업에 비해 적극적인 판촉활동을 벌여야 한다고 주장한다. 강아지들을 마스코트처럼 여기지만 해마다 적극적인 시장을 창출해주는 어린 소녀집단, 20대 전후의 젊은 여성들을 공략하기 위해서는 비싼 모델료를 지불하고서라도 그들에게 소구될 수 있는 신세대스타를 모델로 기용하여 광고를 제작하기를 원하고 있다. 그러나 재정담당자인 모모의 입장에서 본다면 지금 상황에서 제일 필요한 것은 긴축재정이다. 그렇기 때문에 가장 먼저 줄여나가야 할 것이 바로 보보가 주장하고 있는 가시적인 광고전략이다. 아직까지는 보보와 모모의 의견이 충돌하지 않았지만 이들의 관점차이가 수면 위로 떠오르게 되면 언제든 갈등이 표출될 수 있다.

2) 갈등의 지각단계

잠재적 갈등단계에서는 갈등이 표면 위로 떠오르지 않았지만 표면 위와 아래의 차이는 단지 그것을 언제, 어떻게 인식하고 지각하느냐의 차이일 뿐이다.

보보와 모모의 사례에서는 제한된 자원을 활용하여 어떻게 기업을 생존시키느냐가 갈등의 요인이었지만 때로는 실제로 갈등이 표면화될만한 원인이 없더라도 갈등은 지각될 수가 있다. 바로 의사소통상의 문제가 그것이다.

예를 들어, 보보와 모모는 같은 대학교에 다니고 있다. 이 대학교에는 도처에 학생들이 수시로 사용할 수 있는 인터넷 전용선이 설치된 컴퓨터가 있다. 평상시라면 학생들은 질서를 지켜 차례대로 컴퓨터를 이용하며, 때로는 급한 학우를 위해 먼저 차례를 양보하기도 한다. 그러나 수강신청기간이 되면 문제가 달라진다. 대부분의 학교에서는 컴퓨터로 수강신청을 받고 있는데 인기과목의 경우는 접속개시시간 이후 바로 허용인원이 다 차버린다. 이렇게 되면 우정과 예의는 제쳐두고 서로 먼저 접속해서 그 과목을 수강신청하려고 눈에 불을 켜게 된다. 이처럼 자원이 부족하여 두 당사자가 그것을 함께 사용하고자 할 때, 시간의 여하에 따라 상호이익이 달라질 때 갈등발생의 가능성은 더욱 커지게 된다.

그리고 의사소통에는 필연적으로 왜곡이 따를 수밖에 없다. 때에 따라서는 의사소통이 처음 시작된 곳부터 마지막 다다를 때까지 80%의 정보가 왜곡 또는 손실되어 버린다는 연구결과가 있다. 특히나 오늘날 웹상에서의 언어상의 왜곡은 심각할 정도의 수준에 와있다. 때문에 의사소통에 따른 관리는 더욱 중요한 문제로 부각될 수밖에 없다.

또한 종교나 가치관의 차이에서도 이러한 갈등은 첨예하게 대립하게 되는데 대표적인 것이 기독교와 비기독교인들의 시각 차이이다. 세계적인 이슈가 되었던 '다빈치코드'[3]도 이러한 시각을 반영한 것이라 볼 수 있다. '다빈치코드'가 개봉될 당시 개신교계에서는 영화에 대한 관람거부 성명서와 '신성모독'이라는 이유로 가처분 신청서를 내고 소송하겠다고 밝힌 바 있다. 하지만 예술과 표현의 자유를 침해할 수도 있는 행위로 판단하여 가처분은 기각되고, '다빈치코드'는 더 많은 관심을 받게 되었다. 가톨릭에서는 영화의 내용을 반박하는 서적을 출간하고, 건전한 방법을 통해 영화의 내용을 비판하는 방식을 택했다. 세계적인 학자인 움베르토 에코는 『다빈치코드』의 저자인 댄 브라운을 『푸코의 진자』[4]에 나오는 얼간이라고 규정하기도 했다. 동물행동학 박사인 제인 구달(J. Goodall)은 그녀의 저서 '*Reason for Hope*'에서 이렇게 밝히고 있다. "나는 그리스도교인으로서 하느님이라 불리는 영적 존재의 힘을 믿었다. 그러다가 점점 나이가 들고 다른 신앙들에 대해서도 알게 됨에 따라 결국은 단지 하나의 신이 상이한 이름들로 존재한다는 것을 믿게 되었다. 알라, 도, 조물주 등의 이름이 그것이다. 나에게 하느님은 '우리가 그 안에서 살고, 그 안에서 움직이고, 그 안에서 존재하는' 위대한 성령이었다."

---

3) 레오나르도 다빈치의 작품 속에 교묘하게 숨겨진 암호들이 있다고 주장하고, 암호해독관인 주인공이 다빈치가 그림에 숨겨놓은 암호를 풀어나가는 이야기이다. 그 과정에서 기독교의 어두운 역사가 드러난다. 이 소설은 풍부한 인문학적, 과학적 사실을 상상력으로 짜 맞춘 음모론적 구조를 갖는다.

4) 『장미의 이름』이라는 책으로 유명해진 세계적인 기호학자, 역사학자, 철학자, 미학자인 움베르토 에코의 두 번째 소설로 작가의 해박한 지식과 서양의 각종 비교(秘敎)집단의 생생한 묘사가 돋보이는 소설이다. 이 소설은 출간되자마자 독자들의 뜨거운 찬사와, 신성모독이며 냉소적이라는 교황청의 비난을 한몸에 받았다. 이 작품에 등장하는 진자란 19세기 과학자 장 베르나르 레옹 푸코가 지구의 자전을 증명하기 위해 고안해낸 장치로, 현재 파리의 한 과학박물관에 소장되어 있다.

보보의 뼈다귀

○ 세상을 지각하는 서로 다른 눈

서양인들은 과거를 기억할 때 자신을 주인공으로 하여 회상하지만 동양인에게는 그런 경향이 약하게 발견된다.

발달심리학자인 제시카 한(Jessica Han), 미셸 라이히만(Michelle Leichtman)과 왕치(Qi Wang)는 4살과 6살의 아이들에게 하루 일과를 회상하게 했다. 그 결과 연구자들은 세 가지 흥미로운 차이점을 발견했다.

첫째, 중국과 미국의 어린이들은 다른 사람보다 자기자신에 관한 이야기를 많이 했지만, 그 정도에 있어서는 미국 아이들이 3배 정도 더 강한 경향을 보였다.

둘째, 중국 아이들은 그날 있었던 많은 사소한 사건들을 간단명료하게 기술했지만 미국 아이들은 자기에게 중요했던 소수의 일들만 아주 천천히 기술했다.

마지막으로 미국 아이들은 자신의 감정이나 생각을 자주 언급했지만 중국 아이들은 별로 그런 모습을 보이지 않았는데, 그 차이는 거의 2배에 달했다.

동양인들이 사건에 대해 보다 종합적인 관점을 가지고 있으며 다른 사람의 시각에서 바라보려고 한다는 것은 사회심리학자인 도브 코헨(Dov Cohen)과 알렉스 건즈(Alex Gunz)의 연구에서도 밝혀진 바 있다. 그들은 서양학생들과 동양학생들에게 자신이 남에게 주목을 끌었던 10가지 상황들을 기억하게 했다. 그 결과 서양학생들은 주로 자신의 관점, 즉 안에서 밖을 내다보는 관점에서 회상한 반면, 동양학생들은 제3자의 입장에서 기술하는 경향을 보였다.

자료 : 리처드 니스벳(R.E. Nisbett)의 '*The Geography of Thought*' 중에서

보보의 한 말씀

일을 잘하는 것이 목적이 아니라 감정적으로 죽기 살기로 싸우는 사람들이 있다. 이런 사람들은 조직을 망친다. 반대로 항상 갈등을 피하는 사람들도 있다. 이런 사람들 역시 조직을 망친다.

– 김종명

3) 갈등의 감응단계

인간이 갈등의 원인을 지각해도 그것이 내부화되지 않는다면 갈등은 표면 위로 드러나지 않는다. 갈등은 부족한 희소자원에 대한 이익을 쟁취하기 위해서 나타나기도 하는데, 당사자들이 자신의 할당량을 조금이라도 많이 갖기 위해서 집착하게 된

다면 그들 내부에 내재된 자아를 갖게 되고, 이는 곧 불화로 이어진다. 불화는 집단의 목표와 가치를 통해서 확인된다.

예를 들어, 보보 교수는 학생들과의 원활한 의사소통을 위해 사이버강의실을 개설하여 운영하고 있다. 사이버강의실을 통해서 학생들의 소리에 귀도 기울이고, 그들 간의 의사소통의 장도 마련해주며, 학생들에게 다양한 학습정보를 전달하기도 한다. 반면 신세대 학생들에게는 자신을 드러내는 공개적인 무대가 되기도 한다. 그러던 어느 날 보보강의실을 난장판으로 만들어버린 리플 사건이 발생했다.

인간은 누구나 자신에게 긍정적인 이미지와 정보를 주는 사람에게 호감을 느끼고, 그 반대의 상황은 비호감으로 이어지게 마련이다. 학습에 관련된 정보를 주고받던 두 학생 '불꽃'과 '애플시드'는 리플에 리플을 거듭하며 악플로 치닫다가 종국에는 가상세계를 빠져나와 현실에서 만나기로 한다. 서부 시대의 결투신청이라고나 할까. 이미 사이버강의실은 쑥대밭이 되고 만 이후였다. 무엇이 옳고 무엇이 그른지는 이미 중요한 의미를 지니지 못하는 상황이 되었고, 악플에 대한 인신공격만이 난무하던 상황이었다. 보보 교수는 수업시간에 들어가서 불꽃과 애플시드를 화해시키려는 노력을 시도했으며, 앞으로 이런 일이 다시 재발할 시에는 사이버강의실을 폐쇄하겠다는 엄포를 놓아 일단 사건은 마무리되었다.

보보의 책 갈등은 상생의 조건?

사회적 갈등의 기능에 관한 초기의 연구는 게오르크 짐멜에 의해 이루어졌다. 이 연구는 최근 코저에 의해 확장되었다.

코저는 갈등이 느슨하게 구조화된 집단을 단결하게 해줄 수 있다고 주장했다. 한 사회를 단결시켜주는 장본인으로서 갈등을 부각시키는 것은 선동가들의 오래된 습성이다. 선동가들은 존재하지도 않는 적을 만들어내거나 활동력이 없는 적을 향해 적대감을 부추기게 한다. 한 사회 내에서 갈등은 대체로 고립되어 있는 몇몇 개인들이 활동적인 역할을 할 수 있게 해준다. 베트남전쟁에 대한 항변은 많은 젊은이들이 처음으로 미국의 정치생활에서 활발한 역할을 할 수 있게 자극을 주었다.

갈등은 의사소통기능에 도움이 된다. 갈등이 발생하기 전에는 집단은 상대편집단의 입장을 알 수 없다. 그러나 갈등의 결과로 집단 간의 입장과 경계가 종종 명료해진다. 갈등은 또한 상대방의 힘을 더 잘 알게 해주므로 친선회복이나 평화적 화해의 가능성을 높여줄 수도 있다.

– 앤서니 기든스의 『현대사회학』 중에서

4) 갈등의 표명단계

표명단계에 이르면 갈등이 발현된다. 표명단계에서는 직접적으로 관련이 없는 제3자도 인식할 수 있을 정도로 공개적인 언행이 나타나게 되는데, 이러한 과정에서 실제 의도했던 것보다 더 과도한 언행으로 인해 갈등의 양상이 심각해지기도 한다.

당사자들의 무관심, 종업원들의 태업, 목적을 잃은 집착, 규정완화 등 여러 가지 형태로 표출될 수 있으며, 어찌 되었든 모두 조직성과를 감소시키는 결과로 이어지

보보의 베껴다기

○ 브레인스토밍(brain storming)

미국의 유명한 광고회사 BBDO의 창립자인 오스본(A.F. Osborn)이 개발한 창조성개발기법으로 일명 '오스본법'이라고도 한다. 1939년 GE사의 창조성훈련과정을 진행하는 도중에 기술자들의 행동을 관찰한 오스본 박사가 그 일부를 광고계에 도입한 것이 시초이다. 광고회사에서 창조적인 사고를 촉진하기 위한 방법으로 개발되었다.

스토밍(storming)은 회오리바람을 일으킨다는 의미로 브레인스토밍은 리더, 기록자 외에 10명 이내의 참가자(stormer)들이 기존의 관념에 사로잡히지 않고 자유로운 발상으로 아이디어나 의견을 내는 것이다.

6~12명 정도의 사람들이 모여 20분~1시간가량 문제에 관한 리더의 설명을 듣고, 가능한 많은 대체안을 제시하면 이들은 비판받지 않고 기록된다. 그 후 토의와 분석이 이루어진다.

브레인스토밍의 목적은 보다 자유롭고 융통성 있는 사고를 증진하고 구성원들의 창조성을 촉진시키는 것이다. 브레인스토밍에서는 어떠한 내용의 발언이라도 그에 대한 비판을 해서는 안 되며, 오히려 자유분방하고 엉뚱하기까지 한 의견을 출발점으로 해서 아이디어를 전개시켜 나가도록 하고 있다. 이를테면 일종의 자유연상법이라고도 할 수 있다.

(규칙)

- 어떤 아이디어도 평가받거나 비난받지 않는다.
- 목적은 아이디어평가가 아니라 생성이다.
- 어떤 아이디어도 용납된다(우습거나 독단적인 것도).
- 질보다 양을 추구하여 다수의 아이디어를 낸다.
- 타인의 아이디어에 의견을 결합하여 새로운 아이디어와 의견을 발상한다.
- 각 아이디어는 개인이 아니라 집단에 속한다.

기 때문에 바람직하지 못하다.

예를 들어, 동료인 보보와 모모는 이번 분기에 이루어진 브레인스토밍에서 각자 좋은 안건을 내놓았다. 브레인스토밍의 고유한 특성상 아이디어에 대한 직접적인 비판이 이루어져서는 안 되지만 서로가 각자의 아이디어에 대해 더 우수하다고 생각하고 그 아이디어를 중심으로 마케팅전략을 실행해야 한다고 주장하고 있다. 잠재적 단계에서는 서로에 대한 불만과 불신이 겉으로 드러나지 않았지만 안건처리과정에서 그들의 갈등은 드러나고 말았다. 그들은 자신의 아이디어에 대한 맹목적 집착이 너무 강하고 상대방의 아이디어에 대한 폭넓은 수용이 부족하여 서로 등을 돌리게 되고 말았다. 작은 갈등으로 어제까지 좋은 동료였던 그들은 적이 되고 말았다.

5) 갈등의 후유증

갈등은 앞서 기술한 것처럼 순기능적인 면과 역기능적인 면을 모두 가지고 있다. 단지 그것을 어떻게 관리하고 해소하느냐에 따라서 갈등의 양상이 크게 달라지게 된다.

보보와 모모의 사례에서 보듯이 양자 간의 갈등이 만족스러운 결과를 낳는다면 오히려 새옹지마(塞翁之馬)[5]라는 말처럼 더욱 튼튼한 조직관계의 기초가 될 수도 있고, 갈등이 해소되지 못하고 더욱 심각한 상황으로 악화되거나 억압된다면 종국에는 수면 위로 떠올라 폭발할 수도 있다. 따라서 갈등의 과정을 어떻게 통제하느냐에 따라 갈등은 증폭될 수도 있고, 조직발전의 에너지원으로 작용할 수도 있다.

표 7-4 갈등의 확대유형별 분류

확대재생산형(escalation)	나선형 증폭과정을 겪으며 악순환을 반복하는 경우
갈등의 비화형(spill-over)	한 곳의 갈등이 다른 곳으로 번지는 경우
갈등의 굴절형(deflection)	진원지가 아닌 제3의 곳으로 갈등이 분출되는 경우

5) 인생의 길흉화복은 변화가 많아 예측하기 어렵다는 뜻을 의미한다. 『회남자(淮南子)』의 '인간훈(人間訓)'에 나오는 이야기에서 유래되었다. 옛날에 중국 북쪽 변방에 사는 노인이 기르던 말이 오랑캐 땅으로 달아나 낙심하였는데, 얼마 뒤에 그 말이 다른 말 한 필을 데리고 와서 노인은 몹시 좋아했다. 이후 그 노인의 아들은 그 말을 타다가 말에서 떨어져 절름발이가 되어 다시 낙담했다. 하지만 그로 인해 아들은 전쟁터에 나가지 않을 수 있게 되어 목숨을 부지할 수 있었고 노인은 다시 기뻐하였다.

보보의 배려다리

쓸쓸하고 찬란하신(神) 도깨비

드라마 '쓸쓸하고 찬란하신(神) 도깨비'에는 다양한 유형의 갈등이 나타나 있다.

이 드라마는 도깨비, 윤회, 저주, 망각, 상실, 저승사자 등의 소재로 구성된다. 이 드라마를 통해 소개되는 '김신'이라는 도깨비는 전래동화에 나오는 뿔이 달리고 방망이를 가지고 다니는 익살스러운 존재가 아니다. 그는 때로 행운과 재물을 가져다주는 반신적인 존재이다. 김신은 비록 적들이기는 하지만 수천 명의 생명을 앗아간 대가로 영원히 죽지 않는 존재로 살아간다. 그건 신이 그에게 내린 형벌이었다. 그는 다른 사람들을 보살피고 도와주는 수호신 역할을 하면서 900년을 살아왔다. 그 긴 시간 동안, 계속해서 주어지는 삶 속에서 사랑하는 사람들을 모두 떠나보냈다. 그의 영원한 삶은 형벌로서 오직 도깨비 신부만이 그를 무(無)로 돌려보낼 수 있다. 그는 자신의 저주를 풀어줄 도깨비 신부를 애타게 기다렸지만 모순되게도 그녀와 진정한 사랑에 빠지게 되고, 그 사랑은 그를 계속 살고 싶게 만든다. 그는 처음에는 불멸의 삶을 끝내고자 했으나, 나중에는 사랑하는 여인을 살리기 위해 그녀의 두 손을 붙잡고 스스로 검을 뽑아 무로 돌아가려 한다. 그러나 첫눈으로 오겠다는 그녀와의 약속을 지키기 위해 황량한 이승과 저승 사이의 경계에서 기약 없이 스스로를 가둔다. 그건 어리석지만 진실한 사랑의 실천이었다.

도깨비는 드라마에서 수시로 신경정신과약을 복용한다. 이러한 구도는 시청자들에게 위험할 수도 있는 약물 오남용의 문제와 부작용을 불편하지 않은 방식으로 알려주고 있다. 약물 때문에 도깨비는 때때로 자신이 한 일을 기억하지 못하기도 한다. 김은숙 작가만이 할 수 있는 불편한 진실을 알리는 방법이다.

여주인공이 도깨비를 소환하는 방식은 바람을 불어 촛불을 끄는 것이다. 촛불은 빛, 몸과 마음의 상징이고 어두움, 밤과 대비되기도 한다. 촛불을 끄는 것은 밤과 소멸을 상징하기도 한다.

또 다른 등장인물인 저승사자 또한 벌을 받은 죄인이다. 그는 스스로 삶을 버렸다. 자기자신을 죽였다. 오늘날 한국사회의 가장 큰 문제점인 자살이 얼마나 큰 죄인지 드라마는 색다른 방법을 통해 알려주고 있다. 저승사자는 이승과 저승의 경계에서, 마지막에 죽음을 통보하는 존재로서 인간처럼 느끼고, 배고프고, 경제적 필요성을 절실하게 느끼며 살아간다. 이는 신이 내린 벌이자 배려였다.

'쓸쓸하고 찬란하신 도깨비'는 아름답고, 몽환적이고, 때로는 슬픔과 기쁨을 모두 선사하는 드라마였지만 삶에 대한 철학과 의미를 그 기저에 깔고 있고, 그 깊이를 사랑과 유머로 표현함으로써 가벼우면서도 깊게 가슴을 울린다.

7 갈등의 유형

1) 개인적 갈등

(1) 좌절에 의한 갈등

매슬로우나 알더퍼 등이 주장했던 것처럼 인간에게는 무엇인가를 채우고자 하는 욕구가 존재한다. 그리고 이러한 욕구를 채우기 위해서 일정한 방향으로 행동을 하게 되는데 이때 움직이는 에너지원이 되는 것이 동인이다.

인간은 목표를 달성하게 되면 계속적으로 더 높은 목표를 향해 움직이게 된다. 그러나 중도에 목표달성과정이 차단되면 개인차는 있지만 좌절을 경험하게 된다.

좌절을 경험할 때 사람들은 여러 가지 반응을 보여준다. 이를 방어기제(defence mechanism)라 한다. 때로는 공격(aggression)적이 되기도 하고, 때로는 집착(fixation)을 보이기도 하고, 때로는 용기를 잃고 포기하기 위하여 자신을 합리화하여 철회(withdrawal)하기도 하며, 때로는 타협(compromise)하기도 한다.

프로이트(Freud)는 원초아나 초자아가 위험한 갈등요소를 유발했을 때나 외부로부터 심리적 위협을 받았을 때 자아가 자신을 보호하고자 무의식적으로 방어하는 것을 방어기제라 설명했다.

개인에 따라 다양한 방어기제를 활용할 수 있지만 어떤 방향으로 사용하느냐에 따라 더 나은 바람직한 결과를 가져다주기도 하고, 악영향을 미치기도 한다. 따라서 갈등 그 자체보다는 갈등상황을 어떻게 활용하여 바람직한 계기로 이용할 것인지의 문제가 더욱 중요하다.

예를 들어, 보보는 지금 '익스트림 다이어트' 중이다. 물론 보보는 아름답다. 존재의 아름다움을 정신적인 면과 신체적인 면의 조합이라고 보았을 때 보보는 지금도 충분히 아름답다. 그렇지만 시대가 요구하는 것은 얼짱이기에 눈물 나도록 힘겨운 다이어트를 해가고 있다. 그러나 매슬로우가 주장했던 것처럼 인간의 제일 원초적인 욕구는 생리적 욕구이다. 굶주림이 해결되지 않고서는 다른 욕구를 논할 수 없다. 밤새 굶주림에 시달리던 보보는 급기야 냉장고로 달려간다. 보보는 이러한 상황을 미리 예견하고 냉장고에 자물쇠를 채워두었다. 물론 열쇠는 어디론가 던져버렸다. 화가 난 보보는 냉장고문에다 화풀이를 해댄다. 요즘 냉장고는 단단하게 잘 만들어졌기 때문에 애꿎은 보보의 발만 아팠다. 이것이 바로 '공격'의 형태로 나타나는 방어기제이다. 만약 냉장고문을 억지로 열려고 계속 시도한다면 이는 '집착'으로 나타나는 방어기제이다. 냉장고에 대한 미련을 버리고 포기한다면 '철회'로 볼 수 있으며, 정수기로 가서 맹물만 벌컥벌컥 들이킨다면 '타협'의 방어기제로 볼 수 있다. 어쨌든 보보는 그날 밤 맹물로 허기진 배를 채웠다.

그림 7-6 ▌좌절과 방어기제

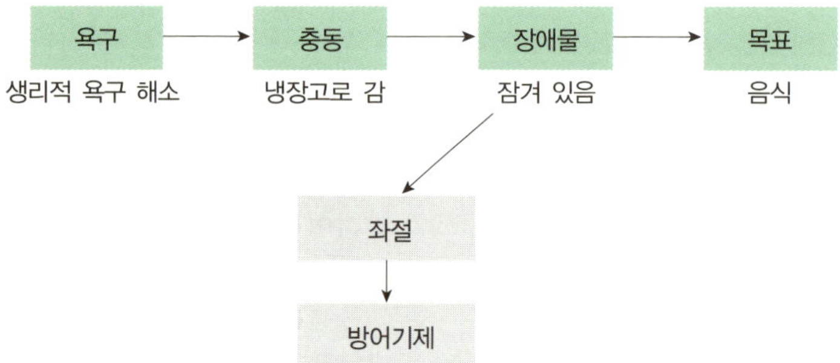

(2) 목표갈등

① 접근-접근갈등(approach-approach conflict)

접근-접근갈등은 둘 이상의 목표가 있고 개인에게 긍정적인 결과를 가져다주기는 하지만 상호배타적일 때 발생하는 갈등이다.

예를 들어, 보보는 지금 배가 몹시 고프다. 짜장면과 짬뽕 중 하나를 먹을 수 있다. 문제는 둘 다 먹고 싶고, 어느 것을 먹어야 할지 잘 모르겠다는 것이다. 물론 지금 보보에게는 한 그릇을 사먹을 돈밖에 없다. 짜장면을 먹을까? 짬뽕을 먹을까? 보보의 갈등은 커지게 된다. 짜장면과 짬뽕 중 어느 하나의 우열이 확실하게 드러난다면 별 문제가 없겠는데 엇비슷해서 어느 것을 결정할지 확신하지 못할 때 갈등은 증폭된다. 그러나 이러한 유형의 갈등은 일시적인 불안감을 갖게 할 뿐 일단 해결되고 나면 금방 해소되는 유형의 갈등이다.

② 접근-회피갈등(approach-avoidance conflict)

개인이 가지고 있는 목표가 긍정적인 속성과 부정적인 속성을 동시에 가지고 있을 때 발생하는 갈등의 종류이다. 개인은 결과에 끌리기도 하지만, 동시에 결과를 회피하고 싶을 때도 발생한다. 이는 긍정적인 결과와 부정적인 결과를 동시에 가져다줄 수 있다.

예를 들어, 보보는 평생 문학을 꿈꾸어왔다. 그러나 동서고금을 막론하고 예술가의 삶은 험난하다. 오죽하면 『예술가는 왜 가난해야만 하는가』라는 책이 나왔겠는가. 마땅히 되어야 할 나 자신을 찾기 위해서는 문학을 전공해야 하지만 너무도 길고 험난한 여정이 될 것이 자명했다. 그래서 많은 사람들과 사회가 선호하는 경영학을 선택했다. 끓어오르는 애정 없이 좋은 결과를 보기는 어려운 법이다. 때문에 보보는 한동안 심한 스트레스를 받았다.

이런 종류의 갈등이 심해지면 자율신경조절기능이 파괴되어 호르몬의 균형을 잃을 수 있다. 때로는 심장병, 고혈압, 천식, 위궤양 등을 앓게 되기도 하여 개인건강을 해치게 된다.

③ 회피-회피갈등(avoidance-avoidance conflict)

회피-회피갈등은 둘 이상의 목표가 부정적 결과를 가져다주지만 상호배타적일 때 발생하는 종류의 갈등이다. 이는 접근-회피갈등처럼 개인에게 심각한 스트레스를 가져다주지는 않는다. 왜냐하면 두 가지 결과가 모두 부정적이기 때문에 너무 힘들면 모두 포기해버리면 되기 때문이다.

예를 들어, 보보는 현직장이 마음에 들지 않는다. 특히 직속상사와는 계속 불협화음이 있었다. 그러나 경제상황이 여의치 않아 일자리는 모자라고 이직할만한 마땅한 직장을 찾지 못하고 있는 상황이다. 보보는 그 직장을 떠나 실업자가 되든지 아니면 경제적인 상황을 고려해 눈 딱 감고 그 상사 밑에서 일하든지 둘 중 하나를 선택해야만 한다. 이는 보통 이러지도 저러지도 못하게 하는 갈등이다.

(3) 역할갈등

인간은 태어나서 성장하면서 여러 가지 역할을 맡게 된다. 어렸을 때는 자식으로서, 친구로서, 나이가 들어가면서 부모로서, 배우자로서, 사회인으로서 여러 가지 역할을 담당하게 된다. 때로는 동시에 몇 가지 역할을 다 해야 하는 상황에 처하기도 한다. 그러나 인간의 능력은 한계가 있기 때문에 이 모든 역할을 다 훌륭히 수행해 내는 것은 거의 불가능하기까지 하다. 이런 상황에서 갈등이 표면화된다.

이때 중요한 것은 역할갈등 그 자체보다는 갈등을 어떻게 해소하느냐의 문제이다.

필리와 하우스(A.C. Filley & R.J. House)는 역할갈등에 대한 조사결과, 역할갈등이 조직에 바람직하지 못한 결과를 가져다주기는 하지만 갈등의 해결만이 좋은 해법은 아니라고 했다. 역할 간 갈등이 발생했을 때 여러 가지 역할 중 하나를 선택하는 것이 가장 손쉬운 방법이지만 이는 일시적인 해결이고 근본적인 해결은 되지 못하기 때문에 후에 더 큰 문제를 발생시킬 수 있다.

보보의 배려다리

○ 접시를 통한 문제협상

보보네 가족은 집안일을 두고 열띤 논쟁을 하곤 한다. 예를 들어, 설거지 같은 일로 말이다. 너무나 평범한 이런 일을 두고도 한참을 싸우는 일이 생기기도 한다.

논쟁은 잔뜩 쌓인 더러운 접시라는 아주 분명하고 현실적인 문제다. 그러나 이를 두고 발산된 에너지를 보면 더 깊은 뭔가가 있음을 알 수 있다. 사실 이 논쟁의 핵심은 단순히 누가 설거지를 할 것인가가 아니다.

보보네 가족은 가족관계의 성격, 서로에 대한 기대, 가족으로서의 정체성, 개인으로서의 정체성에 대한 해석, 자신의 가치에 대한 인식, 다른 사람에 대한 배려, 가족관계 속에서의 힘과 의사결정의 성격 등의 문제를 두고 협상을 하고 있는 것이다.

이 모든 것이 쌓여 있는 더러운 접시 안에 들어 있다.

자료 : 존 폴 레더락의 '*The Little Book of Conflict Transformation*' 중에서 재구성

2) 집단갈등의 역기능적 결과

개인들이 갈등을 빚어내는 것처럼 집단에서도 갈등이 생겨날 수 있다. 부서단위의 집단 간에서 갈등이 야기되기도 하며, 상호관련을 맺는 다른 집단 사이에서도 갈등은 발생할 수 있다.

조직은 다양한 요소로 구성되어 있기 때문에 이들은 각기 상이한 이해관계를 가지게 된다. 개인적 갈등에서처럼 자원은 한계가 있고 이러한 희소성 때문에 갈등이 발생할 수 있다. 또한 인식의 차이도 갈등의 원인이 되는데, 같은 상황이라도 받아들이는 입장에 따라 목표의 차이, 시간의 차이, 지위의 차이, 지각의 차이 등이 갈등을 발생시킨다.

서로 상생하여 승승(win-win)상황을 만들어내는 것이 모두에게 바람직하다.

(1) 집단 내에서의 변화

① 응집력의 증가

외부로부터 위협이 발생하면 집단에 대한 공동위협으로 간주되기 때문에 조직구성원들의 결속력은 더욱 강화되게 되며, 충성심도 높아진다.

이슬람 극단주의자들에 의한 테러는 각국의 이해관계로 인해 첨예한 갈등으로 대립하던 미국과 유럽연합을 하나로 결집시키고 있다. 또한 이윤추구를 최고의 목적으로 하는 영리적인 기업들도 필터링을 통해 테러와 관련된 광고들이 노출되지 못하도록 최대한의 노력을 다하고 있다.

② 과업지향성

과업지향성의 문제는 개인적 관심사보다는 집단적인 문제가 더욱 중심이 된다. 외부로부터 밀려들어오는 다른 집단의 압박을 이겨내기 위해서는 조직이 결속하여 과업에 집중할 수밖에 없으며 상대적으로 인간적인 면은 감소한다.

이는 IMF 구제금융, 21세기 전후의 경제위기를 겪어내면서 많은 샐러리맨들이 공통으로 경험했던 일들이다. 오하이오주립대학의 연구에서는 구조주도(과업)와 배려(인간), 양쪽 모두에 적절한 관심을 기울이는 것이 조직성과를 위해 바람직하다는 결과를 얻었지만 특별한 위기상황을 헤쳐나가기 위해서는 전적으로 극단적인 과업지향성에 매달리지 않을 수 없다. 갈등의 요소가 약화되면 다시 원위치로 돌아가게 된다.

③ 전제적 리더십

조직을 둘러싼 환경이 급박하게 변화하게 되면 조직 내부에서는 구심점을 찾게 되고 이러한 상황은 강력한 권력을 지닌 한 사람의 지도자를 요구하게 된다. 카리스마적 리더십은 전제적이라고는 볼 수 없으나 이 또한 위기상황에 출현하여 조직을 회생시킨다는 수많은 사례가 존재한다. 위기상황은 리더의 전제적 성향을 강화시킨다.

이는 제1차 세계대전 후 사회적, 경제적 상황이 좋지 않았던 게르만민족이 히틀러를 중심으로 결집하여 제2차 세계대전을 일으키고, 상대적으로 부유했던 유태인에 대한 대량학살로 이어진 아우슈비츠의 비극이 입증하고 있다.

④ 충성심과 협동심

외부로부터의 위협은 조직구성원의 단결로 이어진다. 위협적인 상황은 평범한 상황일 때보다 조직구성원들의 충성심을 높이고, 구성원들 간의 협동심도 높아진다. 이러한 상황에서 적대집단과의 교류는 곧 조직을 배신하는 행위로 간주되기도 한다.

2006년 월드컵 때는 덜했지만 2002년 월드컵 당시 대한민국의 차는 모두 오픈카였고, 붉은 옷을 입지 않으면 매국노로 치부 당했던 경험이 있다. 그러한 결속력은 한국의 고유문화가 된 성숙하고 활력 넘치는 거리응원으로 이어졌고, 월드컵 4강까지 가는 신화를 달성시켰다.

보보의 신문

페이스북, 유튜브, 트위터, MS "테러를 통해 단합하다"

다국적 IT기업들이 테러리스트에 대항하기 위한 새로운 파트너십을 구성했다. 유튜브, 트위터, 마이크로 소프트, 페이스북 등 4개사는 자사 블로그를 통해 '테러에 대처하기 위한 세계 인터넷 포럼(Global Internet Forum to Counter Terrorism)'의 공동설립을 발표했다.

4개사는 "테러와 폭력적인 극단주의의 확산은 전 세계적 문제"라면서 "EU(유럽연합) 인터넷포럼, 영국정부와 논의, G7(주요 7개국)회의 및 유럽이사회의 결론을 토대로 자사의 플랫폼에서 테러리스트의 콘텐츠에 강경한 입장을 취할 수 있는 정책들을 함께 만들었다"며 앞으로의 계획들을 나열했다.

4개사는 먼저 문제해결을 위한 기술적인 솔루션과 효과적인 콘텐츠 분류기술을 공유할 것이라고 밝혔다. 머신 러닝을 사용한 새로운 콘텐츠 탐지 및 분류기법을 개발하고 이를 구현하기 위한 모범사례를 공유하며, 테러리스트 콘텐츠 삭제기준도 투명하게 정의하기로 했다.

또 정부, 시민사회단체, 학계 등 반테러전문가들과 테러에 대한 대응, 학습을 함께한다고 발표했다. 대표적으로 유엔 대테러사무국(UN CTED)과 파트너십을 통해 테러정보를 공유하는 워크숍 계획을 밝혔다.

4개사는 중소기업과 협력방안도 내놓았다. 이들 기업은 중소기업들이 테러리스트 콘텐츠를 막을 수 있도록 지도하며 이에 필요한 기술개발을 지원할 것을 약속했다.

그동안 성공적으로 진행돼 온 유튜브의

'변화를 위한 크리에이터(Creators for Change)', 페이스북의 '온라인 시민의식 이니셔티브(OCCI)', 트위터의 '글로벌 NGO 교육 프로그램' 등 올바른 콘텐츠를 위한 기존의 교육들도 계속될 예정이다.

세계적 IT기업들의 협력은 지난 5월 G7 회의 이후 지속적으로 논의돼 온 결과로 보인다. 회의에서는 소셜 미디어를 다루는 기업들이 테러와 관련된 극단적인 콘텐츠를 유통하지 못하도록 규제하는 방안과 함께 자사의 플랫폼으로 유통되는 콘텐츠에 대한 책임감을 높여야 한다는 주장들이 오갔다.

이들 기업은 지난 3일 영국 런던 브리지 테러 이후 자사 플랫폼에서 테러에 '적대적 환경'을 만드는 데 노력하고 있다며 일제히 자성의 목소리를 내기도 했다.

자료 : 세계일보, 2016.6.27.

(2) 집단 간의 변화

① 고정관념과 적대감

갈등이 고조되면 다른 집단에 대한 부정적인 고정관념은 상대적으로 증가한다. 고정관념은 사람을 평가할 때 개인차를 무시하고 그가 속한 집단에 대한 지각을 바탕으로 평가하게 되는 것이다. 고정관념은 어떤 특정한 대상이나 집단에 대해 많은 사람들이 공통으로 가지는 비교적 고정된 견해와 사고를 의미한다. 즉, 지각과정을 단순화시켜 다른 사람을 유사성의 범주에 귀인시키는 경향을 말한다.

대개의 경우 뚜렷한 근거가 없고 감정적 판단에 근거하며, 한 개인의 개인차를 무시하고 그가 속한 집단의 평가에 근거하여 일반화하는 경향이 있다.

부정적인 고정관념은 객관적인 평가를 할 수 없게 만들며 상대방에 대한 한 가지 측면만을 놓고 집단 모두를 매도하게 하는 현상까지 일으킨다. 때문에 상대집단에 대한 융통성이 줄어든다.

경쟁조직은 적으로 간주되고 상대방의 약점을 찾아 공격할 구실만 찾게 된다.

보보의 배려다리

○ 파리대왕

'파리 대왕(Lord of the Flies, 1990)'은 1954년 윌리엄 골딩의 동명소설을 영화화한 것으로 시대가 바뀌거나 환경이 달라져도 쉽게 변화하지 않는 인간의 동물적 본성, 집단적 본성에 초점을 맞추고 있다. '파리대왕'은 성서에 등장하는 말로 악마를 뜻한다.

육군사관학교 소년생 25명을 태운 비행기가 바다에 추락한다. 비행기 사고로 남해의 외딴섬에 표류하게 된 몇 명의 소년들은 문명적인 규칙을 자신들에게 부과하여 공동체를 만들지만 결국 원시적인 야만상태로 퇴행해 간다.

랄프는 부상당한 조종사를 구하고, 잭은 구명보트를 챙겨 죽을 고비를 넘기게 된다. 무인도엔 갇힌 이들은 랄프와 피기의 지휘로 먹을 것과 지낼 곳을 마련하고, 조종사를 보살피고, 구조 신호불을 피우는 등 질서유지를 위해 규칙을 만들어 무인도에서 빠져나갈 가능성을 타진해 본다.

그러나 이해관계가 다른 잭과 로저가 따로 갱단을 만들어 일행으로부터 이탈하고 아이들 사이에 섬에 괴물이 있다는 소문이 퍼지면서 아이들은 안전을 위해 잭의 갱단에 하나, 둘씩 들어가게 되고, 마침내 랄프와 피기만 남게 된다. 광기에 찬 잭과 로저는 더욱 포악해지고 피기마저 죽음을 당하자 랄프는 생명의 위협을 느끼게 된다. 어느새 조용한 낙원은 생존을 위한 잔인한 투쟁의 섬으로 변해버렸다.

잭은 랄프를 물리치고 많은 아이들의 자발적인 복종을 유도했다. 그는 어떻게 자기 세력을 확장할 수 있었을까? 잭은 맨 먼저 먹을 것에 대한 문제를 멧돼지 사냥으로 해결하면서 많은 아이들을 사냥 패거리로 모이게 만들고, 얼굴을 피와 재로 장식하면서 수치심과 열등감으로부터 해방된다. 아이들에게 마스크는 일종의 정체성을 부여하는 역할을 한다. 또한 나와 타인 간의 구별을 통해 잭이 가지는 권력체계가 공식화된다.

윌리엄 골딩은 사회와 문명의 결합이 인간성의 파괴를 가져오는 것이 아니라 인간이 가진 원죄와도 같은 악한 성질 때문이라고 보았다. 그러나 악한 면을 보여주는 인간성은 인간이 보여줄 수 있는 여러 가지 측면 중의 하나라고 볼 수 있으며, 인간에게는 누구나 매슬로우가 주장하는 자기실현인이나 퀴블러로스가 주장했던 것처럼 용서와 치유로 실수투성이인 인간을 포용할 수 있는 잠재력이 존재한다고 믿는다.

이 작품으로 골딩은 1983년 노벨문학상을 받았다.

보보의 한 말씀

세상에서 처음으로 신을 만든 것은 두려움이었다. – 라틴 속담

② 의사소통의 감소

갈등이 증폭될수록 집단 간 커뮤니케이션은 점점 줄어들게 된다. 정상적인 상황에서조차 의사소통의 과정에서 정보는 왜곡되거나 손실될 수밖에 없다. 그러니 그 기회조차 줄어든 상황에서 발생하는 오해는 심각한 수준에 이를 수밖에 없다. 때문에 상호 간의 오해나 문제점들은 더욱 늘어나게 된다.

다른 조직구성원과 의사소통을 하게 되는 구성원은 집단의 적으로 간주되어 따돌림을 당할 수도 있다.

③ 집단의식

부정되고 왜곡된 지나친 집단의식은 그릇된 우월의식을 형성하게 된다. 다른 집단에 비해 객관적이지 못한 우월의식을 갖게 되면 구성원들의 응집력은 과도하게 강해지고 이는 또 다른 갈등으로 이어지게 된다.

이는 나치의 유대인 학살의 예에서도 충분히 드러났다. 유대인 대학살은 제2차 세계대전 동안 나치 독일이 유대인들을 전멸시키려는 목적으로 자행하였다. 영어로는 보통 홀로코스트(Holocaust), 히브리어로는 쇼아(Shoa, השואה)라고 한다. 나치는 유대인뿐만 아니라 공산주의자들, 동성연애자들, 로마인들(집시), 불구자들, 정신박약

자들, 소련의 전쟁포로들 등 여러 '원치 않는 부류'들을 유대인들과 함께 죽였다. 이들은 대부분 집단수용소에 옮겨져 조직적으로 학살되었다.

보보의 책 그림자는 어떻게 만들어지는가?

우리는 모두 온전하게 태어나며, 대부분 온전하게 죽기를 바란다. 그러나 인간은 성장과정 초기에 선악과나무에 달려있는 신비로운 과일 하나를 따먹는 순간부터 그림자가 만들어진다. 이때부터 삶에서 분리가 일어나는 것이다. 즉, 문명화과정을 통해 신이 우리에게 부여한 온전한 특질 중에서 사회가 수용할 수 있는 것과 수용할 수 없는 것을 구분하는 작업이 일어난다.

선악을 구분하는 절차 없이 문명화가 이루어진 경우는 없을 것이다. 그렇지만 이 과정에서 사회가 거부하고 받아들일 수 없는 특질이 사라지는 것은 아니다. 그것은 인간 내면의 어두운 구석에 차곡차곡 쌓여간다. 이런 특질을 오래 숨겨놓으면 이 어두운 특질이 자체의 생명력을 갖게 된다. 이것이 바로 그림자의 삶이다.

그림자는 우리의 의식으로 적절하게 통합되지 않은 부분이며 우리가 멸시하는 부분이다. 때로는 그림자가 자아와 같은 정도로 엄청난 에너지를 지닐 수도 있다. 그림자가 자아보다 더 많은 에너지를 집적할 경우에는 통제할 수 없는 분노로 작열하거나, 한동안 우리를 헤매게 하거나, 무분별하게 만든다. 때로는 우울증에 빠지게도 만들고, 그렇지 않으면 어떤 이유가 숨어있을 듯한 사고로 연결되기도 한다. 자생력이 있는 그림자는 심리라는 집에서 무서운 괴물로 둔갑한다. 집단문화는 우리에게 어떤 특정한 양식에 따라 행동할 것을 요구하며, 이를 심리학적 용어로 설명하면 자기(self)에서 자아(ego)와 그림자(shadow)가 분리된다고 말한다.

– 로버트 존슨의 『당신의 그림자가 울고 있다』 중에서

3) 갈등해소방안

(1) 경쟁

경쟁(competing)은 '강압(forcing)' 또는 '지배(dominating)'라는 이름으로 거론되기도 한다.

경쟁은 각 집단의 목표달성이 매우 중요할 때 일어나게 된다. 목표는 하나밖에 없는데 모든 집단이 그 목표를 쟁취하려 할 때 극심한 경쟁을 하게 된다.

갈등상황에 놓인 집단들이 경쟁하는 이유는 상대방이 이기면 내가 지게 된다는 '패-승(lose-win)'의 관점으로 상황을 보기 때문이며, 매우 공격적인 행동으로 갈등

을 해소하려고 시도하게 된다.

예를 들어, 보보와 모모는 300점 한정 물품을 사러 아침 일찍 마트에 갔다. 서둘러 나갔지만 줄은 길게 늘어서 있고 한참을 기다려도 가망이 없어 보였다. 그런데 곤혹스럽게도 보보에게서 줄은 끊어졌다. 그래서 보보는 물품을 구입할 권리를 가지게 되었고 모모는 그럴 수 없었다. 이럴 때 서로가 양보하면 아무런 문제도 되지 않지만 모모가 함께 왔으니 나도 권리가 있다고 주장하게 되면 경쟁상태에 놓이게 된다.

(2) 회피

회피(avoidance)는 '철수(withdrawing)'라고도 한다.

회피는 어떤 집단의 목표가 상대적으로 중요하지 않고, 집단 간의 목표가 양립할 수 있을 때 일어나게 된다. 집단들이 양립할 수 있는 목표를 향해 노력하지 않고, 문제점도 중요하지 않기 때문에 협상을 피하려고 한다.

갈등의 문제점으로부터 물러나는 소극적인 방법이라고 할 수 있으며, 갈등해결에도 적극적으로 관여하지 않는다.

예를 들어, 보보와 모모는 길 하나를 사이에 두고 사료전문점을 오픈했다. 현대인의 고독과 외로움을 달래주기 위해 애견시장은 폭발적으로 성장하고 있기 때문에 사료전문점이 모여 있다는 것은 오히려 시너지효과를 내기까지 했다. 가만히 있어도 고객은 넘쳐났고 보보와 모모는 애써 힘들여 판촉활동이나 상호비방을 하지 않아도 충분한 수입을 거둬들일 수 있었다.

(3) 수용

수용(accommodating)은 '달램(appeasing)' 또는 '회유(smoothing)'라고도 한다.

수용은 목표가 양립할 수 있고, 상호작용이 전반적인 목표달성에 중요하지 않다고 생각될 때 일어나게 된다. 다른 사람이나 집단에게 자신의 것을 양보하고 상대방이 관심사를 충족하게 내버려두는 갈등해결방식이다.

다른 집단에 항복함으로써 소극적으로 갈등을 해소하려는 시도이며, 자신의 조직이 옳지 않음이 명확하게 드러나거나 상대집단과 좋은 관계를 도모하고 싶을 때 효과적이다. 자아상태의 개념으로는 양육적 어버이의 상태에 있다고 볼 수 있다.

예를 들어, 보보와 모모는 중간고사 준비를 열심히 하고 있다. 그런데 이번 시험에서 꼭 필요한 '애견과 과학적인 접근'이라는 책을 서점에서 구할 수도 없었고, 도서관에서도 계속 대여 중이기 때문에 접하기가 쉽지 않았다. 드디어 열람실에서 책을 손에 넣으려는 순간 보보와 모모는 동시에 책으로 손을 뻗었고, 서로의 눈을 잠시 동안 응시했다. 평상시 보보에게서 많은 도움을 받고 있던 모모는 책을 보보에게 양보했다.

(4) 타협

타협(compromising)은 '협상(bargaining)'이라고도 한다.

상호작용이 목표달성에 중간 정도로 중요하고, 목표가 완전히 양립가능하지도 불가능하지도 않을 때 일어나게 된다. 자신이나 조직의 관점만을 극대화하지 않고, 상대방의 관심사도 동시에 만족시키고자 하는 갈등해결방식이다. 즉, 상호교환과 희생을 통해 부분적 만족을 시도한다. 이 유형은 주고받으면서 갈등을 해소하려 한다.

보보와 모모에게 오늘은 너무나 심심한 날이다. 비는 주룩주룩 오고, 사랑하는 엄마는 아침부터 나가서 들어올 생각을 하지 않았다. 평상시에는 서로를 챙겨주고 아껴주는 사이였지만 신경이 날카로워져서 그날따라 다툼이 잦았다. 엄마가 그리워 서로 엄마의 침대를 독차지하려고 다툼을 했고, 결국에는 보보는 침대를, 모모는 베개를 가지는 것으로 서로 타협을 보았다.

(5) 제휴

제휴(collaborating)는 '직면(confrontation)' 또는 '문제해결(problem-solving)', '통합(integrating)'이라고도 한다.

상호작용이 집단의 목표달성에 매우 중요하고 집단들의 목표가 양립가능할 때 일어나는 갈등해소방안이다. 이는 갈등의 당사자인 두 집단의 관심사를 모두 만족시키려는 갈등해결방식이다. 양자 간의 입장 차이를 이해하려고 노력하며 당사자 모두가 만족할 수 있도록 최선의 해결방안을 제시함으로써 갈등을 해소하려 시도한다.

사료전문점 아이러브보보스를 운영하고 있는 보보와 모모의 입장은 사뭇 다르다. 보보는 어떻게든 아이러브보보스를 성장시켜서 전 세계 애견의 입맛을 충족시키는 것을 사회적 책임으로 믿고 열심히 일을 하는 반면, 모모는 단지 집에 있기가 심심해 소일거리가 필요할 뿐이다. 모모에게는 원대한 비전이나 이상 따위는 없었지만 소소하고 일정한 일거리가 필요했다. 일손이 부족하던 보보는 모모를 구슬려서 일하는 즐거움 속에서 견공들과 관계를 맺도록 도와주었고, 모모의 도움을 통해 보보는 한층 더 개선된 아이러브보보스를 운영할 수 있었다.

그림 7-7 | 갈등해결의 기본방식

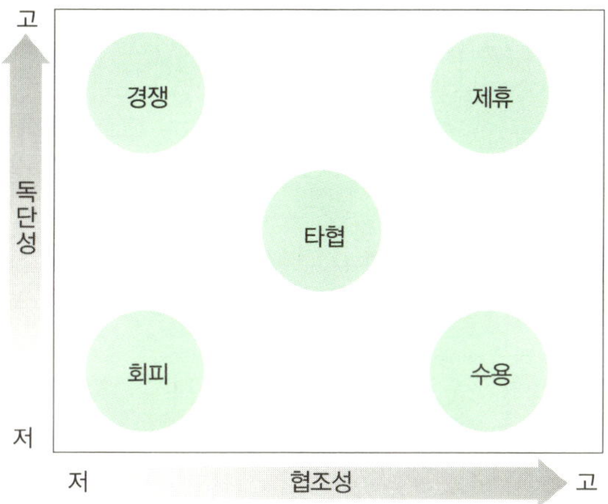

협상능력 갖춘 AI 나왔다

AI(인공지능)가 인간의 고유영역이라고 여겨졌던 설득력과 협상력 같은 고차원의 사회적 소통능력을 갖추기 시작했다. 지난해 바둑대결을 통해 AI의 존재감을 알리기 시작한 뒤 의료, 법률 등 다양한 분야로 활동영역을 넓혀가는 AI기술이 결국 인간의 고유영역이라고 여겨졌던 상대방의 마음읽기능력까지 갖추게 된 셈이다.

AI의 발전속도가 기하급수적으로 빨라지면서 사람의 다양한 분야로 파고들고 있는 가운데, AI개발윤리 등 사회적 합의점 마련이 더욱 시급한 과제로 부상하고 있다.

페이스북의 인공지능 연구팀(FAIR)은 교섭력을 갖춘 AI챗봇을 개발했다. AI의 지능이 높아지면서 실제 인간과 협상을 벌일 수 있을 정도로 진화한 것이다. 페이스북은 챗봇에게 인간들의 대화 내용을 보여주고 이를 모방하도록 하는 훈련을 반복했다. 페이스북은 “흥미롭게도 챗봇을 상대한 인간들은 상대가 기계라는 사실을 알아채지 못했다”며

"챗봇이 영어로 유창한 대화로 상대방을 설득할 수 있음을 보여준 셈"이라고 말했다. 특히 챗봇은 심지어 협상과정에서 허세를 부리는 법도 알고 있었다. 우위를 차지하기 위해 실제로 원치 않는 결과를 걱정하는 척했다는 것이다. 이에 따라 챗봇이 단순 비서업무는 물론 인간을 대신해 사업적 협상 같은 복잡한 업무도 처리할 수 있을 것으로 전망된다.

AI의 기술발전이 본격화되면서 세계의 전문가들은 미래에 인간들이 살아남을 수 있는 직무영역은 설득력, 협상력 같은 고차원의 사회소통능력이라고 진단했지만, 이미 AI기술이 전문가들의 진단을 뛰어넘은 것이다.

실제 한국직업능력개발원이 발표한 『지능정보기술 확산과 숙련수요의 변화』 보고서는 사람들이 머리를 맞대고 더 나은 아이디어를 찾는 '집단지성'이 AI가 대체하지 못할 인간 고유의 경쟁력이라고 예상했었다. 그러나 협상능력을 갖춘 챗봇 등장으로 협상에서도 사람이 AI보다 우위에 설 것이라는 확신을 갖기는 어렵게 됐다.

AI기술발전에 가속이 붙고 있는 가운데 AI개발윤리에 대한 사회적 논의가 더 이상 늦어져서는 안 된다는 전문가들의 지적이 확산되고 있다. AI기술발전을 지원하면서도 인간의 삶을 풍요롭게 하는 데 기술이 활용될 수 있도록 AI개발윤리에 대한 사회적 합의점을 찾기 위한 논의가 필요하다.

자료 : 파이낸셜뉴스, 2017.7.11.
그림자료 : 아시아경제

4) 개인 간 갈등관리의 유형

(1) 종합형

종합형(collaborating)은 자신과 타인의 관심사나 이해관계에 초점을 맞춘다. 수집된 정보를 통해 문제해결을 위한 통합적 대안을 제시한다. 양자가 모두 이득을 보게 되는 윈윈(win-win)에 해당되는 유형이다

이 방법은 문제의 취지가 불명확하거나 매우 복잡할 때 적합하다. 그러나 집단이나 개인이 상반된 가치관으로 인해 발생되는 갈등을 해결하기에는 무리가 따른다.

전체적인 문제들을 다루므로 장기적으로는 효력이 발생할 수 있지만 시간이 매우 오래 걸린다는 단점이 있다.

(2) 배려형

배려형(accommodating)은 말 그대로 타인을 배려하는 유형이다. 다른 사람의 이해나 이익을 위해 자신의 관심사를 양보하거나 포기하는 유형이다. 이 유형은 매우 바람직한 것처럼 보이지만 지나칠 경우에는 자신에게 커다란 스트레스요인으로 작용될 수 있기 때문에 적절한 사용이 권장된다.

배려 이후에 다른 방식으로 보답을 받을 수 있을 때 더 적합하며, 지나치게 복잡한 문제를 다루기에는 부적합하다.

상호협력을 증진시켜준다는 장점이 있지만, 중요한 사안을 지나치게 단순화할 수 있는 위험이 있기 때문에 일시적인 대안으로 사용하는 것이 적절하다.

(3) 지배형

지배형(forcing)은 자기자신의 이익에 대해서는 민감하지만 타인의 이익에 대해서는 매우 무관심한 유형이다. 지나치게 자기중심적이기 때문에 타인의 입장을 고려하지 않는다. 주로 공식적인 지위를 사용하여 상황을 유도하기 때문에 강압형이라고도 한다.

조직에서 쉽게 받아들여지기 어렵거나 싫은 문제를 해결할 때 주로 사용되는 방법이다. 그러나 수평적이고 참여적인 조직에서는 부적합한 방법이다.

신속하게 문제를 해결할 수 있지만 타인의 분노를 초래하게 되는 단점이 있다.

(4) 회피형

회피형(avoiding)은 직면한 문제들을 피하는 방법이다. 프로이트의 방어기제에 의하면 난관에 부딪쳤을 때 회피는 자연스러운 대응방식이다. 그러나 조직의 생존에 매우 중요한 사안에 대해서도 회피할 가능성도 있기 때문에 조심스러운 접근이 필요하다. 단 문제가 아주 사소하거나 피하고 보는 것이 더 유리할 경우에는 적합한 대안이 될 수도 있다.

(5) 타협형

타협형(compromising)은 양자 간의 공통된 관심사를 서로 이해하고 받아들일 수 있는 합리적인 대안이다. 서로에게 유리할 수 있는 입장을 한 발 양보하고 제3자의 개입을 통해서 협상하는 것과 같은 방법들을 동원한다.

타협형은 양자가 다른 목표를 가지고 있어서 입장의 양보가 가능하거나 서로 비슷한 권력을 보유하고 있을 때 가능한 대안이다. 매우 민주적으로 보이지만 창조적인 문제해결에는 오히려 방해가 되기도 한다.

그림 7-8 ▌갈등관리의 유형

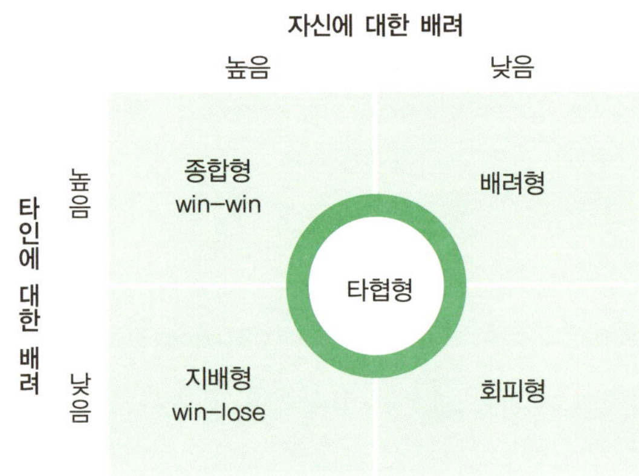

▌표 7-5 ▌갈등관리가 적합한 상황

유형	적합한 상황
지배형	• 단호한 행동이 필요한 경우 • 중요한 조치가 필요할 때 • 명확하게 옳은 조치가 필요할 때
종합형	• 타협할 수 없을 만큼 양자의 견해가 중요할 때 • 몰입이 필요할 정도로 중요한 사안일 때 • 감정이 개입되면 일을 그르치게 될 것 같을 때
타협형	• 승리에 대한 대가가 낮을 때 • 서로 융화할 수 없는 목표를 가지고 있을 때 • 일시적으로 복잡한 문제를 해결하고자 할 때 • 시간적 압박으로 해결이 바로 필요할 때
회피형	• 더 중요한 문제가 산적해 있을 때 • 사소한 문제일 때 • 시간이 필요할 때 • 결론을 내리기에 앞서 정보의 수집이 필요할 때

배려형	• 손실을 최소화하고 싶을 때 • 사안이 상대방에게 훨씬 더 중요할 때 • 승리보다 조화와 안정이 더 필요할 때 • 실패를 통해 배움의 기회가 필요할 때

보보의 책 표출의 오류

이 오류는 당신에게 상처를 주고 고통을 야기한 사람은 처벌받아야 한다는 믿음에 기초하고 있다. 당신이 좌절감을 느끼고 아플 때 분노를 표현하는 것은 때로 기분이 좋을 수 있다. 당신의 아픔을 해소하는 데 도움이 된다. 그리고 그것은 어떠한 의식된 불의에 대한 일종의 보복으로 기능한다.

근저에 깔려 있는 믿음은 당신이 당신의 고통에 대해 책임이 없다는 것이다. 저 사람이 무엇인가를 당신에게 했기 때문에 당신이 그렇게 나쁘게 되었다는 것이다. 그러므로 그는 분노의 희생양이 되어 마땅하다는 것이다. 아마도 당신은 이번 기회에 그가 교훈을 얻어 장래에 더 잘하는 법을 배우게 될 것이라는 기대를 할지도 모른다.

이와 같은 식의 사고에는 큰 문제점이 있는데, 당신이 당신의 고통에 대해 책임이 있다는 것을 직시하지 못하게 한다는 것이다. 그리고 사람이라면 누구든지 자기자신을 먼저 돌보는 것이 당연함을 재인식해야 하고, 그 돌봄의 책임을 마땅히 져야 한다. 사람에게 있어서 고통과 쾌락은 본질적으로 사적인 경험이다. 당신은 당신의 아픔을 진정으로 느끼는 유일한 사람이고, 당신의 기쁨을 경험하는 유일한 사람이다. 아무도 당신의 사적인 경험에 대해 책임을 지고 사죄할 수는 없다. 당신은 그것을 알고 있고 느끼고 있다. 그러므로 당신만이 그것에 대해 책임을 질 수 있는 유일한 사람이다. 만일 누군가가 당신에게 좌절과 아픔과 고통을 안겨준다면, 당신의 할 일은 당신의 필요를 위해 협상을 하든지, 관계를 청산하는 방법을 선택하는 것이다.

– 매튜 맥케이, 피터 로저스, 주디스 맥케이의 『분노의 기술』 중에서

보보의 책 협상에서의 문화 차이

프랑스사람들은 갈등을 좋아한다. 그들은 빈번히 다른 사람과 반대로 생각하고 행동함으로써 인정을 받고 명성을 쌓는다. 그 결과, 프랑스사람은 합의를 하기까지 오랜 시간이 걸리고, 협상상대자가 자신들을 좋아하거나 싫어하는 것에 대해 신경을 쓰지 않는다. 중국사람도 협상을 하는 데 오래 걸리지만, 그 이유는 프랑스와 다르다. 그들은 협상은 결코 끝이 없다고 믿는다. 당신이 중국경영자에게 상세한 내용들을 모두 분명히 밝히고 최종안에 도달했다고 생각할 때조차도 중국경영자들은 웃으면서 다시 협상을 시작한다. 일본사람처럼, 중국사람은 결말을 짓기 위해 협상하는 것보다는 관계를 형성하고 함께 일을 하기 위해 협상한다.

– 스테픈 로빈스의 『조직행동론』 중에서

보보의 한 말씀

네가 어떤 사람들에게 인정을 받고자 소망한다면 항상 그 사람들의 성격을 파악하라. 그리고 그들이 지침으로 삼고 있는 원칙의 본질을 파악하라. 그들의 견해와 동기의 원천을 들여다보라. 그러면 너는 그들의 무의식적인 공격에 대해 원망하지 않게 될 것이고 또한 그들의 인정을 받고 싶다는 생각을 갖지 않게 될 것이다. – 아우렐리우스

CHAPTER

08

문제해결

CHAPTER 08

문제해결

보보의 리더십 *Leadership of Bobos*

보보의 뼈다귀

○ 스핑크스의 문제

모로의 '스핑크스와 오이디푸스'

고대 이집트에서 스핑크스(Sphinx)는 모든 것이 시작되는 곳이라 여겨졌으며, 그리스어로 스핑크스는 괄약근(sphincter)에서 파생되었다. 스핑크스는 고대 설화에 나오는 상상의 창조물로 이집트와 그리스, 그리고 중동의 여러 나라에 전해 내려온다.

고대 그리스의 테베에 있는 높은 바위산에 스핑크스라는 괴물이 있었다. 스핑크스는 여자의 머리를 가졌고, 몸은 사자였으며, 새의 날개가 있고, 꼬리는 뱀의 형상을 하고 있었다. 스핑크스는 바위산을 지나가는 행인이 있으면 반드시 수수께끼를 냈고, 그 수수께끼를 풀지 못하면 잡아먹었다.

"목소리는 하나인데 네 다리가 되었다가, 두 다리가 되었다가, 세 다리로 되는 것은 무엇인가?"

스핑크스는 테베로 가는 오이디푸스에게 물었다. 오이디푸스는 "그것은 인간이다"라고 대답했고, 스핑크스는 분노하며 바위에 떨어져 죽었다.

스핑크스의 수수께끼는 어릴 때는 네 손발로 기고, 어른이 되면 두 발로 걷고, 늙으면 지팡이를 짚고 걷는다는 것을 비유한 것이다.

스핑크스는 그리스 신화 중 어둡고 슬픈 운명을 짊어진 오이디푸스의 이야기 중 하나이다.

스핑크스가 던진 수수께끼는 '마리아의 공리((Axiom der Maria)'라 부르는 비밀을 담고 있다. 마리아의 공리는 4+3+2+1=10이다. 즉, 마리아의 공리는 넷, 셋, 둘, 하나로 이어지는 우주의 비밀이다. 넷은 전체성을 상징하는 숫자다. 물·불·흙, 공기-감정, 직관·감각, 지성-동서남북 등이 '넷'의 공리다. '넷'은 또한 달의 네 가지 상태를 나타낸다. 달이 28일을 주기로 한 바퀴 돌아 제자리로 돌아오듯이 먼 여정을 거쳐 처음으로 되돌아오는 것은 한 주기의 완성, 전체성에 대한 자각을 상징하기도 한다. 탄생-성장-쇠퇴-죽음이라는 삶의 네 단계 속 진실을 이해하는 것, 자라나는 낮의 의식이 정오의 태양을 거쳐 저녁 해로 기울고 밤의 꿈과 잠을 거쳐 다시 새벽의 깨어남으로 순환하고 있다는 사실을 이해하는 것이 '넷'의 비밀이다. 그런데 넷으로 나뉜 그 모든 순환의 계기는 다시 아침-점심-저녁, 초승달-보름달-그믐달의 세 국면, 아버지-어머니-아이, 아이-어른-늙은이의 세 단계로도 나뉜다. 그리고 다시 이 세 단계는 두 가지 국면의 다른 모습이다. 이 세상은 남과 여, 밝음과 어둠, 삶과 죽음, 기쁨과 슬픔, 이쪽과 저쪽으로 나뉘어 있다. 그리고 결국에는 이 모든 것이 하나의 여러 모습, 한 존재의 우주적 얼굴이다. 넷과 셋과 둘은 모두 하나의 다른 모습이라는 것이 바로 스핑크스의 수수께끼, 마리아의 공리가 전해주는 비밀이다. 그리고 그 모든 것의 합이 또 다른 차원으로 가는 열쇠가 된다.

자료 : 김융희의 『삶의 길목에서 만난 신화』 (저자 재구성)

1 문제의 정의

문제의 사전적 의미는 "해답을 요구하는 물음, 해결하기 어렵거나 대응하기 곤란한 일, 논쟁·논의·연구 따위의 대상이 되는 것"이다. '문제(problem)'라는 단어의 어원은 'pro(앞으로)'와 'ballein(던지다)'으로서 '앞으로 던져진 것', 그러므로 '명확하지 않고', '잘 모르는', '해결하고 싶은' 등의 의미를 내포하고 있다.

일반적으로 문제란 바람직한 상태와 도달하려는 목표 사이의 괴리이며, 개인이나 집단이 그 개념적 의미와 과정, 해결방법을 잘 모르는 것으로서 해결해야 될 과제이지만 그것을 잘 모르거나 쉽게 해결할 수 없는 상황이라고 볼 수 있다.

다양한 학자의 정의를 보더라도 문제란 해결해야만 되는 과제라는 의미를 내포하고 있으므로 어떤 개인이나 조직이 문제를 가지고 있다는 것은 인식은 하고 있되 즉각적으로 달성할 수 없는 목표를 가지고 있고, 이를 달성하기 위해 적합한 과정이나 시스템을 탐구하는 것이라고 볼 수 있다. 그러므로 문제해결의 첫 번째 단추는 당사자가 '문제'를 '문제라고 인식하는 것'이라고 할 수 있다.

표 8-1 문제의 정의

Lester	처음에는 정확한 해답을 알지 못하지만 결과를 요구하는 개인이나 조직에 부과된 양적인 상황
Krulik & Rudnick	해답을 요구하는 상황이지만 해답에 이르는 길을 곧바로 찾아내지 못하고 새로운 방법을 통해 탐구하는 과정이 필요한 상황
Brownell	지각적이면서도 개념적이어야 하며 개인이나 조직이 이해할 수 있는 종류의 것
Newell & Simon	개인이나 집단이 무엇인가를 원하지만 그것을 해나가기 위해 필요한 과정이 무엇인지 즉각적으로 알지 못하는 상황

문제는 개인의 가치관, 사고의 틀, 지식수준, 경험, 능력의 숙달도, 상황에 따라 다르게 인식될 수 있으므로 개인이 지니고 있는 관념적 틀에 따라 문제해결의 수준도 달라질 수 있다.

2 문제해결의 본질

문제해결(problem solving)이란 개인이나 조직이 주어진 미지의 과제에 대해 스스로 문제를 인식하고, 해결방법을 수립하고, 계획을 실천하고, 결과에 대해 검증하는 일련의 과정적 의미이다. 그러므로 넓은 의미에서는 '작은 경영(small management)'이라 볼 수 있다.

문제해결의 능력을 향상시키기 위한 전제조건은 문제해결당사자의 탐구의지와 그것을 뒷받침해줄 수 있는 능력이다. 또한 이를 위해서는 주도적인 자기학습이 요구된다. 필요에 의해서 스스로 목표를 설정하고, 계획을 수립하고, 계획을 실행하고, 스스로의 평가에 의해 결과가 다시 목표설정에 반영되는 자기주도적 해결시스템을 개발해야 한다.

이러한 문제해결능력은 자연적으로 습득되는 것이 아니라 노력에 의해 얼마든지 후천적으로 습득될 수 있는 종류의 것이다. 창조적으로 문제를 탐색하는 자세, 문제를 문제로 인식하는 능력, 문제를 해결하고 결과를 처리하는 방법에 이르기까지 탐구하고 발견하는 훈련과정을 통해 숙달이 가능하다.

보보의 경우를 예로 보도록 하자.

보보는 매우 가난했다. 어떻게 해서든 부자가 되고 싶다는 강한 열망을 가지고 있었다. 매일매일 부자가 되게 해달라고 기도했다. 그러던 어느 날 보보는 세 가지 소원을 들어준다는 '마법의 항아리'를 손에 넣게 되었다. 보보는 무슨 소원을 말했을까? 당연히 "부자가 되고 싶다"고 말했다. 마법의 항아리는 보보가 원하던 것 이상의 큰 부자가 되게 해주었다. 이제 보보는 대저택에서 귀족처럼 살게 되었다. 매일이 풍요롭다 보니 보보에게는 한 가지 문제가 생겨났다. 부자가 되어 편안하게는 살고 있지만 행복하지 않았다. 사랑하는 사람을 만나게 되면 행복해질 수 있을 것 같았다. 그래서 마법의 항아리에게 두 번째 소원을 말했다. "세상에서 가장 아름다운 아내를 원한다." 보보는 자신이 원했던 것보다 훨씬 더 아름다운 아내를 맞이하게 되었다. 그래서 정말 행복해질 줄 알았다. 그런데 또 한 가지 문제가 발생했다. 이 아름다운 아내는 매우 자기중심적이고 배려를 할 줄 모르는 이기적인 사람이었다. 그러다 보니 매일이 싸움의 연속이었다. 지옥이 따로 없었다. 보보는 도저히 이 아름답기만 한 여자와는 더 이상 살 수 없을 것 같았다. 그래서 마침내 세 번째 소원을 말하게 되었다. "아내와 이혼하고 싶다." 마법의 항아리는 세 번째 소원도 들어주었다.

그럼 이제 보보는 어떻게 되었을까?

아내와 이혼하기 위해 거액의 위자료를 지급한 보보는 다시 가난한 본래의 모습으로 돌아와 있었다. 게다가 그동안 아내에게 받은 스트레스 때문에 몸도 마음도 쇠

약해져 있었다.

도대체 우리의 보보는 왜 이렇게 된 것일까?

우리는 보보의 우화를 통해 문제해결이라는 것이 손쉽게 해답을 얻기만 하는 과정이 아니라는 것을 알 수 있다. 가장 중요한 것은 스스로 문제의 본질을 파악하고 해결을 향해 한 단계씩 나아가는 과정이다. 안일하게 해답을 구하는 자세를 변화시키지 않는다면 보보처럼 사태를 더욱 악화시킬 수 있다. 보보는 '마법의 항아리'를 만나 운 좋게 자신이 가진 몇 가지 문제를 해결할 수 있었지만 스스로 문제를 해결하는 능력을 습득하지 못했기 때문에 희극과도 같은 비극으로 결말을 맺었다.

그러므로 문제해결력을 습득한다는 것은 일상생활이나 조직활동 속에서 다양하게 마주치는 문제들을 파악하여 확실하고 효율적인 대책을 생각해내는 습관을 기른다는 의미이다. 이 습관은 단순히 경험만으로 습득되는 것은 아니다. 문제의 원인을 규명할 수 있는 방법을 배우는 것이며, 문제를 분석하고, 해결안을 찾는 방법을 반복적, 구체적으로 습득하는 것이다.

해외의 선진 경영관리시스템에서는 문제해결력을 필수적인 스킬로 인식하고, 이 스킬을 습득하고 향상시킬 수 있는 시스템이 체계화되어 있다. 이 스킬은 후천적으로 습득이 가능한 것이기 때문에 적절한 훈련과정만 거친다면 누구나 습득할 수 있도록 안정적이고 효율적인 시스템을 구축해 놓는 것이 바람직하다.

문제를 분석하는 좋은 방법 중 하나는 머릿속에 그림을 그리는 것이다. 문제의 원인이 될 수 있는 사실들을 하나의 가설로서 알기 쉬운 도형으로 그려 보는 것이다.

그림 8-1 ▌문제에 영향을 주는 원인

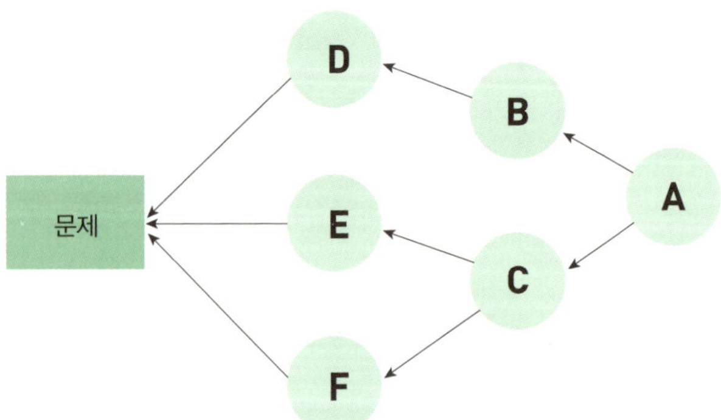

이것을 통해 문제의 형성이 이루어질 수 있다. 이렇게 문제의 연관성을 이미지화하는 방법은 실무현장과 학계에 이르기까지 널리 활용되고 있다. 원인이 같은 것들을 하나로 모으고, 정리하여 연결하고, 문제가 확실해질 때까지 함께 토의하고 수정하는 과정을 되풀이한다. 개인의 경우에도 마찬가지이다.

가장 대표적인 예가 도요타이다. 산업사회 초기의 대량생산과 대량소비가 가능하던 시기에는 빠른 시간 안에 똑같은 제품을 많이 만들어 판매하는 것이 기업의 미덕이었다. 소비는 빠르게 이루어졌고, 그만큼 공장도 바빠졌다. 그러나 여러 가지 상황적 요인들이 변화하면서 '빠른 공정'은 그만큼 '많은 재고'를 만들어냈고, 이것이 적자요인의 하나가 되었다. 그래서 도요타는 JIT(Just In Time)라는 새로운 방식을 통해 필요한 만큼의 부품을 적시에 공급하는 시스템을 구축했다. 결과는 대성공이었다. 도요타가 환경의 변화에 따라 다양하게 진화할 수 있었던 기반에는 도요타식 문제해결 프로세스가 있다. 그들은 문제와 위기를 새롭게 도약할 수 있는 기회로 인식하고 문제를 해결하는 차원을 넘어 그것이 새로운 변화의 기반이 될 수 있는 시스템을 정착시켰다. 이 시스템을 통해 단기적 문제해결보다는 장기적인 성과가 개선되는 진정한 목표를 달성할 수 있었다. 한 가지 흥미로운 점은 도요타를 도약시킨 이 방식이 21세기 초 도요타의 위기를 가져오는 중요한 원인으로 작용했다는 점이다.

그림 8-2 | 문제해결의 방식

문제의 인식
↓
문제목록 작성
↓
해결책 찾기
↓
해결책의 적용
↓
다양한 관점의 질문
↓
문제의 점검
↓
대응책 개발

빠르게, 적시에 공급하는 시스템은 불량률을 높였고, 이는 대규모 리콜사태로 이어졌다. 여기서 시사하는 바는 어떤 한 가지 해결책이 영원히 지속될 수는 없으며, 문제의 정의와 해결은 상황에 따라 변화할 수 있다는 것이다.

문제해결력의 핵심은 문제를 인식하기 위해 문제가 될만한 정확한 목록을 작성하는 것이다. 해결책을 찾았다고 안주하지 말고 국부적이 아닌 더 큰 틀 속에서 문제를 인식하고 목적을 향해 나갈 수 있는 능력을 개발해야 한다. 그러한 능력의 숙달을 통해 정확한 원인과 결과를 파악하고 다시 한 번 유사한 문제가 재발되지 않을 수 있는 진정한 해결책을 찾아야 한다.

보보의 뼈다귀

○ 리콜의 성공과 실패사례

성공	존슨앤존슨 '타이레놀사건'	• 1992년 미국에서 타이레놀 복용한 7명 사망 • 정신질환자에 의한 독극물 투입 • 미국 전역 1억 달러 상당의 제품회수
	IBM '노트북 리콜사건'	• 2000년 IBM 노트북 어댑터 과부하 불량 • 32만 대 전부 교환 • 한국법인도 자발적 리콜 참여 • 신뢰도 회복
	LG전자 '밥솥 리콜사건'	• 2003년 전기압력밥솥 결함으로 폭발사고 • 고객에게 리콜 권유 • 리콜대상 밥솥 신고하면 5만 원 보상금 지급
실패	도요타 '리콜사태'	• 2009년 미국에서 가속페달 결함으로 4명 사망 • 불량사실 은폐, 부적절한 위기대응 • 1,000만 대 이상 리콜, 신뢰도 하락
	포드-파이어스톤 '타이어 리콜사건'	• 2000년 파이어스톤 타이어 결함 은폐사실 인터넷 공개 • 포드 "파이어스톤에 책임 있다"고 변명 • 기업이미지 악화, 리콜로 3억 4,500만 달러 손실
	미쓰비시자동차 '부품 리콜사건'	• 2000년 20년간 부품 교체사실 감췄다가 제보로 덜미 • 경찰 압수수색으로 비공개문서 공개, 63만 대 리콜 • 다임러크라이슬러에 경영권 넘김

자료 : 서울신문 (저자 재구성)

보보의 신문

도요타의 위기

도요타는 1937년 도요타 기이치로에 의해 설립되었다. 1970년 미국의 빅3인 GM, Ford, Chrysler가 자동차산업의 중심에 있을 때 도요타는 가격 대비 고품질의 제품으로 이들을 물리치고 북미지역에서 점유율을 늘려갔다. 도요타를 도약시킨 도요타시스템은 낭비요소를 제거하여 지속적으로 원가절감을 하는 것이 그 핵심이다. 그러나 무리한 원가절감은 저렴한 부품으로 이어졌고 대규모 리콜사태를 발생시키는 원인이 된다.

2009년 미국 샌프란시스코에서 '렉서스 ES350'을 탄 경찰관 일가족 4명이 숨지는 사고가 발생했다. 사고 직전 911과 통화했던 내역이 유튜브에 유출되면서 전 세계에 알려진 사건으로 도요타 리콜사태의 발단이 됐다. 이후 다른 차종에서도 결함이 발견되면서 도요타는 1,000만 대 이상의 차량에 대해 리콜을 실시했다. 이 과정에서 도요타 측의 초기대응실패가 도마에 올랐다. 사고발생 이후 도요타 경영진이 공식사과를 한 건 6개월 뒤였다. 당시 일부 간부는 품질문제의 원인을 소비자 탓으로 돌렸다. 리콜 원인으로 지목된 가속페달 결함은 회사가 1년여 전부터 인지하고 있었지만 이를 대수롭지 않게 여겼다는 사실도 알려졌다. 2010년 2월 〈월스트리트저널〉은 부끄러움을 감추는 일본기업의 문화와 함께 기업에 대한 충성심이 강한 나머지 고객에 대한 중요도가 떨어졌던 게 대규모 리콜사태를 불러일으킨 원인이라고 지적했다.

도요타 리콜사태 이후 대한상공회의소가 국내 제조업체 1,420개사를 대상으로 한 설문조사에 따르면 응답 기업의 20.6%가 "(리콜사태로) 회사 경영 방침에 눈에 띌만한 변화가 있었다"고 답했다. 자동차기업 중에서는 60.7%가 "변화가 있다"고 했다. "제2의 도요타사태가 우리에게도 일어날 수 있다고 보는가"에 대한 질문에는 기업들의 64.4%가 "충분히 일어날 수 있다"고 답했다. 그런데도 이후 리콜에 직면한 기업들은 대체로 인색했다. 한국소비자원이 2013년 국내 기업(101개) 리콜 담당자를 대상으로 실시한 설문조사에서 힌트를 얻을 수 있다. 응답 기업의 77.7%가 리콜의 최종 결정권자는 CEO라고 했다. 그런데 CEO들은 리콜 종류와 상관없이 리콜에 대해 부정적이거나 소극적 태도를 가지고 있는 것으로 나타났다. 특히 자동차업종의 CEO가 다른 업종에 비해 리콜 권고와 강제적 리콜 등에 대해 매우 부정적이었다. 기업의 입장에서 리콜이 굉장한 부담이 되는 건 분명하다. 제품에 대한 결함을 스스로 인정하는 셈이 되기 때문이다. 게다가 제품을 개발했던 당사자는 책임을 져야 될 수도 있다. 리콜에 따른 비용도 문제지만, 기업 신인도 하락에 따른 추가 손실이 뼈아프다. '리콜기업'이란 낙인이 찍히면 회복에도 상당한 시간이 걸린다.

일본 자동차업체 관계자는 "개발 당시 발견하지 못했던 결함을 나중에 아는 경우도 많다"면서 "리콜을 제대로 활용하면 오히려 더 안전한 차라는 인식을 심어줄 수 있다"고 말했다. 리콜을 피할 수 없다면 어떻게 대처하느냐에 따라 기업의 신인도에 미치는 영향도 달라진다는 얘기다.

자료 : 서울신문, 2017.5.26. (저자 재구성)

보보의 한 말씀

하나의 파괴는 다른 하나의 생성이다. – 칼 구스타프 융

보보의 신문

험난한 2017년

외식 · 프랜차이즈업계에 2017년은 험난한 해로 기억될 듯하다. 기존 신규 출점 규제에 잇따른 갑질논란 그리고 안전성문제까지 겹치면서 악재란 악재는 모두 겪고 있다.

유통업계에 따르면 지난 5일 고기가 덜 익은 맥도날드 햄버거를 먹고 용혈성요독증후군(HUS)에 걸렸다는 피해자 가족이 맥도날드 한국지사를 식품안전법 위반 등 혐의로 검찰에 고소했다. 검찰은 악화되고 있는 여론을 의식한 듯 이 사건을 가습기 살균제 사건을 수사했던 형사2부에 배정해 강도 높은 수사를 예고했다.

피해자 가족의 사연이 보도되면서 SNS 등 온라인상에서는 용혈성요독증후군이 '햄버거병'이라는 이름으로 불리며 소비자들의 불안감이 높아지고 있다. 특히 어린 자녀를 둔 부모들 사이에서는 햄버거에 대한 불매운동과 공포증으로까지 빠르게 확산되고 있다.

이에 식품의약품안전처는 지난 6일 햄버거 프랜차이즈업체 11곳에 주의를 당부하는 공문을 발송했다. 공문에는 본사가 위생기준과 철저한 검사를 거쳐 적합하다고 판정된 패티만을 가맹점에 공급하고, 가맹점은 패티를 충분히 가열 · 조리한 후 제공하도록 하는 내용이 담겼다.

햄버거를 파는 패스트푸드업계는 초긴장 상태다. 사건이 발생한 맥도날드뿐만 아니라 다른 브랜드들도 이번 사태가 햄버거 불매운동으로 번질까 노심초사하고 있다.

앞서 일부 종편방송으로 논란이 됐던 대왕카스테라의 사례를 답습하지 않을까 걱정하는 모습이다. 당시에도 한 번의 논란으로 대왕카스테라를 만드는 여러 브랜드가 모두 피해를 보고 다수의 매장은 문을 닫고 사업을 접기까지 했다. 리콜제도가 있는 자동차나 전자제품과 달리 식품의 경우 인체 건강과도 직결되는 문제다 보니 부정적인 이슈가 훨씬 민감하기 때문이다.

업계에서는 '햄버거병'이라는 용어부터 개선돼야 한다고 강조한다. 햄버거가 아닌 다

른 음식을 통해서도 걸릴 수 있고, 아직 명확한 원인이 밝혀지지 않은 상황인데 햄버거라는 일반명사를 질병 이름에 갖다 붙이는 것은 지나치다는 것이다.

이와 함께 현재 정치권에서 논의되고 있는 최저시급 1만원 인상문제도 여전히 골칫거리다. 다른 업종에 비해 아르바이트 고용률이 높은 패스트푸드업계는 최저시급 인상이 현실화될 경우 수익성 하락을 피하기 힘들다. 가뜩이나 적자를 면치 못하고 있는 상황에서 인건비 증가로 수익성이 악화될 경우 더 이상 사업을 유지하기 어렵다는 판단에서다.

패스트푸드업계 관계자는 "최근 미스터피자와 치킨업계의 갑질논란으로 조마조마했는데 이번 사태로 우리도 직접적인 영향을 받게 됐다"며 "이제 장마가 끝나면 본격적인 여름 휴가철 대목인데 벌써부터 1년 장사를 걱정해야 할 상황"이라고 분위기를 전했다.

자료 : 데일리안, 2017.7.10.

그림 8-3 | 문제는 많을수록 좋다

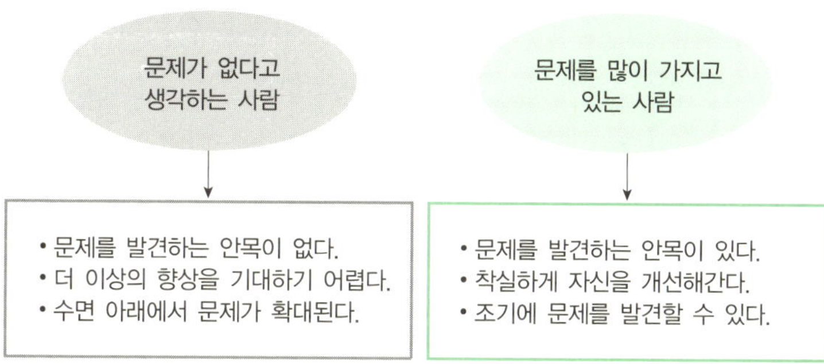

3 문제해결력과 전략적 목표

문제해결력이란 주어진 문제를 해결하려는 과정에서 작용하는 문제인식능력, 관계를 파악하여 해결과 관련된 계획을 수립하는 능력, 이를 통해 창의적으로 해결하는 능력 등의 포괄적 의미를 지니고 있다. 따라서 깊은 사고와 성찰이 요구되는 능력이다. 때문에 문제를 해결하는 것은 추상적인 것에서 구체적인 것으로 관점을 이동하는 일이 된다.

그림 8-4 ▌목표설정과 문제해결의 도식

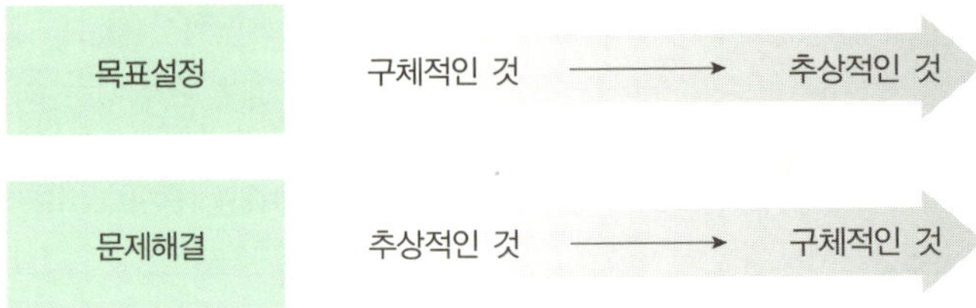

문제해결과정을 통해 얻어진 결과들을 다시 목표에 반영하고, 이 건설적인 과정들이 체계화되는 시스템을 만드는 것이 성과향상의 지름길이다. 이때 목표를 설정하는 방법론들을 전략구상이라 본다면, 목표를 설정하는 것은 구체적인 것에서 추상적인 것으로 이동하는 것이다.

그렇게 볼 때 전략의 설정은 단순한 것 같지만 쉽지만은 않은 일이고, 문제해결은 어려운 것 같아 보이지만 쉽게 접근할 수 있어야 한다.

우리는 살아가는 동안 한 번쯤 "왜 살아가는가?"라는 질문을 스스로에게 던져본다. 하지만 이 질문에는 기본적인 모순이 있다. 왜냐하면 사는 데는 이유가 없기 때문이다. 삶이라는 단어는 살아 있을 동안만을 의미하는 개념이기 때문이다. 따라서 삶은 '왜'라는 의문사보다는 '무엇을 위하여', '어떻게' 등의 의문사와 짝을 이루는 것이 자연스럽다. '어떻게'는 '무엇을 위하여'에 종속되므로 결국 삶의 의미는 '무엇을 위하여'에 의해 규정된다고 볼 수 있다.

삶을 규정하는 "무엇을 위하여 사느냐"는 바꾸어 말하면 목표를 의미한다. 결국 인간의 삶은 '목표'에 의해 규정된다. 이 규정됨의 의미는 하루일과를 돌아보면 쉽게 이해할 수 있다.

보보는 아침에 일찍 일어나야 한다. 아침에 일찍 일어나는 것은 학교에 가기 위해서인데, 보보가 학교에 가서 공부를 하든 잠을 자든 간에 어떤 '목표'를 지향하고 있다. 이런 의미에서 삶은 목표를 달성하기 위한 여러 가지 선택을 통해 이루어진다. 심지어는 본능적 행위조차도 목적의식적인 형태로 달성해 나간다. 보보가 밥을 먹는 것은 매슬로우의 욕구위계에 따르면 가장 낮은 위계인 생리적 욕구에 해당하지만 그것이 생명의 유지이든, 그것을 한 단계 뛰어넘기 위한 준비이든 간에 그것은 목적의식적이다. 바로 이것이 인간과 동물의 차이이다. 동물은 자신의 배를 채우는 것 이상을 원하지 않는다. 그러나 인간은 생리적 욕구를 충족시키고도 더 많은 탐욕을 부린다.

이런 의미에서 삶에서의 목표는 삶, 그 자체라고 볼 수 있다. 하지만 인간과 동물을 구분하는 기준이 '목적의식'이라면, 목표를 자각적으로 인식할 수 있는 능력은 '인간적인 삶'의 전제가 된다. 더 극적으로 표현한다면 목표를 자각적으로 인식하지 못하는 것은 인간적 삶을 포기하는 것과 마찬가지이다. 그런데 더 중요하고 흥미로운 사실은 이 자각의 차이가 개개인의 성공에 결정적인 영향을 미치는 요소라는 것이다.

하버드 비즈니스 스쿨에서 학력이나 사회적 배경이 유사한 하버드 출신자들을 대상으로 사회적 성공여부를 조사한 적이 있었다. 같은 시기에 졸업한 사람들을 대상으로 30년간을 역추적해서 조사했다. 연구결과는 조사대상자의 약 3%는 사회적 성공을 달성했고, 30%는 적당한 수준에 머물러 있었고, 나머지 67%는 단지 생존의 수준에 머물러 있었다.

이런 차이는 어디에서 기인했을까?

놀랍게도 그 차이는 자각적으로 목표를 설정하고 있었는가의 여부에 달려 있었다. 3%의 성공한 사람들은 자신의 목표를 명확히 설정하고 행동하는 데 반해, 30%의 사람들은 대충 어디로 가야 하는지에 대해서는 감을 잡고 있었지만 그 목표를 구체화하지 못했고, 나머지 67%는 그냥 세월이 흘러가는 대로 살았다.

그렇다면 목표를 자각적으로 인식한다는 것은 무엇인가?

목표는 도달하고자 하는 상태(To-Be)를 의미한다. 그러므로 도달하고자 하는 상태를 자각적으로 인식하고 있다는 것은 문제를 인식하고 있다는 의미이다. 문제는 도달하려는 상태와 현재 상태(As-Is)와의 차이이기 때문이다. 그러므로 목표를 자각적으로 인식하는 것은 문제를 인식하는 것이고, 현재의 상태와 도달하려는 상태의 차이를 자각적으로 인식하는 것이다.

그런 의미에서 볼 때 문제의식이 없는 사람은 미래를 대비할 수 없고, 미래를 대비할 수 없는 사람은 절망감이 커져 비관적 태도가 강화된다. 이는 개인이 아닌 조직에도 똑같이 적용된다. 반대로 문제의식이 있는 사람은 미래에 대한 대비가 가능하고, 미래에 대한 낙관적 태도가 강화된다. 미래에 대한 낙관적 태도는 다시 목표와 문제의식을 강화시키고, 미래에 대한 희망이 커지는 선순환을 경험하게 된다.

그러므로 자동차의 엔진에 해당되는 것이 목표와 문제의식이고, 자동차를 운전하는 기술은 올바른 목표설정방법과 문제해결능력을 습득하는 것에 해당된다. 따라서 올바른 목표를 설정하기 위해서는 '전략구상력'이, 올바른 문제해결을 위해서는 '문제해결력'이 전제가 되어야 한다.

보보의 책 훌륭한 삶이란 무엇인가

훌륭한 삶에 관해서는 각기 다른 시대와 사람들 사이에서 여러 개념들이 존재해왔다. 그 개념들 간의 차이에는 어느 정도 논쟁의 여지가 있었다. 주어진 목적을 성취하기 위한 수단에 관해 이견이 있을 때 논쟁은 현실화하였다. 나는 훌륭한 삶에 관한 나의 견해가 옳다는 것을 입증할 수는 없다. 단지 내 견해를 표명할 수 있을 뿐이며 가능한 한 많은 사람들이 동의해주기를 희망한다.

지식과 사랑은 둘 다 무한히 확장될 수 있다. 그러므로 어떤 삶이 아무리 훌륭하다 하더라도 우리는 그보다 나은 삶을 얼마든지 상상할 수 있다. 지식이 없는 사랑, 사랑이 없는 지식은 훌륭한 삶을 만들어낼 수 없다. 사랑과 지식이 모두 필요하지만 어떤 의미에서는 사랑이 더욱 근본적이다. 왜냐하면 사랑은 지성적인 사람들이 자신이 사랑하는 이들에게 도움이 되는 방법을 찾느라 지식을 탐구하도록 이끌어주기 때문이다. 하지만 지성이 없는 사람들은 남의 말을 믿는 데 만족할 것이며, 지고지순한 자비심을 지녔음에도 타인들에게 해를 끼칠 수도 있다.

사랑이란 다양한 감정들을 포괄하는 단어이다. 내가 이 단어를 의도적으로 사용해온 것은 그 감정들을 모두 포함시키고 싶어서였다. 감정으로서의 사랑은 두 개의 극점 사이를 움직인다. 한쪽은 관조에서 얻는 순수한 즐거움이며, 다른 한쪽은 순수한 자비심이다. 생명이 없는 대상들에 대한 사랑에는 즐거움만이 개재된다. 풍경이나 소나타 악곡에 대해 자비심을 느낄 수는 없기 때문이다. 아마도 이런 종류의 즐거움이 예술의 원천일 것이다. 이것은 다른 인간들에 대한 우리의 감정에서도 큰 역할을 한다. 타인들을 순전히 미적 관조의 대상으로만 간주할 때, 그들 중 일부는 매력적으로 보이지만 또 다른 일부는 혐오감을 주기 때문이다.

사랑이 가진 또 하나의 극점은 순수한 자비심이다. 이때는 어떤 미적 즐거움의 요소도 있을 수 없다. 인간은 위선에 가까운 애매한 감정을 묘사할 때 이 단어를 사용하는 습관이 있지만 '다른 사람의 행복을 향한 열망'을 묘사할만한 다른 단어를 찾는 것도 어려운 일이다. 최고의 완전한 사랑은 관조에서 얻는 즐거움과 타인의 행복을 기원하는 선의라는 두 가지 요소가 분리될 수 없도록 결합된 것이다. 즐거움과 자비심 사이에 충돌이 생기면, 그것은 어느 한쪽의 완전한 굴복이 아니라 둘 사이의 타협을 통해 해결되어야 한다.

– 버트란트 러셀의 『나는 무엇을 위해 살아왔는가』 중에서

보보의 한 말씀

훌륭한 삶이란 사랑으로 힘을 얻고 지식으로 길잡이를 삼는 삶이다. – 버트란트 러셀

그림 8-5 | 잘못된 목적과 목표의 설정

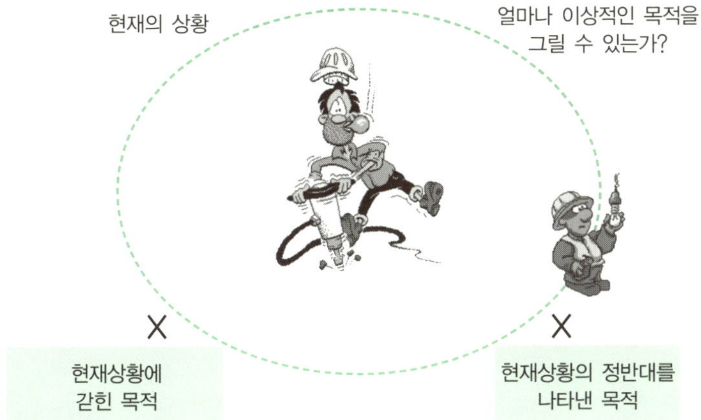

보보의 신문

문제해결능력 없는 우리나라 성인들

공상과학영화에서나 보던 기술이 우리의 일상과 일자리를 근본적으로 바꾸고 있다. 일자리 10개 중 6개는 향후 30년 내 로봇과 기계에 의해 자동화될 것이란 주장도 나온다. 하루가 다르게 변화하는 현실에서 사라질 일자리에 대한 걱정보다는 새 일자리에 대해 관심을 기울이고 철저한 준비를 하는 것이 중요하다.

장기간에 걸친 일자리 변화를 살펴보면 미래의 일자리 모습을 어느 정도 짐작할 수 있다. 1960년부터 2009년까지 직업 변화를 분석한 연구는 단순 반복적 작업은 점차 감소해 20% 정도 줄어든 반면, 주어진 틀에 맞추기 힘든 추상적·분석적 능력과 대인관계를 중시하는 일자리는 약 30% 증가했음을 보여준다. 최근 각국의 기업대상 설문조사에서는 미래 인재의 핵심역량으로 지적 능력, 비판적·창의적 사고, 협동과 소통, 설득과 타협 등을 꼽는다. 다양한 방법을 사용해 업무를 수행하는 이른바 '문제해결 스킬'이다. 일자리도 이런 능력을 요구하는 형태로 바뀔 것이 분명하다.

우리나라 성인들은 과연 이런 추세에서 경쟁력이 있을까라는 물음에 대해서는 비관적이다. 경제협력개발기구(OECD) 자료의 한국 성인역량을 보면 읽기(16위), 쓰기(14위), 수리(11위), 정보통신기술(ICT) 스킬 활용도(17위) 면에서 조사대상 33개국 중 우수한 편이었다. 하지만 유독 '미래 경쟁력'이라는 문제해결 스킬의 활용도는 29위로 최하위권이다. 특히 이를 집중 활용해야 할 고숙련·전문직분야의 성인들이 다른 나라 비슷한 직종의 성인들과 큰 격차를 보인다.

왜 문제해결 스킬이 제대로 활용되지 못하는가? 원인은 개인과 직장, 노동시장의 구조적 문제에서 찾을 수 있다. 우선 문제해결 스킬에 필요한 전문지식을 습득하고 이를 주기적으로 업데이트하려는 개인적 노력이 부족하다. 일자리 학습(learning by doing)을 경험한 우리나라 직장인 비율은 OECD 평균(20.8%)의 절반에도 미치지 못하고(9.7%), 근로자 3명 중 2명은 일자리에서 새로운 것을 배울 필요성을 느끼지 못한다. 개인의 낮은 학습열의가 문제해결 스킬의 축적 및 활용 부진과 무관치 않다는 얘기다.

수직적 기업문화와 일하는 방식도 문제다. 연구에 따르면 직장 내 의사소통이 활발하고 업무협력이 원활할수록 근로자가 문제해결 스킬을 적극 활용했다. 상명하복과 위계서열이 중시되는 우리나라 직장문화 속에서는 개인의 자유로운 의견과 창의적 발상이 무시된다.

정규직과 비정규직의 분절적 노동시장 구조도 걸림돌이다. 기업은 고용지속여부가 불투명한 비정규직 근로자에게 교육투자와 훈련기회를 제공하지 않는다. 또한 비정규직 근로자는 불안정한 일자리에서 역량을 최대한 발휘할 동기가 크지 않다. 실제로 정규직과 비정규직 간 교육훈련격차와 문제해결 스킬 활용 격차가 모두 크게 나타나고 있다.

문제해결 스킬을 축적하고 일자리에서 활용하기 위해서는 다양한 개선노력이 필요하다. 미래 세대를 위한 교육은 문제해결 스킬에 도움이 되는 방향으로 재검토돼야 한다. 주어진 문제를 푸는 방식에서 벗어나 문제를 적극 탐구하고 파악하며 다각적 해결방법을 모색하는 '프로젝트 기반 학습'을 장려해야 한다. 또한 급변하는 노동시장에 대처하기 위해 직업교육 및 훈련시스템을 평생교육의 관점에서 재편하고, 교육훈련의 내용으로 전문지식 이외에 의사소통, 협동심, 협상력 등 대인스킬에도 관심을 기울여야 한다.

기업문화와 일하는 방식의 개선은 핵심안건이다. 기업이 다층적이고 수직적인 체계를 수평적 조직으로 개편하고, 상명하달 업무방식에서 양방향 협의방식으로 바꾸는 데 정부가 일정 역할을 할 수 있다. 가령 중소기업의 경우 정부가 경영 컨설팅과 업무분석을 지원함으로써 현장에서 문제해결 스킬이 충분히 활용되도록 도움을 줄 수 있다. 한편 기업은 업무의 자율성과 책임성을 분명히 함으로써 개인의 의견과 창의성이 충분히 반영되고 각자 원하는 방식으로 업무가 수행될 수 있도록 해야 한다.

안정적 고용관계는 근로자의 스킬향상을 위한 기업투자를 가능하게 하고, 근로자가 스킬을 최대한 활용하게 만드는 필요조건이다. 따라서 쉬운 해고와 채용처럼 고용안정성을 훼손하는 노동시장 유연화보다 경기상황에 따라 임금과 근로시간을 조정하는 조금 더 안정적인 고용관계를 추구할 필요가 있다. 이런 방식으로 기업과 근로자가 문제해결 스킬을 축적하고 활용할 수 있도록 노동시장의 환경을 만드는 데 힘써야 한다.

자료 : 중앙일보, 2017.7.13. (저자 재구성)

보보의 한 말씀

결정에 관한 한 우리 뇌는 결함이 많은 도구이다. – 댄 히스

4 목표와 목표관리

조직의 목적과 목표에 대한 전문적인 용어나 개념적 정의는 학자에 따라 다양하여 아직까지 통일된 견해를 보이고 있지 않다.

조직의 경영과 관련하여 사명(mission), 목적(purpose), 목표(objective or goal), 표적(target)은 흔히 동일 혹은 유사한 개념으로 혼용되기도 하지만, 상황에 따라서는 이들을 명확하게 구분해서 사용해야 한다.

'mission'은 교회, 행정부서, 군사작전에서 사업계획의 목적을 나타내는 말로 흔히 사용되고, 'purpose'란 어느 조직 내지 그 하위조직이 존재하는 이유를 나타내는 말로 쓰인다. 또한 'objective', 'goal', 'target' 등은 조직이 수립한 계획을 달성하는 결과적인 효과와 관련이 있으며, 'goal'과 'target'은 보다 구체적이고 사소한 추구대상으로서 'objective'의 하위개념으로 간주된다. 말하자면 'goal'은 'objective'를 정량적으로 표시하기 위해 사용되는 용어이다. 즉, 보보가 설정할 수 있는 '사료판매 증대'라는 목표는 'objective'인 데 비해 이것을 '사료판매 30% 증대'라든가 '30%의 사료판매 증대율을 올해 말까지 달성'이라고 하는 것은 'goal'이라고 할 수 있다. 이와 같이 정성적 목표(objective)를 보다 구체적인 정량적 목표(goal)로 나타내면 경영자는 계획, 실시, 통제의 경영과정을 더욱 원활하게 수행할 수 있다.

MBO는 1954년 피터 드러커에 의해 최초로 제안되었으며, 목표설정에 참여함에 기반을 둔 포괄적인 경영시스템이다. 전통적인 경영에서의 목표설정에서는 최고경영층이 일방적으로 목표를 설정하여 기업의 각 계층을 통해 하위목표를 설정하고, 이를 종업원에게 전달하는 과정을 거쳤다. 그러다 보니 실제 현장에서 업무에 종사

그림 8-6 계층에 따른 목표

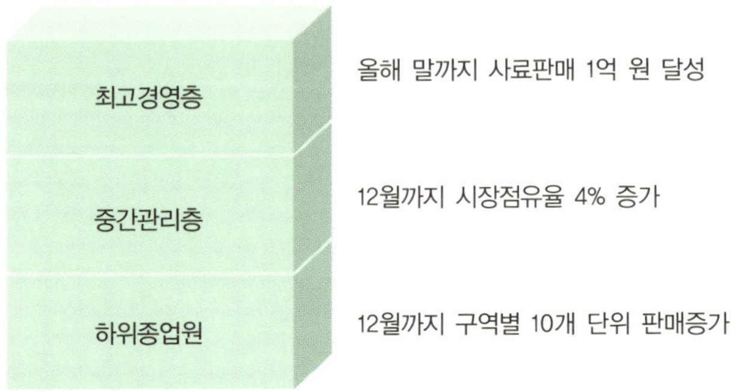

하는 종업원들은 기업의 목표와 거리감이 있을 수밖에 없었다. 그러나 목표관리에서는 목표의 설정이 하향식뿐만 아니라 상향식 방식으로도 이루어진다. 물론 목표설정이 최고경영층에서 시작하여 하위경영층으로 내려오기는 하지만 하위경영층이 부분목표를 설정하는 데 함께 참여하는 방식으로도 운영된다. 그러다 보니 구성원들의 참여도가 높아지는 것이 가장 큰 장점이다.

"사람은 원래부터 선한가? 아니면 악한가?"
보보는 고개를 기우뚱한다. 너무 어려운 질문이었다. 보보는 사람이 아니라 강아지이기 때문이다. 이 질문을 이렇게 바꾸어 보자.
"사람은 본래부터 일하기를 싫어할까? 아니면 좋아할까?"

맹자는 사람은 원래 선한 본성을 갖고 태어난다는 성선설을 주장했다. 인간의 인의예지(仁義禮智)[1]는 천성에서 발생하므로 인간의 본성은 선하다는 것이다. 인간이 다른 짐승과 구분되는 점은 선함이다. 맹자가 주장한 선은 '도덕적 이성'이다. 이 이성이 인간 사회를 이끌어 나가야 한다고 보고 있다. 기독교의 원죄사상에 근거한 서구에서는 소수의 철학자들에 의해 제시되었다. 서양에서는 『에밀』을 지은 루소가 성선설을 주장한 사람이다. 그는 대개 자연으로부터 온 것은 반드시 참되고, 선하다고

1) 유학에서 제시하는 사람이 마땅히 갖추어야 할 네 가지의 성품을 말한다. 네 가지는 어질고, 의롭고, 예의 바르고, 지혜로운 성품이다. 맹자는 본래 선한 인간이 가지고 있는 성품의 구체적인 내용을 인의예지로 파악하였다.

주장했다. 루소는 인간의 본성은 원래 선한 것인데 인위를 거치면 악하게 된다고 주장했으며, 스토아학파는 인간은 자연의 이성법칙에 따르기만 하면 되며 바로 이것이 지선한 행위라고 주장했다. 그 반대로 순자는 성악설을 주장한 사람이다. 그는 사람은 본디 악하다고 했다. 순자는 "인간의 성품은 악하고 선한 것은 인위다"라고 주장하고 있다. 이는 선이 선천적인 것이 아니라 후천적인 것임을 시사한다. 그러므로 보편적으로 알려져 있는 것처럼 성악설은 절대적 의미에서 인간이 악함을 주장한 개념은 아니다. 또한 순자가 제안한 성품은 인간의 감성적 욕구를 지칭했기 때문에 맹자가 제안한 비감성적이고 순수한 인간본성과는 지칭하는 대상 자체가 다르다. 보다 정확하게는 맹자는 심선(心善)을 순자는 정악(情惡)을 주장했다는 표현이 더 적절하다. 그러므로 성선설과 성악설이 정반대의 입장에 있다고만은 할 수 없다.

우리는 보보에게 그런 질문을 했는가?

맥그리거는 그 유명한 XY이론을 발전시킨 학자이다. XY이론에서 말하는 X론적 인간이란 순자가 본 것처럼 '악한' 사람이다. 그리고 Y론적 인간이란 맹자가 본 것처럼 '착한' 사람이다. 그렇기 때문에 Y론적 인간은 일을 통해서 만족을 얻고, 별다른 통제가 가해지지 않아도 스스로 알아서 일을 잘 처리하는 성취지향적이고, 미래지향적인 사람이다. 때문에 Y론적인 관리자는 성공적인 MBO 프로그램을 관리할 기회를 더 많이 얻을 수 있다.

바로 이 MBO가 맥그리거의 XY이론 중 Y이론이 발전한 개념인 것이다. 기업의 목표와 개인의 목표를 합치시키도록 만들어 종업원의 근로의욕을 향상시켜 기업의 목표달성에 이바지할 수 있도록 하자는 것이다.

그러기 위해서 구체적 목표를 부하와 상사가 함께 결정하고, 이를 바탕으로 달성한 목표를 통해서 부하의 성과를 평가하고, 이를 기준으로 보상을 하고자 하는 것이다. 즉, 목표설정과정을 체계화함으로써 관리의 효율성을 제고하기 위한 기법이라 할 수 있다.

MBO에서 의미하는 목표는 '객관적 현실에 대한 판단', 즉 '환경에 대한 분석을 전제로 하는 목표'에 의한 관리라는 점에서 '전략적 목표관리'라 할 수 있다. 전략적 목표관리는 목표 자체의 실현가능성에 초점을 맞춘다는 점에서 유효성이 큰 방법이라고 할 수 있다. 다만 최근에는 경영에 있어서 사업의지, 즉 주관의지를 강조하면

표 8-2 X론적 인간과 Y론적 인간

X론적 인간관	Y론적 인간관
• 성악설에 근거한다. • 인간을 멸시한다. • 인간은 일하기 싫어하고 가능하면 일을 하지 않는다. • 인간은 명령을 받기 좋아하고 안전을 추구하며 책임을 회피한다. • 인간은 통제나 처벌의 위협이 없으면 최선의 노력을 다하지 않는다. • 인간관계의 가치는 '불신'이다.	• 성선설에 근거한다. • 인간을 신뢰한다. • 인간은 일을 좋아한다. • 인간은 목표달성을 위해 자발적으로 노력한다. • 인간은 자기통제능력이 있으며 기꺼이 책임을 수용한다. • 인간은 자기지시능력을 가지고 있다. • 인간관계의 가치는 '신뢰'이다.

표 8-3 목표관리의 강점과 한계

강점	한계
• MBO는 계획과 통제를 합리적 경영시스템으로 만든다. • MBO는 최고계층에서 하위계층까지 목표의 계층을 개발하도록 만든다. • MBO는 좋은 의도나 개성보다는 오히려 좋은 결과에 강조점을 둔다. • MBO는 목표설정 시 종업원의 참여를 통해 개인의 동의와 자기관리를 독려한다.	• MBO라는 주제로 너무 자주 설득당한다. • MBO는 권위주의적인 관리자(X이론)나 완고한 관료제정책에 쉽게 굴복한다. • MBO는 너무 많은 시간과 노력을 요구하고, 너무 많은 서류작업을 양산한다. • MBO는 지나치게 열심히 일하는 관리자에 의해 위협으로 이용될 수 있는 측정가능한 목표에 강조점을 둔다.

서 경영의 목적이나 목표를 'Goal'로 더 많이 사용하는 경향이 있다.

스티븐 코비는 의지가 관여된 목적이라고 하더라도 실현가능성을 높이기 위해서는 영향도와 관심도를 구분하라고 제안한다. 흔히 관심을 갖는 일과 영향력을 행사할 수 있는 일을 혼동하는 경우가 많은데, 의지는 영향력의 범주에 한정하여 더해질 때 그 실현가능성을 높일 수가 있기 때문이다. 그러므로 '내가 하고 싶은 일'과 '내가 할 수 있는 일'을 명확하게 구분하는 능력이 필요하다.

나아가 실효성이 있는 목적과 목표를 설정하기 위해서는 전략수립절차를 충분히 인식하고 따라가는 것이 필요하다. 전략적 목표수립절차는 외부환경의 분석으로 기회와 위협을 도출하고, 주체적 역량을 분석하여 강점과 약점을 분명히 한 다음, SWOT분석을 통해 목표를 설정하는 과정이다.

첫째, 외부환경분석은 고객과 경쟁자에 대한 분석으로 구성된다. 주로 고객분석에서 기회가, 경쟁분석에서 위협요소가 도출된다. 이 경우 주의할 점은 경쟁을 이해하는 기본적인 관점이 경쟁배제에 있는 것이 아니라 경쟁을 전제로 한 지속적 우위에 있다는 것이다.

둘째, 주체적 역량분석은 자신의 역량에 대한 강점과 약점을 분명히 파악하는 것이다. 여기서 유념할 부분은 자신의 잠재적 가능성에 대한 자각이다. 왜냐하면 목표란 잠재적 역량에 근거해야 실현가능성이 높아지기 때문이다.

기회(Opportunity), 위협(Threat), 강점(Strength), 약점(Weakness)을 매트릭스로 나타내어 분석하는 것이 SWOT분석이다. 이렇게 해서 도출되는 과제들을 통합하는 핵심적 과제가 전략적 목표가 된다. 이 전략적 목표는 기본적으로 SMART의 조건을 충족시켜야 한다.

목표는 구체적이고(Specific), 측정가능하면서도(Measurable), 도달가능하고(Achievable), 결과지향적이며(Result-Oriented), 상황의 변화가 반영되어야(Time-Bounded) 전략적 목표라 할 수 있다.

전략적 목표가 중요하게 언급되는 이유는 앞서 언급한 것처럼 문제해결을 위한 핵심전제가 올바른 목표의 설정이기 때문이다. 목표설정이 올바르게 되지 못하면 문제 자체가 올바르게 규명될 수 없다. 왜냐하면 문제란 목표와 현상과의 차이(gap)이기 때문이다. 문제해결력의 절차에서 가장 중요한 것은 바로 이 차이분석을 통해 문제를 분명히 하는 일이다.

여기서 중요한 점은 도출되는 문제는 일반적으로 하나일 수 없다는 것이다. 때로는 여러 가지 문제들이 문제해결과 관련된 내용들을 구성하게 된다. 따라서 문제해결의 우선순위를 규정하는 과정이 필요하다.

문제해결의 우선순위를 위해서는 긴급도, 중요도, 난이도를 구분해야만 한다. 일반적으로 긴급도가 높은 문제는 긴급행동을 요구하게 되고, 난이도가 높은 문제는 잠정행동을 요구한다. 또한 근본적 문제해결을 위한 항구행동은 대부분 조사분석행동과 더불어 추진된다.

이런 대안들에 대한 평가작업을 통해 문제를 확정하고, 해당되는 문제에 대한 원인을 파악하고, 해결책을 선택하고 실행하는 과정이 문제해결과정의 핵심이다. 결국 문제해결력은 진정한 원인을 찾아서 이것을 해결할 수 있는 대안을 도출하는 과정을 추진하는 능력이라고 할 수 있다.

표 8-4 | MBO의 정의

드러커	조직의 목표를 위해서 각 직무를 지휘하는 과정
맥그리거	조직목표와 종업원만족을 통합하려는 경영층의 전략적 계획수립과 결과수행
험블	기업이익과 성장목표, CEO 개인의 발전과 공헌욕구를 통합하는 시스템
라이아	사전행동방식을 반영하는 경영철학 일련의 상호의존적이며 상호관계적인 단계로 이루어지는 과정

자료 : P. Mali, *MBO updated : A Handbook of Practices and Techniques for Managing by Objectives*, John Wiley & Sons, 1986.

○ 목표관리의 구성요소

① 목표설정

- S(Specific) : 사실에 근거하여 누구나 이해할 수 있는 구체적인 목표
- M(Measurable) : 달성 정도를 정확하게 정량적·정성적으로 측정가능한 목표
- A(Alignment) : 조직 전체, 소속부서, 개인의 사명 및 비전과 관련하여 정합성 있는 내용의 목표
- R(Result-controlled) : 피평가자가 통제가능하며 수용할 수 있는 내용 및 수준의 목표
- T(Timely) : 환경 및 상황의 변화가 반영된 목표

(ex) 바람직한 목표

1년 안에(T) 사료와 치석제거용 껌 등 애완용품의 판매액을(M), 현재 전체 판매액의 20% 수준으로(R) 증가시켜 시장안정성을 확보한다(A, S).

② 부하참여

- 목표설정 시에 구성원들을 참여시키면 구성원의 참여도와 만족도가 훨씬 높아진다.
- 목표설정방식은 ① Top-down, ② Bottom-up, ③ Middle-up-down 등이 있다.

③ 피드백

- 구성원들과 상사가 함께 목표달성 정도와 절차를 주기적으로 검토, 평가하여 문제점과 해결책을 찾아낸다.
- 구성원의 이해를 구하고, 상호신뢰를 창출한다.
- 중간점검 후의 최종평가는 종합적 관점에서 이루어진다.

그림 8-7 목표관리의 과정

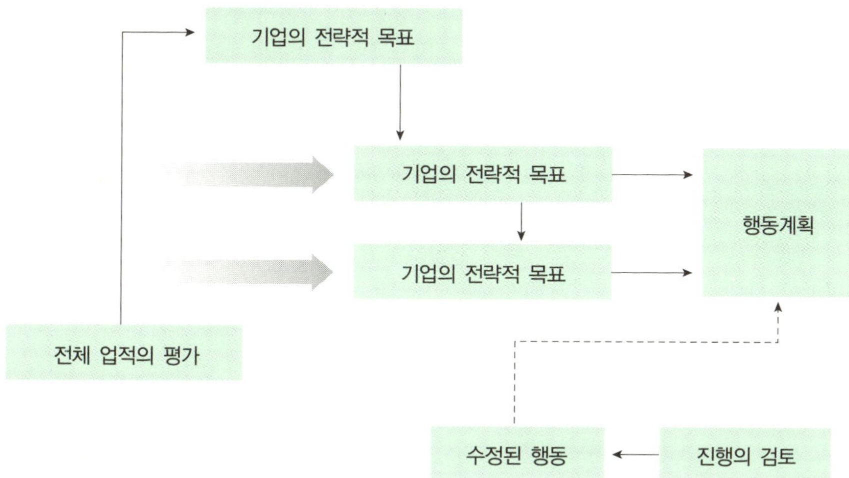

목표관리제도의 정착 없이 연봉제 없다

최근 대다수의 기업들이 경쟁력 강화의 일환으로 연봉제, 성과급제 등 능력·성과주의 인사제도를 도입하면서 평가의 공정성 확보가 매우 중요한 이슈가 되고 있다. 연공서열제는 근무연수에 의해서 급여가 결정되었지만 성과급제를 도입하면 성과평가결과에 의해 급여가 결정되기 때문이다. 연봉제로 대표되는 능력·성과주의 인사제도의 본질을 따져 보면 결국 공정한 성과평가에 의해서 업무를 탁월하게 수행하는 사람에게 급여를 더 많이 주겠다는 것으로 요약할 수 있다. 이에 따라 대부분의 기업들은 구체적이고 세부적인 내용은 다르지만 능력·성과주의 인사의 조기정착을 위해 공정한 평가제도의 설계, 운영에 많은 노력을 기울이고 있다. 특히 이의 일환으로 대다수의 기업들은 성과평가의 핵심을 차지하고 있는 목표관리제도(MBO : Management by Objectives)를 도입하여 운영하고 있다.

목표관리제도 운영의 핵심은 목표관리 초기단계인 목표설정 시 목표의 내용(지표 및 수준)을 무엇으로 할 것인가에 귀착한다. 따라서 설정단계 시 바른 목표가 수립될 수 있도록 많은 노력을 투입해야 한다. 왜냐하면 목표설정 자체가 평가과정의 시작이라고 볼 수 있기 때문이다. 그러나 중요한 것은 목표수립방식이 아니라 목표의 실제 내용이다. 사례를 통해서도 알 수 있듯이 바람직한 목표를 설정하는 것이 중요한 것이며 설정방식은 구성원의 성향, 업무특성, 조직문화 등을 고려해서 결정하면 되는 것이다.

펩시코의 목표설정방식은 Top-Down방식이다. 전사, 사업부, 개인별로 3~5개 정도의 핵심적인 목표를 설정하는데 개별목표는 가능한 한 정합성, 도전성, 구체성을 충족시키는 목표가 설정된다. 설정된 목표는 전사 차원에서 공표되며 관련 부서 구성원 간 완전히 공유된다. 한 번 설정된 목표는 지속적으로 모니터링된다.

예를 들어, 영업성과의 경우에는 매주 리뷰, 공표되며 실적이 부진한 경우에는 직속상관인 관리자가 부진이유를 체크하고, 성과향상을 위해 적극적으로 지원한다. 평가 시에는 종합적인 관점에서 목표달성도뿐만 아니라 목표달성과정을 평가하기 위해 11개의 리더십 항목을 평가하여 목표달성도 평가만으로 생길 수 있는 오류를 최소화하여 평가의 공정성을 지향하고 있다.

휴렛패커드의 목표설정방식은 Bottom-Up방식이다. 전사 차원에서는 가이드라인 성격의 일반적인 목표가 주어지고 사업부분별로 최고경영층의 간섭 없이 자율적으로 구체적이고 도전적인 목표를 설정한다. 또한 개인의 경우에도 사업부분 목표와 밀접한 관련도는 떨어지더라도 창의력과 역량을 극대화하기 위한 구체적인 목표를 설정한다. 이때 설정되는 목표는 수치보다는 역량강화 등 질적 목표중심으로 설정되고 수시로 직속상사에 의해 모니터링된다. 평가 시에도 달성도보다는 종합적인 관점에서 성과물과 성과달성의 과정을 평가하기 위해 잘했으면 왜 잘했는지, 못했으면 왜 못했는지를 11개 항목별로 구체적으로 설명하도록 되어 있다.

이 두 기업의 목표설정방식은 조직문화, 최고경영층의 철학, 구성원의 성향의 차이로 완전히 다르지만 중요한 공통점이 있다. 평가자체보다는 목표설정 및 모니터링과정을 중요시한다는 점, 직속상사가 전적인 책임을 갖고 종합적인 관점에서 피평가자의 목표달성을 지도, 지원, 평가한다는 점이다. 결국 두 기업은 성공적인 목표관리제도의 운영을 통해 세계 초일류기업으로서의 항해를 지속하고 있는 것이다.

자료 : LG경제연구원

보보의 신문

2위의 반격

펩시코는 세계에서 규모가 가장 큰 식품회사 중 하나다. 펩시콜라로 유명한 청량음료 제조회사로 모르는 사람이 없을 만큼 유명하지만 식품회사로 사업다각화가 진행됐다. 컨설팅기업 인터브랜드에 따르면 2016년기준으로 브랜드 가치는 세계 23위다.

약사였던 칼렙 브래드햄은 1893년 '브래드의 음료수(Brad's drink)'를 만들어 그의 드러그스토어에서 판매했다. 1898년 펩시콜라로 이름을 바꿨고, 1902년 회사를 창업했다. 이후 코카콜라와 어깨를 나란히 하는 소프트드링크업계 거대기업으로 성장했다. '펩시코'라는 현재의 사명을 갖게 된 것은 1965년이다.

식품 매출이 청량음료 앞질러

펩시코의 영업은 북미 3개 부문과 해외 3개 지역의 6개 부문으로 나뉜다. 북미사업은 음료 부문(2016년 전체 매출액 중 34%), 스낵·과자 부문(감자칩, 토르티야 등·25%), 시리얼 부문(시리얼, 파스타 등·4%)으로 구성돼 있다. 북미시장은 펩시코 매출액의 60% 이상을 차지하고 있다. 그 외 지역이 차지하는 비중은 유럽·남부 아프리카 16%, 라틴아메리카 11%, 아시아·중동·북부 아프리카 11%이다. 북미 이외 지역에선 음료와 스낵, 시리얼을 같은 조직에서 판매한다. 지역에 따라 독자적인 식품을 판매하는 경우도 있다.

2016년 펩시코 매출액을 상품별로 분석하면 청량음료는 전체의 48%를 차지하고, 식품이 52%로 처음 절반을 넘었다. 펩시코는 오랫동안 펩시콜라 등 청량음료를 중심으로 경영했지만, 1990년 후반부터 다양한 식품기업을 인수하고 매각하는 작업을 반복하며 사업 다각화를 시도했다. 켄터키프라이드치킨(KFC), 피자헛, 타코벨 등도 잠시 보유했다. 최종적으로 청량음료, 스낵·과자, 시리얼의 3가지 부문에 집중하기로 결정했고 해당하지 않는 사업은 대부분 매각했다.

매출 10억 달러 넘는 브랜드 22개 보유

현재 음료를 제외한 펩시코사업의 핵심은 1965년 인수한 프리토레이(Frito-Lay)와 2001년 인수한 퀘이커오츠(Quaker Oats)다. 프리토레이가 스낵·과자 부문을, 퀘이커오츠가 시리얼 부문을 담당한다. 펩시코는 펩시, 트로피카나, 게토레이, 마운틴듀 등 연매출액 10억 달러(약 1조 1,300억 원)를 웃도는 브랜드를 22개 보유하고 있다. 펩시코와

같은 식품업체의 실적은 세계 경제 동향, 환율, 원재료 가격, 소비자 기호의 변화, 규제, 세제 변화에 따른 영향을 받는다. 최근 몇 년간은 소비자 기호 변화의 영향이 컸다. 콜라와 같은 단 음료 매출액이 감소하고, 달지 않은 음료나 차에 대한 선호도가 높아졌다.

펩시코와 코카콜라는 100여 년간 '콜라 전쟁'을 벌여왔다. 두 회사는 압도적인 브랜드 가치와 제조·판매망을 갖고 있어 새로운 경쟁자가 등장하기 어렵다. 광고, 상품개발, 마케팅에 들이는 비용도 어마어마해 다른 회사의 추격을 허락하지 않는다. 최근 콜라를 중심으로 탄산음료 판매가 악화되고 있어 경쟁은 더 치열해졌다. 펩시코는 코카콜라와 비교해 식품분야로 다각화돼 있어 콜라판매가 늘지 않는 최근엔 강점이 되고 있다.

최근 '소다세'가 세계적인 이슈가 될 정도로 콜라 제조업체에 악재가 되고 있다. 소다세(soda tax)는 설탕이 가미된 음료에 부과하는 특별소비세이다. 비만과 당뇨, 충치 등을 막기 위해 보건 목적으로 추진됐다. 탄산음료 제조사들은 소다세가 소비자에게 부담되고, 탄산음료를 즐겨 마시는 서민에게 큰 타격이 된다고 반대해왔다. 미국 필라델피아를 시작으로 몇몇 도시가 설탕이나 인공감미료가 든 음료 1온스(약 29㎖)에 1~2센트(11~22원)의 세금을 붙이고 있다. 2ℓ짜리 페트병 1병의 콜라에 부과되는 소다세는 약 1.02달러(약 1,153원)에 달해 소비자들이 오른 가격에 큰 부담을 느끼고 있다. 하지만 소

다세는 오히려 펩시코 실적에 도움이 되는 측면이 있다. 인드라 누이 펩시코 최고책임자(CEO)가 펩시코의 사업구조를 변화시켰기 때문이다. 그는 펩시코를 탄산음료에서 벗어나 건강식품중심으로 사업을 재편해 실적을 향상시켰다는 평가를 받는다. 그는 펩시코의 상품에서 설탕, 지방, 염분 함량을 축소하기 위해 연구하고 있다. 지난해엔 액상과당이 없는 탄산음료, 염분·포화지방이 적은 스낵 등 '길트 프리(guilt-free)[2)]' 식품이 매출액에서 차지하는 비중이 45%로 높아졌다.

자료 : 조선비즈, 2017.7.13.

5 문제해결의 과정

1) 사전점검

주어진 문제에 대해 다음과 같은 관점으로 점검해 보자.

- 이 문제는 해결해야 할 가치가 있는가?
- 이 문제에 관계되는 사람들의 생각은 어떠한가?
- 이 문제를 해결하면 오히려 불이익을 받는 사람은 없는가?
- 문제해결에 필요한 적절한 자원들을 확보할 수 있는가?
- 문제해결에 필요한 사람들을 확보할 수 있는가?
- 이미 해결책을 알고 있는 것은 아닌가?
- 이 문제에 대해서 이미 해결한 경험을 갖고 있지는 않은가?
- 해결의 열쇠를 갖고 있는 사람은 누구인가?

2) 소비자들이 죄책감을 느끼지 않는다는 의미이다.

2) 문제의 정의

문제란 현재의 상태와 바람직한 기대치와의 차이를 의미한다. 그러므로 내게 주어진 문제가 무엇인지를 올바르게 정의했다면 문제의 절반은 이미 해결된 것과 마찬가지다.

문제를 명확하게 정의하면 나와 문제관련자들의 역량을 한 방향으로 집중시킬 수 있다.

3) 원인분석

문제와 관련된 잘못된 원인파악은 그릇된 결과를 초래한다. 많은 문제들이 그 원인을 파악하는 과정을 통해서 자연스럽게 해결책을 찾아낸다.

상황, 장소, 대상, 정도, 방법 등의 문제와 관련된 다양한 정보를 수집한다. 수집된 정보를 통해 잠재적인 원인을 파악하고, 근본적인 원인을 분석한다.

그림 8-8 | 문제의 원인분석

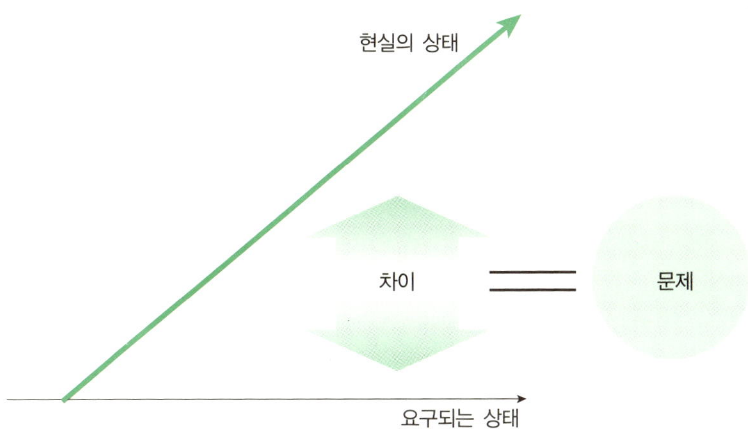

보보의 신문

레고를 통해 영감을 얻다

글로벌 완구업체 레고가 디지털 네이티브 세대를 위한 사회관계망 서비스(SNS) '레고 라이프'를 한국에서도 처음 공개했다.

레고 코리아는 서울 포시즌호텔에서 개최한 기자 간담회에서 레고그룹이 개발한 어린이 전용 SNS인 레고 라이프를 한국에서 출시한다고 밝혔다.

레고 라이프는 어린이도 쉽고 안전하게 이용할 수 있도록 레고그룹에서 만든 SNS 애플리케이션이다. 지난 1월 미국, 영국, 프랑스, 독일 등 북미와 유럽에서 먼저 출시됐고, 한국에는 최적화 작업을 거쳐 이번에 선보이게 됐다. 앱스토어 또는 구글스토어에서 검색해 다운로드받을 수 있다.

레고 라이프는 스마트폰 같은 디지털환경에 익숙한 아이들이 직접 만든 레고 창작물을 공유하면서 또래 친구들의 독창적인 창작 아이디어를 소통하는 등 어린이 친화적인 디지털 놀이 경험을 제공하는 것을 목표로 개발됐다.

레고 브릭 6개를 활용해 무엇이든 만들어 보기와 같은 게임을 비롯해 동영상, 퀴즈와 같은 멀티미디어 콘텐츠로 레고 라이프는 구성돼 있다.

레고 코리아 측은 평소 레고를 즐기는 아이들이 레고 라이프를 통해 새로운 창작 영감과 아이디어를 얻음으로써 브릭 놀이의 가능성을 더욱 확장시켜주는 훌륭한 플랫폼 역할을 할 것으로 기대한다고 말했다.

SNS상에서 아이들이 유해정보와 아동대상범죄에 노출될 수 있다는 일각의 우려에 대해 레고 코리아 측은 이용자들을 보호하기 위해 아동 온라인 안전성을 최고 수준으로 확보했다고 강조했다.

대표적으로 아이들의 신상정보노출을 막기 위해 자동생성 닉네임방식을 적용했다. 아울러 아이들의 얼굴, 사진, 위치 등 개인 신상정보와 유해성 콘텐츠가 공유되지 않도록 북미와 유럽, 아태지역으로 나뉜 레고 라이프 전담 모니터링팀이 24시간 체계적으로 관리한다.

태블릿 PC 전용 앱으로 기본적인 움직임과 소리를 내는 동작 등을 코딩할 수 있으며 색깔과 음성, 움직임을 인식하는 센서가 있어 특정 소리에 대답하는 등 사용자와 상호작용이 가능하다.

레고 코리아 측은 '최고만이 최선이다'는 기업 철학을 바탕으로 레고의 글로벌 네트워크와 디지털기술을 활용해 아이들에게 재미와 학습경험을 만족시키는 새로운 놀이방식을 지속적으로 개척해 나갈 것이라고 말했다.

자료 : 매일경제, 2017.7.10.

4) 대안모색

문제를 해결하기 위해서 수집된 정보와 아이디어는 많을수록 좋다. 왜냐하면 한 가지의 최적해는 없기 때문이다. 문제를 해결하는 과정에서보다 많은 대안을 찾는 과정에서 최선의 해결책이 나타난다. 이는 의사결정을 참조하라.

최적의 대안을 모색하기 위해 가능한 한 많은 아이디어를 생성하고, 생성된 아이디어를 활용할 수 있도록 최대한 압축해야 한다.

5) 최적안의 선택

시간적 제약과 자원의 제약으로 인해 최적의 대안을 찾는 것은 그만큼 어려운 일이 된다. 그러므로 최적의 대안을 선택하는 과정에 모든 자원을 투입하여 최대한 자원의 낭비를 줄이고 대안을 선택하는 것이 중요하다.

대안을 선택하기 위한 준거를 설정하고, 준거 간의 중요도를 결정한다. 그리고 정해진 준거에 의해 여러 가지 대안들을 평가한다. 이후 최적의 대안을 결정한다.

보보의 책 자신 있게 결정하라

사람들의 결정과 그 결과에 대해 조사해 보면 인류의 성적표는 그다지 인상적이지 않다. 사업상의 결정들도 잘못 내려지는 경우가 허다하다. 경영인들은 고도의 리스크를 안고 기업의 인수합병을 결정한다. 하지만 연구에 따르면 인수합병의 83%는 아무런 주주가치도 창출하지 못했다고 한다. 또 다른 연구에서는 2,207명의 경영인들을 대상으로 조직 내에서 내려진 결정들을 평가해달라고 하자 그 중 60%가 좋은 결정과 나쁜 결정의 비율이 거의 반반이라고 답했다.

왜 우리는 선택을 잘하지 못하는 것일까? 문제의 핵심은 편견과 비합리성이다. 때때로 우리는 중요한 결정을 내릴 때 몸이나 마음이 즉각적으로 원하는 것, 즉 직감이나 육감을 믿으라는 충고를 받는다. 그러나 불행히도 우리의 몸이나 마음이 들려주는 조언은 문제가 있는 경우가 비일비재하다. 또한 직감이나 육감은 중대한 의사결정에도 별반 도움이 되지 않는다. 직감이나 육감을 믿을 수 없다면 무엇을 믿어야 하는가? 비즈니스에 종사하는 사람들은 대개 면밀한 분석의 가치를 믿는다. 기업이 중요한 의사결정을 내릴 때 대부분의 관련 팀은 정밀한 분석을 실시한다. 훌륭한 결정을 만들어내기 위해서는 프로세스가 분석보다 여섯 배 정도 더 중요하다. 또한 훌륭한 프로세스는 논리상의 결함을 밝혀주는 식으로 보다 나은 분석을 이끌어내기도 한다. 건실한 프로세스는 사업뿐만 아니라 인생 전반에 유용하다.

– 칩 히스, 댄 히스의 『자신 있게 결정하라』 중에서

보보의 뼈다귀

○ 우선순위설정법

많은 대안들 중에서 가장 바람직한 한 가지를 선택하고자 할 때 사용하는 기법으로서 각각의 대안들을 짝을 이루게 하여 쌍으로 비교해 가면서 우열을 결정하는 방법이다. Paired–Choice Matrix라고도 한다.

1. 선택해야 할 대안들을 선정한다.
2. 각각의 대안에 대해서 고유번호 또는 코드를 부여한다.
3. 각 대안들의 번호나 코드를 차례대로 매트릭스에 기록한다.
4. 좌측 상단에서 우측 하단으로 대각선을 긋는다.
5. 세로축과 가로축의 대안을 각각 비교하여 선택한 대안을 교차하는 칸에 기록한다.
6. 선택한 대안을 숫자를 조사하여 오른쪽 합계란에 기록한다.
7. 우선순위를 기록한다.

주제 : ______________________________

대안 :

A ____________________

B ____________________

C ____________________

D ____________________

E ____________________

F ____________________

							합계	순위
	X							
	X	X						
	X	X	X					
	X	X	X	X				
	X	X	X	X				

보보의 한 말씀

소나기는 하루 종일 내리지 않는다. — 노자의 『도덕경』 중에서

6) 실행계획의 수립

계획화는 문제해결이라는 말과 동의어로 쓰일 정도로 계획화와 문제해결은 우열을 가릴 없을 정도로 모두 중요하다. 대안이 선택되더라도 제대로 수행되지 않는다면 아무런 가치가 없다. 왜냐하면 효과적인 실행계획의 수립은 수행과정의 시간을 줄여주기 때문이다.

대안이 선택되었으면 실행계획을 수립한다. 수립된 계획에 따라 상황의 변화를 예측하고 그에 대한 대비책을 세운다. 문제와 관련된 이해관계자들에게 충분한 설명을 하고 협조를 구한다.

7) 실행과 평가

문제해결과정의 핵심은 나의 현재 상태와 내가 바라는 바의 차이를 명확하게 인식하여 그것에 알맞은 대안의 선택과 수행을 하는 것이다. 여기서 중요한 것은 과정 그 자체로 모든 일들이 종결되는 것은 아니며 충분한 피드백을 통해 잘못된 부분을 개선하고 더 향상시킬 수 있도록 노력하는 것이다.

이때 결과에 대한 피드백은 문제와 관련된 모든 이해관계자와 공유한다.

보보의 문제

어느 쪽의 우선순위가 더 높을까요?

보보는 일을 열심히 하는 일중독자이다. 그러다 보니 다른 동료들이 자신만큼 열심히, 빠른 속도로 일하지 않는 것이 불만이다.

이번에 맡은 프로젝트도 팀단위의 협동심이 강조되는 업무이다. 함께 일하는 동료들로부터의 피드백과 도움을 받을 수 있어야만 한 단위의 업무에서 다른 단위의 업무로 넘어갈 수 있다. 그런데 설상가상으로 다른 팀이 해결하지 못한 프로젝트까지 보보가 맡게 되었다. 보

보는 업무가 너무 많아져서 걱정되고, 다른 동료들로부터 원하는 만큼의 지원을 받지 못해 초조하다. 어떤 문제가 보보에게 더 심각한 문제일까?

업무확대에 대한 대응	일이 늘어서 큰일이다.	≠	우선순위 높음
	그럴 수도 있고 아닐 수도 있다.		
늦은 답변에 대한 대응	실제로 동일하게 곤란한 동료의 업무를 인수함	=	우선순위 높음
	지금까지 결정적 사태가 없었어도 현실적으로 피해, 확대성이 높다.		

우선순위설정법에 따라 순위를 정해 보자.

※ 그룹별로 토의해 보세요.

보보의 신문

삶의 목표가 뚜렷할수록 잠이 편하다

'삶의 목표'가 뚜렷할수록 수면이 질이 높다는 연구결과가 나왔다.

영국 일간 텔레그래프는 미국 노스웨스턴대 의대 연구팀이 수면의 질이 잠자리에 들기 전 결정되고, 삶의 목표를 갖는 것이 큰 영향을 미친다는 사실을 밝혀냈다고 보도했다.

연구진은 60~100세 성인 823명을 대상으로 설문조사를 실시했다. 자신의 삶이 의미있다고 느끼는 참가자는 그렇지 않은 참가자보다 수면무호흡증 발생가능성이 63%나 적었다. 하지불안증후군 발생가능성은 52% 적었다.

수면무호흡증은 얕은 숨을 들이켜거나 수면 중 호흡이 간헐적으로 멈추는 증상이다. 나이가 들수록 흔하다. 하지불안증후군을 겪으면 다리에 불안감을 느껴 자주 움직이게 된다.

연구진은 삶의 목표를 개선하는 '마음 챙김 요법'이 수면의 질을 함께 개선하는지도 살펴보고 있다.

제이슨 옹 노스웨스턴대 교수는 "삶의 목표를 갖도록 도와주는 것은 수면의 질을 개선하기 위한 효과적인 비(非)약물전략"이라면서 "삶의 목표는 함양, 자극될 수 있다"고 말했다.

영국은 수면부족으로 근로시간이 줄어 연간 최대 400억 파운드 손실이 발생하는 것으로 추산한다. 국내총생산(GDP)의 1.86% 수준이다.

자료 : 전자신문, 2017.7.10

보보의 한 말씀

뜻을 세운다는 것은 목표를 선택하고, 그 목표에 도달하도록 할 행동과정을 결정하는 것이다. 결정한 다음에는 목표에 도달할 때까지 결정한 행동을 계속하는 것이다. 중요한 것은 행동이다.

– 마이클 핸슨

그림 8-9 | 목표관리의 과정

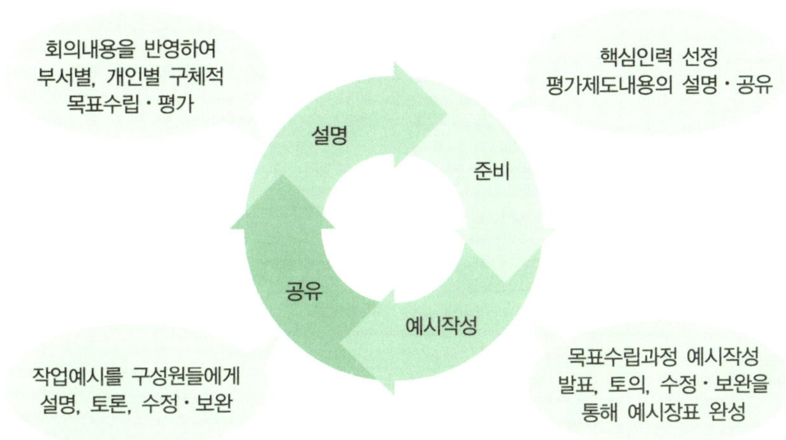

자료 : LG경제연구원 (저자 재구성)

6 SWOT분석

'보보'라 불리는 한 강아지가 있다. 혈통이 엄청나게 좋은 놈이다. 웬만한 동네 강아지들은 족보도 못 들이밀 정도다. 게다가 생김새는 얼마나 잘났는지 '얼짱'이 따로 없다. 그런데 신은 공평하셨는지 보보는 죽어라 공부를 안 한다. 매일 거울을 보면서 춤만 춘다. 그 덕분에 춤에서는 보보를 따라올 강아지가 없다. 거의 가수 비 수준이다.

예전의 기준으로 보아서는 보보에 대한 평가는 거의 절망적이다. 생김새는 기생오라비, 공부 못해, 매일 춤만 추고 돌아다니니… 집안이 좋아야 아무 짝에도 쓸모가 없다. 그런데 요즘 세상이 어떠한가.

기생오라비 같은 곱상한 외모는 강점 중의 강점이요, 춤 또한 그렇다. 공부를 못한다는 약점을 상쇄하고도 남을만한 강점이 몇 가지나 있고, 그 강점을 살릴만한 기회도 부지기수다. 문제는 보보의 강점을 어떻게 살려서 연결시켜주느냐, 바로 그것이다. 여기에 SWOT분석의 묘미가 있다.

SWOT분석은 기업의 외적·내적인 요인을 고려한 전략기법으로서 WOTS, TOWS, SWOT 매트릭스 등으로 불린다. SWOT는 강점(S : strength), 약점(W : weakness), 기회(O : opportunity), 위협(T : threat)을 의미하는 영어의 첫머리를 연결한 단어이다. 현재의 상황에서 전략적 요소인 기회, 위협, 강점, 약점을 분석하는 상황분석이다. 또한 이들 요소 간의 최선의 연결을 나타내는 것이다.

▌표 8-5 ▌SWOT분석의 구성요소

외적 환경	기회	• 기업목적 달성에 유리한 상황
	위협	• 위험(risk) • 기회가 없는 상황 또는 기업과 그의 전략을 해롭게 할지도 모르는 불리한 상황
내적 능력	강점	• 기업이 그의 목적을 달성하기 위해 사용할 수 있는 자원이나 능력
	약점	• 기업이 그의 목적을 달성하지 못하게 하는 기업 내에서의 한계, 결점, 부족

일반적으로 환경은 기업의 여러 가지 활동에 많은 영향을 미치는 인자이다. 때문에 환경을 분석하는 것은 전략적 과정의 중요한 요소가 된다. 기업을 제대로 운영하기 위해서는 기업을 둘러싼 일반환경과 과업환경을 면밀히 분석하여 기업활동에 영향을 미치는 주요한 환경의 변화추세를 명확히 인식해야 한다.

따라서 환경분석은 목적달성에 이르는 조직능력에 영향을 미칠 수도 있는 현재, 미래의 기회와 위협을 명확히 하기 위해 조직환경을 추적하는 과정을 의미한다. 이것이 외적인 요인에 해당하는 개념이다. 환경을 분석한 이후에 기업에 기회로 작용할 수 있는 환경요인과 위협을 가할 수 있는 환경요인에 관한 평가가 뒤따른다. 이것이 내적인 요인에 해당하는 개념이다.

SWOT분석에서는 필연적으로 기회와 위협이라고 부르는 외적인 환경과 강점과 약점이라고 불리는 내적인 자원에 대한 개념이 포함된다.

SWOT분석이란 환경을 분석하고 평가하여 기회와 위협을 찾아낸 후 기업내부능력을 분석하고 평가하여 강점과 약점을 찾아내서 기회와 강점을 연결시킴을 의미한다.

그림 8-10 Strength+Weakness+Opportunity+Threat

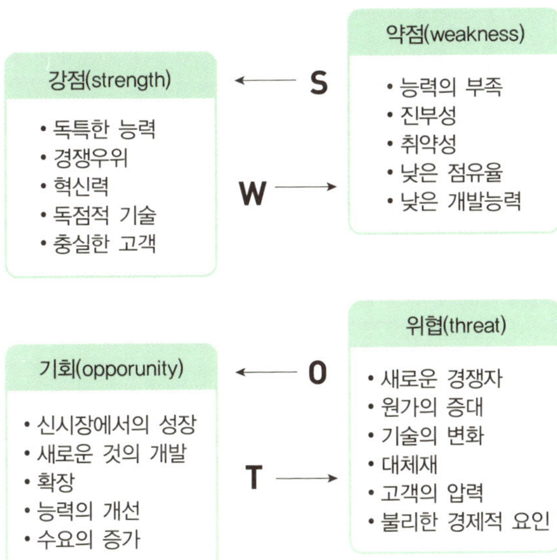

그림 8-11 전략수립의 과정

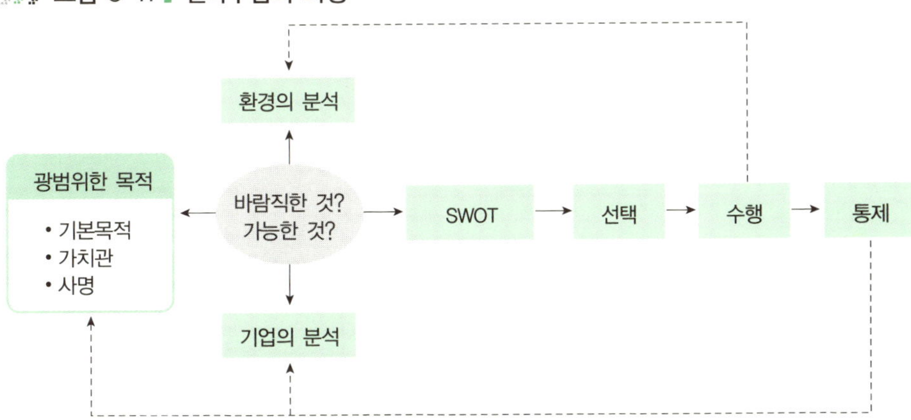

강점과 기회를 최대한 살리되, 위협을 극소화하고 약점을 제거하여 이상적인 기업을 운영함이 바람직하다.

결과적으로 전략의 역할은 기회와 강점을 극대화하는 일이다. 결국 효과적인 전략이란 기업의 강점을 동원하여 기회에서 얻을 수 있는 이점을 취하고, 약점을 피하거나 수정하고 보완함으로써 위협을 방어하는 일이라 할 수 있다.

1) SO전략

Strength+Opportunity

SO는 기회와 강점이 결합된 아주 유리한 분면이다. 기회와 강점이 모두 많은 상황, 즉 기회의 이점을 얻기 위해 강점을 활용할 수 있는 상황이다. 내가 가진 목표를 달성하기 위해 강점을 충분히 활용할 수 있는 분면으로서 모든 분면 중에서 가장 바람직하고 성공적인 분면이다. 목표달성을 위해 가장 효과적인 방법은 내가 가진 능력을 환경적 기회에 잘 연결시키는 것이고, 기회와 강점을 모두 극대화하는 것이 가장 바람직하다.

2) ST전략

Strength+Threat

내가 목표를 달성하기 위한 능력은 충분히 보유하고 있지만 환경적 요소가 위협적이어서 기회를 잡지 못하는 상황이다. 이 분면에서는 성장보다는 주어진 위협적 요소를 극복하거나 회피하기 위해서 강점을 활용해야만 한다. 따라서 강점을 극대화시키면서 위협을 최소화시키는 것이 바람직하다.

3) WO전략

Weakness+Opportunity

기회는 많아서 내게 긍정적이지만 내가 그것을 이용하기에는 능력적 한계가 있는 분면이다. 그러므로 기회가 주는 이점을 충분히 살리면서 나의 약점을 극복하거나 극소화하는 것이 바람직하다.

4) WT전략

Weakness + Threat

이 분면은 내가 약점을 지니고 있는데 환경적으로도 위협에 직면한 상황이다. 여기에서는 다소 방어적인 전략이 필요하다. 위협을 회피하고 약점을 최소화시킬 수 있는 것이 바람직하다.

그림 8-12 | 기회 · 위협 · 강점 · 약점의 연결

외적 환경평가 / 내적 기업분석	기회(opportunities)	위협(threats)
강점(strengths)	Maxi–Maxi(SO) 1	2 Maxi–Mini(ST)
약점(weaknesses)	3 Mini–Maxi(WO)	4 Mini–Mini(WT)

보보의 신문

반(反)실리콘밸리 정서가 기회로 작용하다

유럽집행위와 유럽의 주요국가가 주도하는 반(反)실리콘밸리 정서는 반대로 한국, 일본, 중국 등 아시아의 정보기술(IT)기업에는 우호적 사업기회가 되고 있다. 최근 2~3년 사이에 아시아기업들이 유럽 첨단기술기업을 인수합병(M&A)하는 일이 부쩍 느는 데도 이런 분위기가 배경이 됐다는 것이 IT업계의 분석이다. 영국 테크 전문투자은행 GP 불하운드의 집계에 따르면 아시아기업의 유럽 테크업체 인수는 작년 49건으로, 2014년 22건의 2배 이상으로 늘었다. 거래액은 2년 새 30배가 급증, 작년에만 504억 달러(약 58조 2,000억 원)에 달했다. 대표적 사례가 일본 소프트뱅크가 영국 반도체 설계업체 암(ARM)을 330억 달러에 인수한 것이다. 암(ARM)은 반도체 설계 전문기업으로 미국 반도체기업 인텔과 경쟁하는 유럽 반도체업계의 자존심이다. 중국 인터넷기업 텐센트는 작년에 유럽 최대 모바일게임업체인 핀란드의 수퍼셀을 86억 달러에 인수해 세계 IT업계를 깜짝 놀라게 했다. 국내 인터넷기업 네이버가 지난달 28일 프랑스에 있는 인공지능 연구소 제록스리서치센터유럽(XRCE)을 인수한 것도 같은 맥락이다. 이 연구소는 구글의 딥마인드, 페이스북의 AI리서치센터, 마이크로소프트의 MS리서치센터 등과 함께 세계 AI연구를 선도하는 곳이다. XRCE 인수 전에는 미국의 주요 IT기업들도 뛰어들었지만 네이버가 최종 인수자로 낙점된 것이다. 인수가격에서는 네이버보다 더 큰 금액을 제시한 미국기업도 있었지만, 연구소의 사원협의회가 미국보다 한국기업이 인수하기를 희망한 점이 최종결과에 영향을 미친 것으로 알려졌다. 〈파이낸셜타임스(FT)〉는 "아시아기업들은 미국 실리콘밸리기업들과 달리, 유럽 테크기업에 새로운 기회를 제공한다"며 "아시아기업에 인수된 유럽 테크기업이 신기술 제품, 서비스 사용에 적극적인 아시아 소비자들을 만나면서 한 단계 더 성장할 기회를 얻는다"고 보도했다. 예컨대 영국 여행가격 비교업체 스카이스캐너는 중국 온라인 여행사 씨트립에 팔린 뒤, 아시아 시장진출에 유리한 위치를 차지하면서 이제는 미국 경쟁사들을 위협할 정도로 위상이 올라갔다는 것이다.

자료 : 조선비즈, 2017.7.10.

보보의 신문

네이버, 도전장을 내밀다

단어, 문장과 같은 글자가 아니라 그림 이미지를 통해 정보를 찾는 '이미지 검색'시장이 뜨겁게 달아오르고 있다. 구글과 카카오가 먼저 진출한 시장에 국내 최대 포털인 네이버가 서비스를 개시하며 도전장을 냈다.

네이버는 자체 개발한 '스마트렌즈' 이미지 검색을 시범서비스한다고 밝혔다. 모바일 검색창 탭에서 스마트렌즈 아이콘을 누르고, 카메라로 촬영하거나 저장된 이미지를 불러와 이미지를 검색하면 관련 정보가 뜬다. 이미지의 특정부분만 영역을 정해 그 부분에 대해서만 검색을 할 수 있다. 스마트렌즈에는 네이버가 자체 개발한 '스코픽'기술이 적용됐다. 네이버 관계자는 "스코픽은 네이버가 국내 최대 규모 검색사업자로서 축적한 사용자 콘텐츠(UGC)를 최대한 활용, 이미지에 대한 상세한 키워드와 다양한 유사 이미지를 제공한다"고 설명했다. 인공지능(AI)의 '딥러닝' 기반 이미지분석기술이다. 예컨대 수없이 저장되어 있는 인터넷 사용자들의

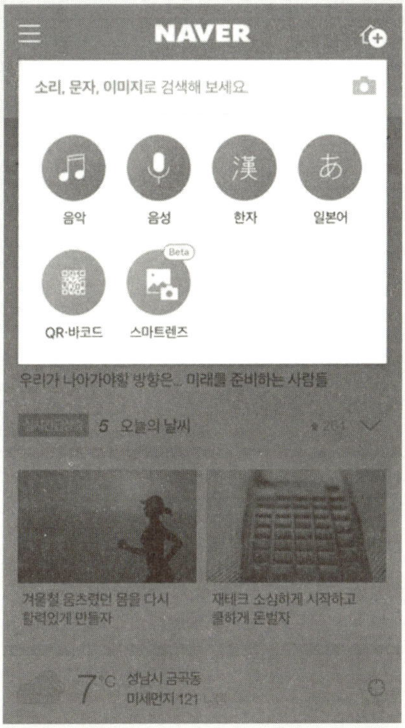

고양이 사진들을 보고서 고양이를 학습해 비슷하게 생긴 이미지를 찾아주는 것이다. 네이버 측은 '컵', '가구'보다 '브라운 컵', '식탁의자'처럼 상세 키워드를 보여주는 수준이라고 덧붙였다. 이미지 검색분야는 2009년 '고글' 앱서비스를 시작한 구글이 선두주자다.

지난 5월 열린 구글 연례 개발자 콘퍼런스에서는 '구글 렌즈'를 선보였는데, 카메라 영상을 이해하고 정보를 줘서 사용자가 따라갈 수 있을 정도로까지 발전해 있다. 음식점 간판을 카메라로 비추면 이용자들이 매긴 메뉴별점을 보여주고, 극장을 비추면 현재 상영 정보가 나오는 식이다. 구글은 연내에 상용 서비스를 시작할 계획이다.

카카오의 '라이브픽'은 대중문화 맞춤형이다. 모바일 메신저 '카카오톡'과 '다음 앱'에서 탤런트 '송중기'를 검색하면 현재 활동 모습을 비롯해 팬 사인회, 시상식, 공항 사진을 한눈에 볼 수 있다. 이미지 검색은 6조 1,000억여 원 규모의 온라인 쇼핑환경을 빠르게 바꿀 것이라는 점에서 더 각광받고 있다. 구글은 비슷한 이미지를 찾아주는 검색기능을 이미 제공 중이고, 네이버도 쇼핑창에서 '비슷한 스타일 상품 찾기'가 가능하다. 네이버는 카메라로 찍은 사진으로 비슷한 상품을 찾아주는 '쇼핑 카메라'기능을 연내 도입할 예정이다. 상품 이미지, 텍스트 정보에서 사이즈, 색상, 무늬를 추출해 사이즈 검색 등을 할 수 있게 된다.

자료 : 서울신문, 2017.7.11.

보보의 한 말씀

기회는 새와 같은 것이다. 날아가기 전에 붙잡아야 한다. – 요한 실러

CHAPTER 09

의사결정

CHAPTER 09

의사결정

보보의 책 의사결정과정의 비밀

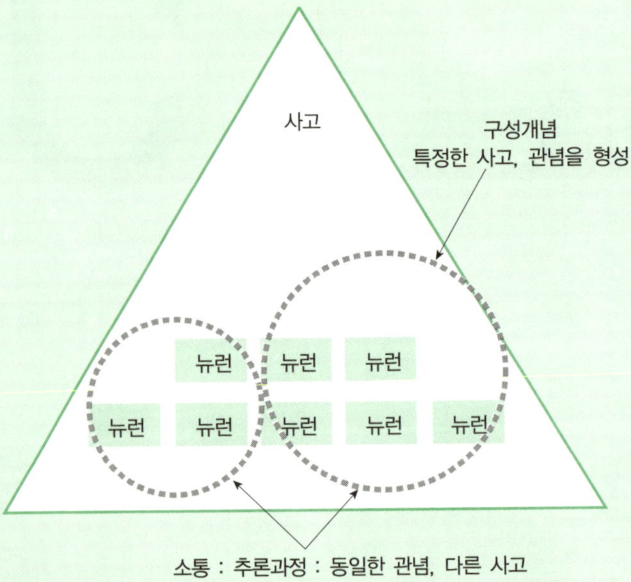

뇌는 아주 특별하고 신비에 싸인 기관이다. 사고, 말, 그리고 복잡한 운동패턴을 관장하는 기관인 대뇌피질은 대략 300억 개의 뉴런으로 구성되어 있고, 뉴런들은 '사고'라는 건물을 짓는 벽돌과 같다. 이렇게 다양한 뉴런들은 서로 '얘기(talk)'하고 싶어 한다. 뉴런들은 상호소통과정을 통해 일정한 군집, 즉 뉴런군을 구성하는데 이런 군집은 일종의 채팅방과 비슷하다. 뉴런의 군집이 이른바 구성개념(construct), 즉 특정한 사고나 관념을 형성한다. 게다가 이런 군집들도 서로 소통하기를 좋아하는데, 이런 상호소통과정은 각 구성개념들을 연계시켜주는 추론과정을 수반한다. 왜 동일한 관념이 다른 사람들에게 서로 다른 사고를 일으키게 되고 동일한 사람이 때에 따라 사고를 하는지를 바로 이 과정이 부분적으로 설명해준다.

뇌는 대부분의 시간을 자기자신과 소통하는데 보내는데, 이때 상호간의 대화는 우리가 '보거나 들을 수 없는' 침묵의 언어를 사용한다. 뉴런군들은 행위, 감정, 그리고 사고에 관해 대화를 나눈다. 이따금 이런 상호대화의 결과가 의식 차원으로 솟아올라 우리가 자각하게 되기도 한다.

어떤 경우 우리 내부에서 그런 대화가 이루어지고 있다는 '느낌'이 들기도 하지만 그것이 정확히 무엇인지 알 수 없을 때가 있으며, 우리는 대부분 대화가 일어나고 있는지조차도 인지하지 못한다. 우리의 인지여부와는 상관없이 뇌활동은 인간의 마음을 형성하고, 이 마음은 다시 사고를 구성하는 도구가 된다. 그래서 인지신경과학자들은 "마음은 뇌활동의 결과이다(mind is what the brain does)"라고 말하면서 이를 '마음/뇌(mind/brain)'라는 개념으로 표현한다.

의식은 인지에 대한 인지이며, 복잡한 사회에서 인간이 건전한 활동을 하기 위한 전제조건이다. 또한 의식은 우리의 의사결정능력에도 영향을 미친다.

그러나 의식적 마음에 의존하는 접근방식만으로는 충분하지 않다. 의식활동은 겨우 인간인식의 5%만을 차지하기 때문이다. 의식적 마음은 무의식적 과정이 만들어낸 행위를 설명할 뿐이다.

무의식적 과정은 일반적으로 매우 유용하다. 인간의 직관이나 본능적인 반응을 통해 무의식적 마음에 지혜가 농축되어 있음을 확인할 수 있다. 의사결정과정에서 무의식적 과정이 의식적 과정보다 훨씬 효과적이고 능률적이다. 게다가 많은 무의식적 과정은 언어나 비언어적인 언어를 배우는 능력과 마찬가지로 선천적이다.

– 제럴드 잘트먼의 『소비자의 숨은 심리를 읽어라』 중에서

1 의사결정의 정의

인간은 의식적이든 무의식적이든 의사결정(decision making)을 하는 본능적 속성을 지니고 있다. 하루 24시간의 삶을 살아가면서 적게는 수백 개에서 많게는 천문학적인 개수까지의 의사결정을 하게 된다. 의사결정의 결과가 별로 중요하지 않은 의미를 지니고 있을 때는 체계적인 과정이 필요하지 않을 수도 있으나 그 결과가 매우 중요한 의미를 지닐 때는 체계적인 과정이 필수적이다.

경영학의 많은 분야가 기업에서 가장 유리한 대안을 선택하는 과정으로서의 의사결정에 초점을 맞추고 있다. 기업적 측면에서 보았을 때 모든 계층에서 이루어지는 필수적인 활동으로서의 의사결정의 개념에 초점을 맞추게 되지만 본서에서는 개인의 의사결정에 초점을 맞춤으로써 주체적 역량을 강조하고자 한다.

그림 9-1 일반적인 의사결정모델

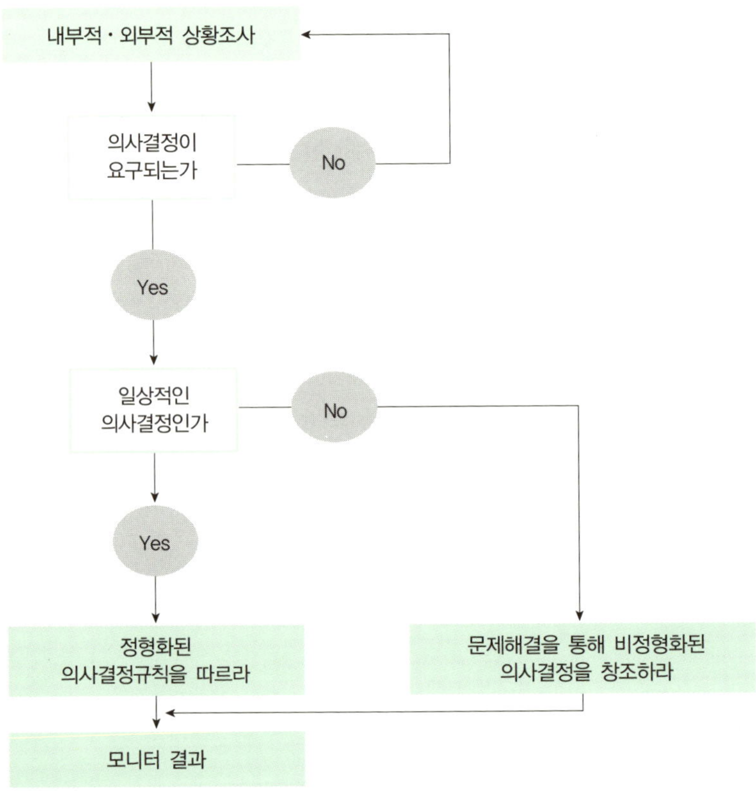

표 9-1 의사결정의 정의

몬디	대체안들을 탐색하고 평가하여 그 중에서 하나를 선택하는 과정
사이몬	의사결정은 기업경영 곧 그 자체
바톨	경영자가 조직의 문제를 찾아내고 이를 해결하려고 시도하는 과정
피어스	두 개 이상의 대체안으로부터 하나의 행동과정을 선택하는 과정
스토너	구체적인 문제를 해결하기 위해 행동과정을 분명히 하고 선택하는 과정
데프트	문제와 기회를 확인하고 그것들을 해결하는 과정

의사결정(decision making)이란 단어의 정의는 생각한 바를 결정하는 것이다. 그렇다면 왜 생각한 바를 결정함에 있어서 구체적인 절차들이 필요한 것인지 생각해볼 필요가 있다.

기업이라는 조직체에는 일정한 목표가 있다. 그리고 기업의 모든 활동들은 궁극적으로 그 목표를 향해 가기 위한 것이다. 마찬가지로 개인에게도 일정한 목표가 있으며 그 목표에 보다 체계적으로 다가가기 위한 대안으로서 의사결정의 과정은 매우 중요하다.

보보는 지금 개껌을 사러 마트에 가려고 한다. 마트에 가기 위해서는 큰 길을 따라 건널목을 두 번 건너 곧장 가는 길이 있고, 집 뒷골목으로 나가 꼬불꼬불한 길을 따라 한참을 걷다가 굴다리를 지나 돌아가는 길이 있다. 어느 길로 갈 것인가? 크고 곧은길이 항상 제일 좋은 길인가? 그것은 보보가 처해 있는 상황이나 그날그날의 기분에 따라 달라질 수 있다. 만약 그날 보보가 너무 바빠서 시간적 여유가 없다면 최단거리의 길로 가야 할지 모른다. 그러나 만약 시간적 여유가 있고 굴다리 밑에 놀러오곤 하는 비둘기들을 감상하고 싶다면 먼 길을 돌아 마트에 갈지도 모른다. 여기서 중요한 점은 모든 의사결정은 여러 가지 요건에 따른 타협의 결과라는 것이다. 여러 가지 변수에 의해 최종적으로 선택된 의사결정이 목표의 달성에 있어서 가장 완벽한 해답은 아니다. 다만 최적의 대안을 추구한 결과로서 나타나는 것이다. 그렇기 때문에 사이먼은 제한된 합리성하에서 최적의 해답을 추구하는 접근방법이 중요하다고 제안한 바 있다.

의사결정의 과정이 중요한 것은 그것이 전반적인 모든 활동에서 필수적으로 이루어지는 개념이기 때문이다. 사이몬은 “기업경영은 바로 의사결정과정이다”라고 했는데, 개인의 삶도 바로 의사결정과정의 합이기 때문에 그만큼 그 체계적 과정이 중요하게 언급되는 것이다.

조직 전체의 측면에서 의사결정의 질이 경영자의 업적과 조직효과를 측정하는 척도가 되고 기업의 성패를 좌우하는 요인이 된다면, 개인의 삶과 목표에 있어서 그 성과를 좌우하는 것도 의사결정의 질에 달려 있다.

그러므로 의사결정은 일상적이고, 반복적이고, 덜 중요한 것이 있을 뿐이지 없어도 되는 것이 아니다. 의사결정은 모든 인간과 조직의 모든 계층에서 이루어지는 필수적인 활동이다.

그림 9-2 | 의사결정의 질

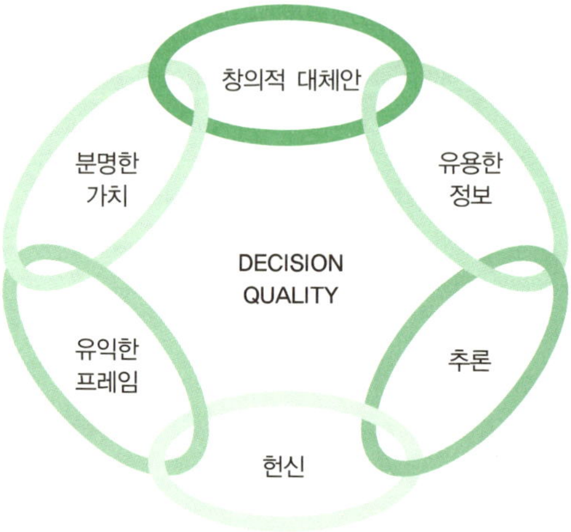

자료 : www.decisioneducation.org (저자 수정)

보보의 책 치맥 콜, 치킨하면 맥주이다

미국 프린스턴대학의 심리학자 대니얼 카너먼 교수와 언어학자 아모스 트버스키 교수는 인간이 언어로 생각하며, 언어로 의사소통을 한다는 점에서 의견을 같이 했다. 두 사람은 곧 의기투합하여 인간의 판단과 결정에 관한 공동연구에 들어갔고, 거기서 아주 흥미로운 특징들을 확인했다. 그 중 대표적인 것이 가용성 휴리스틱[1] 개념이다.

연구진은 실험참가자를 모집해 영어에서 '첫 번째 글자가 r인 단어'와 '세 번째 글자가 r'인 단어 중 어느 것이 더 많을지 실험참가자들에게 추정해보게 했다. 참가자들은 첫 번째 글자가 r인 단어가 더 많다고 대답했다. 하지만 영어에서는 세 번째 글자가 r인 단어가 세 배 많다. 그럼 참가자들은 왜 그렇게 대답했을까? 상대적으로 r로 시작하는 단어를 머릿속에 떠올리기 쉬워서이다. 사람은 실제로 발생한 사건의 빈도가 아니라 자신의 기억 속에서 쉽게 꺼내 쓸 수 있는 정보를 근거로 판단을 내리므로 이런 현상이 벌어진다.

---

1) 휴리스틱은 간편추론법, 추단법, 어림법, 주먹구구법, 편의법, 판단효과, 발견법 등으로 번역된다. 휴리스틱의 어원은 그리스어 'Heutiskein'이다. 이는 '찾아내다', '발견하다'라는 뜻이다. 현대 심리학에서 휴리스틱은 보편적 공식에 따른 것이 아니라, 그때그때 상황과 직관 및 감성에 따라 시행착오를 거치며 지식을 얻고 생각을 발전시키는 의미의 용어로 널리 사용되고 있다.

이러한 사례는 생활 속에서 쉽게 찾을 수 있다. 전지현과 김수현이 주인공으로 활약했던 '별에서 온 그대'라는 드라마 덕분에 우리는 치킨과 맥주의 조합에 익숙해졌다. 치맥은 훌륭한 조합이긴 하지만 치킨은 콜라, 사이다, 소주, 막걸리 등 다양한 음료와 어울린다. 우리에게 치맥의 조합이 생생하게 떠오르는 이유는 이미지를 사용하기 때문이다. TV 속 이미지는 생생할수록 기억에 인상적으로 저장되어 나중에 필요할 때 인출될 가능성이 높다. 광고도 같은 메커니즘이다. 결국 제한된 시간 안에 고객의 기억에 파고들어 나중에 구매결정을 할 때 얼마나 쉽게 머릿속에 떠오르게 할 것이냐를 다루는 게임이고, 이는 가용성 휴리스틱과 밀접한 관련이 있다.

가용성 휴리스틱은 명백한 통계도 무시하게 한다. 기차사고가 비행기사고보다 잦지만, 사람들 기억 속에는 매번 크게 보도되는 비행기사고가 더 많이 저장된다. 그래서 비행기사고가 기차사고보다 더 잦을 것이라고 쉽게 추정한다. 덕분에 객관적인 정보를 접해도 판단은 잘 바뀌지 않는다.

만일 사람이 발생빈도라는 객관적인 정보를 바탕으로 어떤 판단을 한다면 합리적 기준에 따라 일관된 선택을 할 수 있을 것이다. 하지만 현실에서 사람이 내리는 판단은 가용성 휴리스틱에 의해 그때그때 가용한 정보, 즉 사건이나 개념을 얼마나 쉽게 떠올릴 수 있느냐로 결정된다.

이처럼 불합리한 판단은 왜 생기는 걸까? 인간의 기본적인 정보처리용량에 한계가 있기 때문이다. 정보처리용량의 한계는 우리가 모든 정보를 탐색하지 못하고 즉각적으로 머릿속에 떠오르는 몇 가지 사항을 위주로 판단하게 한다. 인간이라면 누구나 가용성 휴리스틱이 파놓은 함정에 빠질 위험을 안고 살아가는 셈이다.

그런데 이것은 위기이자 기회이다. 만약 다른 사람이 특정정보를 중심으로 대대적인 캠페인을 벌이고 언론플레이를 한다면, 가용한 정보가 그것밖에 없으니 자기도 모르는 사이에 판단을 조종당할 수 있다. 누군가 악용한다면 분명 인간사회의 안정을 해치는 엄청난 위기를 불러올 것이다. 그러나 만약 가용정보에 그 반대요소를 넣을 수 있다면 어떨까? 긍정적인 가치와 실천방법을 표어처럼 곳곳에 적어 머릿속에서 쉽게 꺼내 쓸 수 있게 한다면 오히려 사회전반을 긍정적인 방향으로 이끌 수도 있다. 사람은 쉽게 머릿속에서 꺼낼 수 있는 것을 우선하여 판단하고 행동하기 때문이다.

– 이남석의 『인지편향사전』 중에서 (저자 수정)

○ 좌뇌와 우뇌의 기능

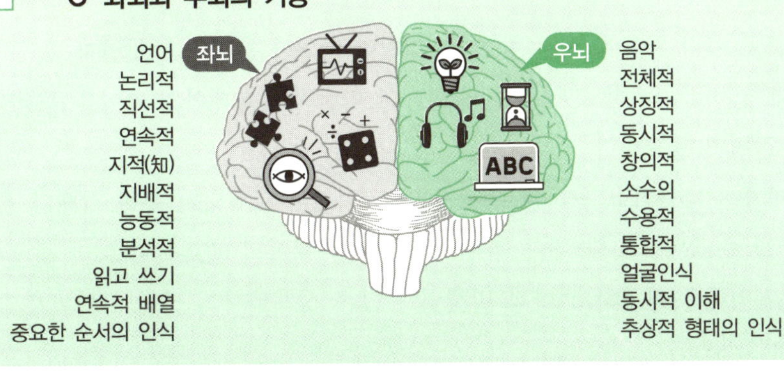

2 의사결정의 과정

의사결정이 대체안들 중에서 하나를 선택하는 과정이라는 관점에서 의사결정은 그 방안을 얻기 위한 일련의 단계로 구성된다. 일반적으로 문제의 인식, 대안의 탐색, 대안의 평가, 대안의 선택, 대안의 실행, 실행결과의 평가 등으로 이루어진다.

표 9-2 | 의사결정과정의 단계

피어스와 로빈슨	① 문제의 한정, ② 목표의 설정, ③ 해결안의 생성, ④ 대체안의 선택, ⑤ 의사결정의 수행, ⑥ 의사결정결과의 평가
체링톤	① 문제의 확인, ② 목표의 설정, ③ 해결안의 개발, ④ 해결안의 평가, ⑤ 대체안의 선택, ⑥ 의사결정의 수행, ⑦ 평가 및 통제
데프트	① 의사결정 필요의 인식, ② 원인의 진단과 분석, ③ 대체안의 개발, ④ 대체안의 선택, ⑤ 대체안의 수행, ⑥ 평가 및 피드백
바론과 그린버그	① 문제의 규명, ② 목표의 확인, ③ 사전결정, ④ 대체안의 개발, ⑤ 대체안의 평가, ⑥ 대체안의 선택, ⑦ 대체안의 수행, ⑧ 피드백

1) 문제의 인식

의사결정과 문제해결이라는 개념은 상호대체적으로 사용될 수 있을 만큼 의사결정과정에서 문제의 인식은 매우 중요한 단계이다. 문제가 현재의 상태와 내가 바라는 상태와의 차이를 의미하는 개념이므로 문제를 인식하고 그것을 구체화하는 과정이 첫 단계가 된다.

그러므로 가장 처음에 해야 할 일은 개인이 당면한 문제가 무엇인지 확인하는 것이다. 내가 지금 자리하고 있는 실제 상태와 바람직한 상태와의 차이를 규정짓고 찾아내는 작업이 필요하다.

개인에게는 추구하고자 하는 목표가 있고 이것이 달성되지 못한 상태가 문제 그 자체가 될 수 있다. 또한 내가 추구하고자 하는 목표와 관련하여 이미 발생했어야 하는 문제임에도 불구하고 아직 발생되지 않은 상태로서의 문제의 의미가 있는데,

이는 기회로 해석될 수도 있다.

개인이 문제를 정확하게 진단하지 못하는 가장 큰 이유는 지각상의 문제이다. 모든 개인에게는 자신을 보호하거나 방어하려는 경향이 있다. 인간은 본능적으로 자신에게 유리한 정보만을 선택하고, 부정적인 정보는 피하거나 왜곡하려는 성향이 있다. 또 한 가지 이유는 문제가 발생할 수 있는 여러 가지 징후들을 문제 그 자체로 해석함으로써 일어나는 오류이다. 그러므로 문제를 인식한다는 것은 의사결정과정의 직접적인 단계가 아니라 사전단계라고도 볼 수 있으며 의사결정과정의 출발점이 된다.

21세기의 바람직한 인재상은 적극적으로 문제를 해결할 수 있는 문제해결자이며 문제발견자이다. 개인에게 주어지는 여러 가지 문제를 해결할 수 있는 능력은 필수적이며 이와 더불어 일어날지 모르는 미지의 문제를 적극적으로 찾아낼 수 있는 능력이 필요하다.

그림 9-3 | 21세기 의사결정자의 복합적 요인

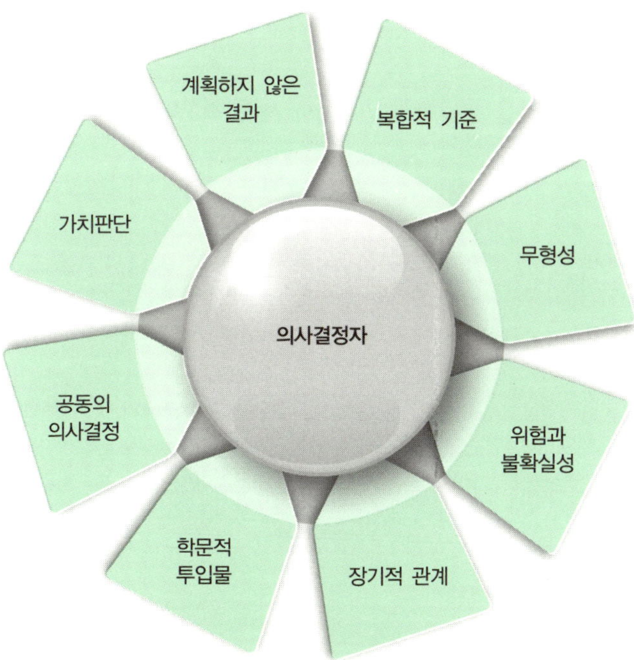

문제는 그 문제가 지닌 긴급도와 중요도에 따라 우선순위가 결정된다. 긴급도와 중요도에 따라 문제가 한 단계 여과되어서 한정되면 문제인식단계는 거의 해결된 것과 마찬가지이다. 그러므로 문제의 본질을 명확하게 하기 위해서는 의사결정과정에 도움이 되는 정보를 수집하고, 도움이 되지 않거나 필요 없는 정보는 제거하는 여과 과정이 필요하다.

보보의 이야기 잡스의 철학

스티브 잡스는 정보화세계가 당면한 문제를 새롭게 인식한 사람으로 기억되고 있다. 그는 기술이 아니라 문화적 경험에 초점을 맞추었다. 그는 늘 애플은 인문학과 기술의 교차점에 있다고 말하곤 했다. 소비자들이 원하는 것은 어떤 종류의 경험이며, 그것은 시도해 보기 전에는 그 누구도 알 수 없는 종류의 것이라고 했다. 또한 그는 그 경험이 멀리 있어서는 안 되고, 한 손 안에서 이루어져야 함을 강조했다. 그의 이런 철학이 반영된 것이 바로 애플의 아이폰이다. 아이폰을 통해 기존에는 분리된 개념으로 인식했던 인터넷, 전화, 소통으로서의 도구 등이 모두 하나로 통합되었다.

보보의 이야기 문제를 정확하게 인식해서 세계 최고의 갑부가 되다

빌 게이츠는 지난 20여 년간 몇 번을 제외하고는 매년 개인재산 1위에 오른 사람이다. 그는 20세기에 새로 탄생한 두 개의 산업 중 하나인 소프트웨어산업을 개척한 인물로 평가받는다. 그는 미래 컴퓨터산업이 당면한 문제를 정확하게 인식하고 비전과 기회를 포착한 대표적인 사람이다. 그는 컴퓨터산업의 미래를 하드웨어가 아닌 소프트웨어로 보았다. 그러한 관점은 소비자들이 당시로서는 받아들일 수 없을 정도로 획기적이었다. 왜냐하면 개인용 컴퓨터가 세상에 나와서 처음 사용되던 시절에는 소프트웨어란 컴퓨터를 구매하면 공짜로 따라오는 옵션과 같은 개념이었기 때문이다. 그는 이제는 개인용 컴퓨터산업에서 철수한 IBM에 그가 단돈 50달러에 사들인 MS-DOS의 전신인 Q-DOS를 공급했다. 이는 소프트웨어의 표준으로서 윈도우로 발전했고, 오늘날의 마이크로 소프트가 존재할 수 있는 토대를 마련했다.

2) 대안의 탐색

문제를 정의한 이후에는 문제와 관련된 정보와 자료를 수집하고 해결책을 찾기 위한 활동이 이루어진다. 이 단계는 실제로 문제를 해결할 수 있는 가능한 여러 가지 대안을 찾아내는 단계이다.

개인이 완벽하게 가능한 대체안을 찾아낼 수 없는 제한된 합리성을 지닌 존재라는 전제에도 불구하고 의사결정과정에서 제한된 시간과 상황 속에서 있을 수 있는, 가능한 한 많은 대체안을 찾아내는 과정이 필요하다.

최종적인 의사결정과정이 이루어지기 이전에 되도록 많은 대체안들을 찾아내고, 고려한다면 의사결정의 질은 그만큼 좋아진다. 양질의 대체안들을 찾아내기 위해 여러 기법이 동원되기도 한다. 다양한 사람들과 다양한 사고발상기법, 상황과의 적합 등을 통해 창의적인 대체안들이 생성될 수 있다.

보보의 신문

개인정보 처리에 미래가 달려 있다

개인정보의 보호와 활용이 4차 산업혁명의 최대 화두다. 미국, 일본, 유럽연합(EU) 등 4차 산업혁명의 선도국가들은 개인정보정책 혁신에 총력을 다하고 있다.

4차 산업혁명은 클라우드의 빅데이터가 인공지능의 식량이 돼 세상을 최적화하는 혁명이다. 빅데이터가 없으면 인공지능은 굶고, 4차 산업혁명은 물 건너간다. 빅데이터의 대부분은 개인정보이다. 개인정보는 보호돼야 하나 지나친 보호는 4차 산업혁명의 장벽이 된다. 결국 개인정보보호와 활용의 균형이 4차 산업혁명 정책의 최전선이라는 결론에 도달한다.

과거 정권에서 국가정보원 등 정부기관에서 개인정보의 무제한 남용으로 시민들의 인권을 유린한 바 있다. 그 반대급부로 인권단체들은 개인정보의 과도한 보호를 요구하게 됐다. 그 결과 현재 대한민국은 인터넷 트래픽에서 차지하는 클라우드의 빅데이터 트래픽이 경제협력개발기구(OECD) 평균인 86%를 현저히 하회하는 1%대에 머물게 됐다. 그 여파로 숱한 스타트업벤처들이 규제를 피해 해외로 이전했다.

개인정보의 개방은 인권문제를 야기하고 보호는 4차 산업혁명을 저해한다. 개인정보 정책은 절대개방과 절대보호라는 극단의 문제가 아니라 비용과 편익의 문제다. 도입 초기에 반대가 심했던 폐쇄회로(CCTV)가 대표적인 예가 될 것이다. 얼굴은 가장 민감한 시민들의 개인정보인데 도시 안전의 편익이 개인침해비용보다 크다는 사회적 동의가 이뤄진 결과 CCTV는 증가하고 있다. 이제 4차 산업혁명의 도래로 개인정보 활용의 가치가 기하급수적으로 증가하고 있다. 개인정보 활용의 과거 기준이 재정립돼야 하는 이유다.

개인정보는 크게 비식별화 개인정보와 식별화 개인정보로 대별된다. 나의 자동차 운행기록들은 개인정보다. 그러나 나에 대한 정보가 지워진 상태의 비식별화 개인정보로서 운행기록들이 모이면 도시교통의 빅데이터가 돼 교통문제해소의 재료가 된다. 이제 비식별과 식별 개인정보에 대해 단순하고 유연한 대안을 강구해 볼 시기이다. 비식별화 개인정보가 도시와 국가 전체의 발전에 미치는 중요성은 아무리 강조해도 지나치지 않을 것이다. 그런데 문제는 비식별화의 기준이 불확실하다는 것이다. 몇 개의 비식별 개인정보를 재조합해 개인정보를 도출할 수 있는 가능성이 너무나 많기 때문이다. 영원한 비식별화는 어쩌면 불가능한 주문일 수 있다. 그래서 보수적인 일본조차 단순대조로서 개인을 알아낼 수 없다면 비식별화를 만족하는 것으로 재정의한 바 있다.

자료 : 서울경제, 2017.7.12.

보보의 뼈다귀

○ 베이킹소다의 변신

베이킹소다는 주로 과자와 빵을 부풀리는 용도로 쓰는 제품이다. 그런데 환경문제가 대두되면서 베이킹소다의 흡착효과가 오염물질 제거에 효과적이라는 사실이 알려졌고, 각종 청소, 설거지, 빨래 등에 활용되고 있다. 베이킹소다에는 지방산을 중화시키는 성분이 많이 함유되어 잘 지워지지 않는 기름때나 먼지를 제거할 때 유용하다. 자동차 실내를 청소할 때는 내장재, 시트에 베이킹소다를 뿌리고 3시간여 후 청소기로 빨아들이면 냄새와 얼룩을 잡아 깨끗하게 청소할 수 있다.

베이킹소다는 페이스 스크럽에도 활용될 수 있다. 베이킹소다와 물을 3:1 비율로 섞어 스크럽하면 피부의 블랙헤드를 없애는 데 탁월한 효과가 있다. 요즘 문제가 되고 있는 플라스틱 미립자가 없어 환경에도 좋다. 베이킹소다는 벌레에 물린 피부에도 효과적으로 작용한다. 베이킹소다와 물을 섞어 만든 반죽을 벌레 물린 데 바르면 피부 표면의 독소와 자극을 중화시켜 피부 염증 및 가려움증을 완화하는 데 도움이 된다.

또한 늦잠을 자서 머리 감을 시간이 없거나, 감기가 싫을 때 베이킹소다 한 숟가락 정도를 머리카락에 골고루 발라주고 가루가 안 보일 때까지 빗질해주기만 하면 오염물질 흡착성이 강한 베이킹소다가 땀 냄새는 물론 기름기까지 잡아준다.

자료 : 아시아투데이, 2017.6.18. (저자 수정)

3) 대안의 평가

앞서의 과정을 통해서 몇 개의 대안이 개발되면 의사결정자는 여러 기준에 근거해서 대안들을 분석한다. 그리고 이 과정이 끝난 이후에 본격적인 평가작업이 이루어지게 된다.

객관적으로 좋은 대안이라고 하더라도 개인의 목표와 보유한 자원의 배분적 측면에서 조화를 이룰 수 없다면 그 대안은 선택될 수 없다. 또한 의사결정 이후의 만족도와 그에 수반되는 비용도 신중하게 고려해야 한다.

과거의 의사결정과정에 대한 미련은 성공적이었든 그렇지 않든 과감하게 버리는 것이 좋다. 잘못된 의사결정은 현재시점에서 안 좋은 선택이었다는 생각이 들더라도 다시 되돌리기에는 너무 많은 시간과 노력이 들었기 때문에 미련을 갖게 되었을 수도 있다. 이것은 단지 안 좋은 결정이라는 생각만으로 끝나지 않는다. 왜냐하면 앞으로 다가올 미래의 의사결정에도 부정적인 영향을 미칠 수 있기 때문이다.

보보의 신문

소니의 몰락과 부활

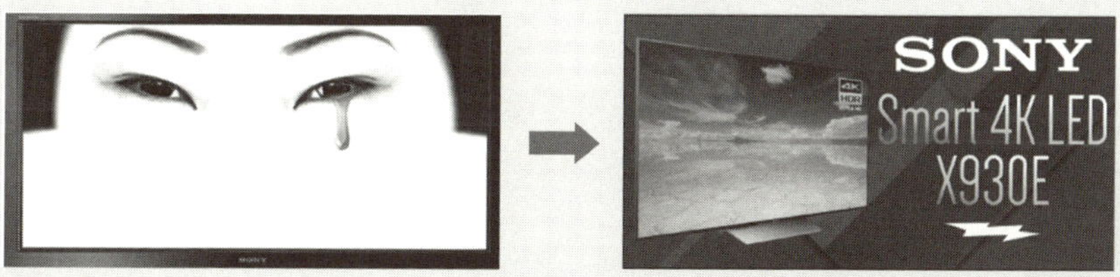

21세기 초반 일본 국내외 언론들은 '소니의 몰락'을 다룬 기사들을 쏟아냈다. 미국의 〈타임〉지는 2002년 3월19일 아시아 전자기업의 흥망성쇠를 분석하는 기사에서 삼성전자와 소니의 사례를 들었다. 당시 타임은 "1997년 이전까지 사람들은 소니와 미쓰비시의 TV를 구입할 형편이 되지 못하면 삼성제품을 구매했지만 이제는 삼성전자의 제품이 품질수준은 대등하면서 가격은 저렴해 소비자들이 선호하고 있다"고 보도했다.

소니의 문제 중 하나는 소프트웨어시장에 대한 대응이 늦었다는 것이다. 1979년 발표된 소니 워크맨의 성공에 도취해 그 이상의 단말기 사용경험에 매진하지 못한 게 패착이었다. 애플 아이폰의 등장으로 세상이 하드웨어에서 소프트웨어로 변하고 있었으나 소니는 변화를 감지하지 못했었다. 여기에 중국과 한국 제조사들이 가격인하 공세를 벌이는 한편 소니 제품과 큰 차이가 없는 품질을 보장하면서 소니 프리미엄이라는 개념도 사라졌다. 상대적으로 복잡한 하드웨어 사용자 경험을 강조하며 소니만의 길을 고집스럽게 걸은 것도 논란거리였다.

국내언론들은 1970년대까지 일본 산요전기로부터 트랜지스터와 라디오는 물론 TV 생산기술을 전수받아 어설픈 장사에 나서는 한편, 일본 기술자를 접대하는 달빛관광을 불사해가면서 아득바득 정상에 오른 삼성전자를 일제히 찬양하기 시작했다. 소니는 위기감을 느꼈다. 소니는 아시아를 대표하는 전자기업이라는 자리가 위태로워졌다는 것을 직감하기 시작했다. 그러나 중요한 것은 소니가 할 수 있는 게 없다는 사실이었다. 소니와 더불어 일본 전자왕국의 긴 겨울잠이 시작되는 순간이었다.

2017년 현재, 일본 전자왕국의 긴 겨울잠이 끝나고 있는 것으로 보인다. 특히 소니가 의미 있는 날갯짓을 시작했다. 최초 시작점은 '가전의 왕자'라는 TV다. 시장조사회사 IHS는 지난 11일 올해 1분기 글로벌 프리미엄 TV시장에서 1,500달러 기준으로 소니가 39%의 점유율을 기록해 1위에 올랐다고 발표했다. LG전자는 35.8%, 삼성전자는 13.2%에 그쳤다.

한때 전자시장의 대명사로 불리다 스마트폰 디지털 쇼크에 생사의 갈림길에 섰던 소니의 몰락 이유는 '칸막이 조직'이었다. 부서 간, 조직 간 좀처럼 커뮤니케이션이 되지 않고 이기주의가 만연한 소니의 조직문화는 '사일로이펙트'라는 신조어를 유행시키기도 했다. 사일로(silo)는 수확한 곡식을 저장하는 대형 구조물이나 독립창고를 의미한다. 사일로이펙트(silo effect)란 부서이기주의를 뜻한다. 이런 현상이 만연하면 부서와 조직끼리 서로 벽을 쌓고 중요한 정보를 공유하지 않게 되기에 결국 소통과 통합에 문제가 생긴다. 즉, 사일로이펙트는 탑 모양의 곡물저장소로 갇힌 조직을 빗댄 말이다.

하지만 소니는 보란 듯이 재기에 성공했다. 사물인터넷 시대를 맞아 센서와 게임기를 두 축으로 빠르게 글로벌시장을 되찾았다.

소니 부활의 일등공신은 히라이 가즈오 사장이다. 소니가 적자에 허덕일 때 사장직을 넘겨받아 조직을 완전히 개조하는 데 성공했다. 신사업 발굴, 뼈를 깎는 구조조정 등 히라이 사장의 리더십 아래 소니의 모든 것이 변했지만 무엇보다 주효했던 것은 커뮤니케이션 단절을 가져온 부서 이기주의를 타파한 것이다. 소니는 사내 부서 이기주의뿐 아니라 일본기업 대부분이 갖고 있었던 폐쇄주의적 순혈주의, 자사중심주의에서도 벗어나고 있다.

대표적인 사례 중 하나는 인공지능(AI) 관련 소프트웨어를 무상으로 외부에 공개하기로 한 결정이다. 소니는 1990년대부터 로봇 '아이보'를 개발하는 등 AI에 관한 남다른 열정을 갖고 있는 기업이다. 하지만 자사에서 독자 개발, 응용하는 폐쇄적인 시스템을 유지해온 탓에 좀처럼 확산되지 못했다.

소니가 이번 외부에 공개하기로 한 것은 인간의 뇌를 모방한 심층학습 프로그램 제작에 사용되는 '뉴럴 네트워크 라이브러리'라는 소프트웨어다. 이를 이용하면 얼굴・음성 인식 등의 딥러닝을 통해 백색가전이나 로봇 등에 쉽게 응용가능하다.

소니가 독자적인 기술개발 대신 외부공개를 통한 생태계 구축에 나선 것은 구글, 페이스북, 마이크로소프트 등 미국 유수 대기업들이 적극적인 AI 투자에 나서고 있는 것을 따라잡기 위한 포석이다. 실리콘밸리 유수기업들은 소프트웨어 생태계를 만드는 데는 타의 추종을 불허하는 경쟁력을 보유하고 있다. 소니의 이번 결정은 더 이상 일본식 폐쇄주의를 고집하지 않고 개방주의로 나가겠다는 것을 의미한다. 소니는 최근 들어 자사 게임기 플레이스테이션 신형도 일본이 아닌 북미에서 먼저 공개하는 등 과거와는 달라진 전략을 펴고 있다.

사물인터넷 등 4차 산업혁명과 관련된 기술 표준특허도 독자 개발보다는 미국 등과 광범위하게 연대하는 방식을 취하고 있다. 이 때문에 과거에 일본기업의 약점이라며 언론에 수시로 언급돼왔던 '갈라파고스'라는 말은 요즘 들어 좀처럼 찾아보기 힘든 단어가 됐다

자료 : 매경이코노미, 2017.7.10.
이코노빌, 2017.6.16.
동아일보, 2017.7.14. (저자 수정)

4) 대안의 선택

앞서의 과정들을 통해 몇 가지 대안들이 도출되면, 기업은 가장 최선이라고 생각되는 대안을 선택해야만 한다. 여러 가지 대안들 중에서 오직 하나만이 선택되기 때문에 매우 어렵고 중요한 단계가 된다. 더욱이 문제가 복잡하거나 불확실성이 높은 상황이라면 결정은 더더욱 어려워진다.

대안의 선택과정에서는 개인에게 최선의 것이 무엇인지에 대한 이해와 수용이 전제조건이 된다. 선택을 하기 위해 수집된 정보, 그 정보를 활용할 수 있는 개인의 능력, 문제의 중요도, 문제해결의 결과가 미치는 영향 등 여러 가지 조건들이 개입된다. 그러나 무엇보다 중요한 것은 대안의 선택을 통한 결과가 효과적이고 능률적이어야 한다는 것이다.

이 단계에서는 내가 꼭 해야 하는 것과 바라는 것의 의미를 구분하고 최적의 합리성을 기하기 위해 최종적인 안을 선택하는 것이 중요하다.

보보의 뼈다귀

○ 지금 내가 가지고 있는 컴퓨터는?

HP가 침체하고 있는 PC시장에서 성장세를 유지하며 시장점유율 1위를 기록했다. 시장조사업체 가트너에 따르면 HP는 올해 2분기 시장점유율은 20.8%(1,270만 대)로, 19.9%(1,220만 대)를 차지한 레노버를 제치고 1위에 올랐다. 중국 레노버그룹에 1위 자

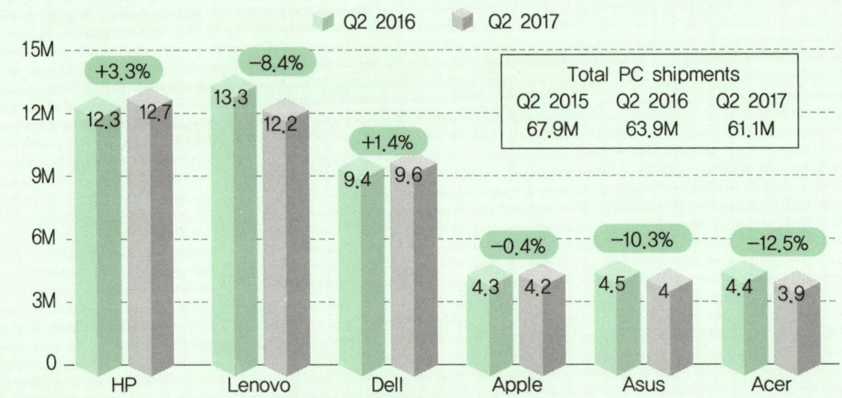

리를 내준 지 4년 만이다. 올해 1분기는 양사의 시장점유율에 큰 차이가 없었다.

HP의 선전은 침체하고 있는 PC시장에서 더 주목받는다. 올해 2분기 PC 출하량은 6,110만 대로 전년 동기 대비 감소했다. 2016년 2분기는 6,390만 대, 2015년 2분기는 6,790만 대였다. HP는 PC시장 침체기에 성장하고 있는 몇 안 되는 업체라고 비즈니스 인사이더는 설명했다.

다른 시장조사업체 IDC 조사에서도 HP는 올해 2분기 점유율이 22.8%로, 20.5%를 기록한 레노버를 뛰어넘었다.

PC시장의 침체는 계속될 것으로 예상된다. 올해 2분기 글로벌 PC 출하량 6,110만 대는 2007년 이후 가장 낮은 수준이다. 가트너는 PC 출하량 감소에 대해 D램 SSD, LCD 패널 부품 부족으로 인한 PC가격 상승을 원인으로 지목했다.

자료 : 키뉴스, 2017.7.14. ; 그림자료 : 비즈니스 인사이더 (저자 수정)

5) 대안의 실행

최종적으로 대안이 선택되면 이를 실행에 옮기게 된다. 효과적인 의사결정은 선택된 대안이 충실하게 실행될 때 가능하게 된다. 선택된 대안이 성공하는지의 여부는 그것이 행동화되는 것에 달려있기 때문에 선택보다 수행이 더 중요할 수 있다. 이렇게 실행과정이 중요한 것은 대안의 효과는 수행 이후에 평가될 수 있기 때문이다.

번번의 책 의사결정은 너무 어렵다?

존 F. 케네디는 의사결정의 의미를 놓고 "최종적으로 내린 의사결정은 준수자에게, 때로는 결정자 자신에게도 미궁으로 남는 경우가 있다. 의사결정과정은 항상 어렵고 혼란의 연속인 것이다. 그리고 가장 깊이 연관된 사람에게조차 의문스러운 것이다"라고 토로한 적이 있다.

의사결정과 관련된 대부분의 학설은 "주어진 환경에서 인간의 행동은 논리적이기 때문에 예측이 가능하다"고 믿는 초기 경영학자들 이론에 기초해서 만들어졌다.

이제는 다양한 모델과 컴퓨터가 제공하는 각종 소프트웨어, 여러 분석도구를 적용하면 의사결정을 내릴 수 있다고 믿는다. 이것은 다른 사람들의 경험에서 얻은 교훈을 토대로 훌륭한 의사결정을 내릴 수 있다는 것이다. 그러나 컴퓨터의 소프트웨어에 의해 제공되는 해결책이 최선의 해답이라는 생각은 위험하다. 현실세계에서 경영자들은 직관과 경험, 분석을 모두 고려해서 결정을 내린다.

– 스튜어트 크레이너의 『75가지 위대한 결정』 중에서

6) 실행결과의 평가와 피드백

의사결정의 마지막 단계는 결과에 대한 평가와 피드백이다. 결과에 대한 평가는 선택된 대안과 그 방법이 효과적이었는지 검토함으로써 이루어진다. 그리고 실제 결과와 기대한 결과를 비교하여 차이가 있으면 통제와 조정이 이루어지게 된다.

의사결정의 유효성을 높이고, 그 결과에 따른 성과를 극대화시키기 위해서는 철저한 피드백이 필수적이다. 피드백과정은 단순히 의사결정과정의 모든 과정을 검토하는 수준이 아니라 창조적 관점과 사고를 통해 의사결정과정의 내용 자체를 보다 효과적인 방향으로 변화시킬 수 있어야 한다.

그림 9-4 의사결정의 과정

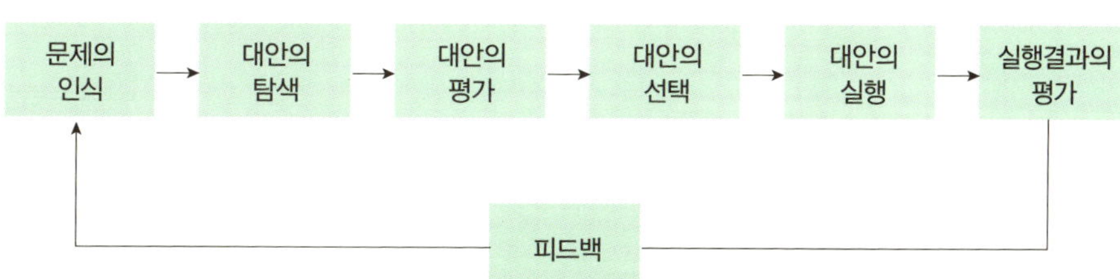

의사결정과정의 전체적인 측면에서 이런 결과가 나오게 된 변수들은 무엇이었는지, 만약 새로운 변수들이 투입된다면 어떤 방법으로 대처할 것인지 등이 충분하게 검토되어야 한다.

○ 넌 셰이크를 언제 먹니?

맥도날드는 버거킹 등의 경쟁사가 판매하는 디저트제품에 대한 대안으로서 밀크셰이크를 출시했다. 그런데 생각했던 것만큼 밀크셰이크 판매량이 늘지 않았다. 왜 그런 결과가 나왔을까?

맥도날드 매장에서 꼬박 하루 동안 누가 밀크셰이크를 구입하는지 지켜보았다. 다음 날 새벽부터 나와서 또 지켜보았다. 관찰결과 독특한 구매패턴을 확인할 수 있었다.

첫째, 단품으로 밀크셰이크만 구입하는 소비자가 많았다.

둘째, 아침에 구입하는 소비자가 많았다.

그렇다면 그들은 왜 밀크셰이크를 구입했을까?

도시외곽에서 도심으로 출근하는 사람들에게는 허기를 달래줄 그 무엇인가가 필요했다. 또한 지루한 출근시간을 달래줄만한 것도 필요했다.

왜 하필이면 그들은 밀크셰이크를 선택했을까?

자동차 안은 비좁고, 출근자들은 모두 깨끗하고 단정한 옷을 입고 있다. 차 안에서 운전하면서 도넛이나 샌드위치를 먹기가 다소 부담스러웠던 사람들은 밀크셰이크를 선택했다. 도넛은 먹다가 부스러기가 떨어져 옷에 묻을 수도 있기 때문이다. 그러나 밀크셰이크는 간편했다. 또한 걸쭉한 내용물이 다음 식사시간까지의 허기를 메워줄 수 있었다. 그리고 천천히 마시면서 운전하다 보니까 입이 심심한 것도 해결되었다.

여기서 중요한 사실을 하나 확인할 수 있다. 맥도널드는 밀크셰이크를 디저트제품으로 개발했지만 소비자는 전혀 다른 개념으로 받아들이고 있다는 것이다.

베르사이유의 장미

'베르사이유의 장미' 중 오스칼의 실제모델

만화 '베르사이유의 장미'를 기억하는가?

최근 인터넷에서 불후의 명작으로 재판매되고 있는 이케다 리요코의 유명한 작품이다. 베르사이유의 장미는 프랑스 대혁명을 배경으로 하고 있는 내용 있는 만화이다.

프랑스 대혁명이 일어나지 직전 굶주림에 지친 군중들은 "빵을 달라"고 시위를 벌였다. 왕비였던 마리 앙뜨와네뜨는 그런 군중들을 바라보면서 "빵만 먹으니까 저런 문제가 생기는 거야. 고기도 먹고, 우유도 먹고, 골고루 먹으면 이런 문제가 없을 텐데"라고 말했다는 일화가 있다. 사실이거나 아니거나, 재미나 악의로 지어낸 것이거나 아무튼 전해져 내려오는 유명한 일화 중 하나이다.

마리 앙뜨와네뜨는 왜 그런 말을 했을까?

군중들의 시위를 보면서 그녀는 문제가 발생되었음을 인식했다. 그러나 문제의 원인에 대해서는 잘못된 판단을 하여 제대로 된 해결책을 시행할 수 없었다.

문제의 인식이 중요하다는 것을 보여주는 하나의 사례이다.

분별이 있다거나 합리적인 태도는 어느 정도의 지적 겸손을 전제로 한다. 오직 이런 것들만이 자신의 잘못을 자각하고 실수를 습관적으로 잊지 않는 자들을 사로잡을 수 있다. 이것이야말로 우리가 전지적 존재가 아니며 우리의 지식 대부분은 다른 이들에게서 빌려온 것이라는 깨달음의 탄생이다.

– 칼 포퍼

3 의사결정의 유형

1) 계층에 따른 유형

앤소프에 의한 분류로서 경영계층에 따라 세 가지 유형으로 구분된다. 최고경영층의 전략적 의사결정, 중간경영층의 관리적 의사결정, 하위경영층의 업무적 의사결정 등으로 분류된다.

(1) 전략적 의사결정

기업의 최고경영층이 담당하며, 기업의 내부문제보다는 외부환경문제와 관련이 있다. 예를 들어, 기업의 목표, 성장계획과 전략, 기업이 생산하고 있는 제품계열과 판매하고자 하는 시장에 대한 검토와 선정 등을 결정하는 것이다.

(2) 관리적 의사결정

기업의 중간경영층이 담당하며, 기업의 제자원이 보다 좋은 성과를 거둘 수 있게끔 조직화하는 것과 관련되는 의사결정이다. 예를 들어, 조직설계, 자원조달, 자원개발 등에 관한 문제를 해결하는 의사결정이 그것이다.

(3) 업무적 의사결정

일반종업원이 담당하며, 정형화된 문제들을 주로 다루게 된다. 기업의 자원변환과정에 있어서의 능률을 극대화하는 것과 같은 것으로 가격결정, 마케팅전략의 설정, 생산일정계획, 평균재고량 선정 등이 이에 해당된다.

2) 문제의 성격에 따른 유형

노벨상을 받은 사이먼에 의한 구분으로서 정형적인 것과 비정형적인 것으로 분류된다.

그림 9-5 | 조직계층과 의사결정상황

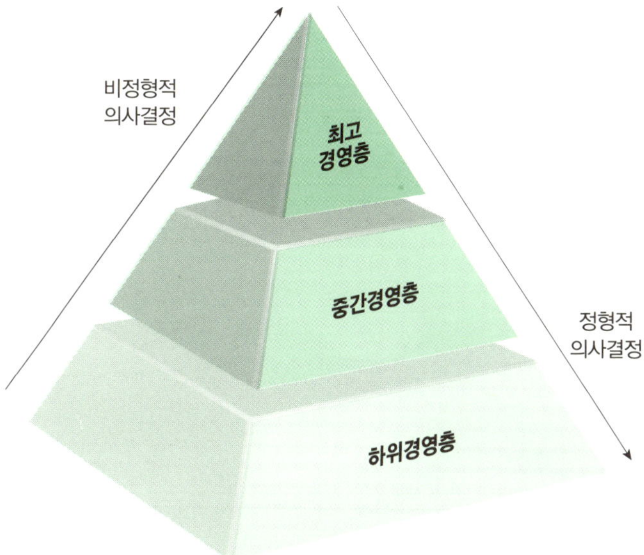

정형적 의사결정은 매일, 똑같이 반복되는 상황에서 이루어지기 때문에 예측이 가능하고 비슷한 대안이 선택된다. 반대로 비정형적 의사결정은 예측할 수가 없고, 예외적이고, 비반복적으로 발생하는 유형의 의사결정이다.

정형적 의사결정은 잘 구조화된 문제를 취급하는 데 가장 효율적인 방법이지만 문제가 덜 구조화되어 있을 때는 독특한 해결안을 개발하기 위해 비정형적 의사결정에 의존해야 한다.

조직은 직면하는 다양한 환경 속에서 활동을 하기도 하지만 반복적인 환경 속에서 활동을 영위하기도 한다. 조직의 활동을 일상적인 활동과 비일상적인 활동으로 구분하게 되면 이런 활동에 대한 의사결정은 정형적 의사결정과 비정형적 의사결정으로 나눌 수가 있다.

(1) 정형적 의사결정

미리 결정된 규칙에 의해 이루어지는 일상적이고 반복적인 매우 구조화된 의사결정을 의미한다. 문제의 구조가 명확하여 틀에 박힌 일정한 절차와 방법에 따라 기계적으로 결정하는 것으로서 의사결정을 위한 표준화된 절차나 지침을 가지고 있다.

- 의사결정과정에 많은 비용과 노력을 투입하지 않아도 된다.
- 조직의 내부적인 문제가 주를 이룬다.
- 문제가 반복적이며 명확하게 정의될 수 있다.
- 문제의 구조가 명확하고 문제해결절차가 존재한다.
- 대안을 평가하는 기준이 분명하다.
- 의사결정이 구조화되어 있다.
- 주로 하위경영층에 의해 이루어진다.
- 단기적 성격을 지닌다.
- 결과에 대해서 상대적으로 확실성의 수준이 높다.

(2) 비정형적 의사결정

정형적 의사결정과는 반대로 상황이 특수하거나 비정형적인 경우에 이루어진다. 때문에 의사결정 시 많은 불확실성을 포함하게 된다.

- 문제가 정의되기 어렵다.
- 문제와 관련된 해결절차가 존재하지 않는다.
- 경영자가 당면하는 대부분의 중요한 문제이다.
- 최고경영층에 의해 이루어진다.
- 관련정보를 충분히 얻기 어렵다.
- 명확한 기준이 존재하지 않는다.
- 장기적 예측의 성격이다.
- 조직의 생존과 관련된 문제이다.
- 위험을 최소화할 수 있는 의사결정이 요구된다.
- 상대적으로 불확실성의 수준이 높다.

3) 주체에 따른 유형

(1) 개인적 의사결정

개인적 의사결정은 한 개인이 다른 사람의 도움을 받지 않고 오직 자신이 보유하고 있는 정보에 근거하여 독자적으로 해결안을 선택하는 과정을 의미한다.

다양한 지원과정이 결여되기 때문에 충분한 정보를 확보할 수 없다는 단점을 지니고 있다. 그러나 시간적 제약이 의사결정과정에 중요한 변수로 작용하는 상황에서는 비교적 짧은 시간 안에 신속하게 의사결정을 할 수 있다는 장점이 있다.

(2) 집단적 의사결정

21세기의 기업은 조직규모, 조직구조, 업무양상 등이 복잡하고, 확대되면서 불확실성의 위험을 예방하기 위해 다수의 구성원들이 참여하는 집단적 의사결정의 비중이 높아지고 있다.

사이몬은 "인간은 제한된 합리성에 의해 행동한다"라고 했고, 제니스는 "완벽한 개인은 없다"라고 주장했는데, 이들의 주장은 복잡해진 오늘날의 조직 속에서 개인의 정보처리능력에는 한계가 있다는 것을 시사하고 있다.

집단의 리더는 어려운 문제를 해결하기 위해 전문가에게 조언을 구하기도 하고, 다양한 방법의 회의를 통해 해결안을 모색하기도 하고, 다수의 구성원들을 의사결정과정에 참여시킴으로써 동기부여를 극대화시키고, 집단 내의 커뮤니케이션을 활성화시킬 수 있다.

그림 9-6 | 집단의사결정의 장점과 단점

○ 기회의 신

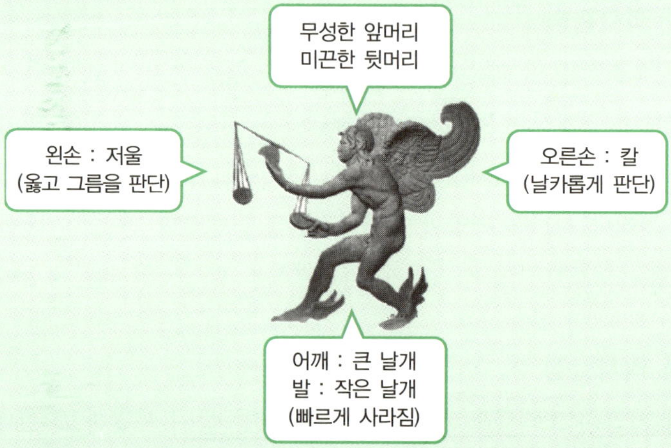

'카이로스'는 제우스의 아들로서 '기회의 신'으로 알려져 있다. 누구든 카이로스를 잡아서 기회를 얻고자 했다. 그러나 그는 미끈미끈해서 그를 잡으려면 머리채를 움켜쥐는 수밖에 다른 방법이 없었다. 그럼에도 불구하고 수많은 사람들은 그를 바라보기만 할 뿐 잡을 수가 없었다.

왜 그랬을까?

기원전 4세기경 그리스 조각가인 리시포스는 카이로스의 형상을 조각했다.

형상의 앞머리는 숱이 많은데 뒷머리는 대머리였다. 왼손에는 저울을 들고 있고, 오른손에는 칼을 쥐고 있으며, 어깨에는 커다란 날개가 달려 있고, 발에는 작은 날개가 달려 있다.

앞머리가 무성한 이유는 그를 쉽게 잡을 수 있도록 하기 위해서이고, 뒷머리가 대머리인 것은 그가 한 번 지나가고 난 후 다시는 붙잡지 못하도록 하기 위해서이다. 그러므로 미리 앞에서 잡지 않는 이상 기회를 잡을 수 없다.

어깨와 발에 날개가 달린 이유는 최대한 빨리 왔다가 빨리 사라지기 위해서이고, 왼손에 저울을 들고 있는 이유는 그가 왔을 때 옳고 그름을 판단하기 위해서이며, 오른손에 칼을 쥐고 있는 이유는 옳다고 판단될 때 마치 칼처럼 날카롭게 판단하기 위함이다.

기회의 신은 미리 앞에서 잡지 않는 이상 잡을 수 없다. 마찬가지로 급변하는 환경을 미리 예측하고 알맞은 방법으로 대처하는 것은 매우 어렵다. 왜냐하면 사이몬에 의하면 인간은 제한된 합리성에 의해 행동하기 때문에 합리성에 한계가 있기 때문이다.

4 의사결정의 모형

1) 개인적 의사결정모형

(1) 합리적 · 경제적 모형

합리적 접근이란 문제를 해결하기 위해 개인이 보유하고 있는 정보를 체계적으로 분석하고 그 과정을 통해서 최적의 대안을 선택하고 실행하는 것이다. 합리적 접근은 최소의 비용으로 최대의 효과를 얻으려는 것과 같이 최대한 목표를 달성할 수 있는 대안을 선택한다.

최대치의 목표를 달성하기 위해서는 관련정보를 되도록 많이 수집하는 과정이 필요하고, 수집된 수많은 정보들 속에서 최적의 대안을 선택해야만 한다. 그러나 인간은 제한된 합리성의 원칙에 입각한 존재이기 때문에 언제나 최적의 것을 선택하는 것은 현실적으로 불가능하므로 다분히 이론적인 개념이다.

현실적으로 인간의 사고와 행동은 완벽할 수 없고, 합리적일 수만은 없다.

■ 합리적 접근법의 가정

1. 인간은 의사결정과정에 대한 모든 정보를 가지고 있다.
2. 대안을 선택하고 실행하는 모든 과정에 대해 완벽하게 이해하고 있다.
3. 인간은 언제나 가장 최적의 이익을 가져다줄 수 있는 판단을 한다.

그림 9-7 | 제한된 합리성

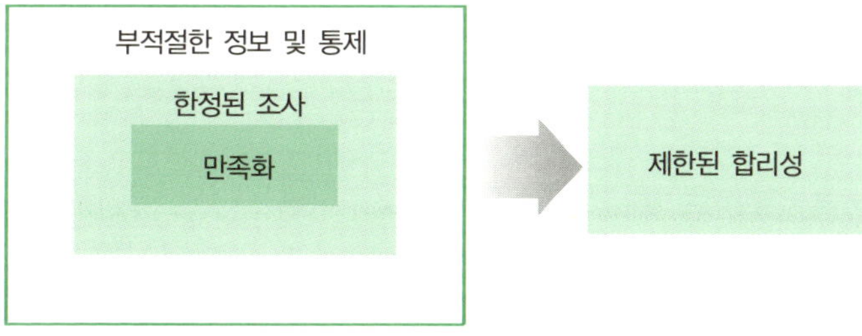

가장 이득이 되는 결정 '합리적 선택이론'

자동차로 만들 수 있는 영화의 한계는 어디까지일까? 분노의 질주 시리즈를 보다 보면 이런 의문이 든다. '분노의 질주 8 : 더 익스트림'도 그런 기대를 저버리지 않는다.

영화 '분노의 질주 : 더 익스트림'

게리 그레이 감독이 메가폰을 잡은 8편에서는 차량들이 빌딩에서 비처럼 떨어진다. 해킹당한 자율주행 자동차는 좀비처럼 쏟아져 나온다. 기발한 착상들이다.

레티와 평화로운 신혼생활을 즐기던 리더 도미닉이 갑자기 가족들을 배반한다. 가족들을 위해서라면 자신의 모든 것을 내버리던 도미닉의 변심에 모두들 당황하지만 힘으로 막을 방법은 없다. 도미닉을 움직이는 자는 첨단 테러조직의 리더인 '사이퍼'다. 팀원들은 적이 되어버린 도미닉의 테러를 막기 위해 적이었던 데카드쇼와 손을 잡는다. 사이퍼는 베를린에서 주변의 전자시스템을 마비시킬 수 있는 EMP를 탈취한 뒤, 러시아에서 핵무기 탈취에 나선다.

도미닉은 어쩌다 악당 사이퍼 편에 서게 됐을까. 사이퍼의 답은 간결하다. "선택이론이지."

선택이론(choice theory)이란 곧 '합리적 선택이론(rational choice theory)'을 말한다. 합리적 선택이론은 사람들이 어떤 결정을 내릴 때 수익과 비용 등을 따져가며 자신에게 가장 이득이 되는 합리적인 방향으로 결정을 내린다는 이론이다. 결혼, 이혼, 범죄, 출산, 흡연 등 사회적 행동들은 도덕적 판단이 아니라 경제적 판단을 통해서 의사결정이 이뤄진다고 보는 것이다.

사이퍼는 선택이론의 전제로 두 가지를 제시한다. 자신의 선택은 자신이 한다는 것과, 상대는 그것을 판단할 수 있는 정보만 준다는 것이다. 그러니까 개인의 행동은 누군가의 강요에 따른 것이 아니라 자신이 취득한 정보를 가지고 사건의 가능성, 잠재적 비용과 이익 등을 따져가며 찾아낸 가장 좋은 결정이라는 것이다.

게리 베커는 경제학을 의사결정의 과정까지 끌어올린 공으로 1992년 노벨 경제학상을 수상했다. 게리 베커의 논문 제목은 '인간 행동에 대한 경제적 분석'이었다. 조지 W. 부시 미국 대통령은 2007년 "베커 교수는 경제원칙들이 단지 이론으로만 머무르지 않는다는 것을 보여줬다"고 격찬했다.

범죄자들도 허투루 범죄를 저지르지 않는다. 잡힐 것을 뻔히 알거나 범죄를 해봤자 별 이익이 되지 않는다고 생각하면서 죄를 짓는 사람은 없다. 만약 범죄 적발률을 높이거나 강한 처벌수단을 가지고 있다면 범죄가 줄어들 수 있다는 결론에 도달할 수 있다.

게리 베커는 결혼도 결혼을 통해 얻는 효용이 혼자 살아갈 때보다 클 것이라는 기대가 있을 때 성립된다고 밝혔다. 출산율을 높이려면 아이를 낳아서 얻는 효용이 낳지 않을 때보다 크다는 기대를 주어야 한다고 게리 베커는 주장한다. 그의 주장에 따르자면 저출산을 극복하기 위해 출산장려금, 자녀양육비, 결혼공제 등의 복지를 제공하는 것은 유용하다.

합리적 선택이론을 가장 잘 설명한 책 중 하나가 팀 하포드가 쓴 『경제학콘서트2』다. 책을 보면 빈둥대더라도 상사에게 많은 임금을 주는 이유는 그래야 부하직원들도 상사가 되는 꿈을 꾸며 일을 열심히 한다는 것이다. 대도시 집값이 비싼 이유는 대도시에는 유능한 사람들이 많아서 인적자본을 누릴 기회가 많기 때문이라고 설명한다.

도미닉은 이것저것을 따져봤을 때 팀원들을 배신하는 것이 가장 합리적인 선택이라고 생각했을 것이다.

자료 : 주간경향, 2017.7.18.

(2) 관리적 모형

인간이 완벽하게 정보를 수집하고 대안을 선택하고 수행하는 능력을 지니고 있어서 합리적 결정을 할 수 있다면 좋겠지만 그렇지 못한 경우가 대부분이다. 왜냐하면 인간은 제한된 합리성에 의해 움직이는 존재이기 때문이다.

대안과 관련된 양질의 정보를 완벽하게 수집하고 싶지만 현실적으로는 시간적 압박, 정보의 불확실성, 환경적 변수, 능력제한 등으로 최적의 결과를 얻는 것은 거의 불가능하다.

그림 9-8 ▌합리적 모형과 관리적 모형의 비교

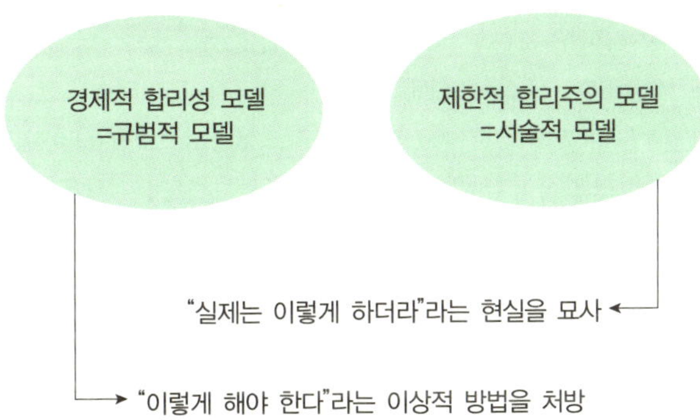

그러므로 관리적 모형은 제한적 합리주의를 지향하는 개념이다. 따라서 의사결정 과정에 있어서 최적의 대안을 선택하기보다는 만족스러운 대안을 선택하게 되며, 제한된 합리성을 인정하고 완벽한 정보를 보유하고 있지 않더라도 의사결정을 하게 된다.

보보의 배꼽다귀

바늘 찾아줘!

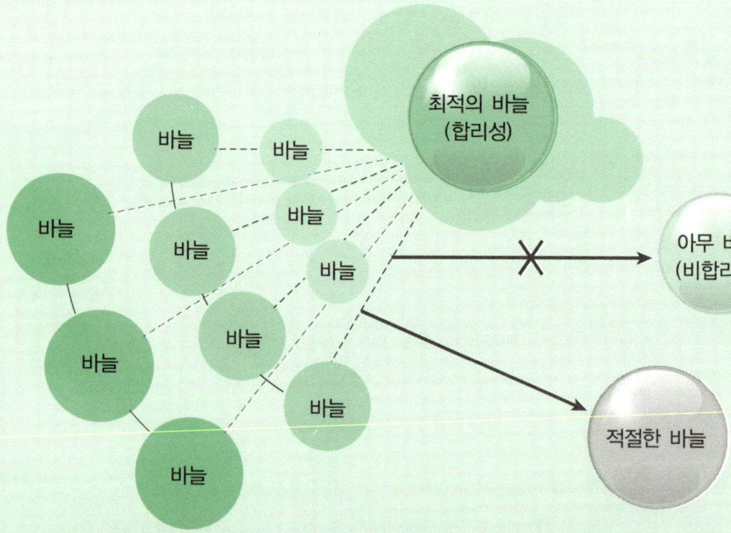

사이몬은 인간은 완벽할 수 없으며 그렇게 합리적이지도 않다고 주장한다. 그렇기 때문에 보다 현실적 관점에서 의사결정을 이해하고 있다. 마치 바닥에 떨어진 수백 개의 바늘 중에서 하나의 바늘을 선택하듯이 의사결정을 하자는 것이다.

보보에게는 지금 바늘이 꼭 필요하다. 보보의 발밑에는 수백 개의 바늘이 널려져 있다. 고작 바늘 하나이더라도 보보는 그 바늘들 중에서 제일 좋은 바늘을 선택하고 싶다. 이것이 합리성에 해당된다. 그러나 수백 개의 바늘을 일일이 살펴보고 그 중 최고의 것을 골라내는 것은 너무나 오랜 시간을 요구한다. 그렇다고 그냥 아무 것이나 집어 사용할 수는 없다. 너무 비합리적이기 때문이다. 그러므로 보보가 선택한 바늘이 최고의 바늘은 아니더라도 그 바늘이 녹슬었거나, 부러졌거나, 길이가 적합하지만 않다면 그냥 사용한다.

그러므로 대안을 선택할 때 최고의 것이라고는 할 수 없더라도 정해놓은 적절한 기준을 통과할 수 있는 대안이라면 가장 먼저 발견되는 것을 선택한다.

○ 어떤 결정

영화 '바람과 함께 사라지다'는 1936년 발간된 마거릿 미첼의 소설을 토대로 하여 1939년 제작된 불후의 명작이다. 1930년대 후반 400만 달러의 투자로 8억5천만 달러의 흑자를 기록하여, 인플레이션을 고려할 때 영화계 역사상 가장 수익성 높았던 영화 중의 하나로 평가받고 있다.

영화가 나온 지 80년 가까이 되었지만 여전히 많은 사람의 기억 속에 살아있고, 계속 사랑받는 명작으로 손꼽히는 이유는 무엇일까?

'바람과 함께 사라지다'의 여주인공 비비안 리

1930년대는 아직 여성의 사회적 지위가 정당한 평가를 받지 못하던 시절이었다. 이런 시대적 상황에 항거하는 메시지를 던지기 위한 목적을 가지고 만들어진 영화가 바로 '바람과 함께 사라지다'이다. 이 영화는 약하기를 거부하는 여성, 의지와 욕망과 자존심이 너무나 강한 여성, 그래서 그것이 현실 속에서 받아들여지지 않자 좌절하고 흐느끼는 여성을 사실적으로 그려내는 것이 목적이었다.

이 목적에 맞는 수단을 찾기 위한 노력이 시작됐다. 우선 주인공 역할로 적합한 인물, 즉 내면과 외면이 모두 강인하면서도 현실에 부딪혀 좌절하고 흐느끼는 역할에 맞는 여배우를 찾지가 쉽지 않았다. 그래서 고민하던 끝에 대서양 건너 영국까지 가서 비비안 리라는 적임자를 찾아낸다.

목적에 맞는 수단을 찾기 위한 노력은 의상의 선택에도 있었다. 영화 속 무도회에 참석하는 여성들이 입는 의상은 허리부분이 가늘고 밑으로 내려오면서 넓어지는 원추형 드레스였다. 이런 원추형 드레스에는 두 가지 모델이 있었다. 하나는 대나무 껍질로 원추를 만들어 드레스 속에 받치는 경제적 모델이었고, 다른 하나는 레이스를 겹겹으로 층층이 붙여서 장식한 속치마를 입어 드레스가 원추형이 되게 하는 고급모델이었다. 제작진은 비비안 리에게 고급드레스를 만들어 입혔다. 주인공 역할을 빼앗긴 할리우드 여배우들은 돈낭비라며 불평했다. 그러나 플레밍 감독은 "밖에서는 보이지 않아도 옷을 입고 있는 본인은 심리적으로 자존감을 느낀다. 이 영화의 목적은 자존감이 강한 여성을 그려내는 데 있다"고 답했다.

의지와 욕망과 자존심이 너무 강해서 현실이 그것을 받아들여주지 않자 좌절하고 흐느끼는 여성을 보여주는 것이 목적이었던 제작진의 노력은 영화제작 중의 의사결정에도 드러났다. 당시 비비안 리와 열애 중이던 영국배우 로렌스 올리비에가 미국까지 찾아왔지만 제작진은 그들의 만남을 허용하지 않았다. 영화가 표현하고자 하는 여성상에 대한 실현이라는 목적을 달성하기 위해서였다. 이 영화는 시대정신에 맞는 목적을 정립하고, 그 목적을 최대한으로 실현하기 위한 수단을 찾아내면서 불후의 명작을 탄생시킬 수 있었던 것이다.

자료 : 윤석철의 『삶의 정도』 중에서 (저자 수정)

(3) 직관적 모형

직관적 모형은 제한된 합리성의 가정에 근거하고, 비정형적인 의사결정의 유형에 속하는 개념이다.

직관(intuition)은 인간이 지닌 오감을 넘어선 여섯 번째 감각이다. 이는 다분히 선천적인 요소가 강하며, 오랜 경험에서 우러나오는 무의식적인 판단과정이다. MBTI의 N(iNtuition)에 해당되는 개념이다. 그러나 의사결정모형에서 의미하는 직관은 감각에 근거한 합리적 결정과 전혀 다른 별개의 차원이 아니라 상호보완적인 의미를 지닌다.

현실에서 경영자들은 사실에 근거한 분석만으로 결정을 내리지는 않는다. 오히려 직관에 의존하는 경우가 많다. 수없이 많은 사람들을 만나는 CEO들은 사람을 만났을 때 처음 몇 초의 직감으로 그 사람을 어떻게 대할 것인지를 결정한다. 이것은 면접에서도 마찬가지다. 이미 면접관들의 마음은 처음 만난 그 순간, 몇 초에 다 결정된다. 나머지 시간은 그것을 확인하는 시간일 뿐이다.

현실에서는 이런 순간적인 직관능력을 원시적인 육감으로 치부하고, 논리와 체계적 지식을 요구한다. 그러나 논리와 지식에 근거한 합리적 사고는 안정적인 상황에는 적합할지 모르지만 변화라는 요인이 가미되면 커다란 도움이 안 될 수도 있다. 때문에 순간적인 직관은 어떤 과학이나 정보의 통합보다 때로는 강력할 수 있다. 그러므로 이것은 '생각하지 않고 생각하는 힘'이다. 선천적 요소가 강하다고는 하지만 후천적으로 꾸준히 정보를 수집하고 경험을 쌓아나가면 이 능력을 향상시킬 수 있다. 직관이 아무리 뛰어나다고 해도 경험이 없이는 평범한 순간적 판단에 불과할 수 있다.

직관적 의사결정이란 논리적 분석보다는 오랜 경험과 그로 인해 축적된 보이지 않는 판단에 의한 의사결정이라 볼 수 있다. 현실적 영역을 넘어섰다고 해서 반드시 비합리적이라고 볼 수는 없다. 왜냐하면 의사결정과 관련된 환경이 너무 복잡할 때는 오랜 경험에서 우러나오는 직관이 오히려 도움을 주기 때문이다.

그림 9-9 | 직관

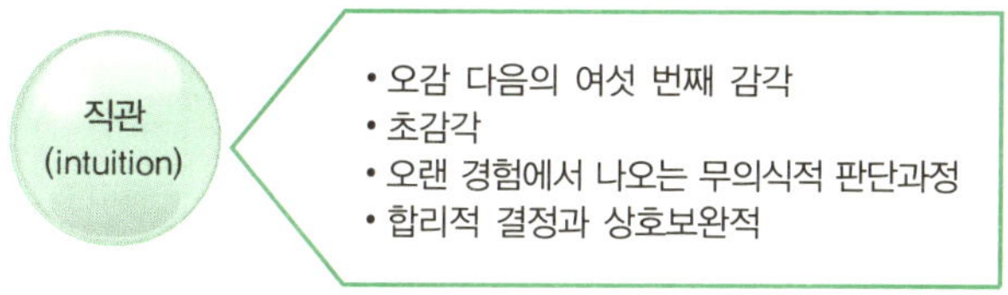

MBTI의 N에 해당

벌님의 책 전략적 직관

좋은 아이디어는 예기치 못한 순간에 섬광 같은 통찰력으로 올 때가 많다. 그것은 느닷없이 일어난다. 머릿속에서 동시에 떠오른다. 우리는 점들을 연결한다. 하나의 커다란 각성이 다가올 수도 있고, 작은 깨달음들이 모여 길을 보여줄 수도 있다.

그것은 동양철학, 고전적 군사전략, 비즈니스전략, 인지심리학에도 등장한다. 이렇게 다양한 소스를 통합하면 인간이 관여된 모든 분야에서 행동철학의 핵심을 차지하는 것은 섬광 같은 통찰력이라고 주장하는 현대적인 분야에 도달하게 된다. 나는 이 새로운 분야를 '전략적 직관'이라 부른다. 그것은 모호한 육감이나 본능적인 직감 같은 평범한 직관과 전혀 다르다. 평범한 직관은 일종의 감정이다. 느낌이지 생각이 아니다. 전략적 직관은 정반대다. 그것은 느낌이 아니라 생각이다.

전략적 직관은 순간적인 판단과도 다르다. 순간적인 판단이란 엄밀히 말해 '전문가 직관(expert intuition)'으로서 뭔가 익숙한 것을 인식할 때 점프하듯 순식간에 결론에 도달하는 빠른 속도의 생각을 말한다. 말콤 글래드웰이 『블링크』를 통해 소개한 것이 전문가 직관이다. 전문가 직관은 항상 빠르다. 그리고 익숙한 상황에서만 작동한다. 전략적 직관은 항상 느리다. 그리고 좋은 아이디어가 필요한 새로운 상황에서 작동한다. 이러한 차이는 결정적이다. 전문가 직관은 전략적 직관의 적이 될 수도 있기 때문이다. 인간은 자신이 하는 일에 능숙해질수록 비슷한 문제들을 더 빨리 해결할 수 있는 패턴을 인식하게 된다. 전문가 직관은 그런 식으로 작동한다. 그런데 새로운 상황에서 우리의 뇌가 좋은 해답을 찾기 위해 새로운 연결을 만들기까지 시간이 훨씬 더 오래 걸린다. 섬광 같은 통찰력은 한순간에만 일어나지만 그 순간이 찾아오기까지 몇 주일이 걸릴 수도 있다. 한편 전문가 직관은 익숙한 것을 봤을 때 빠른 시간 안에 순간적인 판단을 할 수 있다. 따라서 전략적 직관을 훈련하려면 새로운 상황을 인식하고 전문가 직관이 작동하지 않게 해야 한다. 새로운 점들이 독자적으로 연결될 수 있도록 기존의 점들을 분리해야 한다.

– 윌리엄 더건의 『제7의 감각』 중에서 (저자 재구성)

○ 그분이 오셨다

폴게티박물관의 '쿠로스상'

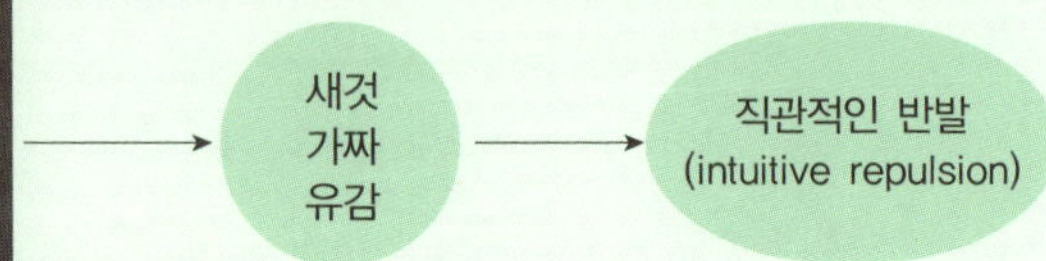

블링크(blink)는 무의식의 영역에서 일어나는 문제해결방식이다. 보통 직관 또는 통찰이라고 부르는 능력과 유사하다.

뛰어난 직관력으로 일을 추진하는 CEO들도 결국 오랜 경험과 노하우를 통해 자신의 순간적 판단력을 믿고 활용하게 된 사람들이다. 얼굴만 보고도 그 사람의 모든 것을 포착해낸다는 용한 점쟁이도 사실은 순간적인 판단력이 아주 강한 사람에 불과하다. 동양에서는 이것을 사주역학으로 설명하고, 서양에서는 과학적 심리학연구로 설명하고 있다.

한 미술상이 쿠로스상이라고 추정되는 기원전 6세기의 오래된 석상을 가지고 폴게티박물관을 찾아왔다. 박물관은 14개월간의 조사 끝에 진품이라는 결론을 내리고 구입했다. 그런데 박물관을 방문한 한 미술사학자가 석상을 보자마자 "이 석상은 가짜"라고 말한다. 그리고 그의 주장은 옳았다.

도대체 그는 무엇을 보았던 것일까?

폴게티박물관 운영위원이었던 이탈리아 미술사학자 제리는 1983년 12월 조각상을 보는 순간 이상한 느낌을 받았다. 그 이외의 다른 그리스 조각 전문가들도 모두 '유감', '새것'이라는 단어를 떠올렸다. 그들은 왜 이 조각상을 모조품이라고 생각했을까?

이에 대해 그들은 물건에 처음 눈길이 닿는 순간 '직관적인 반발(intuitive repulsion)'의 파동을 느꼈다고 했다.

자료 : 말콤 글래드웰의 『블링크』 중에서 (저자 재구성)

보보의 한 말씀

위선의 해악은 위선이 다른 사람들에게 보인다는 데 있는 것이 아니라 당사자가 보지 못한다는 데에 있다.

– 마이클 셔머

2) 조직적 의사결정모형

(1) 쓰레기통모형

쓰레기통모형은 합리적 모형만으로는 인간의 의사결정행동을 이해할 수 없기 때문에 제시된 모형이다.

두 차례의 오일쇼크 이후 조직의 환경은 안정적이고 불변하는 A차원의 환경에서 유동적이고 불확실한 B차원의 환경으로 변화했다. 이런 상황에서는 제한된 합리성만으로 모든 문제를 파악하고 처리할 수 없다. 여러 제약조건과 변화하는 변수가 많다 보니 합리적 순서에 의해서만 의사결정을 할 수는 없으며 마치 쓰레기통으로 보일 정도로 우선순위가 없는 뒤죽박죽인 의사결정이 행해지기도 한다.

쓰레기통모형의 가장 큰 특징은 문제의 인식에서 문제의 해결까지 의사결정의 과정이 연속적인 특징을 보이지 않는다는 것이다. 문제를 인식하더라도 해결과정까지 서로 연결되지 않을 수도 있고, 문제가 제대로 정의되지 않은 상태에서도 대안이 결정될 수 있으며, 문제가 많이 존재하더라도 대안이 없는 경우가 있다.

쓰레기통모형에서 제시하는 요인들은 문제, 해결대안, 의사결정자, 결정시점 등이다. 이 네 가지 독립된 요인들은 일정한 규칙 없이 이리저리 엉키다가 우연히 네 가지 요인들이 만나게 되면 바로 결정이 이루어진다. 따라서 대안이 성공적으로 된다는 것은 적절한 타이밍이나 행운적 요소에 달려있다.

그림 9-10 ‖ 쓰레기통모형

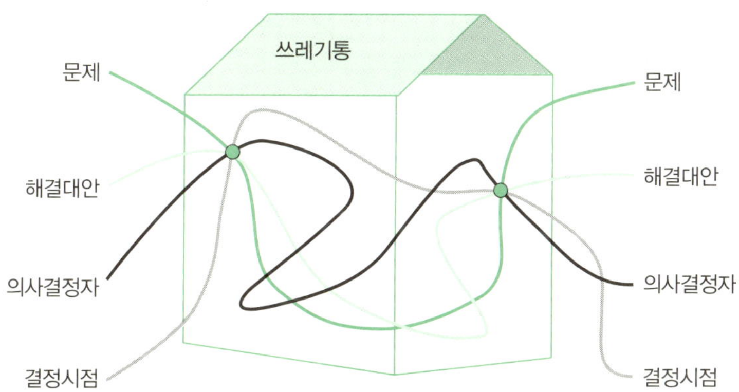

(2) 카네기모형

카네기모형은 제한된 합리성을 공식화하고 의사결정과정에 새로운 시각을 제공해 주었다.

정보의 관점에서 본다면 모든 정보는 최고결정권자에게 집중이 되어 의사결정이 이루진다는 것이 지배적인 관점이었다. 그러나 카네기모형은 의사결정과정에는 수많은 사람들이 연관되어 있고, 최종적 선택은 이 사람들의 연합에 기초한다고 가정한다.

연합은 목표와 문제의 우선순위에 대해서 합의하는 관리자들의 협력체가 될 수도 있고, 스태프, 노조, 고객 등과 같은 외부집단이 포함된 협력체가 될 수도 있다.

그림 9-11 | 카네기모형의 정리

1. 사이어트(Cyert), 마치(March), 사이먼(Simon)의 연구에 기반한다.
2. 제한된 합리성(bounded rationality)을 공식화한다.
3. 조직의 의사결정에 새로운 시각을 제공한다.
4. 조직 수준의 의사결정은 많은 관리자와 연관된다.
5. 최종선택은 관리자들의 연합(coalition)에 기초한다.

연합(coalition)
└ 조직목표와 문제의 우선순위에 대해 합의하는 관리자들의 협력체

그림 9-12 | 카네기모형

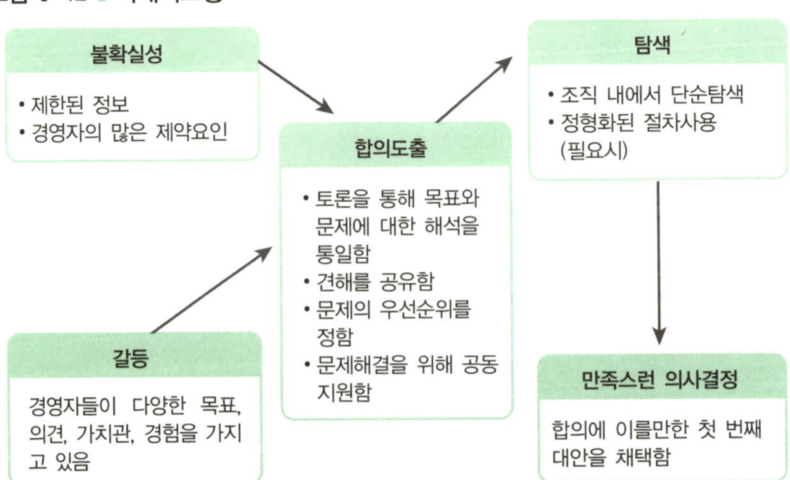

보보의 책 의사결정의 기준

의사결정의 기준은 의사결정자로 하여금 대안을 떠올리고 미래의 결과를 예측하게 만든다. 기준이 없는 관점은 철저하게 의사결정과정에서 배제된다. 즉, 제한된 합리성의 범위를 형성한다는 것이다.

1971년 1987년 1992년 2011년

스타벅스의 신화를 만들어낸 하워드 슐츠는 '커피 한 잔의 성공 신화'에서 "스타벅스가 세계적인 브랜드로 성장한 후 뒤돌아보건대 나는 어떤 마케팅 서적에도 없는 독특한 방법으로 브랜드를 만들었다는 사실을 깨달았다"라고 고백했다.

하워드 슐츠의 전략은 의외로 간단했다. 스페셜 커피시장의 가능성을 높이 산 그는 커피를 단지 소비재로 판매하는 것이 아니라 특별한 질과 서비스, 그리고 만남의 공간을 제공하는 브랜드화한 커피서비스를 제공하는 데 초점을 맞추었다. 당시에 커피판매점을 브랜드화한다는 것은 아무도 상상하지 못했던 새로운 발상이었다. 실제로 스타벅스는 요란한 홍보를 한 적이 없다. 고객들에게 커피 한 잔 이상의 무엇을 제공하고자 했던 노력이 스타벅스를 가장 유명한 커피전문점 브랜드로 성장시킨 것이다. 그는 해외시장을 개척할 때도 똑같은 전략으로 성공했다.

의사결정의 개념으로 본다면 스타벅스는 판단기준에 커피맛 이외에 새로운 무엇을 추가한 것으로 볼 수 있다. 스타벅스의 마케팅은 4P로 압축된다. 사람(People), 제품(Products), 장소(Place), 프로모션(Promotion)이다. 최고의 제품인 커피를, 함께 하고 싶은 친구들과, 아늑하고 세련된 공간에서 공유시키고, 프로모션을 통해 매장에 숨어 있는 매력을 체험하게 한다는 개념이다. 세 가지 의사결정의 기준, 즉 제품, 사람, 장소는 고정되어 있지만, 프로모션을 통해 항상 숨어 있는 기준을 종업원이 창출하도록 유도한다. 스타벅스 매장에 들어서면 스타벅스 고유의 음악과 절묘한 조화를 이루는 에스프레소기계의 커피 가는 소리, 매장을 가득 채운 풍부한 커피향, 입안을 가득 채우는 깊은 커피의 맛, 옹기종기 모여 있는 사람들이 대화하는 가운데 느껴지는 편안함을 만끽하도록 만든다. 이런 감성적 자극이 모여 스타벅스 브랜드를 형성하고 소비자들이 생활의 일부분으로 느끼게 한다.

스타벅스의 로고에 사용되고 있는 사이렌은 그리스 신화에 나오는 바다의 요정이다. 사이렌은 바다에서 지나가는 사람들을 유혹한다. 바다를 항해하는 선원들은 사이렌의 노래를 듣는 순간 이들의 유혹에 빠져 바다로 뛰어들어 다시는 세상으로 돌아오지 못했다. 스타벅스의 로고는 커피로 사람들을 유혹해 스타벅스에 자주 오게 하겠다는 의미를 담고 있다.

– 신완선의 『굿타이밍』 중에서 (저자 수정)

5 개인의 의사결정에 영향을 주는 요인

1) 스키마

스키마(schema)는 과거의 경험에 의해서 형성된 인간의 인지구조를 의미한다. 우리는 일정한 경험을 통해 특정한 사건이나 그와 관련된 자극들을 기억하고 있다. 그러므로 스키마는 인지적인 그림과 같다.

개인이 만났던 사람들, 눈으로 인식한 사물들, 경험한 사건들에 대해서 머릿속에 형성된 의미체계이기 때문에 일상적인 일들에 대해서는 체계적인 분석과정을 생략하고 습관적으로 스키마에 의해 대안을 선택하게 된다.

그러나 비일상적이고, 비정형적인 문제에 직면했을 때, 어떤 사안에 대해 스키마가 형성되어 있지 않을 때는 체계적 분석과정을 통해 결정을 내리게 된다.

그림 9-13 | 스키마의 의미

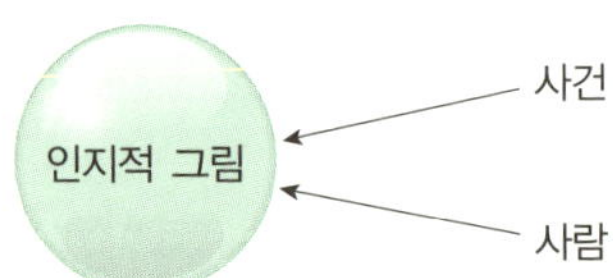

일상적 현상에 직면한 경우에는 심도 있는 분석과정을 생략한 채 자동적, 습관적으로 스키마가 제공하는 대안을 선택하게 됨

보보의 뼈다귀

○ CGV에 대해 가지고 있는 스키마

스키마 : CGV

등장인물 : 자동매표기, 검표원, 관객

장면 1 : 입장

관객은 매표소로 간다.

자동매표기에서 영화를 검색한다.

원하는 영화를 선택한다.
신용카드로 지불하고 표를 받는다.
장면 2 : 입장
검표원에게 표를 보여준다.
상영관에 들어간다.
자리를 찾아 앉는다.
광고와 영화를 본다.
장면 3 : 퇴장
영화가 끝난다.
팝콘과 음료수 케이스를 정리한다.
상영관을 나온다.

인지의 구조

아프리카 초원에서 숨은 사자무리가 얼룩말 떼를 공격할 기회를 노린다. 동물 프로그램에서 익숙한 풍경이다. 마침내 사자들이 사냥에 성공하고, 얼룩말 떼는 눈앞에서 동족이 사자의 밥이 되는 것을 지켜본다. 그러나 잠시 뒤면 얼룩말들은 초원에서 평화롭게 풀을 뜯는다. 아무 일도 없었다는 듯이 말이다.

영국 옥스퍼드대 임상심리학 명예교수 마크 윌리엄스가 '평화로운 얼룩말 떼'의 사진을 보여준다. 인간들에게 이해하기 어려운 모습이다. 그런 피해상황이 발생하지 않아도, 불안해하고 두려워하고 고통스러워하는 게 인간이다. 더구나 불안사회인 현대는 "걱정을 해서 걱정이 없어지면 걱정이 없겠네"라는 티베트 속담이 다시 회자될 정도로 걱정이 머리를 가득 채우고, 몸에 병까지 유발한다. 번아웃증후군이나 불면증에 시달리는 것도 걱정 스위치가 좀처럼 꺼지지 않기 때문이다. 세계보건기구가 삶의 질을 떨어뜨리는 최고의 원인으로 지목한 우울증 환자도 급격히 증가하고 있다.

이러한 현대병의 치료법으로 서구에서 떠오른 게 '마음챙김'(mindfulness)이다. 걸을 때는 오직 걷는 행위에만, 먹을 때는 오직 먹는 데만 집중해 번뇌망상이나 판단분별 없이 자신의 행위를 '있는 그대로' 알아차리는 게 '마음챙김'이다. 마음챙김이란 고타마 싯다르타와 제자들을 깨달음으로 이끈 수행법인 '위파사나'에서 나온 것이다.

이 마음챙김을 현대병 치료에 활용한 대표적인 프로그램이 '스트레스 해소를 위한 마음챙김(MBSR : mindfulness-based stress reduction)'이다. 이 프로그램은 미국 매사추세츠주립대 의과대 명예교수인 존 카밧진 박사에 의해 1979년 미국에서 시작돼, 미국의 수백 개 병원에서 통증치료 등을 위해 활용되고 있다.

이를 계승해 우울증 치료로까지 발전시킨 게 '마음챙김 인지치료(MBCT : mindfulness-based cognitive therapy)'다. 이 프로그램은 우울증의 잦은 재발을 막기 위해 고안됐다. 이 프로그램에선 8주 동안 음악을 들으며 매일 명상기술을 연습해 생각, 감정, 감각을 알아차리게 하고, 이것들이 '진실'이나 '나'가 아니며, 단지 생각, 감정, 감각일 뿐이라는 것을 깨닫게 한다. 이런 알아차림이 조금씩 명료해지면 탈중심화가 일어나 생각이나 감정을 더욱더 키우는 우를 범하지 않게 된다고 한다. 마음챙김은 불교에서 비롯됐지만, 종교적 영역을 넘어 현대병을 고치기 위해 누구나 활용할 수 있는 심리요법이다.

이들 명상전문가가 말하는 마음챙김이 필요한 이유와 효과는 무엇일까?

붓다 락키타 스님은 '우리가 보는 것'의 실제를 설명했다. 그는 "물이 반이 담긴 컵을 똑같이 보고도, 한 사람은 반이나 남았다고 안심하는데, 다른 사람은 반밖에 안 남았다고 아쉬워할 수 있다"며 "위파사나는 더하지도 빼지도 말고 실제를 있는 그대로 보자는 것인데, 이는 지켜볼 수 있는 힘, 즉 마음챙김이 있을 때 가능하다"고 설명했다. 그는 "마음이 경험하는 대상이 우리가 사는 세계"라고 말했다. 우리가 아는 세계는 실제 세계가 아니라 자기마음이 경험하는 세계라는 것이다.

서광 스님도 '마음챙김'이 필요한 이유로 '인지 왜곡'을 들었다. 그는 "우리가 일상적으로 경험하는 인지, 지각, 정서는 왜곡되거나 치우쳐 있기에 고통과 갈등을 유발한다"며 "마음챙김은 왜곡과 편견을 줄이는 정신훈련"이라고 말했다. 그는 "생각의 렌즈를 거치지 않는 직접적 경험을 위해 현재 순간에 몸과 마음에서 일어나는 것을 있는 그대로 알아차림으로써 고통을 소멸시킬 수 있다"고 설명했다.

자료 : 한겨레, 2017.7.5.
그림자료 : 서광스님

2) 개인의 속성

앞장에서 언급한 것처럼 우리가 삶을 영위하면서 행하게 되는 모든 일들에 대해서 개인이 가지고 있는 성격, 가치관, 신념, 고정관념, 선택적 지각 등의 속성들이 많은 영향력을 행사한다.

성격이 의사결정과정에 영향을 미치는 이유는 성격이 기반이 되어 세상을 보는 관점, 인간관계를 형성하는 태도, 정보를 받아들이는 방법 등이 달라지기 때문이다. 또한 성격특성에 따라 어떠한 인간관계를 형성하느냐에 따라서 협력이나 정보수집과 같은 중요한 과정에 긍정적인 도움을 받을 수도 아닐 수도 있다.

개인이 지니고 있는 가치관이 중요한 이유는 가치관이 그 개인을 형성하고 있는 신념 그 자체이기 때문이다. 기회의 신의 사례처럼 가치관은 옳고 그름을 구분하는 잣대가 된다.

고정관념, 선택적 지각과 같은 지각의 오류는 개인이 정보를 왜곡되지 않게, 긍정적으로 수용함에 있어 커다란 장애요인으로 작용한다. 지각의 오류에는 다음과 같은 개념들이 포함된다.

(1) 고정관념(stereotyping)

사람을 평가할 때 개인차를 무시하고 그가 속한 집단에 대한 지각을 바탕으로 평가하게 되는 것이다. 어떤 특정한 대상이나 집단에 대해 많은 사람들이 공통으로 가지는 비교적 고정된 견해와 사고를 의미한다. 즉, 지각과정을 단순화시켜 다른 사람을 유사성의 범주에 귀인시키는 경향을 말한다.

대개의 경우 뚜렷한 근거가 없고 감정적 판단에 근거하며, 한 개인의 개인차를 무시하고 그가 속한 집단의 평가에 근거하여 일반화하는 경향이 있다.

20세기를 대표하는 정신의학자인 엘리자베스 퀴블러 로스(Elisabeth K. Ross)는 말한다.

"편견에서 벗어나는 것이 곧 자유이다."

■ 예

- 여성은 감정적이고, 남성은 지성적이다.
- 이탈리아인은 바람둥이고, 미국인은 이성적이다.
- 젊은이들은 혁신적이고, 늙은이들은 보수적이다.
- 눈이 큰 사람은 겁이 많고, 눈이 작은 사람은 겁이 없다.

보보의 뼈다귀

화성인의 언어와 금성인의 언어

화성에서 온 사람과 금성에서 온 사람은 서로 다른 언어를 사용한다. 때로는 통역관이 필요할 정도이다. 흥미로운 점은 금성에서 사용하는 언어와 화성에서 사용하는 언어에는 똑같은 어휘들이 존재하는데, 문제는 그 어휘들이 서로 다른 의미로 사용된다는 데 있다.

자기감정을 충분히 전달하기 위해 여자들은 마치 저마다 시인이 된 듯 각양각색의 과장과 은유, 막연한 표현 등을 총동원해 사용한다. 그리고 남자들은 어리석게도 이런 표현들을 곧이곧대로 받아들인다. 말의 의미를 잘못 해석한 그들은 여자의 예상과 달리 비협조적인 반응을 보이는 게 보통이다.

여자의 말을 곧이곧대로 해석한다는 것이 사실과 정보를 전하는 수단으로써만 언어를 사용해온 남자들에게는 쉽게 오해를 불러일으킬 수 있다. 또한 그 같은 반응은 서로간의 논쟁을 야기시킬 수도 있다.

금성인의 말	화성인의 대응
• 외출을 하지 않아	• 어제도 나갔었잖아
• 모두들 나를 무시해	• 안 그런 사람도 있어
• 일하기 싫어	• 하기 싫으면 그만둬
• 아무도 내 말을 듣지 않아	• 내가 듣고 있잖아
• 제대로 되는 일이 없어	• 내 잘못이라는 거야?

자료 : 존 그레이의 『화성에서 온 남자 금성에서 온 여자』 중에서

(2) 현혹효과(halo effects)

현혹효과는 고정관념과 깊이 관련된다. 한 사람이 보유하고 있는 좋거나 나쁜 자질, 행동 등을 보고 그 사람의 전부를 판단하게 되는 일반적 경향이다.

요즘 이미지메이킹이 중요하게 부각되는 이유는 현혹효과와도 관련이 있다. '블링크(blink)'2)라는 단어가 의미하는 것처럼 순간적으로 첫 만남에 판단되는 인상에 기초해서 다른 모든 것들이 결정되기 때문에 현혹효과를 무시할 수 없는 것이다.

예를 들어, '공유'는 "잘 생겼다", "잘 생겼으니까 심성도 바를 것이다", "심성이 바르니까 좋은 일을 많이 할 것이다"로 객관적이지 못하게 사고가 연결되는 것을 의미한다.

○ 재미있는 착시의 오류

인간이 느끼는 길이와 크기감각은 주변과의 비교에 의해 영향을 받는다. 때문에 주변의 상황이 변하면 실제 길이나 크기와는 다르게 보인다. 이런 현상을 심리학에서는 '착각'이라 부른다. 특히 시각에서 일어나는 착각을 '착시'라고 한다. 심리학자 그레고리는 착시가 생기는 이유는 사물을 볼 때 무의식적으로 대상물과의 거리를 생각하고 거리에 맞춰서 대상물의 크기를 인식하기 때문이라고 했다. 또한 멀어져가는 사람을 볼 때 거리가 배로 늘어나면 크기는 반으로 줄어야 하는데, 그다지 작게 느껴지지 않는다. 이는 인간의 시각에는 대상을 동일인물로 인식하여 안정적으로 지각하고자 하는 항상성 경향이 있기 때문이다.

에드워드 보링의 그림은 이 분야의 원전이다. 사람에 따라서 노파로도, 젊은 여인으로도 보인다. 통계적으로 남성은 젊은 여성을, 여성은 노파를 더 먼저 보는 경향이 많았다. 루빈의 잔은 흰 바탕을 보면 잔으로 보이지만 검은 바탕을 보면 사람의 옆모습으로 보인다. 분트 착시에서 보이는 두 개의 직선은 같은 길이이다. 하지만 수직선이 수평선에 비해 더 길어 보인다. 분트 착시를 이용하면 세로줄의 옷이 가로줄의 옷보다 더 날씬해 보이는 효과가 있다. 뮌스터버그 착시는 가로로 회색 선분은 모두 수평이지만 마치 휘어져 있는 것처럼 보이는 착시효과이다. 체르너 도형에서 오른쪽 아래로 향하는 사선은 모두

2) '블링크'는 말콤 글래드웰에 의해 제시되었으며 2초 안에 일어나는 순간적인 판단을 말한다. 순간적인 판단(snap judgment)은 무의식의 영역에서 일어나는 문제해결방식으로, 우리가 보통 직관 또는 통찰이라고 부르는 능력과 비슷하다. MBTI의 iNtuition과 비슷한 개념이다.

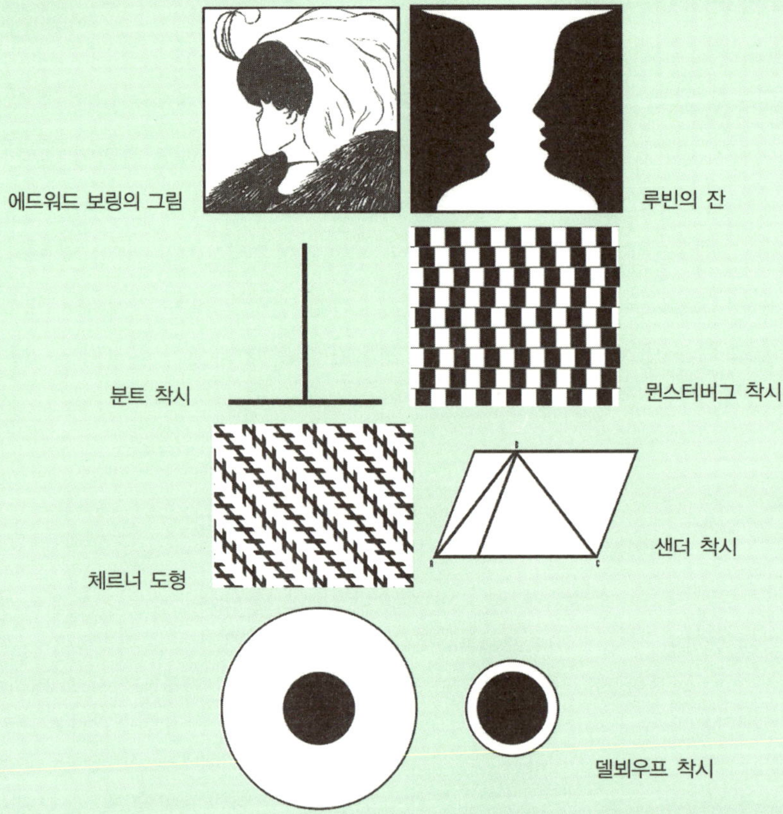

수평이다. 하지만 짧은 선의 영향으로 수평이 아닌 것처럼 보인다. 이는 평행선에 사선이 들어가면 더 이상 평행으로 보이지 않게 되는 원리를 이용했다. 사선의 기울기가 커지면 착시현상도 심해진다. 샌더 착시의 그림에서는 직선 BC의 길이가 직선 AB보다 길어 보이지만 실제로 두 직선의 길이는 같다. 델뵈우프 착시에서는 가운데 있는 두 개의 검은 원은 같은 크기이지만 오른쪽 원이 더 커 보인다.

(3) 투사(projection)

인간은 흔히 타인도 나와 유사할 것이라고 판단하는 경향이 있다. 타인도 나와 같은 생각을 하고 나와 같은 특성을 지니고 있다고 가정하게 된다. '자신과의 유사성 효과(similar-to-me effect)'라고도 한다.

투사는 인지의 재구성에 있어서 중요한 역할을 하게 되는데 의식으로 떠오른 사고를 자신의 것이라 생각하지 않고 다른 사람이 가지고 있는 사고라고 믿게 된다. 타인을 나의 환상(reflection)인 것처럼 보게 되는 것이다. 프로이트(Freud)는 이것을 "더 이상 의식 밖으로 추방시킬 수만은 없는 억압된 욕구에 저항하기 위한 필사적 방어"라고 정의했다.

보보는 모모가 미워 죽겠다. 그러나 사회적인 평가와 자존심 때문에 그 감정을 그대로 표현할 수가 없다. 그래서 그 미움의 감정을 억압시키게 되지만 감정은 여전히 그 자리에 있다. 따라서 오히려 모모가 자신을 미워한다는 지각을 발달시키게 된다. 즉, 왜곡된 방법으로 억압된 자신의 감정을 표현하는 것이다. 전통적인 투사의 오류는 관리자의 욕구와 부하의 욕구가 같다고 전제하는 것이다.

투사는 라캉(Lacan)이 1936년 국제 정신분석학 학술모임에서 도입한 '거울단계(Le stade du miroir)'와 비교해 볼 수 있다. 그는 태어난 지 6개월에서 18개월가량 성장한 아이는 거울에 비친 자신의 모습을 지각하고 환호성을 지르며 반응한다고 했다.

표 9-3 로르샤흐 잉크반점 반응

범주 이름	범주의 본질	예시반응	가능한 해석
위치	반응이 일어나는 반점의 위치	"전체적으로 옥수숫대를 상기시키네요."	개념적으로 생각하는 능력을 암시(전체 반점에 기초한 반응)
		"저것은 망치처럼 보이네요."	정확하고 엄밀해지려는 욕구를 암시(일반적으로 주목되는 세부에 기초한 반응)
결정인	반응을 이끌어낸 반점의 특성	"피 흘리는 고래네요."	정서성이 높음을 암시(색채에 기초한 반응)
		"날아다니는 박쥐네요."	상상력이 높음을 암시(지각된 운동에 기초한 반응)
내용	반응의 주관적 주체	"저 남자는 누군가에게 얻어맞았네요."	적대적 감정에 대한 불안을 암시(공격성을 포함한 반응)
		"파도로 다이빙하는 사람이군요."	강한 환상적 삶을 암시(인간운동을 포함한 반응)

주 : 로르샤흐 검사반응이 놓이게 되는 세 가지 범주가 있다. 왼쪽 열은 두 번째 열에서의 정의에 의한 범주 이름이다. 세 번째 열은 각 범주에 놓인 반응의 예를 제시한다. 오른쪽 열은 각 예에 대한 해석과, 왜 이런 해석을 하게 되었는지에 대한 지표를 제공한다.

자료 : C.S. Carver & M.F. Scheier, *Perspectives on Personality*, Allyn & Bacon, 2004.

환호성을 지르는 아이는 자신의 모습을 결핍이 없는 완전한 것으로 본다. 이처럼 거울단계는 아이에게 일종의 착각을 선사한다. 서로가 서로에게 가장 완벽한 상을 제시하는 듯한 환상에 빠지게 되는 이 관계에서 자아는 주체에 있지 않고 주체 외부에 존재한다는 것이다.

로르샤흐 잉크반점 검사는 대표적인 투사적 기법이다.

보보의 신문

이 그림에서 뭐가 떠오르시나요?

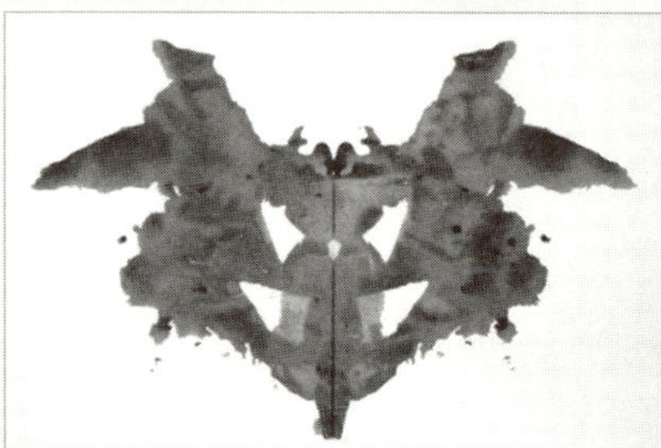

로르샤흐 테스트의 1번 그림

로르샤흐 테스트는 프로젝티브 테스트(projective test)의 일종이며 스위스의 정신의학자인 로르샤흐가 창안했다. 좌우 대칭인 아무 뜻도 없는 잉크의 얼룩이 어떻게 보이는가에 따라 인격장애의 진단을 하는 테스트이다.

잉크 무늬가 어떠한 모양으로 보이는가에 따라 그 사람의 성격이나 정신상태, 무의식적 욕망 따위를 판단할 수 있으며 성격심리학, 문화인류학 따위의 분야에 널리 응용되고 있다.

본래 뜻이 없는 도판의 모양을 주로 하여 보거나, 운동을 주로 하여 보거나 또는 그 내용, 반응시간, 반응태도 등으로 진단한다. 이에 대한 반응은 천차만별이며, 고정된 표준을 잡기가 어렵기 때문에 일반적인 테스트처럼 단순하지 않아 전문적인 연구와 경험이 필요하다.

로르샤흐 테스트에 쓰는 잉크 얼룩 1세트(10장) 모두가 2009년 온라인 백과사전 '위키피디아(Wikipedia)'에 그대로 공개돼 심리학자들이 크게 반발한 바 있다. 잉크 얼룩별로 사람들이 가장 흔히 응답하는 것까지 올라와 있다.

심리학자들은 잉크 얼룩들이 공개되면 테스트가 무의미해진다고 주장한다. 예를 들어, '1번 잉크 얼룩'을 볼 때 사람들은 일반적으로 박쥐 · 나비 · 나방을 생각한다고 위키피디아는 설명한다. 이 정보를 접하고 테스트를 받는 이는 자연히 위키피디아에 거론된 동물들을 먼저 떠올리게 된다. 추상적 그림들을 "어떻게 인식하고 반응하느냐"로 성격을 판단하는 로르샤흐 테스트에서 이런 사전정보는 치명적이라는 것이다.

심리분석 훈련을 받지 않은 비전문가가 함부로 로르샤흐 테스트에 따른 진단을 내리는 것에 대한 우려도 크다. 스티브 브레클러(Breckler) 미국 심리학협회 회장은 "잉크 얼룩들이 공개돼 아무나 테스트할 수 있게 돼서는 안 된다"며 "심리학자 윤리강령은 테스트 자료에 대한 보안을 지킬 것을 규정하고 있다"고 말했다.

일부 심리학자들은 잉크 얼룩들이 위키피디아에 공개됐다 해도 테스트는 여전히 유용하다고 본다. "무엇처럼 보이는가"만 따지는 게 아니라, 얼룩의 색깔이 얼마나 짙어 보이는가, 얼룩이 얼마나 움직이는 것처럼 보이는가 등등을 총체적으로 보기 때문이다. 또 어차피 인터넷을 뒤지면 여기저기 게재된 얼룩 10장을 다 구할 수 있고, 또 새로운 잉크 얼룩 모양을 만들어 테스트에 사용하면 된다는 반론도 있다.

자료 : 조선일보 ; 중앙일보 (저자 수정)

벌보의 뼈다귀

○ 철학자들의 투사

재미있는 일화가 있다. 서로 다른 두 경향의 철학자들 사이에 토론이 진행되는 중에 한 참석자가 물었다. "우리가 동일한 프로그램을 가지고 있는 것입니까?" 반대편을 지지하는 사람이 대답했다. "나는 그렇지 않기를 바랍니다." 일반적인 의미에서 첫 번째 사람은 프로이트적인 의미에서 '투사를 했고', 두 번째 사람은 그의 자세가 그의 반대자의 생각(자신 속에서 발견될까봐 두려워하는 생각)을 근본적으로 거부하고 있다는 것을 보여준다는 점에서 투사했다고 가정할 수 있다.

자료 : 장 라플랑슈의 『정신분석사전』 중에서 (저자 수정)

(4) 선택적 지각(selective perception)

사람은 누구나 자신에게 유리한 방향의 생각과 정보만을 수집하고, 다르거나 불리한 견해는 무시하는 경향이 있다.

미래학자 토플러는 21세기의 문제점 중의 하나는 "정보의 부재가 아니라 정보의 홍수 속에서 어떻게 하면 의미 있는 정보를 선택하고 수집하느냐에 있다"라고 했다. 미국의 한 포털사이트의 조사에 의하면 필요한 한 단어를 검색했을 때 수십만 개의 정보가 딸려 나오는데, 문제는 현시점에서 필요한 우선순위에 따른 정보의 분류가 아니라 무작위라는 데 있다고 했다.

그림 9-14 행동으로서의 방어 메커니즘

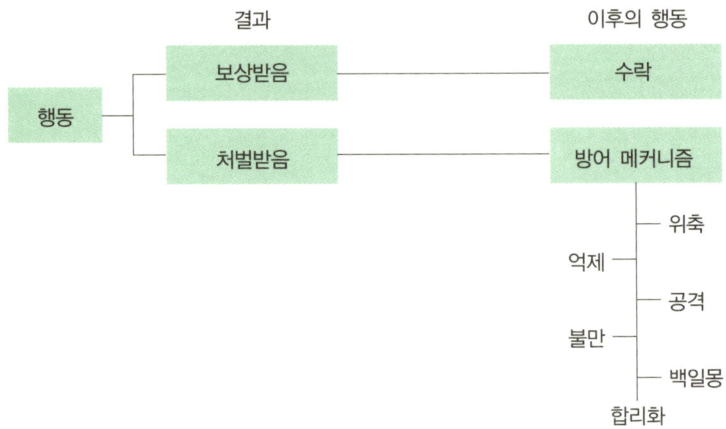

(5) 기대(expectation)

기대는 지각하는 사람의 기대가 그 대상이 되는 사람에게 실제로 나타나게 만드는 과정을 의미한다. 반두라(A. Bandura)와 같은 사회학습이론가(social learning theorist)들은 사람들 간에 차이가 나는 인지적 요소들 중의 하나로 기대를 제시하고 있다.

사회학자 고프만이 제시하는 '낙인'이나 로젠탈과 자콥슨이 제시하는 '피그말리온 효과', 머턴이 제시하는 '자기충족적 예언' 등이 이와 같다. 이는 "기대는 실현된다"는 의미를 포함하고 있다.

피그말리온효과(Pygmalion effect)3)는 긍정적 기대 실현의 효과만을 지칭하는 것이 아니라, 긍정적이건 부정적이건 대상에 대한 기대가 그 대상의 행동으로 실현되는 현상을 모두 의미한다. 자기충족적 예언(self-fulfilling prophecy), 지각의 준비(conceptual readiness)라고도 한다. 이는 우리 자신에게도 적용될 수 있다. 우리의 무의식은 진짜와 가짜를 구별할 수 없기 때문에 자신에게 무심코 하는 말들이 무의식에 저장되고 이것은 우리의 삶에 커다란 영향을 미치기 때문이다. 때문에 편견이나

3) 하버드대학의 로젠탈(Robert Rosenthal) 교수가 처음 사용한 개념이다. 초등학교 학생들과 교사들을 대상으로 한 실험에서 평균 정도의 지능을 가진 아이들을 시험을 통해 선발한 뒤 "이 아이들은 특별하며 앞으로 지적 발달이 빠르고 학업성적도 높아질 것이다"라고 교사들에게 거짓으로 이야기하였다. 일정기간이 지난 후 아이들의 성취도는 월등하게 향상되었다.

○ 피그말리온 신화

위의 그림은 피그말리온 신화와 관련된 명화이다. 그림 왼쪽부터 장 레옹 제롬의 '피그말리온과 갈라테이아', 브론치노의 '피그말리온', 번 존스의 '영혼을 얻다' 등이다.

지중해에 피그말리온이란 젊은 조각가가 살고 있었다. 볼품없는 외모를 지녔던 그는 사랑에 대해서는 체념한 채 조각에만 정열을 바쳤다. 그러다가 자신도 언젠가는 사랑을 얻을 수 있을 것이란 기대로 심혈을 기울여 여인의 나체상을 조각했다. 그 조각은 누가 보더라도 완벽한 여인상이었고 그는 정성스럽게 다듬어갔다. 시간이 지나면서 그는 점차 그 여인상에 대해 연민의 감정을 가지게 되었고 나중에는 사랑의 감정으로 싹터갔다. 그래서 매일 꽃을 꺾어 여인상 앞에 바쳤다.

어느 날이었다. 섬에서 자신의 소원을 비는 축제가 벌어졌다. 피그말리온은 여신 아프로디테에게 그 여인상을 사랑하게 되었다고 말하며 아내가 되게 해달라고 간절히 빌었다.

기도를 마치고 집에 돌아온 피그말리온은 여인상의 손등에 입을 맞추었다. 그런데 놀라운 일이 일어났다. 손에서 온기가 느껴지기 시작하는 것이었다. 놀란 피그말리온이 그녀의 몸을 어루만지자 조각상에서 점점 따스한 체온이 느껴지면 사람으로 변해가기 시작했다. 피그말리온의 순수한 사랑을 받아들인 신이 그 조각을 아름다운 여인으로 만들어주었던 것이다.

그리스 신화에 나오는 피그말리온에 대한 이야기이다.

교육학 용어 중에서도 이 신화에서 따온 '피그말리온효과'라는 것이 있다. 교사가 어떤 학생을 '우수할 것이다'라는 기대로 가르치면 그 기대를 받은 학생은 다른 학생보다 더 우수하게 될 확률이 높다는 이론으로 자기충족적 예언이라고도 불린다. 그것은 비단 학생에게만 국한되는 일이 아니라 모든 사람에게 일어나는 일이다. 사람은 누군가가 나를 기대하고 있고 높이 평가해주면 그것에 닮아가는 특성이 있다.

무슨 일이든 기대한 만큼 이루어진다는 평범한 사실을 피그말리온의 신화에서 다시 한번 느낄 수 있다.

자료 : 박성철의 『행복한 아침을 여는 101가지 이야기』 중에서 (저자 수정)

고정관념이 대상의 행동이나 자아개념으로 실현되는 현상도 포함된다. 초기 인간관계론의 호손실험에서 나타난 호손효과(Hawthorn effect)와도 유사한 결과를 보인다.

강준만 교수는 피그말리온효과를 극단으로 표현해서 "말하는 대로 된다"는 슬로건으로 압축할 수 있다고 했다. 그는 이 효과에 의해 자식들은 부모가 써준 스크립트에 따라 인생을 살게 된다고까지 말하고 있다. 이처럼 타인이나 자신에 대한 기대는 반드시 결과에 영향력을 미치게 된다.

6 의사결정의 장애요인

1) 개인적 의사결정의 장애요인

복잡한 정보를 수집하고 처리하는 데 있어서 인간이 부딪히는 능력제한이라는 요인은 의사결정과정에 부정적 영향을 미친다. 이런 요인 이외의 다양한 요인들이 의사결정에 있어서 체계적인 오류를 발생시킨다.

(1) 구성오류(framing)

인간은 똑같은 문제임에도 불구하고 부정적인 어휘로 표현할 때는 위험추구적인 결정을 하는 경향이 있고, 긍정적인 어휘를 사용하는 경우에는 위험회피적 결정을 하는 경향이 있다.

보보생명과학연구소는 지금 신약개발에 매진하고 있다. 이 기적의 신약을 개발하는 데 성공할 경우 웃음바이러스에 감염되어 미친 사람처럼 웃다가 힘이 빠져 죽게 되는 웃찾사병을 완벽하게 치료할 수 있다. 신약개발연구에 지원한 웃찾사병에 걸린 사람은 1,200명이다.

보보프로그램과 모모프로그램, 두 가지 대책방안이 제시되었다.

보보프로그램을 선택하면 1,200명의 환자 중에서 400명을 확실하게 살릴 수 있다.

모모프로그램을 선택하면 1,200명의 환자가 모두 살 가능성이 1/3이고, 모두 죽을 가능성이 2/3이다.

72%의 사람들이 보보프로그램을 선택했고, 28%의 사람들만이 모모프로그램을 선택했다. 사람들은 1,200명의 환자 중에서 1/3을 살릴 수 있는 가능성보다 400명을 살릴 수 있는 확실성을 더 선호하는 것으로 나타났다.

그래서 이번에는 다른 방식으로 표현을 해보았다. 물론 내용은 같다.

알폰프로그램을 선택하면 800명이 죽게 된다. 라헬프로그램을 선택하면 1,200명 모두가 죽지 않을 가능성이 1/3이고, 1,200명 모두가 죽을 가능성이 2/3이다.

학생들은 어떤 프로그램을 선택하고 싶은가?

알폰프로그램은 보보프로그램과 같은 내용이다. 라헬프로그램은 모모프로그램과 같은 내용이다. 다만 표현만 다르게 했을 뿐이다. 그런데 결과가 재미있다.

알폰프로그램을 선택한 사람은 22%, 라헬프로그램을 선택한 사람은 78%였다.

그림 9-15 | 구성오류의 사례

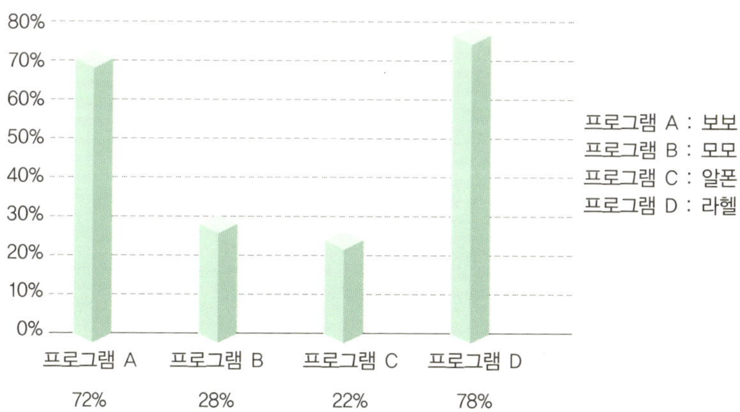

(2) 단순화경향(heuristics)

인간은 때로 복잡한 정보의 홍수 속에서 어려운 의사결정문제에 직면하게 되면 체계화된 분석방법 대신 근거 없는 주먹구구식의 단순한 방법에 따라 의사결정을 하게 된다. 결과는 우습기까지 하다.

그러나 단순화경향이 항상 의사결정의 수준을 떨어뜨리는 것만은 아니다. 때로는 도움이 될 수도 있다. 그러나 단순화경향의 기본적 오류는 의사결정과정에 반드시 필요한 양질의 정보를 파악하지 못하도록 하기 때문에 대부분 부정적 결과를 낳는다.

보보의 문제

이 사람들의 직업은 무엇일까요?

보보는 회계사에 대해서 매우 고리타분하고 계산적이기 때문에 현실감각이 뛰어난 사람들이라는 편견을 가지고 있다. 그리고 변호사에 대해서는 말만 잘하고 옷차림이 번드르르하며 사교성이 뛰어나다는 편견을 가지고 있다.

보보는 오늘 오랜만에 경영동우회에 참여했다. 그 어떤 때보다도 회계사와 변호사로 활동하는 동문들이 많이 참석했다. 이 동우회에 참석한 회계사의 수는 변호사의 수보다 세 배나 더 많았다.

보보가 어떤 동문을 만났을 때 첫인상이 매우 사교적이고 패션감각이 뛰어나 보였다. 이 사람은 회계사일 가능성이 변호사일 가능성보다 세 배나 더 많다. 그러나 보보는 변호사가 말을 잘하고 패션감각이 뛰어날 것이라는 고정관념을 이미 가지고 있기 때문에 이 사람을 변호사라고 생각하는 오류를 범하게 된다.

(3) 몰입의 에스컬레이션(escalation of commitment)

몰입의 에스컬레이션은 어떤 일에 대해서 실패할 것이 자명함에도 불구하고 일의 비효율적 진행을 계속하려는 경향(ineffective course of action)을 의미한다.

여러 가지 정황과 수집된 정보에 의거하면 결과가 실패로 끝날 것임이 확실함에도 불구하고 인적자원, 물적 자원, 시간 등을 계속해서 제공하게 되는 오류이다.

퀘이커 오츠사의 경우가 이에 해당된다. 퀘이커 오츠사의 회장이었던 스미스버그는 스내플이라는 브랜드를 더욱 성장시키고자 하는 의도로 1994년 스내플을 19억 달러에 인수한다. 1901년에 설립된 퀘이커 오츠사는 1983년 게토레이를 인수해 이미 상당한 성공을 거둔 상태였다. 한 번 성공을 맛본 퀘이커 오츠사는 또 다른 M&A를 준비하고 있었는데, 그때 선택한 것이 스내플이다. 스내플 또한 코카콜라와 펩시코라는 양대 기업에 밀려 인수자를 찾고 있던 상황이었다.

스내플 인수 이후 퀘이커 오츠사는 미국 소프트드링크업계에서 3위로 올라선다. 그러나 예상했던 것과는 다르게 스내플의 매출액은 계속 떨어지기만 했다. 퀘이커 오츠사는 스내플의 실적이 전년 대비 74%나 감소했다는 사실을 계약서에 서명하기 직전에야 알게 되었다. 스미스버그는 자신의 판단이 매우 적절했음을 증명하고자 계속해서 막대한 돈을 투자했다. 스내플을 위해 새로운 포장, 라벨, 더 많은 광고를 했고 그 브랜드를 포기하는 게 좋겠다는 의견을 묵살하고 반대하는 사람들은 누구나 해고했다. 매출액은 점점 더 떨어지고, 기업에 막대한 손해를 입혔다. 결국 퀘이커 오츠사는 1997년 스내플을 다시 3억 달러라는 헐값에 매각할 수밖에 없었다. 닥터페퍼 스내플그룹은 포춘이 선정한 2017년 '가장 존경받는 기업'에서 음료부문 6위에 오르기도 했다.

몰입의 에스컬레이션을 피하기 위한 예방책 중의 하나는 의사결정의 책임을 분산시키는 것이다. 책임을 나누어 가지게 되면 실패한 결과에 대해서 책임을 느끼기보다는 책임의 분산을 경험하게 된다. 그래서 의사결정자는 한 개인의 이미지 손상과 책임에 대한 부담감 없이 그릇된 의사결정에 대한 미련을 쉽게 버릴 수 있다.

보보의 뼈다귀

○ 카페베네의 몰락

프랜차이즈사업은 하루 평균 114개가 생겨나고 동시에 66개가 문을 닫는 산업, 평균 사업기간 5년이라는 불명예스러운 수식어를 달고 있다. 관련업계에 따르면 지난해 국내 커피전문점 점포수는 프랜차이즈 커피전문점과 개인이 운영하는 매장을 합해 약 4만9,600여 개에 달한다.

업계 안팎에선 가맹점관리보다 사세확장에 몰두하는 가맹본부의 행태를 원인으로 지목하고 있다. 고질적 병폐 개선을 위해선 한탕주의를 끝내야 한다는 지적이 끊이지 않고 있다. 또한 잘나가는 업종을 따라하는 '미투 브랜드'전략도 프랜차이즈산업 발전의 발목을 잡는 요소로 꼽히고 있다.

프랜차이즈산업협회에 따르면 프랜차이즈시장 규모는 150조 원에 달하는 것으로 추산된다. 시장규모에 걸맞지 않게 프랜차이즈산업은 후진적 경영구조를 벗어나지 못하고 있다. 자영업에서 시작해 가맹사업으로 확대하는 경우가 많다 보니 대외적으로 성공을 과시하려는 욕구가 강하다.

카페베네는 토종 한국 커피로 유명세를 타며 1,000여 개의 국내 가맹점을 비롯해 중국과 대만, 인도네시아 등에 500여 개 해외매장을 열었다. 하지만 5년 전만 해도 커피가맹점 1,000개를 돌파하며 승승장구하던 카페베네는 부진을 면치 못하며 좀처럼 돌파구를 찾지 못하고 있다.

카페베네는 손을 쓸 수 없을 정도로 덩치가 커지는 바람에 실패한 케이스이다. 프랜차이즈 특성상 가맹점이 많아야 회사가 이익을 내는 구조이지만, 이익에만 몰두했다가 실패한 사례가 많다. 또한 카페베네는 가맹점주들로부터 인테리어, 집기류 판매, 로열티 등의 비용이 너무 많다는 비판에 시달린 바 있다. 2010년 카페베네 매출에서 가맹점의 해당 비용이 차지하는 비중은 70%에 달했다. 타사의 20~30%와 비교하면 차이는 확연하다.

문제점 중의 하나는 무리한 사옥매입이다. 성장과정에서 사옥을 매입한 뒤 재무구조 취약으로 이어지는 경우가 반복되고 있다. 카페베네는 지난 2012년 335억 원을 들여 17층 규모의 청담동 사옥을 매입했다. 하지만 그해 영업이익은 40.2% 줄어든 101억 원을 기록했다. 당기순이익은 33억 원으로 전년 대비 3분의 1 수준으로 쪼그라들었다. 반면 부채비율은 2012년 말 519%에서 2013년 말 665%로 치솟았다. 2014년엔 1,402%까지 뛰어올라 결국 사옥을 매각했다. 결국 카페베네는 사모펀드에 매각되는 수난을 겪었다. 2015년 말 최대주주가 김선권 창업주에서 사모펀드 K3파트너스로 바뀌면서 '토종 커피'

의 성공 신화도 막을 내렸다. K3파트너스의 심폐소생술에도 불구하고 이 또한 실패사례로 낙인찍혔다. 2014년 한때 1,560개에 달했던 가맹점수는 지난해 말 724개 수준으로 절반 이상 줄었다. 최근에는 천호동에서 10년간 운영됐던 '카페베네 1호점'도 폐점한 것으로 전해졌다. 설상가상으로 지난해에 해외투자와 계열사 손실이 겹치면서 자본총계 마이너스 148억 원으로 자본잠식상태에 빠졌다.

카페베네의 내리막 역사는 프랜차이즈산업의 병폐는 사업성공 후 사업다각화, 유동성위기 이후 폐업이라는 공식을 답습하고 있다. 카페사업 성공에 도취된 카페베네는 패밀리 레스토랑 '블랙 스미스', 베이커리 프랜차이즈 '마인츠 돔', 헬스·뷰티 전문 프랜차이즈 '디셈버 24' 등을 잇따라 론칭했지만 모두 실패했다.

커피전문점시장이 포화상태에 다다른 만큼 무리한 투자보다는 차별화에 나서면서 생존전략을 찾아야 한다는 게 업계전문가들의 조언이다.

자료 : 데일리안 2017.7.7. ; 일요신문, 2017.5.19. ; 이데일리, 2017.7.14. (저자 수정)

2) 집단적 의사결정의 장애요인

(1) 집단사고(group think)

집단사고는 높은 응집력을 가진 집단에서 구성원 개개인의 상호합의에 대한 요구가 지나치게 큰 나머지 이것이 부적 결과를 초래하는 대표적인 오류이다.

집단응집력이란 구성원들 간의 좋은 관계, 집단에 대한 충성도와 애착 등의 다양한 요인을 포함하는 현상이다. 만약 개개의 구성원들이 유사한 신념, 가치관, 사고방식, 성장환경 등을 가지고 있다면 응집력은 더욱 커지게 된다.

인간은 보편적으로 한 개인이 한 의사결정보다 집단의 의사결정이 보다 나을 것이라고 생각한다. 이때 집단의 응집력이 강하면 집단의 의사결정에 대해 더 많은 신뢰를 하게 된다. 이런 경우 개인의 생각과 의견보다는 집단적 사고에 부합되는 아이디어에 더 많은 가치를 두게 된다.

집단사고가 반드시 부정적 결과를 초래하지는 않지만 때로는 비이성적, 비현실적, 비합리적, 획일적, 정형화된 사고가 될 수 있다.

보보의 문제

어느 선이 똑같은 선인가요?

오른쪽 비교카드에 제시된 세 선들 중 왼쪽 카드의 기준선과 길이가 같은 선은 어느 것인가?

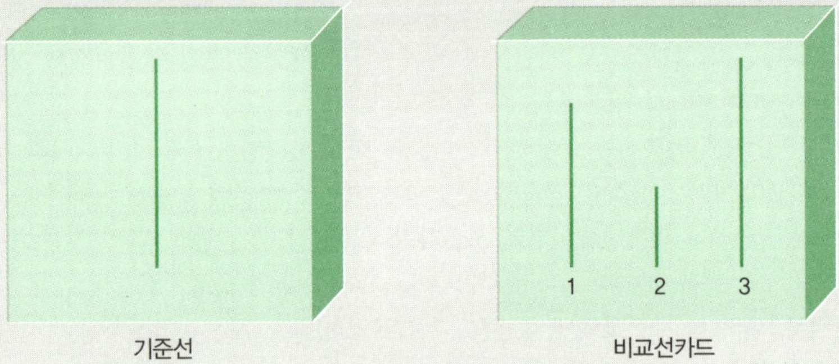

사회학자인 애쉬 교수는 1955년 '선(line)의 길이에 관한 실험'을 통해 사람은 집단의 결정에 순응함으로써 자기의 견해를 굽히는 비합리성을 가지고 있음을 보여주었다. 이를 애쉬효과(Asch effect)라고 부른다.

애쉬효과에 의하면 다수가 공유하는 잘못된 생각 때문에 한 개인의 옳은 판단이 영향을 받게 된다. 이 실험의 초점은 정답을 알고 있음에도 불구하고 실험대상자가 얼마나 다수의 구성원들이 선택한 틀린 답을 쫓아가는가를 알아보려는 것이다.

실험대상자들이 집단동조현상을 보이는 이유는 두 가지로 보인다.

첫째, 정답이 무엇인지 불확실했기 때문에 다른 사람들에게 의존한다.

둘째, 정답에 대한 확신이 있더라도 일관되게 같은 대답을 하는 집단으로부터의 소외가 싫었기 때문에 무조건 동조하게 된다.

애쉬효과처럼 사회적 영향력이나 압력은 개인의 의사결정에 상당히 강력한 영향력을 행사한다.

(2) 집단양극화(group polarization)

집단양극화는 어떤 주제에 대해서 토론을 벌이던 구성원들 사이에서 극단적으로 한쪽 결과에 쏠림이 나타나는 현상을 의미한다.

처음에 어떤 주제에 대해 반대했던 구성원은 토론 후에는 보다 강력하게 반대하게 되며, 반대로 처음에 어떤 문제에 대해 찬성하던 사람은 토론 후에 더 강력하게 찬성하게 된다.

집단양극화가 위험한 이유는 구성원들이 극단적 사고와 태도를 형성하게 되기 때문에 문제의 본질과 상관없이 그릇된 의사결정을 유발할 수 있기 때문이다.

(3) 집단규모

의사결정집단의 규모는 의사결정과정에 다양한 영향력을 행사하게 된다.

일반적으로 참여하는 구성원의 수가 많으면 양질의 정보가 다양하게 쏟아져 나올 것 같지만 구성원의 수가 많아질수록 오히려 의사소통은 점점 더 어려워진다. 더욱이 만약 공격적인 소수가 토의를 지배하는 소수의 지배현상이 나타나게 되면 결과는 더 부정적이 된다.

집단의 규모가 커지면 비슷한 의견을 가진 구성원들끼리 파벌과 동맹 등과 같은 갈등의 잠재원인이 생겨날 수 있고, 의사결정과정이 형식적이 되고, 정형적인 의사결정이 되는 경향이 있다.

(4) 책임의 분산(diffusion of responsibility)

책임의 분산은 책임을 안 져도 될 사람에게까지 분산이 가능하다는 것이고 혼자 책임져야 될 일도 다른 사람들과 같이 떠맡게 되기를 희망한다는 의미가 되기도 한다.

책임분산의 현상이 집단의사결정과정에도 적용된다면 결과가 나쁘더라도 개인이 책임을 떠안지 않으므로 문제해결과정에 신중하게 참여하지 않을 수 있다.

예를 들어, 어떤 봉사모임에 네 명이 참여하고 있다면 어쩌다 한 번씩 그 사람들 중 하나가 빠져도 무방하다는 생각이 들지만, 한 명만 참여하고 있으면 자신이 빠지게 될 때 봉사에 문제가 생길 수 있으므로 오히려 참여율이 높아지게 된다.

보보의 뼈다귀

○ 길거리 살인사건

사회적 증거의 법칙은 특별히 주어진 상황 안에서 우리 행동의 옳고 그름은 얼마나 많은 사람들이 우리와 행동을 같이 하느냐에 의해 결정된다고 주장하고 있다.

우리에게 주어진 상황이 애매모호하고 불확실성이 높아서 우리가 어떻게 행동하는 것이 올바른 것인지 쉽게 알 수 없을 때 우리는 다른 사람들의 행동을 보고 그대로 따라 행동하는, 즉 사회적 증거에 따라 행동하는 경향이 높다. 매우 애매모호한 상황에서 모든 사람들이 다른 사람들이 행동하는 대로 행동하려는 경향은 '다수의 무지(pluralistic ignorance)'라는 매우 흥미 있는 현상을 야기시킨다.

제노베스 사건은 다수의 무지가 불러온 길거리 살인사건으로 잘 알려져 있다.

뉴욕시의 퀸스구에서 벌어진 평범한 살인사건이 구경꾼들의 무관심 때문에 전국적으로 큰 파문을 일으키게 된다.

제노베스(Genovese)라는 이름의 20대 후반의 여성이 밤늦게 일을 마치고 집으로 돌아오다가 집 근처에서 괴한에게 습격을 당하여 살해되었다. 그녀는 수많은 목격자 앞에서 오랜 시간 동안 고통을 당하면서 서서히 숨을 거두었다. 습격자는 무려 35분 동안이나 대로에서 그녀를 쫓아다니면서 3번씩이나 그녀를 칼로 찔러 살해했다. 그녀가 습격당하고 있는 동안 38명이나 되는 이웃들은 아파트 창을 통해 그녀가 죽어가는 모습을 바라보면서도 그 어느 누구도 경찰에 신고하지 않았다.

목격자들의 두런거리는 소리와 침실에서 불 밝히는 소리에 놀란 살인자는 두 번이나 모습을 감추었지만 아무런 일도 일어나지 않는 것에 안심하고 다시 돌아와서 그녀를 쫓아가면서 칼로 찔렀다. 그동안 경찰에 연락한 사람은 아무도 없었다. 그녀가 숨을 거둔 다음 한 목격자가 마침내 경찰에 알렸을 뿐이다. 왜 선량한 시민들은 단 한 사람도 경찰에 연락하지 않았을까?

사회심리학자인 라타네와 달리는 아무도 경찰에 연락하지 않은 이유는 너무 많은 목격자가 있었기 때문이라고 설명했다.

① 너무 많은 사람이 그 상황에 함께 있기 때문에 위기에 처해 있는 사람을 도와줄 개인의 책임감이 분산되는 것이다.

"누군가 도와주겠지."

"누군가 이미 신고했을 거야."

② 사회적 증거의 법칙과 다수의 무지라는 현상은 매우 밀접한 관계가 있다.

많은 경우 위기상황으로 보이는 사건은 실제 위기상황이 아닐 수도 있다.

길가에 누워 있는 사람은 심장마비인가? 아니면 술에 취해 잠든 사람인가?

어떻게 해야 하나?

옆집에서 싸우는 소리는 강도 때문일까? 유난히 시끄러운 부부 간의 말다툼인가? 괜히 잘못 끼어들어 욕먹는 것은 아닐까?

이런 불확실한 상황에서 우리는 어떻게 행동하는 것이 적절할 것인가를 결정하기 위해 다른 사람들의 행동을 조심스럽게 살펴보게 된다. 그 이후 우리는 우리 앞에 놓여 있는 상황이 진정한 위기상황인지 아닌지 판단한다. 그러나 우리도 깨닫지 못하고 있는 사실은 다른 이들도 우리처럼 사회적 증거를 찾고 있다는 것이다.

우리는 사람들 앞에서 가급적 당황하지 않도록 훈련받았기 때문에 사회적 증거를 찾을 때도 냉정한 모습으로 주위를 살핀다. 모두가 이런 모습을 보이고 있다면 비록 내부적으로는 당황하여 어쩔 줄 몰라 하고 있어도 최소한 외부적으로는 모두가 침착하게 위기상황을 바라만 보고 있는 모습을 발견하게 된다. 그 결과 사회적 증거의 법칙에 의해 그 상황은 위기상황이 아닌 것으로 판명되고, 그리하여 다수의 무지라는 현상이 발생하게 되는 것이다.

자료 : 로버트 치알디니의 『설득의 심리학』 중에서

7 의사결정의 기법

1) 브레인스토밍(brain storming)

미국의 유명한 광고회사 BBDO의 창립자인 오스본이 개발한 창조성 개발기법으로서 일명 '오스본법'이라고도 한다. 1939년 GE사의 창조성 훈련과정을 진행하는 도중에 기술자들의 행동을 관찰한 오스본 박사가 그 일부를 광고계에 도입한 것이 시초로 알려져 있다. 광고회사에서 창조적인 사고를 촉진하기 위한 방법으로 개발되었으며 그의 저서 『독창력을 신장하라(1953)』에서 널리 소개되었다.

스토밍(storming)은 회오리바람을 일으킨다는 의미로 브레인스토밍은 리더, 기록자 외에 10명 이내의 참가자(stormer)들이 기존의 관점에 사로잡히지 않고 자유로운 발상으로 아이디어나 의견을 내는 것이다.

6~12명 정도의 사람들이 모여 20분~1시간가량 문제에 관한 리더의 설명을 듣고, 가능한 많은 대체안들을 제시하면 이 대체안들은 비판받지 않고 기록된다. 그 후 토의와 분석이 이루어진다.

브레인스토밍의 목적은 보다 자유롭고 융통성 있는 사고를 증진하고 구성원들의 창조성을 촉진시키는 것이기 때문에 브레인스토밍에서는 어떠한 내용의 발언이라도 그에 대한 비판을 해서는 안 되며, 오히려 자유분방하고 엉뚱하기까지 한 의견을 출발점으로 해서 아이디어를 전개시켜 나가도록 하고 있다. 이를테면 일종의 자유연상법이라고도 할 수 있다.

■ 규칙

- 어떤 아이디어도 평가받거나 비난받지 않는다.
- 목적은 아이디어의 평가가 아니라 생성이기 때문이다.
- 어떤 아이디어도 용납된다.
- 질보다 양을 추구하여 다수의 아이디어를 산출한다.
- 타인의 아이디어에 의견을 결합하여 새로운 아이디어와 의견을 발상한다(무임승차).
- 각 아이디어는 개인이 아니라 집단에 속한다.

■ 리더의 역할

- 특정인을 지목하여 아이디어를 요구하지 않는다.
- 나오는 아이디어의 맥락과 카테고리를 살핀다.
- 새로운 각도 또는 방향에서 아이디어가 나올 수 있는가를 살핀다.
- 브레인스토밍의 규칙이 잘 지켜지도록 구성원들을 지지하고 격려한다.

- 서기의 역할
  - 나오는 아이디어를 압축하지 말고 원안 그대로 다 기록한다.
  - 일련번호를 붙이면서 기록한다.
  - 이미 나온 아이디어가 또 나온다고 하더라도 또 기록한다.

- 구성원의 역할
  - 다른 사람의 아이디어에 편승하기 위해서 타인의 말을 경청한다.
  - 아이디어를 말하려 하지 말고 자연스럽게 떠오르는 생각을 얘기한다.
  - 좋은 아이디어가 나올 때는 어떻게 하면 그렇게 할 수 있을까?를 또 묻는다.
  - 아이디어가 나올 때마다 "참 좋은 생각이다"라고 말한다.

표 9-4 | 브레인스토밍의 과정

1. 문제의 제시와 이해
2. 브레인스토밍의 규칙 설명
3. 역할의 설정
4. 아이디어 생성
5. 아이디어 그룹화
6. 아이디어의 각 그룹별 2차 단계 실시
7. 아이디어 보관자의 지명
8. 아이디어 보관자가 분류된 아이디어를 결합
9. 실행자에게 최종 정리된 아이디어 분류표 제공

보보의 책 마인드 맵의 기원

1970년대 토니 부잔은 혁신적인 메모기술을 개발하고 정보를 시각화하여 지도처럼 정리하는 마인드 맵 방법을 만들어 대중화시켰다. 이후 마인드 맵은 인지과학, 지도 제작, 인류학, 의사결정 등 다양한 분야를 바탕으로 끊임없이 발전하고 있다.

그림으로 표현된 정보는 글로 작성된 정보보다 훨씬 빨리 지식과 감정을 전달해준다. 그러나 생각을 표현하기 위해 우리가 주로 이용하는 방법은 글자들을 연속적으로 나열해 놓은 텍스트가 대부분이다. 반면 공간적이고 비나열적인 이미지는 기껏해야 삽화에 쓰이거나 설명을 보충하기 위해 텍스트나 책의 장식적인 형태로 쓰일 뿐이다.

그럼에도 불구하고 의학처럼 매우 복잡한 분야에서는 여전히 그림을 통해 표현하는 것이 필수적이다. 정확하게 환자의 상태를 이해하고 신중한 처방을 내리기 위해서는 전체적인 시각을 가지고, 지식을 다방면으로 습득하는 것이 필요하기 때문이다. 레오나르도 다빈치와 아인슈타인처럼 다재다능한 창조적 위인들은 그들의 지식을 공리화하고 새로운 지식을 발견하기 위해 정보를 시각화하는 방법을 적극 활용했다.

– 드니 르보의 『생각정리의 기술』 중에서

2) 델파이법(Delphi method)

희랍 신화에 의하면 자신의 미래운명을 알기 원하는 사람은 델파이 지성소(Delphic Oracle)의 도움을 얻을 수 있었다. 마찬가지로 오늘날 많은 의사결정자는 최선의 의사결정을 하기 위해 전문가의 도움을 필요로 하기도 한다.

델파이법은 미국의 랜드사(Rand Corporation)가 개발한 예측기법의 하나로서 앙케트 수렴법에 해당한다. 한 문제에 대하여 다양한 분야 전문가들의 독립적인 의견을 우편으로 수집한 다음, 이 의견들을 요약하고 정리하여 다시 전문가들에게 배부하여 일반적인 합의가 이루어질 때까지 서로의 아이디어에 대해 논평하게 하는 방법이다.

대면회합을 위해 여러 분야의 전문가들을 한 장소에 모이게 할 필요가 없이 양질의 평가를 이끌어낼 수 있고, 의사결정과정에서 타인의 영향력을 배제할 수 있다는 장점이 있다. 그러나 모든 사람들의 응답을 다시 요약하고 정리하여 우송하는 과정이 합의에 도달할 때까지 계속되므로 소요되는 시간이 길고, 응답자에 대한 통제가 힘들다는 단점이 있다.

많은 시간을 요하는 방법이므로 신속한 의사결정을 필요로 하는 경우에는 부적합하지만 의사결정의 범위가 넓거나 장기적인 문제를 해결하는 데는 매우 유용한 기법이다.

표 9-5 델파이법의 장점과 단점

장점	단점
• 다양한 전문가의 의견 수렴 • 타인의 영향력 배제	• 시간적 제약 • 응답자에 대한 통제가 불가능

3) 명목집단기법(nominal grouping technique)

여기서 '명목(名目)'이라 하는 것은 독립적으로 행동하는, 즉 이름만으로 집단을 구성함을 의미한다. 즉, 사람들이 모이기는 하나 구두로 서로 의사소통하도록 용납하지 않는 과정을 뜻한다.

7~10명의 구조화된 집단모임으로 테이블에 둘러앉기는 하지만 서로 언어적인 소통을 하는 것이 금지된다. 각자 종이에 아이디어를 기록하고 5분 후에 각자가 기입한 아이디어를 발표함으로써 아이디어의 공유가 시작된다.

지명된 한 사람이 기록자로서 흑판에 구성원 전체의 모든 아이디어를 익명으로 기록하는데, 그때까지도 토의는 시작되지 않는다. 이것이 첫 단계로서 통상 20분 전후가 소요된다.

다음 단계는 투표를 하기 전에 각 아이디어에 대한 구조적 토의가 이루어진다. 이 과정에서는 각 아이디어의 지지도를 분명히 하기 위해서 질문이 계속 이루어진다. 그 후 투표를 통해 우선순위가 결정된다.

구성원들이 대면한다는 사실만 제외하고는 델파이법과 어느 정도는 유사한 방법이다.

표 9-6 델파이법과 명목집단기법의 비교

델파이법	명목집단기법
• 참가자는 서로가 익명임 • 공간적으로 떨어져 있어 서로 만나지 않음 • 참가자 간의 의사소통이 설문지와 전달요원으로부터의 피드백을 통해 이루어짐	• 서로를 잘 앎 • 테이블 주변에서 대면함 • 직접적으로 의사소통함

4) 지명자 반론법(Devil's advocate method)

지명자 반론법은 일명 악마의 주장법으로 불리는 일종의 집단적 의사결정기법 중의 하나이다.

일단 의사결정을 위해 모인 집단을 둘로 나눈다. 두 개의 집단은 의견제시집단과 반론집단으로 구분된다. 주제에 대하여 한 집단이 제시한 의견에 대해서 반론자로 지명된 집단은 반론을 하게 된다. 두 집단의 토론을 통해 본래 제시된 의견을 수정하고 보완하는 과정을 통해서 최종적인 대안을 도출하게 된다.

반론집단이 반드시 하나의 집단으로 구성될 필요는 없고 동일한 집단 속에서 2~3명 정도의 인원이 반론집단의 역할을 담당해도 무방하다. 여기서 중요한 전제조건은 반론집단으로 구분된 사람들은 반드시 본래의 의견에 대해서 단점과 약점들을 지적해야만 한다는 것이다.

제시와 반론을 통해서 최종적으로 선택된 의견들은 여러 변수와 상황들에 대한 구체적인 대응방책을 포함하게 되고, 본래의 의견이 지닌 약점을 보완해서 수정하게 되므로 최종적인 의견은 보다 강력하고 현실적인 대안이 될 가능성이 높아진다.

지명자 반론법이 악마의 주장법이라 불리는 이유는 본래 천주교에서 성인(sainthood)추대심사에 추천된 후보들의 성인추대 불가이유를 다양하고 구체적인 자료들을 통해 제시하도록 공식적 권한을 부여받은 사람을 악마(Devil)라고 부른 데서 기인되었다.

지명자 반론법은 전략적 의사결정을 함에 있어서 쉽게 활용될 수 있고, 집단 속에서 이루어지는 의사결정과정에서 건설적인 갈등을 유발하여 보다 효과적인 대안을 제시할 수 있다는 장점이 있다.

그림 9-16 ▌ 지명자 반론법의 과정

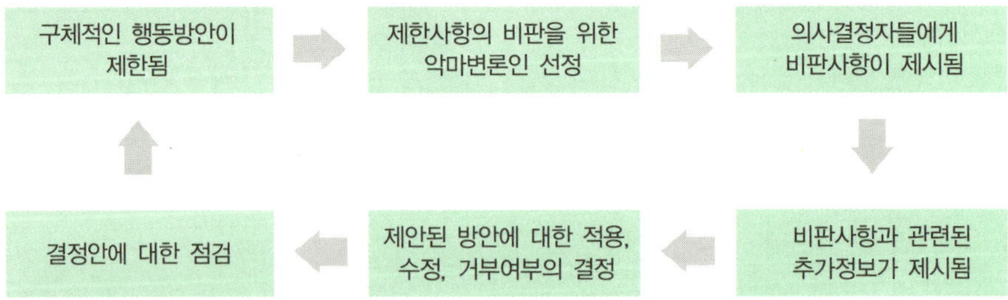

자료 : R.A. Cosier & C.R. Schrivenk, "Agreement and thinking alike : Ingredients for poor decisions", *Academy of Management,* February, 1997.

보보의 뼈다귀

○ 악마의 대변자(Devil's advocate)

악마의 대변자는 이름과는 달리 원래 좋은 의미로 쓰인다. 악마의 대변자는 가톨릭에서 성인을 추대할 때, 후보자의 약점을 드러냄으로써 건설적인 역할을 하는 사람을 지칭한다. 또한 집단 의사결정과정에서 한 사람이 의도적으로 반대입장을 취하게 함으로써 건전한 토론을 이끌어내는 사람을 의미하기도 한다.

가톨릭에는 실제로 이 직책이 존재한다. 400년이 넘는 전통을 지니고 있다. 어떤 인물을 성인(聖人)으로 추대하는 과정에서 가톨릭교회는 후보자의 잘못이나 단점을 이야기해줄 반대자를 임명한다. 이 사람은 후보자가 보여준 기적이 사기라든가, 성인이 될 수 없는 품성이라든가 등의 반대의견을 내세울 수 있어야 한다. 즉, 성인이 되는 것을 막기 위해 악마의 역할을 해야 하는 사람인 것이다. 이런 과정을 거쳐서 하자가 없을 때 비로소 성인으로 추대받게 된다. 악마조차도 문제점을 집어내지 못할 때 성인의 자격을 갖추게 된다는 의미이다. 반대로 신의 대변자(God's advocate)라는 직책도 있다. 천사의 대변자(Angel's advocate)라고도 한다. 이 직책은 악마의 대변자와는 달리 성인으로 지목된 후보자의 장점을 거론하고 변호하는 역할을 수행한다.

악마의 대변인이라는 직책은 1587년 교황 식스투스 5세 때 만들어졌다. 그러나 1983년 교황 요한 바오로 2세 때 폐지되었고, 그 후 성인의 수가 급격히 증가했다. 무려 500여 명이 성인으로 추대되었고, 1,500명이 죽은 사람을 성인으로 추대하는 시복을 받았다. 현재 로마 가톨릭 당국은 성인식의 과정에서 악마의 대변자를 선정하는 대신 후보자에 대한 비판을 비공식적으로 채택하고 있다.

미국의 유명 칼럼니스트 크리스토퍼 히츤스는 무신론자로서 기독교와 테레사 수녀를 신랄하게 비판해온 것으로 유명하다. 2002년 그는 교황청으로부터 세상을 뜬 테레사 수녀의 시복추대에 앞서 그녀를 비판해 달라는 요청을 받았다. 악마의 대변자로 위촉받은 것이다. 훗날 그는 이에 대해 익살스럽게 말했다.

"난 악마를 대신해서 공짜로 일해주는 무료변호사로 일했어. 공익을 위해서 말이야."

자료 : 갤리온 (저자 수정)

보보의 문제

지명자 반론법을 활용하여 대학생활에서 왜 봉사활동이 필요한지 의사결정을 해보세요.

예전에는 대학 재학기간 동안 열심히 출석일수를 채우고, 시험을 잘 보고 좋은 학점을 받기만 하면 모든 문제가 해결되었다. 그런데 지금은 많은 대학에서 앞다투어 일정한 봉사활동을 통한 봉사학점 인정제도가 도입되고 있다.

경제도 어려워 등록금 마련도 힘들고, 취업의 전제조건인 좋은 학점을 받기도 어려운 현시점에서 왜 우리는 봉사활동에 많은 시간을 투자하고, 고작 쥐꼬리만한 학점을 인정받아야만 하는가에 대해 의문시하는 학생들이 많이 있다. 그러나 모든 일에는 그 원인이 있는 법이다.

왜 많은 대학들이 봉사학점제도를 도입했는지, 그것으로 인한 개인과 사회적 효과는 무엇인지 지명자 반론법을 이용하여 생각하고 토의해 보자.

5) 브레인라이팅(brain writing)

브레인라이팅은 독일 프랑크푸르트에 있는 바텔연구소 과학자들이 개발한 기법이다. 글로 하는 브레인스토밍으로서 브레인스토밍의 또 다른 활용방법이라고 할 수 있다. 브레인라이팅은 브레인스토밍과 달리 말이 아니라 글로 표현함으로써 집단에 대한 심리적 두려움을 제거하는 데 효과적이다.

브레인스토밍의 네 가지 원칙이 그대로 준수된다.

■ 방법 1

1. 구성원은 각자 BW용지 한 장씩을 갖고 중앙에 별도의 종이 한 장을 놓는다.
2. 자신이 가진 종이에 아이디어를 3가지씩 적고, 중앙에 놓인 종이와 교환한다.
3. 만일 떠오르는 아이디어가 없을 경우에는 그대로 중앙의 종이와 교환할 수 있다.
4. 아이디어가 더 이상 나오지 않을 때까지 계속해서 반복한다.

■ 방법 2

1. 구성원들은 각자 BW용지 한 장씩을 갖고 시작한다.
2. 구성원들은 각자 BW용지의 첫째 줄의 A, B, C에 3가지 아이디어를 기록한다.
3. 5분이 경과하면 리더의 지시에 따라서 왼편 사람에게 BW용지를 전달한다.
4. BW용지를 전달받은 사람은 먼저 기록된 아이디어를 살펴보고 자신의 아이디어를 기록한다. 이때 자신이 앞서 기록한 아이디어를 기록하지 말고 새로운 아이디어를 기록해야 한다.
5. 같은 방법으로 6번째 줄까지 진행한다.

○ 마빈 스몰(Marvin Small)의 아이디어개발 체크리스트 (저자 수정)

1. 치수를 바꿀 수 없나?

보다 더 크게	와이드 스크린, 사진 확대
보다 더 작게	1세대 아이폰, 외장형 충전기
보다 더 길게	슬림형 담배
보다 더 얇게	나일론 호스
십자형으로 함	멜빵
가운데 집어넣음	샌드위치, 햄버거
층을 이룸	합판

2. 양을 바꿀 수 없나?

보다 더 많이	400ml 플라스틱 용기 소주
크기를 변경함	휴대용 종이컵
단편화	Tea Pack
합침	연결식 호스 트레일러
플러스시킴	필터담배
완전히 함	냉동식 냉장고

3. 위치를 바꿀 수 없나?

정리	미국의 자동차 왼쪽 운전대, 일본의 자동차 오른쪽 운전대
순서	담배 Cut Tape
집합, 분리	조립식 주택

4. 순서를 바꿀 수 없나?

보다 더 빨리	속성재배, MP3 파일
보다 더 천천히	LP레코드판
보다 더 늦게	심야영업(24시간 편의점)
연대순, 시간순	유동출근시간, 서리제거장치

5. 원인이나 결과를 역으로 할 수 없나?

자극	발전기
에너지화	태양전지
강화	직류 혹은 교류변압기
보다 더 소리를 높게	보청기

보다 더 부드럽게	고무 구두굽

6. 특징(character)을 바꿀 수 없나?

보다 더 강하게	방수페인트
보다 더 약하게	어린이용 약제
대용	인공감미료
바꿈	각종 부품
안정	방수 손목시계, 방수 핸드폰
탄성	스펀지 쿠션
착색	컬러 TV

7. 모양을 바꿀 수 없나?

움직임을 줌	에스컬레이터
정지시킴	Air brake
Speed-Up	유선형 자동차
Speed-Down	충격완충기
방해함	문, 울타리, 철책
진동시킴	흙채

8. 상태 및 조건을 바꿀 수 없나?

보다 더 뜨겁게	전기열판
보다 더 차갑게	에어컨, 냉각기
개폐	자동문
완성함	조립식 주택
액체로 만듦	세제
기체로 만듦	분무기
저항력을 가함	고무창 신발

9. 다른 시장에 응용할 수 없나?

남성한테	남성용 화장품
여성한테	여성용 면도기
어린이한테	어린이용 신문
노인한테	주름살 방지 화장품
신체장애자한테	Chair Lift, 휠체어
외국인한테	외국판 잡지, 신문

6) 장력분석(force field analysis)

주어진 문제와 관련한 다양한 요인과 상황, 영향력 등을 확인하고, 적절한 문제해결의 방법과 대안을 찾아내는 방법이다. 문제가 다양한 인과관계로 얽혀 있을 경우 매우 효과적이다.

문제해결에 앞서 그 문제 내부에 존재하는 긍정적인 힘과 부정적인 힘을 찾아내어 긍정적인 힘은 극대화시키고 반대로 부정적인 힘은 약화시키는 방법이다.

방법

1. 종이의 중앙 상단에 문제상황을 기록한다.
2. 문제상황의 아래로 네 개의 선을 수직으로 그린다.
3. 좌측으로부터 첫 번째 칸에는 최상의 경우, 다음에는 +요인, −요인, 최악의 경우를 기록한다.
4. 문제상황과 관련해서 +요인을 기록하고 최상의 경우를 기록한다.
5. 같은 방법으로 −요인을 기록하고 최악의 경우를 기록한다.
6. 긍정적인 힘을 극대화시키고, 부정적인 힘을 약화시킬 수 있는 방법을 찾는다.

보보의 책 경영은 기술이 아니라 예술이다

한 기업이 회사운영에 도움이 되는 '경영 컨트롤 패널'이라는 새로운 경영제어시스템을 개발했다. 그 기업의 사장은 최신 컴퓨터의 가능성을 통해 경쟁력의 밑거름이 될 신개념을 구축하면 업계 최고, 나아가서는 전체 기업세계에서 최고가 될 수 있을 것이라 확신했다.

경영 컨트롤 패널의 목표는 사업에 영향을 미치는 모든 핵심요소를 체계적으로 정리하고 컴퓨터를 이용하여 다양한 수치결과를 확보하여 이 요소들이 각각 어떤 역할을 하고 종합적으로 어떤 영향을 미칠지 파악하는 것이었다. 그 기업의 CEO는 외부환경요인이나 경영 컨트롤 패널의 조치로 바뀌게 된 결과를 즉시 파악할 수 있고 이것을 제대로 활용하기만 한다면 사업목표를 가장 효율적으로 달성하고 전체 성과면에서 긍정적인 효과를 거둘 수 있으리라 믿었다.

드러커가 수업에서 소개한 경영 컨트롤 패널은 믿기 어려울 정도로 완벽해 보였다. 사실 어떻게 보면 완벽하다고 할 수 있다. 기술은 엄청난 일을 해낸다. 일례로 조종사는 비행기를 조종하는 데 필요한 중요한 정보를 얻고 사업가는 다양한 변수를 토대로 영업수익 예상정보를 확보할 수 있다. 그러나 기술을 관리하고, 활용하며, 결과를 해석하고, 정보결과를 토대로 의사결정을 내릴 인간의 판단력이 반드시 수반되어야 한다.

의사결정을 내리는 데 도움을 얻고자 기술 및 자동화를 활용하는 것은 바람직하다. 하지만 성공을 위해 최종분석을 실시하고 기업이 반드시 따라야 할 행동을 결정하는 경영자의 역할을 기술이나 자동화가 대신해선 곤란하다.

– 윌리엄 코헨의 『피터 드러커의 미공개 강의노트』 중에서

보보의 **문제**

경제상황은 최악이다. 나는 취업을 해야만 한다.
장력분석을 통해 나를 점검해 보세요.

문제상황

최상의 경우	+요인	–요인	최악의 경우

개선 아이디어 :

보보의 한 말씀

멋진 작품을 창조하기 위해서는 우선 상상력이 필요하다. 그러나 그것만으로는 부족하다. 예술적 지성이 반드시 뒤따라야 한다. 예술적 지성이란 현실과 상상력 사이의 점들을 연결할 수 있는 능력이다. 상상력은 가능성을 파악하고, 지성은 그 가능성을 머릿속에서 가공한다.

– 스탠 데이비스의 『예술가처럼 일하라』 중에서

7) 자유연상법

심리학의 원조라고 불리는 그리스 철학자 아리스토텔레스가 창안한 방법으로 아이디어를 계속 확대해 나가는 방법이다.

우리가 어떤 사물에 대해 다각도로 생각할 경우 다양한 관념들이 떠올라서 여러 가지 작용을 한다. 어떤 아이디어가 생성될 때 전혀 관계가 없는 아이디어가 갑자기 떠오르기도 하지만 대부분 현재 생각하고 있는 아이디어와 연관되어 나타난다. 자유연상법은 이러한 원리를 의도적으로 연결시켜 아이디어를 착상하는 방법이다.

(1) 유사연상

과거에 내가 했던 유사한 경험을 생각해내거나 사물의 비슷한 점을 생각해낸다.

사과 ▶ 빨갛다 ▶ 화려함 ▶ 모델 ▶ 날씬하다 ▶ 다이어트

(2) 반대연상

과거에 했던 상반되는 경험을 생각해내거나 사물의 반대되는 점을 생각해낸다.

산 ▶ 바다 ▶ 흙 ▶ 물 ▶ 불 ▶ 차가움 ▶ 따뜻함 ▶ 냉정 ▶ 열정

(3) 접근연상

시간적, 공간적으로 서로 연관될 수 있는 과거의 경험, 사물 등을 생각해낸다.

바다 ▶ 물고기 ▶ 어항 ▶ 귀찮다 ▶ 시험 ▶ 두렵다 ▶ 귀신

보보의 **문제**

대학교에 대해 자유연상법을 사용해 실습해 보세요.

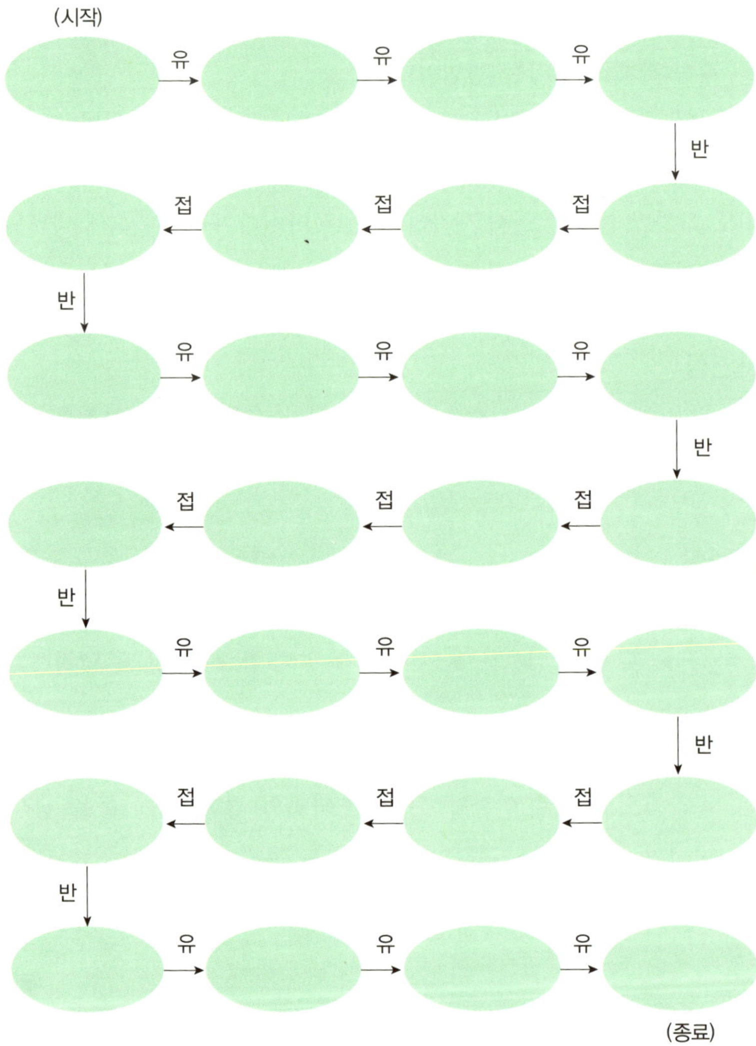

뽀뽀의 배려다기

○ 체 게바라의 삶을 통해 본 의사결정

	1~15세 / 16~20세 / 21세~25세 / 26~30세 / 31~35세 / 36~39세
비전	천식을 앓음 의대진학 계기  사회주의에 관심 인도 이집트 방문 '체'라 불리기 시작 사회주의국가 돌아봄 민중의 비참한 삶 목격
리더십	 쿠바혁명의 원동력이 된 탈출에 참여 콩고 기니 방문 게릴라부대 지휘 혁명가로 변모 소련 비난 라플라타 병영 습격 미국과 경제교류 의사 밝힘 경제사회심의회 참여
역량	 조종을 배움 대학 졸업 쿠바 중앙은행 총재 쿠바시민권 포기 부에노스아이레스 대학교 의학부 입학 부대의사가 됨 뉴욕타임스 기자를 기지로 불러 기자회견 게릴라로 돌아감

자료 : 신완선의 『굿타이밍』 중에서 (저자 수정)

뽀뽀의 한 말씀

분석을 하면 이번에는 틀렸을지라도 다음에는 도움이 된다. — 체 게바라

CHAPTER 10

CHAPTER 10

이미지 메이킹

보보의 책 내 삶의 주인은 바로 나

모든 힘의 원인은 모든 나약함의 원인과 마찬가지로 내부에 있다.

당신은 자신이 상황에 구속당하고 있다고 말한다. 당신은 좀 더 좋은 기회, 좀 더 넓은 시야, 물질적 조건의 향상을 소리쳐 요구하고 있으며, 마음속으로는 아마도 당신의 손과 발을 묶어 놓은 운명을 저주하고 있을 것이다. 그러나 당신이 자신의 내적 삶을 향상시키겠다고 확고히 결심한다면, 당신이 바라는 보다 나은 조건을 당신의 외적 삶에서도 만들어낼 수 있다.

이런 방식이 처음에는 아무 효과가 없을 것처럼 보일 것이다. 진리는 항상 그런 식이다. 처음부터 유혹적이고 매혹적으로 다가오는 것은 잘못과 기만뿐이다. 그러나 당신이 그 길을 걷기 시작하고, 자신의 정신을 끈기 있게 수련하여 약점들을 뿌리째 뽑으면서, 당신의 정신적 힘과 영적 힘이 펼쳐지도록 한다면, 당신은 자신의 외적인 삶에 일어날 마술과도 같은 변화에 놀라게 될 것이다.

앞으로 나아갈수록 당신의 앞길은 황금빛 기회로 뒤덮이게 되고, 그런 기회를 적절히 이용할 수 있는 능력과 판단력이 당신의 내면에서 샘솟을 것이다. 또한 가만히 있어도 좋은 친구들이 다가올 것이다. 바늘이 자석에 달라붙는 것처럼 당신과 마음이 통하는 영혼들이 다가올 것이다. 그리고 일부러 찾지 않아도 당신이 필요로 하는 온갖 외부적 도움을 얻게 된다.

– 제임스 앨런의 『생각의 지혜』 중에서

1 이미지 메이킹의 의미

이미지라는 단어의 어원은 그리스어의 'eikon'이며 이는 '성상', '상'으로 '닮음'의 의미를 지니고 있다. 또한 라틴어 'image'에서도 그 어원을 찾을 수 있는데 이는 '모방하다'라는 의미를 지니고 있다. 그러므로 이미지(image)의 사전적 의미는 마음속에 그려지는 심상, 표상, 영상 등이며, 한 사람에 대한 독특하고 고유한 느낌을 의미한다.

불딩은 이미지를 개인이나 집단에 의해 확인되고 유지되는 현실에 대한 표현이라고 정의한 바 있다. 즉, 이미지는 타인에 의해 스스로 만들어낸 인상이며, 대상에 대한 경험에서 형성된다. 그러므로 이미지는 사람이 객체에 대해 지니고 있는 신념, 인상, 아이디어, 심적 연상 등의 총체적 개념으로 보아야 할 것이다. 따라서 실제라기보다는 자신을 인식하는 주체가 지각한 모습을 반영한다.

이미지 메이킹(image making)은 개인이 자신이 추구하는 목표를 달성하기 위해서 자신의 이미지를 통합적으로 관리하는 개념과 더불어 긍정적인 향상을 도모하기 위한 개인의 노력이며 일종의 의사소통이다. 그러므로 이미지 메이킹은 단순히 매력적인 외모를 가꾸는 개념을 넘어서서 건강하고 올바른 자아상을 확립하는 보다 큰 개념까지 포함한다. 시각적인 것, 청각적인 것, 언어적인 것 등 다양한 요소를 통해 전달되며 내적인 이미지, 외적인 이미지, 사회적 이미지를 통합하는 개념이다.

긍정적인 자아개념을 확립하여 건전한 정체성을 지니고 살아가는 일은 생각만큼

○ 나는 이미 그곳에 존재하고 있었다

누군가 미켈란젤로에게 어떻게 피에타상이나 다비드상 같은 훌륭한 조각상을 만들 수 있었느냐고 물었습니다. 그러자 미켈란젤로는 이미 조각상이 대리석 안에 있다고 상상하고, 필요 없는 부분을 깎아내어 원래 존재하던 것을 꺼내주었을 뿐이라고 대답했습니다. 이미 존재하고 있었고 앞으로도 영원히 존재할 완벽한 조각상이 누군가가 자신을 꺼내주기를 기다리고 있었습니다.

미켈란젤로의 '피에타'

마찬가지로 당신 안에 있는 위대한 사람도 밖으로 나오기만을 기다리고 있습니다. 사람은 누구나 내면에 위대함의 씨앗을 가지고 있습니다. 위대한 사람이란 다른 사람이 갖지 못한 특별한 무언가를 가진 사람이 아닙니다. 그는 단지 가장 뛰어난 자신을 드러내는 데 장애물이 되는 것들을 제거해 버렸을 뿐입니다.

자료 : 엘리자베스 퀴블러 로스의 『인생수업』 중에서

쉽지 않은 일이다. 우리는 무의식적으로 자아를 왜곡한다. 그 잘못된 인식으로 인해 열등감을 가지게 되고 스스로의 가치를 평가절하시킨다. 그러므로 왜곡된 자아상을 건전하게 확립하고, 내가 알고 있는 자아의 모습과 밖으로 보이는 객관적 자아 사이의 차이를 좁히거나 제거하는 작업이 필요하며, 더 나아가 현실적인 자아상을 이상적인 자아상태로 향상시키는 작업도 필요하다.

앞서 우리는 변화하는 환경에서 살아남기 위한 경쟁적 요소들을 살펴보았다. 이미지 메이킹은 이 요소에 더하여 내가 가지고 있는 장점, 가치, 사회적 역할들을 최적의 상태로 이끌어 올려 '나'라는 상품의 브랜드가치를 높이는 것이다.

보보의 뼈다귀

○ 열등감의 모습

자신이 타인에 대해서 우월한 것처럼 행동하는 모든 사람의 배후에는 숨겨야 한다는 특별한 노력을 요구하는 열등감이 존재해 있다. 그것은 마치 키가 너무 작아서 고민하는 사람이 자기를 커 보이게 하기 위해서 발끝을 세우고 걷는 것과 같다. 우리는 가끔 두 명의 어린 아이가 키재기를 하고 있을 때, 이런 행동을 볼 수 있다. 자기가 작지 않을까 하고 염려하고 있는 아이는, 몸이 꼿꼿하게 경직되어 있다. 그는 자기를 실제보다 크게 보이려고 한다. 만약 우리가 그런 아이에게 "너는 너 자신이 너무 작다고 생각하니?" 하고 묻는다 해도, 그 아이가 그 사실을 인정하리라고 기대할 수는 없다. 그러므로 열등감이 강한 사람은 순종적이고, 조용하며, 순한 눈을 한 비공격적인 인물만은 아니라고 할 수 있다. 열등감은 수많은 방법으로 자기를 표현할 수 있다.

만약 우리가 열등감을 지닌 사람의 움직임에 아무 의미도 두지 않고 바라본다면, 그의 움직임은 아무 목적도 없는 것이라고 생각할 수도 있다. 그러한 움직임은 상황을 개선하기 위해서 계획된 것이라는 인상을 주지는 않을 것이다. 만약 그가 자기를 약한 사람이라고 깨닫는다면, 그는 자기가 강하게 느껴질 수 있는 상황 속으로 옮겨간다. 그는 더 강해지기 위해 조금 더 충실한 사람이 되려고 훈련하기보다는 자기 자신의 눈에 한층 강하게 보일 수 있게 한다. 자신을 기만하려는 이러한 노력은 부분적인 성공밖에 거둘 수 없다.

자료 : 아들러의 『심리학이란 무엇인가』 중에서

보보의 한 말씀

자신감은 자신감을 낳는다. – 라틴 속담

2 이미지 메이킹의 내면화

1) 자아개념(self-concept)

자아개념이란 인간의 가장 기본을 이루는 가치로 자신을 스스로 어떻게 인식하고 있는가를 의미하는 개념이다. 자신을 타인과 차별화할 수 있는 자신의 이미지(self-image), 자아정체감(self-identify), 자아존중감(self-esteem) 등의 개념과 유사하다.

인간이 삶을 영위하면서 하게 되는 여러 가지 역할들은 자아개념에 기본해서 이루어지기 때문에 긍정적인 자아개념을 확립하는 일은 매우 중요하다. 라캉(Lacan)의 '거울단계(Le stade du miroir)'처럼 인간은 자신이 보고 판단하는 자아상에 따라서 긍정적인 자아개념은 긍정적인 결과에 영향을 미치고, 부정적인 자아개념은 부정적인 결과를 초래하게 된다.

융(Jung)은 자아에 대해 비관적인 입장을 취한 프로이트(Freud)와는 다르게 자아를 낙관적인 개념으로 인식했다. 융의 분석심리학의 개념 중 집단무의식은 조상의

표 10-1 높은 자아개념을 가지고 있는 사람들의 특성

1. 독창적인 표현을 즐겨한다.
2. 풍부한 어휘력을 바탕으로 상황에 적절한 어휘를 사용한다.
3. 다른 사람에게 말을 걸 때 그 사람에게 어울리는 정확한 호칭을 사용한다.
4. 정확한 언어를 찾아낼 수 있는 능력이 있다.
5. 일의 업적을 말할 때 자기보다는 다른 사람을 칭찬한다.
6. 비난을 피하기 위해 안전한 방식을 찾고자 시간을 낭비하지 않는다.
7. 자신감 있는 목소리로 말한다.
8. "모르겠다", "틀렸다"라고 말할 수 있는 능력이 있다.
9. 조금 더 배우고자 무지를 드러내는 위험을 기꺼이 감수한다.
10. 편견에 사로잡히지 않는다.
11. 다른 사람에 대해 고정관념을 갖지 않는다.
12. 자신의 믿음에 대해 독단적인 태도를 취하지 않는다.
13. 사건을 너무 광범위하게 분류하지 않는다.

자료 : 게일 마이어스의 『대인관계와 의사소통』 중에서

경험이 누적되어 저장되어 있는 곳이며 유전적이다. 프로이트는 개인의 무의식을 인간이 가지고 있는 부정적인 그늘로 인식한 데 비해 융은 집단무의식을 무한한 인간 잠재력의 보고로 보았다는 차이가 있다.

자아개념에는 자아상(self-image), 실제적 자아(real-self), 타인에게 비추어지는 자아(looking-glass-self), 이상적 자아(ideal-self) 등이 있다. 일찍이 융은 "나의 일생은 무의식의 세계로부터 자기실현화의 기록이다"라고 말했다. 대부분의 경우에 여러 가지 자아개념이 일치하지 않으며, 자아개념의 일치를 위한 인격적 성숙이 궁극적인 삶의 목표라 할 수 있다.

보보의 책 노예의 열등감

사도들 중 가롯 유다의 일은 돈을 관리하는 것이었다. 유다가 예수를 팔았을 때 받은 돈은 은 30냥이었는데, 이는 당시 노예의 가격이었다. 돈 때문에 벌어진 배신행위인 이 사건은 돈의 권세가 개입하면서 벌어진 인간 내면의 분열상을 극명하게 보여준다.

조토의 '유다의 입맞춤'

예수는 유다가 돈에 대한 열등감을 가진 사람임을 알아보았다. 돈이 없으면 지옥이나 다름없는 도시에서 자랐기 때문에 돈에 대해 한 맺힌 열등감을 가지고 있었던 것이다. 굶주릴 때가 많은 사람은 잔칫집 같은 데서 한 번 먹을 때 배가 터지도록 많이 먹어두려고 한다. 먹을 것이 있을 때 먹어둬야 한다는 강박관념 때문이다. 유다의 돈에 대한 강박도 그러했다. 뒤늦게 유다는 자신을 신뢰해 돈에 대한 관리를 맡겨준 예수를 팔아버린 자신의 행동을 한없이 뉘우쳤고, 결국 그렇게 소중하게 여기던 돈을 내동댕이친 뒤 스스로 목매달아 죽었다. 이처럼 잘못된 열등감은 한 사람의 인생을 망치는 데 그치지 않고, '예수의 십자가에 못 박힘'과 같은 엄청나게 파괴적인 사건의 원인이 된다. 특히 유다처럼 돈으로 모든 것을 해결하려는 사람은 돈이란 것이 결정적인 순간에 아무 것도 아니라는 사실을 깨닫고는 끝없는 자괴감과 괴로움에 시달리게 된다. 돈은 끊임없이 인간을 나약하게 만들고 비교하게 한다. 열등감이란 마음속에서 꺼내어 에너지로 활용하지 않으면 우리 자신을 멸망으로 이끄는 독이다.

– 최원호의 『열등감, 예수를 만나다』 중에서

2) 자긍심(self-esteem)과 열등감(feelings of inferiority)

(1) 자긍심(self-esteem)

자긍심은 자기 스스로에 대해서 얼마나 가치 있다고 생각하는 믿음의 정도를 의미한다. 자긍심이 높을수록 자기 스스로를 존경하고 긍정적으로 인식한다. 우리가 생각하고 느끼는 모든 것들은 끊임없이 잠재의식에 입력되고, 잠재의식은 옳고 그름을 판단하여 구분할 수 없기 때문에 그것은 현재의 삶에 커다란 영향을 미치게 된다.

자긍심이 긍정적인 자아개념을 형성하는 데 결정적인 역할을 하는 이유는 인간관계에서 결정적으로 나타난다. 건강하고 올바른 자긍심을 가진 사람일수록 스스로에 대한 평가가 정확하고, 건강하게 잘못을 판단하고 받아들일 수 있으며, 이런 건설적인 균형 속에서 다른 사람을 인정하고 사랑하며 원만한 인간관계를 형성할 수 있다. 그들은 스스로 성공에 필요한 능력을 보유하고 있다고 믿으며 외적인 고난이 닥쳐오더라도 그저 영향을 받는 정도에 그친다. 반면 낮은 자긍심을 지니고 있는 사람은 열등감과 스스로에 대한 불확실성 때문에 자기자신을 항상 의심하고 실패에 대해 지나친 두려움을 갖게 된다. 그들은 높은 자긍심을 가진 사람들에 비해 외부의 영향에 쉽게 흔들린다. 낮은 자긍심을 가지고 있는 사람은 외부의 평가에 민감하고 모든 사람들로부터 긍정적인 평가를 받고 싶어 한다. 그들은 자신의 열등감을 드러내지 않기 위해 높은 자긍심을 가지고 있는 사람들의 행동과 신념을 모방한다.

펠커(Felker)는 자긍심을 두 가지로 구분했다.

하나는 외적 자긍심으로서 이것은 다른 사람이 자기자신을 소중하게 대해주기 때문에 생기는 외적인 요인에 기초를 두고 있는 개념이다. 내가 가진 지위, 타인의 평가, 사회적 명성, 성공 등이 외적 요인에 해당된다.

또 다른 하나는 내적 자긍심으로서 나 스스로가 나를 높게 평가함으로써 자신감과 안정감을 갖게 되는 것이다. 이미지 메이킹으로서의 자긍심은 내적 자긍심에 초점을 맞추고 있다.

자신감은 자신의 유능함, 능력 등을 확신하는 것으로서 자긍심과도 깊은 상관관계가 있다. 내가 보유한 자신감은 다른 사람들로 하여금 나의 시도가 적절하고 옳다는 지지를 받을 수 있게 도와준다. 결단력이 부족한 애매모호한 태도는 상대방에게 확신을 줄 수 없으며, 나 스스로 확신을 지니고 있어야만 상대방으로부터 공감을 이끌어낼 수 있다.

인간이 가진 욕구 중에서 가장 커다란 욕구는 "타인으로부터 인정받고 싶다는 욕구"이다. 이는 "다른 사람보다 더 뛰어났으면, 더 잘했으면, 지지 않았으면, 존경받았으면" 하는 등의 강렬한 욕구를 의미한다. 윌리엄 제임스(William James)는 "인간의 본성 중에서 가장 강한 것은 타인으로부터 인정받고자 하는 갈망이다"라고 일찍이 제안한 바 있다. 존중이란 기회, 재정적 보상, 일과 가정의 균형에 대한 관심 등 많은 의미를 함축하지만 존중의 최고봉은 '그냥' 존중이다.

인간은 대개 강한 자기정체성을 가지고 있기보다는 타인의 희망사항이나 시각에 신경을 쓰게 되고, 그렇게 해야만 바른 사람으로 성장할 수 있다고 배우고 자라왔다. 그러나 행복한 삶을 살기 위해서는 타인의 시각이 아닌 스스로의 시각으로 자신 그 자체가 가치 있고, 경이로운 존재라는 것을 인정할 수 있는 용기가 필요하다. 진정한 자긍심은 자신이 누구이며 자신의 자리가 어디인지 깨달을 수 있는 사람만 가질 수 있다.

불행하게도 우리들은 성장하면서 조건적인 사랑에 의해 인정되도록 훈련되어져 왔다. '착하게', '거짓말 하지 않고', '공부 잘하고', '부모님의 말씀을 잘 듣는' 등의 조건이 충족되어야만 타인(부모)으로부터 인정받을 수 있었다. 이는 자신의 정체성을 자신의 내부에서가 아니라 외부에서 찾게 하는 위험한 훈련이며, 자긍심을 형성하는 데 결정적인 방해요인으로 작용한다.

20세기를 대표하는 정신의학자이며 호스피스운동의 선구자인 엘리자베스 퀴블러 로스(Elisabeth K. Ross)는 죄의식은 인간을 가장 어두운 내면에 묶어두며, 그것은 인간을 나약함, 수치심, 냉정함과 연결한다고 주장했다. 또한 인간의 부정적인 부분은 그 죄의식을 먹고 성장한다고 했다. 죄의식은 자신이 무슨 일을 했는가에 대한 과거의 개념이며, 진정한 자긍심을 가지고 있는 사람은 죄의식을 알지 못한다.

자긍심은 '뉴 소트(new thought)'[1]가 주장하는 것처럼 인간의 마음가짐에 따라

1) 19세기 중반에 미국의 사상가인 에머슨에 의해 등장한 "인생을 행복과 성공으로 이끄는 방법을 설명해주는 신사상"으로서, 우주의 광대한 힘에는 긍정적 에너지가 깃들어 있으며, 그 에너지는 사람의 마음가짐에 따라 무한대로 끄집어낼 수 있다는 개념이다. 후에 뉴 소트의 연구자들이 '신' 또는 '우주의 힘'이라고 부르던 '보이지 않는 힘'을 프로이트와 융은 '잠재의식'이라는 단어로 바꾸어 제시했다.

자신이 가지고 있는 에너지를 무한대로 끄집어낼 수 있으며, 인생의 방향을 얼마든지 긍정적인 방향으로 바꿀 수 있다는 것을 말해준다. 내가 어떤 생각을 하느냐가 무엇보다도 인생에 중요한 역할을 한다.

다행스러운 점은 자긍심도 다른 모든 것들과 마찬가지로 고정되어 있는 것이 아니라 변화할 수 있다는 것이다. 나 스스로 나 자신에게 내리는 평가가 축적되어 긍정적 자긍심이 형성되기도 하고 그렇지 않기도 한다. 또한 자긍심은 환경과 성격, 능력 등의 여러 변수에 의해 계속 발달하고 변화한다.

보보의 책 웃음을 통한 마인드 컨트롤

모든 사람들이 입을 모아 "플러스 사고가 좋다"라는 말들을 한다. 그렇다면 플러스 사고를 위해서는 무엇을 어떻게 해야 할까?

플러스 사고가 되는 가장 빠른 방법은 '웃는 것'이다. 사람은 머릿속이 플러스 사고가 되어야 웃을 수 있다. 다시 말해, 웃을 수 없는 사람은 머릿속이 마이너스 사고사태이며, 마이너스를 플러스 사고로 바꾸기 위해서는 '웃는 얼굴'이 필요한 것이다. 웃는 얼굴은 감정을 조절하는 테크닉인 동시에 도구이기도 하다.

실제로 운동시합에서 이기고 있는 팀에서는 웃고 있는 선수를 많이 볼 수 있다. 반대로 지고 있는 팀 선수들은 모두 울상을 하고 침체된 분위기를 보인다. 이미 선수들의 머릿속은 마이너스 사고에 빠져 있는 것이다. 지고 있을수록 의식적으로 웃는 얼굴을 해야 한다. 뒤처지고 있을 때야말로 마이너스 사고인 머릿속을 플러스 사고로 전환할 필요가 있기 때문이다.

실제 연구결과, 웃음으로 인해 집중력이 떨어지거나 실력이 저하되는 일은 없다는 결과가 있다. 오히려 웃으면 긴장이 해소되어 좋은 결과로 이어진다.

스포츠가 아닌 다른 분야에서도 마찬가지이다. 예를 들어, 상사나 선배가 무표정이나 울상을 하고 "힘내라"라고 격려하는 것과 웃는 얼굴로 "힘내라"라고 격려하는 것 중 어느 쪽이 더 의욕이 생길까? 당연히 후자다. 탁월한 성과를 내는 사람들은 감정을 조절하기 위해 웃는 얼굴을 이용하고 있다. 괴로울 때도 웃음을 잃지 않는 사람은 정신력이 강하고 의지할 수 있는 사람이라고 여겨진다.

마이너스 사고가 되었을 때 우선 크게 웃어보자.

– 고즈마 요이치의 『슈퍼멘탈 트레이닝』 중에서

또한 '국부론'으로 잘 알려진 애덤 스미스는 이미 자신의 저서 『도덕감정론』을 통해 이와 유사한 개념을 제시한 바 있다.

보보의 신문

개스타그램의 인기비결

"요즘 가장 좋아하는 브랜드는 생로랑. 그들의 컬렉션은 신선하고 젊은 에너지와 클래식의 조화가 돋보인다." 슈트부터 캐주얼까지 완벽하게 소화해내는 모델 '보디'가 좋아하는 브랜드를 묻자 돌아온 대답이다.

미국 뉴욕 브루클린에 사는 보디는 주말마다 취미로 찍은 사진이 온라인에서 입소문을 타면서 유명해졌다. 코치, 살바토레 페라가모, 아소스 같은 패션 브랜드에서 협찬을 받아 화보를 촬영하고, 남성잡지 〈GQ〉에도 등장한다.

보디의 인기비결은 자연스럽고 잘생긴 외모이며, 남성복을 스타일링하는 요령을 잘 알고 있고, 카리스마 있고, 포즈를 연출하는 능력이 뛰어나기 때문이다.

팔로어가 30만8,000명에 달하는 보디의 인스타그램 계정 이름은 '멘즈웨어도그(@mensweardog)'이다. 보디는 마치 사람처럼 리바이스 재킷에 니트 비니를 쓴 사진을 올리고 "콜드브루 한 잔 줄래요?"라는 코멘트를 올린다.

보디처럼 동물이 주인인 '개스타그램' '냥스타그램' 계정이 인기를 끌고 있다. 단순히 사람이 반려동물의 사진을 찍어서 올리는 것을 넘어 동물이 직접 인스타그램 계정을 운영하는 것처럼 '의인화'하는 형태다.

보디가 '진지함'으로 어필한다면 일본 오카야마에 살고 있는 또 다른 인기 반려견 '류지'는 반전 매력으로 인기를 얻는다. 팬케이크처럼 동그란 얼굴에 다양한 표정을 짓는 류지는 자신을 '마초'라고 주장한다. 주인이

건네준 햄 덩어리를 꼬리를 흔들며 먹는 영상을 올리고는 "진정한 마초가 되기 위해서는 고기를 먹어야 한다"고 멘트를 다는 식이다. 6년 전부터 활짝 웃는 사진과 '굿모닝'이란 인사를 매일 인스타그램에 올려온 시바견 마루타로도 전 세계 260만 명의 팔로워를 거느리고 있다. 최근에는 누리꾼들이 청와대에 입성한 문재인 대통령의 반려동물 '마루'와 '찡찡이'의 인스타그램 계정을 만들어 달라고 요청하기도 했다.

개스타그램이 인기를 끄는 이유는 역설적으로 인간의 소셜네트워크서비스가 '허세'나 '가짜' 논란이 커지고 있기 때문이다. '디지털 디톡스'를 찾는 사람들에게 동물들의 순수한 모습이 마음의 위안을 준다는 분석이다.

자료 : 동아일보, 2017.7.12.

루즈벨트는 "인간은 운명의 포로가 아니라 자신의 정신에 딸린 포로이다"라는 유명한 말을 남겼다. 마찬가지로 인간은 마인드 컨트롤(mind control)을 통해서 스스로를 통제하고 변화시킬 수 있다. 마인드 컨트롤은 성과를 내는 데 있어서 가장 비중이 높은 핵심역량이며 효과적인 마인드 컨트롤을 통해서 건전한 자긍심을 형성할 수 있다.

내가 존중받고 싶은 대로 남을 존중하라는 말이 있다. 이는 황금률이며, 피그말리온효과와도 연결된다. 긍정적인 나의 자아상을 발견하고 자긍심을 형성하되 타인의 존재를 인정해주는 것이 진정한 자긍심의 모습이다. 역으로 본다면 상대방을 높여줌으로써 그의 존재를 인정해주는 것이 타인의 권리도 받아들이고 나의 권리도 주장할 수 있는 가장 쉬운 방법이다. 남의 행복을 인정해주고, 남의 행복이 커진다고 해서 나의 행복이 줄어들지는 않는다.

(2) 열등감(feelings of inferiority)

두려움(fear)이란 '실제처럼 보이는 가짜 증거(False Evidence Appearing Real)'의 약자이다. 두려움은 과거의 경험에 기초를 두고 있으며, 미래의 두려움의 원인이 된다. 두려움은 삶을 가로막으며 열등감의 근원이 된다. 그러나 동전의 양면을 보이는 삶의 모든 모습처럼 긍정적인 면도 있다.

아들러(Adler)는 열등감을 갖고 있는 사람은 언제나 보상과정이 활성화되고 우월추구를 하게 된다고 제안했다. 아들러 역시 어린 시절에 거의 죽을 뻔 했던 병약한 아이였다. 그러나 그는 상당한 노력을 통해 자신의 건강문제를 스스로 극복했다. 이런 과정은 노이로제증상을 가지고 있었던 융(Jung)이나 강박증세를 보였던 프로이트(Freud)도 마찬가지였다. 역설적이게도 그러한 질병들은 그들을 위대한 정신의학자로 만들었다.

사람들은 연습과 훈련을 통해 약한 부분을 강하게 함으로써 보상받고자 한다. 이러한 노력을 우월추구(striving for superiority)라고 부른다. 이와 같이 열등한 부분을 보상하고자 하는 원리는 인생에 지대한 영향을 미친다.

보보를 예로 들어보자. 보보는 남가좌동 일대에서 100미터를 10초에 뛰지 못하는 거의 유일한 견공이었기에 자신이 열등하다고 느꼈다. 그러나 역설적이게도 자신이 열등하다고 느끼기 때문에 마의 10초의 벽을 깨기 위해서 피나는 훈련을 지속했다.

마치 축구선수로서는 치명적인 약점을 가진 키 작은 프리미어리거 박지성처럼 성실하게 노력했다. 그래서 결국에는 10초의 벽을 깨게 된다. 그러나 보보의 성공에 대한 만족은 오래 가지 못한다. 이것은 더 큰 자극을 필요로 하는 교감신경형 쾌락이기 때문이다. 이제 보보는 자신이 10초보다 더 빠르게 뛸 수 있다고 깨닫게 되면 열등감은 다시 시작되고 더 빨리 뛰기 위해 새로운 목표를 설정하게 된다.

보보의 경우처럼 열등감에 대응하는 방식에 따라 그것은 삶을 긍정적인 방향으로 이끌기도 하고, 부정적인 방향으로 이끌기도 한다. 아들러는 이를 '생활양식(life style)'이라는 용어를 사용해 설명했는데, 건강한 생활양식은 개인을 적응적으로 발달하도록 이끈다. 또한 사람들이 의미 있는 목표에 도달하도록 돕고 타인들과 잘 어울려 지낼 수 있도록 만들어준다.

물론 잘못된 생활양식도 있다. '잘못된 생활양식(mistaken lifestyle)'은 타인을 지배하려고 하고, 스스로 노력하기보다는 타인에게 의존하는 방식으로 열등감에 대응하려고 한다.

예를 들어 모모의 경우를 보자. 모모는 병약하기보다는 지나치게 심약하고 영리한 견공이었다. 그러다 보니 보보처럼 열심히 훈련해서 마의 10초를 넘기기보다는 아예 몸이 약하다는 이유로 엄마의 손에 안겨서 다니기를 즐겨 했다. 엄마의 손에 안겨서 내려다보는 세상은 더 넓어 보였고, 더 따뜻했다. 그렇기 때문에 애써 힘들여 다른 견공들처럼 뛰어다닐 필요가 없었다. 당연히 모모의 건강상태는 더 안 좋아졌고, 몸무게가 지나치게 많이 나가는 과체중견이 되고 말았다.

모모의 경우처럼 어떤 사람들은 열등감을 일으킬 수 있는 상황을 회피함으로써 열등감에 반응하기도 한다. 일종의 방어기제(defense mechanism)인 셈이다. 그들은 어떤 시도도 하지 않음으로써 열등감을 회피하려고 한다.

프리츠(Fritz)는 이런 사람들은 자신의 자아와 감정에 대해 제대로 직면하지 못하기 때문에 타인의 욕구에 지나치게 관심을 갖고, 자아존중감이 낮으며, 자신의 욕구를 부정하는 경향이 높았다고 보고했다. 그러나 아들러(Adler)는 열등감과 우월추구는 서로 지속적으로 순환한다고 믿었으며, 향상하고자 하는 노력은 열등감에서 생기고 열등감에 뿌리를 두고 있다고 보았다.

모든 사람은 순환적으로 열등감에 직면하게 되며, 열등감은 인간의 일부분으로 인정될 수밖에 없다. 그러나 열등감의 중요한 결과가 더 나은 자신이 되고자 하는 노력이라는 관점이 중요한 의미를 지닌다고 볼 수 있다.

헬렌 켈러는 말했다.

"삶은 하나의 모험이거나, 그렇지 않으면 아무 것도 아니다."

○ 아프리카의 슈바이처, 고 이태석 신부

이태석 신부는 1987년 인제대학교 의과대학을 졸업한 뒤 장래가 보장된 의사의 길을 버리고 사제가 되기로 결심했다. 군복무를 마친 뒤 1991년 살레시오회에 입회했다. 2001년 사제서품을 받자마자 아프리카 수단의 톤즈로 파견을 자청하여 그곳에서 교육과 의료봉사에 헌신했다.

톤즈에 병실 12개짜리 병원을 짓고 하루에 200~300명의 주민을 진료했다. 한센병을 비롯한 전염병으로 고통받는 주민들을 보살폈다. 그곳에서 학교와 기숙사를 세워 가난한 어린이들의 자립을 도왔다. 총과 칼을 들고 노는 아이들에게 악기를 가르쳐 서로 화합하고 즐겁게 사는 법을 알게 하고, 아이들 마음속에 남아 있는 전쟁의 상처를 치유하고자 노력했다.

2008년 8월에는 사우스캘리포니아주 성령쇄신대회에 강사로 초청받아 한인들에게 사랑의 메시지를 전하기도 했으며, 그의 아낌없는 희생은 가톨릭 신자들을 중심으로 '미주 아프리카 희망후원회'를 결성, 수단의 어린이들을 활발하게 지원하게 하는 기폭제가 되었다. 2008년 11월 휴가차 한국에 왔다가 대장암 판정을 받고 1년간의 투병생활을 이어갔다. 투병 중에도 그는 병원이 아닌 서울 대림동 공동체에서 머물며 젊은이들을 위한 곡을 작곡하는 등 삶에 대한 의지를 꺾지 않았다. 아무리 어려운 상황이 닥치더라도 유머를 잃지 않았던 그의 모습은 어려움을 겪는 많은 이들에게 큰 용기가 되었다. 암 투병 끝에 2010년 1월 48세로 선종했다. 이태석 신부의 장례미사는 2010년 1월 16일 살레시오 관구관에서 1,500명의 조문객이 참석한 가운데 거행됐다. 전국 각지에서 모인 조문객의 대부분은 생전의 이태석 신부를 만난 일이 없는 사람들이었다.

그의 감동적인 삶은 다큐멘터리 '울지마 톤즈'를 통해 널리 알려져 있다.

자료 : 다음

보보의 뼈다귀

○ 아프리카로 가다

보보는 태어날 때부터 역마살이 있었다. 그래서 지구촌 구석구석을 누비고 다니는 것이 삶의 목표이자 취미였다. 그를 살아있게 하는 것은 새로운 세상을 접하는 것이었다.

그러다가 여러 세상에서 본 이야기들을 글로 쓰기 시작했다. 돈을 목적으로 한 것은 아니었다. 그저 기억의 저장창고로서 한계가 있는 '해마'를 믿지 못해서 자신의 여정을 남겨놓고 싶었던 것뿐이었다. 그랬더니 출판사들이 보보의 글을 찾기 시작했다. 독자들의 반응도 좋았다. 보보는 떼돈을 벌었다. 그러나 돈과 명성이 가져다주는 기쁨은 더 많은 자극을 필요로 하는 교감신경형 쾌락으로 삶에 깊이 있는 의미를 가져다주지 못했다.

무언가 의미 있는 일을 하고 싶었다. 매슬로우가 제시한 '자기실현인'이든, 콜린스가 제시한 '단계 5의 리더'이든, 그 개념이 무엇이든 간에 사회에 공헌하는 일을 하고 싶었다. 그래서 이태석 신부님처럼 아프리카로 갔다.

보보는 케냐의 이동병원에서 케냐인 안과의사를 만날 기회가 있었다. 그런데 알고 보니 그는 대통령도 며칠을 기다려야 할 정도로 유명한 의사였다. 그럼에도 그런 열악한 곳에서 전염성 풍토병 환자들을 아무렇지 않게 만지며 치료하고 있었다. 궁금해진 보보는 물었다.

"당신은 아주 유명한 의사이면서 왜 아무도 알아주지 않는 이런 험한 곳에서 일하고 있어요?"

그러자 이 친구, 어금니가 모두 보일 정도로 활짝 웃으며 이렇게 말했다.

"내가 가지고 있는 기술과 재능을 돈 버는 데만 쓰는 건 너무 아깝잖아요. 그러나 무엇보다도 이 일이 내 가슴을 몹시 뛰게 하기 때문이에요."

그 말을 듣는 순간 보보는 벼락을 맞은 것처럼 온몸에 전율이 일고 머릿속이 짜릿해졌다. 서슴없이 가슴 뛰는 일을 하고 있다고 말하는 그 의사가 몹시 부러웠고, 나도 언젠가 저렇게 말할 수 있다면 얼마나 좋을까 생각했다.

자료 : 한비야의 『지도 밖으로 행군하라』 중에서 (저자 재구성)

표 10-2 풀머(R.M. Fulmer)가 제시한 건강하고 행복한 사람의 특성

1. 바꿀 수 없는 상황이라면 그것을 수용할 수 있다.
2. 다른 사람들과 가까이 지내는 일을 두려워하지 않는다.
3. 상황의 판단을 능률적으로 한다.
4. 창의적이고 눈이 높다.
5. 상이한 북소리에 맞추어 행진한다.
6. 다른 사람들로부터 기꺼이 배우려고 한다.

이 그림이 무엇으로 보이나요?

보보의 문제

옆의 그림은 보는 시각에 따라 무도회장에서 인사를 나누고 있는 귀부인들로 보이기도 하고 악마가 웃고 있는 얼굴로 보이기도 한다. 자아개념도 이 그림과 마찬가지이다. 내가 어떤 관점으로 나를 바라보느냐에 따라 나는 건강한 또는 건강하지 못한 자아 정체성을 지닐 수 있다.

3) 해리스(Harris)의 생활자세

생활자세(life position)란 해리스(Harris)에 의해 제안된 것으로서 인생의 초기, 유아기에 이루어진 결단을 의미한다. 즉, 자신과 타인에 대해 어떠한 가치를 부여했느냐에 따라 나타나는 인생에 대처하는 기본적인 자세와 반응을 말한다.

프로이트(Freud)는 유아기의 습관과 발달에 의해 개인의 전 생애가 필연적인 인과율에 의해 지배된다고 주장하지만, 융(Jung)은 현재가 과거에 의해 영향을 받을 뿐만 아니라 미래에 대한 목적의식에 의해서도 영향을 받는다고 주장한다. 이렇게 볼 때 해리스의 주장은 프로이트에 가까운 것으로 보이지만 생활자세의 기본적 목적은 유아기에 형성된 부정적 태도를 자각하고 통제하여 적극적이고 긍정적인 삶으로 변화시키고자 하는 데 있다.

(1) 제1의 태도(자기긍정-타인긍정) : (I'm OK-You're OK)

자기긍정-타인긍정은 협력과 공존의 태도이다. 이 태도로 살아가는 사람은 정신적, 신체적으로 건강할 뿐만 아니라 나의 권리를 효과적으로 주장하면서도 타인의 존재를 건강하게 인정한다.

이들은 바람직한 대인관계를 형성할 수 있는 사람들이며, 매슬로우가 주장했던 자기실현인에 가까운 사람들이다. 그러나 현실적으로는 인간이 이러한 태도를 완벽하게 습득하는 것은 어려운 일이다. 따라서 전 생애를 통해 훈련하고 깨달아가는 과정이 필요하다.

(2) 제2의 태도(자기부정-타인긍정) : (I'm not OK-You're OK)

자기부정-타인긍정은 자책과 회피의 태도이다. 이 태도로 살아가는 사람은 자존감이 낮기 때문에 열등감에 시달리거나 우울성향이 강하게 나타난다.

이들은 자기비하나 소극적인 감정 때문에 사람들과 친밀해지기 어렵고, 쉽게 우울해지며, 후회하는 일이 많다. 때문에 자기자신을 신뢰하지 않으며, 타인에게 의지하려는 의존성향이 매우 강하다. 때로는 다른 사람을 불쾌하게 만듦으로써 자신을 부정적인 방법으로 상대방에게 확인시키기도 한다.

(3) 제3의 태도(자기긍정-타인부정) : (I'm OK-You're not OK)

자기긍정-타인부정은 독선과 배타의 태도이다. 이 태도는 지배적인 성향을 지닌 사람의 생활자세이다.

이 태도를 지닌 사람은 긍정적으로는 자신감 넘치는 사람이라 평가할 수도 있지만 자칫 과하게 되면 타인에게 권위적이며, 자기중심적인 행동을 하게 된다. 때문에 상대방과 마찰이 생겨나기 쉽다. 이들은 자신의 내면을 들여다보지 않고 타인의 탓으로 책임을 전가하는 경향이 있다.

(4) 제4의 태도(자기부정-타인부정) : (I'm not OK-You're not OK)

자기부정-타인부정은 불신과 도피의 태도이다. 이 태도에 해당되는 유형은 절망적이고 허무적인 성향을 지닌 사람이다. 이들은 다른 사람들과의 교류를 꺼리게 되기 때문에 위축된 삶을 살아가기 쉽다.

모순되게도 이러한 태도를 지닌 사람들은 강하게 사랑을 갈구하기도 한다. 이러한 욕구는 상대방의 사랑을 확인하고자 하는 강한 집착으로 나타나기도 한다. 그러나 이러한 집착은 오히려 상대방의 거절을 초래하게 되어 점점 더 위축되고, 부정적이 되기 쉽다.

생활자세는 두 가지 질문으로 축약된다.

- '나'는 이 세상에서 어떤 존재인가?
- 다른 사람들은 나에게 있어서 어떤 존재인가?

(5) 자신과 타인에 대한 생활자세

① 자기자신에 대한 생활자세

〈I'm OK〉

- 나는 선량하다.
- 나는 바른 일만 한다.
- 나는 좋은 두뇌를 가지고 있다.

〈I'm not OK〉

- 나는 살 가치가 없다.
- 나는 무엇을 해도 잘할 수가 없다.
- 나는 내가 생각한 대로 할 수 없다.

② 타인에 대한 생활자세

〈You're OK〉

- 사람들은 모두 멋지다.
- 사람들은 모두 정직하다.
- 사람들은 나를 도와준다.

〈You're not OK〉

- 사람들은 정말 형편없다.

- 나는 사람들로부터 괴로움을 당한다.
- 사람들은 신뢰할 수 없다.

그림 10-1 생활자세

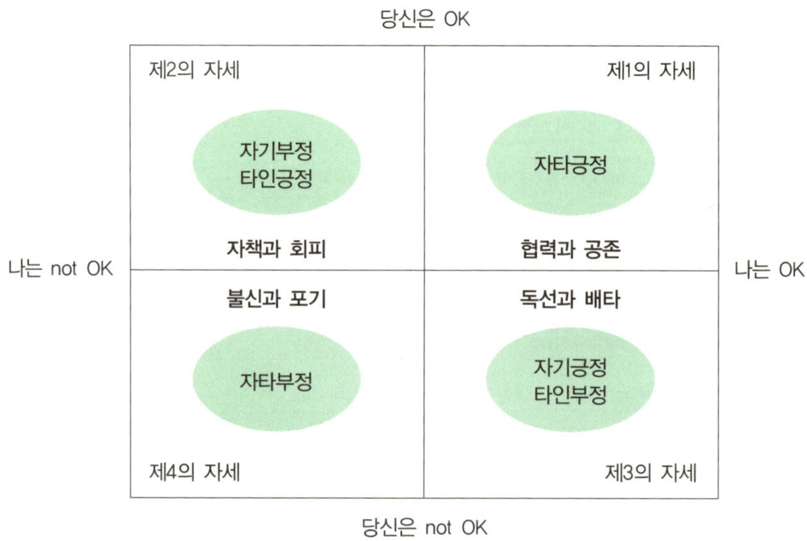

그림 10-2 재미로 보는 생활자세의 유형

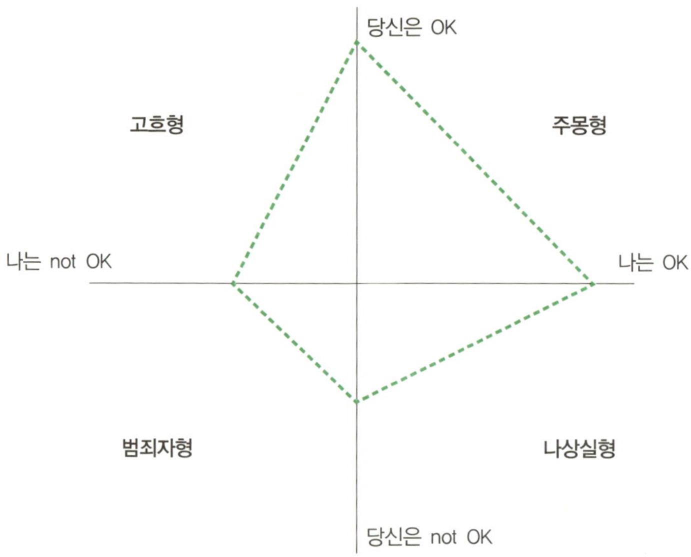

※ 정말 그렇다(2점)　보통이다(1점)　아니다(0점)

생활자세 진단설문지					
1	이 사람이 있어서 좋았다라고 생각하는 일이 많다.				
2	다른 사람과 함께 일을 하면 잘 안 되는 경우가 많다.				
3	타인에게 매력을 잃는다거나 자신의 실패에 대해 그다지 신경 쓰지 않는다.				
4	무엇 때문에 이런 일을 하고 있는 것인가라고 생각하는 일이 있다.				
5	자기와 맞지 않는 사람과는 어울리고 싶어 하지 않는다.				
6	하루하루를 충실하게 보낸다고 생각한다.				
7	자기가 하고 싶은 일이라도 상대가 싫어하는 것 같으면 그만둔다.				
8	상대방이 하는 이야기를 즐겨 듣는다.				
9	타인이 실패하거나 잘못하더라도 그다지 조급해 하지 않고 기다린다.				
10	자신의 행동과 언어에 자신이 없다.				
11	상대가 친절하게 해주더라도 부담스럽게 느낄 때가 있다.				
12	자신을 매력적이라 생각하며, 자신의 패션감각을 좋아한다.				
13	사고방식이 다르거나 싫어하는 면을 지닌 상대와도 잘 어울린다.				
14	"연애란 이런 거야"라는 식으로 딱 잘라 말하는 경향이 있다.				
15	자신에게는 아직 감추어진 재능이 있다고 생각한다.				
16	타인으로부터 비난받으면 아무런 말도 하지 못하게 되어버린다.				
17	귀찮은 일에는 가능한 한 관여하고 싶지 않다.				
18	좋아하는 사람에게는 스스로 다가선다.				
19	진정한 자신을 내보이면 타인에게 미움받을 것 같은 생각이 든다.				
20	때로는 언쟁이 있더라도 상대방과 함께 일할 수 있다고 생각한다.				
21	대부분의 일에 대해 "하면 된다"고 생각한다.				
22	상대가 무엇인가 해주는 것을 좋아한다.				
23	무엇을 하든 좋지 않은 사람이 많다고 생각한다.				
24	먼저 모르는 사람에게 접근하는 일이 없다.				
25	기분이 나빠도 금방 기분을 바꿀 수 있다.				
26	즐거워 보이는 사람을 보고 있으면 나 자신까지 즐거워진다.				
27	나는 이렇게 노력하고 있는데라고 생각할 때가 있다.				
28	상대가 화제로 삼고 싶어 하지 않는 것을 언급하지 않는다.				
29	상대방이 하는 말을 진심으로 좋다고 느낀다.				
30	앞으로 하고 싶은 일과 포부가 많이 있다.				
31	무엇을 하든 잘되고 있지 않은 느낌이 든다.				
32	무엇인가 문제가 생기면 타인의 탓으로 돌리는 일이 많다.				

33	당신과 있으면 '안심'이라는 말을 상대방에게 자주 듣는다.				
34	제멋대로 말하며, 자신의 사고방식에 만족한다.				
35	타인과 비교할 때 내가 모자란 점이 많다고 생각하고 체념하는 일이 많다.				
36	상대방이 하는 말을 그대로 쉽게 믿는다.				
37	개인적인 일은 거의 이야기하지 않는다.				
38	자신의 느낌은 무엇이든지 상대방에게 이야기하는 편이다.				
39	자신의 호감이 상대방에게 피해를 준 것은 아닌가 하고 걱정한다.				
40	상대의 무신경함에 화를 내는 일이 있다.				

〈생활자세 분석〉

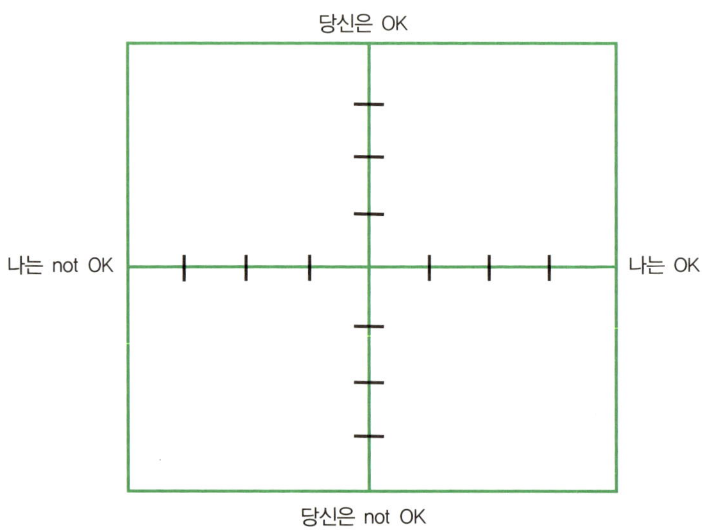

• 그림의 맨 가운데는 0점, 한 칸은 5점
• 좌표에 표시하고 선으로 연결하시오.

에펠탑효과

'열 번 찍어 안 넘어가는 나무 없다'는 속담은 원래 끊임없이 성실하게 노력을 다하면 결국 자신의 뜻을 이룰 수 있다는 의미이다. 이성 간의 사랑에 대입해 보면 스토커의 의미가 아니라, 지속적이고 성실한 노력이 결국 상대방의 마음을 움직인다는 뜻이다.

미녀와 야수, 전혀 어울릴 것 같지 않은 조합이 어떻게 해피엔딩에 도달할 수 있었을까? '미녀와 야수'는 무척 흥미로운 사실을 보여준다. 궁합이 맞지 않을 것 같은 조합도 자주 접할수록 관계가 발전할 가능성이 높아진다는 점이다. 전혀 내 스타일이 아닌 비호감인 대상도 자주 보면 정들고, 정들면 좋아지게 마련인 현상을 '에펠탑효과(Eiffel tower effect)'라고 한다. 프랑스의 랜드마크 에펠탑에서 유래했다.

건립 초기의 에펠탑은 퇴출대상이었다. 1889년 프랑스 파리에서 프랑스 대혁명 100주년을 맞이해 대형조형물을 건설할 계획을 발표했고, 시민들은 반대했다. 결국 정부는 20년 후에 철거하기로 약속하고 조형물을 세웠다. 처음에는 파리의 정경을 완전히 망쳐놓을 흉측한 철탑이라고 비난받았는가 하면, 심지어 악마의 표식 같다는 혹평도 들었다. 프랑스의 대문호 모파상은 에펠탑이 완공되면 파리를 떠나겠다는 글을 남기기까지 했다.

그렇지만 완공 후 시간이 흐르면서 파리 에펠탑은 파리 시민의 열렬한 사랑을 받는 상징물이 되었고, 전 세계 수많은 관광객들을 끌어들이는 화수분 같은 존재로 자리매김했다. 에펠탑효과를 '단순노출효과'라고도 한다. 친근해졌기 때문에 매력을 끄는 것이다. 미국 사회심리학자 로버트 자이온츠가 처음으로 실험을 통해 이를 확인했다.

'눈도장'과 '미운털'은 반비례한다. 사람 간의 관계라는 측면에서도 만남의 횟수가 많으면 그만큼 마음의 거리가 가까워진다. "이웃이 먼 사촌보다 낫다"는 말도 있다. 친하려면 자주 만나자.

Out of sight, out of mind.

자료 : 동아일보, 2017.7.11. (저자 수정)

보보의 책 좋은 유산

지금 생각해 보면 삶이란 자신의 정체성을 찾는 과정에 다름 아니라는 생각이 든다. 자신이 진정 어떤 사람인지, 진정 어떤 일에 재능이 있는지를 끝내 모른 채 죽는다면 참으로 서글픈 일이다. 좋든 나쁘든 우리가 이곳에서 한평생을 살았기 때문에 세상이 조금은 달라졌기를 바란다. 훌륭한 삶의 구성요소란 살고, 배우고, 사랑하고, 유산을 남기는 것이다.

– 찰스 핸디의 『포트폴리오 인생』 중에서

보보의 한 말씀

착한 인간은 비록 어두운 충동에 채찍질 당해도 올바른 길을 결코 잊지 않는다.

–괴테의 『파우스트』 중에서

3 이미지 메이킹의 외면화

개인의 매력적인 외모는 타인으로부터 받아들여질 수 있는 기회를 더 높여주고, 외부로부터의 긍정적인 피드백을 통해 내면을 강화시킴으로써 긍정적인 자아상의 형성에 도움을 받는다. 그러나 여기서 중요한 것은 매력적인 외모의 정의가 할리우드 스타처럼 완벽하게 아름답거나 잘생긴 외모를 의미하는 것은 아니라는 점이다. 자신의 개성을 추구하고, 사회적 합의를 이끌어내기 위해 자신이 가지고 있는 최상의 것을 더 잘 나타냄을 의미한다.

외적인 이미지 메이킹이 중요한 것은 첫인상이 형성하는 힘이 상대적으로 강하기 때문이다. 우리는 의식적이든 무의식적이든 2~3초 안에 이루어지는 첫인상을 통해 타인에 대한 인식이 형성된다.

이미지는 커뮤니케이션의 수단으로서 메시지의 역할을 하며 인간이 알고 있는 지식의 87%는 시각적인 자료에 의해 습득된다. 그러므로 이미지 메이킹은 차별화를 위한 개인 정체성 프로그램(personal identity program)인 것이다.

외적인 이미지 메이킹에는 다양한 요인들이 포함되지만 외모, 표정, 자세, 행동, 말, 어투, 태도 등이 대표적이다.

본서에서 언급하는 외모는 객관적으로 완벽하게 아름다운 외모일 필요가 없다. 우리는 앞서 개인의 긍정적 자아개념이 삶을 변화시킨다는 것을 배웠다. 외모에는 외적인 요인도 포함되지만 개인이 지니고 있는 긍정적 자기개념, 심상, 사고 등이 통합적으로 작용되어 하나의 브랜드를 형성하는 것이다. 개인이 지니고 있는 사고는 모든 행동에 있어서 하나의 원칙으로 작용하며, 이러한 원칙을 기반으로 한 다양한 과정들이 하나의 이미지를 형성한다.

표정에는 한 개인의 삶의 습관이 체화되어 있다. 링컨은 "나이 40세가 되면 자신의 얼굴에 책임을 져야 한다"는 말을 남겼다. 이는 개인의 가치관, 사고, 행동습관 등이 외형적 요인에 커다란 영향을 행사한다는 것을 시사하는 말이다. 밝은 표정은 건강한 심상에서 비롯되며, 마치 자석처럼 사람들을 끌어당긴다.

한 사람을 잠시만 관찰해도 그 사람의 많은 것들을 알 수 있다. 이는 외형적으로 드러나는 한 개인의 자세가 삶에 대한 그의 가치관, 사회에서의 역할, 자아개념 등을 표현해주기 때문이다. 올바른 자세를 유지한다는 것은 아름다운 얼굴, 좋은 신체조건, 값비싼 의복보다 개인을 더 돋보이게 한다.

인간의 행동에는 그 사람의 삶 속에서 체화된 습관이 보인다. 건강하고 올바른 행동이라고 하는 것은 하루아침에 따라할 수 있는 것이 아니다. 그것은 정신의 총합이며 우리의 삶 그 자체이다. 우리를 지배하는 것은 사고이며, 그 사고를 통해 외형적인 요인들이 변화된다.

화술, 즉 사람이 하는 말은 곧 그 사람의 생각이다. 개인이 지니고 있는 사고, 심성, 감정 등이 종합적으로 작용하여 언어화된다. 마찬가지로 말을 하는 기술은 빠른 시간 안에 숙달되기보다는 삶의 체화과정을 통해서 그 사람을 표현하는 하나의 요인이 된다.

본서에서는 외적인 이미지 메이킹의 요인으로서 그 기반을 히포크라테스의 체질론에 두고 컬러를 바탕으로 효과적인 이미지 메이킹의 방법에 대해 설명하고 제안하고자 한다.

표 10-3 이미지 메이킹의 효과

1. 사회적으로 더 많은 지지를 얻어낼 수 있다.
2. 사회적 지지를 바탕으로 더 많은 기회를 잡는다.
3. 긍정적인 이미지는 긍정적인 인격이라는 후광효과로 이어진다.
4. 관계형성이 보다 수월하다.
5. 사회적 신분상승의 기회가 높아진다.
6. 좋은 인간이라고 평가받는 경향이 많다.

번번의 한 말씀

나는 분노를 살만한 표현, 즉 '분명히', '확실히'와 같은 의견의 절대성을 주장하는 단어는 쓰지 않는다. 대신 "이러저러하게 생각합니다"라거나 "내 생각이 틀리지 않다면 이런 것 같습니다"라고 말한다. 이런 습관은 내 의견을 주장할 때나 내가 권하는 방법을 따르도록 사람들을 설득할 때 장점으로 작용한다. – 벤자민 프랭클린

보보의 뼈다귀

○ 클레오 파트라의 아름다움

독일 트리어대학의 요한나 라스헤네만 교수의 연구팀은 실험에 참가한 남자 대학생 50명을 두 개의 그룹으로 나눈 다음 한 그룹에는 스트레스를 주는 환경을 조성했다. 두 개의 그룹의 남학생들에게 젊은 여성의 사진 40장을 보여준 뒤 반응을 조사했다. 그 중 10장의 사진은 실험참가자 자신의 얼굴과 합성돼 있었다. 실험결과, 스트레스를 받지 않은 그룹의 남자는 종전의 학설처럼 본인과 가장 닮은 여성을 선호했다. 반면 스트레스를 받고 있는 그룹의 남자는 자신과 비슷한 여자에는 관심을 두지 않고 닮지 않은 여자에게 매력을 느끼는 경향을 보였다.

사람들은 흔히 절대미모라는 표현을 사용하는데 누구에게나 통하는 절대미모란 이 세상에 존재하지 않는다. 매력을 느끼는 데 외모가 많은 영향을 미치는 것은 사실이지만, 누구에게나 통하는 매력적인 외모를 논한다는 것 자체가 무의미하다.

"21세기, 클레오파트라와 양귀비가 그 외모 그대로 환생한다면 과연 최고의 미녀라고 칭송받을 수 있을까?"

클레오파트라와 양귀비는 지금 이 시대에 태어난다고 해도 여전히 매력적인 여성일 것이다. 고고학자인 수전 워커 박사는 클레오파트라가 단순히 미모로 남성을 유혹하는 여성이 아니라, 그리스어뿐만 아니라 라틴어, 히브리어, 아랍어를 능숙하게 구사하는 학자풍이라고 했다. 또한 세계의 도서관이라고 불리는 방대한 자료를 가진 이집트 왕실 도서관에서 어려서부터 엄청난 양의 책을 읽어 당대 누구도 따를 자가 없을 정도의 지식을 갖추고 있었다. 클레오파트라는 어떤 권력자나 학식이 뛰어난 사람 앞에서도 막힘없이 대화를 나눌 수 있을 정도로 풍부한 상식과 세상을 보는 눈을 갖고 있었고, 화려한 언변으로 카이사르와 안토니우스를 더욱 빠져들게 했을 것이다.

양귀비에 대한 기록에도 그녀의 외모에 대한 이야기 외에 다른 면들이 나와 있다. 그녀가 춤과 음악에 뛰어나고 총명했다는 것이다. 현종이 양귀비에게 반한 결정적인 계기였던 첫 만남에서 양귀비는 현종이 연주하는 가락에 맞춰 아름다운 춤을 선보였고, 현종은 이 춤을 보고 그녀의 매력에 더욱 빠져들었다.

클레오파트라와 양귀비가 시대를 뛰어넘는 절대 매력을 갖고 있다면 그것은 외모가 아니라 그들이 갖고 있던 재능일 것이다. 혹시 당신은 사람들 앞에서 외모에 대한 콤플렉스로 당신 안에 있는 매력적인 재능을 감추고 있지는 않은가?

자료 : SBS 스페셜 제작팀의 『매력 DNA 그들이 인기 있는 이유』 중에서

보보의 신문

프로막말러

도널드 트럼프 미국 대통령의 트위터 정치가 가관이다.

이는 트위터라는 소셜네트워크서비스(SNS)를 통해 세상 천지에 떠드는 것과는 전혀 다른 문제이다. 그는 미국의 대통령이다. 미국 정부의 구상과 정책은 전 세계에 엄청난 영향력을 미친다. 말 한마디 한마디에 수억 명의 어린 생명들이 희망을 가질 수도 있고, 이름 모를 작은 나라에서는 정권이 뒤바뀔 수도 있다. 이 지구에 미국이란 나라만 있는 게 아니다. 그런데도 그는 자신이 생각하기에 뭔가 기발한 아이디어가 떠오르면 스마트폰을 들고 아무렇게나 떠든다. 그의 트위터는 우습다기보다는 위험하다.

트럼프의 트위터 정치는 이미 진작부터 논란이 돼왔다. 그는 대통령 선거 유세 시절 트위터를 적절히 이용하면서 톡톡히 재미를 봤다. 위기에 몰릴 때 지지자들에게 일방적으로 전달되는 140자 짧은 글은 그에게 커다란 힘이 됐다. 초기 SNS 시대를 열었지만 이후 페이스북에 밀려 줄곧 내리막길을 걷고 있는 트위터를 살린 게 트럼프라는 말이 있을 정도이다.

페이스북이 게시판이라면, 트위터는 광장에서 스피커를 들고 혼자 떠드는 것이다. 친구들에게 메시지를 전달할 수 있는 페이스북과 달리 트위터는 불특정 다수를 향해 일방적으로 메시지를 전달하는 특징이 있다. 대중과의 직접적인 소통방식이라고 추켜세우는 이도 있지만, 트위터는 순전히 트럼프의 일방적 커뮤니케이션 도구에 불과하다. 그의 트위터 메시지에는 정무적, 정책적 고려가 전혀 없다. 보좌진과 단 한마디 상의 없이 1~2분 만에 즉흥적으로 떠오른 생각을 퍼트리는 것이다. 그의 트위터 팔로워는 1,700만 명에 달한다. 하지만 SNS의 연결적 특성을 생각하면 그 수는 기하급수적으로 불어난다.

트럼프 대통령이 트위터에 올린 글은 공식 국가문서로서 지정해 보존된다. 미국 국립기록관리청(NARA)은 트럼프 대통령이 취임 이후 트위터에 올려온 모든 글을 보존하라고 백악관에 공식적으로 요청했으며, 백악관은 이를 이행하고 있는 것으로 전해졌다. 특히, 기록관리청은 트럼프 대통령이 완전히 삭제했거나 수정한 트윗의 경우도 원본 보존을 요구했으며, 백악관은 이도 받아들였다.

잦은 막말로 물의를 빚어왔지만 미국인들은 여전히 트럼프 대통령의 트위터 사용이 계속돼야 한다고 생각하는 것으로 나타났다. 보수성향 인터넷 매체인 〈드러지 리포트〉에 따르면 "트럼프 대통령은 소셜네트워크서비스(SNS)를 계속 사용해도 되는가"라는 설문조사에서 응답자의 77.7%가 "계속 사용해야 한다"고 답했고, "그만둬야 한다"는 답변은 22.3%에 그쳤다. 이번 조사에는 52만 4,420명이 참여했다. 보수 성향 매체의 설문조사라 답변자 중 트럼프 대통령 지지자 비율이 높았을 가능성도 있다. 하지만 이를 감안하더라도 미국인이 대체로 대통령의 SNS 사용을 긍정적으로 생각하고 있다고 볼 수 있는 조사결과다.

자료 : 다음뉴스, 2017.7.4.4. ; 동아일보, 2017.7.5. ; 매경프리미엄, 2016.12.26. (저자 수정)

1) 컬러 이미지 메이킹의 기원

(1) 괴테

'젊은 베르테르의 슬픔'[2]으로 잘 알려져 있는 괴테는 "모든 색은 노랑과 파랑의 두 극 사이에 든다"라고 제안한 바 있다. 이것이 오늘날 색채이론의 기초가 되었다. 또한 베르테르효과[3]는 오늘날 현대사회의 지속적인 이슈가 되고 있다.

괴테는 '색채론'을 통해 모든 색은 백과 흑의 대립으로 표현된다고 주장했다. 그에 의하면 노랑과 파랑은 서로 대립하는 성질을 갖고 있는 색으로 노랑은 밝고, 강하고, 뜨거운 반면 파랑은 어둡고, 약하고, 차갑다. 색은 온도감각에 영향을 준다. 빨강, 노랑 등의 장파장색은 따뜻하고, 파랑을 중심으로 한 단파장색은 차가운 인상을 준다. 같은 화면에 그려진 색이라도 빨강이나 노랑이 파랑이나 보라보다 앞으로 나와 보인다. 장파장색인 빨강, 노랑은 앞으로 돌출되어 보이고, 단파장색인 파랑, 보라 등은 뒤로 물러나 보이는 경향이 있다. 즉, 빨강과 노랑은 사람들의 주의를 끄는 튀는 색

2) 무명작가였던 괴테를 유명인의 반열에 올려놓은 작품으로서 약혼자가 있는 여인을 사랑하게 되면서 생기는 심리적 갈등을 주된 내용으로 하고 있다.

3) 자살사건이 미디어를 통해 크게 알려지면 이후에 모방자살이 증가하는 현상을 의미한다. 괴테의 『젊은 베르테르의 슬픔』이 유명해진 후 유럽 전역에서 베르테르처럼 권총 자살하는 사건이 확산된 현상에서 유래했다.

상인 반면 후퇴하는 색인 파랑은 눈에 띄지 않는 색이다. 괴테는 색과 감정과의 관계에 주목한 최초의 사람이다.

도어(Dorr)는 괴테의 이론을 바탕으로 신체색상의 기본색을 제안했다.

심리적 반응을 고려한 개념으로서의 노란색은 능동적인 색상이다. 노란색은 명랑하고 개방적인 심리를 반영한다. 반면 파란색은 수동적인 색상으로 구분된다. 차분하고 성실한 심리의 반영이다. 이러한 개념은 한국의 문화에서는 쉽게 이해되지 않을 수도 있다. 왜냐하면 '파란'이라는 단어에 대해 한국 사람들이 가지고 있는 고정관념은 '시원하다, 상쾌하다, 밝다' 등이기 때문이다. 그러나 서양문화에서는 'blue'가 '우울한'이라는 의미로 해석되기도 한다. 천재적 감독으로 알려진 키에슬로프스키의 영화 '블루'를 보면 이 개념을 좀 더 쉽게 이해할 수 있다.

괴테의 이론에 근거하면 모든 인간의 피부색은 두 가지 기본 톤이 있는데 이것은 따뜻한 색과 차가운 색으로 구분되며, 모든 자연계의 색상은 옐로 베이스와 블루 베이스로 구분된다.

(2) 이텐

요하네스 이텐은 색상을 사계절의 네 가지 유형으로 구분하였다. 모든 인간은 출생 시부터 자신의 고유색을 가지고 태어나며 그 색은 일생 동안 변하지 않고 영향을 미친다는 것이다.

서구인을 대상으로 해서 발전시킨 이론이니까 한국문화에서는 적용이 어려운 부분도 있다. 그는 대부분의 사람들이 선호하는 색상이 그들이 가지고 있는 피부색상, 머리카락색상, 눈동자색상과 일치한다는 사실에 주목했다. 많은 사람들이 자신의 고유색을 보완하는 색상으로 만들어진 옷을 입는다는 사실에 착안하여 사계절 컬러라는 색채분석방법을 제안했다.

(3) 히포크라테스

히포크라테스는 최초로 인간의 기질을 구분한 사람이다. 그는 인간을 담즙질, 우울질, 다혈질, 점액질로 구분했다. 인류 최초의 구분이기에 매우 비과학적인 방법이라는 비난도 있지만 이에 기초하여 다양한 연구들이 진행되고 발전되었다는 데 그

가치가 있다.

그에 의하면 담즙질은 화를 잘 내는 성향을 지니고 있는데, 이는 '성급한' 성질로서 가을색상을 나타낸다. 우울질은 침울한 성향을 지니고 있는데, 이는 '우울한' 성질로서 겨울색상을 나타낸다. 다혈질은 낙천적인 성향을 지니고 있는데, 이는 '쾌활한' 성질로서 봄색상을 나타낸다. 마지막으로 점액질은 침착한 성향을 지니고 있으며, 이는 '냉담한' 성질을 나타내며 여름색상에 해당된다.

색상에 대한 선호도는 개인의 성격이나 감정상태와 깊은 관련이 있다. 히포크라테스의 체질론에 근거하여 색상이 지니고 있는 특성에 인간의 성격을 접목시켜 개인의 성향이나 정서를 분석할 수 있다.

그림 10-3 | 개인의 성격과 기질에 따른 색채선호(soul color)

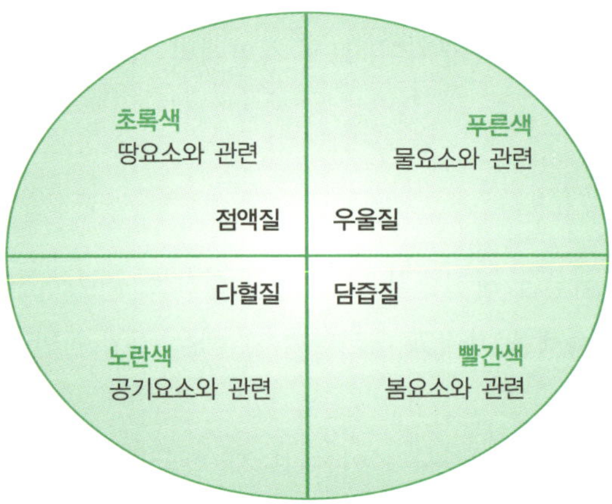

내가 기억하는 '블루'의 파란 사탕

'화이트, 레드, 블루'가 한 시리즈인 영화 '블루'를 본 관객이라면 키에슬로프스키가 추구하는 난해한 예술세계 속에서 갈팡질팡하다가 기억에 남은 것이라곤 영화를 가득 채운 온통 파란색뿐이었다라고 불평할지도 모른다.

감독 키에슬로프스키는 영화 '블루'를 통해 가장 차가운 색인 파랑으로부터 가장 따뜻한 치유를 그려냈다. 키에슬로프스키 감독의 색상시리즈는 프랑스 국기를 상징하는 세 가지 색인 블루, 화이트, 레드를 그 제목으로 하고, 자유, 평등, 박애의 정신을 담았다.

영화의 첫 장면은 푸른색의 사탕을 보여주며 시작한다. 푸른빛은 영화의 장면마다 스

며들어 있다. 밤의 짙은 푸르름, 새벽의 어스름한 푸르름, 푸른 구슬이 달린 샹들리에, 수영장의 푸른 물 등 영화는 끊임없이 푸른색을 강조한다. 푸른색 화면을 배경으로 상상력을 자극하는 촬영과 음악이 신비스러운 느낌을 자아낸다.

평화로운 시골길, 한 가족이 피크닉을 나서는데 예기치 않은 교통사고가 일어난다. 이 교통사고로 음악가인 남편 패트리스와 다섯 살 난 딸 안나를 잃은 줄리는 이후로 혼자만 살아남았다는 죄의식과 사랑하는 사람들을 갑작스럽게 잃어버린 고통에 괴로워하며 방황한다. 그러던 어느 날, 남편에 대한 모든 기억을 잊기 위해 냉소적으로 변해가던 줄리는 남편에게 숨겨둔 여자가 있었다는 사실을 알게 된다. 바로 그 순간부터 줄리는 집착과 고통을 잊어버리고 자유로움을 느낀다.

영화 '블루'는 인간이 세상을 떠나는 날까지 자유로울 수 없는 죽음이라는 주제 속에서 가까운 이들의 죽음이 불러일으킨 소름끼치도록 처절한 고독과 절망, 다시 자유를 찾기까지의 일련의 과정을 보여주고 있다. 집착과 고통에서 벗어나면서 줄리는 한 마리의 나비처럼 새롭게 태어나고 삶을 향한 새로운 의지를 발견한다. 나비는 심리학적으로 새로운 생명의 탄생을 의미한다.

'블루'는 삶의 우연성에 대한 탐구 그리고 치유와 감정의 정화를 예리하게 그려낸 작품으로 영화 속에서 푸른색은 절망과 우울, 안정과 정화, 치유의 상징으로 작용한다. '블루'는 아픔은 치유를 거쳐 새로운 희망이 되고, 상실의 고통 없이는 삶 또한 없다는 것을 보여준다.

보보의 책 신체적 매력에 끌린다

얼굴이 잘생긴 사람이 사회생활에서 유리하다는 점은 이미 우리 모두가 분명하게 인식하고 있는 사실이지만 최근의 연구결과를 보면 그 영향력과 적용영역은 사실보다 훨씬 과소평가되고 있음을 알 수 있다. 잘 생긴 사람에 대한 우리의 반응은 '열려라 참깨'식의 거의 무의식적인, 그리고 자동적인 반응의 형태를 띠고 있다. 사회과학자들은 그러한 반응에서 얻어지는 효과를 '후광효과'라고 부른다. 후광효과란 어떤 사람의 긍정적인 특성 하나가 그 사람 전체를 평가하는 데 결정적인 영향을 미친다는 것이다.

한 연구에 의하면 우리는 잘생긴 사람은 으레 능력 있고 친절하며 정직하며 머리가 영리할 것으로 연상한다고 한다. 더군다나 우리는 다른 사람을 평가할 때 그들의 신체적 매력에 의해 우리의 평가가 영향을 받는다는 사실조차도 인식하지 못한 채 그들을 평가하고 있다는 것이다.

구인시장에서도 비슷한 효력이 발견되었다. 모의면접상황을 설정하였을 때 구직자들의 깔끔한 외모가 직업적인 자질보다 더 호의적인 고용결정을 받아냈다는 연구결과가 나타났다. 비록 면접자들은 자신의 선택에 외모의 비중이 적었다고 주장하지만 말이다. 매력적인 직원에게 주어지는 이득은 고용결정을 넘어서서 월급에까지 영향을 미친다. 미국과 캐나다의 샘플집단을 연구한 경제학자들은 매력적인 사람이 평범한 동료들보다 12~14% 더 많은 월급을 받는다는 사실을 밝혀냈다.

한편 외모가 잘생긴 사람은 긴급상황에서도 다른 사람들의 도움을 더 쉽게 얻고 있으며, 청중의 의견을 변화시키는 데도 더욱 설득적이라고 한다. 여기에서도 남녀 간의 차이는 보이지 않는다.

– 로버트 치알디니의 『설득의 심리학』 중에서

2) 색채의 이해

색은 그 다양한 색상에 따라 고유한 상징성을 지니며 개인, 문화권별로 차이를 보이기는 하지만 어느 정도의 일관된 패턴을 보여준다.

이 세상에 존재하는 색상은 650만 가지 정도로 알려져 있는데 그 중에서 인간이 식별할 수 있는 것은 보편적으로 5백여 가지로 알려져 있고, 감수성이 풍부한 예술가들조차도 1천여 가지 이상의 색상을 구분하지는 못한다. 평범한 보통 사람들의 일상에서는 고작 몇 가지 구분이 있을 뿐이다. 그럼에도 불구하고 색이 부여하고 있는 인간의 심리상태, 감정, 사회적 상징 등은 사회적 영향력의 형성에 있어서 중요한 위치를 차지하고 있다.

(1) 색상에 의한 이해

① 빨간색

빨간색은 가시광선 중에서 가장 긴 파장을 가지고 있기 때문에 눈에 띄기 쉽다.

색채구분의 기원으로 알려진 괴테는 빨간색을 '색의 왕'이라고 불렀을 정도로 화려한 색상이다. 스페인에서는 투우사가 소를 흥분시키기 위해서 빨간색 천을 사용한다. 사실 이때 소가 빨간색을 인식한다기보다는 빨간색을 통해 관람객들의 흥분감을 높여준다.

빨간색은 피, 불, 태양, 열정 등을 연상시키므로 빨간색이 가지고 있는 기본 이미지는 따뜻하고, 적극적이고, 활동적이고, 정열적이다.

② 노란색

노란색은 괴테가 구분한 두 가지 기본색상 중의 하나에 해당되는 색상이다. 노란색은 원색 중에서 가장 많이 빛을 반사하는 색상으로 알려져 있다. 히포크라테스의 정의에 의하면 노란색은 다혈질의 색상으로서 공기요소와 결합한 쾌활한 색상이다.

빨간색이 태양을 연상시키기도 하지만 태양을 인식하는 데 구성되는 색상이 빨간색 하나뿐인 것은 아니다. 이글거리는 태양의 변두리는 밝은 노란색으로 보이기도 한다.

노란색은 긍정적 이미지를 가지고 있으며 쾌활한, 신선한, 희망적인 등의 개념을 연상시킨다.

③ 파란색

파란색은 괴테가 구분한 두 가지 기본색상 중 또 다른 하나이다. 기본적으로 차가운 색상의 이미지가 강한데, 한국사람들에게 가장 잘 어울리는 압도적인 색상으로 알려져 있다.

파란색은 그 이미지가 주는 깨끗함, 청량함 때문에 권위를 상징하기도 하고, 우울함을 상징하기도 한다. 기존연구에 의하면 파란색의 영향을 받으면 시간의 흐름이 빠르게 느껴지고, 물체의 무게는 가볍게 느껴진다고 알려져 있다.

우울함을 상징하기도 하지만 깨끗함, 보수성, 신뢰 등의 이미지를 나타내기도 한다.

④ 초록색

초록색은 기본적으로 평온을 의미하는 색상이다. 관공서나 공공장소에 초록색이 빈번하게 사용되는 이유는 인간을 가장 편안하게 만들어주는 색상으로 알려져 있기 때문이다. 대지를 상징하고, 생명을 상징하기 때문에 기본적으로 자연의 색상이다.

나무, 식물, 신선함, 안정감, 평화, 생명 등을 상징하는 풍요로운 색상이며, 자연친화적이다.

⑤ 갈색

갈색은 여러 가지 색상 중에서 가장 고상하고 소박한 색상으로 알려져 있고, 고전적인 느낌을 준다. 계절색상으로는 가을의 끝 무렵을 상징하는 색상으로서 지적이고, 안정적이고, 풍성한 느낌을 준다.

대지를 떠올리게 하며, 이에 기반하며 풍요로움, 다산, 따뜻함, 편안함을 상징한다.

⑥ 보라색

보라색은 지중해연안을 대표하는 색상이다. 난색계열과 한색계열이 혼합된 색이지만 그 이미지가 차갑지 않다. 선행연구에 의하면 이성이 다른 이성에게 가장 호감을 많이 느끼게 되는 색상은 옅은 보라색으로 알려져 있다.

한국문화에서의 보라색은 평범할 수만은 없는 독특한 색상으로 인식되어져 있다. 보라색은 기본적으로 파란색과 더불어 우울하고, 고독한 색을 상징한다. 그러나 우아하고 고귀한 이미지도 더불어 가지고 있다.

⑦ 흰색

흰색은 순결을 상징하는 대표적인 색상이다. 그렇기 때문에 예전에는 젊은 미혼여성들이 가장 선호하는 색상이기도 했다. 아무 것도 표현되지 않은 색상이라고 생각하기 쉽지만 모든 색에는 기본적으로 흰색이 포함되어 있다.

흰색은 순결, 희망, 순수, 정의 등을 상징하는 기본색이다.

⑧ 검정색

검정색은 엄숙함과 세련됨이라는 두 가지 이미지를 떠올리게 하는 색상이다. 여름에 입지 말아야 할 색상 중 으뜸은 단연 검정색이다. 물론 패션감각이 뛰어난 사람들은 사계절 검정색을 선호한다. 그러나 여름에 특히 피해야 하는 이유는 검정색이 어떤 빛의 파장도 반사시키지 않고 모두 흡수하기 때문이다.

검정색은 고급스럽고, 세련된, 섹시한 이미지와 더불어 악의 상징으로도 잘 알려져 있다.

표 10-4 색의 연상

색상	이미지
빨간색	열정, 태양, 립스틱, 사과, 젊음, 격렬함, 사랑, 흥분, 적극적
노란색	태양, 오렌지, 상큼함, 밝음, 쾌활함, 고흐, 압생트,[4] 행복
파란색	깨끗함, 청명함, 시원함, 우울함, 보수적인, 하늘
초록색	나무, 잎, 생명, 성장, 탄생, 평안함, 행운, 안정, 침착함
갈색	지적인, 고귀한, 무거운, 세련된, 낙엽, 친구, 대지
보라색	독특함, 고귀함, 세련된, 이탈리아, 신비, 불안, 고독
흰색	순결, 순수, 깨끗함, 정의, 솜사탕, 눈, 설탕, 구름
검정색	세련된, 고상한, 악마, 위험, 고통, 죽음, 장례식, 절망

그림 10-4 한국인에게 어울리는 색상분포도

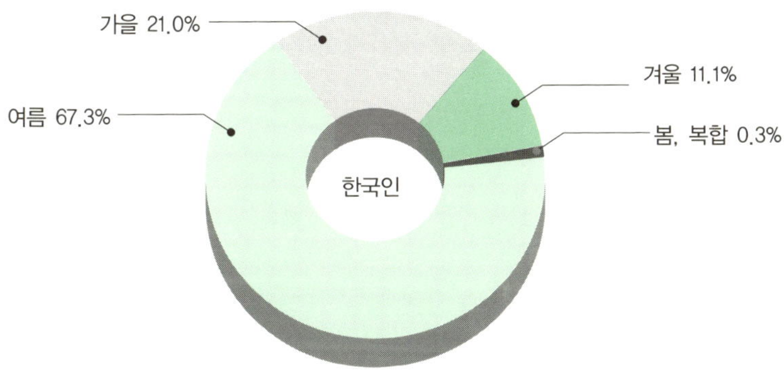

○ 투우사의 빨간색

투우는 스페인을 포함해, 포르투갈, 프랑스의 남부 일부도시, 멕시코 등에서 하는 전통적인 경기이다. 우리나라 청도의 소싸움과 구분되는 점은 투우는 소와 인간의 싸움이라는 것이다.

투우를 하면 가장 먼저 떠오르는 것은 멋진 의상을 입은 투우사가 소에게 붉은 천을 흔들고, 소는 이 천을 보고 흥분하여 달려드는 장면이다.

소는 색맹이다. 빨간색을 구분할 수 없다. 오징어, 문어, 게, 새우 등 고등한 무척추동물들 외 많은 곤충들만 색상을 구분한다. 소에게는 빨간색이나 녹색이나 모두 마찬가지

4) 압생트(absinthe)는 앙리 루이 페리노에 의해 1797년 최초로 상업적으로 생산되었다. 고흐 등 당대 예술가들이 영감의 원천이라고 부르며 즐겨 마셨던 노란색을 띤 술의 일종이다. 압생트의 주요한 방향성분이었던 아브신트쑥은 환각, 정신황폐 등 심각한 후유증을 유발시키기 때문에 금지되었다.

이다. 소는 빨간색, 흑색, 녹색, 청색을 구분하지 못하기 때문이다. 소는 움직이는 사물에 민감해서 인간의 움직임에 따라 움직인다. 빨간색은 그저 관중들에게 더 잘 보이기 위한 색상일 뿐이다.

투우에 등장하는 소는 투우장에 들어가기 전 하루 동안 빛이 완전히 차단된 방에 갇혀 있다가 나온다. 갇혀 있다가 나온 소는 흥분하여 날뛰고, 투우사는 소의 몸을 작살로 여러 군데 찌른 후, 마지막으로 심장을 찌른다. 이 잔인함에 각국의 동물보호단체에서는 동물학대라고 비난하고 있다.

프랑스 남부지역과 스페인 북동부지역인 카탈루냐는 동물학대를 이유로 투우를 금지시켰고, 포르투갈은 전통의 명맥은 이어가되, 관중들 앞에서 소를 죽이는 일은 금지시키고, 소의 숨통을 끊는 장면도 실제로는 행하지 않는다.

보보의 시

샤갈의 마을에 내리는 눈

샤갈의 마을에는 3월에 눈이 온다
봄을 바라고 섰는 사나이의 관자놀이에
새로 돋은 정맥이
바르르 떤다
바르르 떠는 사나이의 관자놀이에
새로 돋은 정맥을 어루만지며
눈은 수천 수만의 날개를 달고
하늘에서 내려와 샤갈의 마을의
지붕과 굴뚝을 덮는다
3월에 눈이 오면
샤갈의 마을의 쥐똥만한 겨울 열매들은
다시 올리브 빛으로 물이 들고
밤에 아낙들은
그 해의 제일 아름다운 불을
아궁이에 지핀다.

– 김춘수

샤갈의 '나와 마을'

보보의 베껴다기

레드 프로덕트, 빨간색을 선택하면 세상이 아름다워진다

애플은 2017년 3월 21일 레드아이폰을 출시했다. 빨간색으로 출시되는 제품으로서 해당제품을 구매할 때마다 일정금액이 범세계기금에 기부된다. 중국시장을 목표로 했다는 비판도 있지만 '프로덕트 레드'의 일환으로 출시된 레드아이폰은 제휴사와 협업하여 합작품을 만들고 제품 판매액의 일부를 국제기금에 기부하는 일종의 기부 콜라보레이션이다. 에이즈 없는 세대를 만들기 위한 목적으로 비영리단체 '레드(RED)'를 돕기 위한 것이다. 판매가격의 일부는 에이즈 퇴치 국제기구에 기부된다. 애플은 매년 '세계 에이즈의 날'을 맞아 여러 캠페인을 진행해왔고, 10년 동안 이 프로젝트를 통해 조성한 기금이 13억 달러가 넘는다.

'프로덕트 레드'는 U2의 리더 보노와 DATA(Debt, AIDS, Trade in Africa)의 바비 시라이버가 만든 단체 '레드'에서 시작됐다. 레드는 2006년 발족한 민간재단으로 에이즈, 결핵, 말라리아 퇴치기금을 마련하는 것이 목적이다.

'프로덕트 레드'는 이 재단의 에이즈 퇴치기금 마련을 위한 프로젝트이다. 이 프로젝트는 '레드'와 제휴한 회사가 '프로덕트 레드' 로고를 단 제품을 만들 수 있게 하는 대신 제휴한 회사는 제품 판매액 중 일정부분을 기부해야 한다. 현재 애플을 비롯해 나이키, 아메리칸 익스프레스, 스타벅스, 닥터 드레 등 유명 글로벌 브랜드가 이 프로젝트에 참여했다. 아이폰 7 레드 외에도 아메리칸 익스프레스의 레드카드, GAP의 레소보 면티셔츠, 컨버스의 아프리카 봉골란피니로 만든 신발, 미국의 인디펜던트 신문, 델과 마이크로소프트의 윈도 비스타 얼티밋 프로덕트 레드 등의 다양한 제품이 출시됐던 적이 있다.

아직까지는 미국기업이 주도하고 있고, 소비자들도 '프로덕트 레드'의 근본취지를 수용하기보다는 그냥 빨간색이 예뻐서 구입하는 경우가 많은 편이다. 또한 기업으로서도 제품선택에 있어 구매력을 증대시키는 색상으로서의 컬러마케팅이기도 하다. 빨간색을 좋아하는 사람의 대부분은 자유롭고, 관습에 얽매이지 않는 경향이 있다.

자료 : 비즈펙트, 2017.3.23. (저자 수정)

(2) 개인의 성격과 기질에 따른 색채선호

색상에 따라 선호도가 달라지는 이유는 성격적인 측면과 관련이 있다. 좋아하는 색상에는 심리적 성향이나 기질이 연관되기 때문이다.

개개인에게는 무의식적으로 이끌리는 색상이 있는데, 한 개인에게 있어서 일생 동안 변하지 않고 선호되는 색상을 소울 컬러(soul color)라고 한다. 보편적으로 인간은 소울 컬러를 접하면서 편안하고, 즐거운 느낌을 받게 되는데, 이것은 내가 선호하는 것을 통해 뇌에서 건강한 호르몬이 분비되어 심신이 안정되고 면역력을 높이는 자연치유력의 효과가 나타나기 때문이다. 선호하는 색상은 편안함을 가져다주지만 그렇지 않은 색상은 무의식적으로 불안정을 조성한다.

일반적으로 성격이 외향적이고 밝은 사람들은 난색계열을 더 선호하고, 내성적이고 어두운 사람들은 한색계열을 선호하는 것으로 나타나 있다.

지리적으로 보았을 때는 상대적으로 태양을 많이 볼 수 있는 지역에 사는 사람들이 난색을 선호하는 것으로 나타났으며, 이들은 명랑하고, 적극적인 성격유형을 보여준다. 반면 비교적 태양을 자주 못 보는 지역에 사는 사람들은 한색계열을 선호하는데, 이들은 차분하고 내성적인 성향을 보여준다. 이러한 차이는 인간이 환경에 의해 영향을 받고 지배를 받는 성향이 있기 때문으로 보인다.

개인이 이끌리거나 선호하는 색상에는 인간의 무의식적인 심리가 담겨져 있다. 각 색상이 상징하는 이미지와 특성들을 보면 인간심리를 다양하게 해석할 수 있다. 때문에 색상을 활용하여 상황에 맞는 이미지의 연출도 가능하다.

인간에게 소울 컬러가 존재한다고 해도 선호하는 색상은 연령대가 높아지거나 상황이 달라지면 변하는 것이 정상적이다. 태어나서부터 죽을 때까지 똑같은 색상을 고집하는 것은 심리적인 불안정상태를 의미하기도 한다. 나이가 들수록 강렬한 색상을 좋아하게 되는 것은 신체적인 에너지 수준이 떨어지면서 외부로부터 에너지를 흡수하고자 하는 무의식적인 갈망이다.

한국사람이 경우 서구인처럼 다양한 색상의 머리카락과 눈동자를 갖지 못했기 때문에 신체색상을 세분화하기보다는 황색피부와 어두운 머리카락색상에 잘 어울리는 검정, 브라운계열, 베이지계열이 잘 어울리는 것으로 나타났다. 또한 원색보다는 부드러운 파스텔톤이나 블루계열이 잘 어울리는 것으로 나타났는데, 이것은 우리나라가 북반구에 위치하고 있고, 사계절이 뚜렷한 기후이기 때문에 따뜻한 유형보다는 차가운 유형이 더 많이 분포하고 있는 것에 기인하기 때문으로 보인다.

개인이 가지고 있는 신체의 색상은 멜라닌(갈색), 카로틴(노란색), 헤모글로빈(빨간색)의 3가지 색소분포에 따라 달라진다. 신체색상을 기본으로 따뜻한 색과 차가운 색으로 구분하고, 밝고 어두운 명도와 채도에 따라 부드러운 톤과 딱딱한 톤으로 구분한다. 또한 신체색상 간의 대비가 강한지 약한지에 따라 봄, 여름, 가을, 겨울의 4가지 타입으로 구분한다. 그러므로 퍼스널 컬러를 선별하기 위해서는 신체색상의 밝기보다는 색상구분이 먼저 이루어져야 하며 그 기준은 피부색이 중심이 된다.

표 10-5 개인 선호색상의 특징

1. 선호색은 나이나 상황에 따라 변한다.
2. 나이가 들어가면서 소울 컬러도 변화한다.
3. 선호색은 자신을 보다 건강하고 아름답게 보이도록 만들어준다.
4. 개인에게 어울리지 않는 색은 단점을 부각시킨다.
5. 개인에게 어울리는 색은 단점을 보완하고, 젊어 보이게 한다.

표 10-6 색상이 주는 이미지

유형	컬러 이미지
Warm Soft	• **프리티** : 귀여운, 달콤한 • **로맨틱** : 귀여운, 감미로운, 낭만적 • **캐주얼** : 빛나는, 눈부신, 신선한, 쾌적한
Warm Hard	• **고저스** : 성숙한, 여성스러운, 차분한, 풍부한 • **클래식** : 고전적인, 전통적인, 깊은 맛이 있는 • **에스닉** : 와일드한, 야성적인, 민속적인 • **내추럴** : 자연스러운, 서정적, 편안한
Cool Soft	• **로맨틱** : 부드러운, 달콤한, 환상적인 • **클리어** : 순수한, 신선한, 심플한 • **엘레강스** : 깔끔한, 부드러운, 여성스러운 • **쿨캐주얼** : 젊음, 스마트한, 스피드한
Cool Hard	• **모던** : 이지적인, 고상한, 진보적인, 도회적인, 냉정한, 합리적인 • **시크** : 깊이 있는, 고품격, 동양적인 • **포멀** : 격조 높은, 장엄한 • **댄디** : 실용적인, 건강한, 안정된, 원만한

자료 : 신향선의 『컬러 이미지 메이킹』 중에서

○ 푸른 옷을 입은 소년

토머스 게인즈버러의 '푸른 옷을 입은 소년'

게인즈버러의 대표작인 '푸른 옷을 입은 소년'에서 풍경에 대한 그의 사랑을 읽을 수 있다. 석양이 뉘엿뉘엿 지는 풍경은 감상적이고 낭만적인 느낌을 준다. 자연에 대한 화가의 사랑은 배경뿐만 아니라 주인공인 소년의 모습에도 잘 투영되어 있다.

화가는 소년도 하나의 '살아있는 풍경'으로 포착했다. 옷의 주름이나 반사, 소년의 골근과 분홍빛 피부까지 자연에 대한 섬세한 관찰자의 시선으로 그리고 있다. 관자를 똑바로 쳐다보는 소년의 눈빛이 말해주듯 그는 지금 혈기 왕성한 소년이다. 그렇게 하나의 자연으로 소년의 모습을 선명히 형상화하고 있다.

정서적인 측면에서 우리는 이 소년을 바라보면 볼수록 깊이 빠져드는 경험을 하게 되는데, 이는 그가 얼마나 인간의 매력을 묘사하는 데 탁월했는지를 깨닫게 하는 부분이다. 어둡고 거친 배경은 어쩌면 소년의 앞길에 드리워진 갖가지 어려움을 상징한다. 그것은 매우 위협적으로 보이기까지 한다. 하지만 소년은 그 나이에 걸맞게 야심만만한데다 의지도 굳다. 푸른색의 옷은 그의 야심, 곧 청운의 꿈을 드러내주고 붉은 뺨과 입술은 그의 예민한 감수성과 고집을 드러내준다. 그렇다, 그는 지금 인생이라는 것, 삶이라는 것과 전면적으로, 본격적으로 마주하고 있다. 그 첫 경험을 사춘기라고 부른다. 이 사춘기의 소년은 인생이라는 장구한 항해 앞에서 지금 나름의 결의를 다지고 있다.

자료 : 노성두, 이주헌의 『명화읽기』 중에서

(3) 계절구분에 의한 선호색상

① 봄색상

봄의 색상은 생명력과 성장, 활기를 상징하는 노란색이 주를 이룬다. 노란색은 괴테의 색의 구분의 한 축에 해당된다. 기본색은 노란색으로서 봄색상에 포함되는 것은 노란색이 포함되는 따뜻한 색상이 주를 이룬다.

봄색상은 밝고 화사하기 때문에 젊음을 표현해주는 대표적 색상으로 네 가지 계절별 색상 중 가장 부드러운 색상이다.

봄색상은 화사하고, 선명하고, 맑고, 섬세하고, 여린 이미지가 주를 이룬다.

② 여름색상

여름색상의 기본색조는 흰색과 파란색이다.

파란색은 초점이 잘 잡히지 않는 색으로서 광원의 색으로 적당하지 못하다고 알려져 있는데, 그렇기 때문에 여름색상으로서의 파란색은 태양에 의해 부드럽고 흐린 파스텔톤의 이미지가 주를 이룬다.

파란색은 보수, 절제, 엄격한 이미지를 가지고 있다고 앞서 언급했는데 여기에 흰색이 더해져서 밝고 부드러움이 가미된다. 그러나 선명한 이미지보다는 불투명하고 흐린 이미지를 보여준다.

파스텔톤은 21세기 전후에 전 세계적으로 패션계를 강타했던 색조이다. 그 이유는 외적 환경조건이 편안하지 못할 때 인간은 기본적으로 부드럽고 편안한 색상을 찾게 되기 때문이다. 파스텔톤은 색상과 색상 간의 대비가 적기 때문에 부드럽고, 편안하고, 여성적이다.

③ 가을색상

가을색상은 풍요로움과 거두어들임을 상징하는 색상이다. 그러므로 기본적으로 황금빛을 포함하는 부드럽고 차분한 이미지를 가지고 있다. 황금빛, 황색, 갈색 등이 주를 이룬다.

봄색상과 가을색상, 모두에 노란색이 포함되어 있지만 가을색상은 좀 더 가라앉은 황금색상을 띠고 있다. 어둡고, 짙은, 차분한 자연을 연상시키는 색상이다.

그러나 어두운 색상이라고 해서 암울하지는 않으며 따뜻하고 부드러운 이미지로 심신에 편안한과 친근감을 부여한다. 대체적으로 가을색상은 고전적이고 자연스러운, 여성적 특징이 강하다.

④ 겨울색상

겨울색상은 여름색상처럼 푸른색상을 포함하고 있지만 색상이 강렬하고 다소 가라앉은 듯한 느낌을 주는 색상이다.

어중간한 중간색상보다는 밝고 어두운 색이 주를 이루며 색상 간 대비가 강한 특징을 가지고 있다. 가을색상처럼 짙고 어두운 색상이 많지만 희미하고 밝은 색상을 포함하고 있다는 것이 특징이다.

겨울색상의 가장 큰 특징은 도시적, 지적, 세련된, 선명함이다.

보보의 뼈다귀

컬러 프루던트형(color prudent)

컬러 프루던트형은 전체 색상의 선호유형 중 절반을 차지한다. 이들은 신중하게 컬러를 선택하는 유형으로, 새로운 색상이 유행으로 그치지 않을까, 유행이 지나면 새로운 색상을 조금 더 저렴하게 구매할 수 있지 않을까, 상품을 구매한 이후에 금방 싫증이 나지 않을까를 냉정하게 따져보는 유형의 사람들이다.

이들은 무턱대고 유행하는 색상의 제품을 구매하지 않지만 색이 생활을 풍요롭게 해준다고 생각하기 때문에 기본적으로 무슨 색상이 유행하는지에 대해서는 많은 관심을 가지고 있다. 오래도록 싫증이 나지 않는 색은 어떤 색인지에 대해서도 관심이 많고, 상점의 디스플레이나 카탈로그 등을 자주 들여다보며 꼼꼼히 체크한다. 컬러 프루던트형이 변화를 싫어하는 것은 아니지만 자신이 주도해서 적극적으로 변화를 시도하지는 않는다. 대신 정보에 밝고 실용성을 중요하게 생각하기 때문에 변화에 따르면 어떤 점이 도움이 되고, 어떤 점이 이익이 되는지를 먼저 알고 싶어 한다. 세심하게 주의를 기울이는 유형이므로 같은 색이라도 조금 더 조화를 이루는 쪽을 선택하는 경향이 있다. 주로 무채색 계열을 선호한다.

자료 : 이동희의 『매너와 이미지 메이킹』 중에서 (저자 수정)

보보의 뼈다귀

돈이 없을 때 나의 이미지에 맞는 색상 찾는 방법

1. 일단 머릿속으로 옷장문을 열자.
2. 옷장 속에 들어 있는 옷들을 떠올려 본다(이 작업이 필요한 이유는 대부분 자신에게 잘 맞거나 조화를 이룰 수 있는 색상을 선택하기 때문이다).
3. 더불어 내가 좋아하는 옷의 색상도 생각해 본다.
4. 내 옷이 부족하다면 엄마, 아빠, 온 가족의 옷들을 색상별로 꺼내어 내 얼굴에 가까이 대본다. 만약 아빠 옷이 얼룩덜룩한 체크무늬가 많다면 주를 이루는 바탕색을 보고 선택한다.
5. 내 얼굴색이 더 환하게 보이거나 얼굴이 작아 보이는 색상이 나의 색상이다.

6. 선택된 옷들이 어떤 색상인지 구분한다.
7. 노란색과 황금색에 가까운 색상이 많으면 난색계열이 나의 색상이 된다.
   흰색과 푸른색에 가까운 색상이 많으면 한색계열이 나의 색상이 된다.

보보의 책 흰색, 순결의 색상

요하네스 베르메르의 '진주귀걸이를 한 소녀'

"색이 있는 두건을 써라."

"입술이 촉촉해 보이게 적셔라."

"진주귀걸이를 해라."

주인은 하녀 그리트에게 끊임없이 요구한다. 그림이 다 완성되어 가지만 빛을 모아주는 구심점을 찾지 못해 만족하지 못하고 고민하던 화가 베르메르는 급기야 하녀 그리트에게 아내의 진주귀걸이를 걸어준다.

배경도 단순하고, 인물을 칠한 색도 매우 단순하며 대조적인 이 그림에서 가장 눈길을 끄는 것은 커다란 진주귀걸이이다. 밝게 빛나는 흰 칼라가 달린 갈색빛 도는 노란 재킷을 입고 있는 소녀가 머리에 쓴 터번도 파란색이라 눈길을 끌기는 한다.

검은색, 흰색, 파란색, 노란색… 실제로 베르메르가 사용한 색은 매우 단순하다. 색의 심도를 주기 위해 다른 색을 사용한 것이 아니라, 하나의 색만으로 바니시[5]를 이용해 색의 깊이를 만들어냈다.

이 그림을 빛내주는 것은 파란 터번보다 그림 제목과 마찬가지로 소녀의 귀에 매달려 있는 눈물 모양의 커다란 진주귀걸이이다. 왜 하필 진주귀걸이였을까? 베르메르는 이 그림에서 무엇을 보여주고 싶었을까?

베르메르는 진주가 갖는 '순결'의 의미를 보여주려는 의도로 이 그림을 그렸는데, 실제로 이 소녀는 결혼을 앞두고 있어서, 그녀의 결혼에 맞춰 그려진 초상화라는 이야기도 있다.

진주가 얼마나 귀한 선물이었는지는 구약성서에 나오는 아브라함이 100세가 넘어서 얻은 아들, 이삭이 순결한 리브가에게 사랑의 증거로 진주귀걸이를 처음 선물한 것으로도 증명된다.

'진주귀걸이를 한 소녀'는 북유럽의 지오콘다로 칭송받으면서 유명해졌다. 지오콘다는 프랑스가 국보급으로 대우하고 있는 레오나르도 다빈치가 그린 '모나리자'의 또 다른 이름이다.

– 원종옥의 『그림에서 보석을 읽다』 중에서 (저자 수정)

5) 바니시(varnish)는 니스의 동의어이다. 수지를 포함한 액체 도장물질을 의미한다. 니스가 마르면 단단하고 투명한 필름이 된다.

보보의 책 클레오파트라가 좋아했던 밤의 에메랄드

알렉상드르 카바넬의 '사형수에게 독약을 시험하는 클레오파트라'

황금빛이 도는 녹색, 황록색을 가진 페리도트에 대한 역사적인 기록은 클레오파트라와 깊은 관련이 있다. 클레오파트라는 에메랄드를 좋아해서 직접 착용하기도 하고, 자신을 조각한 에메랄드를 이집트를 떠나는 고위인사들에게 주었다고도 한다. 실제로는 클레오파트라의 광산에서 그녀가 태어나기 훨씬 전부터 에메랄드가 채굴되어서, 그녀가 다스릴 당시의 광산에서는 에메랄드와 같은 색을 띠고 있는 페리도트가 많이 채굴되었다. 과학이 미처 발달되지 않은 시대였기에 녹색을 띤 페리도트를 에메랄드로 사용했던 흔적이 많이 발견되었고, 클레오파트라가 좋아해 많이 소장하고 있었다는 에메랄드 대부분이 실제로는 페리도트였다는 이야기도 있다.

녹색의 보석 목걸이를 한 클레오파트라가 죄수들에게 독약을 주어 독성을 실험하는 장면을 그린 그림이 있다. 클레오파트라는 시녀의 시중을 받으면서 죽어나가는 죄수들을 바라보고 있다. 이렇게 독에 관심이 많았던 클레오파트라가 결국 독사를 이용해 자살을 선택한 것은 그다지 놀라운 일이 아니다.

페리도트는 '밤의 에메랄드'라는 이름으로 불렸는데, 이는 페리도트를 밤에 달빛 아래에서 보면 에메랄드와 같은 녹색이 강하게 나타나기 때문이다.

페리도트가 8월의 탄생석으로 된 이래, 많은 사람들은 페리도트를 착용하면 성공과 평화, 그리고 행운을 가져다준다고 믿었다. 그 외에도 몸을 보호해주고, 건강을 지켜줄 뿐 아니라, 사랑을 가져다주고, 신경을 안정시켜서 화를 진정시킨다고 믿었다. 금으로 세팅하고, 주위를 작은 다이아몬드로 둘러싸면 페리도트의 주술적인 힘이 더 강화된다고 믿었고, 밤의 악몽에서도 보호해주어 숙면에 도움을 준다고 믿었다. 중세 시대와 르네상스 시대에는 보석의 힘이 사악한 악령을 몰아낸다고 믿었다.

– 원종옥의 『그림에서 보석을 읽다』 중에서 (저자 수정)

뱁보의 신문

이미지 메이킹이 경쟁력이다

이미지 메이킹이 중요한 이유는 개인의 인간관계와 밀접한 관련이 있기 때문이다. 더불어 살아가는 사회구조 속에서 바람직한 인간관계는 개인의 행복과 삶의 질을 향상시키는 데 직접 기여한다. 따라서 이미지 메이킹은 사회구성원에게 요구되는 능력 중 하나이며, 사회인으로서의 자기성취나 생산성으로 연결된다. 이미지 메이킹을 통해서 활력 있는 사회생활과 긍정적인 대인관계를 형성하고 매력적인 삶을 영위할 수 있다.

수많은 사람들과 마주하다 보면 첫인상부터 호감이 가는 사람이 있는가 하면, 왠지 모르게 거부감을 주는 사람도 있다. 이미지로 전달되는 가치기준의 차이 때문이다. 대인관계의 홍수 속에서 모든 사람들에게 호감과 만족을 주기란 결코 쉽지 않다. 그렇다고 등한시할 수만은 없는 것이 자신의 이미지이다. 인생은 결국 선택의 문제이다. 선택하는 권리는 자신에게 있으나, 그 결과는 인생을 결정한다. 개인의 이미지 또한 선택의 일종이다. 지금 보이는 자신의 이미지는 과거에 선택한 결과에 불과하다. 따라서 이미지 메이킹을 통해 미래의 내 모습을 얼마든지 바꿀 수 있다.

자료 : 문화일보, 2017.7.16. (저자 수정)

뱁보의 한 말씀

모든 생각의 본질이 이미지라면 이미지의 본질은 무엇일까?
조직? 뼈? 혹은 피일까? 아니다.
생각과 이미지의 본질은 에너지 진동수다. 이미지는 마음의 언어이다.

– 알렉산더 로이드

CHAPTER 11

화술과 매너

CHAPTER
11

화술과 매너

보보의 책 왜 내 말은 잘 안 먹히는 거야?

미국의 인기드라마 '웨스트 윙'의 작가인 애론 소킨은 이런 말을 했다.

"훌륭한 언어는 훌륭한 음악과 똑같은 특성을 지닌다. 여기엔 리듬이 있고, 높낮이가 있고, 음색이 있고, 강약이 있다."

우리는 중대한 연설을 하는 거물이 아니다. 우리는 보통 사람들이다. 그러므로 무엇보다 자신에게 어울리는 어조가 필요하다. 표현법이 자기자신보다 거창해서는 안 된다.

커뮤니케이션은 그 자체가 목적이라기보다 기능적인 역할을 할 뿐이다. 커뮤니케이션의 진정한 목적은 사람들이다. 언어는 단지 사람들이 소통하기 위한 하나의 수단이다. 우리가 살고 있는 이 시대에는 '일반적이고 대중적인' 말들이 세상을 지배한다. 사람들에게 다가서고 싶다면 우선 그들의 언어로 말해야 한다.

가장 효과적인 언어는 전하고자 하는 생각을 명백하게 드러내는 것이다. 생각이 단순하고 분명하게 제시될수록 듣는 사람은 이해하기가 쉬워진다.

그러면 어떻게 되냐고?

당신은 신뢰를 얻기가 훨씬 편해진다.

– 프랭크 런츠의 『먹히는 말』 중에서

1 화술과 매너의 의미와 중요성

화술과 매너는 넓은 의미에서는 커뮤니케이션의 한 영역에 해당된다. 그러나 화술과 매너는 한 개인이 사회 속에서 자신의 정체성을 확인하고 가장 효과적인 방법으로 자신을 표현하는 방법이며 대인관계 향상을 위한 직접적인 기법이 된다.

화술과 매너가 커뮤니케이션의 한 영역으로서 중요하게 언급되는 이유는 인간은 홀로 살아갈 수 없는 존재이기 때문이다. 인간(人間)이라는 단어 자체가 사람과 사람 사이를 의미한다. 그러므로 그 모든 조건을 충족시킨다고 하더라도 관계를 떠난 삶은 존재할 수 없다. 우리가 살아가면서 풀어야 할 모든 숙제들은 관계에 기반하고 있다.

20세기를 빛낸 대표적인 인물 중 한 사람으로 언급되는 프로이트는 참회를 과학적으로 분석했다. 그는 "인간은 혼란스러운 감정이나 경험을 배출하는 방법으로서 말하는 것의 중요성을 인식했다"고 말했다. 그는 이런 주장에 근거하여 병적인 인간 심리의 돌파구로서 말하기를 정신치료법의 하나로 창안했다.

프로이트의 주장이 시사하는 바는 무엇일까? 모든 인간에게는 말을 하고 싶어 하는 본능적 욕구가 있다. 그러므로 말을 하고 싶어 하는 인간의 본성을 만족시키면 상대방으로부터 쉽게 호감을 얻을 수 있다는 것을 반증하는 것이다. 말하기의 기본은 듣기이다. 실제로 사람들이 타인에게 가장 호감을 느낄 때는 그 사람이 자신의 이야기에 귀 기울여 줄 때이다. 잭 우드는 "어떤 찬사에도 마음의 문을 열지 않는 사람이더라도 자신의 이야기를 진지하게 들어주는 사람에게는 마음을 빼앗기게 된다."고 말한 바 있다. 그러므로 경청은 말하기의 일부이다.

산파술의 대가였던 소크라테스는 항상 "자네들이 먼저 말해 보게. 나는 그것으로 판단할 테니까"라고 말했다. 4대 성인의 한 사람으로 추앙받는 소크라테스도 일찍이 경청의 중요성을 인식했던 것이다.

말하기는 타인에게 인정받고 이해받고 싶어 하는 인간의 본성을 만족시키는 수단이다. 이는 효과적인 방법을 통해 나를 타인에게 가장 잘 알려줄 수 있는 수단이며, 역으로 타인에 대한 인정을 통해 나의 정체성과 사회적 위치를 확인할 수 있는 수단이기도 하다. 다른 사람의 이야기에 귀를 기울임으로써 상대방으로부터의 지지와 수집된 보다 많은 정보를 통해 효과적인 의견을 이끌어낼 수 있다. 놀라운 통찰력을 보여주는 다양한 저서들로 유명한 알랭 드 보통은 그의 저서 『불안』을 통해 인간에게 솔로몬의 지혜가 있고 오디세우스의 책략과 꾀가 있다고 하더라도 자신의 자질을 사회적으로 인정받는 표지로 제시하지 못하면 타인들에게 전혀 관심의 대상이 되지 못한다고 제안한 바 있다.

화술과 매너의 가장 큰 목적은 타인과의 소통이다. 때로는 수백만 가지의 단어들보다 단 한 가지의 이미지가 더 효과적일 수 있는 것처럼 화술과 매너는 내 안에 존재하는 특별함, 그리고 그것에 기반하여 사회적 지원을 이끌어낼 수 있는 탁월한 기법으로 활용될 수 있다.

아리스토텔레스는 "인간은 사회적 동물이다"라고 했다. 그러나 실은 '정치적 동물(zoon politikon)'이라 했다. 이것을 네로의 스승이었던 세네카가 '사회적 동물(animal socialis)'로 번역했고, 아퀴나스는 두 말이 사실상 같다고 했다. 그러므로 인간은 소통의 동물인 것이다.

표 11-1 경청의 효과

1. 말하는 사람이 쉽게 말하도록 해준다.
2. 상대방으로부터 호감을 사게 한다.
3. 상대방으로부터 많은 정보를 수집할 수 있다.
4. 들어주기를 통해 원활한 인간관계를 형성할 수 있다.
5. 적절한 대응이 가능하게 된다.
6. 비판적 듣기능력이 향상된다.

보보의 뼈다귀

소크라테스의 산파술

한 청년이 소크라테스를 찾아 가르침을 청했다. 청년은 정의와 불의를 명확히 알고 싶었다. 다음은 청년과 소크라테스의 대화이다.

소크라테스 : 허위는 무엇에 속하는가?

청년 : 불의에 속합니다.

소크라테스 : 도둑질, 거짓말, 노역은 무엇에 속하는가?

청년 : 불의에 속합니다.

소크라테스 : 약을 먹지 않으려는 아이를 위해 약이 쓰지 않다고 거짓말을 한 아버지가 있다고 하자. 덕분에 아이의 병이 나았다면, 이는 무엇에 속하는가?

청년 : 당연히 정의에 속합니다.

소크라테스 : 정신병에 걸린 남자가 있다. 친구는 남자가 자

살할 것이 두려워 그의 집에서 칼을 비롯한 예리한 물건들을 모두 훔쳤다. 이 친구의 도둑질은 정의인가?

청년 : 그렇습니다. 친구의 행위는 분명 정의입니다.

소크라테스 : 너는 친구 사이에는 거짓말을 해서는 안 된다고 하지 않았느냐?

청년 : 그 말을 취소해도 되겠습니까?

소크라테스는 다른 사람과 대화나 토론을 할 때 독특한 방법을 사용했다. 그는 결코 다른 학자들처럼 자신의 학식이 풍부하다고 말하지 않았다. 오히려 본인은 아무 것도 아는 것이 없다며 질문을 통해 가르침을 받기를 청했다. 하지만 일단 답을 하기 시작하면 반박을 통해 상대방의 논리적 모순을 집어내 상대방이 결국 소크라테스의 관점을 말하도록 유도했다. 하지만 소크라테스는 그 관점이 결코 자신의 것이 아니라고 주장했다. 각자의 영혼에서 나온 것이며, 단지 육체의 방해를 받아 그동안 밖으로 나오지 못했다는 것이다. 소크라테스는 자신은 단지 아이를 받아주는 산파의 역할을 했을 뿐이라고 주장했다. 그래서 이와 같은 소크라테스만의 독특한 교육형식을 '영혼 산파술' 혹은 '산파술'이라고 부른다.

자료 : 왕샹둥의 『심리학의 즐거움』 중에서

2 화술

1) 화술의 색상

효과적으로 나를 이미지 메이킹하는 데도 자신만의 고유한 색상이 있는 것처럼 화술의 세계에도 색상이 있다. 인간은 같은 계통의 색상에 대해서 250가지 정도를 구별할 수 있으며, 혼합된 색은 대략 107,000가지를 구별할 수 있다. 마찬가지로 나에게 맞는 화술의 색상이 존재한다. 다양한 화술의 색상 중 나를 가장 잘 나타내고, 돋보일 수 있는 색상을 선택하여 계발시키는 과정이 필요하다.

화술의 기본 전제는 공통성이다. 상대방과 교감을 형성할 수 있는 주제를 선택하는 것이 중요하다. 낯선 사람을 만났을 때 공통된 주제를 찾아내기 어렵다면 누구에게나 통용되는 가족이나 취미로 상대방의 마음을 연다. 리더십 전문가로 유명한 존 맥스웰은 누군가를 만나기 전에 그 사람에 대한 정보를 수집하고, 무슨 말을 해야 할지 늘 준비해야 한다고 말한다. 처음 만나는 사람과의 대화가 긴장된다면 취미, 가족, 날씨, 여행 등과 같은 누구에게나 통용되는 주제로 긴장을 풀어주고 대화를 이어나간다.

현대를 살아가는 사람들은 의식적이든, 무의식적이든 긴장 속에서 살아간다. 그렇기 때문에 인간적 측면의 대화는 경계심을 풀어주고, 보다 따뜻한 친밀감을 형성하는 수단으로 작용한다. 가족과 취미와 같은 인간적 측면은 누구에게나 공통되는 유사성이기 때문이다. 로버트 치알디니는 인간은 어떤 사람들이 우리와 비슷하다고 생각할 때 그 사람의 행동을 바탕으로 자신의 적절한 행동을 결정한다고 말한 바 있다.

보보는 도그푸드회사의 판매부장이다. 그는 자신을 효과적으로 드러내기 위해 특별한 명함을 만들었다. 명함의 오른쪽 위에는 보보의 사진 대신 예쁜 강아지의 사진이 있다. 실제로 이 강아지는 자신의 반려견이고, 보보 또한 대단한 애견가여서 독특한 명함을 통해 자신의 직업을 진정으로 즐기면서 일한다는 적극적이고 쾌활한 인상을 줄 수 있다. 이름 밑에는 극히 개인적이고 특별한 사항을 기입했다. 보보가 실제 그 기업에서 무엇을 하는지와 관련된 직위 같은 것은 일체 기입하지 않았다. 이것은 명함이라기보다는 상대방과 이야기를 시작하기 위한 도구의 일종인 것이다. 상대방이 나에 대해서 아무런 정보를 가지고 있지 않은 상황에서 이것보다 더 획기적인 형태의 자기소개술은 없다. 되도록 신속하게 나를 알리고 상대방에게 수용시키기 위해서는 먼저 인간적인 친밀감을 느끼게 하는 것이 바람직하다.

보보의 뼈다귀

나를 알리는 독특한 방법

보보는 대학을 나와 동기부여전문가로 일하는 중이다. 대중들을 상대로 한 강연해서 그는 특별한 방법으로 자신을 소개한다. 자신의 학력이나 경력 등과 같은 평범한 조건들의 나열은 일체 하지 않는다.

다음은 보보가 강연에 앞서 자신을 소개하는 방법이다.

1. 저에게는 비밀이 있습니다.
2. 비밀을 이야기하려니 조금 떨립니다.
3. 여러분처럼 동기부여가 너무 어렵게 생각되지만 노력하고 있습니다.
3. 군복무 중에는 물속에서 살았습니다.
4. 말하기를 대단히 좋아합니다.
5. 술 마시는 것은 더욱 좋아합니다.
6. 인간관계가 제가 가진 자산이라고 생각합니다.

그는 이러한 소개방법을 통해 강연 시작 전 자신과 청중이 가지고 있는 긴장감을 해소하고, 다소 딱딱해질 수 있는 강연을 부드럽게 풀어나갈 수 있는 상황을 효과적으로 조성한다. 강연성공의 절반은 강연자에 대한 청중들의 호감과 수용이므로 이 과정은 대단히 중요한 성공의 비법이 된다.

2) 말하기

말은 곧 나 자신이다. 나를 표현하는 가장 적극적인 수단인 것이다. 프랭크 런츠는 “당신의 말이 곧 당신이며, 당신이 곧 당신의 말이다”라고 했다. 그러므로 말하기의 기본전제는 진정성이다. 진정성은 그 자체만으로도 타인의 마음을 열고, 신뢰를 얻을 수 있는 판단의 근거가 된다. 진정성을 인간의 고결함이라고 본다면 아리스토텔레스의 정의를 떠올릴 수 있다. 그는 “행복은 영혼의 고결한 행동”이라고 말했다. 즉, 고결한 삶이 행복한 삶이라는 뜻이다. 고결한 언행만으로 건전한 인간관계를 구축할 수 있고, 이를 통해 삶이 윤택해질 수 있음을 보여주는 말이다. 그러므로 진정성은 꾸며서 만들어낼 수 없는 종류의 것이며 진정성 그 자체로 상대방과 공감을 형성할 수 있다.

내가 사회적 신뢰를 이끌어낼 수 있는 진정성을 지니고 있는지 판단할 수 있는 쉬운 방법들이 있다. 보보는 마음속으로 다음과 같은 질문을 던져보곤 한다.

- 나는 지금 너무 절실하게 돈이 필요하다. 아무런 조건 없이 나에게 돈을 빌려줄 수 있는 사람이 있을까?
- 나는 지금 아무도 없는 방안에서 고열로 신음하고 있다. 전화 한 통화로 나를

도와주러 올 사람이 있을까?
- 아무런 이득 없이 사소한 배려들을 하는 사람이 있는가?
- 지금의 내가 있도록 나를 이끌어준 멘토는 누구인가?
- 나를 포장하지 않고 있는 그대로의 모습대로 보여줄 수 있는 사람이 있을까?

진정성은 의도적으로 만들어낼 수 있는 종류의 것이 아니며, 이는 나 스스로에 대한 믿음과 사회적 믿음의 융합이다. 그리고 이러한 융합은 놀라울 정도로 인간관계를 탄탄하게 만들어준다.

우리는 보편적으로 화술의 형식에 있어서 내용이 상대적으로 중요하다는 편견을 지니고 있다. 그러나 놀랍게도 말하기의 내용 자체는 그다지 커다란 영향력을 행사하지 않는다. 통상 전문가들은 7% 내외라고 제시한다. 오히려 목소리의 톤이나 말하는 사람의 이미지 등이 더 많은 영향을 미친다.

대부분 목소리는 선천적인 요소라 생각하고 이를 개선하는 것이 대단히 어려운 일이라는 고정관념을 가지고 있다. 그러나 화술이 뛰어난 사람들의 음성은 학습에 의한 것이다. 목소리는 잘 연주된 악기와 같기 때문에 연습을 통해 개선이 가능하다. 다른 사람이 될 수는 없어도 말의 속도, 말의 높이, 음량, 음조 등은 후천적 학습에 의해 확실하게 많이 향상될 수 있다.

보보의 책 그리스 시대부터 계속된 연설의 전통

사람들 앞에서의 표현력과 연설력, 설득력으로 리더를 결정하는 것은 그리스 로마 시대부터 계속되어온 전통이다. 대중을 타깃으로 한 연설에서 상대후보보다 그들을 더 매료시킨 사람이 이기는 것이다. 연설은 꽤나 어려운 기술을 요한다. 지나치게 자신감을 보여서도 안 되고 반대로 자신감이 없어도 안 된다.

카이사르가 암살된 후에 했던 브루투스와 안토니우스의 연설이 셰익스피어에 의해 '줄리어스 시저'로 극화되었는데, 이는 셰익스피어의 작품 중에서도 가장 인기 있는 연극 중 하나이다.

"그의 사랑에 대해서는 눈물이, 행운에 대해서는 기쁨이, 그의 용맹에 대해서는 존경이, 야심에 대해서는 죽음이 있을 뿐이다"라고 브루투스가 말하자 이에 찬성하는 시민들이 '오' 하고 외친다. 그러자 이번에는 안토니우스가 나와 그것을 뒤엎는 연설을 하고, 시민은 그의 말에 다시 '오' 하고 외친다. 시민은 실속 없이 외치면서 법석을 떠는 것처럼 보이지만 각각의 의견을 분명하게 지지함으로써 적극적으로 논쟁에 참여하는 것이다. 결국 이 연극에서는 대중연설에서 밀린 브루투스가 패하고 살해되는 것으로 끝난다. 이것이 바로 서양인이 좋아하는 토론의 원형이다.

서양에서는 이런 연설과 웅변이 고대 그리스 로마 시대부터 면면히 이어져 내려왔고, 그것이 현재의 미국 대통령 선거에까지 계승되어 승패를 결정짓는 요소가 되고 있다. 연설에는 그 사람의 인간성의 크기와 비전을 갖는 힘, 논리력, 실행력 등 모든 것이 나타난다고 인식하는 문화이다. 따라서 서양에는 말주변이 없는 영웅이 매우 드물다.

서양에는 그만큼 '말'에 대한 신뢰가 있다. 즉, 연설은 단순히 인기를 얻기 위한 것이 아니라 자신의 말로 한 것을 얼마나 실행할 수 있는가가 신뢰의 기준이 된다. 그리스어로 로고스(logos)는 '말', '토론', '척도', '이성'을 뜻하며 서양의 이성관의 핵심이 되었다. 이 로고스 중시야말로 서양다움이다. 이러한 말에 대한 신뢰는 성서에 "태초에 말씀(logos)이 있었다"라는 기술에서도 볼 수 있다. 그러나 연설을 키운 것은 시대나 발상이 전혀 다른 그리스 로마와 기독교이다. 이 상호 이질적인 두 가지가 합치한 데에 서양이라는 세계사적인 카테고리가 있다. 우리가 생각하는 서양의 형태는 고대 그리스 로마 시대에 원형이 만들어지고, 그 방식은 현재의 미국 대통령 선거에서도 사용되고 있다.

– 사이토 다카시의 『세계사를 움직이는 다섯 가지 힘』 중에서

보보의 신문

대통령에 적합한 목소리?

5인의 대선주자 목소리 분석결과가 화제다. 음성 분석 전문가 조동욱 교수는 CBS라디오 '김현정의 뉴스쇼'와의 인터뷰에서 각 당의 대선주자 목소리를 비교·분석했다.

국민의당 안철수 후보는 음높이가 280헤르츠, 여기에 실리는 데시벨은 72데시벨 그리고 음높이의 변화 폭은 300헤르츠이다. '루이 암스트롱' 발성에 대해서는 핏대를 세우고 거기다 힘과 감정을 실어서 얘기하고 있다며 조회시간 때 교장 선생님의 우렁찬 소리를 듣던 50대 이상에게 맞는 소리지만, 20대, 30대, 40대 같은 경우에는 안 맞는 소리라고 분석했다. 그들은 하루에 30분 이상 말 안 하는 세대이기 때문이다. 또 여성들은

안 좋아하는 목소리이며 하나를 얻으면 하나를 잃게 되는 그런 목소리라고 덧붙였다.

현재 대통령인 당시 문재인 후보의 목소리에 대해서는 음높이가 핏대는 올린 것 같아도 안철수 후보보다는 60헤르츠 정도 떨어지며, 상황에 따라서 크게 목소리가 변하지 않고, 항상 음성이 부드럽다고 분석했다. 젊은 세대들은 이런 목소리에 쏠린다. 유승민 후보는 신뢰감을 주는 모범생 음성이라는 평가다. 평균 음높이가 홍준표 후보가 평상시 얘기하는 것보다 20헤르츠밖에 안 높은데, 세지 않기 때문에 기간이 길면 와닿을 수 있지만 단기전에서는 큰 인상을 주기 어렵다는 분석이다. 목소리만으로 가장 대통령이다 싶은 후보로는 정의당 심상정 후보를 꼽았다. 심상정 후보의 음높이는 270헤르츠로 여성인데도 낮고, 음역대는 75데시벨이 넘는다. 목소리가 갖는 신뢰도를 나타내는 요소인 주파수 변동률 등이 있는데, 이 수치가 우리나라 정치인들 중 최고 높다. 심상정 후보의 목소리는 높은데, 거기에 있는 힘이 배에서 울리는 소리가 같이 실려서 카타르시스가 느껴진다고 평가했다.

자료 : 서울신문, 2017.4.12. (저자 수정)

보보의 한 말씀

당신이 알고 있는 모든 것을 말해서도 안 되고, 당신이 들은 모든 것을 믿어서도 안 되며, 할 수 있는 모든 것을 해서도 안 된다. — 이탈리아 속담

적당한 말의 속도는 상대방에게 안정감과 신뢰감을 줄 수 있으며, 너무 빠르다면 예민한 사람이라는 인상과 더불어 상대방에게 시간을 빼앗기는 것이 싫은 사람이라는, 상대방을 중요하게 생각하지 않는 사람이라는 부정적 인상을 줄 수 있다. 알맞은 음량과 강약, 또렷한 목소리, 적당한 속도는 말하기의 기본전제이다.

스트릿과 브래디는 말하는 속도에 대한 실험을 했다. 동일한 메시지를 빠른 속도, 중간 속도, 느린 속도로 제시했을 때 중간 정도의 속도나 빠른 속도를 가진 화자들이 더 똑똑하고, 더 자신감 있고, 더 효율적인 것으로 인식되었다. 너무 지나치게 빨리 말하는 사람은 중간 정도의 속도를 가진 사람들보다 낮은 평가를 받았으며, 지나치게 느리게 말하는 사람은 유창하지 못하고, 피동적이고, 설득적이지 못하다는 평가를 받았다.

다음 주어진 말을 소리 내어 읽어보자. 숨쉬기와 띄어쓰기에 따라 똑같은 말이라도 전혀 다른 느낌으로 전달되는 것을 체험할 수 있을 것이다.

- 저기 저 콩깍지가 깐 콩까지냐? 안 깐 콩깍지냐?
- 저기 저 말뚝이 말 맬 말뚝이냐? 말 못 맬 말뚝이냐?
- 저기 저 분은 백 법학박사이시고, 여기 이분은 박 법학박사이시다.
- 한양양장점 옆 한영양장점, 한영양장점 옆 한양양장점
- 간장공장 공장장은 강 공장장이고, 된장공장 공장장은 공 공장장이다.
- 신진 샹숑 가수의 신춘 샹숑 쇼우
- 멍멍이네 꿀꿀이는 멍멍해도 꿀꿀하고 꿀꿀이네 멍멍이는 멍멍해도 꿀꿀하네.
- 강낭콩 옆 빈 콩깍지는 완두콩 깐 빈 콩깍지이고, 완두콩 옆 빈 콩깍지는 강낭콩 깐 빈 콩깍지이다.
- 우리집 깨죽은 검은 깨 깨죽인데, 사람들은 햇콩 단콩 콩죽 깨죽 죽 먹기를 싫어하더라.
- 중앙청 창쌀은 쌍창살이고, 시청 창살은 외창살이다.

내가 가지고 있는 음성의 톤은 나의 첫 이미지를 형성할 수 있는 중요한 비언어적인 요인이다. 적당한 음성의 톤은 그 자체만으로도 상대방을 편안하게 만들어줄 수 있다. 지나치게 높고 공격적인 톤은 상대방으로 하여금 경계심을 갖게 하고, 편안한 대화를 방해하는 부정적 요인이 된다.

그러므로 음성의 강약, 고조, 속도 등의 적당한 균형을 맞추는 것은 말하기의 중요한 요소가 된다. 이것을 연습하기 가장 좋은 방법은 전문가를 보고 따라하는 것이다. 내가 좋아하고 편안하게 말하는 사람을 TV에서 찾아보자. 그 사람은 앵커일 수도 있고, MC일 수도 있고, 배우일 수도 있다. 그들이 사용하는 음성의 톤, 속도, 고조 등을 들어보고 그대로 따라서 연습해 본다. 내가 말하는 것을 녹음하여 그 과정을 반복해서 듣는다면 말하기의 문제점과 개선되는 과정을 효과적으로 학습할 수 있다.

말하기에는 상대방이 듣고 싶어 하는 그 무엇이 담겨져 있어야 한다. 그것은 그의 소망일 수도 있고, 그의 꿈일 수도 있고, 그가 필요로 하는 정보일 수도 있다. 마틴 루터 킹은 "나에겐 꿈이 있습니다"라는 유명한 말을 통해 대중들의 열망에 호소했으며, 존 F. 케네디는 "국가가 무엇을 해줄 수 있는지를 생각하지 말고 여러분이 국가

를 위해 무엇을 할 수 있는지를 생각하십시오"라는 유명한 말을 남겼다. 그들은 대중이 원하는 그 무엇을 담아 호소했고, 대중들은 그들의 말을 통해 카타르시스를 느낄 수 있었다. 대중들은 마틴 루터 킹과 존 F. 케네디의 연설을 통해 무의식적인 자기암시와 투사, 긍정적인 스트로크를 형성했고, 이는 더 나은 자신이 될 수 있는 변화를 유도했다.

또한 아리스토텔레스는 상대방을 설득하는 방법으로 세 가지를 제시했다.

첫째, 에토스(ethos)의 법칙은 말하는 사람의 가치인 인격적 감화로 상대방을 설득하는 것이다. 둘째, 로고스(logos)의 법칙은 상대방의 이성에 논리적으로 설명하여 설득하는 것이다. 셋째, 파토스(pathos)의 법칙은 상대방의 감정에 호소하여 설득하는 것이다.

보보의 배려다리

잘못을 지적하는 방법

사회심리학자인 앨리어트 애런슨과 다윈 린더는 호감에 대한 실험을 실시했다.

우선 80명의 참가자들을 대상으로 서로에 대한 평가를 하도록 했다. 참가자들 중 절반에 해당되는 사람은 실험에 들어가기 이전에 실험자와 모의한 가짜 참가자들이었다.

실험은 진짜 참가자 40명과 가짜 참가자 40명의 7번의 대면을 통해 이루어졌다. 7번의 대면과정에서 가짜 참가자는 진짜 참가자에 대한 인상을 평가하고 그들에게 그 내용을 말해준다. 이때 평가결과는 미리 조작된 4가지 유형 중의 하나였다. 4가지 유형은 '① 처음부터 끝까지 긍정적으로 말하기', '② 처음부터 끝까지 부정적으로 말하기', '③ 처음에 긍정적으로 말하다가 점차 부정적으로 말하기', '④ 처음엔 부정적으로 말하다가 점차 긍정적으로 말하기'이다.

이러한 평가와 말하기의 과정이 끝난 후 진짜 참가자들에게 가짜 참가자들에 대한 호감도를 평가하게 했다. 결과는 매우 흥미로웠다.

①번보다 ④번의 경우일 경우 상대방에 대한 호감도가 훨씬 높았고, ②번보다 ③번의 경우가 상대방에 대한 호감도가 훨씬 낮게 나타났다. 그러므로 꼭 단점이나 그릇된 부분을 지적해야만 하는 상황에 놓인다면 긍정적인 면도 함께 언급하는 것이 효과적인 화술의 기법이다.

○ 호감을 주는 목소리

바람직한 목소리	개선해야 할 목소리
미소가 담긴 목소리 부드럽고 친절한 목소리 어조의 변화와 강약이 있는 목소리 밝고 명랑한 목소리 적극성이 담긴 목소리	무기력하고 지루한 목소리 단조로운 음조의 목소리 쉰 목소리 어둡고 힘이 없는 목소리 비음이 섞인 목소리 통명스러운 목소리

보보의 책 말과 글의 경계

고대사회에서 사람들이 소통하는 방법은 대면 커뮤니케이션밖에 없었다. 얼굴을 마주하고 체취와 눈빛을 느끼면서 대화를 주고받았다. 광장이나 시장통에 삼삼오오 모여 세상이 어떻게 돌아가는지 정보와 의견들을 나누고 광장에 모인 사람들에게 보다 공식적인 발표나 의견 개진을 하기도 했을 것이다. 그러다가 문자가 발명되고 기술이 발달하면서 인쇄매체가 발명되고 전파매체, 영화에 이어 오늘날은 인터넷을 통한 컴퓨터 매개 커뮤니케이션이 주종을 이루고 있다.

인쇄매체가 매스컴의 주종을 이루던 약 500년간 말은 글의 뒤로 물러나 그 지위가 실추되기도 했다. 그동안 말은 즉시적이고 감정적인 매체라는 오명 속에 뒤처져 있었던 것이 사실이다. 그러다가 20세기 들어 전파매체가 등장해 멀리 있는 사람들과도 얼굴을 마주하고 이야기를 나누는 것처럼 소통하게 되면서 말에 대한 관심이 다시 커지게 되었다. 언론학자 마셜 매클루언은 다시 원시시대와 같은 일대일의 통감각적 소통의 시대가 열렸다고 감격하기도 했다. 매체의 기술적 발달은 더욱 가속화해 요즘은 인터넷을 통해 이메일을 교환하고, 마치 광장에서 대화하듯 인터넷 포털광장에서 '즉시적 글쓰기'를 통해 소통할 수 있게 되었다. 사회학자 마누엘 카스텔은 이를 두고 "말에 대한 글의 복수가 시작되었다"는 표현을 쓰기도 했다. 하지만 무엇이 글이고 무엇이 말인가. 오늘날 소통에서는 말과 글의 경계가 모호해진 느낌이다. 그리고 그 구분이 중요하지도 않게 되었다. 또한 일방적으로 전달되던 매스 커뮤니케이션은 수많은 수용자들의 반응과 피드백을 통해 쌍방향성을 띠게 되었다. 동시에 일대일로 메시지를 전달했던 매스컴은, 채널이 다양해지고 다양한 매체가 생겨나면서 같은 시간대에 같은 메시지를 전달받는 수용자수가 점점 줄어드는 추세이다. 이처럼 수용자는 분절화되면서 브로드캐스팅이었던 방송은 점차 내로캐스팅(narrow casting), 퍼스널캐스팅(personal casting)으로 수렴되는 중이다. 반면 일대일로 메시지를 주고받던 매개된 커뮤니케이션은 우편의 집단발송, 집단이메일, 인터넷 그룹폰 등으로 일대다로의 전환이 가능해졌다. 한 마디로 사적인 소통과 공적인 소통의 경계 또한 무너지고 있는 것이다. 이제 우리는 공적인 소통과 사적인 소통이 중첩하는 세상에 살고 있는 것이다. 모든 소통의 양태는 경계를 넘어 어디론가 수렴하거나 융합하는 중이다.

– 유정아의 『유정아의 서울대 말하기 강의』 중에서

보보의 뼈다귀

○ 재미로 보는 나라별 건배사

미국 : Cheers, Bottoms Up
중국 : 간뻬이(乾杯)
일본 : 간빠이(乾杯)
러시아 : 나 조라 비아
인도 : 무바릿크
스페인 : 살룻(Salud)
프랑스 : 아 보트르 상떼(À votre santé)
브라질 : 사우데(Saude), 비바(Viva)
캐나다 : 토스트(Toast)

3) 보디랭귀지

눈에 보이는 언어는 그렇지 않은 언어보다 훨씬 강력한 효과를 발휘한다. 눈에 보이는 언어를 통해 말의 내용보다 더 강력하고 선명한 그림을 그릴 수 있게 되고, 상대방은 그 그림을 통해 전달하고자 하는 내용을 정확하게 파악하게 된다.

보디랭귀지는 비언어적인 의사전달의 시각적 측면을 연구하는 '키네식스(kinesics)'라는 학문의 영역에서 시작되었다. '키네식스'란 그리스어로 '움직임(kinein)'을 의미한다. 이는 눈맞춤, 얼굴표정, 제스처, 신체동작, 자세에 대한 연구를 포함한다. 키네식스를 최초로 제안한 미국 템플대학의 인류학 교수인 버드위스텔은 말의 불완전성을 육체언어로 보완할 수 있다고 주장했다. 이때의 육체언어가 의미하는 것은 언어적 표현 없이 전달하고자 하는 바를 상대방에게 전달하는 것이 아니라 적극적으로 자신의 의도를 동작을 통해 상대방에게 전달하는 것이다. 또한 미국의 정신병리학자인 쟈겐 루이스는 "인간은 언어 이외의 기호를 대략 70만 개나 사용하여 의사소통한다"라고 말했다.

비언어적인 육체언어는 전달하고자 하는 의도나 감정을 늘 효과적으로 나타낸다고는 할 수 없지만 언어의 보완적 측면에서 그 효과성은 놀랍도록 뛰어나다. 역으로 생각해보면 우리가 아무리 언어적으로 진실을 말하는 것처럼 보이려고 해도 육체언어가 그 언어와 동질한 개념을 전달하지 않는다면 그 진정성이 떨어지게 된다.

보보는 상사에게 "과장님은 아주 뛰어나십니다"라고 말한다. 그러나 얼굴표정이 굳어지는 등과 같은 비언어적 소통을 통해 자신이 하고 있는 말과 동작 사이에 모순이 나타나고, 전달하고자 하는 언어적 측면의 의도가 반감되는 결과를 보이기도 한다.

맥긴리는 팔과 다리를 벌린 자세와 같은 개방적인 신체자세는 훨씬 더 설득적일 수 있다고 주장한다. 그러나 이런 육체언어가 모든 문화권에서 보편적으로 받아들여지는 것은 아니며 서구의 문화권에 속하는 사람일수록 개방적 자세가 긍정적으로 받아들여지고, 동양의 문화권에 속하는 사람일수록 움직임이 훨씬 적다. 보디랭귀지는 제2의 언어라고도 하고 언어적 소통을 보완하는 개념이기도 하지만 나라마다 전혀 다른 의미로 해석되는 행동들도 있기 때문에 상황을 잘 이해하고 사용해야만 한다.

자기접촉행위(self-touching)는 긴장을 완화시키기 위한 신체의 움직임을 의미한다. 이 움직임은 의식적으로 이루어질 수도, 무의식적으로 이루어질 수도 있다. 인간은 의사소통을 하면서 한 손을 들어 올린다던가, 고개를 갸웃한다던가, 머리를 긁적댄다던가, 손바닥으로 이마를 쓸어내리는 등의 행동을 하게 되는데 이는 모두 자기접촉행위에 해당된다. 적절하지 않은 시점에서 이루어지는 자기접촉행위는 화자의 신뢰감을 떨어뜨려 설득력을 감소시킬 수도 있으므로 적절히 자제해야 한다.

보보의 뼈다귀

○ 보디랭귀지를 통해 마음을 읽는다

꼭 피해야 할 보디랭귀지	재미있는 보디랭귀지
• 미국 가운데 손가락을 세운다(모욕). • 말레이시아 집게손가락으로 사람을 가리킨다(무시). 머리를 만진다(무례). • 인도네시아 선물은 반드시 오른손으로 준다. 어린 아이의 머리는 쓰다듬지 않는다. • 중동지역 오른손으로 악수한다. • 태국 머리를 만진다(무례).	• 눈, 코, 턱 등 얼굴의 일부를 만진다. (허약함이나 난처함을 표시) • 처음 만난 사람에게 미소를 짓는다. (적의가 없음을 표시) • 대화할 때 상대방의 눈을 보지 않는다. (뭔가 숨겨진 것이 있음) • 대화할 때 시선이 왔다 갔다 한다. (불안정한 심리상태) • 코에 손을 댄다. (불신의 표시) • 대화할 때 고개를 끄덕인다. (상대방의 말을 경청, 공감하고 있다는 표시) • 자신의 머리를 쓰다듬는다. (심리적 긴장감을 표시)

보보의 뼈다귀

○ 속이기와 관련된 보디랭귀지

행동		속이기와의 관계
얼굴	동공팽창	+
	응시	0
	깜박임	+
	미소	0
	머리의 움직임	0
신체	몸짓	0
	어깨를 으쓱하기	+
	손짓	+
	발과 다리의 움직임	0
	자세이동	0
말	반응회피	0
	반응길이	+
	속도	0
	즉시성	+

	단순화	+
	말실수	+
	말더듬	+
	목소리 높이	+
	부정적 진술	+
	관련 없는 진술	+
	자기 준거	0

자료 : E.P. Bettinghaus & M.J. Cody, *Persuasive Communication*, Harcourt, 1987.

보보의 책 손에도 표정이 있다

알브레히트 뒤러의 '기도하는 손'

집게손가락으로 상대를 가리키는 손짓은 신뢰를 형성하는 도구가 될 수도 있고, 오히려 신뢰를 무너뜨리는 역할을 할 수도 있다.

어떤 상대를 가리키다 손가락이 다른 것으로 이동하면 다른 관심거리가 생겼다는 뜻으로, 다른 사람이나 장소, 물건이 그 사람의 마음에 들어왔음을 나타낸다. 손가락으로 어떤 사람을 정면으로 가리키는 것은 일반적으로 뭔가를 암시한다는 뜻으로 받아들여지고, 때로는 공격적인 느낌을 전하기도 한다. 무엇을 가리키려고 들어 올린 검지는 총을 상징하기 때문에 아무런 악의가 없었다 해도, 상대에게는 비난이나 위협처럼 느껴진다. 이것은 매우 위협적이고 무례한 행동으로 간주된다.

기도할 때처럼 두 손을 모으되, 손가락이 포개지지 않고 맞부딪치게 하면 뾰족탑 같은 손모양이 된다. 인간이 도구를 만들 때 쓰이는 뇌구조와 같은 부분에 의해 만들어지는 몸짓이라 하여 뾰족탑과 같은 손모양을 '정확한 몸짓'이라고 한다. 이 신호는 어떤 문제를 풀려고 하는 사람들에게서 자주 볼 수 있다. 이 손모양을 통해 그들이 보여주고자 하는 특징들, 가령 권위나 자신감, 우월감, 이성적인 사고방식 같은 것을 내보일 수 있기 때문이다.

빌 클린턴 전 대통령은 '클린턴의 엄지'라는 말이 생길 정도로 그 특유의 엄지 치켜세우기를 자주 하는 것으로 유명하다. 그가 하고 싶은 말을 강조할 때, 토론에 사람들을 끌어들이고 싶을 때, 만나거나 헤어질 때 인사의 의미로, 낙관론을 펼치거나 단지 힘을 과시하고 싶을 때 등 그는 여러 가지 상황에서 다양한 의미로 엄지를 치켜세우는 손짓을 한다. 실제로 엄지 치켜세우기는 다양한 상황에서 자주 사용되는데, 때에 따라서는 "내 눈에서 사라져"와 같은 거칠고 좋지 않은 뜻을 나타내기도 한다. 손가락으로 무엇을 가리키면서 상대에게 위협감을 덜 주고 싶을 때도 이 손짓은 아주 유용하다.

– 토니야 레이맨의 『왜 그녀는 다리를 꼬았을까』 중에서

보보의 뼈다귀

○ 외국인과 대화하는 방법

목소리의 크기나 음의 높이는 다른 언어를 사용하고 있는 외국인과 소통할 때 매우 중요한 역할을 한다. 서로의 언어를 이해하지 못하는 상태에서도 이해도를 높일 수 있는 방법이다. 상대방의 말을 이해하지 못할 때는 고개를 갸웃하는 몸동작을 통해 자신의 의사를 상대방에게 전달할 수 있다. 때로는 손동작을 통해 자신이 하고자 하는 말을 전달할 수도 있다. 내가 말하고자 하는 바를 큰 손동작과 함께 전달해 보자. 가장 중요한 것은 미소이다. 미소는 인류의 진화과정에서 발생한 최고의 산물 중 하나이다. 상대방에게 웃음을 보여준다는 것은 내가 상대방에게 적대적이지 않다는 긍정적인 신호로 작용한다. 서양인들은 누구하고든 눈을 마주치면 살짝 미소 짓는다. 그 미소는 인사이기도 하고 적의가 없다는 표시이기도 하다. 고개를 살짝 숙여 인사하는 것은 우리나라뿐만 아니라 만국의 공통어이다. 그것은 고마움의 표시이다. 문화권에 따라서는 기도하는 것처럼 손을 앞으로 모으고 고개를 숙이기도 한다. 주로 동양권에서 많이 사용하는 몸동작이다.

3 매너

1) 매너의 의의와 필요성

매너(manner)는 manuarius라는 라틴어에서 유래되었다. 이는 manus와 arius의 복합어로서 'manus'는 영어 'hand'의 의미와 사람의 행동, 습관이라는 의미를 지니고 있다. 'arius'는 'more at manual, more by manual'로서 방법이나 방식의 의미를

지니고 있다. 그러므로 매너는 사람의 행동, 습관, 방법을 의미한다. 따라서 매너란 한 사람이 가지고 있는 독특한 습관과 몸가짐이라고 볼 수 있다.

매너는 에티켓(etiquette)과 유사하지만 매너는 주관적인 데 반해 에티켓은 객관적이라는 차이가 있다. 에티켓은 프랑스의 궁중용어에서 유래되었다. 베르사이유궁을 방문한 사람들에게 반드시 지켜야만 하는 사항을 적어놓은 표찰(estiquier)에서 시작되어, 지금은 다른 사람의 마음을 배려한다는 의미로 쓰이고 있다. 매너는 사람들마다 기준이 다르고 표현방식도 다르다. 따라서 사람들마다 매너를 지키는 방식이 다르다. 그러나 에티켓은 일종의 상식적인 법칙이다. 때문에 반드시 지켜야만 한다.

매너는 기본적으로 매우 주관적이며 개인마다 다르게 나타나는 행동이다. 또한 하루아침에 습득할 수 있는 종류의 것이 아니다. 이는 지속적인 행위를 통해 체화되는 개성이다. 그러므로 매너의 목적은 좋은 습관과 몸가짐을 통해 상대방에게 호감을 주는 것이다.

월트 디즈니는 “성공하려면 남과 다른 나만의 개성을 가져야 한다. 남과 달라야 한다”라고 말했다. 이는 자신만의 좋은 매너를 가지는 것이 성공적인 대인관계와 사회생활을 위한 필수적인 요건이라는 의미로 해석될 수 있다.

우리는 흔히 어떤 사람을 보고 “저 사람 매너가 참 좋다”라는 말을 하곤 한다. 이는 그 사람의 생활습관, 마음가짐, 태도 등을 대하면서 긍정적인 이미지가 형성되는 것으로서 호감으로 이어진다. 따라서 어떤 마음가짐과 태도를 통해 나를 드러내느냐는 자신을 돋보이게 하고, 사회적으로 훨씬 쉽게 수용되도록 만드는 하나의 요인이 된다. 그러므로 매너는 21세기의 새로운 경쟁력이다.

매너는 단일의 요소로 구성되지는 않으며, 상대방에게 호감을 주는 밝은 표정, 예의바른 자세, 단정한 옷차림, 아름다운 말씨, 긍정적인 화법이 모두 포함되는 광범위한 의미이다.

보보의 배려다지

○ 사람을 소개하는 순서

- 후배를 선배에게 먼저 소개한다.
- 소개를 원하는 사람을 먼저 소개한다.
- 여성을 남성에게 먼저 소개한다.
- 지위가 낮은 사람을 높은 사람에게 먼저 소개한다.
- 가족을 손님에게 먼저 소개한다.
- 한 사람을 많은 사람들에게 소개하는 경우에는 한 사람을 먼저 소개한다.

보보의 한 말씀

아름다운 사람

식물은 씨앗에서 싹을 틔워 자라며 씨앗이 없으면 생겨날 수 없듯이, 우리의 모든 행위는 생각이라는 보이지 않는 씨앗에서 생겨나며, 생각 없이는 밖으로 드러나는 행동도 없다. 이 원리는 의도적 행동뿐 아니라 무의식적이고 우발적인 행동에도 똑같이 적용된다.

즉, 사람의 성품과 기질은 마음속에 품고 있는 생각에 따라 결정된다. 사람은 문자 그대로 자신의 생각 그 자체이며, 자신의 생각들을 모두 합한 것이 곧 성격이다.

사람은 자연의 섭리대로 성장하는 존재이지, 교묘한 술책을 통해 순식간에 발전할 수 있는 존재가 아니다. 신을 닮은 숭고한 성격은 하늘의 은총이나 우연의 산물이 아니다. 그것은 바르고 정확하게 생각하려는 끊임없는 노력의 결과이며, 숭고한 생각을 오랫동안 소중히 간직해온 결과이다. 마찬가지로 저속하고 야만적인 성격은 비굴한 생각들을 줄곧 마음속에 품어온 결과인 것이다.

– 제임스 알렌

보보의 책

나는 누구인가

19세기 독일의 유명한 해부학자 루돌프 피르호는 수천 구의 시체를 해부해 보았지만 그 어느 곳에서도 영혼을 발견하지 못했다고 말한 바 있다. 유명한 철학자들이 자신의 이름을 걸고 우리 뇌 속의 물질적인 실체를 가리켜 '나'라고 주장을 한 경우는 한 번도 없었다. 철학은 자아에 대한 질문 앞에서 확정적입 답을 계속 유보하고 있다.

어쨌든 '나'는 연속성을 지닌 것으로 체험되고 있다. 이것은 착각일까? '나'라는 감정이 비록 불안정적으로 유동적이긴 하지만 그러한 감정이 존재한다는 사실만큼은 논란의 여지가 없지 않은가? 뇌 안의 신경세포가 벌이는 콘서트를 통해 멜로디, 즉 '자아'라는 이름의 멜로디가 탄생되고, 이러한 멜로디는 생물학적으로 포착될 수 없지만 심상에는 분명하게 그 존재를 알리지 않은가?

단 하나의 '나'가 있는 것이 아니라, '나'의 상태에 따라서 수많은 '나'가 있다. '육체–나'는 지금 나의 삶의 도구가 되는 육체가 있고, 이것이 곧 나에게 고유한 육체라는 것을 인지하여 관리하게 해주고, '위치설정–나'는 내가 지금 어디에 있는지를 알게 해주고, '관점유지–나'는 내가 경험하는 세계에서 내가 그 중심임을 일깨워주고, 체험주체로서의 나는 나의 감각기관이 받아들인 인상과 나의 내면에서 형성된 감정은 실제로 나에게 고유한 것으로 타인의 것이 아님을 말해주고, 주체적이고 통제적인 나는 나의 사고와 행동에 책임을 져야 하는 자는 다른 사람이 아닌 바로 자기자신임을 명백하게 해주고, 자서전적 나는 나 스스로가 주연으로 출연 중인 인생이라는 영화에서 탈락되지 않도록 돌봐주며 나 자신을 처음부터 끝까지 고유한 한 사람으로서 체험될 수 있도록 그 연속성을 챙겨주고, 자기성찰적 나는 자기 스스로에 대해 심사숙고하여 주체로서의 '나'와 '대상으로서의 나' 사이에 심리적인 게임이 가능하도록 해주고, 마지막으로 도덕적인 나는 무엇이 악하고 선한지를 말해주는 양심과 같은 것의 주체가 된다.

우리는 하나의 '나'가 아니라 우리가 원하기만 한다면 더 많은 '나'가 존재한다. 일상적인 의식 수준에서 이들은 사실상 거의 구분되지 않고, 서로 어우러지고 있다.

– 리하르트 다비트 프레히트의 『나는 누구인가』 중에서

2) 올바른 매너

다른 사람을 대할 때 가장 먼저 각인되는 것은 그 사람의 첫 이미지이다. 보통 첫 이미지는 7초 안에 결정된다. 어떤 학자는 2초 안에 결정된다고 주장하기도 한다. 대화가 오고가기 전이더라도 눈으로 보이는 이미지는 상대방을 평가하는 데 있어서 중요한 요인이 된다. 객관적으로 아름다운 신체적 조건을 타고 났더라면 더 좋았겠지만 이것보다 더 중요한 것은 친숙한 미소로 상대방의 경계심을 풀어주는 것이다. 미소는 사람과 사람을 연결시키는 가교역할을 한다.

인간에게는 다른 사람으로부터 존중받고자 하는 가장 커다란 욕구가 존재한다고 했던 윌리엄 제임스는 "우리는 행복하기 때문에 웃는 것이 아니라 웃기 때문에 행복한 것이다"라는 명언을 남겼으며, 빅터 보귀는 "웃음은 사람과 사람을 가장 가깝게 만들어준다"고 했다.

대학에서 철학을 가르치는 독일 교수 알폰스 데켄은 웃는 얼굴에는 네 가지 철학이 있다고 했다.

첫째 건강을 위한 스마일, 둘째 배려와 사랑의 표현으로서의 스마일, 셋째 일상생활에서의 커뮤니케이션으로서의 스마일, 넷째 '그럼에도 불구하고'의 스마일이 그것이다. 마지막의 '그럼에도 불구하고'의 스마일이란 괴로울 때나 고통스러울 때도 웃는 얼굴을 보인다는 의미이다. '그럼에도 불구하고'의 스마일은 자신은 물론 주변 사람들에게도 웃음 바이러스를 전염시켜 마이너스 사고를 플러스 사고로 바꾸어 사람의 마음을 움직이게 한다.

상대방에게 호감이 가는 부드러운 미소를 만들기 위해서는 웃음을 표현하기 위한 적절한 연습과정이 필요하다. 거울을 보면서 입의 양쪽 꼬리가 올라가도록 하거나 입을 가볍게 다물거나 윗니가 살짝 보이도록 연습한다.

표 11-2 | 진짜 미소와 가짜 미소

뒤셴 미소(Duchenne smile)	팬아메리카 미소(Pan-American smile)
• 진짜 미소 • 입꼬리가 말려 올라감 • 눈에서는 빛이 남 • 눈가에는 주름이 잡힘 • 보톡스를 맞은 사람은 절대로 지을 수 없음 • 뇌의 좌반구가 활성화될 때 느낌 • 긍정적인 감정을 만들어냄 • 아기가 엄마를 볼 때 짓는 미소	• 가짜 미소 • 항공기 여승무원들의 억지미소를 따서 붙인 이름 • 입 주위의 근육 외에는 거의 사용하지 않음 • 하위영장류가 놀랐을 때 보여주는 표정

표 11-3 | 웃음이 생활이 되는 방법

1. 정말 재미있는 농담을 하나쯤 외워두라.
2. 친구들과 함께 웃음클럽을 만들라.
3. 코미디 비디오를 모아두었다가 스트레스를 많이 받은 날에 보라.
4. 유머를 나누라.
5. 냉장고 문에 재미있는 만화를 붙여두라. (ex. 스마일 스티커 등)
6. 세상만사를 너무 심각하게 생각하지 말라.
7. 스케이트, 살사댄스, 수중 에어로빅 등 새로운 취미를 시작하라.
8. 하루 정도 날을 정해놓고 제일 먼저 보거나 듣는 방송이 가벼운 토크쇼나 코미디 프로가 되게 하라. 그날 아침은 심각한 뉴스를 보지 않는 날로 정하라.

자료 : 리즈 호가드의『행복』중에서

보보의 한 말씀

상대방에게 당신의 예절을 맞추어라. – 라틴 속담

보보의 뼈다귀

○ 이빨이 드러나야 가장 아름다운 미소?

"윗니 12개가 보일 때까지 활짝 웃을 때가 가장 아름답다."

원광대 치대 보철과 동진근 교수팀이 발표한 '미소의 심미성'이라는 논문에 담긴 매력적인 웃음의 조건이다.

이 논문에 따르면 윗입술 양쪽 꼬리가 올라가거나 일직선 상태로 윗니 14개 중 12개가 드러날 때까지 웃을 때 가장 매력적이라는 것이다. 또 선천적인 치아 형태가 크게 작용하기는 하지만 앞니 끝선이 아랫입술과 평행이 돼야 가장 보기 좋은 것으로 나타났다.

이는 교정과 보철 치료를 받은 적이 없는 남녀 대학생 240명을 대상으로 치과의사와 미대 교수 5명씩 10명이 조사한 결과다. 조사대상자 중 웃을 때 드러나는 윗니 숫자는 10개가 57%로 가장 많았고, 다음이 12개(20%), 8개(19%) 순이었다.

또 연구결과에 따르면 가장 매력적인 웃음을 짓는 여성은 따뜻하고 자신감 넘치며 집단활동을 좋아하는 외향적 성격을 가진 것으로 드러났다. 그러나 남자들은 웃는 모양과 성격에 큰 상관관계가 없었다. 동 교수는 "거울 앞에서 작은 미소부터 큰 미소까지 단계별로 10초씩 표정을 짓고 다시 반대로 하는 훈련을 매일 3분씩 한 달 이상 하면 효과가 있다."고 말했다. 동 교수팀 논문은 미국 모스비출판사의 '치과 보철학 교과서'에도 실렸다.

친숙함을 표현하는 미소 이후에 필요한 것은 올바른 인사방법이다. 인사는 사람과 사람을 이어주는 첫 단추이다. 서구사회에서는 악수로 첫인사를 대신하는데 오늘날에는 한국에서도 종종 그러한 방법을 이용한다.

인사에도 일정한 형식이 있지만 형식 이전에 더욱 중요한 것은 상대방에 대한 진심 어린 마음가짐과 관심을 가지는 것이다. 이것은 진정성의 연장이다. 따라서 적절한 예의를 갖춘 인사는 자신의 이미지를 효과적으로 나타낼 수 있는 수단이 된다.

일반적으로 동양문화권에서는 장유유서의 원칙에 따라 아랫사람이 윗사람에게 먼저 인사를 해야 한다는 생각이 지배적이지만 올바른 인사는 먼저 상대방을 발견한 사람이 인사를 하는 것이다.

좋은 인사의 요소는 다음과 같다.

첫째, 내가 먼저 한다.

둘째, 상대방을 바라보면서 인사한다.

셋째, 진정성을 담아서 인사한다.

넷째, 밝은 목소리로 인사한다.

다섯째, 상황에 알맞은 표현으로 인사한다.

잘못된 인사의 요소는 다음과 같다.

첫째, 상대방의 눈을 바라보지 않고 인사한다.

둘째, 경직된 표정으로 인사한다.

셋째, 적당한 언어적 표현 없이 동작으로만 인사한다.

넷째, 고개를 잠깐 기울이는 정도로 인사한다.

다섯째, 멈추지 않은 상태에서 건성으로 인사하고 지나간다.

여섯째, 성의 없이 말로만 인사한다.

참고로 한국사람의 78%는 고개만 까딱하는 적당한 인사를 한다는 통계결과가 있다. 이러한 형식의 인사는 윗사람이 아랫사람의 인사에 답례할 때나 적당한 형식이며, 대부분 예의에 크게 어긋난다.

인사에는 가벼운 인사, 보통의 인사, 정중한 인사 등이 있다.

가벼운 인사는 가볍게 15도 정도 고개를 숙인다. 자주 대면하는 사람이나, 복도 등과 같은 곳에서 하기에 적당한 인사법이다.

보통의 인사는 상대방의 눈을 마주보면서 윗몸을 30도 정도 숙이면서 하게 된다. 예의를 갖추어야 하는 상대를 맞이하거나 배웅할 때 하기에 적당한 인사법이다.

올바른 자세

1. 등을 곧게 세우고 가슴은 편다.
2. 팔은 자연스럽게 늘어뜨리거나 양손을 앞에 모은다.
3. 발은 자연스럽게 모은다.
4. 약간 미소를 띤 얼굴로 시선은 앞을 향한다.

보보의 책 다리를 질질 끌며 걷지 말자

다리를 질질 끌며 걷는 것은 다리는 물론이고 어깨도 아래로 축 처져 있으며 골반까지 아래로 늘어져 전체적으로 늘어지고 힘이 없는 모습으로 걷는 것을 말한다. 이런 자세로 걸을 때는 심지어 머리까지도 앞으로 푹 꺼져 있는 것처럼 보인다. 이런 모습은 다른 사람에게 "나는 게으르고 누가 뭐라 하든지 상관없어. 세상이 뭐 대단한 일이 있다고 서둘러. 그냥 내 마음대로 내가 걷고 싶은 대로 걸어서 가면 그만이지"라고 말하는 것과도 같다. 휴가나 방학을 맞아 쉬고 있는 상황이 아니라면, 다른 사람에게 이런 모습으로 비춰지는 것이 좋은 사람은 없을 것이다. 사무실이나 일과 관련된 장소에서 걸을 때는 프로로서 분명한 목적지가 있고 매우 중요한 일이 있으며 낭비할 시간은 조금도 없다는 것을 보여주는 활기찬 자세로 걸어야 한다. 이때 시간에 쫓기는 듯한 인상을 주지 않을 정도로 적당히 빨리 걷는 것이 가장 좋다.

– 토니야 레이맨의 『왜 그녀는 다리를 꼬았을까』 중에서

정중한 인사는 45도 정도 몸을 기울여서 인사한다. 인사를 하고 좀 느린 속도로 몸을 다시 일으킨다. 이는 공식적인 행사나 상대방에게 정중한 사과를 해야 할 때 적당한 인사법이다.

공수(拱手)는 윗사람을 모시거나 공식적 행사에 참여할 때 두 손을 마주 잡아 공손한 자세를 유지하는 방법을 의미한다.

공수는 자신이 혼자서 하는 것이므로 내가 상석이 된다. 따라서 나의 왼쪽이 동쪽이 되고 오른쪽이 서쪽이 된다. 동양사상에 의하면 동쪽은 해가 뜨는 곳이므로 양(陽), 즉 남자의 위치가 되고, 서쪽은 해가 지는 곳이므로 음(陰), 즉 여자의 위치가 된다. 그러므로 공수의 기본원칙은 남자는 왼손이 위로 가도록 하고, 여자는 오른손

이 위로 가도록 하는 것이다.

악수는 관계의 문을 여는 시작이다. 일반적으로 악수는 그 자체만으로도 훌륭한 인사법이 된다. 악수의 유래는 앵글로색슨계 남성들이 대면했을 때 오른손에 무기가 없다는 것을 보여주고, 분쟁 없이 우호적 관계를 맺고 싶다는 의미에서 오른손을 내밀어 확인시켰던 것에서 유래되었다.

보편적으로 윗사람이 아랫사람에게 먼저 악수를 청하며, 여성이 남성에게 먼저 악수를 청하게 된다. 특별한 사유가 없는 한 악수는 오른손으로 하게 되며, 상대방의 손을 적당히 힘을 주어 잡고 위아래로 약 2~3회 흔든다. 악수를 하는 동안 상대방의 눈을 다정하게 바라보며 미소를 짓는다.

적당한 존대는 상대방을 존중하는 마음을 형식적으로 표현하는 수단이 된다.

상황과 상대에 맞는 존대는 화자의 인격을 드러내는 수단이 되므로 올바른 존대는 매우 중요하다. 그러나 모든 것은 과유불급이므로 지나친 존대는 상황을 어색하게 만들거나 경박한 표현이 되기도 한다.

| 보보의 만화 | 공수의 사례

자료 : 다음백과

보보의 신문

트럼프는 악수의 승부사?

"손 꽉 쥐고 흔들기", "손등 쓰다듬기", "어깨 툭툭 두드리기", "강하게 당기기", "오래 악수하기"….

도널드 트럼프 미국 대통령의 다양한 악수법이다. 트럼프 대통령은 각국 정상을 만날 때마다 눈에 띄는 제스처를 곁들인 악수 외교로 관심을 끌고 있다. 이 때문에 그가 각국 지도자들을 만날 때면 소셜미디어 누리꾼 사이에선 "트럼프가 이번엔 어떤 악수를 내놓을까"라며 결과를 기다리곤 한다. 인사치레였던 악수가 트럼프 대통령의 손에선 '대결'로 변해 승자와 패자가 갈리는 스포츠 게임처럼 흥미진진해졌기 때문이다.

트럼프 대통령은 지난주 에마뉘엘 마크롱 프랑스 대통령과의 회동에서도 지금까지 보지 못한 새로운 악수를 선보였다. 이른바 '셋이서 악수'다. 트럼프 대통령은 마크롱 대통령과 걸으면서 악수를 시작해 마크롱 대통령의 손등을 세 번 톡톡 두드리고, 자신 쪽으로 강하게 당겼다. 순간적으로 마크롱 대통령이 중심을 잃고 트럼프 쪽으로 상체가 숙여지는 모습이 연출됐다. 그러나 악수는 여기서 끝나지 않았다. 트럼프 대통령은 마크롱 대통령과 악수하면서 다른 손으로 마크롱 대통령의 부인 브리지트 트로노 여사의 어깨를 잡고 작별 볼키스를 하고 손을 잡았다. 오른손은 마크롱 대통령과, 왼손으론 트로노 여사와 악수하는 진풍경이 펼쳐졌다. 마크롱 대통령도 다른 손으로 트럼프의 등을 두드리며 지배하려는 모습을 보였지만, 트럼프 대통령이 곧바로 마크롱의 손등을 톡톡 치며 응수했다. 지난 5월 첫 만남 땐 마크롱 대통령이 트럼프 대통령 손의 핏기가 없어질 때까지 강하게 움켜잡아 기선을 제압했다는 평이 나왔는데, 이번엔 트럼프가 마크롱 우위에 섰다는 분석이다. 보디랭귀지 전문가 크리스 울리치는 "두 남자가 지지 않으려고 힘겨루기를 하는 듯 했다. 트럼프가 손힘으로 마크롱을 잡아 당겨 그의 균형을 무너뜨렸다"고 말했다.

지난 2월 트럼프 대통령과 아베 일본 총리와의 정상회담은 '19초 악수'로 유명하다. 트럼프 대통령이 아랫사람 대하듯 아베 총리의 손을 두 번 쓰다듬으며 악수를 계속해 트럼프가 아베를 장악했다는 평가가 나왔다. 특히 긴 악수가 끝난 뒤 아베 총리가 진땀을

뺀 듯한 익살스러운 표정을 지어 트럼프가 우위에 섰다는 인상을 줬다.

지난 7일 독일 G20 정상회의에서 앙겔라 메르켈 독일 총리는 지난 1월 트럼프 대통령에게 받은 수모를 톡톡히 되갚았다는 평가다. 메르켈 총리가 1월 미국 백악관을 방문했을 때, 메르켈은 트럼프 쪽으로 몸을 완전히 튼 채 "우리 악수할까요"라고 했지만, 트럼프는 철저히 외면했다. 메르켈은 취재진 앞에서 체면을 구길 수밖에 없었다. 6개월 뒤 독일 함부르크 G20 정상 환영 포토월에서 정반대 풍경이 펼쳐졌다. 주최자인 메르켈 총리가 카메라 취재진 앞에서 각국 정상과 포즈를 취하는 상황에서 트럼프 대통령이 어색한 표정으로 다가왔고, 메르켈 총리가 손을 내밀어 두 사람은 마침내 악수를 나눴다. 악수를 건네는 메르켈의 몸짓은 매우 건성이었고, 메르켈은 짧은 악수가 끝난 뒤 취재진에게 "오케이?"라고 말했다.

가장 모범적인 악수는 쥐스탱 트뤼도 캐나다 총리와의 악수였다. 지난 2월 트뤼도 총리가 미 백악관을 방문했을 당시, 그는 문 앞에서 기다리고 있던 트럼프 대통령을 향해 저돌적으로 다가가 어깨를 잡고 격렬하게 악수를 나눴다. 트럼프 대통령도 트뤼도 총리의 어깨를 잡고 손을 강하게 흔들었다. 트뤼도 총리는 트럼프를 정면으로 바라본 채 강한 악수를 나눴다. 두 사람이 동등한 파트너 관계임을 보여줬다는 평가이다.

자료 : 중앙일보, 2017.7.16.

보보의 뼈다귀

○ 케이트 윈슬렛은 무엇을 보고 있을까?

동양문화권에서는 보편적으로 상대방의 눈을 똑바로 쳐다보는 것이 예의에 어긋나는 행동이라고 생각하는 사람들이 많다. 이곳은 미국이 아니기 때문이다. 이럴 때 효과적으로 시선을 처리할 수 있는 방법은 상대방의 80% 정도에 시선을 맞추는 것이다. 쉽게 할 수 있는 방법은 상대방이 남성인 경우 넥타이를 응시하면 된다.

인사예절뿐만 아니라 전화예절도 매우 중요하다. 21세기에는 모든 국민이 다양한 장소에서 휴대폰을 한 대 이상 사용하고 있으며, 휴대폰은 원활한 비즈니스활동의 매개체가 되고 자신의 이미지를 결정하는 중요한 요소가 되기 때문이다.

전화를 통해서 효율적으로 시간을 단축하고 관리할 수 있으며, 비용을 절감할 수 있고, 내가 필요한 정보를 효율적으로 관리할 수 있으며, 편리하게 의사를 전달할 수 있다.

그럼에도 불구하고 전화는 직접적인 대면과정 없이 이루어지는 수단이기 때문에 적절한 예의를 갖추지 못하고 사용하는 사람들이 대부분이다.

전화예절의 기본요소는 다음과 같다.

첫째, 벨이 울린 후 3회 이내에 받는다.

둘째, 수신자의 이름을 밝혀 신뢰감을 형성하고, 적당한 인사말을 건넨다.

셋째, 상대방의 용건을 경청하고 성의 있게 대답한다.

넷째, 감사의 인사와 가벼운 덕담으로 마무리한다.

다섯째, 상대방이 전화를 끊은 후 2초 정도 기다렸다가 전화기를 내려놓는다. 핸드폰이라면 종료버튼을 기다렸다가 누른다.

그림 11-1 | 효과적 청취의 구성요소(HURIER 모형)

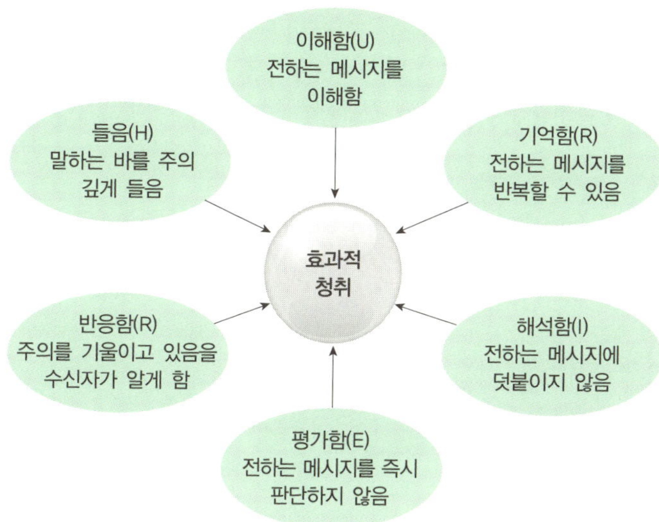

자료 : J. Brownell, "A Model for Listening Instruction : Management Application", *ABC Bulletin*, 1985.

보보의 한 말씀

모든 사람에게 너의 소리를 들려주지 말고 너의 귀를 주라. – 셰익스피어, 『햄릿』 중에서

보보의 문제

다음 상황에서는 어떻게 대처해야 할까요?

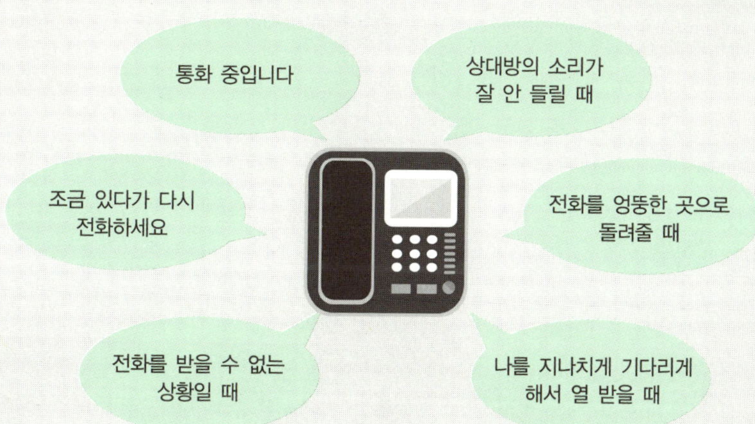

보보의 사례

보보는 전화매너가 영 틀렸어!

〈상황1〉

아이러브보보스에 전화가 왔다. 모모가 전화를 받았다. 상대방이 대뜸 인사도 없이 보보를 찾는다. 그 무례함에 열이 받은 모모는 송화기를 손으로 막지도 않은 채 큰 소리로 보보를 부른다.

"야! 너 찾는 전화야. 빨리 와."

상대방은 보보와 통화하기도 전에 모모의 무례함에 치를 떤다.

〈상황2〉

보보네 집에 전화가 왔다. 보보는 출근 준비에 이리저리 뛰어다니며 시간을 절약하느라 초죽음이 되어 있었다. 겨우 뛰어가서 받은 전화는 잘못 걸려온 전화였다.

"거기 또또 바꿔주세요."

화가 난 보보는 전화기를 쾅 하고 내려놓는다.

〈상황3〉

보보는 지금 근무 중이다. 그런데 오랜만에 죽마고우에게서 전화가 왔다. 보보는 전화기를 붙들고 어제 본 영화이야기, 요즘 유행하는 스타일에 대한 이야기, 상사가 열 받게 해서 죽겠다는 등의 이야기를 장장 40분에 걸쳐 늘어놓았다. 상사를 포함한 동료들은 말없이 보보를 째려보고 있었다.

보보의 뼈다귀

○ 오만과 편견

오만과 편견, 이것은 제인 오스틴의 소설제목이 아니다. 우리가 가슴 깊이 새겨야 할 태도의 중요성이다.

오늘의 태도는 나에게 가능성을 준다. 왜 태도가 중요한가?

태도가 나쁘더라도 능력이 뛰어나거나 열정이 많다면 성공할 수 있겠지만, 그런 사람의 성공 빈도는 낮으며, 또 설사 성공하더라도 엄청난 노력을 들여야 한다. 그런 사람은 또 어느 정도 성공했더라도 행복을 느끼지 않는다(그리고 주위 사람도 불행하게 만든다). 태도가 나쁜 사람이 인생에서 크게 성공하는 경우는 드물다. 반면 재능이나 추진력이 보통 이하인 사람이라도 태도가 좋으면 위대한 일을 할 수 있다.

리더십 트레이너인 데니스 웨이틀리는 자신의 책 『승자의 우위(*The Winner's Edge*)』에서 이렇게 말한다. "승자의 우위는 선천적인 재능이나 높은 IQ 등에 있는 게 아니다. 승자의 우위는 이처럼 원래부터 있던 자질이 아닌, 태도에 있다. 태도는 성공의 기준이다. 그러나 수백만 달러를 준다고 해도 태도를 살 수는 없다. 태도는 파는 게 아니다."

새로운 경험을 시작하기 전에 여러분의 태도는 어떤가? 흥분하거나 신중한가, 아니면 부정적인가? 부정적이라면 어떤 특별한 경험 때문에 그런 것인가? 그 경험이 여러분의 성공에 중요한 영향을 준다면, 태도를 고쳐야 할 것이다. 어떤 일을 할 때, 특히 내키지는 않지만 중요한 일이라면 그 일이 싫다는 느낌 말고, 그 일이 중요하다는 사실에 집중하라. 또 문제 말고 가능성에 집중하라. 이렇게 하면 여러분의 태도도 좋아질 것이다. 그리고 좋은 태도를 갖게 되면 원하는 목표를 이룰 공산이 커진다.

보보의 신문

당신의 폰매너는 몇 점입니까?

남을 배려하지 않는 스몸비(스마트폰+좀비)의 폐해는 공연장에서도 심각하다. 관객 수준이 과거에 비해 많이 높아졌지만, 여전히 공연 도중 스마트폰 벨소리나 진동소리가 자주 울린다. 공연 중에 버젓이 통화를 하거나 스마트폰 카메라 셔터소리를 내며 인증샷을 찍는 관객들도 상당수다. 어두운 공연장에서 스마트폰 화면 불빛으로 배우나 다른 관객들에게 민폐를 끼치는 관객들을 뜻하는 '폰딧불이(스마트폰+반딧불이)'라는 신조어도 생겼다.

조선일보와 한국소비자원이 전국 만 15~60세 스마트폰 사용자 1,000명을 상대로 "영화관이나 공연장 등 공공장소에서 자신의 스마트폰 예절 점수는 몇 점이라고 생각하는지"를 물었더니 평균 6.35점(10점 만점)이라는 답변이 나왔다. 반면 '다른 사람의 스마트폰 예절 점수'에 대해서는 거의 절반 수준인 평균 3.9점이 나왔다.

"선생님~ 전화 받으셔!"

지난해 12월 서울 대학로 소극장에서 뮤지컬 '새로워진 넌센스2' 공연을 하던 배우 박해미 씨가 객석을 향해 이렇게 말했다. 원래 대본에는 없는 대사였다. 원장수녀 역을 맡은 박 씨가 독창을 막 시작하려는 장면에서 스마트폰 벨소리가 찌렁찌렁하게 울렸기 때문이다. 스마트폰 주인은 머쓱해하며 전원을 껐다.

스마트폰 공해는 배우나 관객이 공연에 집중하는 것을 방해해서 공연의 질을 떨어뜨린다. 지난 8일 오후 8시 예술의전당 콘서트홀에서 열린 '멘델스존 서거 170주년 기념 음악회'에서 공연 시작 전에 "휴대전화 전원을 반드시 꺼주시고 로비에서만 사용해주세요. 공연장 내 사진 촬영은 불가능합니다"라는 안내방송이 나왔다. 그러나 1,000여 명의 관객 대부분이 스마트폰을 들여다보거나 사진을 찍고 있었다. 본지 기자가 이날 무대에서 약 50m 떨어진 자리에 앉아 공연을 관람했더니, 2시간가량 공연 동안 스마트폰 진동소리가 3차례, 카메라 셔터소리가 19차례 들렸고, 스마트폰 불빛은 21차례 보였다.

영화관은 상황이 더 심각했다. 지난 8일 오후 서울 신촌의 한 영화관을 찾은 관객 130여 명 중 3분의 1은 전원이 켜진 스마트폰을 팔걸이에 놓아두고 있었다. '23아이덴티티'가 상영되고 약 30분이 지나자 영화관 곳곳에서 '폰딧불이(스마트폰+반딧불이)'가 나타났다. 30대 남성은 "여보세요"라며 밖으로 뛰어나갔다가 10분 뒤 자리로 돌아오면서 스마트폰 플래시를 켰다. 영화 시작 직전부터 찰칵 소리를 내며 셀카를 찍던 20대 커플은 엔딩크레딧이 채 올라가기도 전에 또다시 셀카를 찍었다. 카카오톡 메시지가 왔다는 알림음인 '카톡'소리도 여러 차례 들렸다. 이날 영화 한 편을 보는 동안 스마트폰 진동소리가 16차례, 카메라 셔터소리가 23차례 들렸다.

- 폰딧불이형 : 공연장, 영화관에서 스마트폰 화면을 켜 불빛으로 관람을 방해하는 유형
- 벨소리형 : 스마트폰 벨소리나 진동소리, 카카오톡 알림소리로 주변관객 몰입을 깨는 유형
- 안방통화형 : 관람 도중 태연하게 전화를 받아 배우와 관객을 당황하게 하는 유형
- 플래시형 : 늦게 입장할 때, 물건을 떨어뜨렸을 때 등 관람 도중 스마트폰 플래시를 비추는 유형
- 인증샷형 : 공연 중에 기념촬영, 셀카를 찍어 관람을 방해하는 유형

자료 : 조선일보, 2017.3.21. (저자 수정)

보보의 책 자기 이미지

마음속 그림대로 끌려온다.

셰익스피어는 "미덕을 갖추지 못했다면 가진 척이라도 하라"고 말한 바 있다. 이 위대한 진리를 생각해 보고 그것이 암시하는 바를 따를 필요가 있다. 미덕을 가진 체한다는 것은 상상을 통해 그것을 갖고 있는 것처럼 행동한다는 뜻이다. 자신이 되고자 하는 사람이 되기 위해서는 그런 사람이 되었을 때의 자기 모습을 이미지로 그려 마음속에 항상 간직하고 있으면 된다.

– 클로드 브리스톨의 『신념의 마력』 중에서

CHAPTER

12

위기관리와 스트레스

CHAPTER 12

위기관리와 스트레스

보보의 신문

위기를 기회로 만드는 방법

경영전문지 〈하버드 비즈니스 리뷰(*HBR*)〉에 가장 많이 실린 기업은 IBM이다. *HBR*의 리포트 2,000여 건 중 무려 502건이나 된다. 또 IBM과 GE, 델컴퓨터, 월마트, 사우스웨스트항공, 이 다섯 개 대기업에 대한 보고서가 1,304건에 이른다. 과연 중소기업 최고경영자(CEO)들이 IBM 같은 대기업으로부터 현장에 바로 써먹을 수 있는 경영전략을 배울 수 있을까?

키스 맥팔랜드 박사가 중소기업 경영분석서 『브레이크스루 컴퍼니(*The Breakthrough Company*)』를 쓰게 된 계기가 바로 그것이었다. 『브레이크스루 컴퍼니』는 목숨을 건 도약으로 온갖 난관을 돌파, 평범한 중소기업에서 업계 최강의 중견기업으로 성장한 9개사를 찾아내 성장 비결의 공통분모를 끌어낸 책이다.

그는 해답을 얻기 위해 5년간 미국에서 빠르게 성장한 7,000개 기업의 자료를 수집하고 1,500명의 기업 임원을 직접 만났다. 이 중 애드트랜(통신장비), 치코스파스(의류), 익스프레스퍼스널(인력 파견), 패스널(산업재 유통), 인튜이트(회계관리 소프트웨어), 페이첵스(급여 아웃소싱), 폴라리스(스노모빌·ATV), SAS인스티튜트(기업용 소프트웨어), 스타우바흐컴퍼니(부동산 중개) 등 9개의 브레이크스루기업을 찾아냈다.

맥팔랜드 박사에 의하면 도약에 성공한 기업들은 월스트리트가 주목하는 유망산업이 아닌데도 자기 나름대로 시장을 재정의해 남들과 전혀 다른 방식으로 성공했다는 공통점을 갖고 있었다.

그는 『브레이크스루 컴퍼니』의 첫머리에, 기업을 성장시키는 것을 암벽 등반에 비유했다. 유타주 솔트레이크시티 주변에 높이 305m 정도의 암벽이 있다. 꼭대기로 올라가려면 몸을 날려 조금 멀리 있는 홀드를 손으로 잡아야 한다. 성공하면 정상에 다다를 수 있다. 못 잡으면 큰 사고가 난다. 기업성장도 똑같다. 성공한 사업가들은 모두 위험감수자(risk taker)들이라고 생각한다. 하지만 실제로 위험을 감내하는 기업가가 드물다. CEO 5,000명의 심리 프로필을 분석했더니, 대부분 위험을 회피하는 사람들이었다. 소기업 CEO들 중엔 사업이 궤도에 오르고 나면 더 이상 모험을 하지 않는 사람들이 많았다. 사실 이때가 기업 성장을 위해 위험을 무릅쓰고 투자해야 하는 시기다. 그렇지 않으면 경쟁사가 기회를 빼앗아간다는 것이다.

자료 : 이코노미조선, 2017.7.10.

1 위기의 개념

'위기(crisis)'는 개념적 정의에 있어서는 매우 범위가 넓고, 모호한 특성을 지니고 있다. 사전적 의미로는 생과 사의 두 가지 갈림길에서 단호한 선택을 해야 하는 고통스럽고, 불확실한 환경이다. 'crisis'란 어휘는 본래 '분리하다'를 뜻하는 그리스어의 'krinein'에서 시작하였으며, 회복과 죽음의 분기점이 되는 병세의 중대한 변화를 의미하는 의학용어였다. 또한 'krinein'은 그저 '분기점'이란 의미로도 통용된다. 그러므로 위기는 위협요인만을 의미하지는 않는다. 위기에 수반되는 것이 새로운 기회인 것이다. 따라서 위기를 극복하여 또 다른 기회를 창출하기 위한 보다 적극적인 노력이 더욱 필요할 것으로 보인다.

위기관리분야의 저명한 학자인 러빙거는 '위기'란 "조직의 미래성장과 이익, 생존 등에 심각한 위협을 가할 가능성이 있는 사건"이라고 정의했다. 여기에는 조직의 미래가치, 수익, 계속기업으로서의 가능성, 새로운 기회의 상실 등의 가치가 포함되어 있다. 이는 포괄적이고 막연하지만 재앙적인 결과를 수반하는 부정적 상태를 포함한다. 또한 조직의 이익에 매우 중대한 변수로 작용함에도 불구하고 예측이 어렵다는 것이 그 특징이다.

웹스터 사전의 정의에서도 "위기는 중요한 변화를 가져와야 하는 불안정한 시간이나 상태"를 지칭한다. 그러므로 중요하고, 예측 불가능하며, 시스템의 불안정을 야기시키는 요인은 될 수 있으나 새롭고 성공적인 전환을 유도하는 분기점이 될 수도 있다.

표 12-1 위기의 개념적 유형

단계 / 영역	물질적	상징적
부분조직	사건(incident)	갈등(conflict)
전체조직	사고(accident)	위기(crisis)

자료 : T.C. Pauchant, & Mitroff I.I., *Transforming the Crisis-Prone Organization : Preventing Individual, Organizational, and Environmental Tragedies*, San Francisco : Jossey-Bass, 1992.

사건(incident)과 위기(crisis)의 개념적 정의는 확연히 구분된다. 사건은 범위가 작고 지역적인 의미를 포함하는 다소 규모가 작은 혼란상태이다. 반면 위기는 조직의 전반에 걸쳐 커다란 영향력을 행사하고, 조직의 가치와 신념체계를 모두 뒤흔들 수 있는 범위가 포괄적인 커다란 사건이다.

보보가 근무하는 봉제인형공장에서 컨베이어벨트 하나가 문제를 일으켜서 한 라인의 가동이 중단되고, 적절한 처리과정을 거쳐 다시 가동되기 시작했다면 그것은 사건에 해당된다. 그러나 이 하나의 컨베이어벨트 가동중단이 공장 전체의 작업에 커다란 지장을 초래하고 그로 인해 작업자들이 스트레스를 받았다면 그것은 위기에 해당된다. 따라서 위기는 기본적으로 조직에 전반적으로 영향을 미친다는 전제조건이 따르며, 지엽적인 사건은 위기에 해당될 수 없다.

경제학에서는 인플레이션, 실업 등이 위기에 해당되고, 정치학에서는 정치지도력이 실패하는 상황이 위기에 해당되며, 정치경제학에서는 사회계급 간 갈등 등이 위기에 해당된다고 볼 수 있다.

2 위기의 속성

위기는 대개의 경우 모든 조직이나 개인 차원에서 피해갈 수 없는 필연성을 지니고 있다. 따라서 위기의 징후로 나타나는 개인 차원에서의 스트레스와 마찬가지로 위기는 함께 더불어 가야 하는 친구이다.

위기가 피할 수 없는, 함께 더불어 가야만 하는 속성을 지니고 있는 가장 큰 이유는 유한한 자원적 제약 때문이다. 한정된 자원을 통해서 조직이나 개인은 더 나은 입지와 성장을 위해 경쟁한다. 챈들러(Chandler)는 일찍이 “전략이란 기업의 장기적 목표의 결정과 그 목표를 달성하기 위한 행동을 결정하고 경영자원을 배분하는 것이다”라고 정의했다. 또한 포터(Porter)는 “전략은 경쟁시장에서 유리한 경쟁우위를 확보하고 유지하기 위한 노력과 수단이다”라고 정의했다. 그러므로 한정된 자원 속에서 경쟁하고 생존하기 위해서는 위기란 필연적으로 수반되는 것이다.

위기는 어느 날 갑자기 우연히 찾아오는 재앙이 아니다. 아주 작은 일들이 차곡차곡 쌓여가면서 결국에는 눈덩이처럼 불어 위기상황을 초래하게 된다. 그런 의미에서 범죄학자인 윌슨과 켈링이 1982년 발표한 '깨진 유리창(Broken Windows) 법칙'에 가깝다. 이는 사회 무질서에 관한 이론으로서 깨진 유리창 하나를 방치해 두면, 그 지점을 중심으로 범죄가 확산되기 시작한다는 의미를 내포하고 있다. 즉, 관심을 두지 않으면 누구든 아무렇게나 행동해도 된다는 의도를 전달하게 된다는 것이다. 그러므로 위기는 아주 작은 것에서부터 철저하게 관리할 수 있느냐의 여부에 따라 새로운 기회로 활용될 수 있다.

위기는 크게 세 가지 속성을 지니고 있다.

첫째, 위기는 급작성(suddenness)의 속성을 지니고 있다.

위기가 무에서 유를 창조하듯이 하늘에서 떨어지는 재앙은 아닐지라도 그것은 대개 갑작스럽게 나타난다. 때로는 위기가 다가오기 전에 예측가능하기도 하고, 전혀 예측하지 못한 상황에서 위기상황에 처하기도 한다. 따라서 예방적 차원에서의 징후포착과 철저한 준비과정이 필요하다.

둘째, 위기는 불확실성(uncertainty)의 속성을 지니고 있다.

불확실성의 개념은 기업의 환경이 안정적이고, 예측가능하고, 불변하는 A차원의 환경에서 불안정적이고, 예측 불가능하고, 유동적인 B차원의 환경으로 변화하면서 중요한 개념으로 부각되기 시작했다. 따라서 불확실성에 대비하기 위해서는 사소한 단서라도 놓치지 말고, 정보를 통제할 수 있는 시스템을 갖추어야 한다.

셋째, 위기는 시간제약성(time compression)의 속성을 지니고 있다.

대개의 경우 위기는 관계자들을 당황하게 만들고, 시스템을 마비시킨다. 때문에 시간적 압박이 심한 경우가 대부분이다. 이러한 시간적 압박은 구성원들에게 스트레스를 야기시키는 주요한 원인으로 작용한다. 스트레스가 항상 부정적인 것만은 아니다. 그러나 지속적인 디스트레스(부정적 스트레스)는 불안감을 조성하고, 정상적인 업무처리를 방해하게 된다. 따라서 구성원의 스트레스와 그로 인해 조성되는 불안감을 감소시키기 위해서는 관련정보를 사전에 수집하고, 위기상황이 도래했을 때 침착하게 대응할 수 있는 시스템이 확립과 정비가 필수적이다.

표 12-2 위기의 종류

• 감정의 격발 또는 빗발치는 비난, 회오리바람(tornado)	• 운송실패(transportation failure)
• 경영권 탈취(takeover)	• 유괴(kidnapping)
• 공장폐쇄(plant closing)	• 인수합병(Acquisition)
• 뇌물과 관련된 행위(bribery)	• 인종문제(racial issues)
• 독성폐기물(toxic waste)	• 자살(suicide)
• 마약거래(drug trafficking)	• 작업장 폭력(workplace violence)
• 마약남용(drug abuse)	• 재난(fatality)
• 배척(boycott)	• 지진(earthquake)
• 부정적 입법(negative legislation)	• 제품결함(product failure)
• 살인(murder)	• 테러리즘(terrorism)
• 상납(kickbacks)	• 파산(bankruptcy)
• 성차별(sexual discrimination)	• 파업(strikes)
• 성추행(sexual harassment)	• 폭발(explosion)
• 소송(lawsuits)	• 항의 또는 시위(protest or demonstrations)
• 세금문제(tax problems)	• 합병(merger)
• 알코올남용(alcohol abuse)	• 화재(fire)
• 약탈(robbery)	• 화학적 유출이나 누출(chemical spill or leak)
• 연령차별(age discrimination)	• 허리케인(hurricane)
• 오염(contamination)	• 홍수(flood)
• 운송사고(transportation accident)	• 횡령이나 착복(embezzlement)
	• 해고(layoffs)

자료 : Fearn-Banks, K., *Crisis Communications : A Casebook Approach*, Mahwah, NJ : Lawrence Erlbaum, 1996.

보보의 신문

불황 속 구원투수, 트렌드세터

헬스앤뷰티(H&B)전문점이 우후죽순 늘어나는 데 이어 온라인 쇼핑몰, 편의점까지 화장품 판매 확대에 나서는 추세다. 백화점과 화장품 단일 브랜드 매장 등 전통의 강자들은 위기의식을 느낄 수밖에 없다. 신흥 유통채널보다 더 많은 고객 끌어모으는 데 매진하는 것은 필수적인 일이다. 특히 백화점은 특유의 '직원-소비자 대면 접촉', '프리미엄' 등의 강점을 앞세워 뷰티 최강자로서의 입지를 회복하기 위해 고군분투하고 있다. 그 최일선에 백화점 자체 화장품 편집숍 바이어들이 있다.

롯데백화점의 자체 화장품 편집숍 '라코스메띠크'를 꾸리고 있는 김소정 바이어는 이제는 바이어가 그저 "백화점으로 화장품 사러 오는 고객을 어떻게 맞을까" 하는 인식 수준

에 머물러서는 안 된다고 강조했다. 한 발 앞서 백화점 화장품 구매의 장점이 무엇인지 연구하고 고객들에게 어필해야 한다는 것이다.

김 바이어는 일하면서 경쟁사 동향보다는 소비자들의 니즈(needs) 등 전반적인 트렌드에 더 관심을 기울이고 있다. 롯데백화점이 꼽은 최근 화장품 소비 트렌드는 '나를 위한 현명한 소비'이다. 이런 측면에서 라코스메띠크는 고객이 화장품 브랜드들을 직접 고를 수 있는 공간을 제공하고자 한다. 그는 H&B스토어와 달리 브랜드의 정체성을 살려줄 수 있는 백화점 내 적정한 공간을 구상하는 데 집중한다고 말했다.

현대백화점도 화장품 편집숍 '앳뷰티'를 운영하고 있다. 치열한 화장품 유통시장에 대한 앳뷰티의 공략법은 '프리미엄'이라고 이대건 바이어는 밝혔다. 그에 의하면 스파, 뷰티 디바이스, 오가닉, 디톡스 등 4개 코너로 구성된 매장에서 이제껏 국내에 없던 프리미엄 브랜드들을 한눈에 만나볼 수 있다. 이 바이어는 다양한 경쟁 유통채널 중에서도 특히 온라인 쇼핑몰이 위협적이라고 말했다. 그는 온라인 시장확대는 거스를 수 없는 대세이지만 이를 인정하면서도 현대백화점만의 강점을 지속적으로 부각할 계획이라고 설명했다.

신세계백화점은 화장품 편집숍 '시코르'를 지난해 말 처음 선보였다. 롯데백화점(2014년), 현대백화점(2015년)보다 늦게 뛰어들었지만 벌써 자체브랜드(PB) 상품을 만드는 등 적극 고객몰이 중이다. 시코르에서 신세계백화점의 화장품 판매전략을 짜고 있는 박현정 바이어는 화장품의 온라인 거래, 해외직접구매가 보편화하고 다양한 로드숍들이 등장하면서 백화점의 입지가 많이 좁아진 게 사실이지만 젊은층을 중심으로 한 신규 고객 유치에 전력하고 있다고 말했다. 달라진 유통환경에서도 변하지 않는 백화점의 강점은 역시 고품질서비스다. 시코르는 고객들을 겨냥해 유명 유튜버 · 블로거 등 소셜 인플루언서(social influencer)들을 프로모션에 활용하고 있다.

자료 : 아시아경제, 2017.7.5.

스트레스는 항상 나쁘기만 할까요?

보보의 문제

그럼요, 나쁘고 말고요 = 

아니요, 좋을 때도 있어요= 

“만병의 근원은 스트레스”라는 말은 누구나 한 번쯤 들어보았을 것이다.

스트레스라는 단어를 떠올릴 때 흔히들 부정적인 개념을 연상하지만 스트레스가 인간에게 늘 나쁜 것만은 아니다. 오히려 적정한 스트레스는 인간을 보다 건강하게 살 수 있게 만들어 준다. 여기에는 영적 성장, 더 나은 업적, 신체적 건강, 정신적 건강, 활기 있는 삶 등의 모든 요소가 포함되어 있다.

스트레스에는 부정적 의미의 스트레스인 유해 스트레스(distress)와 긍정적 의미의 스트레스인 유익 스트레스(eustress)가 있다.

인간은 흔히 자신이 원하는 바와 자신이 놓인 상황의 불일치에서 극한의 유해 스트레스를 경험한다. 반대로 유익 스트레스는 즐거운 스트레스이다. 적절한 자극과 압박은 인간을 더 활기차게 만들고, 올바른 방향으로 성장하고 성숙할 수 있도록 만들어주는 촉매제의 역할을 한다. 젊음 또한 유지시켜준다!

그러므로 스트레스는 인간에게 꼭 필요한 동반자라 할 수 있다.

위기의 정의와 내가 처한 위기는 어떤 것인지 토의해 보자

보보의 문제

1. 나에게 있어 ‘위기’란 어떤 의미일까?
2. 내가 살아오면서 봉착해야만 했던 심각한 위기의 종류는 어떤 것이었을까?
3. 위기는 나에게 기회로 작용했는가, 아니면 위협으로 작용했는가?
4. 위기로 인해 나는 그전보다 더 성장할 수 있었나?
5. 똑같은 위기상황을 반복했던 경험이 있는가?
6. 다시 반복하지 않기 위해서는 어떤 대책을 수립해야만 할까?

※ 다양한 의사결정기법을 활용하여 토의해 보자.

■ 예 : 자유연상법을 활용한 나의 위기

모모는 대표적인 마이너리티의 요소를 두루 갖추고 있었다.

가부장적인 사회에서 여성이었으며, 자신이 충분히 해낼 수 있다고 믿고 있는 업무에 대한 기회를 박탈당하는 기회가 빈번하게 속출했다. 이런 상황 속에서 모모가 할 수 있는 일은 그저 다른 사람들보다 좀 더 열심히 하는 것밖에는 아무 것도 없었다.

기회의 박탈은 모모를 절망시켰으며, 적절한 대우를 받지 못한다는 생각은 스트레스를 유발하고, 사기저하와 업무의 불균형으로 이어졌다. 이러한 부정적 요인들은 정체성에 대한 믿음마저 흔들어 놓기도 했으며, 때로는 스스로에 대한 심각한 부정으로 이어지기도 했다.

그녀는 어떻게 이 난관을 헤쳐 나가야만 할 것인가?

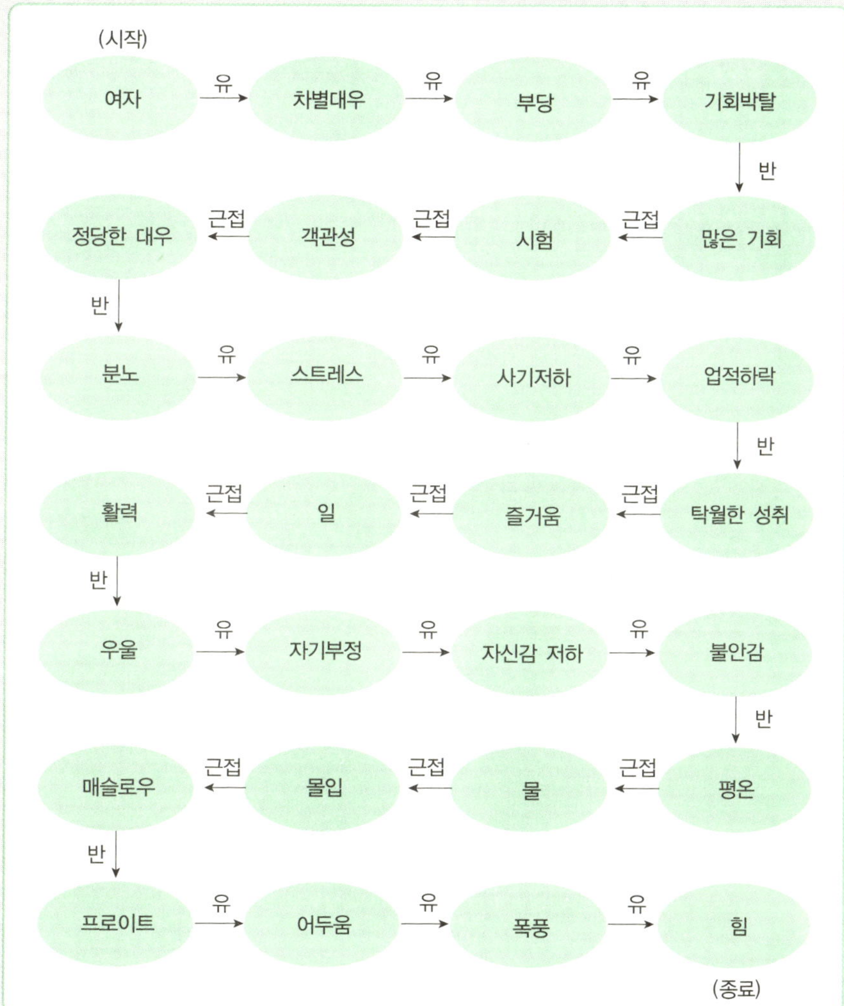

3 위기관리의 양파모델

위기관리의 양파모델(the onion model of crisis management)은 포첸트(Pauchant)와 미트로프(Mitroff)에 의해 제시되었다. 양파모델에 의하면 조직은 크게 위기에 매우 취약한 조직과 위기를 미리 준비하는 조직으로 구분된다. 취약조직과 준비조직을 구분하는 요소들은 마치 양파처럼 네 개의 원으로 구성되어 있다.

Level 4는 위기관리와 관련된 조직의 상위계층의 계획, 전략, 전술, 절차, 방침 등을 포함한다. 방향을 제시해주는 선장과 같은 역할을 하기 때문에 가장 중요하고, 위기로 인한 문제가 발생되었을 때 책임의 소재가 분명하게 판단되기도 한다. Level 3, Level 2, Level 1과 상호 유기적으로 영향을 주고받는다.

Level 3는 조직구조를 의미한다. 위기에 빠르게 대응할 수 있는 구조를 편성함을 의미하기도 하고, 그러한 구조를 구성원이 인식하고 수용했다는 것을 의미하기도 한다. 구성원의 수용여부에 따라 결과에 영향을 미친다. 이때의 조직구조는 조직을 움직이는 규범, 규정, 업무체계를 의미하기도 하지만 구성원들의 지각, 즉 상징적 의미

그림 12-1 ▎양파모델

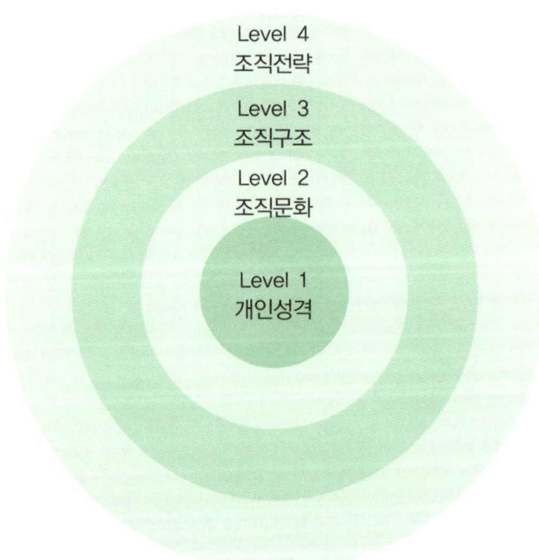

의 조직구조를 의미하기도 한다. 위기에 대응할 수 있는 조직구조는 역량을 갖춘 구성원, 적절한 업무할당, 관련정보의 수집, 결과에 따른 합당한 보상 등의 요소를 포함하는 개념이다.

Level 2는 조직문화이다. 조직문화가 중요한 이유는 오랜 기간 동안 서서히 형성되고, 쉽게 변화하지 않으며, 구성원들의 가치, 신념을 구성하고 대변하기 때문이다. 모든 구성원들을 대면적으로 접촉하고 통제할 수 없는 현실에서 올바른 조직문화는 구성원들에게 가장 빠르게 다가갈 수 있는 최고의 상징적 수단이다.

Level 1은 구성원들의 개별적 성격이다. 개인의 성격은 위기관리의 결과에 많은 영향을 미친다. 왜냐하면 그들의 성격에 따라 위기와 위기로 인해 발생하게 되는 스트레스를 받아들이는 태도가 많이 달라지기 때문이다.

개인은 때때로 위기상황에서 방어기제를 발동시키며, 취약조직의 구성원들은 준비조직의 구성원들보다 빈번하게 방어기제를 이용한다. 이는 본능적인 자기보호이지만 위기와 관련된 근본적 해결을 가져다주지는 못하기 때문에 조직에 비생산적이며, 결과적으로는 조직을 위기발생 이전보다 더 위험하고 급박한 상황으로 몰고 갈 수 있기 때문에 숙고하는 자세가 필요하다.

위기와 관련해서 개인이 사용하는 방어기제는 여덟 가지이다.

상황의 부정(denial), 현실거부(disavowal), 특정사고에 대한 고착(fixation), 자신의 능력에 대한 과대한 믿음과 사고(grandiosity), 이상화(idealization), 지적 무장(intellectualization), 투사(projection), 편향된 사고(splitting) 등이 그것이다.

보보의 책 타이타닉호의 위기

영국의 사우샘프턴을 출발해서 뉴욕으로 향하던 타이타닉호는 1912년 4월 15일, 첫 항해 닷새만에 바다에 가라앉았다. 이 사건에 책임이 있는 가장 불행한 인간은 에드워드 스미스였다. 그는 당시 세계에서 가장 높은 급료를 받는 선장이었다.

그는 대서양으로 출발하기 전에 치명적인 실수를 두 가지나 저질렀다. 배에다 탐조등을 설치하지 않았고, 최소한 망원경이라도 갖춘 망대를 설치해야 했는데 그것도 등한시하였다. 스미스 선장은 의무규정이 아닌 망원경 망대의 설치를 불필요한 것으로 생각했다. 출항과 참사 사이의 4일 동안에도 스미스 선장은 세 번째와 네 번째 실수를 저질렀다. 신참선원들은 구명보트 대원에

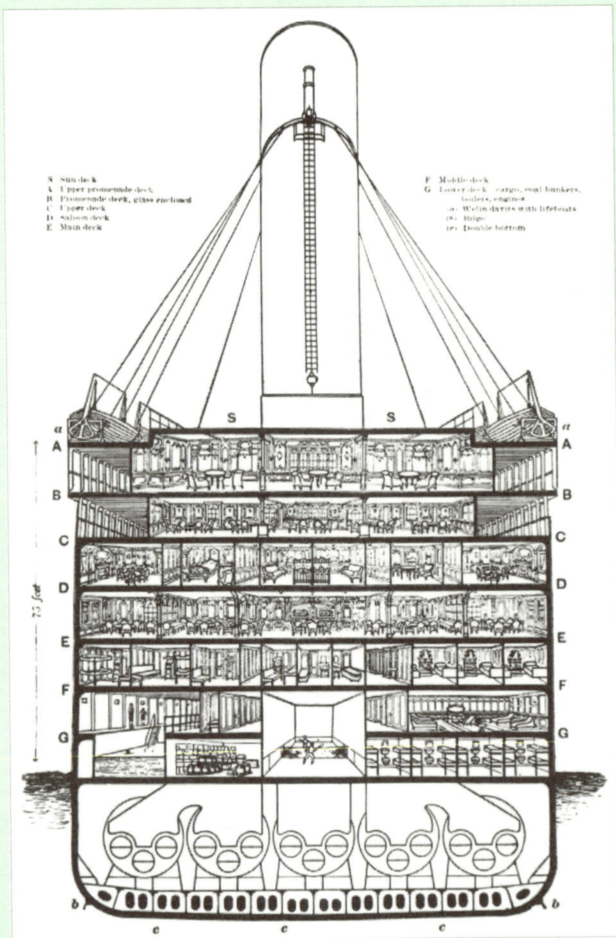

타이타닉호의 단면도

배치하지 말아야 한다는 규정을 어겼다. 구명보트 조작에 서툰 신참들이 구명작전에 투입됨으로써 두 시간 반이라는 시간이 있었음에도 20척의 구명선을 잔잔한 수면 위에 전부 띄우지 못했다. 게다가 야간에는 돛대 위의 망대에 있는 두 명의 선원만으로는 혹시 모를 빙하의 위험을 충분히 감지할 수 없다는 항해상의 일반적인 경험칙도 어겼다. 스미스 선장의 가장 치명적인 실책은 다섯 번째 실수였다. 즉, 북대서양상의 가장 짧은 노선을 시속 22노트의 최고속도로 무섭게 질주한 것이다. 그는 지난 14시간 동안 다른 선박들로부터 빙하가 해상에 떠다닌다는 경고를 다섯 차례나 받은 후였다. 심지어는 충돌 40분 전에도 그러한 경고를 받았다.

그렇다면 그는 무엇을 할 수 있었고, 무엇을 해야 했을까?

빙하와 충돌한 순간에서부터 타이타닉호가 수면 밑으로 사라진 160분 동안 스미스 선장이 보인 행동은 처음부터 끝까지 잘못되었다. 설계기술자 토머스 앤드루스는 배를 한 바퀴 돌아본 뒤

타이타닉호는 침몰할 것이라고 단언했다.

그는 여섯 번째 실수를 저질렀다. 일등석의 가장 지체 높은 승객들을 찾아가 한껏 격식을 갖춘 채 현재상황을 설명했다. 그 다음에야 무전실로 향했다. 타이타닉호가 침몰할 것이라는 보고를 들은 지 11분이 지난 시점이었다. 곧이어 그는 마지막 실수를 저지른다. 이 실수의 결과는 빙하충돌경고를 무시한 것만큼이나 참담했다. 타이타닉호에는 총 2,201명의 승객을 위해 20척의 구명정이 구비되어 있었는데, 모두 합쳐서 1,178명을 태울 수 있었다. 스미스 선장은 가뜩이나 모자라는 구명정에도 승선인원을 채우는 일에도 실패했다. 우현에서 첫 구명정을 풀었을 때 65명 정원에 고작 28명만 타고 있었다. 게다가 이런 상황에서도 체면에 신경을 쓰거나, 겉보다는 속으로 더 떨고 있는 사람들은 하나같이 선장이 친히 구명정 탑승작전을 펼치는 후현으로 달려갔다. 선장이 그전에 여자와 아이들은 후현으로 오라는 명령을 내렸기 때문이다. 스미스 선장이 내린 이 지시는 결과적으로 막대한 혼란을 부채질하고, 어이없는 피해를 키웠다. 선장이 직접 밧줄을 푼 두 번째 구명정에도 65명 정원에 37명밖에 타지 않았다. 남성들은 타고 싶어도 애초에 탈 수가 없었고, 여성들은 섬뜩해 보이는 어두운 바다로 내려가고 싶지 않았기 때문이다. 구명정의 빈자리만큼 무고한 사망자의 수가 더 늘어난다는 것은 선장 자신이 너무나 잘 알고 있었을 것이다.

이렇게 해서 타이타닉호의 참사에서 마지막까지 목숨을 구한 사람은 구명정의 정원인 1,178명에 훨씬 못 미치는 711명에 불과했다. 구명정에 탈 수도 있었을 나머지 467명은 차가운 바닷물에 익사하거나 얼어 죽거나 아니면 거의 수직으로 곤두선 배 안에서 탁자, 가구, 피아노에 깔려 죽었다. 이 역시 모두 스미스 선장의 책임이었다. 그는 선원의 관례대로 타이타닉호와 함께 스스로 바다 속으로 들어갔다. 이로써 그는 세계를 주름잡던 영국의 해상권력에 역사상 가장 치욕적인 불명예를 안긴 인물이 되었다.

– 볼프 슈나이더의 『위대한 패배자』 중에서

4 미트로프의 위기관리모델

미트로프(Mitroff)는 조직에 유용한 위기관리모델은 네 가지 변수를 포함한다고 제안했다.

첫째, 위기유형, 둘째, 위기단계, 셋째, 위기의 원인이 되는 조직요소, 넷째, 위기에 의해 영향을 받는 관련된 대중 등이 그것이다. 2001년 이후 기본적인 네 가지 요소에 추가적으로 시나리오라는 다섯 번째 요소를 추가시켰다.

그림 12-2 좋은 위기관리모델

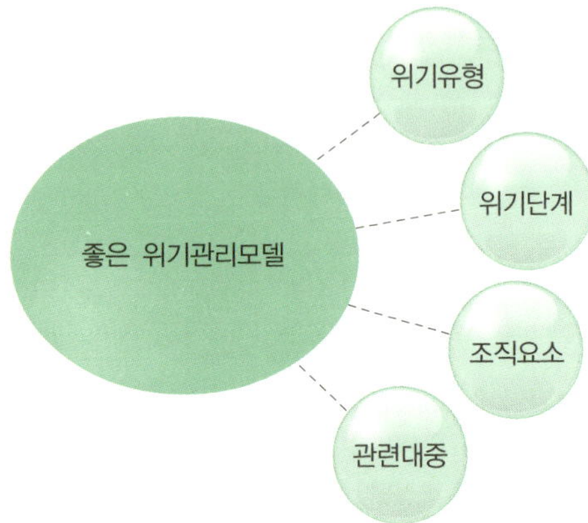

보보의 신문

노드스트롬백화점의 교훈

최고의 서비스로 유명한 미국 노드스트롬 백화점은 지난 1990년대 초 당시로서는 획기적인 성과 평가방안을 도입했다. 직원들에 대한 '시간당 매출액'이었다. 시간당 매출이 높은 사람은 더 보상을 받고 일하기 좋은 매장으로 배치될 수 있는 기회를 제공한다는 게 요지였다. 이런 평가가 직원들의 생산성을 높여 경영성과를 끌어올릴 것으로 믿었고 실제로 초기에는 매출이 늘었다. 하지만 오래가지 않아 이 제도는 폐기됐다.

왜 그랬을까? 단순히 매출만 올려 좋은 평가만 받자고 하는 욕심이 싹텄기 때문이다. 일부 직원들은 일, 주 단위로 매출이 부진하면 자신의 신용카드로 자신이 담당하는 매장에서 물건을 구매하고 며칠 뒤 다른 지역의 매장에서 환불을 받았다. 매출이 늘어난다고 생각했지만 판매된 제품의 상당량은 반품처리 후 재고로 쌓였다. 고객서비스도 악화됐다. 매출을 높이는 데만 혈안이 돼 고객관리에는 소홀했던 탓이다. '단기 성과주의의 부작용'이다.

기업목표의 핵심은 실적개선이고, 정부입장에서는 일자리창출과 경제회복이다. 하지만 여기서 따져봐야 할 것은 이런 목표가 노드스트롬백화점의 사례처럼 너무 단기성과에 급급한 것 아닌가 하는 점이다. 말 그대로 올해 목표에만 급급해 인공매출을 만들고 인공소비와 일자리도 창출될 수 있기 때문이다. 과거에도 내수회복을 위해 신용카드를 남발하면서 그 후유증으로 몇 년간 어려움에 처한 경험이 있다.

기업에서는 세계적인 투자은행(IB)이었던 리먼브라더스가 대표적 사례이다. 단순히 실적을 끌어 올리려고 2007년 이후 서브프라임 모기지 투자를 줄이지 않다가 결국 파국을 맞았다.

이런 문제들은 단지 사업이나 정책에서만 나타나는 게 아니다. 인사문제에도 그럴 개연성이 내재돼 있다. 한 경제연구소는 최근 성과주의 인사로 부여되는 높은 동기 수준이

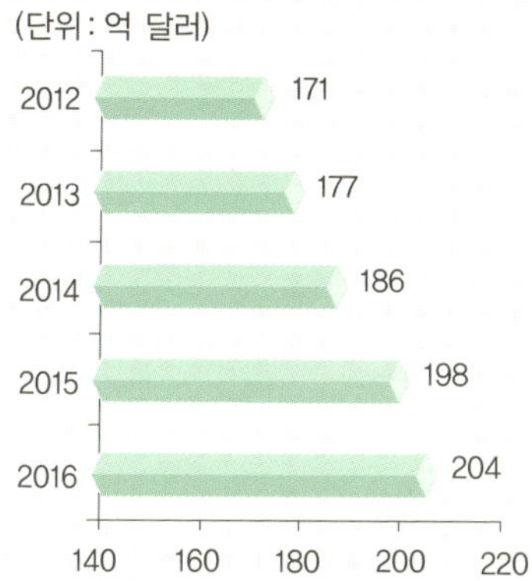

사우스웨스트항공의 최근 5년 매출액

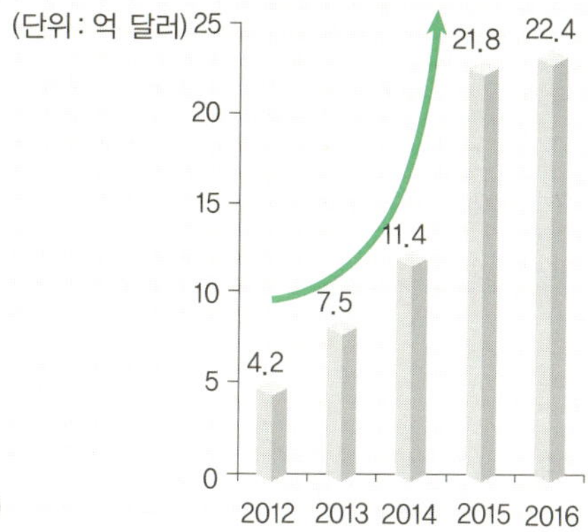

사우스웨스트항공의 최근 5년 당기순이익

꼭 좋은 성과로 이어지지 않고 부정적인 효과를 야기할 수 있다며 이젠 도전정신과 팀워크를 위협하는 성과주의에도 업그레이드가 필요하다고 지적했다. 단기성과에 급급해 부서 간 협조가 이뤄지지 않으면서 오히려 조직에 해를 끼칠 수 있다는 진단이다.

기업들도 미국의 저가항공사인 사우스웨스트항공처럼 철저한 체질개선이 필요하다. 사우스웨스트항공에는 '10분 회전'이라는 수칙이 있다. 비행기가 착륙한 뒤 다시 출발할 때까지의 시간을 10분 내 해결하는 것이다. 이를 위해선 엄청난 팀워크가 필수다. 아울러 단일기종 비행기만 구입해 조종숙지에 필요한 시간을 줄이고 혼잡하지 않은 공항만 이용하도록 하는 등 철저히 효율에 초점을 맞췄다. 또한 어느 기업보다 먼저 '펀경영(fun management)'도 도입해 조직의 화합을 도모했다. 승무원들은 탑승자들에게 "담배를 피우실 승객은 비행기 날개 위해 마련된 테라스를 이용해 주십시오"라고 말할 정도로 유머러스한 것으로 유명하다. 저가 항공사인데도 세계 항공업계 톱10 안에 들고, 불황 속에서도 40여 년간 흑자를 이어간 데는 효율과 팀워크가 그 바탕이 됐다.

자료 : 서울경제, 2017.7.3.

1) 위기유형

조직에는 상황적, 시간적, 물리적 조건에 의해 다양한 위기가 발생할 수 있다. 따라서 조직은 어떠한 종류의 위기가 나타날 수 있는지 예측하고, 위기의 종류에 적합한 관리계획과 방어체계를 구축해야만 한다.

가장 우선시되는 단계는 내가 속한 조직에 가장 위협적인 요인이 되는 위기는 어떠한 것인지에 대한 정의이다. 이 정의에 의해 어떤 위기가 발생할 수 있는가 예측

가능하다.

이를 위해서는 발생할 수 있는 모든 위기를 고려하는 것이 중요하다. 우선 단순나열법으로 가능한 모든 위기를 기술한다. 그런 이후에 각 위기의 종류에 적합한 대응방안을 여러 의사결정기법에 의해 토의한 후 체계적으로 수립한다.

위기는 일곱 가지 유형으로 분류된다.

① 경제적 위기

② 정보의 부족으로 인한 위기

③ 인적자원과 관련된 위기

④ 평판과 관련된 위기

⑤ 정신병질적 행위로 인한 위기

⑥ 자연발생적인 재난으로 인한 위기

⑦ 물리적 위기

2) 위기단계

위기를 정의하고, 예측하고, 그에 적합한 예방시스템을 구축했다면 그에 준하여 단계별로 위기에 어떻게 대응할 것인지에 대한 체계적인 준비과정이 필요하다.

위기를 완벽하게 통제할 수는 없지만 대개의 위기들은 여러 가지 징후들로 미리 나타나기 때문에 조기경보시스템을 활용하는 것이 중요하다.

위기의 단계는 다섯 가지로 분류된다.

① 위기와 관련된 징후를 탐지한다.

② 위기를 준비하고 예방한다.

③ 위기로 인한 손실을 축소하도록 노력한다.

④ 위기로 인해 발생된 여러 가지 피해에서 회복되도록 한다.

⑤ 유사한 위기가 재발되지 않도록 적절한 학습단계를 거친다.

3) 위기의 원인이 되는 조직요소

위기관리의 토대는 조직의 요소를 올바르게 분석하고 이해하는 것이다. 조직요소의 이해와 관련된 중요성은 양파관리모델에서도 드러난다. 조직전략, 조직구조, 조직문화, 개인성격 등 네 가지 단계의 요소들은 서로 유기적으로 관련되어 있으면서 영향을 주고받는다.

빈번하게 일어나는 위기의 문제들은 다섯 가지 조직요소들의 유기적 상호작용에 의해 발생된다.

① 기술과 관련된 요인

② 인적자원과 관련된 요인

③ 시스템의 기반과 관련된 요인

④ 조직문화와 관련된 요인

⑤ 감정 또는 정서와 관련된 요인

각 요인과 관련되어 어떠한 종류의 위기가 발생되었는지, 구체적으로 어떤 조직요소와 관련되었는지에 대한 분석이 끝난 이후에야 위기를 체계적으로 관리하고 대안을 실행할 수 있다. 분석 이후에는 향후 조직의 생존과 성장을 위해서 자원의 배분은 어떻게 이루어져야 하는지, 조직과 관련된 기회와 강점은 어떻게 살리고 연결시켜야 하는지, 위협과 약점은 어떻게 보완하고 예방할 수 있는지에 대한 구체적인 보완이 이루어진다.

4) 위기에 의해 영향을 받는 관련된 대중

기업의 환경이 A차원에서 B차원의 다변화되고, 불연속적인, 예측 불가능한 환경으로 넘어가면서 위기에 의해 영향을 받는 대중의 범위는 점차 확대되고 있다. 전통적 사회적 책임의 관점에서 본다면 그 범위는 조직의 구성원, 조직과 직접적인 관련이 있는 고객, 관련업체 등에 불과했다. 그러나 현대적 관점에서는 조직과 직접적인 관련이 없는 폭넓은 집단들이 포함된다. 왜냐하면 결국 조직이 생존하기 위해서는 사회(대중)와 좋은 관계를 유지하고 있어야 하기 때문이다.

5) 위기와 관련된 시나리오

위기와 관련된 시나리오(scenario)는 위기유형, 위기단계, 위기의 원인이 되는 조직요소, 위기에 의해 영향을 받는 관련된 대중 등의 요소를 그대로 현실에 적용하여 앞으로 일어날지도 모르는 상황들을 예측해 보는 것이다.

시나리오의 원래 의미는 영상매체를 염두에 두고 쓴 영화의 각본을 의미한다. 시나리오의 설계는 각 영상의 분위기와 촬영되는 다른 영상과의 관계를 보여준다. 마찬가지로 위기와 관련된 시나리오도 실제 발생할 수 있는 가상의 위기를 염두에 두고 각 요소를 투입하여 각본을 쓰고 계획을 적용하는 예상기법이다.

그림 12-3 | 미트로프의 위기관리모델

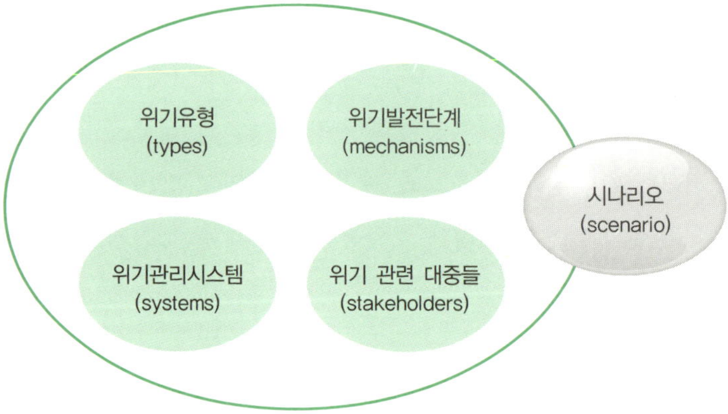

자료 : I.I. Mitroff, & G. Anagnos, *Managing Crises Before They Happen : What Every Executive and Manager Needs to Know About Crisis Management*, New York : AMACOM, 2001.

위기가 구성원의 감정적 요인에서 비롯되었다면?

보보의 문제

보보의 직장에서는 커뮤니케이션의 문제로 인하여 여러 가지 위기의 징후들이 나타나고 있다. 다음 상황에 따라 '루머 테스트(rumor test)'를 해보고, 보보의 조직에서 일어나고 있는 문제들을 토의해 보자.

※ 각 문항이 사실이면 T(true), 사실이 아니면 F(false), 내용만으로는 사실여부를 확인할 수 없다면 ?에 O표 하시오.

〈상황 1〉

	T	F	?
1. 보보는 지금 몸이 매우 불편하다.	T	F	?
2. 보보의 직장상사인 모모는 보보의 동료인 또또에게 보보가 결근한 사유를 물어보았다.	T	F	?
3. 보보의 메모지에는 휘갈겨 쓴 낙서가 있었다.	T	F	?
4. 보보의 애인이름은 '알폰소'이다.	T	F	?

〈상황 2〉

	T	F	?
1. 공유의 상급자는 공유의 급여인상에 반대하고 있다.	T	F	?
2. 공유는 급여인상의 혜택을 받지 못했다.	T	F	?
3. 공유는 화가 나서 사표를 제출했다.	T	F	?
4. 공유가 사표를 낸 이유는 급여인상의 혜택을 받지 못했기 때문이다.	T	F	?
5. 공유의 상급자는 급여인상을 요청했으나 상부에서 거절했다.	T	F	?
6. 공유가 조직을 떠난 것에 대해 동료들은 안타까워했다.	T	F	?
7. 공유의 동료들은 상급자의 태도에 문제가 있다고 생각하고 향후 대책을 세우고자 토론을 거듭했다.	T	F	?
8. 동료들은 공유를 만나 그의 입장을 들어보았다.	T	F	?
9. 공유의 상급자는 그들의 토론에 참가하지 않았다.	T	F	?
10. 이 에피소드는 경력이 다양하고 대인관계가 좋았으며, 동료들로부터 신망을 받던 한 구성원에 관한 것이다.	T	F	?
11. 상급자는 공유를 해고했다.	T	F	?
12. 동료들은 공유가 급여인상을 받지 못한 것을 몹시 안타깝게 생각했다.	T	F	?
13. 공유는 조직 내부에서 신망이 두터웠기 때문에 동료들은 공유를 돕기 위해 대책회의를 열었다.	T	F	?

자료 : R. Stroebe, *Kommunikation I*, 3. Aufl., Heidelberg : Sauer-Verlag, 1987. (저자 재구성)

소문발생 메커니즘

압축 : 전달되는 내용이 단순화된다.

보충 : 불충분한 정보에 대해서는 근거 없는 추측을 통해 정보의 양이 확대된다.

기대 : 해석하기 애매모호한 요소들은 자신의 소망이 투사된 기대를 담아 해석한다. 대상에 대한 기대가 그 대상의 행동으로 실현된다.

회상 : 근접오류와 유사하다. 최근에 루머와 관련된 일이 실제로 일어났다면, 그 루머는 더욱 현실적인 설득력을 갖게 된다.

고정관념 : 정보의 수신자가 지니고 있던 고착된 사고는 루머를 더욱 활성화시킨다.

연상작용 : 루머의 내용은 연상작용으로 파급효과가 더욱 커진다.

현혹효과 : 한 가지의 요인에 근거해서 다른 요인들을 판단하게 된다.

투사 : 의식으로 떠오른 사고를 자신의 것이라 생각하지 않고 타인이 가지고 있는 사고라고 믿는다.

보보의 뼈다귀

너는 왜 크리스피 크림보다 던킨 도너츠가 좋아?

DUNKIN' DONUTS vs Krispy Kreme DOUGHNUTS

크리스피 크림 도넛과 던킨 도너츠의 도넛의 맛을 구분할 수 있는가?

두 브랜드의 제품은 매우 비슷하다. 그들은 비슷한 방식으로 마케팅을 하고, 비슷한 유통구조를 갖고 있으며, 비슷한 유형의 고객을 대상으로 한다. 그러나 각각의 브랜드에 대한 고객의 충성도는 대단하다. 코크와 펩시의 경우처럼 크리스피 크림과 던킨 도너츠를 놓고 벌이는 논쟁은 뜨겁다. 이는 두 기업이 각각 만들어낸 브랜드 이미지가 너무나 강력해서 고객들이 제품에 감정적인 유대감을 갖게 되었기 때문이다. 싸고 흔한 제품에 이렇게 강한 충성심이 형성된 경우는 그리 많지 않다. 두 기업의 마케팅 담당자들은 고객의 마음속에 '그들의 도넛'은 다른 기업의 도넛과 달리 친숙하고 맛이 좋다는 생각을 심어놓는 데 성공했다.

제품과 고객 사이에 형성된 감정적 유대감은 비즈니스 세계에서 꿈꿀 수 있는 가장 강력한 관계이다. 이러한 관계는 오랫동안 충성하는 고객을 만들어내고 기업은 오랫동안 번창할 수 있다. 고객의 충성심은 기업이 생존하기 위해 반드시 필요한 것이다.

고객과 기업은 광고와 입소문, 또는 서비스 제공이나 구매행위를 통한 직접적인 접촉을 통해 처음 만난다. 이때 고객에게 주는 첫인상이 앞으로의 강력한 유대관계를 형성하는 데 결정적인 역할을 한다. 그리고 좋은 첫인상을 만들 기회는 단 한 번뿐이다. 고객과의 첫 만남에서 깨진 유리창을 보인다면 어마어마한 기회를 놓치게 되는 것이다.

어떻게 이 두 도넛은 비슷한 제품을 팔면서도 서로 다른 충성스러운 고객을 얻을 수 있었을까? 한쪽이 우월한가? 어떻게 우월한가?

이 경우 우월한 쪽은 긍정적인 첫인상을 먼저 얻어낸 기업이다. 만약 당신이 던킨 도너츠의 팬이라면 아마도 크리스피 크림을 먹기 전에 던킨 도너츠를 먹기 시작했을 것이다. 그리고 좋은 경험을 했을 것이다. 당신이 원하는 혹은 그 이상의 맛을 느꼈을 것이다. 두 기업이 모든 면에서 비슷하다면 도넛의 맛이 가장 중요한 요소이다. 도넛을 먹었는데 맛이 좋았다. 그래서 당신은 던킨 도너츠를 '내가 좋아하는 곳'으로 기억했다. 당신은 감정적으로 던킨 도너츠와 연결되어 있다. 스스로를 '던킨 팬'으로 인식한다. 그런데 어느 날 인근에 크리스피 크림이 생겼다. 그러나 당신은 이미 던킨 도너츠의 골수팬이기 때문에 별로 동요하지 않는다. 그러나 조금 궁금하기도 해서 크리스피 크림에 갔다. 그냥 한번 가본 것뿐이다. 가서 먹어봤는데 맛이 괜찮다. 부정적인 경험은 전혀 없었다. 모든 것이 던킨 도너츠와 비슷하다. 그러나 던킨 도너츠보다 월등하지는 않다. 당신은 이미 던킨 도너츠의 단골고객이므로 비슷한 크리스피 크림을 찾을 이유가 없다. 당신은 계속 던킨 도너츠를 찾을 것이다.

이제 첫인상이 얼마나 중요한지 이해했는가? 고객은 자신이 선택하고 사랑하는 브랜드가 더 좋다고 믿는다. 선택에서 더 나아가 자신의 일부로 여긴다. 경험은 주관적이기 때문에 그들의 애정은 모두 맞다. 그들이 자신의 브랜드가 더 좋다고 결정을 내리면 그것이 그들에게는 진리가 된다. 잘못된 첫인상을 만회할 수 있는 단 하나의 방법은 관계자가 잘못을 즉각 인정하고 보상하는 것이다. 고객에게 무료 도넛이나 음료를 제공하고 다시는 이런 일이 없을 거라고 거듭 약속해야 한다. 그러나 신속한 조치를 취해도 고객은 부정적인 첫인상을 지우지 못할 수도 있다. 그러므로 가장 좋은 방법은 부정적인 첫인상을 만들지 않는 것이다.

자료 : 마이클 레빈의 『깨진 유리창 법칙』 중에서

보보의 뼈다귀

○ 분노가 사람을 죽인다

분노는 일이 자신이 원하는 대로 되지 않을 때 주로 성격이 급한 사람에게서 나타나는 행동양식이다. 분노하거나 분노하기 직전에는 몸과 마음이 긴장된다. 뇌가 생존을 위해서 심장을 빨리 뛰게 하고 근육을 긴장시킨다.

『분노가 죽인다(*Anger Kills*)』를 쓴 레드로프 윌리암스 교수는 분노에 대한 여러 가지 연구를 실행한 결과를 토대로 분노는 사람을 죽이기까지 한다고 단언했다. 대학생일 때 분노를 측정하는 질문지에서 분노 수준이 높게 나타났던 사람들은 50세가 되었을 때 사망할 확률이 4~7배 높았다. 분노 수준이 높은 사람들은 심장병을 비롯해서 사망에 이를 수 있는 각종 질병발병률이 더 높게 나타난 것이다.

분노는 적대감의 한 요소다. 적대감을 하나의 우산이라고 본다면 그 아래에 세 가지 성격요인들이 들어간다, 그가 1945년에 최초 개발한 분노성향을 측정하기 위한 척도는 꽤 오래된 검사법으로 적대적 성격타입에는 세 가지가 포함된다.

첫째, 타인에 대한 냉소적, 불신적 태도를 측정한다. 둘째, 빈번한 분노와 기타 부정적 정서의 경험을 측정한다. 셋째, 분노를 유발하는 공격적 행동을 측정한다.

20년 전 질문지에서 높은 점수를 받은 사람들이 이후에도 높은 사망률이나 심장병 발병률 등을 나타내는 이유는 이와 같은 성격을 가진 사람들이 지속적으로 분노를 경험하기 때문이다.

분노, 공격성과 관련 있는 두뇌의 신경전달물질은 세로토닌이다. 세로토닌 기능이 적으면 분노, 공격성이 증대되고 우울감을 비롯한 부정적인 정서들도 증대된다. 따라서 세로토닌 기능에 관여하는 유전자를 살펴보면 분노가 유전되는 것인지 알 수 있다. 윌리암스 교수는 분노에 취약한 성격은 선천적이라고 말한다. 그러나 선천적인 성향도 분노통제방법을 배운다면 분노를 조절할 수 있다.

누구든 잘 믿지 않는 사람들, 다른 사람들에게 분노를 느끼고 그들에게 공격적으로 대하는 사람들은 천천히 자기를 죽이고 있는 것이다. 종교는 달라도 그 가르침은 하나다. 그것은 "자기가 대접받고 싶은 대로 남들을 대접하라" 또는 "자기가 당하기 싫은 방식으로 남들을 대하지 마라"는 것이다. 미국 듀크대학교에서 실시한 연구에 의하면 일상에서 종교적인 요인들을 갖고 있는 사람들일수록 건강하고 더 오래 산다는 결과가 나왔다. 따라서 각 종교들의 핵심 가르침들을 잘 따르는 것이 분노조절의 길이 될 수 있다고 윌리암스 교수는 말한다.

자료 : 이영돈의 KBS 특별기획 다큐멘터리 『마음』 중에서

5 스트레스

1) 스트레스의 개념과 중요성

스트레스(stress)의 어원은 라틴어 'stringer'로서 "팽팽하게 죄다"라는 의미를 지니고 있다. 그 후 'string-strest-staisse' 등으로 사용되다가 14세기에 이르러 오늘날의 'Stress'라는 용어가 일반적으로 사용되기 시작했다. 17세기에는 물체를 변형시키는 내부적인 힘이라는 정의가 내려졌고, 18세기 이후에는 인체에 미치는 외부적 힘에 대한 저항 및 회복, 19세기에 이르러서야 정신질환 및 건강에 해롭다는 의문을 갖기 시작하다가 비로소 일상생활에서 느끼는 압력, 긴장이나 불안에 의해 조성된 불안정한 상태라는 현대에서 보편적으로 사용되고 있는 '스트레스(stress)'라는 용어가 시작되었다.

스트레스는 일상생활에서 느끼는 압력(pressure)을 의미하며, 긴장이나 불안에 의해 조성된 마음의 불안정(uncomfortable state)한 상태를 뜻한다.

스트레스는 신진대사의 증대, 혈압, 심박동수, 호흡횟수, 혈액량 등의 증대를 가져오는 생리적 변화와 긴장, 걱정, 주의력 증대 등을 가져오는 심리적 변화를 포함한다.

셀라이(H. Selye)는 스트레스를 "특정 요구에 대한 신체의 비특징적 반응"이라고 정의하고 있으며, 이는 어떤 자극에 대해 신체의 생리적 균형을 유지하려는 일반적 적응징후(GAS : General Adaptation Syndrome)이다.

스트레스라는 어휘를 처음 사용한 셀라이는 "스트레스로부터의 완전한 자유는 죽음(complete freedom from stress is death)"이라고 표현했다.

심리학적으로 본다면 굽타(N. Gupta)와 젠킨스(G.D. Jenkins)는 스트레스란 사람들이 불확실한 결과를 추구하는 것과 관련된 것으로 보고, 불확실성이 장기간 지속되고, 불확실성에 의해 특정한 의사결정 및 문제해결상황에 직면하고 있는 인지상태라고 정의했다.

융(Jung)은 스트레스, 질병, 피로, 약물 등의 일정한 환경은 의식적 에너지가 줄어들게 할 수 있고, 개인성격의 무의식적 부분이 나타날 수 있도록 만든다고 하면서,

개인의 의식적인 에너지 수준이 낮을 때 열등기능에 사로잡히게 된다고 주장했다.

스트레스란 객관적인 개념이라기보다는 주관적이다. 똑같은 요인이라고 하더라도 보보에게는 스트레스요인으로 작용하고, 모모에게는 활력과 동기부여를 주기도 한다. 각자 가지고 있는 성격유형에 따라 똑같은 요인을 긍정적인 에너지원 혹은 스트레스요인으로 받아들인다. 이러한 스트레스를 유발하는 것은 무엇이든 개인이 그것을 인식하게 되면 그것을 극복하기 위해 에너지를 사용하도록 만들며, 이는 의식적인 에너지원을 고갈시킨다.

일찍이 토플러가 『제3의 물결』에서 제시했던 정보화사회가 고도화되면서 현대인의 생활은 점차 편리해지는 가운데 다른 한편으로는 생활의 안정이 위협받게 되면서 정신적 갈등이 심화되어 가고 있다. 그 영향은 조직사회의 제도와 기술뿐만 아니라 개인의 일상생활에도 영향을 미치게 되며, 이런 생활에 미치는 영향력 가운데 인간이 내면적으로 적응하지 못하는 상황을 일반적으로 스트레스(stress)라 정의하게 되는 것이다.

2) 스트레스의 기능

라자러스(A. Lazarus)는 "인간의 편안함을 위협함으로써 적응능력에 긴장을 준다고 여겨지는 모든 상황"을, 캐논(W.B. Cannon)은 "환경변화에 대한 반작용으로 발생하는 신진대사의 증대, 혈압, 심박동수, 호흡횟수, 근육에 공급되는 혈액량의 증대를 가져오는 생리적 변화와 긴장, 걱정, 주의력 증대 등을 가져오는 심리적 변화"를 스트레스라 지칭했지만 스트레스가 곧 부정적인 것만을 의미하지는 않는다.

스트레스는 모순되게도 순기능적인 면과 역기능적인 면을 동시에 지니고 있다. 인간이 적절한 자극을 통해서 삶의 활력과 긴장을 적정선으로 유지하게 하는 면이 있는 반면 신체적 건강과 정신적 건강을 파괴시키는 역기능적인 면도 가지고 있다.

홈즈와 레이(Holmes & Rahe)는 사회재적응평가척도(SRRS : the Social Readjustment Scale)를 개발하여 사람들이 직면하게 되는 43개 항의 주요 변화가 어느 정도의 영향을 미치는가를 수치로 나타내었다. 이를 보면 삶에 고통과 슬픔만을 가져다주는 것이 스트레스가 아니라 스트레스에는 우리가 즐거움과 행복을 느낄 수 있는 요인들도 포함되어 있다는 것을 확인할 수 있다. 우리가 흔히 즐거운 경험으로 회상하는 졸업, 크리스마스, 휴가, 업적과 관련된 성취, 연애 등의 요소들도 경중의 차이가 있을 뿐 스트레스요인으로 작용한다. 때로는 즐거움을 가져다주는 일들도 과하면 스트레스 요인으로 작용하게 되는 것이다.

우리는 이것을 '유해 스트레스(distress)'와 '유익 스트레스(eustress)'로 명명한다.

보스턴의 베스 이스라엘병원에 심신 클리닉을 창립한 조안 보리센코는 호르몬 전달물질인 뉴로펩타이드에 대해 쓴『몸의 보살핌과 마음 고치기』에서 이렇게 주장하고 있다. 마음과 면역체계, 잠재적으로 다른 모든 기관을 연결하는 매우 정교하고도 풍부한 양방향 소통체계가 있다. 이 통로를 통해 희망과 두려움 같은 가정이 몸의 자기방어능력에 영향을 미친다. 실험을 통해 우리는 급성이든 만성이든 스트레스에 의해 빠른 에너지를 제공하는 호르몬이 분비되는 것을 발견했다. 이 호르몬 중에서 아드레날린과 코르티솔은 면역체계를 강력하게 억제하는 역할도 한다.

진화론적인 관점에서 본다면 인간은 스트레스를 이용하여 환경에 대응하면서 생존해왔기 때문에 스트레스는 기본적으로 인간생존을 위한 수단이자 동반자이다. 그러나 일반적으로 대다수의 사람들이 스트레스라고 지칭할 때는 부정적인 면만을 강조하는 경향이 있다.

보보의 신문

스트레스와 호르몬, 사랑

스트레스가 전혀 없어도 권태감으로 무기력해지고, 테스토스테론 분비에도 나쁜 영향을 준다. '홈그라운드 어드밴티지'라는 용어가 있다. 예를 들어, 프로야구나 프로축구에서 자신의 홈구장에서는 능력 이상의 실력을 발휘하는 경우를 말한다. 이를 홈팬의 열광적인 응원, 익숙한 경기장, 혹은 심판의 유리한 판정 등으로 해석한다. 실제 FIFA 월드컵의 경우 1930년 우루과이에서 시작된 이래 지금까지 개최국은 모두 16강에 올랐다. 우리나라도 2014년 브라질 월드컵은 성적이 나빴지만, 우리나라에서 열린 2002년 월드컵에서는 4강까지 진출했다. 이를 설명하는 요인으로 남성호르몬 테스토스테론의 증가라는 연구결과가 있다. 테스토스테론은 지배력, 자신감, 운동력과 관련이 있는데 격렬한 스트레스를 받는 원정경기보다는 적당한 스트레스를 받게 되는 홈구장에서 경기할 때 테스토스테론 분비가 증가한다.

테스토스테론 분비량은 사계절이 뚜렷한 온대지방에서는 5~6월에 가장 적고 10~11월에 가장 많다. 테스토스테론 분비에 필요한 적당한 스트레스가 날씨가 따뜻해지는 봄이 되면 감소하여 테스토스테론 분비도 감소하게 된다. 가을은 인간을 포함한 모든 동물에게 추운 겨울을 대비해야 한다는 압박감을 주는 계절로 이로 인한 스트레스로 남성호르몬과 여성호르몬의 분비가 저하된다. 그러나 갱년기 이후인 50대 이상에서는 계절에 따른 성호르몬 분비가 계절적으로 거의 차이가 없다.

남자와 여자 모두 사랑에 빠지면 도파민(dopamine), 페닐에틸아민(phenylethyl-amine), 엔돌핀(endorphine) 등 사랑호르몬의 분비가 증가된다. 도파민은 이성과 지성을 조절하는데, 지적이고 형이상학적인 사랑을 느끼게 해준다. 상대방에 대해 눈이 멀게 되고 분별력이 없어지는 것은 페닐에틸아민 때문인데, 열정적이고 감정적인 사랑을 느끼게 해준다. 사랑의 희열을 극대화하는 것은 엔돌핀이고, 육체적 성욕을 느끼게 해주는 것은 옥시토신이다. 사랑에 관여하는 호르몬들은 대개 수명이 2년 정도이고 남자는 더 짧다고 알려져 있다. 이런 호르몬들도 스트레스를 받게 되면 분비가 감소하기 때문에 스트레스를 해소하지 못하면 사랑에도 빠지기 힘들고, 제대로 된 사랑의 기쁨도 느끼기 어렵고, 더 이상 사랑호르몬이 만들어지지 않아 결국 사랑이 식게 된다.

페닐에틸아민은 뇌에서 분비되는 호르몬으로 각성제인 암페타민(amphetamine)과 비슷하게 중추신경과 교감신경을 흥분시키는 작용을 한다. 기분을 상승시키고 감정을 상승시켜준다. 초콜릿에 많이 들어 있어 사랑고백에 많이 쓰인다. 초콜릿은 심리적인 느낌을 좋게 만든다. 단백질이 풍부한 육류와 콩에 많이 함유돼 있는 페닐알라닌이란 아미노산은 체내에 흡수되면 페닐에틸아민으로 변환이 되기 때문에 사랑의 에너지가 필요하면 초콜릿 대신에 고기와 콩을 많이 섭취해도 된다.

사랑의 아름다움과 즐거움이 단지 육체적인 현상이나 화학적 분석으로 설명이 되는 것은 아니겠지만 스트레스는 단지 신체기능의 저하뿐만 아니라 정신적으로도 사랑에 나쁜 영향을 준다.

자료 : 헬스조선, 2017.7.16. (저자 수정)

(1) 유해 스트레스

유해 스트레스(distress)는 좋지 않은 일들로 인하여 생겨나게 되는 부정적인 성향의 스트레스를 의미한다. 보편적으로 알려져 있는 스트레스는 여기에 해당된다.

개인이 자신이 몸담고 있는 환경과 불균형상태에 이를 때, 자신이 가진 능력보다 월등한 것을 요구받을 때, 자신이 원하는 바를 사회에서 제공해주지 못할 때 흔히 발생하는 종류의 스트레스이다.

보보는 업무지향적인 성격을 지니고 있다. 늘 다른 사람들보다 더 열심히, 더 많이 일한다. 그러나 사회적 마이너리티를 모두 지니고 있는 보보로서는 공정한 기회를 제공받고 있지 못하다고 느낄 때가 많다. 그러한 상황에 대해서 보보가 느끼는 불만과 분노는 보보를 더욱 업무에 매달리게 하고, 한쪽으로 편중된 삶을 살아가게 만드는 요인이 되곤 한다. 보보는 더욱 지치고, 악순환은 계속된다. 보보는 유해 스트레스로부터 압박을 받고 있다.

(2) 유익 스트레스

유익 스트레스(eustress)의 어원은 그리스어의 'eu'에서 비롯되었다. 'eu'는 선(善), 미(美), 우(憂)의 의미를 지니고 있다. 그러므로 유익 스트레스는 착하고 정당하여 도덕적 기준에 맞는 것, 아름답고 좋은 것 등의 뜻을 지닌다고 볼 수 있다.

어떠한 경우가 되었던 유익 스트레스는 즐거운 성향의 스트레스이며 이러한 유형의 스트레스를 통해 인간은 긍정적으로 자극을 받고 올바른 방향으로 성장할 수 있는 힘을 얻게 된다.

모모는 평상시 모든 일에 열심히 최선을 다하는 학생이다. 수업시간도 빠지지 않고 열심히 듣고, 스스로의 성장을 위해 아낌없이 노력하는 성실형이다. 이런 학생이 A학점을 받게 되면 긍정적인 자극을 더 많이 받게 되어 개인성장의 견인차 역할을 하게 된다. 이렇게 유익한 스트레스는 생활에 꼭 필요한 것이고 인간의 창조적 행동과 문제해결을 가능하게 해준다.

인간이 창의적 활동을 도모하고, 새로운 지식과 기술을 습득하고, 인격적인 성장을 하기 위해서는 적정량의 스트레스는 필수적인 요소이다. 그렇게 볼 때 스트레스를 완전히 없애는 것보다는 스트레스가 과도하게 지나쳐서 부작용이 생기지 않게 통제하고 관리하면서 적정 범위 내로 스트레스를 유지하는 것이 중요하다.

보보의 책 분노의 댐

분노는 두 단계의 과정이다. 분노는 보통 스트레스와 어떤 종류의 스트레스가 조성하는 주관적 각성경험으로 시작한다. 스트레스는 대처를 시작하도록 동기를 부여한다. 당신은 이 불편한 감정을 낮추거나 차단하기를 원한다. 분노생산의 첫 단계는 당신의 스트레스 인식이 대처결정으로 이어질 때 마무리된다. 비록 대처방식에 눈물이나 긴장완화, 운동, 음악, 문제해결 등이 있다 할지라도, 당신은 자신도 모르게 분노를 통해 고통을 차단하고 해소하는 쪽을 선택하는 자신을 발견할 것이다. 스트레스는 분노의 충분조건이 아니다. 스트레스를 적대적 감정으로 전환하기 위해서는 분노를 촉발하는 사고라는 심리적 불쏘시개가 필요하다. 화를 내게 되는 진짜 동기는 스트레스에서 오는 각성을 줄이거나 해소하려는 것이다. 화를 내는 순간 당신은 당신의 인식이 옳고 그른 것에 별 관심이 없다. 당신이 원하는 것은 고통을 해소하거나 고통을 차단하는 것이다. 비록 고통은 중요하고 고통의 표현 역시 중요하지만, 분노는 흔히 파괴적이다. 합당하고 옳은 것은 분노가 아니다. 인정하고 탐색하여야 하는 것은 인간의 고통이다.

표현되지 않은 화난 감정은 계속 불어난다. 마침내 축적된 분노가 외적인 평온을 깨고 터져 나온다. 이는 분노가 증가하는 것이 아니고 스트레스가 늘어나는 것이다. 스트레스는 자라난다. 분노는 당신이 대처하기 위해 사용할 수 있는 여러 가지 가능한 전략 가운데 하나일 뿐이다. 당신의 분노가 외부로 표현되지 않으면 더 많은 분노가 생산되지 않는다. 그것이 자체적으로 스트레스를 증가시키지 않는다. 분노를 표현하지 않기로 선택하는 것은 단순히 이성이 이를 감소시키는 방법을 찾을 때까지 고통스러운 상태에 조금 더 머물러 있을 것임을 의미할 뿐이다.

– 매튜 맥케이, 피터 로저스, 주디스 맥케이의 『분노의 기술』 중에서

3) 스트레스로 인한 반응

(1) 생리적 반응

생리적 반응(reaction)은 매슬로우가 제시했던 '안전・안정의 욕구'처럼 위협이나 위험상황에서 자신을 안전하게 지키려는 본능적인 신체적 반응을 의미한다.

스트레스를 받게 되면 자기도 모르는 사이에 심장박동은 터질 것처럼 증가하고, 혈압이 상승하고, 신진대사도 증가하게 된다. 이런 본능적 반응들은 인간이 스트레스를 잘 처리할 수 있게 도와준다.

예를 들어, 모모는 겉으로는 항상 용감한 척 꿋꿋한 모습을 보이지만 실은 아주 심한 겁쟁이이다. 평상시의 안온한 상황에서는 모모는 자신에게 주어진 이 역할연기를 아주 잘해낼 수 있다. 그러나 신체적인 위협이 가해진다든가 정신적인 스트레스를 받게 되면 꽁꽁 숨겨두었던 겁 많은 모모가 나타나게 된다. 이때 심장박동수가 증가한다든가 식은땀이 흐른다든가 하는 양상으로 생리적 반응이 나타나게 되는 것이다. 생리적 반응까지 속일 수는 없는 것이다.

(2) 심리적 반응

생리적 반응을 경험하게 되면 심리적 반응으로 넘어가게 된다.

심장박동수의 증가나 혈압상승과 같은 생리적 반응이 나타난 이후에는 심리적으로도 두려움이나 긴장, 불안과 같은 복잡한 감정을 경험하게 된다. 이러한 반응은 본인에게 스트레스를 유발시키는 상황이 얼마나 위험한가를 경험하게 하고, 상황에 대처하는 준비를 하도록 만든다.

모모는 평상시에는 아주 정상적이지만 엘리베이터를 탄다든가 높은 곳에 올라가면 식은땀이 흐르고 심장이 쿵쿵 소리를 내며 뛰기 시작한다. 모모 자신도 원하지 않지만 이럴 땐 두려움을 느낄 수밖에 없다. 그저 가만히 그 자리에서 상황이 지나가기를 기다린다.

(3) 대응행동

인간은 필연적으로 스트레스상황과 대면할 수밖에 없으며 스트레스와 함께 생활하고 성장한다고 해도 과언이 아니다. 이때 개인에 따라 스트레스에 대처하는 방법은 여러 가지 형태로 나타나게 되는데 이러한 것을 대응행동이라고 지칭한다.

모모는 스트레스를 받으면 마음을 진정시키기 위해서 줄담배를 핀다. 그러나 담배가 어떠한 제품인가? 그 옛날, 당시 최고 인기를 누리던 말보로 광고 속에서 말 위에 앉아 카우보이모자를 삐딱하게 쓰고 담배를 피우던 그 멋진 미국배우를 기억하는가? 그는 폐암으로 사망했다. 그때 그 배우, 율 브린너는 죽기 직전 TV에 출연해서 말했다. "절대로, 절대로 담배를 피우지 마세요. 다른 무엇을 하든 상관없습니다. 하지만 담배는 피우지 마세요. 절대로." 모모는 스트레스를 해소하기 위해서 담배를 피우지만 더 커다란 위험에 노출되어 있다는 사실을 간과하고 있다. 담배에는 사형가스실에 사용되는 독극물인 청산가리, 연탄가스의 중독주요인인 일산화탄소, 발암물질인 디메칠니트로자민, 마약류로 분류되는 니코틴 등 셀 수도 없을 정도로 많은 유해물질이 가득 들어있다. 그러나 모모를 비롯한 많은 이들이 스트레스를 경감시키기 위해서 흡연을 하며, 때로는 알코올섭취, 약물섭취 등의 부정적인 방법으로 마음을 다스리기 위해 노력한다.

그림 12-4 스트레스의 사이클

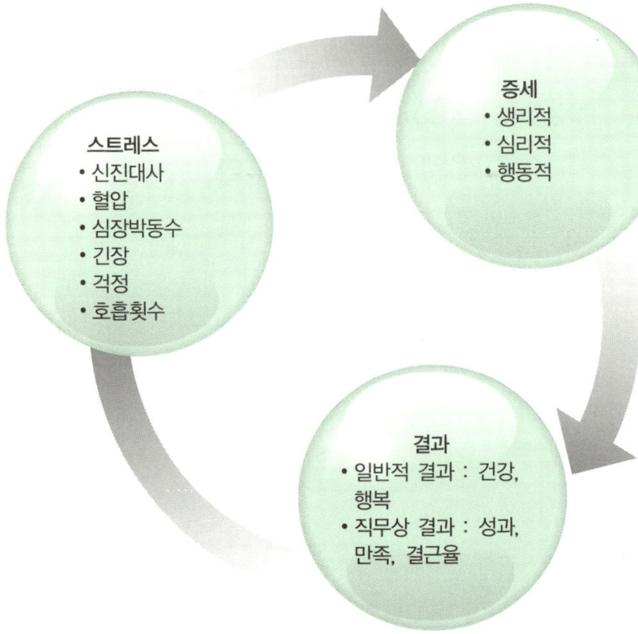

스트레스, 불안감 그리고 우울증

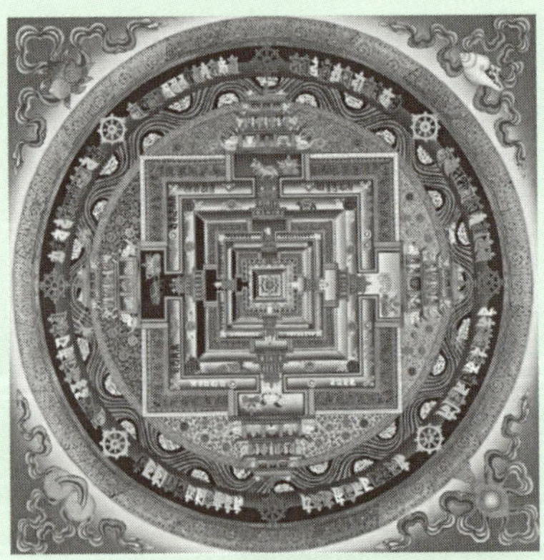
네팔 '만다라'

스트레스, 불안감, 우울증, 이 세 용어를 혼동하는 경우가 자주 있다. 불안감과 우울증이 병리현상이라면 스트레스는 병이 아니라는 사실을 환기할 필요가 있다.

보보가 당장 스트레스의 원인 앞에서 힘들어 한다면, 보보는 "스트레스를 받는다"라고 할 수 있다. 만일 스트레스의 원인으로부터 멀어진다면 보보의 기분은 나아질 것이다.

스트레스의 원인이 가까이 있지 않아도 보보의 증상이 계속된다면 불안감을 가지고 있다고 볼 수 있다. 문제의 사건에 대해 한참 전이나 한참 후에 긴장과 불안이 갖가지 형태로 드러나서 괴로워한다면, 이것은 스트레스의 정도를 넘은 불안감 때문일 것이다. 이때 보보는 자신의 스트레스를 '내면화시킨' 셈이다.

보통 병원을 찾는 사람들이 스트레스라고 부르는 것은 실제로는 우울증에 속하는 경우가 많다. 그들은 외부활동을 할 수 없는 상태가 되어버렸고, 모든 것이 힘들어 보이고, 긴장되고 불만스러우며, 때로 언짢거나 기력을 잃게 된다. 스트레스를 받거나 불안감에 사로잡힌 사람은 적응하기 위해 활동하고 노력하는 데 반해, 우울증에 빠진 사람은 맞서 싸우기를 포기하고 환경을 조절하려는 모든 노력 자체가 쓸모없다고 생각한다.

한 사람에게 이 세 가지 상태가 차례로 나타날 수 있다. 그러므로 스트레스의 단계에서 평상심을 되찾을 수 있도록 다양한 방법으로 노력하는 자세가 필요하다.

스트레스를 완화시키는 대표적 방법 중의 하나는 초월적 명상이다. 이는 고대 동양의 도교와 선불교에서 쓰였던 이완법을 개선한 것이다. 초월적 명상이 실현되기 위해 갖추어야 하는 네 가지 조건이 있다.

첫째, 조용해야 하며, 둘째, 마음에 평온을 가져다주는 단순한 문구, 일명 '만트라(진언)'를 소리 내어 혹은 마음속으로 되뇐다. 만트라는 개개인이 원하는 대로 '옴'처럼 한 마디 말일 수도 있고, 대상자가 중요하게 생각하는 철학적이거나 종교적인 문구일 수도 있다. 셋째, 마음을 의식적으로 통제하려 하지 않고 있는 그대로 내버려두어야 한다. 넷째, 정신을 흐트러뜨릴 수 있는 원인을 피하고 최대한 편안한 자세를 유지해야 한다.

동양에서의 명상이 '열반'으로 불리는 변화된 의식상태에 도달하는 것이라면, 서양에서는 '계시'에 이르는 것이다. 이러한 초의식의 상태는 내면의 평화, 세계와 하나 된 느낌, 시간과 공간지각의 변화, 삶과 세계의 의미에 관한 확대된 인식 등의 특징을 갖는다.

자료 : 크리스토프 앙드레의 『스트레스 보이지 않는 그림자』 중에서 (저자 수정)

한 말씀

어떻게 스트레스에서 벗어나는지 물을 때 나는 자기 배꼽만 쳐다보고 있지 말라고 조언한다. 그렇게 하는 건 '자아의 감옥' 안에 갇히는 것이기 때문이다. 자아는 작고 일시적인 것이다. 파스칼이 말한 것처럼 그것은 '영원히 달아나는' 것이다.

– 엠마뉘엘 수녀

4) 스트레스의 요인

(1) 조직적 스트레스요인

사회에서 사람이 차지하는 위치라는 의미를 지닌 '지위(status)'라는 단어는 신분이라는 뜻의 라틴어 'statum(서다)'에서 파생되었다. 좁은 의미에서 이 말은 한 집단

내의 법적 또는 직업적 신분을 가리킨다. 예를 들어, 결혼한 기혼자나 부장, 사장 등의 직업적 신분을 의미한다. 그러나 더 넓은 의미에서는 세상의 눈으로 본 사람의 가치나 중요성을 가리키게 된다. 서양에서는 1776년 이후 경제적 성취와 관련하여 지위가 부여되기 시작했다.

고대 희랍의 철학자 아리스토텔레스는 "인간은 사회적 동물이다"라고 했다. 그러나 실은 아리스토텔레스는 인간을 '사회적 동물'이라고 한 게 아니라 '정치적 동물(zoon politikon)'이라고 했다. 그런데 세네카가 이 말을 '사회적 동물(animal socialis)'로 번역했고, 아퀴나스는 두 말이 사실상 같다고 했다. 또한 맬러머드는 그의 작품『수선공』에서 '정치적 인간'을 언급했는데, 그가 의도한 순수한 의미에 있어서의 '정치적 인간'이란 그 사회 내의 다른 사람들과 드러나지 않는 관계를 맺고 있음을 의식하고 있는 사람들이다. 심리학자 매슬로우도 인간의 욕구 중 세 번째 단계의 욕구를 '사회적 욕구'라 제시하고 있다. 기본적으로 인간은 집단에 속하고 싶어하고, 그 집단 속에서 스스로도 만족하고 타인에게도 존경받는 일들을 하며 삶을 영위하고자 하는 욕구를 지니고 있다.

따라서 인간은 조직이라는 하나의 틀 속에서 살아갈 수밖에 없으며 삶에는 크고 작은 스트레스가 따를 수밖에 없다는 면에서 볼 때 조직적 스트레스요인은 인간의 삶에 중요한 역할을 한다고 볼 수 있다.

알랭 드 보통은 그의 저서『불안』을 통해서 불안을 느끼는 사람은 변화하고 성장할 가능성을 더 많이 가지고 있다고 주장했다. 그는 우리에게 솔로몬의 지혜가 있고 오디세우스의 책략과 꾀가 있다고 해도 우리의 자질을 사회적으로 인정받는 표지로 제시하지 못하면 타인들에게 전혀 관심의 대상이 되지 못한다고 했다. 결국 두려움은 모든 일의 근원이라는 것이다.

조직구조, 근무조건 등도 조직적 스트레스요인으로 작용한다.

알랭 드 보통은 우리의 경제적 충족감은 준거집단의 조건과의 비교를 통해 결정된다고 말한 바 있다. 이는 호가드의 저서『영국 BBC 다큐멘터리 행복』을 통해서도 확인할 수 있다. 실험대상자들을 상대로 당신이 10만 파운드를 받는 대신 동료가 25만 파운드를 받는 것과, 당신이 5만 파운드를 받는 대신 동료가 2만 파운드를 받는 것 중 어느 쪽을 택하겠느냐는 물음에 응답자 모두 후자를 택하겠다고 대답했다. 경제학자 앤드루 오스왈드는 대학생들에게 가상의 일자리를 제안한 결과 연봉을 모두 다르게 제시했을 때 연봉에 대한 만족도는 연봉의 액수보다 순위에 더 큰 영향을 받는다는 사실을 알게 되었다. 〈포브스〉지가 선정한 세계 최고부자 400명이나 아프리카 마사이족이 느끼는 행복 수준은 동일하다는 연구결과도 있다.

조직에서의 역할에 대한 모호성도 스트레스요인으로 작용할 수 있다. 미국 노동자에 대한 전국적인 조사결과에 따르면 직무에 대한 애매모호하고 불확실하며 불충분한 정보가 스트레스의 원천이라고 지적한 사람이 전체의 1/3이나 되었다. 조사대상자들 중 단지 10%만이 자신의 직무나 회사에 대해 충분한 정보를 제공받고 있다고 응답했을 뿐이다.

굽타와 비르(N. Gupta & T. Beehr)는 5개의 조직체에 근무하는 650명의 종업원을 대상으로 그들의 역할에 대한 연구를 했다. 조사결과에 따르면 역할모호성, 역할과중, 역할과소를 경험한 종업원이 그렇지 않은 동료들에 비해 더 높은 결근율을 나타내고 있다.

국제노동기구의 연례보고서에 따르면 스트레스는 우리 시대의 가장 심각한 문제 중 하나가 되었다. 그것은 개인의 육체적, 정신적 건강을 위협하고 기업과 국가경제에 값비싼 대가를 치르게 한다.

뽀뽀의 신문

스트레스는 뇌 노화를 앞당긴다

살다가 겪게 되는 커다란 스트레스 경험이 뇌의 노화를 수년 앞당길 수 있다는 연구결과가 나왔다.

미국 위스콘신대 연구팀은 젊은 시절 당한 단 한 건의 상당한 스트레스라도 나중에 뇌 건강에 영향을 줄 수 있다는 사실을 밝혀냈다. 연구팀은 기억에 남는 스트레스를 겪은 미국인 1,320명을 대상으로 사고력과 기억력 분야에서 테스트를 진행해 이런 결론을 얻었다. 분석대상자의 평균연령은 58세로, 1,232명은 백인이었고, 82명은 흑인이었다.

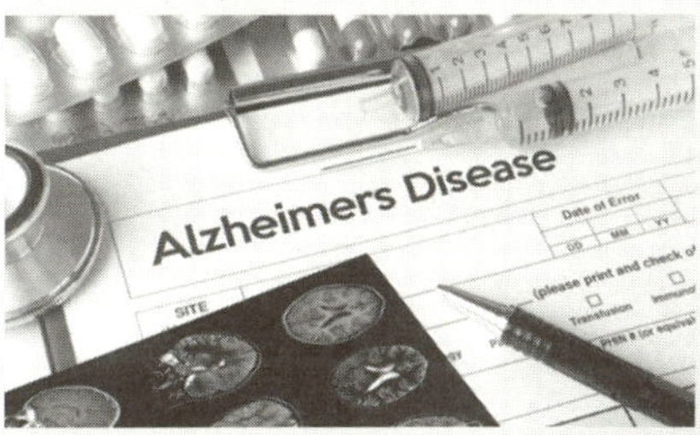

연구팀은 즉각적인 기억능력을 비롯해 언어학습능력 및 기억력, 시각학습능력 및 기억, 이야기 기억능력 등 4개 분야에서 신경심리학적 테스트를 진행했다. 이에 따르면 실직이나 자녀의 죽음, 이혼, 알코올중독, 마약중독, 부모로부터의 양육 등이 커다란 스트레스로 분류됐다. 연구팀은 이런 상당한 스트레스들이 나중에 경험자의 인지능력을 떨어뜨린다는 쪽으로 결론을 맺었다.

특히 흑인의 경우 일평생 사는 동안 백인보다 60% 더 스트레스를 경험한 것으로 나타났다고 연구팀은 설명했다. 흑인들은 각각의 스트레스가 매 4년간의 인지력 노화를 가져온다는 것이다.

연구팀이 주목한 상당한 스트레스에는 부모의 죽음과 학대, 실직, 빈곤한 이웃들과 지내는 것, 이혼 등이 폭넓게 포함돼 있다. 심지어 어린 학생의 경우 전학도 스트레스를 주는 요인이 된다. 오랜 기간 지속돼 온 스트레스가 건강에 영향을 미친다는 것은 널리 알려진 사실이며, 잊히지 않는 스트레스가 나중에 기억력이나 사고능력에 영향을 미친다는 사실은 전혀 놀라운 일이 아니다. 하지만 이런 스트레스가 치매의 위험을 증가시키는 것인지에 대해서는 여전히 논란의 여지가 있다고 덧붙였다.

자료 : 연합뉴스, 2017.7.17.

(2) 조직 외적 스트레스요인

토플러는 일찍이 『제3의 물결』이라는 저서를 통해 우리 사회의 변동을 예견했고, 나이스비트도 『메가트랜드』라는 저서를 통해 수십 년 이후의 사회변동을 예측했다. 농업사회가 수천 년에 걸쳐서 변화하고, 산업사회가 수백 년에 걸쳐서 변화했지만 정보화사회는 불과 수십 년 만에 눈부신 변화를 일구어냈다. 이제는 4차 산업혁명을 눈앞에 두고 있다. 인간은 변화를 추구하지만 역설적이게도 이러한 변화를 통해 불안과 두려움을 느끼게 된다.

1700년대 이후 서구의 소비자들은 급격한 변화를 경험하게 된다. 산업혁명을 통해서 이전에는 엘리트나 부유층만 이용하던 사치품들은 일반용품이 되었으며, 일반용품들은 생활필수품이 되었다. 애덤 스미스는 저서 『국부론』을 통해서 나라의 부의 기준을 '생활필수품과 편의품'이라고 정의한 바 있다. 루즈벨트는 미국 사회의 장점을 소비에트에 가르쳐주려면 무슨 책을 주는 것이 좋겠느냐는 질문을 받자 시어스백화점의 카탈로그를 가리켰다는 일화도 있다.

제2차 세계대전 이후 미국의 소비자들은 가장 큰 특권을 누렸지만 동시에 가장 괴로운 사람들이기도 했다. 물질이 넘쳐나는 곳에서 인종과 계급, 그들의 경제재정상태, 그것에 의한 주거상태 등은 중요한 스트레스요인이 될 수밖에 없었다.

그림 12-5 | 시어스백화점 카탈로그, 1934년 봄

1950년에 미네소타에서 사우스데일 몰이 문을 열었을 때의 광고는 다음과 같다. "사우드데일에서는 매일이 최고의 쇼핑 날입니다." 1970년대에 이르자 미국인들은 일터 외에는 다른 어느 곳보다 쇼핑몰에서 더 많은 시간을 보내게 되었다. 이것은 한국도 마찬가지이다. 흔히들 서울을 즐거움과 고통이 공존하는 도시라고 부른다. 돈이 있는 자에게는 이보다 살기 좋은 곳이 없고, 돈이 없는 자에게는 이보다 지옥과 같은 곳이 없다는 것이다.

세계적으로 나타나는 이러한 현상들은 보통의 사람들에게 지위로 인한 불안의 수준을 높여주었고, 자리, 성취, 수입을 놓고 걱정거리가 늘어나게 되었다. 실제적 궁핍은 줄어들었지만 역설적이게도 궁핍감과 궁핍에 대한 공포는 오히려 더 증가한 것이다.

인종도 중요한 조직 외적 스트레스요인인데, 2006년 월드컵 결승전에서 일어났던 프랑스 '지단'의 이탈리아 '마테라치'에 대한 박치기 사건은 세계 도처에 이러한 위험이 도사리고 있음을 보여주는 사례 중 하나이며, 트럼프의 반이민행정명령은 미국을 비롯한 전 세계의 위협이 되고 있다.

보보의 책 몸과 마음

시련과 고난의 한 가운데에서 금방이라도 무너져 내릴 것 같던 나에게 친구인 낸시는 '마음을 보호하는 주문'이라는 것을 가르쳐주었다. 그녀는 그 의식을 캘리포니아에 있는 영적 스승에게서 배웠다고 했다. 악으로부터 보호받기 위해 더 높은 권력자를 부른다는 것은 내게 얕은 속임수처럼 들렸지만, 나는 그것이 직관적인 수준에서는 어느 정도 도움이 될지 모른다고 느꼈다. 나는 구할 수 있는 도움이 필요했다. 다음 날 나는 사무실에서 그녀가 나에게 준 단어들을 되뇌었다. 그러자 곧 그때까지 경험하던 불안과 긴장에서 해방되는 느낌이 들었다. 나는 그 단어들을 계속해서 사용했다. 특히 내가 유난히 지지받지 못한다고 느낄 때 그것을 외우면 힘이 생겼다. 그때는 그렇게 되는 이유가 단지 그것이 제공하는 심리적 완충작용 때문이라고 나 자신에게 말했지만, 이제 나는 그 기묘한 의식이 강력한 형태의 기도였음을 안다.

명상의 작용원리는 목적을 가지고 내 의도를 내놓은 다음, 단순히 무엇이든 곁에 있는 것에 주의를 기울이면서 정신적으로 집중을 유지하는 과정이다. 초점의 대상은 만트라[1]나 내 호흡이 될 수도 있고, 내 몸의 치유나 식물에게 평화를 보내는 것과 같은 것이 될 수도 있다. 나는 내가 이미 나의 일상적인 보통사고를 통해 그 체계에 무의식적으로 개입하고 있고, 심지어 그 체계에 손상을 입힐 때도 있다는 것을 알고 있다. 그것은 돛을 지나치게 조정하는 것이고, 또는 어떤 식으로든 자연적인 균형을 망치는 것이다. 나는 의도적으로 개입할 것을 선택하면 되는 것이다.

이전의 환원주의 모형으로 볼 때 심장병이나 암과 같은 만성병은 몸을 공격하는 일방적인 세력이다. 그 힘은 인간을 첨단의학의 치료법 바깥에서는 어떠한 반응도 할 수 없는 무력한 희생자로 만든다. 하지만 의식적 개입의 개념은 그 방정식에 새로운 인자를 더한다. 과학적으로 존중되는 어떤 지능이 치유과정에 적극적인 역할을 할 수 있는 것이다. 명상은 몸의 내부에서 이루어지는 대화 안으로 들어가는, 즉 몸의 생화학적 상호작용에 의식적으로 개입하는 또 다른 방법이다.

– 캔더스 퍼트의 『감정의 분자』 중에서

표 12-3 스트레스요인

조직적 스트레스요인	조직 외적 스트레스요인
• 조직정책	• 사회적 변화
• 조직구조	• 기술적 변화
• 근무조건	• 가족
• 근무절차	• 경제재정상태
• 조직 내 역할모호성	• 인종과 계급
• 조직 내 역할과중	• 주거상태
• 조직 내 역할과소	• 주거지역

1) 만트라(Mantra), 만트람(Mantram) 또는 진언(眞言)은 참되고 진실한 말로서 영적 또는 물리적 변형을 일으킬 수 있다고 여겨지고 있는 발음, 음절, 낱말 또는 구절을 의미한다.

(3) 생활과 직업의 변화에 따른 스트레스

일상의 생활에서 갑작스러운 변화가 생겨나면 이는 곧 스트레스요인으로 작용할 수 있다. 우리는 살아가면서 여러 가지 중요한 사건들을 겪게 되는데, 이때 많은 인자들이 재적응을 필요로 하며, 이러한 요인들은 스트레스를 유발하게 된다.

커다란 사건뿐만 아니라 일상에서의 작은 일들에서도 스트레스는 유발된다. 예를 들어, 교통체증으로 출근시간에 늦게 되었을 때, 유난히 사람이 많은 세일기간에 이루어지는 쇼핑상황, 일시적인 경제적 궁핍 등 다양한 인자들이 스트레스를 유발시킨다.

표 12-4 사회적 재적응평가척도

사건(변화)	점수	사건(변화)	점수
배우자의 사망	100	아들이나 딸의 가출	29
이혼	73	법률상의 분쟁	29
별거	65	자신의 탁월한 성취	28
징역	63	부인이 직업을 새로 갖거나 그만둠	26
가까운 가족의 사망	63	학교의 입학이나 졸업	26
자신의 중대한 부상이나 질병	53	생활조건의 변화	25
결혼	50	개인적인 습관의 교정	24
해고	47	상관과의 분쟁	23
별거 후 재결합	45	근무시간이나 작업조건의 변화	20
은퇴	45	주거의 변화	20
가족의 건강상의 중대한 변화	44	전학	20
임신	40	여가생활의 변화	19
성생활의 어려움	39	교회활동상의 변화	19
새로운 가족의 획득	39	사회적 활동상의 변화	18
사업의 재조정	39	10,000달러 이하의 저당이나 대부	17
재무상태의 변화	38	수면습관상의 변화	16
절친한 친구의 사망	37	함께 사는 가족의 수적 변화	15
다른 부서로의 전근	36	식생활상의 습관 변화	15
배우자와의 말다툼 횟수의 변화	35	휴가	13
10,000달러 이상의 저당	31	크리스마스	12
저당권이나 채권의 상실	30	경미한 범법행위	11
직무상의 책임의 변화	29		

자료 : L.O. Ruch and T.H. Holmes, "Scaling of Life Change : Comparison of Direct and Indirect Methods", *Journal of Psychosomatic Research*, Vol. 11, June, 1971.

스트레스를 제때에 해소하지 못하고 계속 다양한 인자들이 쌓여 가면 다른 사람보다 질병에 걸리거나 쇠약해질 가능성이 높아지고, 부주의로 인한 사고의 가능성도 높아지게 된다.

홈즈(Holmes et als.) 등은 43개의 사건을 상대로 하여 스트레스에 대한 재적응필요량을 계산했다. 비율이 낮은 사건을 장기간에 걸쳐 경험하는 사람에 비해 비율이 높은 사건을 단기간에 경험하는 사람들은 스트레스로 인해 신체적 악화를 겪게 될 가능성이 높다.

한 해에 200점 이상이 되는 사람들은 다음 해에 심각한 건강상의 문제를 겪을 확률이 50%이며, 300점 이상이 되는 사람들은 다음 해에 심각한 건강상의 문제를 겪게 될 확률이 75%로 상승한다. 목록에는 유해 스트레스인자만 있는 것이 아니라 유익 스트레스인자도 다수 포함되어 있다. 과유불급이라는 말처럼 좋은 것도 지나치면 인간의 에너지를 고갈시켜 스트레스를 유발시킬 수 있다.

보보의 책 스트레스 1위, 한국인

직장인들의 스트레스로 인한 사회적 손실은 매년 340조 원에 달한다. 주요 스트레스요인은 집단해고, 인력 아웃소싱 등이었고, 사무직 노동자일수록 스트레스에 더 많이 노출된 것으로 나타났다. 일명 '개목걸이'로 불리는 휴대전화와 인터넷중독증 등으로 업무시간과 비업무시간의 구별이 희미해진데다, 화이트칼라 노동자들이 업무를 집에까지 가져가 처리하는 경향도 걱정으로 인한 스트레스 때문이다. 미국에서 스트레스로 인한 경제적 총손실은 국내총생산의 10% 정도로 추정된다.

세계 최장 노동시간을 기록하고 있는 한국 직장인들의 스트레스는 과연 어디서 오는 걸까? 많은 경우에 스트레스는 인간관계에서 비롯된 것이지만, 경제위기 이후 감원공포에다 경쟁격화로 노동강도가 강화되고 고용불안이 일상화되면서 걱정으로 인한 스트레스가 증가하고 있는 것이다. 현대사회에서는 미래에 대한 고용걱정이 가장 큰 스트레스로 부각되고 있다.

우리나라 직장인들의 고용걱정 스트레스에 대한 조사결과, 고용이 위협받고 급격한 구조조정과 성과급제 도입 등 경쟁체제 도입으로 직무 스트레스가 더 높아졌다는 것이 밝혀졌다. 이 조사에서 스트레스를 유발하는 가장 큰 원인은 '직업 불안정성'으로 나타났다. 장래에 직장을 잃을 가능성이 스트레스를 부르는 주범이라는 것이다.

– 임희택의 『굿빠이 스트레스』 중에서

5) 성격과 스트레스

성격은 스트레스와 깊은 상관관계를 가지고 있다. 똑같은 사건이 일어나도 어떤 사람은 그 사건으로 인해 커다란 스트레스를 받게 되며, 또 다른 사람은 작은 영향도 받지 않는 가벼운 일로 지나칠 수 있다.

래니(M.O. Laney)는 그녀의 저서 '*Introvert Advantage : How to Thrive in an Extrovert World*'에서 우리 문화는 외향적인 특질을 좋게 생각하고 대우해준다고 주장하면서 많은 학자들이 외향적인 사람들이 더 행복하다는 것을 입증하는 연구결과들을 제시했지만 내향적인 사람들의 행복에 대한 기준은 외향적인 사람과는 다르다는 것을 간과하고 있다고 지적하고 있다. 앞장에서 논의했던 것처럼 마이어스와 브릭스(Myers-Briggs)의 MBTI는 인간의 성격을 평가하는 데 많이 사용되는 지표이다. 이 지표에도 외향성과 내향성을 구분하는 문항이 포함되어 있다. 래니에 의하면 외향적인 사람들과 내성적인 사람들의 비율은 3:1이기 때문에 내성적인 사람들은 상대적으로 외향적인 사람들에게 수적으로 밀리게 된다. 내향적인 사람들은 조용하게 에너지를 사용하는 성향의 사람들이기 때문에 성향 그 자체만으로도 커다란 압력을 받는다. 그러므로 래니는 외향적인 사람들이 다른 사람들처럼 행동하라고 엄청난 압력을 사용하더라도 내향적인 사람들에게 필요한 것은 있는 그대로의 자신의 모습을 인정하고 에너지를 사용하는 올바른 방법을 습득하는 것이라고 주장한다.

20세기 초반 융(Jung)은 프로이트(Freud), 아들러(Adler)와 함께 연구를 했다. 연구과정에서 융은 이상한 점을 발견하게 되었는데 프로이트와 아들러가 똑같은 환자를 놓고 토론하면서도 전혀 다른 정보에 초점을 맞추고 있다는 것을 발견한 것이다. 게다가 이들이 발전시킨 이론도 거의 정반대였다. 이론적인 차이 때문에 프로이트와 아들러, 융의 관계는 끝이 나고, 셋은 각자의 길을 가게 되었다. 융은 자신만의 이론을 계속 발전시켜 나갔다. 그 결과 누구나 타고난 기질에 의해 극단적인 내향성과 극단적인 외향성의 연속체상에 있으며 이런 기질들에는 생리적 근거가 있다고 믿게 되었다. 융은 다윈의 예찬론자였기 때문에 내향성과 외향성에 대한 연구를 시작했을 때도 기질을 진화론적인 관점에서 생각했다. 그는 각 기질마다 그 기질이 활동할 수 있는 최적의 환경이 필요하다고 생각했다.

BC 4~5세기부터 체질론이 인기를 끌기 시작했는데, 이는 황담즙과 흑담즙, 혈액, 점액질이라는 네 가지 체액이 우리 몸에 똑같은 양으로 존재해야 기질이 조화로워진다는 것이다. 이 기질론은 나치가 유대인을 학살하는 구실로 악용한 후 오랫동안 암흑 속에 밀려나 있다가 최근 다시 부활하기 시작했다.

보보의 신문

행복호르몬 늘리는 방법

우리가 기분 좋은 행복감을 느끼는 것은 체내 '세로토닌' 호르몬과 관련이 있다. 세로토닌은 단백질을 구성하는 아미노산의 한 종류인 트립토판에서 만들어지는데, 행복감을 높여준다는 이유로 '행복호르몬'이라고도 불린다. 세로토닌이 부족하면 불안, 우울 등을 느끼기 때문에 우울증 환자에게 체내 세로토닌양을 늘리는 치료를 하기도 한다.

세로토닌 분비를 늘리는 법은 의외로 간단하다.

세로토닌이나 세로토닌 재료가 되는 트립토판이 많은 음식을 먹는 게 도움이 된다. 대표적인 음식이 붉은 고기, 유제품, 견과류, 바나나, 조개류, 현미다.

관자놀이나 미간을 가볍게 마사지하는 것도 세로토닌의 양을 늘린다. 이를 입증한 미국 마운트시나이 세인트 루크병원 리처드 웨일 박사의 연구결과가 있다. 체내 세로토닌 양이 줄면 식욕이 높아지는데, 이 원리를 활용해 연구를 진행했다. 리처드 웨일 박사는 비만 남녀 55명에게 식욕을 가라앉힌다고 알려진 동작 4가지를 30초씩 실시하게 했다. 4가지 동작은 이마 마사지하기, 귀 마사지하기, 발가락 마사지하기, 벽 가만히 응시하기였다. 그 결과 이마를 두드리는 것이 다른 동작보다 10% 이상 식욕을 억제했다.

숨을 천천히 쉬거나 한숨을 쉬는 활동, 생각을 비우는 명상 등은 모두 세로토닌 분비량을 늘린다. 4초간 숨을 들이마시고, 7초간 숨을 멈춘 뒤, 8초 동안 입으로 숨을 내쉬는 478 호흡법을 시도하는 것이 효과적이다.

하루 30분 이상 햇볕을 쬐야 체내 세로토닌 분비량이 부족하지 않게 유지될 수 있다. 땅을 밟고 걷는 행위 역시 세로토닌 분비를 촉진하기 때문에, 가만히 햇볕을 쬐고 있기보다는 산책을 하는 게 좋다.

자료 : 헬스조선, 2017.6.2. (저자 수정)

기질은 어디에서 시작되는 것인가? 많은 학자들이 유전자라고 답하고 있다. 인간이 가진 유전적 유산 속에는 약 150가지의 다양한 두뇌 화학물질이 들어 있는 개인적 저장고와 신경전달물질을 운용하는 방법이 들어 있다. 신경전달물질은 세포에서 세포로 메시지를 전달하고 두뇌작용을 지시하는 역할을 하게 된다. 지금까지 확인된 신경전달물질은 약 60가지로 도파민, 세로토닌, 노르아드레날린, 아세틸콜린, 엔돌핀 등이 있다. 혈액의 양과 순환경로에 따라 두뇌와 중추신경계 중에서 작용하는 부위가 결정되며 이에 따라 개인의 반응과 행동양식이 결정된다. 해머(D. Hamer)는 그의 저서 '*Living with Our genes*'에서 "새로운 것에 갈망이 높은 사람이든 낮은 사람이든 좋은 기분을 느끼고 싶어 하는 점에서는 다르지 않지만 기분을 좋게 만들어주는 것이 무엇이냐는 면에서는 다르다. 새로운 것에 대한 갈망이 높은 이들의 뇌는 자극이 있어야 좋은 기분을 느끼는 반면, 그와 반대인 이들의 뇌는 약간 높은 수치의 자극에도 불안을 유발시켰다"라고 제시하면서 인간의 기질상의 성향을 설명했다.

표 12-5 대표적인 신경전달물질

도파민 (dopamine)	• 기쁨, 흥분 등에 관계 • 즐거운 일로 인해 분비가 촉진 • 의욕과 창조력이 증대 • 지나치면 도리어 해가 됨
세로토닌 (serotonin)	• 슬픔, 안정 등에 관계 • 사랑과 행복의 감정 • 생활에 활력 • 심신이 안정되고 평화로울 때 많이 분비 • 규칙적인 운동은 세로토닌의 분비를 증가 • 심한 스트레스상황에서 세로토닌 감소
노르아드레날린 (noradrenaline)	• 화를 내거나 스트레스를 받을 때 다량 분비 • 노화가 촉진되며 수명이 단축 • 희로애락의 감정 조절 • 인간의식, 생명의 원천
엔돌핀 (endorphin)	• 통증 완화효과(플라시보효과) • 면역기능 강화 • 스트레스 해소

심장전문의 프리드맨(Friedman)과 로젠맨(Rosenman)은 심장마비의 중요한 원인으로 담배, 콜레스테롤, 혈압과 함께 개인의 성격과 기질도 제시했다. 그들은 인간을 성격에 따라 A유형과 B유형으로 분류했다.

A유형은 항상 바쁘게 일하며, 성급하고, 동시다발적인 일처리가 가능한 사람들이다. 이들은 욕구가 높고, 적극적이며, 야망이 있는 사람들이기 때문에 변화를 선호하

고 변화 속에서 계속적으로 무엇인가를 향해 도전하는 것에 흥미를 느낀다. 또한 경쟁력이나 사회적 야심과 같은 투쟁적 태도, 분노나 공격성 같이 타인과 불협화음을 내는 행동상의 특징을 보인다. 이들은 일을 즐기기 때문에 일하는 동안 때로는 공복감을 느끼지 못해 식사를 거르기도 한다. 또한 일하는 동안에는 피로를 잘 느끼지 못하지만 다른 유형의 사람들에 비해 혈압, 흡연량, 식사량 등에서 많은 문제점이 야기되며, 스트레스를 잘 처리하지 못하고, 아드레날린의 분비가 지나쳐서 심장질환을 앓게 될 가능성이 높다. A유형은 정반대의 특성을 지닌 B유형보다 2배나 높은 관상동맥 이상증세를 나타낸다.

반면 B유형은 언제나 느긋하고, 혼자서 하는 일보다는 팀을 이뤄서 하는 일에 더 나은 성과를 발휘한다. 승부에 집착하기보다는 일을 정확하게 처리하는 데 더 많은 관심을 가지고 있고, 세상에 대한 관점도 A형에 비해 융통성 있고 넓은 편이다.

최고경영자나 관리자의 지위에까지 오른 사람은 B유형의 사람이 많고, 중간관리자급에서는 A유형이 더 많다. A유형은 빠르게 산에 오르기는 하지만, 정상에서 같은 조건을 놓고 볼 때 B유형의 넓은 시야를 따라가지 못한다. 밝은 때는 그림자를, 어두울 때 빛을 볼 수 있는 인식의 전환도 필요하다. 산 위에서 바다를 보면 거대한 파도도 고요하게 보인다. 멀리 하늘 위에서 육지를 보면 한눈에 모든 것이 들어온다. 이를 헬리콥터 뷰(helicopter view)라고 한다. B유형의 최고경영자에게는 헬리콥

표 12-6 | A유형과 B유형

A유형	B유형
• 항상 움직임 • 걸음걸이가 빠름 • 성급함 • 다른 사람의 말을 끝까지 경청하지 못함 • 동시에 2가지 일을 처리함 • 여가시간에도 가만히 있지 못함 • 기다리지 못함 • 시간에 대한 강박관념 • 늦어지는 것을 참지 못함 • 다른 사람을 믿지 못함 • 혼자서 하는 일에 높은 성과를 냄	• 매사에 여유가 있음 • 느긋함 • 참을성이 있음 • 낙관적 성향 • 덜 경쟁적 • 화를 잘 내지 않음 • 팀을 이뤄서 하는 일에 높은 성과를 냄 • 넓은 시야 • 장기적 관점 • 빠른 일처리보다 정확한 일처리를 지향

터 뷰로 세상을 바라보는 지혜가 존재한다.

벨기에 앤트워프 대학병원의 요한 데놀레트 박사는 스트레스상황에서 분노, 적개심, 걱정, 불안 등의 정서로 표출되는 D타입 심장병 환자들이 그렇지 않은 환자들에 비해 심장마비 사망위험이 무려 5배나 높은 것으로 나타났다고 주장한 바 있다. D타입이란 부정적인 감정을 많이 느끼고 스트레스에 취약한 성격의 사람들을 지칭하는 것으로 D형 성격의 특성은 다음과 같다.

| 표 12-7 | D형 성격의 특성

1. 스트레스에 민감하다.
2. 타인의 평가를 지나치게 의식한다.
3. 걱정, 불안 등 부정적 감정을 쉽게 느낀다.
4. 내성적이고 타인에게 마음을 잘 드러내지 않는다.

D형 성격의 소유자들은 스트레스에 상당히 민감하며, 스트레스를 푸는 방법 또한 취약해서 결국 쌓인 스트레스로 인해 혈관을 손상시키거나 심장에 문제를 일으킬 수 있다.

요한 데놀레트 박사는 "부정적인 감정을 마음에 담아두는 것은 좋지 않다"며 "모든 분노를 속에만 품지 말고 다른 사람에게 적절한 방법으로 표현하라"고 충고했다. 스트레스는 받는 것보다 푸는 것이 중요하다는 의미이다.

딘 오니시 박사가 개발한 치료프로그램을 실행하고 있는 매사추세츠주 린에 위치한 노스 쇼어 메디컬센터병원의 하비재런 박사가 식이요법, 운동과 더불어 심장병 환자들에게 가장 강조하는 것은 스트레스의 현명한 관리다. 요가, 명상, 서로의 아픔과 성취감을 공유하는 지지집단을 통한 스트레스 완화를 강조하는 정신치료법은 현대 의학으로 가능한 모든 방법으로도 효과를 못 본 심장병 환자들이 마지막으로 의지하는 치료법이다. 적당하면 활력이 되지만 지나치면 만병의 근원이 되는 스트레스는 현명한 관리법을 필요로 한다.

보보의 책 A유형과 호전성, 그리고 사회적 유대

르누아르의 '뱃놀이의 점심식사'

1950년대 말 시카고의 한 회사에 근무하는 1,800명의 직원과 노스캐롤라이나대학에 재학 중인 250명의 학생을 대상으로 실시된 두 번의 조사에서는 설문지를 통해 조사대상자의 성격을 묻는 실험이 있었다. 이 설문지는 무엇보다 이들이 가진 호전성에 대해 관찰했다.

25년이 지난 후 이들을 다시 조사한 결과, 호전성에서 높은 점수가 매겨진 시카고의 직원들은 평균보다 1.5배나 많은 관상동맥 질병 발병률과 사망률을 보였다. 그리고 호전성에서 가장 높은 점수를 얻었던 노스캐롤라이나 대학생들은 낮은 호전성을 가진 학생들에 비해 4~5배 높은 심장혈관 질병과 7배 높은 사망률을 보였다.

오늘날 A유형의 사람에게는 시간에 대한 강박관념과 호전성이 관상동맥 발병의 주된 요인으로 인식되고 있다. 그러나 A유형과 호전적 성향이 관상동맥증의 발병과 진행에 있어 스트레스가 미치는 영향을 완전히 설명하는 것은 아니다. 다른 요인들, 특히 사회적 유대가 결핍될 경우, 관상동맥증을 앓고 있는 사람이 스트레스의 영향을 더 많이 받을 수 있다. 이런 맥락에서 사회적 접촉이 적은 사람일수록 일찍 죽을 위험이 높다. 또한 타인들과의 관계에서 느끼는 만족도가 적으면, 질병이 생길 가능성이 더 높다. 마지막으로 정서적인 버팀목이 될 수 있는 친한 친구가 없을 경우 치사율이 높은 것으로 추측된다. 1,300명을 대상으로 한 연구에서 친구가 없는 독신들을 15년 동안 추적, 연구한 결과 50퍼센트가 사망한 것으로 나타났는데, 이는 절친한 친구들이 다수 있는 기혼자들이 17퍼센트 사망한 것과는 대조를 이룬다.

– 크리스토프 앙드레의 『스트레스 보이지 않는 그림자』 중에서

뽀뽀의 신문

직장인 83% 회사 내 친한 동료가 있다!

Q. 해당 동료와 친해진 이유? (복수응답)

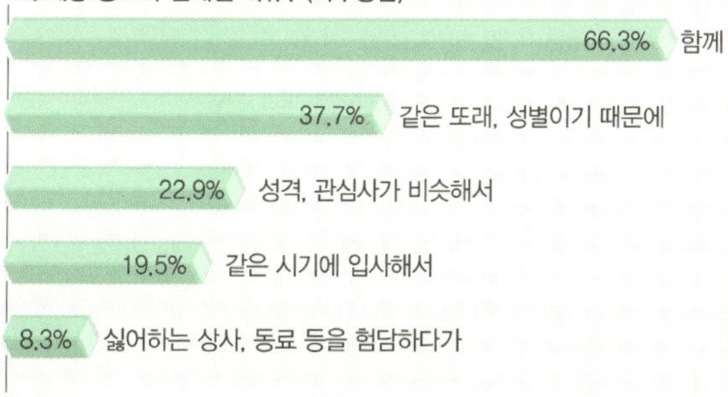

취업포털 잡코리아가 직장인 855명을 대상으로 '직장 내 우정'에 관한 설문조사를 실시했다. 조사결과 설문에 참여한 직장인 83.4%가 직장 내에 친한 동료가 있다고 답했다. 성별로는 남자 직장인 87.8%, 여자 직장인 78.6%가 친한 동료가 있는 것으로 나타났다.

친한 동료가 있다고 답한 직장인들은 주로 동기(64.8%)와 친하게 지낸다고 답했고, 해당 동료와의 친밀도를 조사한 결과 "직장 관련 고민거리를 상담할 수 있는 정도(42.9%)"라는 답변이 가장 높은 응답률을 기록했다. 또 해당 동료와 주말, 공휴일에도 만나는지 묻자 과반수인 62.0%의 직장인들이 "만나지 않는다"고 답했다.

이어 동료와 친해진 계기를 묻자(복수응답), "함께 업무를 진행하다 보니 자연스럽게 친해졌다"는 답변이 66.3%의 응답률로 1위를 기록했다. 다음으로 "같은 또래, 성별이기 때문에(37.7%)", "성격, 관심사가 비슷해서(22.9%)" 등의 답변이 있었다.

잡코리아 조사결과 대다수의 직장인들은 직장 내에 친한 동료가 있는 것을 장점으로 생각하고 있었다. "직장 내에 친한 동료가 있는 것에 대해 어떻게 생각하는지" 묻는 질문에 95%의 응답자가 "장점으로 생각한다"고 답한 것이다. 이들은 "힘든 일이 있을 때 의지할 수 있어서(64.0%)", "업무가 많거나 어려울 때 직간접적으로 도움을 받을 수 있어서(45.3%)", "함께 회사 험담을 하며 스트레스를 풀 수 있어서(25.5%)", "근무하며 소속감을 느낄 수 있어서(23.5%)" 등을 장점으로 꼽았다.

반면 단점이라고 생각하는 이들은 "업무 시 공과 사를 구분하기 힘들어서(60.5%)", "공적인 회사생활과 사생활 간 경계가 모호해질 것 같아서(48.8%)", "친한 동료가 퇴사하면 울적할 것 같아서(20.9%)" 등을 그 이유로 들었다.

자료 : 파이낸셜뉴스, 2017.6.16.

○ 분노로 알아보는 성격유형

① A타입

지기 싫어하고 적대적인 태도를 보이는 사람들이다. 분노는 A타입의 행동을 결정짓는 핵심요인이다. 쉽게 화를 내고, 욕심과 야심이 많다. 늘 쫓기는 생활을 하면서도 한시도 쉬지 않는다. 느린 사람을 보면 속이 터지고 신경질이 나고 심장도 벌렁거린다. 나서서 개입하고 상황을 좌지우지해야 하며 그 상황의 중심에 자신이 있어야 한다고 생각한다.

② B타입

온순하고 타인과 경쟁하는 것을 좋아하지 않는다. 타인과의 관계에서 부드럽고 순종적이다.

③ C타입

부정적인 감정이 생겨도 내부에 갇혀 겉으로 드러내지 않는다. 그러나 속으로는 곪아 터진다. 분노를 억압하는 성격을 말하며 암과 같은 질병에 걸리기 쉬운 성격이다. 이런 유형은 타인보다는 자기자신한테 더 화를 내는 편이며, 다른 사람들이 자신으로 인해 피해를 입는다고 생각하면 죄책감 때문에 다른 일을 하지 못한다.

6) 스트레스를 받는 성격

(1) 완벽주의

완벽주의 성향은 스트레스를 받는 성격인자 중에서도 가장 강력한 인자 중의 하나이다. 이러한 성향은 스스로를 괴롭히면서 타인도 괴롭게 하는 유형이다. 이런 유형의 사람들은 자신에 대해서도 너그럽지 못하고 타인에 대해서도 너그럽지 못하기 때문에 기대 수준이 높고, 그러다 보니 모든 것을 완벽하게 처리할 수 있다고 믿는 자신이 직접 나서서 일을 처리하는 경향이 있다.

셰익스피어는 "완전하지 못한 것이 사람이라는 점을 항상 생각해야 한다"라고 말하며 인간의 불완전성을 역설했으며, 괴테는 "신만이 완벽할 뿐이다. 인간은 완벽을 소망할 뿐이다"라고 말했다.

완벽주의 성향을 가진 사람들 중에는 '일중독증(workaholic)'에 걸린 사람들이 다수 존재한다. 워커홀릭은 미국의 경제학자 오츠가 그의 저서 '*Workaholic*'에서 처음 사용한 단어로 업무제일주의자는 일종의 병이라는 풍자가 담긴 단어이다.

온라인 취업사이트 사람인(www.saramin.co.kr)이 직장인 617명을 대상으로 "자신이 워커홀릭이라고 생각하십니까?"라는 설문을 한 결과 응답자의 28.8%가 "그렇다"라고 응답했다. 이와 같은 응답은 남성이 31.4%로 여성의 24.6%보다 높았으며, 임원진을 제외하고는 직급이 높을수록 더 많은 것으로 나타났다. 자신의 일을 열정적으로 하는 것은 좋지만 워커홀릭의 경우에는 열정적인 수준을 넘어 집착에 가깝기 때문에 일에 몰입하는 수준을 조절하는 것이 필요하다.

표 12-8 완벽주의 자가진단표

	질문	O	X	점수
1	나는 무엇이든 간에 실패하는 것을 싫어한다.			
2	나는 내가 잘할 수 없다고 생각하는 일은 피한다.			
3	나는 성공하는 것을 좋아하지만 내가 꼭 성공해야 한다고 생각하지는 않는다.			
4	나는 내가 하는 일에서 성공하는 것이 아주 중요하다.			
5	나는 내가 얼마나 그 활동을 잘해내느냐와 상관없이 활동 그 자체를 즐긴다.			
6	나는 다른 사람이 나보다 무엇을 더 잘하는 것을 볼 때 괴롭다.			
7	나는 잘못하는 일이 있으면 속이 상한다.			
8	나는 자주 작은 일에 대해 상당히 많이 화를 낸다.			
9	나는 내가 잘할 수 없는 일을 하는 것을 두려워하지 않는다.			
10	나는 나보다 부족하다고 생각하는 사람들과 경쟁하는 것을 염려하지 않는다.			
계				

회색 1점, 흰색 0점

점수가 높을수록 완벽주의 신념이 강하다.

보보의 책 망각으로서의 몰입(flow)[2]

인간이 가지고 있는 본능 중 하나는 망각이다. 인간을 여유롭게 하고 평화로운 삶을 만드는 것은 버리는 일, 즉 잊어버리는 일이다. 망각의 힘을 최대한 활용할 수 있는 수단으로서 몰입이 있다.

스트레스가 심한 상황에 직면할 때 몰입을 경험하는 사람은 같은 상황에서 불안을 느끼는 사람보다 더 건강하다. 일을 하면서 몰입을 경험하면 스트레스가 건강문제로 이어지는 일이 적다. 이는 업무의 도전과 개인의 능력을 일치시키는 힘 혹은 적어도 그렇게 한다는 인식이 엔트로피를 일으키는 상황과 흔히 느끼는 부정적인 정신상태에서 완충역할을 하기 때문이다.

– 미하이 칙센트미하이의 『몰입의 재발견』 중에서 (저자 수정)

(2) 지나친 책임감

'책임(responsibility)'은 '대응하고 반응하는(to response) 능력(ability)'이라는 어원에서 유래되었다. 이는 앞으로 '할 일, 역할, 다해야 할 의무' 등의 행동에 대한 책임의 개념으로 해석된다.

기업이 사회적 책임을 다해야 하는 것처럼 인간에게도 책임감이란 삶을 영위하고 성장하기 위한 필수요건이다. 그러나 이것도 지나치면 모자란 것보다 못하다.

캐나다 토론토대학의 로트만(Rotman) 비즈니스 스쿨의 학장으로 재직 중인 로저 마틴(R. Martin)은 그의 저서 '*The Responsibility Virus*'에서 "책임감이 강한 사람은 조직의 도전정신을 없애고 팀원을 무능하게 만든다"라는 충격적인 주장을 했다.

이는 짐 콜린스(G. Collins)가 그의 저서 '*Good To Great*'에서 제시했던 것처럼 카리스마적 성향을 지닌 리더들이 가지고 있는 위험인자는 그들이 홀연히 조직을 떠났을 때 남겨진 사람들이 그들이 존재하던 시절처럼 조직을 유능하게 굴러가게 할 수 있느냐의 의문과도 일맥상통한다.

그의 주장은 '영웅적 리더'는 자기자신뿐만 아니라 주변 사람들과 조직까지도 무너뜨린다는 것이다. 그들은 자신의 역량을 생각하지 않고 모든 책임을 떠맡는다. 사람을 신뢰하지 못하고 함께 움직이지 못하며 자신만이 최선이라고 믿는 것이다. 이

2) 칙센트미하이에 의해 제안된 것으로서 삶이 고조되는 순간에 물 흐르듯 행동이 자연스럽게 이루어지는 느낌을 의미한다. 즉, 의식이 경험으로 꽉 차 있는, 각각의 경험이 조화를 이루는 상태를 말한다. 일상생활에서 좀처럼 맛보기 어려운 경험이지만 그 순간에는 느끼는 것, 바라는 것, 생각하는 것이 하나로 어우러진다.

는 오만이다.

이러한 행동은 조직의 구성원들이 책임을 회피하게 하는 원인이 되며, 혼자서 많은 책임을 떠맡게 될수록 타인들은 점점 더 책임을 회피하게 되는 상황이 만들어진다. 이러한 상황을 로저 마틴은 '책임감 바이러스'가 퍼지는 상황이라고 말한다. 책임이 늘어날수록 혼자서 감당하고 있던 책임의 무게를 버티지 못하고 실패를 예감하게 되고 그 순간 책임을 놓아버린다는 것이다. 이렇게 되면 책임감으로 버텨오던 사람이 자신의 역량을 넘어선 실패 앞에 무기력해져서 다시는 책임을 맡지 않겠다고 다짐하게 된다. 상황이 이 지경이 되면 책임을 회피하던 동료나 부하직원은 이제는 자신이 모든 책임을 맡아야 한다는 극단적인 행동을 보인다. 그리고 이들 역시 자신의 역량을 넘어선 상황에서 쓰디쓴 실패를 맛보고 결국 일방적으로 행동한 리더 때문에 실패했다고 분노한다. 그리고 이러한 상황은 악순환되면서 반복된다는 것이다.

표 12-9 책임회피 자가진단표

	질문	O	X	점수
1	나는 상습적으로 중요한 결정을 미루는 경향이 있다.			
2	나는 앞으로 닥칠 일을 미리 고민한다.			
3	나는 문제를 대면하는 것을 기피한다.			
4	나는 보통 즉각적으로 결정을 내린다.			
5	인생이 너무 짧아서 즐겁지 않은 일은 할 수가 없다.			
6	나는 일을 미루는 편은 아니다.			
7	즐겁지 않은 잡무를 하는 것은 내게 어려운 일이다.			
8	안일한 생은 그렇게 보상이 많지 않다.			
9	나는 책임을 싫어한다.			
10	나는 무엇이 필요하다고 생각하면 내게 불쾌한 것이라도 그것을 한다.			
계				

회색 1점, 흰색 0점
점수가 높을수록 책임회피성향이 강하다.

(3) 수동적 성향

현대의 조직사회에서 적극적이고 능동적인 자세를 취하며 자기주장을 하지 못하면 부족한 사람으로 치부되기 쉽다. 물론 타인을 배려하고 돕는 자세는 매우 바람직하다. 그러나 지나친 NP성향[3]의 자아상태는 타인을 너무 배려함으로써 자신의 일을 제대로 처리하지 못하고 이는 곧 자신에게 스트레스로 돌아오게 된다. 이상적인 인간형은 NP성향을 정점으로 해서 다른 성향이 고루 비슷하게 중간점수를 나타낼 때라는 것을 고려할 때 지나치게 남을 배려하고 수동적인 태도는 바람직한 조직인의 자세라고 할 수 없다.

셰익스피어는 "구하면 못 얻을 것이 없다. 그러나 젊은 사람들은 이 점을 잘 모르고 열린 감이 입으로 떨어지기만을 기다리고 있다. 희망은 산과 같은 것이다. 저쪽에서는 기다리고, 단단히 마음먹고 떠난 사람들은 모두 산꼭대기에 도착할 수 있다. 산은 올라가는 사람에게만 정복된다"라고 말하면서 적극적인 삶의 자세를 역설한 바 있다.

표 12-10 수동성향 자가진단표

	질문	O	X	점수
1	나는 조용한 레저를 선호한다.			
2	나는 어떤 환경에서도 변하지 않는 강한 것이 있기를 바란다.			
3	나는 할 일이 많을 때 성취감을 갖게 된다.			
4	나는 창의적인 일에 몰두하는 것이 가장 즐겁다.			
5	나는 은퇴해서 아예 일을 안 했으면 좋겠다.			
6	내게 너무 많은 여가시간은 따분하게 느껴진다.			
7	나는 가끔 열대지방에 가서 오랫동안 해변에 누워있고 싶다.			
8	나는 거짓말하는 것을 좋아한다.			
9	나는 많은 사람들이 너무 열심히 일하고 충분한 휴식을 하지 않는다고 생각한다.			
10	나는 휴식을 하고 해야 할 일이 없을 때 만족감을 느낀다.			
계				

회색 1점, 흰색 0점
점수가 높을수록 수동성향이 강하다.

3) 어버이처럼 생각하고 행동하는 자아상태로서 양육적 어버이(NP)는 자애롭고 친절하게 자녀를 돌보는 말이나 행동이 내면화된 자아상태이다.

감정측정계(기분을 측정하는 설문조사)											
다음에 제시되어 있는 감정을 지난 한 주 동안 얼마나 자주 경험했는지 표시하시오. 1은 한 번도 느끼지 않았다는 것을 의미하며, 10은 매우 여러 번 경험했다는 것을 의미한다.											
감정		1	2	3	4	5	6	7	8	9	10
1	낙관										
2	지루함										
3	사랑스러움										
4	긴장감										
5	초조함										
6	분노										
7	열정										
8	신경질										
9	의욕										
10	외로움										
11	성취감										
12	편안함										
13	시시함										
14	행복										
15	불안										
16	흥미										
17	우울										
18	피곤										
19	흥분										
20	위축										
21	즐거움										
22	평화로움										

※ 긍정적(P) 영향점수 : 1, 3, 7, 9, 11, 12, 14, 16, 19, 21, 22(모두 더하기)
부정적(N) 영향점수 : 2, 4, 5, 6, 8, 10, 13, 15, 17, 18, 20(모두 더하기)
① 긍정점수에서 부정점수를 빼라. 뺀 나머지는 −99에서 +99 사이가 된다.
② 99를 당신의 점수에 더하면 최대 198까지 나올 것이다. 이 수치가 당신의 기본 감정측정계 점수가 된다.

자료 : L. Hoggard, *How To Be Happy*, Optomen Television Ltd., 2005.

보보의 책 프로작 아니면 보톡스?

연구결과에 의하면 이마를 찌푸리며 슬픈 표정을 짓는 것만으로도 실제로 슬픈 감정을 느끼게 된다고 한다. 이런 심리작용을 염두에 두고, 한 피부과의사는 근육과 감정의 상관관계에 개입함으로써 기분을 좋아지게 하는 방법을 찾을 수 있을 것이라고 생각하게 되었다. 그리하여 심각한 우울증 환자들을 대상으로 예비연구를 진행하면서, 우울증 치료법으로 이마 가운데 부분 아래쪽에 주름을 만드는 근육인 추미근에 보톡스주사를 놓는 방법을 사용했다. 그런데 실제로 우울증을 앓던 여성환자 열 명 중 아홉 명이 보톡스주사 후 두 달 동안 우울증 증세가 완화되는 결과를 보여주었다. 물론 이 실험만으로 결과를 단정하기에는 논란의 여지가 있지만, 이 실험을 통해 얼굴표정과 감정 사이에 상관관계가 있다는 사실이 증명되었다.

– 토니야 레이맨의 『왜 그녀는 다리를 꼬았을까』 중에서

보보의 신문

행복한 기억만으로 스트레스를 줄인다

"익스펙토 페트로눔!"

해리포터가 자신을 공격하는 어둠의 유령 디멘터를 내쫓기 위해 수호신을 부르는 마법이다. 디멘터는 온몸에 검은 망토를 뒤집어쓴 채 허공 위를 떠다니며 인간의 영혼을 흡수하는 유령이다.

자신의 대부인 시리우스의 존재를 알게 된 해리포터는 디멘터로부터 그를 보호하기 위해 마법을 배우기 시작했다. 마법은 세상에서 가장 행복한 기억을 떠올려야만 소환할 수 있다. 가장 행복했던 순간을 떠올리면서 '익스펙토 패트로눔' 주문을 외치면 패트로누스가 나타나 디멘터를 쫓아낸다. 패트로누스는 수달, 말, 암사슴, 토끼 등으로 다양하다. 해리의 패트로누스는 수사슴이다.

마법을 습득하는 건 그리 쉽지 않다. 해리포터는 처음으로 마법사 전유물인 '퀴디치 경기'에서 우승하던 순간을 떠올렸지만 수호신을 부르는 데 실패했다. 여자친구와의 첫 키스에 대한 기억도 소용없었다. 고민 끝에 돌아가신 부모님을 떠올리자 해리포터는 가장 강력한 수호신인 수사슴을 불러낼 수 있었다. 그에게 가장 행복한 기억은 부모님의 사랑이었다.

행복한 기억만으로도 자신을 보호하는 마법 같은 효과는 인간세계에서도 일어난다. 친구와 싸우거나 직장상사에게 혼나게 되면

심박동수가 빨라지고 심리적 불안상태에 이르게 된다. 이럴 때 가장 행복했던 기억을 떠올리면 진정효과 덕분에 마음이 한결 차분해진다는 연구결과가 나왔다. 물리적인 고통을 부분적으로 덜어내는 효과까지 있다.

〈네이처 인간행동(*Nature Human Behaviour*)〉에 보고된 논문에 따르면 좋았던 과거의 경험을 떠올리면 조금 더 빨리 마음이 차분해지는 효과를 볼 수 있다.

미국 러트거스대학 연구팀은 실험참가자 134명을 대상으로 얼음물에 손을 담그도록 했다. 이처럼 스트레스를 받는 상황에서 실험참가자 중 절반에게는 14초간 여행 경험처럼 즐거웠던 기억을 떠올려 보도록 했고, 나머지 절반에게는 감정적으로 동요가 일어나지 않는 중립적 사건을 생각하라고 했다. 그 결과, 행복했던 기억을 떠올린 실험참가자가 더욱 빠른 속도로 스트레스를 극복하는 결과를 보였다. 스트레스 호르몬인 코르티솔의 상승치는 중립적 사건을 떠올린 그룹의 15%에 불과했다.

행복한 기억을 떠올릴 때 감정을 제어하고 인지기능을 조절하는 전두엽영역과 보상과 관련된 피질영역이 활성화된다는 점이 확인됐다. 긍정적 기억을 떠올리는 동안 즐거운 감정이 유지되려면 감정조절과 연관이 있는 뇌영역 역할이 크다는 게 연구팀의 설명이다.

자료 : 전자신문, 2017.7.16. (저자 수정)

박사의 한 말씀

분노는 단지 감정일 뿐이다. 그것을 객관화시켜서 바라볼 수 있을 때 우리는 진정 자유로워진다. 내면의 어둠을 다독거리면서 함께 걸어갈 수 있게 되는 일, 그것은 인간에게 주어진 삶의 과제다.

– 박성수(정신과 전문의)

CHAPTER 13

행복론

1. 행복과 진정한 행복
2. 웃음과 행복
3. 성격과 행복
4. 행복을 위한 전략
5. 퀴블러 로스의 인생수업

CHAPTER 13

행복론

보보의 책 성공한다는 것이 곧 행복은 아니다

"잘 사는 삶에는 일정한 공식이 있을까?"

조지 베일런트 교수를 포함한 하버드대학교 연구팀은 1930년대 말에 하버드대학교에 입학한 2학년생 268명의 삶을 72년간 추적하며 바로 이 질문에 대한 답을 찾았다. 연구대상자들은 하버드 재학생들 중에서도 최상위에 속한 엘리트들이었으며, 그 중에는 케네디 대통령, 연방상원의원 등도 포함되어 있었다. 연구시작 후 10년이 지난 1948년 즈음부터 20명이 심각한 정신질환을 호소하기 시작해서, 50세 무렵엔 1/3에 해당되는 조사대상자가 한때 정신질환을 앓았다는 결과가 나왔다.

샤갈의 '생일'

행복은 성공, 즉 경쟁에서 살아남아 피라미드의 정점에 이른 사람들에게 주어지는 것이 아니었다. 행복은 사람의 힘으로 통제할 수 있는 행복의 조건 7가지를 50대 이전에 얼마나 갖추느냐에 달려 있었다. 건강하고 행복한 노년을 부르는 '행복의 조건' 7가지는 타고난 부, 명예, 학벌 따위가 아니었다. 조건들 가운데 으뜸은 '고난에 대처하는 자세(성숙한 방어기제)'였다. 그리고 그것을 뒷받침하는 것은 47세 무렵까지 형성돼 있는 인간관계였다. 나머지는 교육연수(평생교육), 안정적인 결혼생활, 비흡연(또는 45세 이전 금연), 적당한 음주(알코올중독 경험 없음), 규칙적인 운동, 적당한 체중이었다.

50세를 기준으로 이 7가지 가운데 5~6가지를 갖춘 106명 중 50퍼센트가 80세에 '행복하고 건강하게' 살고 있었다. 그들 가운데 '불행하고 병약한' 이들은 7.5퍼센트에 그쳤다. 반면 50세에 3가지 이하를 갖춘 이들 중 80세에 행복하고 건강한 사람은 아무도 없었다. 그리고 4가지 이상의 조건을 갖춘 사람보다 80세 이전에 사망할 확률이 3배 높았다.

이 연구보고서는 끊임없이 배우고, 유머를 즐기며, 친구를 사귄다면 그리고 담배를 끊고 술을 줄이는 동시에 일찍 귀가해 가족들 얼굴을 한 번 더 본다면, 그 사람은 끊임없이 성장하며 행복할 수 있음을 보여준다.

1967년부터 이 연구를 주도해온 하버드 의대 정신과의 조지 베일런트 교수는 "삶에서 가장 중요한 것은 인간관계이며, 행복은 결국 사랑"이라고 결론지었다. 베일런트 교수는 "어떠한 데이터로도 밝혀낼 수 없는 극적인 주파수를 발산하는 것이 삶"이라며 "과학으로 판단하기에는 너무나도 인간적이고, 숫자로 말하기엔 너무나도 아름답고, 진단을 내리기에는 너무나 애잔하고, 학술지에만 실리기에는 영구불멸의 존재다"라고 말했다.

– 조지 베일런트의 『행복의 조건』 중에서

1 행복과 진정한 행복

'행복(happiness)'은 라틴어 'felicitas'에서 유래된 것으로서 '행운, 즐거움, 유쾌, 만족' 등의 의미를 지닌다. 그리스어 'eudaimonia', 라틴어 'felicitas', 독일어 'Glück', 불어 'bonheuer', 영어 'happiness' 등이 행복에 해당되는 단어들이다. 영어로 행복을 의미하는 'happiness'의 어원인 'happen'은 "옳은 일이 자신 속에 일어난다"는 뜻도 가지고 있다. "사람은 결심하는 만큼 행복해질 수 있다"는 링컨의 말을 되새기게 한다. 행복(happiness)은 주관적 행복(subjective well-being)으로 표현되기도 하는데, 이는 'well-being'이 복지를 의미하며 복지는 선(good)이기 때문이다.

에피크로스학파는 행복의 의미를 쾌락에서 구하고 있다. 즉, 인간은 즐거움을 느낄 때 행복하다는 것이다. 그러나 에피크로스에게서도 평정한 상태를 유지하는 의미로서의 '행복'의 관념은 존재하며 이를 '아타락시아(atalaxia)'라고 부른다. 아타락시아(atalaxia)에는 긍정, 자족, 우정 등의 의미가 포함된다.

스토아학파는 로고스(logos)를 행복이라고 규정한다. 즉, '이성'이 행복이라는 것이다. 스토아는 불변하는 심리적 안정상태를 '아파테이아(apatheia)'라고 정의하고, 이를 추구하는 것이 행복이라고 제안한다.

플라톤은 삶이 행복하기 위해서는 삶 자체가 바람직해야 하고, 그 자체로서 인간을 충분히 만족시킬 수 있어야 한다고 제안했다. 그의 이러한 사고는 아리스토텔레스에게 이어진다.

칸트는 행복의 추구보다는 궁극적 삶의 목표를 도덕에 두고, 도덕적인 행동이 곧 행복이라고 제안한다. 이는 아리스토텔레스가 제시한 행복의 전제조건인 덕과 다르지 않으며, 매슬로우가 제안했던 인간의 긍정가치와도 유사하다.

고대 철학자들의 정의를 살펴보면 대체적으로 '결핍과 곤궁으로부터의 자유', '올바로 잡힌 사물의 질서에 대한 인식', '우주나 사회에서 자신의 위치를 확신하는 상태', '마음의 평화', '불행과 궁극적으로 죽음을 유발할 수 있는 외부의 힘에 맞서기 위해 행동으로 나서는 상태' 등으로 귀결된다.

또한 '건강과 성장의 심리학(health and growth psychology)'으로 잘 알려져 있는 인본주의 심리학자 매슬로우의 욕구단계설에 의하면 인간의 욕구는 결핍을 충족시키게 되면 더 높은 욕구를 지향하므로 객관적 의미에서의 '절대적 행복'이라는 개념은 존재하지 않는다고 볼 수 있으며, 현실적으로 행복감을 정량화시키는 것은 불가능한 시도이다. 이는 최상위의 욕구위계에 도달한 자기실현인[1]도 마찬가지이다. 그럼에도 불구하고 주관적 행복감에 대한 연구는 삶의 질적 향상을 위해 도움이 되는 긍정적 시도임에 틀림없다. 왜냐하면 행복은 주관적 인식의 측면이 강하기 때문에 자신의 사고방식을 변화시킴으로써 삶의 질을 향상시킬 수 있기 때문이다.

일반적으로 '즐거운', '신나는', '보람을 느끼는', '가치 있는', '평온한', '충만한', '활기찬', '밝은', '텅 빈', '기쁜', '만족한' 등의 단어들이 행복과 관련된 척도들이다. 특히나 '충만한'과 '텅 빈'은 문화적 차이를 고려하지 않는다면 문맥에 따라서는 상반된 의미로 인식될 수도 있기에 행복의 주관적 정의에 대한 문화적 고려는 필수적이다. 서구문화권에서는 가득 찬 것을 행복의 요인으로 간주할 수 있지만, 동양문화권에서는, 특히 일본의 선(禪)문화에서는 되도록 간결하고 없는 상태를 행복의 중요 요인으로 간주할 수 있다.

행복의 성취를 방해하는 가장 큰 장애물은 낙담이다. '낙담(discouragement)'은 반대나 부정, 결핍을 의미하는 접두사 '디스(dis)'로 시작된다. 디스는 고대 로마의 신 디스[2]가 어원이다. 신화 속에서 디스는 '낙담'과 '부정직함'의 신으로 활동하면서

1) 자기실현은 골드스타인에 의해 제안되었으며, 매슬로우에 의해 정립된 건강한 인간에 대한 개념이다.
2) 지하세계의 왕이다. 하데스, 플루톤, 플루토라고 불린다.

속임수를 써서 자신이 세상에 존재하지 않는다고 믿게 만든다. 이는 자신에 대한 사람들의 경계심을 늦추려는 간교한 술책이다. 디스의 무기인 '낙담'에 맞설 수 있는 유일한 방어도구는 '끈기'와 '희망'이다.

행복이라는 승리를 거머쥐기 위해서는 열중하는 마음과 긍정적인 자세 또한 필수적이다. '열중하는 마음(enthusiasm)'은 열중을 뜻하는 그리스어 'enthousiazein(신들렸다의 의미)'과 'entheos(신이 영감을 내렸다는 의미)'에서 유래된 말이다. 문자 그대로 본다면 '우리 안의 신'이라고 할 수 있다. 그러나 마지막 네 글자인 IASM을 I Am Sold Myself(나 자신을 바쳤다)의 약자로 생각한다면 그 대상이 무엇이든 무언가에 열중한다는 것이다.

칙센트미하이(Csikszentmihalyi)는 그의 저서 '*Finding Flow*'를 통해서 몰입(flow)을 행복과 연결해서 설명하고 있다. 그는 의도와 목표를 두고 사람들이 흔히 품는 오해가 있다고 주장한다. 가령 힌두교나 불교처럼 갈래가 다양한 동양의 종교들은 행복에 이르려면 욕망을 버리라고 가르치는데 이것을 다음과 같이 해석하는 사람들이 있다. 즉, 모든 욕망을 포기하여 더 이상 목표가 존재하지 않는 상태에 도달해야만 불행에서 벗어날 수 있다는 것이다. 그러나 동양의 종교가 가르치는 내용은 목표를 덮어놓고 부정하라는 것이 아니다. 우리 마음속에 저절로 생겨나는 의도는 신뢰할 수 없는 것임을 말하고자 할 따름이다.

'몰입'은 삶이 고조되는 순간에 물 흐르듯 행동이 자연스럽게 이루어지는 느낌을 표현하는 말이다. 몰아일체의 상태, 무아경, 미적 황홀경과 같다. 삶을 훌륭하게 가꾸어주는 것은 행복감이 아니라 깊이 빠져드는 몰입이다. 몰입해 있을 때 우리는 행복하지 않다. 그런 일이 마무리된 다음에 비로소 지난 일을 돌아볼만한 여유를 가지면서 자신이 한 체험이 얼마나 값지고 소중했는가를 다시 한 번 실감하며 행복을 느낀다. 몰입에 뒤이어 오는 행복감은 스스로의 힘으로 만든 것이어서 우리의 의식을 고양시키고 성숙시킨다. 이는 매슬로우가 제시한 자기실현인이 느끼는 참다운 가치와 같다.

ㅇ 어둠의 왕 하데스

하데스(Ἅδης)는 그리스신화에 나오는 죽음과 지하세계를 관장하는 신이다. 로마신화에서는 플루톤에 해당하고, 영어로는 플루토라고 한다. 하데스는 눈에 보이지 않는 것, 땅속에 있는 것이라는 의미이다. 저승 그 자체를 의미하기도 하고 저승을 지배하는 신의 이름이기도 하다. 하데스라는 단어는 그리스어 '구약성서'에서 죽은 자들이 있는 어두운 지역을 가리키는 히브리어 '셰올(sheol)'을 옮기는 데 사용되었다. 하데스는 크로노스와 레아의 아들로서 크로노스 사후에 제우스는 하늘, 포세이돈은 바다, 하데스는 명계의 지배권을 차지하였다. 하데스는 왕비 페르세포네와 함께 사후의 심판과 징벌을 관장하며 지옥의 신들과 죽은 자들을 다스렸다.

하데스와 수문장 케르베로스

하데스가 지배하는 지하세계로 가는 길목에는 저승의 강이 있는데, 여기에서 기다리는 카론이라는 뱃사공을 따라 저승의 강을 건너면 지하세계의 입구로 가게 된다. 이 입구를 케르베로스라는 개가 지키고 있다. 케르베로스 때문에 한 번 지하세계로 들어간 자는 절대로 바깥으로 나오지 못하고 오직 하데스의 명령만 따라야 한다. 그가 다스리는 지하세계에는 한 번 들어온 자는 절대로 다시 지상세계로 나갈 수 없다는 엄격한 규율이 있었다. 하데스는 이 규율대로 지하세계를 엄하게 다스렸기 때문에 모든 신들과 인간들이 기피하는 대상이 되고 말았다.

지하세계의 가장 깊은 곳을 타르타로스라고 한다. 타르타로스는 고통스런 형벌이 가해지는 곳으로 우리가 흔히 지옥이라고 알고 있는 곳이다. 중한 죄를 지은 신이나 사람들만 오게 되는 곳이다. 타르타로스라는 말은 원래 하데스보다 훨씬 밑에 있는 지옥을 가리켰지만 후에는 그 구별이 없어지고 하데스와 거의 같은 뜻이 되었다.

자료 : 아침나무의 『세계의 신화』 중에서 (저자 수정)

○ 웃음이 지니는 치유의 힘

미시간대학의 심리학과 교수인 자오닉(R.B. Zajonc)은 미소를 지으면 기분이 나아지는 이유를 다음과 같이 밝히고 있다. 안면과 두뇌는 모두 경동맥에서 혈액을 공급받고 있다. 우리가 찌푸리거나 미소를 지을 때에는 안면근육이 긴장하여 두개골에 자극을 주기 때문에 모세혈관이 수축하게 된다. 이 현상은 경동맥의 혈액공급에 영향을 주어 두뇌로 공급되는 혈류량에 미세한 변화를 일으킨다. 그러면 이 자극으로 인해 다시 두뇌는 우리의 기분에 영향을 미치는 화학물질을 분비하거나 분비를 중단하게 된다.

자료 : 루이스의 『성공의 밀어』 중에서

2 웃음과 행복

조시 빌링스(Josh Billings)는 "의학에는 재미라는 것이 그다지 없지만 재미 속에는 상당히 많은 의학이 있다"라는 말을 했다. 그의 말에 의하면 의학적 근거에 의해서도 해결될 수 없는 여러 가지 문제들이 인간이 지닌 보편성으로 치유될 수 있다는 것이다.

오스틴(J. Osteen)은 그의 저서 '*Your Best Life Now*'를 통해서 '긍정의 힘'을 역설한 바 있다. 모든 인간이 지니고 있는 웃음, 즐거움, 애정, 희망, 삶에 대한 의욕 등과 같은 긍정적인 정서는 과학적인 치료를 넘어서서 인간의 건강한 생활과 만족스러운 삶에 지대한 영향을 끼칠 수 있다. 그 중에서도 '웃음'은 인간의 행동이나 사고의 부조화에 대처하는 정신적인 표현방식의 하나이다. 웃음이라는 생리적 반응의 표현수단이 있음으로 해서 인간의 사고나 생각의 논리, 부조리의 갈등을 해소 또는 상충시켜 화해를 얻어내는 역할을 한다.

이 세상에서 가장 심한 고통을 받고 있는 동물만이 웃음을 간직하고 있다는 말이 있다. 인간을 제외하고 어느 동물이 웃을 수 있는가? 애견론자들은 때로는 개들도 웃는다고 하지만 존재하는 생물체 중에서 웃음을 지을 수 있는 것은 인간이 유일하다. 셰익스피어는 "그대의 마음을 웃음과 기쁨으로 감싸라. 그러면 천 가지 해로움을 막아주고 생명을 연장시켜줄 것이다"라고 말한 바 있다.

웃음은 신체기관을 자극해서 혈액순환을 증가시키고 질병에 대항할 수 있는 여러 가지 좋은 호르몬들을 생성시킨다. 이는 과학적으로 입증된 바 있다. 웃음에 대한 건강효과는 1970년대에 이르러서야 본격적으로 의학적인 접근이 시도되어 미국 인디애나주의 빌메모리얼병원에서는 "15초 웃으면 2일을 더 산다"라고 주장한다. 웃음은 엔돌핀 분비를 활성화시켜 모르핀보다 20배나 강력한 진통효과를 가지며 면역계를 자극하고 활성화시켜준다. 이는 웃음이 세로토닌과 엔돌핀의 분비를 촉진하기 때문이다. '웃음요법의 아버지'라고 불리는 노만 커진스 박사는 환자의 기분을 상승시키고 진통을 경감시키는 처방으로 막스 브라더스(Marx Brothers)[3]의 코미디 영화와 만화책을 추천했다.

18년간 웃음의 의학적 효과를 연구해온 미국의 리버트 박사는 웃음을 터뜨리는 사람에게서 혈액을 채취해 분석해 보면 암을 일으키는 종양세포를 공격하는 킬러 세포(killer cell)가 많이 생성되어 있음을 알 수 있다고 밝힌 바 있다. 웃음이 인체의 면역력을 높여 감기와 같은 감염질환은 물론 암과 성인병을 예방해준다는 것이다.

버클리대학 심리학자인 제임스 에이버릴 교수는 학생들을 세 그룹으로 분류하여 슬픈 집단에는 케네디 대통령 피살기록 영화를 보여주고, 유쾌한 집단에는 채플린의 영화를, 통제집단에는 과학기록 영화를 보여준 후 혈압, 심장박동수, 손과 얼굴의 온도, 피부저항 및 호흡에 대해 비교하고 조사하였다. 그 결과 웃음은 호흡에 변화를 가져오고 반대로 슬픔은 혈압을 변화시킨다. 분노상태에서는 심장박동수가 증가하고, 손의 온도가 상승되며, 불안한 상태에서는 심장박동수가 증가하고, 손의 온도가 하강하는 반면에 행복감에 빠져있을 때는 심장박동수, 손의 온도가 올라가지 않음을 증명하였다. 즉, 사람의 정서가 측정할 수 있을 정도의 생리적 변화를 초래할 수 있음을 증명한 것이다.

3) 독일계 유대인 5형제 치코, 하포, 그루초, 거모, 제퍼 등으로 구성된 미국의 희극팀을 말한다.

웃으면 심장에 전달되는 혈액의 양이 22퍼센트나 증가한다. 왜냐하면 혈관의 안쪽 벽을 이루는 조직이 확장되기 때문이다. 또한 재미있는 영화를 보게 한 후 타액면역 클로브린 A를 측정한 결과 재미있는 영화를 본 쪽이 현저히 특정 바이러스에 대해 신체보호능력이 있는 타액면역 클로브린 A가 증가했음을 증명했다.

뇌 속에서 분비되어 몸의 다양한 기관을 자극하는 50가지 이상의 호르몬을 통해 우리의 마음은 실제로 몸에 영향을 미친다. 이 반대의 경우도 마찬가지이다. 마음의 힘을 통해 몸이라는 물질을 조절할 수도 있고, 이 반대의 경우도 가능하다. 이 호르몬들의 생성과 전달을 방해하는 것은 무엇이든 우리의 몸과 마음, 정신에 영향을 미친다.

인간에게는 다른 사람으로부터 존중받고자 하는 가장 커다란 욕구가 존재한다고 했던 윌리엄 제임스는 "우리는 행복하기 때문에 웃는 것이 아니라 웃기 때문에 행복한 것이다"라는 명언을 남겼다.

대학에서 철학을 가르치는 독일 교수 알폰스 데켄은 웃는 얼굴에는 네 가지 철학이 있다고 했는데, 첫째 건강을 위한 스마일, 둘째 배려와 사랑의 표현으로서의 스마일, 셋째 일상생활에서의 커뮤니케이션으로서의 스마일, 넷째 '그럼에도 불구하고'의 스마일이 그것이다. 마지막의 '그럼에도 불구하고'의 스마일이란 괴로울 때나 고통스러울 때도 웃는 얼굴을 보인다는 의미이다. '그럼에도 불구하고'의 스마일은 자신은 물론 주변 사람들에게도 웃음 바이러스를 전염시켜 마이너스 사고를 플러스 사고로 바꾸어 사람의 마음을 움직이게 한다.

심리학자 다처 켈트너도 심한 정신적 충격을 받은 사람이 웃고 미소 지으며 긍정적 감정을 보여주게 되면 2~4년 후에 우울증이나 분노를 훨씬 덜 느낀다는 사실을 알아냈다. 이를 통해 켈트너는 유머가 비극이 초래한 슬픔을 바꾸어놓을 수 있다고 주장했다.

보보의 신문

웃음과 엔돌핀

사람들은 즐겁고 기쁜 일이 있을 때 습관적으로 "엔돌핀이 분비된다"고 이야기한다. 우리가 흔히 알고 있는 엔돌핀은 사실 코르티솔, 엔케팔린과 함께 3대 스트레스 호르몬이다. 엔돌핀은 사람이 스트레스상황에 빠지면 고통을 덜어주기 위해 뇌에서 분비되는 것으로 가장 강력한 마약성 진통제인 모르핀의 2백배에 해당하는 진통효과를 발휘한다.

그래서 한때는 "웃으면 엔돌핀이 분비되고 건강에 좋다"는 말이 잘못된 상식이라는 이야기도 있었다. 고통스러울 때 고통의 경감을 위해 분비되는 호르몬이 기쁘고 행복할 때 분비될 리 만무하다고 생각했기 때문이다. 이러한 오해를 해결하기 위해서는 먼저 엔돌핀이라는 용어가 단지 하나의 호르몬을 지칭하는 말이 아니라는 것을 알아둘 필요가 있다. 즉, 내재성 통증조절 성분을 지닌 호르몬을 모두 총칭하는 용어가 바로 엔돌핀이다. 이들 중 우리가 흔히 건강에 좋다고 생각하는 엔돌핀은 바로 '베타 엔돌핀'이다. 뇌 속에서 분비되는 베타 엔돌핀은 운동을 하거나 기분 좋은 일을 하면 분비되는 것으로 마약과 비슷한 효과를 준다. 베타 엔돌핀은 기분을 좋게 하는 데 그치지 않고, 인체기관의 노화를 막고 암세포를 파괴시키기도 하고, 기억력을 강화하기도 하고, 인내력을 강화해 주는 작용을 하기도 한다.

기분이 좋다고 생각할 때와 그렇지 않을 때에 단백질 분해과정이 다르게 일어난다.

긍정적인 생각을 할 때면 단백질은 부신피질 호르몬과 베타 엔돌핀으로 분해된다. 부신피질 호르몬은 육체적 스트레스를 완화하는 역할을 맡고 있으며, 베타 엔돌핀은 정신적 스트레스를 해소하는 작용을 한다.

국내 1호 웃음치료사로 활동하고 있는 이요셉 한국웃음연구소 소장은 크게 웃으면 광대뼈 주위의 근육이 자극을 받아 얼굴 근육이 함께 움직이고, 광대뼈 주위의 피와 신경이 뇌하수체를 자극해 엔돌핀의 분비를 촉진시키며, 더 나아가 광대뼈의 신경은 심장 위 흉선을 자극해 면역계의 총체라고 할 수 있는 T임파구를 활성화시켜 면역체계를 강화해 각종 질병으로부터 보호한다고 주장했다.

특이한 것은 억지웃음도 실제 웃음과 똑같은 이로운 효과를 갖는다는 사실이다. 우리의 잠재의식은 웃게 되었을 때 그것이 진짜 웃음인지 억지로 웃는 웃음인지 구분하지 못한다. 즉, 억지로 웃을 때도 진짜로 신나게 웃을 때와 마찬가지로 유사한 효과를 얻을 수 있는 것이다. 따라서 억지웃음 역시 근육과 신체가 활성화돼 엔돌핀이 나오고 면역체계가 강해지는 반응이 나타난다.

자료 : 건강다이제스트, 2017.3.31.

○ 엔돌핀을 생성하는 대통령

엔돌핀을 솟아나게 하는 정치인을 꼽으라면 첫 번째가 단연 케네디 대통령이다. 여성들만 그를 좋아한 것이 아니었다. 남자들도 부러워했다. 카메라가 24시간 케네디를 쫓아다녔다. 그의 얼굴, 몸짓 자체가 모든 이를 즐겁게 했다. 입을 열면 인기는 더했다. 케네디를 볼 때마다, 그가 말하는 것을 들을 때마다 흐뭇한 미소가 입가에 번지고, 엔돌핀이 돌았던 것이다. 예언자 노스트라다무스는 신도 그의 인기를 질투해 그를 빨리 데려갔다고까지 했다. 1980년대 레이건 대통령의 경우도 그의 정책을 반대하고, 선거에서 그를 찍지 않은 사람조차도 그가 말하는 모습을 보면 입가에 미소를 짓더라는 실험결과가 있었을 정도이다.

자료 : 강원대학교 이관열 교수의 중앙 시평(중앙일보) 중에서

3 성격과 행복

1960년대에 미국 매사추세츠대학의 노먼 브래드번 등 관련분야 학자들이 연구하기 시작한 행복론은 21세기 전후 심리학에서 가장 활발한 분야가 되었다. 노먼 브래드번은 긍정적인 감정과 부정적인 감정은 정반대가 아니라 독립된 별개의 감정이라고 주장했다.

이전까지의 심리학 연구는 주로 우울하고 불행한 사람들에게 초점을 맞추었다. 그러나 이제 심리학자들은 무엇이 사람을 행복하게 만들고 그들은 어떻게 행복할 수 있는가에 대한 연구결과를 활발하게 교환하고 있다.

긍정심리학(positive psychology)이라는 용어는 미국의 심리학자 마틴 셀리그먼이 처음으로 사용했다. 긍정심리학은 불안, 우울, 스트레스와 같은 부정적 감정보다 개

인의 강점, 미덕 등의 긍정적 감정에 초점을 맞추는 심리학의 새로운 연구동향이다. 그는 이에 대한 공헌을 인정받아 프로이트 이후 최고의 심리학자로 평가받는다. 긍정심리학자들은 인간을 행복하게 만드는 요인을 정확하게 알아내어 삶에 더 많이 개입시키는 것이 중요하다고 주장한다.

인간의 성격 가운데 가장 안정되어 있는 특성은 어느 순간 우리의 기분이 얼마나 긍정적인지 또는 부정적인지, 자신의 삶을 얼마나 만족스럽게 생각하는지 또는 불만스럽게 생각하는지와 깊은 관계를 갖고 있다. 이러한 사실은 부분적으로는 행복이나 불행한 기질의 원인일 수 있다.

긍정적 감정에 빠지는 성향의 원인으로 입증된 것은 외향성, 교육, 직장, 적극적인 사회참여, 긍정적인 사건, 만족스러운 여가활동 등이다. 부정적 감정에 빠지는 성향의 원인으로 입증된 것은 신경증적 성격, 감정에 좌우되는 성격, 낮은 사회적 지위, 좋지 않은 건강, 낮은 자부심, 스트레스를 주는 사건 등이다. 그러나 래니(Laney)는 그녀의 저서 '*Introvert Advantage : How to Thrive in an Extrovert World*'에서 외향적인 사람과 내향적인 사람의 비율은 3:1이며, 외향적인 사람들을 기준으로 해서 만들어진 세상에서 살고 있는 내향적인 사람들은 삶을 표현하고 관리하는 방식이 다를 뿐이지, 내향성이 외향성에 비해 결코 열등한 개념은 아니라고 주장한 바 있다.

긍정심리학에서는 단점을 찾아 고치려 애쓰지 말고 대표적인 강점을 키우고 발전시켜 나가야 한다고 말한다. 셀리그먼은 자신의 저서 『완전한 행복』에서 모든 문화권에서 공통적으로 인정하는 24가지 대표강점을 설명하고 자신을 대표하는 강점 다섯 가지를 확인할 수 있는 검사법을 제시했다. 그가 제시한 강점은 비판적 사고, 사회적 지능, 인내심, 리더십, 신중함, 탐구심 등이다.

미국 국립보건연구원의 폴 코스타는 장기간의 연구를 통해 발표한 보고서에서 외향성 지수가 높은 사람은 17년 뒤에 실시한 행복평가에서 높은 점수를 받았다고 말했다. 외향적인 사람들이 더 행복한 이유는 여러 가지로 설명될 수 있으나 그들은 주위 사람들의 반응을 선택적으로 받아들이기 때문이라고 주장했다. 내향적인 사람들에 비해 외향적인 사람들은 타인의 긍정적인 반응에 더 민감하고, 부정적인 반응에는 덜 민감하다는 것이다. 또한 사회심리학자인 마이어(D. Myers)는 자신의 저서

'*The Pursuit of Happiness*'에서 자부심, 낙천성, 외향성이라는 세 가지 특질을 가지고 있느냐 없느냐의 여부에 따라 행복이 결정된다고 말했다. 그러나 래니는 이 주장도 반박하고 있다.

외향성을 지지하는 사람들이 진행하는 연구에는 중요한 허점이 하나 있다. 참가자들에게 "나는 타인들과 함께 있는 것을 좋아한다", "나는 같이 있기 재미있는 사람이다"와 같은 문항에 '예'와 '아니오'의 둘 중 한 가지로만 대답하게 한다는 점이 바로 그것이다. 그녀가 주장하는 내향적인 사람들의 행복에 대한 기준은 외향적인 사람과는 많이 다르다. 마치 화성과 금성에서 온 남녀처럼 말이다. 내향적인 사람들의 행복에 대한 기준은 "나는 나 자신을 잘 안다", "나는 있는 그대로의 내 모습에 익숙하다", "나는 자유롭게 내 길을 간다" 등과 같은 것이다. 그런데 외향성 위주의 설문지에는 이런 내용이 하나도 없다는 것이다. 수적으로 우월한 외향적인 사람들로부터 내향적인 사람들은 매일 다른 사람들처럼 행동하라는 엄청난 압력을 받기 때문에 외향적인 사람들에 비해 불행해 보이는 것일 뿐이다. 마이어스와 브릭스(Myers-Briggs)의 성격유형지표인 MBTI에 의한 16가지 유형들처럼 외향성과 내향성은 그저 개인 간의 독특한 차이일 뿐이다.

그렇다면 외향성과 행복이 완전한 상관관계에 있지 않다면 행복한 사람이 반드시 외향적일 필요는 없으며, 행복하고 내향적인 사람도 있을 수 있다. 이러한 부분에 초점을 맞춘 결과 행복한 사람은 외향성 이외의 행복과 관련된 성격특성 중 신경증적 성향이 거의 없었다.

심리학자들은 얼마나 자주 불안이나 우울한 기분을 느끼느냐는 등의 설문을 통해 신경증적 성향을 측정한다. 베일러대학과 미주리대학의 크리스티나 드네브와 해리스 쿠퍼는 행복과 신경증적 성향의 관계를 조사한 74건의 연구결과를 분석하여, 신경증적 성향이 강한 사람일수록 행복도가 낮다고 보고했다. 신경증적 성향을 가진 사람이 불행한 이유는 그들이 우울해지기 쉽고, 불안해하고, 스트레스에 민감하여 감정상태가 대체로 부정적이기 때문이다.

유머감각에 대한 연구에서 개인별로 유머를 상황에 대처하는 수단으로 얼마나 많이 이용하는가에는 일관된 차이를 보였다. 뛰어난 유머감각을 가진 사람은 행복지수가 높고, 우울과 내향성 지수는 낮았다. 그 이유 중의 하나는 유머가 사교생활을 하는 데 도움을 주고 사회적 유대를 강화하기 때문인 것으로 보인다. 유머감각은 사물을 재미있게 바라볼 수 있는 능력이기도 하기 때문에 일종의 낙천주의로 작용한다. 유머는 서로 다른 두 가지 관점을 동시에 가질 수 있는 데서 나온다.

윌리엄 제임스는 인간에게는 다른 사람으로부터 존중받고자 하는 가장 커다란 욕구가 존재한다고 했는데 이를 통해 얻어지는 자부심은 행복과 깊은 상관관계를 갖는다. 자부심은 "나는 대체로 나 자신에게 만족한다"는 말에 얼마나 동의하느냐는 설문을 통해 측정할 수 있다. 개인의 성취도 자부심에 커다란 영향을 미치는데, 개인

보보의

○ 그런데 왜 자살하지 않습니까?

정신과 의사인 프랭클 박사는 크고 작은 고통으로 고생하고 있는 환자들에게 가끔 이렇게 묻는다.

어떤 사람은 아이를 너무 사랑하기 때문이라 하고, 어떤 사람은 그저 간직하고 싶은 추억에 대한 미련 때문인지도 모른다고 대답한다. 이런 환자의 대답 속에서 프랭클 박사는 정신과 치료에 중요하게 적용될 수 있는 어떤 지침들을 발견하곤 한다. 이렇게 조각난 삶의 가느다란 실오라기를 엮어 하나의 확고한 형태를 갖춘 의미와 책임을 만들어내는 것, 이것이 바로 '로고테라피'의 목표이자 과제이다.

잔인한 죽음의 강제수용소에서 생활하면서 그는 그 자신의 벌거벗은 실존과 만나게 된다. 가진 것을 모두 잃고, 모든 가치가 파괴되고, 추위와 굶주림, 잔혹함, 시시각각 다가오는 몰살의 공포에 떨면서 그는 어떻게 삶이라는 것이 보존해야 할 가치가 있는 것이라고 생각할 수 있었을까?

프랭클은 신경질환을 여러 형태로 분류한 다음 그 중에서 몇 가지는 그 원인이 환자가 자신의 존재에 대한 의미와 책임을 발견하지 못한 데에 있다고 생각했다. 프로이트가 성적인 욕구불만에 초점을 맞추었던 반면 프랭클은 '의미를 찾으려는 의지'의 좌절에 초점을 맞추었던 것이다. 그는 인간이 "우스꽝스럽게 헐벗은 자신의 생명 외에 잃을 것이 아무 것도 없다"는 사실을 깨달았을 때 어떤 일이 벌어지는지를 경험했다. 그들은 제일 먼저 자신의 운명에 대해 냉정하고 초연한 궁금증을 갖는 것에서 구원을 찾는다. 만약 삶에 어떤 목적이 있다면 시련과 죽음에도 반드시 목적이 있을 것이다. 하지만 어느 누구도 그 목적이 무엇인지 말해줄 수는 없으며 각자가 스스로 알아서 이것을 찾아야 하고, 그 해답이 요구하는 책임도 받아들여야 한다. 만약 그것을 찾아낸다면 그 사람은 어떤 모욕적인 상황에서도 계속 성숙해 나갈 수 있다.

자료 : 빅터 프랭클의 『죽음의 수용소에서』 중에서

적 목표보다 집단주의가 강한 동양문화에서는 개인적 성취보다는 집단의 성공이 자부심과 더 깊은 관계를 맺는 것으로 나타났다.

삶의 목표도 행복의 필수조건이다. 목표는 어떤 의미에서는 자신의 일부이다. 목표를 이루지 못해도 목표는 여전히 개인의 성격을 이루는 독특한 구성요소가 된다. 목표는 자신이 의미 있는 존재라는 느낌을 갖게 한다.

오스트리아의 정신과 의사인 프랭클은 아우슈비츠를 포함하여 강제수용소를 네 군데나 거치면서도 끝까지 살아남았으며, 가치 있는 목표에 관심을 쏟으라고 격려함으로써 다른 사람들이 강제수용소에서 살아남도록 도와주었다. 그는 수용소에서의 고통의 시간들을 통해서 극한 상황에서도 인간에게는 타인을 배려하고 사랑할 수 있는 고귀한 그 무엇이 존재한다는 것을 밝혀냈다. 그는 후에 이것을 '로고테라피'라는 심리치료형태로 발전시켰다. '로고테라피'는 그리스어 '로고스(의미)'에서 유래한 말로 '의미치료'라고 번역할 수 있다. 물질적으로 풍족하지만 삶의 목표가 전혀 없는 사람은 불행과 공허감에 시달리게 된다. 삶의 의미와 목적은 삶의 목표를 얼마나 갖고 있으며, 그것을 얼마나 성취했느냐는 설문을 통해 측정할 수 있다.

보보의 신문

국민의 97%가 행복한 나라

'부탄'하면 자동적으로 떠오르는 단어는 '행복'이다. 부탄의 행복지수는 세계 1위이다. 우리나라의 순위는 58위이다. 부탄에서는 국민의 97%가 스스로 행복하다고 믿는다. 1인당 국민소득이 2,800달러 남짓밖에 되지 않는 이들이 왜 행복하다고 느낄까?

부탄에 가서 부탄을 겪어 보면 이들이 가난하게 살고 있다는 생각이 들지 않는다. 가파른 산등성이를 따라 지그재그로 이어지는 도로는 포장상태도 엉망이지만 서두르는 법 없는 부탄 사람들은 도로사정이 나쁘다고 생각하지 않는다. 나쁜 도로사정을 탓하는 건 오직 관광객뿐이다. 히말라야에서 쏟아져 내린 풍부한 수력으로 전기를 만들어 인도에 팔고, 그 돈으로 모든 공산품을 수입해서 쓴다. 그러니 미세먼지나 공해 따위를 걱정할 이유가 없다. 관광산업에서 얻는 수익은 무상교육과 무상의료를 실시하는 재원이 된다.

부탄 정부는 2008년 11월 국민행복지수 GNH를 국가 정책의 기본 틀로 채택했다.

국민행복지수는 '평등하고 지속적인 사회경제 발전', '전통가치의 보존 및 발전', '자연환경의 보존', '올바른 통치구조'의 4대 축을 기준으로 한다. 부탄 사람들은 먹을 것, 입을 옷, 괜찮은 집이 있다면 사는 데 기본을 갖춘 것이라고 생각한다. 현재에 만족하며 욕심내지 않는 사회 분위기가 국민들의 행복을 만든다. 소득 수준은 전 세계 110위지만 거리에는 거지나 노숙자가 전혀 없는 것으로 전해졌다.

부탄은 불교국가다. 부처가 세운 나라다. 국민의 거의 100%가 불교 신자라고 봐도 무방하다. 부탄의 불교는 8세기경 인도북부에서 태어난 파드마삼바바(Padmasambhava)에 의해 전해졌다. 거리 곳곳에는 불경을 적은 깃발 룽다가 펄럭이고, 사람들은 곳곳에 설치된 마니차를 돌리며 걷는다. 팀푸 중앙에 3대 국왕을 추모하려고 세운 거대한 탑인 메모리얼 초르텐(Memorial Chorten)이 있는데 팀푸 사람들은 출근할 때 이 탑을 세 바퀴 돌고 퇴근할 때 다시 세 바퀴 돈다. 부탄의 국민들은 모두 아득한 눈빛과 행복이 넘쳐흐르는 얼굴을 하고 있다.

자료 : 조선일보, 2017.5.25.
전자신문, 2017.3.22. (저자 수정)

보보의 한 말씀

행복한 마음이 꽉 찬 지갑보다 낫다. – 이탈리아 속담

4 행복을 위한 전략

심리학자들은 행복과 불행의 요인들을 분석하면서 실제로 사람들을 행복하게 만들기 위한 기법들을 개발했다. 이 작업은 주로 우울증 환자들을 도우려고 하는 임상심리학자들에게서 나왔다. 그들이 개발한 치료법은 우울증 환자뿐만 아니라 사회에 적응하여 행복하게 살고 있는 대다수의 사람들에게도 도움이 될 수 있다.

인간의 기분을 고양시키는 방법에는 직접적인 것과 간접적인 것이 있다.

직접적인 방법으로는 긴장완화와 명상 등이 있다. 한 시간의 잠을 자는 것보다 명

상 15분이 스트레스 해소에 훨씬 효과적이라는 연구결과도 있다. 요가는 뇌에 주는 경이로운 선물이다. 캘리포니아대학의 연구진은 여러 가지 요가동작과 기분의 상관관계를 알아보았다. 등을 젖히는 동작, 앞으로 구부리는 동작과 서있는 동작을 비교해 본 결과 기분이 상쾌해지려면 등을 뒤로 젖히는 동작이 가장 좋다는 결론을 내렸다.

"건강한 육체에 건전한 정신이 깃든다"는 말은 전적으로 옳다. 영국의 국립정신보건협회 '마인드(Mind)'는 정신건강에 문제가 있는 사람의 83퍼센트가 운동을 하면 기분이 좋아지거나 스트레스를 줄일 수 있다는 조사결과를 발표했다. 또한 실험대상자 중 60퍼센트가 육체운동이 동기부여에 큰 도움을 준다고 대답했다.

운동은 전반적인 건강 수준을 높여줄 뿐 아니라 정신건강까지 향상시킨다. 운동은 직접적·간접적으로 인간에게 도움을 준다. 운동을 하면 항스트레스 호르몬인 엔돌핀의 분비가 촉진되는데, 이 호르몬은 뇌에서 나오는 통증신호를 차단하며 기분, 감정, 수면과 식욕에 영향을 주는 천연 마약인 세로토닌을 생산한다.

달리기, 수영 등 오랫동안 지속적으로 하는 운동은 베타 엔돌핀의 생산과 분비를 촉진시킨다. 베타 엔돌핀은 분자구조가 모르핀과 매우 흡사하여 '러너스 하이(runner's high)'[4]라는 도취감을 유발한다.

어떤 쾌락은 일시적인데 이를 교감신경형 쾌락이라 부른다. TV를 보거나 노래방에 가거나 알코올을 섭취하거나 담배를 피우는 등의 쾌락은 쉽게 접할 수 있고, 그 방법도 수없이 많다. 이러한 방법은 상당히 빠른 속도로 기분을 상승시키지만 그만큼 빠르게 그 기분은 사라지기도 한다. 그리고 같은 강도의 쾌락을 느끼기 위해서는 점점 더 높은 강도를 필요로 한다.

담배의존증은 불행을 나타내는 지표가 될 수 있다. 비흡연자의 경우 사회적 지지가 심하게 부족하다고 느끼는 경우가 7퍼센트에 불과한 반면, 골초의 경우는 12퍼센트나 되었다. 또한 대마초를 자주 피우면 나이가 들어서 우울증이나 정신질환에 걸릴 확률이 더 커진다. 뉴질랜드에서 이루어진 장기간의 연구결과를 보면 15세까지 대마초를 피운 사람들이 26세가 될 때까지 '정신분열증세'를 보일 확률이 네 배나 더

4) 30분 이상 달릴 때 얻어지는 도취감이나 쾌감으로 이는 마리화나를 피울 때의 쾌감과 똑같은 현상이라는 연구결과가 있다.

높았다.

이런 방법들은 모두 일시적이어서 한 시간 이상 지속되는 경우가 드물지만 폭넓은 프로그램의 일부는 될 수 있다. 칙센트미하이가 주장한 것처럼 자신의 생활과 주변에서 일어나고 있는 일에 완전히 몰입하는 것은 행복감과 삶에 대한 만족감을 높이는 중요한 요인으로 밝혀졌다.

운동이 기분상태에 긍정적인 영향을 미친다는 사실은 많은 연구를 통해 입증되었다. 1981년 위스콘신대학의 존 그리스트는 가벼운 신경성 우울증에 시달리는 환자들을 조사하여 그 결과를 발표했다. 이 환자들을 두 그룹으로 나누어, 한쪽은 심리치료를 하고, 다른 한쪽은 걷기에서 시작하여 조깅과 달리기로 이어지는 점진적인 운동프로그램을 실행했다. 운동을 하고 나면 몇 시간 동안 더 행복감을 느끼고 덜 우울하다고 말한 사람도 있었다. 불안과 우울증에 시달리는 환자들에게 운동이 좀 더 통상적인 약물치료와 상담을 보완하는 치료법으로 인정받고 있는 것도 그 때문이다.

운동과 같은 몰입체험이 우리를 행복하게 하는 것은 심리적 무질서를 정화해주기 때문이다. 공포, 불안, 스트레스, 분노, 질투 등의 부정적인 감정들은 심리적 에너지를 소진시키고 머릿속을 비효율적인 상태로 만든다. 목표를 향한 의식을 부정적인 잡음들이 방해할 때, 칙센트미하이가 '심리적 엔트로피(entropy)'라고 부르는 내적 무질서상태에 처한다. 반대로 의식 속에 우리의 목표와 일치하는 정보가 들어오면 심리적 에너지는 물 흐르듯 편안하게 흐른다. 엔트로피의 반대인 네겐트로피(negentropy)상태로, 몰입(flow)이라고도 표현하는 경지이다. 칙센트미하이는 운동이야말로 몰입을 체험하기 쉬운 방법이라고 말한다. 그는 특히 운동을 할 때 정해놓은 운동복을 입으면 일상의 차원으로부터 한 발 빠져나올 수 있다고 주장한다.

규칙적으로 운동을 하는 것은 세로토닌의 분비를 증가시킨다. 우울증 환자들에게 가벼운 운동을 권하는 것도 바로 그 이유다. 일반적으로 우울증 환자나 강박증 환자들은 세로토닌이 덜 분비되는 양상을 보인다. 세로토닌이 부족하게 되면 감정이 불안정해지고, 충동적인 성향이 나타나며, 불면 등 수면장애를 유발한다. 이를 방지하기 위해서는 스트레스를 받거나 기분 나쁜 일이 있으면 햇빛을 충분히 쐬고, 많이 웃고, 가능하면 밝게 살려고 노력하는 것이 좋다.

행복찾기분야에서 새로운 접근방식의 하나는 인지행동요법이다. 이는 우리의 기분에 영향을 미치는 것은 인생에서 일어나는 일이 아니라 우리가 그 사건을 해석하는 방법이라는 생각에 바탕을 두고 있다. 불행한 사람의 특징은 대개 세상을 부정적으로 인지한다는 것이다. 인지행동요법으로 다른 치료법으로는 효과를 보지 못한 많은 환자들의 증세가 개선되었다. 일부 실험에서는 인지행동요법이 가장 우수한 항우울제보다 더 효과적인 것으로 나타났다. '마음챙김'을 할 수 있는 방법을 습득한 사람은 더 큰 행복을 누릴 수 있다는 것이 증명된 것이다.

조엘 오스틴은 그의 저서 '*Your Best Life Now*'를 통해서 믿는 대로 된다는 가치를 역설했다. 그는 더 많은 일을 행하고 더 큰 즐거움을 누리며 더 대단한 사람이 된 자신을 상상하라고 했다. 바로 이것이 오늘을 온전히 사는 비결이라고 말이다. 꿈을 이루고 성공하고 행복을 쟁취하는 비결은 '오늘'을 온전히 사는 것이며 최선을 다해서 오늘을 살 때 더 나은 내일이 찾아온다고 했다. 그에게 있어 '언젠가'라는 미래는 결코 없다. 우리에게는 오직 오늘이 있을 뿐이다.

"말하면 믿게 된다"는 이 가치는 1910년에 에밀 쿠에라는 프랑스 약제사가 일종의 '자기암시'로서 개발한 '자조기법'에 근거한다. 어느 날 쿠에가 잘 아는 사람이 의사의 처방전 없이 찾아와서 "시간이 늦어 병원에 갈 수도 없고 당장 아파 죽을 지경이니 약을 지어 달라"고 하소연했다. 쿠에는 처음에는 거절했으나 그 사람의 사정이 딱하여 거짓말을 했다. 그는 그 사람이 말하는 통증에는 실제로 아무 효과도 없으나 인체에 아무런 해도 끼치지 않는 포도당류의 알약을 지어주었다. 며칠 후 그는 우연히 길에서 그 환자를 다시 만났는데 자신이 지어주었던 약의 효능이 너무 좋아 깨끗하게 나았다고 말했다. 환자는 에밀 쿠에라는 약사에 대한 믿음, 믿고 있는 약사가 지어준 약에 대한 믿음으로 "나을 수 있다"는 확신이 있었다. 그리고 그 믿음으로 인해 약의 성분과 상관없이 병이 나을 수 있었던 것이다. 쿠에는 "나는 날마다 모든 면에서 점점 좋아지고 있다"는 유명한 말을 남기기도 했다.

미국 테네시주 멤피스 출신의 교사인 에메트 벨튼은 학생들에게 자신에 대한 긍정적인 문장 50개를 처음에는 속으로, 나중에는 소리 내어 읽으라고 요구했다. 50개의 문장은 "형편이 점점 좋아지고 있다", "내 삶은 점점 나아지고 있다"는 두 가지 유형으로 분류할 수 있었다. 이런 문장을 읽으면 효과는 일시적이었지만 기분이 좋아지는 것으로 나타났다. 과정이 반복될 때마다 어김없이 그러한 현상이 나타났다.

그래서 이 방식은 '벨튼 기법'으로 불리게 되었고, 오늘날 많은 심리치료사들이 널리 이용하고 있다.

정신건강을 개선해주고 행복을 가져다주는 것은 생활양식과 사고방식의 변화이다. 우리는 대부분 스스로의 의지로 생활을 변화시킬 수 있다. 비현실적으로 높은 목표를 세우는 것을 피하고 행복을 늘리는 방법을 찾으려고 의식적으로 노력하는 태도가 행복으로 가는 연금술이다. 즐거운 일을 많이 선택하고 긍정적인 인생관을 갖는 것이 중요하다. 내가 좋아하는 일을 하고 살 수 있는 사람만큼 행복한 사람은 없다. 성공은 과정이지 결코 결과가 아니며, 우리에게 중요한 것은 삶을 의미 있는 과정으로 만들어가는 것이다.

시인 롱펠로우(H.W. Longfellow)는 "인내는 성공에 있어서 가장 중요한 요소이다. 문빗장을 힘주어 계속 두드린다면 누군가는 잠에서 깨어 내다볼 것이다"라고 주장했는데 이것은 성공의 유일한 연금술이라 해도 과언이 아니다. 앙드레 말로는 "꿈을 그리는 사람은 마침내 그 꿈을 닮아간다"라는 말을 통해 지구력의 위대함을 뒷받침했다.

인간의 삶에서 중요한 것은 우리에게 주어진 의미와 목적을 찾는 것이며, 누구나 구체적인 실천을 통해 삶을 의미 있게 만들 수 있는 잠재력을 가지고 있다. 매슬로우나 프랭클, 퀴블러 로스처럼 말이다.

○ 미덕목록

아리스토텔레스, 플라톤, 아퀴나스, 아우구스티누스와 같은 철학자들의 저술과 구약성서, 탈무드, 불경, 코란과 같은 경전, 공자, 노자, 벤자민 프랭클린의 저술, 일본의 사무라이 무사도, 고대 인도의 철학서인 우파니샤드 등을 두루 검토하여 총 200여 가지의 미덕목록을 작성했다. 그런데 놀랍게도 이 전통들은 대부분 3000년 역사를 이어오면서 세상 도처에 여섯 가지 미덕을 퍼트렸다. 이는 인간이 도덕적 동물이라는 주장을 절실하게 느끼게 해준다.

- 지혜와 지식
- 용기
- 사랑과 인간애

- 정의감
- 절제력
- 영성과 초월성

자료 : 마틴 셀리그만의 『긍정심리학』 중에서

벌벌의 한 말씀

의학은 자연이 질병을 치료하는 동안 환자를 즐겁게 하는 것도 포함한다. – 볼테르

5 퀴블러 로스의 인생수업[5)]

『인생수업』은 역사상 가장 많은 학술상을 받으며 20세기 최고의 의사라고 평가받고 호스피스운동을 창시했던 엘리자베스 퀴블러 로스가 죽음 직전의 사람들을 인터뷰하고 그들이 말하는 '인생에서 꼭 배워야 할 것들'을 받아 적은 가르침이다. 그녀는 말한다. 삶에는 배워야 할 것들이 너무 많으며, 단 한 번의 생으로 그것들을 모두 배울 수는 없지만 진정으로 살아보기 전에는 결코 죽지 말아야 한다고 말이다.

사람들은 그녀를 죽음의 여의사라고 부르지만 그녀의 연구핵심은 삶의 의미를 밝히는 일이었으며 마지막으로 그 일을 해내고 2004년 8월 24일 육신의 누에고치를 떠나 영원한 삶을 향해 날아갔다.

1) 인간에게 주어진 임무는 사랑의 방해물을 찾아내는 일이다

그녀는 삶이라는 여행을 통해서 사랑하는 방법을 배워야 한다고 말했다. 우리에게 주어진 임무는 사랑을 찾는 일이 아니라 우리 마음속에 스스로 만들어 놓은 사랑의

5) 이 절은 퀴블러 로스의 『인생수업(*Life Lessons*)』 중에서 중요한 부분을 요약한 것이다.

방해물들을 찾아내는 일이다.

몇 해 전 그녀가 근무하는 병원에서 흥미로운 현상이 목격되었다. 그 병원의 중환자실에 누워 죽음을 기다리던 환자들의 얼굴이 몰라보게 밝아진 것이다. 그것은 어느 청소부 아주머니 때문이었다. 그 아주머니가 중환자실에 들어왔다가 나갈 때마다 어떤 변화가 일어났다. 그녀는 그 비결을 알 수만 있다면 얼마를 지불해도 아깝지 않을 것 같았다. 그래서 그녀는 눈에 안 띄게 그 아주머니를 몇 주 동안 쫓아다녔다. 그러던 어느 날 아주머니는 그녀를 간호사실 뒤쪽에 있는 방으로 데리고 가서 그 비법을 알려주었다.

아주머니는 몇 년 전 오지 않는 의사를 기다리다가 어린 아이가 눈앞에서 죽어가는 모습을 지켜볼 수밖에 없었던 과거를 아무런 증오나 원한, 분노도 담지 않고 그저 담담하게 얘기했다. 그녀는 그것이 죽음을 앞둔 환자들과 무슨 관계가 있는지 의아했다. 아주머니는 죽음은 더 이상 자신에게 낯설지가 않다고 대답했다. 마치 오랫동안 알고 지내던 친구처럼 말이다. 가끔 중환자실에 들어가 보면 환자들은 몹시 겁에 질려 있었고, 그러면 자신도 모르게 그들을 쓰다듬어 주게 되었다고 했다. 그리고 그들에게 자신도 죽음을 보았지만 죽음이 다가와도 무섭지 않을 거라고 말해주며 그냥 함께 있어준다고 했다. 그리고 그것이 사랑이라고 했다.

심리학도 의학도 공부하지 않았지만 아주머니는 삶의 가장 큰 비밀 하나를 알고 있었다. 사랑은 바로 곁에 있어 주는 것이며, 돌봐주는 것이라는 사실이다.

2) 당신 속에 다른 사람이 지나다니게 하라

때로는 사람과의 관계에서 텅 빈 공간이 되어 다른 사람이 지나다니게 하라. 그것이 진정한 관계이다. 삶은 마치 거울과 같다. 삶에 미소 지으라. 그러면 삶이 당신에게 미소를 지을 것이다.

대개 나와 가까운 사람들이 다른 누구보다도 더 나를 화나게 할 때가 많다. 그들의 모습에 실망할 수도 있지만 나에게 가장 필요한 사람은 바로 그들이다. 나를 힘들게 하는 사람들이 종종 나에게는 가장 훌륭한 스승이다. 인간관계가 가져다주는 상황들은 삶에서 배워야 할 모든 것을 가르쳐준다.

때로 우리는 자신이 맺고 있는 관계들에서 어떤 부분이 달라진다면 행복해질 것이라고 생각한다. 그렇게 바라는 이유는 관계를 통해서 행복해지고 싶기 때문이다. 배우자를 바꾸거나 관계를 변화시키면 완벽해지고 행복해지리라고 생각한다. 하지만 이것은 어리석은 생각이다.

행복은 상대방을 더 좋게 바꾸는 것에 달려있지 않다. 우리가 진정한 자신이기를 원한다면 그들도 진정한 그들로 있도록 해주어야 한다.

3) 당신이 배워야 할 것을 발견하라

배움을 얻는다는 것은 자신의 인생을 사는 것을 의미한다. 갑자기 더 행복해지거나 강해지는 것이 아니라, 세상을 더 이해하고 자기자신과 더 평화로워지는 것을 의미한다. 아무도 당신이 배워야 할 것이 무엇인지 알려줄 수 있는 사람은 없다. 그것을 발견하는 것은 당신만의 여행이다.

죽어가는 한 여성에게 물었다.

"당신은 지금 누구입니까?"

그녀가 말했다.

"지금껏 내게 맡겨진 역할들 속에서 내 삶은 너무나 평범했어요. 다른 이들과 똑같은 삶을 살아온 것 같았어요. 도대체 내 삶이 다른 사람들의 인생과 뭐가 다를까 싶었어요. 하지만 병을 앓게 되면서 놀라운 진실을 깨달았어요. 난 아주 특별한 사람인 거예요. 어느 누구도 나와 같은 방식으로 세상을 보거나 삶을 경험하지 못했을 거예요. 앞으로도 그럴 것이고 이 세상이 시작된 이후부터 끝나는 날까지 나와 똑같은 사람은 영원히 존재하지 않을 거예요."

이것은 누구에게나 진실이다. 아무도 내가 겪은 것과 같은 방식으로 세상을 경험하지 못한다. 진정한 '나'는 머리로 이해할 수 있는 것보다 훨씬 특별한 존재이다. 자신만이 느끼고 자신만이 경험할 수 있는 것들을 소중히 생각하고 태어남과 죽음 사이의 시간 동안 무엇을 배울 것인가를 스스로 선택하라.

4) 고통을 선물로 여긴다면 당신은 성장한다

당신이 아름다운 정원에 앉아 있다면 아무 것도 배우지 못한다. 그러나 만일 당신이 고통 속에 있다면, 상실을 경험한다면, 그리고 당신이 그 고통을 아주 특별한 목적으로 당신에게 주어진 선물로 여긴다면 당신은 성장할 것이다.

죽음을 앞둔 사람들로부터 상실에 대해 배울 수 있었던 흥미로운 점들은 다음과 같다.

첫째, 의학적으로 죽었다가 다시 살아난 사람들은 한결같이 더 이상 죽음이 두렵지 않다고 말한다.

둘째, 그들은 죽음이란 필요 없어진 옷을 벗는 것처럼 육체를 떠나는 것에 불과하다는 것을 알게 되었다고 말한다.

셋째, 그들은 죽음 속에서 온전한 자신을 느꼈고, 자신이 모든 사물, 모든 존재와 연결되어 있음을 느꼈다고 한다. 더불어 어떤 상실감도 느끼지 못했다고 말한다.

마지막으로 그들은 절대로 외롭지 않았으며 누군가가 자신과 함께 있음을 느꼈다고 말한다.

그러나 살아가는 동안 대부분의 사람들은 상실에 대한 두려움 때문에 늘 고통스러워한다. 상실을 겪었기 때문이 아니라 상실을 겪게 되지 않을까 하는 불안감 때문에 힘겨워하는 것이다. 그러나 우리가 가진 모든 것은 결국 언젠가는 잃게 될 것들이다. 그럼에도 불구하고 많은 사람들이 삶이 곧 상실이고 상실이 곧 삶이라는 것을 이해하지 못한 채 평생 상실과 싸우고 그것을 거부한다.

당신이 많은 시작의 순간에 있었다면 그것들이 끝나는 순간에도 있게 된다. 만일 당신에게 친구가 많다면 그만큼의 이별도 경험하게 된다.

이 세상이 하나의 학교라면 상실과 이별은 그 학교의 주요과목이다. 집과 자동차, 직장, 돈과 젊음, 사랑하는 사람, 그 어떤 것도 영원히 붙들어둘 수는 없다. 하지만 이 사실 때문에 슬퍼할 필요는 없다. 오히려 그런 자각으로 인해 지금 이 순간 누리고 있는 경험들의 소중함과 사물들의 가치를 더 많이 느낄 수 있다.

상실이 주는 고통과 배움을 통해 삶에서 하찮게 여기던 일들이 얼마나 중요한 것이었는지도 깨닫게 된다. 상실의 아픔을 겪으면서 당신이 잃어버렸다고 슬퍼한 사람이나 사물이 사실은 한 번도 당신에게 소유된 적이 없었음을 깨닫게 될 것이다. 다른 한편으로는 그것들을 다른 방식으로 영원히 소유하게 되리라는 것도 알게 될 것이다. 상실 없이는 성장도 없다. 상실로 인해 고통받은 적이 있는 사람은 결국 더 강해지고, 더 온전한 존재가 된다.

5) 삶을 그렇게 심각하게 살지 말라

죽음을 앞둔 사람들이 가장 후회하는 것은 "삶을 그렇게 심각하게 살지 말았어야 했다"는 것이다. 우리 모두는 별의 순례자이며, 단 한 번의 즐거운 놀이를 위해 이곳에 왔다.

삶의 마지막에 이르면 가장 즐거웠던 놀이의 순간들을 회상한다. 그런데도 너무나 많은 사람들이 항상 생산적이고 성공적이어야 하며, 끊임없이 무언가를 이루어야 한다는 강박관념에 시달리느라 존재하는 법을 잊어버렸다.

어느 성공한 사업가는 암과 한판 승부를 벌이고 살아난 후에 말했다.

"모든 게 살아남기 위해 거쳐야 할 과정이었고, 어쨌든 내가 살아있음을 신에게 감사드렸어요. 그러고 나니 궁금해지더군요. 왜? 무엇 때문에 내가 살아남았을까? 일을 더 많이 하려고? 그때 비로소 깨달았어요. 지금까지 내가 얼마나 공허한 삶을 살아왔는지. 내가 아는 모든 이들은 삶의 의미를 성공에 두었고, 난 성공이라는 이름의 벽을 구성하는 하나의 벽돌에 불과했어요. 난 그런 삶으로는 다시 돌아가지 않기로 결심했어요. 나는 삶에서 너무 많은 것을 잃고 있었어요. 지금은 그것들을 되찾을 시간이에요."

삶의 종착점에 있는 환자들은 곧잘 자신들이 더 이상 두려워할 것이 없고 더 이상 잃을 것이 없다는 것을 깨닫게 된 뒤 무한한 행복을 발견했다고 말한다. 우리의 삶을 불행하게 만드는 것은 두려움 그 자체이지 우리가 두려워하는 대상이 아니다. 두려움 속에서 살 때 당신은 살아있는 것이 아니다. 언젠가 헬렌 켈러가 말했듯이 "삶은 하나의 모험이거나 그렇지 않으면 아무 것도 아니다."

지금 이 순간 가슴 뛰는 삶을 살지 않으면 안 된다.

보보의 신문

세계에서 가장 행복한 나라

UN의 자문기구인 SDSN이 155개 나라를 대상으로 '2017 세계에서 가장 행복한 나라' 순위를 발표했다. 1인당 GDP, 기대수명, 사회적 지지, 신뢰와 투명성, 권리, 관대함 등 6가지 항목으로 조사됐으며 한국은 이 중 56위이다. 이번 순위는 개인이 느끼는 행복감의 기준이 아닌 국가의 번영이나 국민이 잘 살 수 있는지 등에 관한 물질적 요건이 반영됐다.

1위는 노르웨이이다. 비정상회담에 출연했던 노르웨이 출신의 니콜라이는 방송을 통해 매번 노르웨이의 수준 높은 복지를 소개해 주위를 놀라게 했다. 전체인구가 서울 인구의 1/2 수준의 노르웨이는 북해유전의 발견으로 1인당 GDP 10만 달러를 달성했다. 연봉이 700만 원 이하인 국민은 세금이 면제되고, 대학교까지 완전 무상교육, 병원비도 무료혜택을 받을 수 있다. 돈에 대한 걱정이 없고, 학벌도 중요하지 않다.

2위는 덴마크이다. 지난 해 같은 조사에서 1위를 차지했던 덴마크는 행복지수가 높은 이유로 '휘게 라이프(Hygge)'를 꼽는다. 휘게는 아늑함을 의미하는 덴마크어로 가족과 함께 하는 안락함 속에서 오는 행복을 중시하는 삶이다. 덴마크는 청렴지수, 정직지수, 노동자 파업지수에서 항상 세계 상위에 랭크될 만큼 국민의식도 좋다.

3위는 아이슬란드이다. 아이슬란드에서는 '왜' 행복하냐는 말에 "생각해 본 적이 없다"는 대답이 나온다고 한다. 당연히 느껴지는 행복에 '왜'라는 이유가 없다는 것이다. 아이슬란드는 최저임금 때문에 물가도 높다. 노동가치를 높게 쳐 임금을 많이 지급하기 때문이다. 정규직, 비정규직의 구분도 없고, 자신의 일에 대한 자긍심도 높다. 2008년 국가부도위기에 몰렸던 나라라고는 보이지 않을 만큼 국민의 긍정적인 행복이 행복순위 3위에 오르게 했다.

4위는 스위스이다. 스위스는 직접민주주의의 실현을 위해 1년에 3~4회 정도 국민투표를 진행한다. 얼마 전에는 "모든 국민에게 300만 원씩 매달 지급하는 복지정책을 시행할 것인가"에 대한 국민투표가 진행됐다. 평균연봉도 세계 최상위에 속해 있다 보니 삶의 질 또한 항상 상위권에 랭크된다. 스위스는 수돗물을 먹는 게 당연하고, 의료복지가 잘되어 있어 개임담당의사가 있다.

5위는 핀란드이다. '심플라이프'를 추구하는 핀란드는 새로운 어떤 것을 욕심내지 않고 지금 있는 것에 만족하며 산다. 할머니, 할아버지께 물려받은 물건들을 소중히 여기고 그 속에 깃든 추억과 가치를 높게 여긴다. 그래서 골동품스러운 물건들이 많다. 근무시간도 대부분 8시간을 지킨다. 보통 7시에 출근해 퇴근하기 때문에 오후 3~4시 경에 버스가 제일 붐빈다.

6위는 네덜란드이다. 네덜란드는 유니세프

가 선정한 어린이가 가장 행복한 나라로 꼽혔다. 한 네덜란드 작가는 그 이유로 부모가 스트레스가 없고, 학업부담이 적으며, 아이의 의사를 존중하기 때문이라고 밝혔다. 네덜란드 학교에서는 숙제가 거의 없고, 시험으로 아이를 몰아세우지 않으며, 관심 있는 분야가 있으면 학생이 스스로 탐구하도록 도와준다.

7위는 캐나다이다. 심리학자 마크 홀더에 의하면 캐나다인들은 전반적으로 정부와 사회에 대한 신뢰감과 만족도가 높다. 안정적인 소득과 깨끗한 자연환경, 안전한 치안 또한 세계적으로 높은 순위를 자랑한다. 캐나다 국민은 개인당 평균 2.6개의 방을 생활공간으로 가진다. 이는 세계에서 가장 높은 수치로, 해석해 보면 "캐나다 국민들은 널찍한 공간에서 쾌적하게 살아간다"가 된다.

8위는 뉴질랜드이다. 지난 해 세계에서 외국인들이 가장 살기 좋은 나라 5위를 차지했던 뉴질랜드는 일과 개인생활의 균형 면에서 세계 1위에 올랐다. 비정상회담에 출연했던 잭 스텐하우스는 뉴질랜드의 공식언어는 수화라고 밝혀 놀라움을 안기기도 했다. 장애인을 배려할 줄 아는 나라이기 때문에 수화를 공식언어로 채택했다.

9위는 호주이다. 호주에서는 면접 시 결혼과 출산 등의 개인적인 질문은 금지되어 있다. 또한 "같은 일을 하면 같은 임금을 받는다"라는 원칙으로 남성이나 여성 모두에게 같은 임금을 준다. 호주에서는 이력서를 제출할 때 나이를 기재하지 않고, 사진도 붙이지 않는 등 나이, 성별, 학력, 외모 등의 차별대우가 없다.

10위는 스웨덴이다. 얼마 전 비정상회담에 출연한 이다는 스웨덴의 선진국다운 근무환경을 전해 주목을 받은 바 있다. 스웨덴에서는 평균 4~5시에 퇴근하고, 출근시간도 근무시간으로 포함되고, 육아휴직은 1년 4개월로 최소 90일은 아빠가 사용해야 하며, 학생들은 아침에 피곤하면 학교에 가지 않는다.

비록 순위에서는 한국이 56위에 머물렀지만 분명 우리는 다른 나라보다 월등한 무언가를 가지고 있고, 또 그것을 좋아하는 외국인들이 있다. '나' 자신이 행복하면 내 '옆 사람'도 행복해지고, '대한민국'도 행복해진다.

자료 : 인사이트, 2017.6.2.

법보의 한 말씀

인간은 긍정적인 마음이라는 교정수단을 이용해 그것의 반대편에 있는 부정적인 마음을 바로잡을 수 있다. '다르마(진리)'의 실천이란 내면에서 끊임없이 전투를 벌이는 것이다. 과거에 있던 부정적인 상태나 습관을 긍정적인 새로운 상태로 바꾸는 것이다. '다르마'는 사람의 행동을 자제시키거나, 고통의 원인을 없애 고통을 겪지 않게 하는 모든 행동이나 분별력을 뜻한다.

– 달라이 라마

보보의 시

무엇이 성공인가

자주 그리고 많이 웃는 것
현명한 이에게 존경을 받고
아이들에게서 사랑을 받는 것
정직한 비평가의 찬사를 듣고
친구의 배반을 참아내는 것
아름다움을 식별할 줄 알며
다른 사람에게서 최선의 것을 발견하는 것
건강한 아이를 낳든
한 뙈기의 정원을 가꾸든
사회환경을 개선하든
자기가 태어나기 전보다
세상을 조금이라도 살기 좋은 곳으로
만들어 놓고 떠나는 것
자신이 한때 이곳에 살았음으로 해서
단 한 사람의 인생이라도 행복해지는 것
이것이 진정한 성공이다

– 랄프 왈도 에머슨[6)]

6) 19세기 중반 미국에서 '뉴 소트(new thought)'를 탄생시켰다. 이는 인생을 행복과 성공으로 이끄는 방법을 설명해주는 신사상으로서 우주의 광대한 힘에는 긍정적 에너지가 깃들어 있으며, 그 에너지는 사람의 마음가짐에 따라 무한대로 끄집어낼 수 있다는 개념이다. 할 어반이 그의 저서 '*Positive Words, Powerful Results*'에서 제시한 개념들도 이와 유사하다,

Alexander, D.S. & F. Luthans, "Social Cognitive Theory and Self-Efficacy : Going Beyond Traditional Motivational and Behavioral Approaches", *Organizational Dynamics,* spring, 1988.

Avolio, B.J., B.M. Bass, Jung Dong I., Lee Jin K., "변혁적 리더십과 세계화", 한국리더십 연구센터 개소식 국제학술세미나, 1998.

Bailyn, L., "Autonomy in the industrial R & D laboratory", *Human Resource Management,* 24, 1985.

Bandura, A., "A self-efficacy : Toward a unifying theory of behavioral changes", *Psychological Review*, 84, pp.191-215, 1977.

Bandura, A., *Self-Efficacy : The Exercise of Control*, Freeman, 1997.

Bandura, A., *Social learning theory*(2nd ed.), Englewood Cliffs, N. J. : Prentice-Hall, 1977.

Bandura, A., "Reflections on self-efficacy", in S. Rachman(ed.), *Advances in Behavior Research and Therapy*, Vol.1., pp.237-269, Oxford : Pergamon, 1978.

Bass, B.M., *Bass & Stogdill's Handbook of Leadership*, The Free Press, 1990.

Bass, B.M., *Leadership and Performance Beyond Expectations,* The Free Press, 1985.

Bass, B.M. and B.J. Avolio, "The Implications of Transactional and Transformational Leadership for Individual, Team and Organizational Development", *Research in Organizational Change and Development,* 4, pp.231-271, 1990.

Baumgardner, A.H., D.M. Kaufman & P.E. Levy, "Regulating Affect Interpersonally : When Low Esteem Leads to Greater Enhancement", *Journal of Personality and Social Psychology,* 57, 1989.

Bennis, W.G., "Becoming a leader of leaders", in R. Gibson, *Rethinking the Future,* Nicholas Brealey Publishing Ltd., 1996.

Bennis, W.G., *On Becoming a Leader,* Addison-Wesley, 1989.

Bennis, W.G. & B. Nanus, *Leaders : The Strategies for Taking Charge,* Harper & Row,

1985.

Brayfied, A.H., and H.F. Rothe, "An index of job satisfaction", *Journal of Applied Psychology,* 35, 1951.

Brownell, J., "A Model for listening Instruction : Management Application", *ABC Bulletin,* 1985.

Burns, J.M., *Leadershiip,* Harper & Row, 1978.

Carver, C.S. & M.F. Scheier, *Perspctives on Personality*, Allyn & Bacon, 2004.

Chen, G., S.M. Gully, J. Whiteman & R.N. Kilcullen, "Examination of Relationships Among Trait-Like Individual Differences, State-Like Individual Differences and Learning Performance", *Journal of Applied Psychology*, 85, 2000.

Collins, J., *Good to Great,* Harper Collins, 2001.

Conger, J.A. & R.N. Kanungo, *Charismatic Leadership in Organizations,* SAGE, 1998.

Cosier, R.A. & C.R. Schrivenk, "Agreement and thinking alike : Ingredients for poor decisions", *Academy of Management,* February, 1997.

Cox, J.F., *The Effects of Super-Leadership Training On Leaders Behavior, Subordinate Self-Leadership Behavior, and Subordinate Citizenship,* Unpublished Ph.D. dissertation, University of Maryland, College Park, MD, 1992.

Deal, T.E., and A.A. Kennedy, *Corporate Cultures : The Rites and Rituals of Corporate Life*, Reading, Mass., Addison Wesley Publishing, 1982.

Deci, E.L., and R.N. Ryan, *Intrinsic Motivation and Self-Determination in Human Behavior,* New York, NY : Plenum, 1985.

Deci, E.L., J. Nezlek and L. Sheinman, "Characteristics of the rewarder and intrinsic motivation of rewardee", *Journal of Personality and Social Psychology*, 40, 1981.

Deluga, R.J., "A Historiometric Analysis of Presidential Charismatic Leadership : Franklin Roosevelt To Ronald Reagan", *Deluga EAM,* 1997.

Deluga, R.J., "Relationsip of transformational and Transactional Leadership with Employee Influencing Strategies", *Group & Organization Studies,* 1988.

Dierterly, D.L., and B. Schneider, "The effect of organizational environment on perceived power and climate a laboratory study", *Organizational Behavior and Human Performance,* 11, 1974.

Dolbier, C.L., M. Soderstrom, and M.A. steinhardt, "The ralation between self-leadership and enhanced psychological, health, and work outcomes", *The Journal of Psychology*, 17, 2001.

Doyal, G., and I. Gough, *A Theory of Human Need,* London Macmillan Education LTD,

1991.

Dunnette, M.D. & L.M. Hough's *Handbook of Industrial and Organizational Psychology,* Consulting Psychologists Press, Inc., 1990.

Eysenck, H.I., S.B.G. Eysenck, *Manual of the Eysenck Personality Questionnaire*, San Diego : Edits, 1975.

Fisher, K., *The Role of the Manager in Self-Directed Work Teams*, presentation at the 1991 International SMWT Conference, Dallas, October 14, 1991.

Gleitman, H., *Basic Psychology,* Alan Fridlund & Alan Reisberg, 1995.

Handy, C., *Gods of Management*, London : Souvenir, 1978.

Harrison, R., "Understanding Your Organization's Character", *Harvard Business Review*, May-June, 1972.

Hoggard, L., How To Be Happy, Optomen Television Ltd., 2005.

House, R.J., N.S. Wright & R.N. Aditya, "Cross-cultural Research on Organizational Leadership : A Critical Analysis and A Proposed Theory", in P.C. Early & M. Erez(eds.), *New Perspectives on International Industrial/Organizational Psychology,* The New Lexington Press, 1997.

Ivancevich, J.M. & M.T. Matteson, *Organizational Behavior and Management,* Irwin, 1996.

Kreitner, R., *Management,* Houghton-Mifflin, 1993.

Landy F.I. & D.A. Trumbo, *Psychology of Work Behavior*, Dorsey Press, 1976.

Lau, J.B. & M. Jelinek, *Behavior in Organization*, Irwin, 1984.

Lerbinger, Otto, *The Crisis Manager : Facing Risk and Responsibility*, Mahwah, NJ : Lawrence Erlbaum Associates, 1997.

Locke, E.A., and G.P. Latham, *A Theory of Goal Setting and Task Performance,* Prentice-Hall, Englewood Cliffs, NJ, 1990.

Manz, C.C., *Mastering self-leadership : Empowering Yourself for personal Excellence,* Prentice-Hall, Englewood, 1992.

Manz, C.C., "Self-leadership the heart of empowerment," *Journal for Quality and Participation,* 15(4), 1992.

Manz, C.C., and H.P. Sims, *Creating a Company of Heroes,* NY : Wiley, 1996.

Manz, C.C., and H.P. Sims, "Self-leadership : toward an expanded theory of self-influence processes in organizations", *Academy of Management Review*, 11, 1986.

Manz, C.C., and H.P. Sims, "Self-Management as a Substitute for Leadership : A Social Learning Perspective", *Academy of Management Review,* 5, 1980.

Manz, C.C & H.P. Sims, *Super-leadership,* New York, 1989.

Manz, C.C., and H.P. Sims, *Super Leadership,* 정일재 역, 21세기북스, 1995.

Manz, C.C., and H.P. Sims, "Super Leadership, Beyond The Myth of Heroic Leadership", *Organizational Dynamics*, 3, 1991.

Manz, C.C., and H.P. Sims, *Super Leadership : Leading other to Lead Themselves*, New York : Berkley Books, 1990.

Manz, C.C., and H.P. Sims, *The New Super leadership*, 김남현 역, 경문사, 2001.

Maslow, A.H., *Motivation and Personality,* Harper & Row, 1970.

Maslow, A.H., *Toward a Psychology of Being,* Van Nostrand, 1968.

McKay, M, P. Rogers, J. McKay, *When Anger Hurts,* New Harbinger Publications, 2003.

Mitroff, I.I. & G. Anagnos, *Managing Crises Before They Happen : What Every Executive and Manager Needs to Know about Crisis Management*, New York : AMACOM, 2001.

Mowday, R.T., R.M. Steer, and L.W. Poter, "The measurement of organizational commitment," *Journal of Vocational Behavior,* 14, 1979.

Nadler, D.A. & M.L. Tushman, "Beyond the Charismatic Leader : Leadership and Organizational Change", *California Management Review,* Vol.32, 1990.

Neck, C.P., and J.D. Houghton, "Two decades of self-leadership theory and research," *Journal of Managerial Psychology*, 21, 2006.

Neck, C.P., G. Stewart, and C.C. Manz, "Thought self-leadership as a framework for enhancing the performance of performance appraisers", *Journal of Applied Behavioral Science*, 31, 1995.

Northouse, P.G. *Leadership*, 김남현 역, 경문사, 2009.

Nunnally, J., *Psychometric Theory,* NY : McGraw-Hill, 1978.

O'Reilly, C.A., "Corporations, Culture and Commitment : Motivation and Social Control in Organization", *California Management Review*, Summer, 1989.

O'Reilly, C.A., and J. Chatman, "Organizational commitment and psychological attachment", *Journal of Applied Psychology*, 71, 1986.

Ouchi, W., *Theory Z*, Reading, Mass : Addison-Wesley Publishing, 1981.

Parker, L.E., and R.H. Price, "Empowered managers and empowered worked : The effects of managerial support and managerial perceived control on worker's sense of control over decision making", *Human Relations,* 47, 1994.

Pauchant, T.C. & Mitroff, I.I., *Transforming the Crisis-Prone Organization : Preventing Individual, Organizational and Environmental Tragedies,* San Francisco : Jossey-Bass, 1992.

Pheysey, D.C., *Organizational Cultures : Types and Transformations*, London and New York : Routledge, 1993.

Quinn, R.E., and M.R. McGrath, *The Transformation of Organizational Cultures : A Competing Values Perspective,* in Frost P.J., Louis M.R., Lundberg C.C., and Martin J.(eds), *Organizational Culture*, Beverly Hills, CA : Sage, 1985.

Robbins, S.P., *Essentials of Organizatinal Behavior*, Prentice Hall, 2005.

Saffold, G.S., "Culture Traits, Strength and Organizational Performance : Moving Beyond 'Strong' Culture", *Academy of Management Review*, 13, 1988.

Sathe, V., "Implications of Corporate Culture : A Manager's Guide to Action", *Organizational Dynamics*, 1, 1983.

Schein, E.H., *Organizational Culture and Leadership : A Dynamic View*, San Francisco : Jossey-Bass Publishers, 1985.

Schein, E.H., *Organizational Culture and Leadership*(2nd ed.), San Francisco, CA : Jossey-Bass Publishers, 1992.

Spreitzer, G., "Psychological empowerment in the workplace dimension, measurement, and validation", *Academy of Management Journal*, 38, 1995.

Steers, R., "Antecedents and outcomes of organizational commitment", *Administrative Science Quarterly*, 22, 1977.

Stogdill, R.M., *Handbook of Leadership,* The Free Press, 1974.

Stroebe, R., *Kommunikation I*, 3. Aufl., Heidelberg : Sauer-Verlag, 1987.

Venkatraman, N., "The Concept of Fit in Strategy Research : Toward Verbal and Statistical Correspondence, *Academy of Management Review*, 89, 1987.

Williams, J.C., *Human Behavior in Organizations*, South-Western Public., 1978.

강신주, 감정수업, 민음사, 2014.

김남현·이주호, "조직의 문화유형, 최고경영자의 리더십유형 및 행동성과에 관한 실증연구", 인사·조직연구, 제5권 제1호, 1997.

김성국, 조직과 인간행동, 명경사, 2001.

김영욱, 위기관리의 이해, 책과길, 2002.

김영조, "조직문화와 조직성과의 변화에 관한 종단적 연구", 인사조직연구, 제8권 제2호, 2000.

노자원전(오강남 풀이), 도덕경, 현암사, 1995.

다니얼 네틀, 성격의 탄생, 와이즈북, 2009.

라즐로 복, 구글의 아침은 자유가 시작된다, 알에이치코리아(RHK), 2015.

로버트 존스, 당신의 그림자가 울고 있다, 에코의 서재, 2006.
로버트 D. 헤어, 진단명 사이코패스, 바다출판사, 2005.
로언 깁슨, 미래를 다시 생각한다, 금호문화, 1997.
마이클 레빈, 깨진 유리창 법칙, 흐름출판, 2007.
박재호, "조직문화 성향과 조직몰입에 관한 연구", 새마을 · 지역개발연구, 제249권 제5호, 1998.
버트란트 러셀, 나는 무엇을 위해 살아왔는가, 문예출판사, 2016.
볼프 슈나이더, 위대한 패배자, 을유문화사, 2005.
서문경애, "간호사의 셀프리더십과 직무만족, 개인성과 간의 관계", 간호행정학회지, 제11권 제1호, 2005.
서인덕 · 이원형, "조직문화, 리더십 그리고 조직시민행동 간의 관계에 있어서 리더신뢰 및 조직몰입의 매개효과", 인적자원관리 연구, 제13권 제4호, 2006.
서지형, 속마음을 들킨 위대한 예술가들, 시공사, 2006.
새무얼 스마일즈, 자조론, 21세기북스, 2006.
성 알폰소 마리아 데 리구오리, 사랑의 기쁨, 바오로딸, 1987.
수잔 파울러, 최고의 리더는 사람에 집중한다, 가나출판사, 2015.
스티븐 코비, 성공하는 사람들의 7가지 습관, 김영사, 2017.
신완선, 굿타이밍, 더난출판, 2007.
신유근, "기업문화의 조직성과", 경영논집, 서울대학교 경영연구소, 제19권, 1985.
아들러, 아들러 심리학해설, 선영사, 2005.
알랭 드 보통, 불안, 이레, 2005.
왕샹둥, 심리학의 즐거움, 베이직북스, 2010.
이동희 · 윤병국, 매너와 이미지메이킹, 형설출판사, 2005.
이시이 히로유키, 콜드리딩, 웅진윙스, 2006.
이언영, "면접 이미지 메이킹을 위한 사이버 셀프 패션 코디네이션 시스템의 활용 연구", 이화여자대학교 박사학위논문, 2007.
이은숙 · 신제구 · 백기복, "슈퍼리더십과 셀프리더십이 자기 권능감과 성과에 미치는 영향에 관한 탐색적 연구", 인사 · 조직학회, 추계학술발표회발표논문, 2000.
이지우, "직무특성과 종업원 태도 사이의 관계에 대한 직무몰입의 매개역할", 인사 · 조직연구, 제5권 제1호, 1997.
이창길, "조직문화가 직무만족, 직무몰입 그리고 조직몰입에 미치는 영향", 하계 공동 학술대회발표논문, 2006.
이한검, 인간행동론, 형설출판사, 2001.
이희영, "셀프리더십과 개인성과의 관련성", 영남대학교 박사학위논문, 1996.

양동민, "상사의 수퍼리더십이 부하의 셀프리더십과 성과에 미치는 영향", 전남대학교 박사학위논문, 2005.

웨인 다이어, 행복한 이기주의자, 21세기북스, 2006.

전상호 · 신용존, "조직문화와 리더십의 적합성이 행동적 유효성에 미치는 영향에 관한 실증연구," 경영학연구, 제24권 제3호, 1995.

조이스 럽, 작은 불꽃, 한국기독교연구소, 1997.

제임스 맥그리거 번즈, 역사를 바꾸는 리더십, 지식의 날개, 2006.

잭 캔필드 · 게이 핸드릭스, 내 인생을 바꾼 한 권의 책, 리더스북, 2007.

플로리안 하이네, 거꾸로 그린 그림, 예경, 2010.

한주희 · 황원일, "조직문화 특성에 대한 조직구성원의 인식과 조직몰입", 생산성논집, 제11권 제1호, 1996.

홍세길 · 김동배 · 장영철, "참여적 작업시스템과 셀프리더십이 근로자 태도에 미치는 영향", 대한경영학회지, 제18권 제2호, 2005.

후웨이홍 · 왕따하이, 노자처럼 이끌고 공자처럼 행하라, 한스미디어, 2011.

후카호리 모토후미, 하룻밤에 읽는 심리학, 랜덤하우스중앙, 2006.

SBS 스페셜 제작팀, 매력 DNA 그들이 인기 있는 이유, 황금물고기, 2010.

http://blog.naver.com

http://knoupia.com

http://cafe.daum.net

https://brunch.co.kr

다음사전

| 저자약력 |

이임정

명지대학교 대학원 경영학과 졸업(경영학박사)
연세대학교 리더십센터 출강
연세리더십캠프 리더십 강사
국제지역학회 상임이사
한국경영교육학회 이사
필립 모리스 슈퍼바이저 리더십 역량진단·강의
MBTI Training Workshop 수료
한국마술협회 마술교육과정 수료

[논문 및 저서]
"Concept, role and meaning of self-efficacy on understanding of transformational leadership"
"The Study on personality of Type A and Type B correlation with transformational leadership"
"The Study on restructuring result & direction of enterprise"
"한국감정원 직무분석을 통한 중장기 경영전략연구"
보보의 경영학
보보의 인간관계론
전자상거래와 e-비즈니스
창업실무 외 다수

보보의 리더십(제2판)

2009년 8월 25일 1판 1쇄 발행
2018년 2월 10일 2판 1쇄 발행

저　　자 | 이임정
발 행 인 | 이수영
발 행 처 | 도서출판 청람
서울시 마포구 독막로 288(대흥동, 세양상가 109호)
전　　화 | 02) 3272-2601~2
팩　　스 | 02) 3272-2603
홈페이지 | http://www.crbooks.co.kr
이 메 일 | crbooks@daum.net
등　　록 | 2000년 8월 26일 제6-0509호

ISBN 978-89-5972-609-7 93320 [정가 25,000원]

이 책의 무단전재 또는 복제행위에 대해서는 저작권법 제136조에 의거 5년 이하의 징역 또는 5,000만원 이하의 벌금에 처하게 됩니다.